动力电池技术创新及产业发展战略

杨全红　李泓　陈立泉　主编

化学工业出版社

·北京·

内 容 简 介

《动力电池技术创新及产业发展战略》依托于中国工程科技发展战略天津研究院重大项目，在陈立泉院士主持下，天津大学杨全红教授与中国科学院物理所、天目湖先进储能技术研究院李泓研究员组织清华大学深圳国际研究生院、南开大学等单位从动力电池前沿基础研究、产业发展现状、智能制造技术、先进检测技术、标准制定与政策等方面系统梳理了国内外发展现状，并解读了动力电池产业政策及产学研模式；最后对动力电池的未来发展趋势与战略规划及产业发展提出了前瞻性战略建议，形成了一份极具价值的战略咨询书稿。本书共分7章，内容翔实丰富，数据准确全面，参编人员均为动力电池产学研用一线科技工作者，使得本书具有科学性、实用性和前瞻性，可为广大从事动力电池研究和生产的高等学校、科研机构、企事业单位及从业者提供学术内容支撑，也可以为政府相关部门确定产业规划蓝图提供重要参考和清晰指引，为引领我国技术、人才、资金等创新资源向动力电池产业及相关领域进行有效集聚提供参考借鉴。

图书在版编目（CIP）数据

动力电池技术创新及产业发展战略 / 杨全红，李泓，陈立泉主编 .—北京：化学工业出版社，2021.8
ISBN 978-7-122-39371-5

Ⅰ.①动… Ⅱ.①杨… ②李… ③陈… Ⅲ.①蓄电池－产业发展－研究－中国 Ⅳ.① F426.61

中国版本图书馆 CIP 数据核字 (2021) 第 123537 号

责任编辑：郜向丽　董小翠　　　　　　　装帧设计：盟诺文化
责任校对：王素芹　　　　　　　　　　　封面设计：韩　飞

出版发行：化学工业出版社（北京市东城区青年湖南街13号　邮政编码100011）
印　　装：北京建宏印刷有限公司
787mm×1092mm　1/16　印张 24$\frac{1}{4}$　字数544千字　2021年11月北京第1版第1次印刷

购书咨询：010-64518888　　　　　　　　售后服务：010-64518899
网　　址：http://www.cip.com.cn
凡购买本书，如有缺损质量问题，本社销售中心负责调换。

定　　价：198.00元　　　　　　　　　　　　　　　　版权所有　违者必究

《动力电池技术创新及产业发展战略》咨询委员会

顾　　问（按姓氏拼音为序）：

陈　军　成会明　欧阳明高　孙世刚　吴　锋　杨裕生

咨询专家（按姓氏拼音为序）：

陈人杰　丁　飞　方海峰　高学平　郭玉国　胡勇胜
黄云辉　黄学杰　康飞宇　李宝华　李　峰　李国华
李伟善　梁成都　刘桂斌　刘卫平　刘兴江　刘彦龙
刘元刚　鲁宇浩　吕　菲　马洪斌　马紫峰　苗艳丽
单忠强　尚伟丽　石　桥　孙新华　王成扬　王　强
魏子栋　阮殿波　夏定国　夏永姚　肖成伟　徐晓东
杨　勇　杨子发　尉海军　余　彦　张联齐　郑伟伟
温兆银　张宏立　张　强　张新波　周　江　周　震

《动力电池技术创新及产业发展战略》编委会

主　　编：杨全红　李　泓　陈立泉

副 主 编：姜春华　王　琪　孔德斌　吴士超　索鎏敏

参编人员（按姓氏拼音为序）：

陈凡奇	陈立泉	冯　凯	高嘉辰	葛志浩	郭　勇	郭继鹏
韩俊伟	贺艳兵	黄　健	姜春华	孔德斌	李　泓	李立飞
李孟怀	刘柏男	刘丽露	刘啸尘	刘啸嵩	牛志强	潘思远
任　瑜	索鎏敏	汪　露	王　琪	王　朔	王德宇	吴　凡
吴士超	肖　菁	许嘉伟	许洁茹	颜　辉	闫　昭	杨全红
杨　伟	殷营营	张伊放	赵子云	郑杰允	朱　甜	

前　言

随着人类社会的迅速发展，传统化石燃料的大规模开发与使用带来了突出的环境问题和生态破坏，能源危机和环境恶化已然成为人类社会必须面对的巨大挑战。建设清洁低碳、安全高效的现代能源体系是我国"十三五"规划中的重点任务。以新能源为基础构建能源互联网络，积极推进"电动中国"计划对我国摆脱对进口石油等化石能源的依赖，保证能源结构安全有重要意义。其中以新能源汽车为代表的电动交通工具是推动现代能源储运网络建设的重要组成部分，也是我国交通制造产业转型升级的一个突破口。目前全球新能源汽车知识产权的壁垒尚未形成，国际标准在制定，规模化生产正在酝酿，竞争格局尚未完全成形，发展新能源汽车等电动交通工具是促进我国产业转型升级、抢占国际竞争制高点的紧迫任务，也是我国由制造业大国迈向制造业强国的必由之路。

动力电池是新能源汽车、电动船舶等电动交通工具最为核心和关键的部分。得益于我国新能源汽车的大力推广应用，我国动力电池产业蓬勃发展。目前已有众多的动力电池及其关键原材料研发机构和生产企业，技术日渐成熟，形成了全球最为完整的动力电池生产企业产业链。尤其是以宁德时代（CATL）和比亚迪（BYD）为代表的电池厂商在全球动力电池市场份额得到了快速提升。整体上，我国动力电池产业规模及市场份额已排在全球首位。然而，中国动力电池技术产业并未处在领跑状态，在部分关键材料开发、先进检测技术及智能制造技术等领域与日韩等国际先进水平仍存在一定的差距。认清我国在动力电池领域的优势和不足，提出解决技术和产业化"卡脖子"难题的途径，对未来我国在动力电池领域实现全方位领跑具有重要意义。

依托于中国工程科技发展战略天津研究院重大项目，在陈立泉院士主持下，天津大学杨全红教授与中国科学院物理所、天目湖先进储能技术研究院李泓研究员组织清华大学深圳国际研究生院、南开大学等团队从动力电池前沿基础研究、产业发展现状、智能制造技术、先进检测技术、标准制定与政策等方面系统梳理了国内外发展现状，形成了一份极具价值的战略咨询书稿。本书的目的是提高读者对动力电池领域的认识，了解动力电池的基础研究与产业技术进展，为动力电池行业的发展提供理论支撑、技术支持和前瞻性建议。

本书围绕动力电池领域的前沿技术与产业发展，系统阐述了动力电池前沿技术与全产业链的现状与发展趋势，总结了中国锂电技术、产业分布特点和发展路线图，并在此基础上提出了编写者对该动力电池领域的一些思考，提出了前瞻性战略建议。本书共分7章，第1章简述了动力电池的发展背景与技术产业现状；第2章从前沿基础研究和产业技术角度系统介绍了动力电池原材料、材料、电芯、模组和系统，以及梯次回收利用的国内外发展现状；第3章阐述了智能制造技术分析与生产力需求分析，并绘制了中国锂电设备企业地图；第4章详细讨论了动力电池领域的先进检测技术与标准；第5章重点进行了动力电池产业政策解读，介绍了人才项目支撑及产学研模式分析；第6章从全球动力电池发展、新电池体系、车型导向、智能装备技术讨论了动力电池的未来发展趋势与战略规划；第7章基于前述的内容调研与分析，对动力电池的前沿技术和产业发展提出了前瞻性战略建议。

本书内容翔实丰富，力求从动力电池前沿基础研究与产业应用技术对国内外动力电池的现状与发展趋势进行全方位梳理、全链条覆盖、全角度解读，兼顾关键科学理论与实际工程应用，不仅立足于解决动力电池行业的中短期目标，还针对包括锂硫电池、全固态电池在内的下一代技术革命性的高端技术研发，旨在勾勒前瞻性基础研究、革命性高技术研发和产业发展全景图在内的动力电池近、中、远期发展路线图，为国家电动汽车决策提供准确、前瞻、及时的咨询意见和建议。

项目调研过程组织讨论会议及调研活动20余次，与200余人次动力电池领域专家就动力电池的发展现状、产业技术水平、前沿技术发展趋势和重大技术突破方向进行了广泛研讨。由于篇幅原因，未能一一列出各位专家，在此对提供宝贵咨询建议的老师和专家学者致以最诚挚的谢意。特别感谢中国化学与物理电源行业协会及刘彦龙秘书长对调研工作及本书成稿过程中给予的帮助。

本书参编者皆为动力电池领域的一线专家、学者，详见编写人员名单，感谢参与编写的全体同志！

由于动力电池领域仍在快速发展，新理论、新技术不断涌现，加之著者经验不足，书中不妥之处在所难免，希望专家和读者提出宝贵意见，以便及时补充和修改。

编　者

2021年6月

目 录

第1章 绪论 001

- 1.1 动力电池发展背景 ·· 001
  - 1.1.1 动力电池的起源 ·· 001
  - 1.1.2 动力电池的发展历程 ·· 002
  - 1.1.3 动力电池的前景 ·· 006
- 1.2 动力电池技术和产业现状 ·· 007
  - 1.2.1 动力电池技术现状 ·· 007
  - 1.2.2 动力电池产业现状 ·· 010
- 参考文献 ·· 014

第2章 动力电池技术与产业 015

- 2.1 动力电池原材料技术与产业 ·· 015
  - 2.1.1 原材料前沿技术 ·· 015
  - 2.1.2 原材料产业技术 ·· 028
  - 2.1.3 原材料产业现状 ·· 049
  - 2.1.4 原材料技术与产业分析 ······································ 068
- 2.2 动力电池材料技术与产业 ·· 074
  - 2.2.1 电池材料前沿技术 ·· 074
  - 2.2.2 电池材料产业与技术 ·· 119
- 2.3 动力电池电芯技术与产业 ·· 136
  - 2.3.1 电芯前沿技术 ·· 136
  - 2.3.2 电芯产业与技术 ·· 163
  - 2.3.3 电芯前沿技术总结 ·· 188
- 2.4 动力电池模组和系统 ··· 192
  - 2.4.1 电池包及电池管理系统（BMS）的主要组成及基本功能介绍 ······ 192
  - 2.4.2 电池热管理技术 ·· 195
  - 2.4.3 不同结构电芯的模组装配技术 ································ 198
  - 2.4.4 模组与系统技术现状综述 ···································· 202
  - 2.4.5 中国企业地域分布 ·· 206
- 2.5 动力电池梯次回收利用 ··· 210
  - 2.5.1 梯次回收利用技术现状 ······································ 210
  - 2.5.2 梯次回收利用市场 ·· 213
  - 2.5.3 中国动力电池回收企业分布 ·································· 217
  - 2.5.4 国内外优势企业介绍 ·· 218

参考文献 219

第3章 智能制造技术与产业 226

3.1 智能制造技术分析 226
3.1.1 智能制造的内涵及意义 226
3.1.2 智能制造的系统架构 226
3.1.3 智能制造关键技术及其在动力电池行业的应用 227
3.1.4 动力电池制造设备技术分析 229

3.2 智能制造生产力需求分析 233
3.2.1 动力电池产业概况 233
3.2.2 动力电池制造设备的竞争格局 236
3.2.3 动力电池制造装备发展趋势 238
3.2.4 动力电池行业智能制造案例 241

3.3 中国锂电设备企业分布情况 242

参考文献 243

第4章 先进检测技术与标准 244

4.1 先进测试技术 244
4.1.1 谱学技术 244
4.1.2 电镜技术 247
4.1.3 大科学先进表征技术 251
4.1.4 先进表征技术国内外发展 261

4.2 测试技术与标准 266
4.2.1 测试技术与标准发展现状 266
4.2.2 电芯测试标准 268
4.2.3 电芯测试技术 270
4.2.4 系统测试技术与标准 276
4.2.5 动力电池测试标准的不足 281
4.2.6 失效分析技术 282

4.3 测试技术分析 288
4.3.1 测试技术对比分析 288
4.3.2 测试标准发展规划 290

参考文献 292

第5章 动力电池产业政策与产学研合作现状 295

5.1 动力电池产业政策解读 295
5.1.1 政策统计 295

        5.1.2 政策分析 ··· 298
　5.2 我国国家项目支持情况 ·· 301
        5.2.1 科研项目介绍与汇编 ··· 301
        5.2.2 科学与技术获奖情况 ··· 306
        5.2.3 人才及科研领军人物 ··· 307
　5.3 产学研模式分析 ·· 308
        5.3.1 企业拥有自主独立的研发机构 ··· 308
        5.3.2 联合多方在企业共建研发平台 ··· 309
        5.3.3 组建产学研战略联盟 ··· 309
        5.3.4 搭建科技成果转化和孵化公共服务平台 ······························ 309
        5.3.5 科研院所设立产业技术研究院 ··· 309
　5.4 政策和路线建议 ·· 310
        5.4.1 政策建议 ··· 310
        5.4.2 路线建议 ··· 312
　参考文献 ·· 313

第6章　动力电池发展趋势与战略　314

　6.1 《中国制造2025》技术路线图 ··· 314
　6.2 全球动力电池发展趋势与战略 ··· 315
        6.2.1 全球动力电池材料技术路线图 ··· 315
        6.2.2 全球动力电池技术路线图 ·· 316
　6.3 新电池体系电池技术发展趋势 ··· 317
　6.4 车型导向动力电池趋势与战略 ··· 320
        6.4.1 世界各国电动汽车发展规划 ·· 320
        6.4.2 动力电池下游应用概况 ··· 333
        6.4.3 2020—2030年中国电动车市场的发展预测 ························· 342
　6.5 智能装备技术发展趋势与战略 ··· 359
        6.5.1 动力电池智能制造技术发展趋势 ······································ 359
        6.5.2 动力电池智能制造产业发展趋势 ······································ 361
        6.5.3 动力电池智能制造发展战略 ·· 362
　参考文献 ·· 363

第7章　发展与展望　365

　7.1 前沿技术发展总结 ·· 365
        7.1.1 前沿技术发展现状 ·· 365
        7.1.2 前沿技术发展建议 ·· 367
　7.2 先进产业发展建议 ·· 370

  7.2.1 持续发展锂离子电池产业 …………………………………………… 371
  7.2.2 推进固态锂（离子）电池产业发展 …………………………………… 373
  7.2.3 持续钠离子电池产业技术发展 ………………………………………… 374
  7.2.4 持续发展智能制造产业 ………………………………………………… 374
  7.2.5 测试技术及标准发展趋势 ……………………………………………… 375
7.3 政策支持建议 …………………………………………………………………… 377
参考文献 ………………………………………………………………………………… 378

第1章　绪论

1.1 动力电池发展背景

1.1.1 动力电池的起源

电池是一种将其他能量转换成直流电的装置。1800年，意大利科学家伏打（Volta）发明了伏打电池，这是世界上第一块能够实际应用的电池，从此开启了电池发展史。电池自问世以来，就被广泛地应用于各个领域，如民用方面的生活照明、家用电器、声像设备、电子钟表、电子玩具、电动工具、医疗电子等；又如工业方面的无线通信、邮政电信、便携计算机、仪器仪表、机电设备、矿山机械、应急照明、备用电源等，而被用于为工具提供动力来源的电池则被称为动力电池。

按电极材料和工作原理的不同，动力电池主要分为铅酸蓄电池、锂离子电池、镍氢蓄电池、镍镉蓄电池、银锌蓄电池、钠硫蓄电池、金属空气蓄电池、太阳能电池及燃料电池等[1]。

图1-1所示为动力电池发展历程。

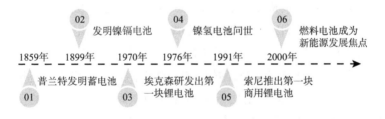

图1-1　动力电池发展历程

其中，最早问世的是铅酸蓄电池。在1859年，法国科学家普兰特（Plante）发明了世界上第一块可充电的铅酸蓄电池。而法国工程师古斯塔夫·特鲁夫第一次将其应用于电动车上，他于1881年，发明了世界上第一辆铅酸电动汽车。之后，在1899年，瑞典工程师沃尔德马·尤格尔发明镍镉蓄电池；20世纪60年代，燃料电池开发成功；到20世纪70年代，锂电池和镍氢蓄电池更是相继研制成功。彼时，电动车大多仍是装载铅酸蓄电池，在成本及充电速度等方面存在诸多问题，并在动力和续航里程方面始终无法与内燃机汽车抗衡，加上基础设施不完善，使用的便利性不佳，因此电动车在当时并不具备大规模商业化应用的条件。这让电动车自20世纪20年代后，经历了几十年的沉寂。直到1991年索尼公司推出第一块商品化的可充电锂电池，这是电池行业一次意义深远的改革，加上经济快速发展带来的日益严重的环境生态压力，沉寂了上百年的电动车市场终于迎来了复苏，各家企业加速研发以镍镉、镍氢、锌空气、锂离子电池作为动力的电动汽车。到1996年，搭载着镍氢动力电池的丰田RAV4LEV下线。1997年，日产汽车研发出世界上第一辆使用锂离子电池的电动车Prairie Joy EV。进入21世纪后，由于镍镉蓄电池与镍氢蓄电池存在种种缺陷，逐渐被技术日益成熟的锂离子电池所替代，只有镍氢蓄电池仍搭载在少数混合动力电池汽车上。在锂离子电池发展得如火如荼之际，另一种另类的动力电池燃料电池也逐渐开始成为新能源发展的焦点。早在20世纪60年代，燃料电池就被首次应用在美国航空航天管理局的阿波罗登月飞船上作为辅助电源。经过几十年发展后，加拿大Ballard电力公司展示了一辆零排放、最高速度为72km/h、以质子交换膜燃料电池为动力的公交车，从此引发了全球性燃料电池电动车的研究开发热潮。

至此，新能源电动汽车与动力电池进入了新的发展纪元，动力电池能量密度稳步提高。仅以中国为例，目前已有众多的动力电池及其关键原材料研发机构和生产企业，生产技术日渐成熟，形成了全球最为完整的动力电池技术和产业链体系。

1.1.2　动力电池的发展历程

1.1.2.1　铅酸蓄电池

铅酸蓄电池是工业化最早的二次电池，自1859年发明至今已经有150多年的历史，但是该产业的发展仍然方兴未艾。

（1）铅酸蓄电池的构成与原理

铅酸蓄电池由正极板、负极板、隔板、电解液、塑料槽等组成。铅酸蓄电池正极活性物质为二氧化铅（PbO_2），负极活性物质是铅（Pb），电解液是稀硫酸，正负极之间由隔板隔开，电解液中的离子可以通过隔板中的微孔，电极上的电子不能通过隔板。铅酸蓄电池放电后，正极板的活性物质二氧化铅（PbO_2）转化成硫酸铅（$PbSO_4$）附着在正极板上，负极活性物质铅（Pb）也转化成硫酸铅（$PbSO_4$）附着在负极上，电解液中的硫酸扩散到极板中去，电解液的浓度降低。铅酸蓄电池在充放电时，发生相反的反应。通过充电、放电反应，铅酸蓄电池可以反复使用，直到存储的容量达不到电器的要求时，寿命终止。

（2）铅酸蓄电池的特性

① 成本低廉：铅酸蓄电池是最廉价的二次电池，单位能量的价格是锂离子电池或氢镍电池的1/3左右。此外，铅酸蓄电池的主要成分为铅和铅的化合物，铅含量高达电池总质量的60%以上，废旧电池的残值较高，回收价格超过新电池的30%，因此铅酸蓄电池的综合成本更低。

② 再生利用易实现：铅酸蓄电池组成简单，再生技术成熟，回收价值高，是最容易实现回收和再生利用的电池。全球再生铅产量已经超过原生铅产量，美国废铅酸蓄电池铅的再利用率已超过98.5%，我国废铅酸蓄电池的再利用率也达到90%以上。

③ 能量密度偏低：传统的铅酸蓄电池质量和体积能量密度偏低，能量密度只为锂离子电池的1/3左右，氢镍电池的1/2左右，并且体积较大，不适宜在质量轻、体积小的场合

使用。

④ 循环寿命偏短：传统铅酸蓄电池循环寿命较短，理论循环次数为锂离子电池寿命的1/3左右。

⑤ 产业链存在铅污染风险：铅是铅酸蓄电池的主要原材料，占电池质量的60%以上，全球铅酸蓄电池的用铅量占总用铅量的80%以上。铅为重金属，铅酸蓄电池制造产业链（包括原生铅冶炼、电池制造、电池回收、再生铅冶炼）存在较高的铅污染风险。

1.1.2.2 镍镉蓄电池

自铅酸电池电动车问世后，科学家又发明了由镍镉蓄电池提供动力的电动车。与铅酸电池相比，镍镉蓄电池在比能量、比功率和使用寿命方面都占有一定的优势，且可以快速充电。但是镍镉蓄电池由于镉污染问题，目前许多发达国家都已限制发展和使用。

（1）镍镉蓄电池的构成与原理

镍镉电池是由电解液氢氧化钾、负极金属镉、正极氢氧化镍组成的。充电后，负极的活性物质为金属镉，正极的活性物质为氢氧化镍；放电时，负极Cd给出两个电子，与电解液里的OH^-形成$Cd(OH)_2$，两个电子由负极流出，经过外电路的负载，到达正极，在正极两个氢氧化镍分子接受两个负电荷以后，在水的参与下，生成两个氢氧化镍分子和两个氢氧根离子，在电解液中，两个氢氧根离子携带着两个负电荷由正极向负极迁移。

（2）镍镉蓄电池的特性

① 镍镉蓄电池可重复500次以上的充放电，非常经济。

② 内阻小，可供大电流的放电，当它放电时电压的变化很小，作为直流电源，是一种质量极佳的电池。

③ 因为采用完全密封式，因此不会有电解液漏出的现象，也完全不需要补充电解液。

④ 与其他种类电池相比，镍镉蓄电池可耐过充电或过放电，操作简单方便。

⑤ 长时间的放置下也不会使性能劣化，充完电后即可恢复原来的特性。

⑥ 可在很广的温度范围内使用。

⑦ 因为它采用金属容器，结构坚固。

⑧ 镍镉蓄电池在非常严格的品质管理下被制造完成，有非常优良的品质信赖性。

1.1.2.3 镍氢蓄电池

除镍镉蓄电池外，另一种镍金属电池为镍氢蓄电池，这两种电池都是碱性电池。镍氢蓄电池是一种绿色镍金属电池，与同体积的镍镉蓄电池相比，容量增加一倍，充放电循环寿命也较长，并且无记忆效应，适合电动汽车使用。

（1）镍氢蓄电池的构成与原理

镍氢蓄电池的正极是活性物质氢氧化镍，负极是储氢合金，用氢氧化钾作为电解质，在正负极之间有隔膜，共同组成镍氢单体电池。在金属铂的催化作用下，完成充电和放电的可逆反应。其主要组成部分包括正极片、负极片、隔膜、盖帽、绝缘层、外壳等。镍氢蓄电池的能量密度可以达到镍镉蓄电池的两倍，比镍镉蓄电池更轻，使用寿命也更长，并且对环境无污染。

（2）镍氢蓄电池的特性

镍氢蓄电池具有功率性能好、低温性好、无污染、循环寿命高及较高的回收价值等优点，但同时其又有比能量较低、标称电压低、高温充电性能差、自放电大等缺点。因此，随着锂电池的快速发展，在电动车领域，镍氢蓄电池逐渐被锂离子电池所取代。镍氢蓄电池目前仅应用于少量混合电动汽车。

1.1.2.4 锂离子电池

（1）锂离子电池构成与原理

锂离子电池主要由负极、正极、电解质、隔膜及外部包装等组成。正极、负极和隔膜通过叠片和卷绕等工艺形成方形或圆形的形状，在空隙处注入电解液，并用铝壳、钢壳、铝塑膜等进行包装，组成锂离子电池。

锂离子电池放电时的工作原理如下：锂离子从负极脱出，经过电解质迁移并嵌入到正极，引发电子在外电路进行迁移，从而对外提供电能。在每一次充放电循环过程中，锂离子充当电能的搬运载体，周而复始地在正极与负极间来回移动，与正、负极材料发生化学反应，将化学能和电能相互转换。

（2）锂离子电池分类与性能

锂离子电池主要是按照正极材料分类，按照常见的正极材料锂离子电池可以主要分为三元材料（包括镍钴锰酸锂和镍钴铝酸锂）、磷酸铁锂、钴酸锂、锰酸锂电池。5种商业化正极材料性能对比如表1-1所示。

表1-1 5种商业化正极材料性能对比

性能	钴酸锂	镍钴锰酸锂	镍钴铝酸锂	锰酸锂	磷酸铁锂
理论容量（mA·h/g）	274	275	300	148	170
实际容量（mA·h/g）	140～170	160～220	180	120	150
电压平台（V）	3.7	3.5	3.5	4.0	3.3
循环能力	较好	一般	一般	较差	好
含金属资源储量	贫乏	较丰富	较丰富	丰富	丰富
振实密度（g/cm³）	2.8	2.6	2.6	2.2	1.0
压实密度（g/cm³）	4.2	3.6	3.6	3.0	2.2

几种常见正极材料中，虽然钴酸锂具有放电平台高、比容量较高、循环性能好、合成工艺简单等优点，但该材料中含有毒性较大的钴元素，且价格较高，因此几乎不用于动力电池领域。最常用的锂离子动力电池有磷酸铁锂和三元材料锂电池。磷酸铁锂是目前广受关注的正极材料之一，其主要特点是不含有害元素、成本低廉、安全性非常好、循环寿命可达10000次，但同时也存在能量密度低和低温性差这两个致命缺点。与之相比，三元材料在电池能量密度、比功率、大倍率充电、耐低温性能等方面占据优势，但成本、循环性、安全性上弱于磷酸铁锂电池。因此，动力电池应用市场中，数据中心、通信基站、应急电源、储能等领域采用的电池以磷酸铁锂为主，乘用车以三元电池为主[2]。

图1-2所示为常见的动力电池六大维度对比。

1.1.2.5 燃料电池

（1）燃料电池的构成与原理

燃料电池是一种把燃料所具有的化学能直接转换成电能的化学装置，是发电装置而非储能装置。燃料电池是继水力发电、热能发电和原子能发电之后的第四种发电技术。与锂电池不同，燃料电池没有储能功能，其本质上只是一个能量转换器，更像是一台发电机。燃料电池的工作原理如下：氢气通入阳极（负极），在催化剂的作用下被氧化成氢离子（质子）和电子，氢离子通过质子交换膜达到阴极（正极），和氧气结合生成水，而电子只能在电场的作用下通过外电路达到阴极，连续不断地反应就产生了电流。

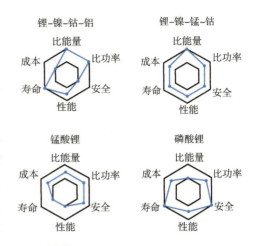

图1-2 常见的动力电池六大维度对比

（2）燃料电池分类

燃料电池大体可以分为5类，主要是基于不同的电解质、电池大小、工作温度、燃料来源及燃料状态来进行分类，因此电池种类变得更加多元化，用途也更广泛。目前国内外最常用的分类方法是按照燃料电池所采用的电解质类型进行分类。根据燃料电池中电解质的不同，通常可以分为以下5类：固体氧化物燃料电池（SOFC）、质子交换膜燃料电池（DMFC）、碱性燃料电池（AFC）、磷酸燃料电池（PAFC）、熔融碳酸燃料电池（MCFC），如表1-2所示。

表1-2 燃料电池分类及性能

性能	碱性燃料电池	磷酸燃料电池	熔融碳酸盐燃料电池	固体氧化物燃料电池	质子交换膜燃料电池
比功率（W/kg）	35～105	100～200	30～40	15～20	300～750
功率密度（W/cm^2）	0.5	0.1	0.2	0.3	1～2
燃料种类	H_2	H_2、天然气	H_2、天然气、沼气	H_2、天然气、沼气	H_2、甲醛、天然气
正极氧化物种类	O_2	空气	空气	空气	空气
催化剂	镍为主	铂	非贵金属	非贵金属	铂
电解质	KOH	H_3PO_4	Li_2CO_3-K_2CO_3	ZrO_2	全氟硫酸膜
发电效率（%）	45～60	35～50	50～60	50～70	50～60
启动时间	几分钟	2～4h	大于10h	大于10h	几分钟
反应温度（℃）	80～120	180～220	600～700	750～1000	25～105
主要应用领域	航天器、机动车	发电厂为主	发电厂	发电厂	机动车、发电厂、航天器

（3）燃料电池特性

① 效率高。通过电化学反应把燃料的化学能（吉布斯自由能）直接转换成电能，不受卡诺循环效应的限制。

② 污染小。燃料电池用燃料和氧气作为反应物，有害气体（SO_x、NO_x）的排放量极少。

③ 无噪声。没有机械传动部件，故没有噪声污染。

从节约能源和保护生态环境的角度来看，燃料电池是最有发展前途的发电技术之一。

1.1.3 动力电池的前景

1.1.3.1 全球政策持续驱动动力电池发展

随着汽车产业的迅速发展，石油资源持续出现供应紧张，同时汽车尾气造成的环境污染也引起了人们的重视，在这双重压力下，开发节能环保能源成为世界各国的重要措施，发展新能源汽车也成为汽车行业的必然选择。近年来，主要经济体纷纷加大对新能源汽车的政策支持力度，制定发展规划、给予补贴甚至明确燃油车退出时间表以推动新能源汽车产业的发展。例如，传统汽车工业强国德国通过《能源战略2050》《可再生能源法案（2017年版）》和《能源数字化转型法案》等，并于2016年推出新车购置补贴、减免税款、扩大公共充电桩数量、鼓励公务用车电动化等举措推动新能源汽车发展，并提出2030年电动汽车保有量达到500万辆的目标。又如，美国同样也推行了购车补贴、税收减免、零排放计划、基础设施与优先路权等支持政策，2019年修改了电动汽车消费者税收抵免政策，进一步刺激电动车行业。

国内新能源汽车扶持政策始于2009年科技部、财政部、发改委、工业和信息化部共同启动的"十城千辆节能与新能源汽车示范推广应用工程"，新能源车发展上升到国家战略的高度。这是国家支持新能源汽车的首个政策，拉开了中国新能源汽车政策的帷幕。十年时间，国家从产业上游至下游，从技术标准到补贴金额，制定了一系列政策，推动了中国动力电池产业的高速发展。

相信在全球政策的支持及电池技术日益成熟的推动下，未来新能源汽车的普及率仍将持续提高，从而带动动力电池的需求量进一步释放。

1.1.3.2 动力电池市场需求回顾与展望

回顾国内动力电池的发展历程，大致可划分为如下几个阶段：第一阶段是2001—2008年，这个阶段属于国内动力电池发展初期，只有少数企业在研究、坚持；第二阶段是2008—2011年，政府开始支持行业发展，催生出一些电池厂，但这些企业技术同质，品质管控贫乏；第三阶段是2012—2013年，不少电池企业由于基础不稳，在这期间退出舞台，但这一阶段同时沉淀出一批技术成熟的企业；第四阶段是2014—2015年，国家从宏观层面对新能源车重新定位，上升为国家战略，这使得新能源汽车的发展进入快速道，因此带来对动力电池的强劲需求，这两年电池装机量同比增长率都超过了100%；第五阶段是2016至今，在国内新能源汽车经历了一系列无序、混乱、野蛮发展的状态后，从2016年开始，国内新能源汽车发展在几家寡头企业的领导下，进入有序稳定的增长阶段。根据中国产业信息的数据，2018年中国动力电池装机量达到56.89GW·h，相较2017年提高了57%，如图1-3所示。而2019年，受新能源汽车补贴大幅下调影响，中国动力电池装机量增速放缓，全年装机量62.38GW·h。

回顾完国内动力电池行业的发展，再对近几年动力电池市场进行简单的测算。对于动力电池行业空间的测算主要基于以下判断：①近几年新能源汽车销量持续高速增长；②新能源商用车占比下降及乘用车带电量提升，动力电池与新能源汽车配比电量维持平稳；③动力电池价格的逐步下降。并作如下3个假设：①2020年、2021年、2022年国内新能源汽车销量分别为150万辆、180万辆、220万辆；②2020年、2021年、2022年动力电池与新能源汽车的配比为45kW·h/辆；③2020年、2021年、2022年动力电池价格为1.15元/(W·h)、1.00元/(W·h)、0.90元/(W·h)。测算结果如表1-3所示。

图1-3 中国动力电池装机量回顾

表1-3 动力电池近几年装机量市场空间测算

测算指标	2018年	2019年	2020年	2021年估算	2022年估算
新能源汽车销量（万辆）	125.6	120.6	150	180	220
增长率（%）	58.20	-3.98	24.38	20.00	22.22
车用动力电池装机量（GW·h）	56.52	54.27	67.5	81	99
增长率（%）	56.60	-3.98	24.38	20.00	22.22
配比（GW·h/万辆）	0.45	0.45	0.45	0.45	0.45
电池价格[元/(W·h)]	1.30	1.20	1.15	1	0.90
市场空间（亿）	—	—	776	810	891

根据假设与测算，2020年、2021年、2022年国内动力电池行业装机量仍将平稳增长，而市场规模将超过2400亿元。

1.2 动力电池技术和产业现状

1.2.1 动力电池技术现状

电动汽车需要的是一个能量的载体，这个能量载体需要具备能量密度高、环境适应性好、使用寿命长、安全性好及价格便宜等特性。

这个能量载体就是电池包Pack，它是由很多个电池单体（电芯）通过复杂的电连接工艺和机械连接工艺所组成的，另外还增加了许多传感器和控制器，以及热管理系统。Pack产品开发主要涉及系统集成技术、电芯设计及选型、结构设计技术、电池包电子电气设计、电池包热设计、电池包安全设计、电池包仿真分析技术、电池包工艺设计等关键技术。

1.2.1.1 系统集成技术

电池包产品的开发与应用，核心是机、电、热、化这4个方面。

① 机即机械：产品需要有足够的强度与刚度，在震动、冲击等机械载荷下不发生形变与功能异常，在碰撞、挤压、翻滚、跌落等事故状态下有足够的安全防护。

② 电即电子和电气：电动汽车是靠电池驱动车辆行驶的，所以，瞬间功率可能高达几百千瓦，电压范围从几十到几百伏特，电流也可达到几百安培。由于整车的电池包是由非常多的电池单体组成的，所以，每个细节上都有严格的标准。

③ 热即电池包热管理：有两层意义，一是对外部环境的热管理要求，二是电池内部的热管理要求。为了让电池长寿与正常使用，必须为电池装一个"空调"。

④ 化即电化学：电池的化学机理，就是如何选择或是调配最佳配方去适合当前电动汽车应用环境。

电池包产品的系统集成技术，在于梳理机、电、热、化之间的相互关系、相互作用、相互影响，定量定性地分析产品是否可以满足产品设计指标。

按照电芯能量密度300W·h/kg和电池包能量密度260W·h/kg的目标来计算，电池包系统的集成效率要做到85%，而当前乘用车的集成效率普遍在60%左右。

1.2.1.2 电芯设计及选型技术

动力电池根据封装种类的不同分为圆柱形、方形及软包电池。其中方形电池应用普及率最高；LG化学为全球软包电池龙头；松下在圆柱电池领域深耕20余年，已具备较强的技术优势。不同封装形式的电池拥有不同的特性，并没有明显的优劣势之分。圆柱电芯能量密度与良品率表现优异；软包安全性更出色且比能量高；方形型号较多，工艺较难统一。

我国方形电池占比超七成，软包、圆柱装机量接近。2019年，我国动力电池装机量构成中，方形、软包、圆柱占比分别为84.5%、8.8%、6.7%。宁德时代、孚能科技、比克电池分别为方形、软包、圆柱电池出货量冠军。

(1) 圆柱

当前圆柱电池最常用的为18650和21700两种型号。其中前两位数字代表圆形直径，第三、四位数字表示电池高度，最后一位0没有含义，如图1-4所示。

18650圆柱形锂电池，是商业化最早，生产自动化程度最高，当前成本最低的一种动力电池。当前为了提升电池系

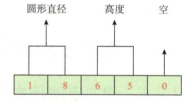

图1-4 圆柱电池数字解析

统能量密度，减少电芯数量，从而降低成本，电池出现了单体电芯尺寸扩大化的发展趋势。比较明显的是，圆柱电池领域出现了18650向21700升级的现象。

新型21700具有四大显著的优势：①电池单体容量提升35%；②电池系统能量密度提升约20%；③系统的成本预计下降9%左右；④系统的重量预计下降10%左右。

(2) 方形

方形锂电池通常是指铝壳或钢壳方形电池，能量密度较高，结构较为简单，不像圆柱

电池采用强度较高的不锈钢作为壳体及具有防爆安全阀等附件，单体容量大，稳定性相对较好，结构可靠性高，电芯循环寿命较长，NCM电芯寿命为3000～4000次，LEP电芯寿命已经有超过6000次的产品。但是方形锂电池壳体较重，导致电池组能量密度有限，又因可以任意变换大小，导致市场有众多型号，工艺难以统一，生产自动化水平不高，单体的个体差异大，机械结构件成本较高。

（3）软包

软包锂电池采用铝塑复合膜封装。与硬壳电池相比，软包锂电池重量轻、内阻小、设计灵活，在安全性、可循环性和能量密度上更具优势。

锂电池用铝塑膜是软包锂电池电芯封装的关键材料，最早由昭和电工开发，经大日本印刷（DNP）推广发展壮大。单片电池组装后用铝塑膜密封形成整个电池，铝塑膜起到保护内容物的作用。对软包电池而言，电池芯内包装成型材料不仅仅是电池的包装，更是电池不可缺少的重要组成部分，对锂电池的性能具有重要的影响。

当前铝塑膜产品仍具有较高的技术壁垒。以市场份额最大的三家日本企业大日本印刷株式会社、日本昭和电工、日本凸版因数株式会社为例，其在铝塑膜业务方面均进行了10年以上的储备，积累了独有的生产工艺、优质的原材料供应商与稳定的客户与口碑，是新晋企业难以一蹴而就的，因此目前大部分国内企业所产铝塑膜品质尚无法与日本企业看齐，在原材料、工艺等方面均存在一定的差距，且设备依赖进口，因此国产化替代仍有相当难度。表1-4所示为国产铝塑膜技术现状。

表1-4 国产铝塑膜技术现状

类型	项目	具体情况
原材料	铝箔	由于采用水洗除油和"铬酐"钝化处理，环保问题突出；铝箔微孔中的油处理不干净，造成后续复合工艺产生缺陷；水处理后的铝箔会产生"氢脆"，导致国产铝塑复合膜耐折度差
		铝箔表面涂布UV层，铝箔挺度不够，干式法复合时易褶皱，宽幅产品无法制作且良品率差
工艺	CPP	国内主要采用淋膜机淋涂，与高导热的铝箔表面复合时，易卷曲、产生层状结晶
	胶黏剂	由于配方技术原因，内层胶黏剂耐氢氟酸性能不强，经电解液浸泡后产品易出现分层剥离问题，耐高温和绝缘性能较弱
	冲壳深度	国内铝塑膜的冲深在5mm左右，国外的在8mm，甚至可达12～15mm，冲深性能对铝塑膜耐冲压性和循环寿命有重要影响，动力电池一般对冲深要求较高
	厚度	国内铝塑膜最薄可做到70μm，可量产88μm、113μm；日本铝塑膜最薄可做到40μm，可量产48μm、65μm

1.2.1.3 热管理技术

对于热管理：地表上的温度受季节及纬度影响，温度的区间可能低至零下30℃，高至零上50℃。目前的电池技术还无法面对严寒和酷暑两个极端温度，因此现在的电池包都会为电池配上热管理系统。

热管理冷却方式主要有自然散热、强制风冷、液冷、直冷和相变材料。目前常用的3种方式比较如表1-5所示。

表1-5 常用的3种冷却方式

项　目	自然散热	强制风冷	液　冷
散热效果	差	较高	高
换热系数 [W/(m^2·K)]	5～25	20～100	500～15000
温度均匀性	无外界热源时好	差（尤其在进出口）	好
安装环境适应性	差	较差（进出风口结构）	好
复杂度	最简单	中等	复杂
能耗	无	高	低（保温易实现）
成本	低	较高	高（可优化）

目前所有热管理方案中，自然散热和强制风冷技术难度小、成本低，在客车产品中得到更多运用。但随着新能源车向高温高寒地区推广，尤其随着快充、混合动力需求的提高，自然散热和风冷系统已经不能满足要求，需要液冷来提供冷却和加热。乘用车空间小且不规整，用自然散热和风冷很难让电池适应高低温环境，因此目前多采用液冷方案。

相变材料冷却是一种能够利用自身相变潜热吸收或释放系统热能的材料，在其相变过程中，可以从外界环境吸收热量或向外界释放热量，从而达到控制温度的目的。目前相变材料冷却系统更多的是较小范围的探索试验阶段，现在仅宝马增程式纯电动i3采用了制冷剂R134a的直冷方式。

对于加热设计而言，目前的加热技术有加热膜、PTC、液热等几种方式，几种加热方式的对比如表1-6所示。

表1-6 常用的加热技术

指　标	加热膜	PTC	液　热
厚度（mm）	0.3～2.0	5～8	集成在液冷中
干烧温度（℃）	60～90	30～70	25～40
升温速率（℃/min）	0.15～0.3	0.15～0.35	0.3～0.8

1.2.1.4　电池管理系统技术（BMS）

BMS是Battery Management System的缩写，中文名叫电池管理系统。目前BMS技术所能实现的功能是测量、评估、管理、保护和警示。

测量功能主要是对电池的电压、电流和温度等参数实时进行检测，同时对电池系统绝缘电阻进行持续测量。保护功能主要指控制电池的电流、电压、温度等参数始终在允许的参数范围内。管理功能有温度管理、电量管理、均衡管理、充电管理等。警示功能，是指BMS通过CAN总线与整车控制器、充电机等进行实时通信，将电池的状态和故障进行警示。

1.2.2　动力电池产业现状

1.2.2.1　正极材料产业现状

（1）装机与产值：每年装机与产值稳步提升

正极材料主要是为电池提供锂离子，它决定了电池的能量密度、寿命、安全性、使用领域等，其成本占整个动力电池的40%，是锂离子电池的核心材料[3]。2019年我国锂电池正极材料出货量达到40.4万吨，如图1-5所示。

图1-5　正极材料出货量

（2）供应方面：产能利用率与行业集中度较低，企业竞争激烈

在供应方面，由于新能源汽车产业前景广阔，2016年正极材料产销两旺，多家企业不断扩产，而这样的态势也延续到了现在。据统计，自2017年1月以来，厦门钨业、当升科技、科恒股份、天赐材料、湘潭电化、优美科、安达科技、裕能新能源、三秋新能源、国光电器、浩普瑞11家企业都在国内投扩建正极材料，涉及投资金额超70亿元，产能规划近40万吨，这导致了国内正极材料行业产能利用率与行业集中度都偏低的情形。行业集中度方面，2019年市场前十厂商占有率远低于其他材料的行业集中度，如图1-6所示。

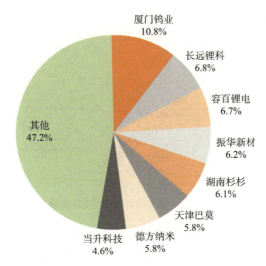

图1-6　中国正极材料市场竞争格局

1.2.2.2　负极材料

（1）装机与产值：高速增长，复合增长率达30%

负极材料是锂离子电池存储锂的主体，使锂离子在充放电过程中嵌入与脱出，主要影响锂电池的首次效率、循环性能等。负极材料主要分为以下3类：碳材料（石墨类）、金属

氧化物材料及合金材料。国内负极材料产量一直维持高速增长，2019年中国锂电池负极材料市场出货量26.5万吨，同比增长38%。其中人造石墨出货量20.8万吨，占负极材料总出货量的78.5%，相比2018年占比提升9.2个百分点，如图1-7所示。

图1-7 负极材料出货量

（2）供应方面：中日领跑

中日是全球负极材料主要产销国，总产量占全球的95%以上。中国的优势在于丰富的石墨资源，日本的优势在于技术先进。目前国内行业龙头地位稳固，优势明显。2019年国内负极材料贝特瑞占比23.7%，杉杉股份占比19%，江西紫宸占比16.9%，前三大企业市场占有率合计达59.7%，如图1-8所示。

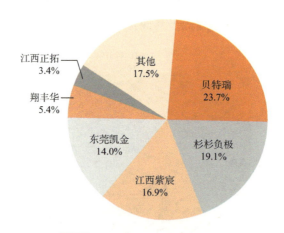

图1-8 中国负极材料市场竞争格局

（3）供应结构：人造石墨为主，硅碳材料逐渐兴起

在动力电池领域，目前主要使用的负极材料为人造石墨。根据高工锂电对我国2018年负极材料出货的统计，其中人造石墨占总出货的69%，天然石墨占比为24%。但石墨类负极无法满足未来高能量密度的动力电池需求，其低成本和成熟工艺可以满足对能量密度要求不高的储能领域。在动力领域，硅碳负极材料会随着生产工艺的成熟和生产成本的降低逐步普及市场。

人工石墨将凭借更优异的循环性能及稳定性能优势逐步取代天然石墨，高能量密度的硅碳负极是负极材料的发展方向。受未来电池能量密度增长趋势及动力电池高倍率放电的要求，中间相碳微球、钛酸锂及硅碳复合材料等高端负极材料将逐渐实现在动力电池上的应用[4]。

1.2.2.3 电芯产业

（1）全球范围来看，中日韩三国鼎立

全球来看，动力电池产业基本被中国、韩国与日本所垄断。近年来，动力锂电池成为推动全球锂电池行业增长的主要驱动力，中日韩为其中的主要玩家。其中，日本企业包括松下、AESC（已被远景收购）等；韩国企业包括LG化学、三星SDI等；中国企业包括宁德时代、比亚迪等。

2019年全球新能源汽车销售约221万辆，同比增长15%，动力电池装机量约115.21GW·h，同比增长22%。其中，排名前十企业合计装机量约为102.4GW·h，占全球动力电池装机量的89%，如图1-9所示。

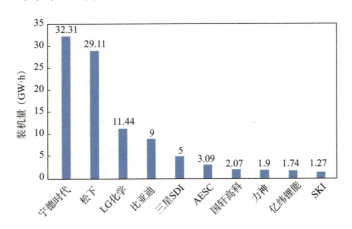

图1-9 2019年全球装机前十企业

（2）中国范围来看，两大龙头领跑，二梯队差异化竞争

2019年，国内动力电池行业两极分化现象更为明显。根据GGII的统计数据，2019年我国动力电池行业前十企业装机电量占比上升至87.9%，较上年同期提升4个百分点，行业集中度持续提升。一梯队企业宁德时代与比亚迪均表现强势，宁德时代一骑绝尘，扩大领先优势，CR2进一步攀升至68.28%。产能规模方面，2019年宁德时代、比亚迪动力电池产能将分别增至58GW·h、40GW·h，遥遥领先同行，如图1-10所示。

差异化竞争或助力"二梯队"企业突破重围，宁德时代与比亚迪在方形动力电池领域优

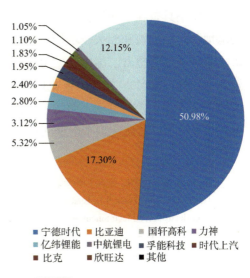

图1-10 2019年国内电池企业装机占比

势明显，装机量相较于同行遥遥领先。随着软包、圆柱动力电池应用渗透率的提升，在该领域具备竞争优势的"二梯队"供应商有望通过差异化竞争带来市场份额的提升。2019年，国内软包动力电池装机量前三企业分别为孚能科技、恒大新能源、多氟多，市场占有率分别为 24.5%、12.7%、12.4%，而宁德时代软包装机量市场份额仅为7.6%，如图1-11所示。圆柱动力电池方面，2019年国内行业前三为国轩、力神、比克，市场占有率分别为 29.9%、18.9%、17.2%，如图1-12所示[5]。

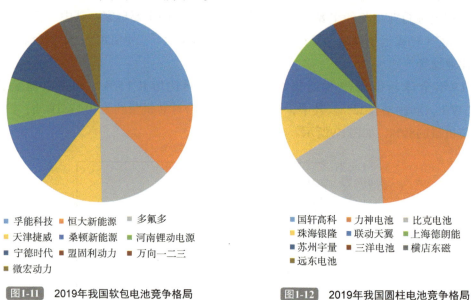

图1-11　2019年我国软包电池竞争格局　　　图1-12　2019年我国圆柱电池竞争格局

第二阵营仍能保证一定的市场份额，但第三阵营情况不容乐观，预计将逐步退出历史舞台。未来中国将成为动力电池竞争的主战场，市场将进一步向优势企业集中，小型低水平的动力电池企业将在竞争中被淘汰。中国动力电池配套企业已经从2015年的大约150家降到了2017年的100家左右，1/3的企业已经被淘汰出局。预计2020年低产能和低技术含量的电池生产企业将不具备在市场生存的条件。行业集中度进一步提升是未来的主流。随着新补贴标准的落地，补贴退坡和相关技术指标提升，加速了行业低端企业的出清，行业格局得到优化，市场集中度显著提升。国内动力电池行业格局将逐步清晰，目前动力电池市场除前两位排名较为稳定外，排名3～10位的企业技术规模差距并不明显。由于产业特性，动力电池企业与下游公司业务关系较为紧密，而目前国内新能源汽车市场以本土自主品牌为主，2019年积分指标正式考核后，传统大型车企全面进入电动汽车领域，市场格局也将随之清晰。

参 考 文 献

[1] 张剑波, 李哲, 吴彬. 锂离子电池结构设计理论与应用. 北京: 中国科学技术出版社, 2016.

[2] Gallagher K G, Trask S E, Bauer C, et al. Optimizing areal capacities through understanding the limitations of lithium-ion electrodes. J Electrochem Soc, 2016, 163(2): A138.

[3] 曹勇, 严云青, 王义飞, 等. 高安全高比能量动力锂离子电池系统路线探索. 储能科学与技术, 2018, 7(3) : 384.

[4] 安富强, 其鲁, 王剑, 等. 电动汽车用动力锂离子二次电池系统性能的研究. 北京大学学报 (自然科学版), 2011, 47 (1) : 1.

[5] 高工锂电网. 2019动力电池装机量TOP10大起底. https://www.gg-lb.com/art-39878.html. 2020-01-09.

第2章 动力电池技术与产业

2.1 动力电池原材料技术与产业

2.1.1 原材料前沿技术

众所周知,锂电上游产业主要是天然矿产资源,包括钴、镍、锰、磷、铁、锂及各种化合物,其中以锂和钴的用量最大。

从全球已探明锂盐竞争格局来看,锂矿具有高度垄断的特征。锂矿石提炼全球公认的前4大厂商分别是SQM(智利)、Talison(澳大利亚)、Chemetall(美国)、FMC(美国),这4家公司合计占据了全球锂资源市场约65%的份额。从锂矿资源的拥有情况来看,中国属于二线梯队;中国锂矿资源有储量丰富、分布集中、高品位锂矿矿少、低品位矿多的特点。从全球格局看,中国锂矿企业无国际定价权,下游有压价风险,上游受巨头压制,属于产业链弱势环节。目前的锂矿提炼主要有矿石提锂和盐湖提锂两大工艺,中国碳酸锂产量的八成均来自矿石提锂[1];需求方面,来自新能源汽车市场对锂的需求,中国对碳酸锂的需求量也在逐年增长,而锂矿新建项目建设周期较长,短期内市场仍将处于供不应求的态势。随着锂矿持续的开采与勘探,全球锂资源大幅度增加,据数据显示,总量超过5300万吨。全球锂资源储量总量为1600万吨,其中智利、中国、澳大利亚、阿根廷的储量较多。预计至2022年全球锂产量将达到154千吨(金属含量),有近86千吨的新金属产能投入使用,以满足电动汽车和智能手机电池对锂的日益增长的需求。

中国钴资源储量位居全球第8位,但由于中国钴资源主要来自伴生矿等特点,使得钴资源生产利用成本高,依赖国外进口严重。全球钴矿资源分布主要以伴生为主,原生矿主要来自铜钴和镍钴的伴生。其中41%为铜钴伴生矿,36%为镍铜钴硫化矿,15%为红土镍钴矿,原生钴矿等其他类型占比仅为8%。全球钴矿的产出特点尤其如此,其中60%的钴矿产出来自铜钴矿,23%来自镍铜钴硫化矿,15%来自红土镍钴矿,其他类型占比仅为2%。全球已探明陆地钴资源量约2500万吨,储量720万吨,储量高度集中在刚果(金)、澳大利亚和古巴。世界钴资源的分布很不平衡,刚果(金)、澳大利亚和古巴三国储量之和就占了全球总储量的68%。

由于动力锂电池市场的快速发展所带动的对于钴需求提振及各大矿山减产的预期,从全球市场来看,钴的需求有42%来自锂电池领域,其次是高温合金领域,需求占比为16%,另外硬质合金领域的占比为10%。从中国市场来看,钴需求主要集中在电池材料领域,占比高达78%,硬质合金领域需求占比为7%,其他领域包括磁性材料、催化剂、玻璃陶瓷、高温合金等。随着新能源汽车下游需求逐步明确,动力电池厂商也在纷纷扩大产能,市场对于钴的需求将会进一步提升。

2.1.1.1 锂源(碳酸锂、氢氧化锂)制备技术

目前锂离子电池中主流的锂源材料包括碳酸锂和氢氧化锂两类。由于碳酸锂成本比氢氧化锂低,过去普遍使用碳酸锂做锂源材料,但是在动力电池高镍化趋势下,锂盐需求正渐渐从碳酸锂向氢氧化锂转变,氢氧化锂替代碳酸锂或成为趋势。高镍三元在烧结时要求温度不能超过800℃,当采用碳酸锂制备正极材料时,过低的烧结温度会造成分解不完全,导致碱性过强,对湿度的敏感性增强,影响电池性能,所以,高镍三元必须使用氢氧化锂。其中,NCA和NCM811必须采用电池级氢氧化锂,而NCM622和NCM523既可以采用氢氧化锂,也可以采用碳酸锂。

(1)碳酸锂制备工艺[2-8]

碳酸锂的提取工艺分为矿石提取和盐湖卤水提取两大类。矿石提取工艺成熟,但耗能高、污染重、成本高;盐湖卤水提锂的优势在于碳酸锂含量高和成本低,但技术难度高,尤其是电池级碳酸锂的提纯。目前国内生产还是以矿石提锂为主,青海盐湖工业股份有限公司在卤水提锂工艺处于领先地位。

1)锂辉石为原料制取碳酸锂工艺

以锂辉石为原料,制取碳酸锂的工艺主要有硫酸法、锂辉石与硫酸盐混合烧结法、碳酸钠加压浸出法、氯化焙烧法、石灰石焙烧法等。

① 硫酸法。硫酸法是工业上制取碳酸锂比较成熟的生产工艺。工艺过程是硫酸与β-锂辉石在250~300℃下发生置换反应,生成Li_2SO_4。再用石灰调pH值至11,加碳酸钠除钙、镁、铁、铝等杂质。清液蒸发成含Li_2SO_4 20%左右的净化液,加入碳酸钠,沉淀成碳酸锂。离心脱水,把滤饼烘干,得到碳酸锂产品。硫酸法的优点为生产碳酸锂收率较高;缺点为生产工艺流程长,能耗较高。

② 锂辉石与硫酸盐混合烧结法。锂辉石与硫酸盐混合烧结法主要工艺过程是将锂辉石精矿与K_2SO_4(或$CaSO_4$或两者混合物)在一定温度下混合烧结,经一系列物理、化学反应后,所配入的硫酸盐中的金属元素将矿石中的锂置换生成可溶性的硫酸盐,主要杂质则生成难溶于水的化合物,然后将烧结后的熟料浸出分离,锂离子进入溶液,经净化、浓缩、沉淀后得到碳酸锂产品。锂辉石与硫酸盐混合烧结法的优点如下:具有通用性,能分解所有的锂矿石;缺点如下:生产过程中,若使用K_2SO_4作为硫酸盐,会消耗大量的钾盐,导致生产成本较高,产品也常被钾污染。

③ 碳酸钠加压浸出法。碳酸钠加压浸出法工艺过程如下:

a. 将锂辉石加工制得的β-锂辉石粉碎研磨,至平均粒度为0.074mm。

b. 按Li_2O量配比加入3.5~7倍碳酸钠混匀,在反应器中于200℃加压浸出,并通入CO_2气体,即生成可溶性$LiHCO_3$。

c. 过滤除去残渣(沸石),加热至95℃逐出CO_2,经沉淀、过滤、滤饼烘干,制备出碳酸锂产品。

碳酸钠加压浸出法工艺制取碳酸锂优点如下：生产工艺中省掉了产品洗涤和析钠工序，简化了操作，节约了能耗。因此，采用碳化法工艺优于硫酸法。

④ 氯化焙烧法。氯化焙烧法主要是利用氯化剂使矿石中的锂及其他有价金属转化为氯化物进行提取的。氯化焙烧法生产工艺有两种：中温氯化法和高温氯化或氯化挥发焙烧法。

a. 中温氯化法是在低于碱金属氯化物沸点的温度下，制得含氯化物的烧结块，经过溶出，使之与杂质分离。

b. 高温氯化或氯化挥发焙烧是在高于其沸点的温度下进行焙烧，使氯化物成为气态挥发出来与杂质分离。

氯化焙烧法优点如下：流程简单，不消耗贵重试剂；缺点为LiCl的收集较难，炉气腐蚀性强。

2）盐湖卤水为原料制取碳酸锂工艺

与以锂辉石为原料制备碳酸锂相比，从盐湖卤水中制取碳酸锂，不仅锂的含量较高，而且资源丰富，同时耗能低、产品价格低廉。目前，已成为国内外公司开发生产锂盐的主要研究方向。盐湖卤水为原料制取碳酸锂工艺主要有蒸发沉淀法、煅烧法、溶剂萃取法、电渗析法、吸附法等。

① 蒸发沉淀法。目前，蒸发沉淀法已实现工业化生产，主要工艺过程如下：

a. 利用太阳能在蒸发池中将含锂卤水进行蒸发浓缩。

b. 当锂含量达到适当浓度后，通过脱硼、除镁、钙等分离工序。

c. 加入纯碱使锂以碳酸锂的形式沉淀析出。

蒸发沉淀法的优点如下：工艺过程简单，能耗小，成本低，比较适宜碱土金属含量少、镁锂比低的卤水。

② 煅烧法。煅烧法主要是针对镁锂比较高的盐湖卤水锂提取的技术，主要工艺过程是以含锂水氯镁石饱和卤水为原料，采用喷雾干燥、煅烧、加水洗涤、蒸发浓缩、加碱沉淀等生产工序，从高镁锂比盐湖卤水中进行镁锂分离，制取价高质优的碳酸锂、高纯氧化镁。煅烧法的优点如下：可以有效综合利用盐湖资源；缺点如下：工艺能耗较高；对设备的腐蚀也相当严重。因此，在大规模的工业化生产中对设备的选型是重中之重。

③ 溶剂萃取法。溶剂萃取法工艺过程如下：

a. 将盐湖卤水经盐田日晒分步析出氯化钠、光卤石及部分水氯镁石，得到浓缩卤水，经酸化后进入萃取槽。

b. 以磷酸三丁酯（TBP）为萃取剂，HCl为反萃取剂，$FeCl_3$为络合剂，经多级逆流萃取洗涤、反萃取、洗酸等阶段，萃余液排放，空有机相返回萃取阶段使用。

c. 得到的反萃取液经成品工序的蒸发浓缩、焙烧、浸取、去除杂质，再蒸发浓缩、纯碱沉淀制取 Li_2CO_3 产品。

溶剂萃取法的优点为适合从高镁锂比盐湖卤水中提取碳酸锂，而且工艺可行；缺点是在萃取工艺中需要处理的卤水量大，对设备的腐蚀性较大。

④ 电渗析。电渗析是目前比较环保的新型工艺。中科院青海盐湖研究所研究开发出以含锂浓缩卤水为原料，通过一级或多级电渗析器，利用阴、阳一价选择性离子交换膜进行循环（连续式、连续部分循环式或批量循环式）工艺浓缩锂，获得富锂低镁卤水。然后通过深度除杂、精制浓缩，经转化干燥便可制取碳酸锂产品。

电渗析最大的优点是解决了高镁锂比盐湖卤水中镁和其他杂质分离的难题，成为目前青海高镁锂比卤水提取碳酸锂的一个经济实用的工艺技术。

⑤ 吸附法。吸附法是首先利用有选择性的吸附剂将卤水中的锂离子吸附，然后将锂离子洗脱下来，达到锂离子与其他离子分离，便于后续工序转化利用。吸附法的关键是研究性能优良的吸附剂，目前常用的有铝盐吸附剂、锑酸盐吸附剂、层状吸附剂、离子筛型氧化物吸附剂等。吸附法的优点为生产工艺比较简单，能耗较低；缺点是采用的吸附剂多为粉末状，其流动性、渗透性较差，溶损率也相当大。

（2）氢氧化锂制备工艺[9-16]

① 石灰石焙烧法。石灰石焙烧法提锂工艺流程主要包括生料制备、焙烧、洗渣、浸出液浓缩、净化、结晶等工序。含锂矿物与石灰石粉按（1∶3.05）～（1∶3.15）质量比配比，并和一定质量的氧化钙（40%～42%）配比成生料浆，进入回转窑中进行煅烧，温度达到1150～1300℃时，生料发生一系列复杂的物理、化学反应，矿物中的锂由难溶状态转化成可溶状态。通过浸出工序除掉不溶杂质，过滤分离，浓缩滤液制备氢氧化锂。

石灰石焙烧法提锂工艺流程可以用于几乎所有锂矿石的提锂制备，提锂所用原料易得；但该工艺的反应能耗较高，对锂的回收率不高，浸出液中锂浓度小，蒸发能耗较高，且由于矿浆具有凝聚性，设备维护困难，因此该工艺正被逐步淘汰。

② 硫酸锂苛化冷冻法。将硫酸锂浸出液进行一定的蒸发浓缩，加入氢氧化钠，过滤除杂，之后冷却至-10～5℃，过滤结晶获得芒硝（十水硫酸钠），过滤除杂后浓缩结晶可制得粗产品氢氧化锂。粗产品再次溶解，加入氢氧化钡，过滤分离沉淀，滤液蒸发、结晶，制得纯度更高的氢氧化锂产品。

③ 卤水电解法。将盐湖卤水进行蒸发浓缩，去除体系中的NaCl、KCl；加入适当物质，去除硼酸根、硫酸根等，再加入碱性物质，使体系的pH值升至11左右，过滤沉淀体系中的Ca^{2+}、Mg^{2+}等离子，制得精制卤水，其主要成分为氯化锂。电解卤水，在阴极得到质量分数为14%的LiOH溶液，通过蒸发结晶可制得氢氧化锂固体。该方法还副产氢气和氯气。

碳酸锂和氢氧化锂都可以从锂辉石中提取，二者成本相差不大；而以盐湖卤水制备氢氧化锂的成本则比制备碳酸锂要高很多。同时，碳酸锂和氢氧化锂可以相互转换，但是都需要建设专门的生产线。由碳酸锂制备氢氧化锂采用的是"苛化法"，即在碳酸锂中加入氢氧化钙，反应生产氢氧化锂，工艺上相对比较成熟。氢氧化锂制备碳酸锂更简单，在氢氧化锂溶液中加入二氧化碳，即可得到碳酸锂溶液，再进行析出、沉淀、烘干便可得到碳酸锂。

（3）新型制备技术

南京大学何平教授和周豪慎教授等早在2009年即提出组合电解液（Hybrid electrolyte）的概念[17]，该概念结合有机和水体系电解液的特点，与单一电解液相比拓宽了电池体系的工作电压和应用范围。基于组合电解液，该团队研制出水系锂-空气电池、锂-空气燃料电池、锂-铜电池、锂液流电池等新型大容量电池。

此外，他们还将组合电解液的策略应用于海水提取金属锂技术中[18]。该团队设计的组合电解液由阴极区和阳极区组合而成。阴极区为氩气气氛保护的锂离子有机电解液，以浸入电解液的铜箔为阴极；阳极区以海水为工作电解液，以Ru@ Super P催化电极为阳极。使用锂离子固态电解质陶瓷膜作为锂离子选择性透过膜，分隔开阴极区和阳极区，该陶瓷膜仅允许锂离子通过。采用自行设计的微型可调节太阳能板恒流电源向阴极和阳极之间施加恒定电流，使阳极区海水中的锂离子源源不断地通过固体陶瓷膜，在阴极铜片表面还原生成金属锂单质，从而成功实现从海水中提取金属锂单质。恒流电解法制备速度快且可调节，适用于大规模生产制备。该技术的发明为海洋锂资源开发和太阳能向化学能的转化存储开辟了全新的道路。

锂资源随着电动汽车对锂离子电池急剧上升的需求量将面对加速消耗的情况，长期可能面临锂资源短缺问题。因此，急需开发新的提锂技术，从锂含量低且环境复杂（杂质多）的海水、盐湖水等资源高效获取锂资源。现阶段，相关研究较少，需要更多的研究者参与开发。

（4）专利情况

在碳酸锂材料专利方面，截至2019年中国的相关专利数量已达到2万以上，如图2-1所示，该数量在国际上遥遥领先。国内排名前五的地区分别是广东、江苏、北京、浙江和上海，如图2-2所示。2015年是国内碳酸锂材料专利申请的爆发期，但从2017年开始各国申请数量均呈现下降趋势，如图2-3所示。

目前国际上氢氧化锂材料相关专利数量前3名分别是美国、日本和德国，如图2-4所示。截至2019年中国世界排名12，拥有9600余件相关专利。

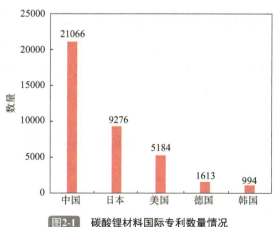

图2-1　碳酸锂材料国际专利数量情况

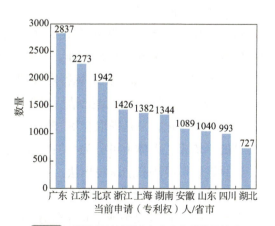

图2-2　碳酸锂材料国内各省市专利数量情况

图2-3 碳酸锂材料专利申请趋势

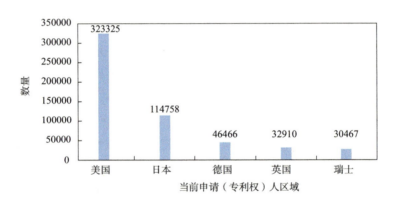

图2-4 氢氧化锂材料国际专利数量情况

2.1.1.2 钴源（四氧化三钴）制备技术[19-24]

（1）钴的提取工艺

自然界中的钴矿很少单独存在，主要伴生于镍矿、铜矿、黄铁矿和砷矿床中，而且含量较少，提取起来相对比较困难。钴矿资源主要有镍钴硫化矿和氧化矿、铜钴矿、砷钴矿、含钴黄铁矿4种类型。钴冶炼特点表现为原料品位低、提取流程长、提取方法多。钴的冶炼一般分为3个步骤：一是把钴从矿石中转入溶液，或制成粗钴合金或钴锍，再转入溶液；二是除杂净化；三是提取金属。

钴的冶炼工艺大体上可分为4类：高温熔炼富集后湿法提取钴、硫酸化焙烧后浸出提出钴、还原焙烧氨浸法和加压浸出法。

1）从镍/铜锍的吹炼渣中提钴

含钴吹炼渣在鼓风炉或电炉中经还原硫化熔炼，获得钴合金或钴锍。经磁选富集后加压酸浸，使钴进入溶液。溶液经净化后加入草酸，使钴生成草酸钴沉淀，草酸钴经煅烧即可产出精制氧化钴产品。

2）从镍精炼净化渣中提钴

镍电解精炼过程中阳极液净化产出的钴渣是重要的提钴原料。钴渣经还原硫酸浸出使钴呈硫酸钴进入溶液，溶液用黄钠铁矾法除铁，萃取法除铜、锌、锰等杂质和镍钴分离获得纯净的氯化钴溶液，借此可生产氧化钴产品，或经电沉积获取金属钴产品。

3）从含钴黄铁矿中提取钴

含钴黄铁矿经浮选可产出含钴0.3%~0.5%的钴硫精矿。钴硫精矿经硫酸化焙烧，使精矿中的钴、镍、铜等有价元素转变为可溶性的硫酸盐。焙砂用水浸或酸浸使钴、镍、铜等转入溶液。浸出液经净化除杂除去铁、铜、锌、锰等杂质，再经镍钴分离得到纯净的钴溶液，电沉积生产金属钴。

4）从砷钴矿提取钴

砷钴矿经焙烧或熔炼使砷以As_2O_3挥发脱除，得到焙砂或钴硫经酸浸使钴进入溶液，溶液经除铁、砷和铜、锌、锰等杂质后进入镍钴分离。净化后的钴溶液再根据市场需要生产金属钴或氧化钴产品。

（2）四氧化三钴的制备

目前国内外生产四氧化三钴的方法有很多，其中化学沉淀-热分解法、纯钴高温下氧化法、钴盐直接焙烧法、阳极氧化法都是比较传统的制备工艺。一些工艺复杂、成本高、缺乏技术支撑、效果差的传统制备方法已经满足不了时代发展的需求，于是新兴的水热合成法、均匀沉淀法、高压氢还原法及近年来研发的喷雾法等方法逐渐发展起来了。

1）化学沉淀-热分解法

化学沉淀-热分解法首先将$CoCl_2$、$CoSO_4$和$Co(NO_3)_2$等可溶性钴盐配制为溶液，按照钴盐的质量加入适当比例的沉淀剂，经化学反应、沉淀、过滤后得到不溶性钴盐，如$CoCO_3$、$Co_2(OH)_2CO_3$和CoC_2O_4等钴的无机络合物，然后将沉淀物真空干燥后，在马弗炉中煅烧，选择200~1000℃的温度区间，最终热分解得到Co_3O_4粉体产物。

化学沉淀-热分解法是通过化学溶解、反应和沉淀，分离出难溶性的钴盐前驱体，干燥后选择合理的温度区间进行煅烧，获得最终产物。有研究表明，要想获得一定的形貌、粒度和比表面积的粉体，可以在工艺流程里对前驱体的形貌和粒度加以调整和控制，这样大大增加了制备工艺的可控性。该工艺方法具有工艺简单、成本低、周期短、产量大、工艺过程易于控制、可以推广于工业生产、反应条件温和、安全稳定性高，对环境条件依赖低、低碳环保、污染小、产物组成均匀、纯度高等优点。

2）胶体化学法

胶体化学法作为较为传统的一种化学合成手段，对于制备超细粉体材料非常重要。其中被报道最多的一种制备工艺体系是溶胶-凝胶法，该方法以其自身的特点和优势，主要应用于制备纳米级粉体。一种方法是采用钴盐和碳酸盐进行溶液反应，生成碳酸钴（$CoCO_3$）沉淀，然后将沉淀物溶解于酸中，加热转化成凝胶，再加入液氨，生成固态物质，将得到的固态反应物选择合理的温度区间进行加热分解，从而获得尖晶石型Co_3O_4。

另一种常见的方法是采用钴盐和碳酸盐反应,控制溶液的酸碱度,在一定的温度区间进行水浴加热,生成胶体,再添加一定量的表面活性剂,选择合理的反应温度进行预热干燥处理,制得的粒子再进行热分解,最终得到超细粉末。

用胶体化学方法制备粉体粒子具有晶粒尺寸小、粒度分布集中、分散性好、透明度高、产品纯度高及工艺流程易于控制等优势。

3)水热合成法

首先配制溶液,在磁力搅拌的持续作用下,向可溶性钴盐水溶液里缓慢滴加沉淀剂、分散剂、氧化剂和有机保护剂。待溶液反应完全后,转移至特制的密闭反应容器中(高压釜或水热合成反应釜),然后把反应釜放入烘箱中加热,在密闭、高温、高压、固定气氛的反应条件下,使难溶或不溶的物质溶解,并且重新结晶。

水热合成法能够直接制备出结晶良好的粉体颗粒,在高温高压的环境下,将反应溶液加热至临界温度,随着温度的提升,离子反应速率不断加快,从而进一步促进水解反应,获得氧化物的沉淀溶液,再经离心分离和热处理得到纳米粒子产物,这种制备技术会使常温常压下化学反应速率缓慢的热力学反应,在水热反应釜所带来的条件下实现反应速率大幅提升。水热合成法对环境条件要求低、能耗低、工序简单,制备的粉体产物纯度高、粒度细且分布均匀、分散性好、形貌可控。

不过,水热合成法也有其自身的不足,主要表现在制备四氧化三钴的过程中,有以下限制因素:有赖于高温高压;高压还原反应必须要求密闭和控制氢气的分压;有赖于设备的精良。因此导致生产成本上涨,使得其还没有被广泛地应用于生产中。

4)喷雾热分解法

喷雾热分解法是将可溶性盐溶解,加热到一定的温度下,通过高压以喷雾的方式均匀地喷涂在待测实验平面上,钴盐小液滴在极短的时间里完成蒸发、分解气体及结晶的一系列过程。采用喷雾热分解法制备的固体粉末的结构和形貌都比较好,最值得关注的是该方法的产率极高,能够控制粉体的结构和形貌,产能相当大。普遍的实验工艺是采用氯化钴为原料,通过溶解、加热、喷雾、蒸发、热分解、结晶等过程,在特定的气氛环境和温度条件下,使得溶盐液滴在极速下完成喷雾热分解的过程。

目前,采用喷雾热分解法制备电池级的四氧化三钴粉体大体上有两种方式。第一种是使用喷雾热解炉,将钴盐溶液在特定的气氛和温度条件下,进行喷雾、蒸发、结晶、热分解。但该种方式的生产设备极其昂贵,推广于工业生产成本较高,且产能消耗大,在国内只能应用于极少部分的科学研发。除此之外,这一方式的不足之处还在于对杂质离子的控制,其产物中夹带着大量的氯离子和其他杂质离子,这些在后期处理中很难过滤干净。另一种方式是在选用原料上进行改变,使用钴的氢氧化物进行喷雾热分解。但这种方式也有其自身的弊端,在配制氢氧化物时,溶液里的沉淀相态很难获取,且反应过程不易控制。过滤时,无法将杂质离子去除干净,废弃的液相里存在大量的钴氨络合离子,排放前必须经过净化处理,否则会造成环境污染。

喷雾热分解法的工艺流程易于控制,制备出的粉体材料晶粒尺寸小、粒度均匀、形貌单一,不足之处在于成本过高。

(3)专利情况

四氧化三钴材料相关专利数量目前世界上排名前三的国家是日本、中国和美国,中国近年来一直处于数量上升阶段,在2019年总数量超过日本。日本专利主要集中在龙头企业,国际专利前十位专利权人日本企业占据六名,如图2-5所示。中国专利数量排名第一的专利权人也是日本企业"三洋电机株式会社",如图2-6所示。

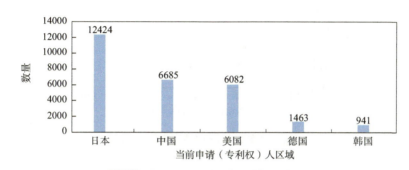

图2-5 四氧化三钴材料国际专利数量情况

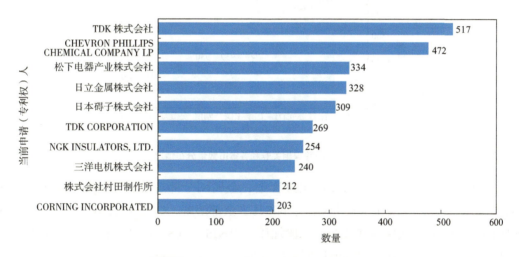

图2-6 四氧化三钴材料国际专利权人排名情况

2.1.1.3 其他原材料制备技术

(1)镍源(硫酸镍)制备技术[25-30]

1)以硫化镍矿为原料

硫化镍矿浸出工艺较多,如细菌浸出、熔炼镍锍-电解造液、熔炼镍锍-选择性浸出等,工艺最初涉及均为制备电解镍,因为熔炼镍锍-硫酸浸出具有流程短、成本低、浸出选择性强等优点,逐步替代其他工艺,并用于工业硫酸镍的制备。

硫化镍矿经闪速炉、转炉初级冶炼而成的含Ni、Cu、Co、Fe、S等合金与金属硫化物的共熔体(即镍锍),其基本物相组成是NiFeCu、NiS、Ni_3S_2、CuS、Cu_2S,其中硫化物占90%以上。根据镍锍含Cu量对浸出液处理的影响,在镍锍浸出时,对高Cu镍锍采用一段常压、两段加压的两段逆流浸出工艺，对低Cu镍锍采用一段加压浸出工艺。

硫酸镍国内专利已达17000余件（见图2-7），主要集中于北京、广东、江苏三地（见图2-8），国内专利权人前两名分别为中国石油化工股份有限公司、中国石油化工股份有限公司抚顺石油化工研究院，2016年专利申请数量出现下降趋势。

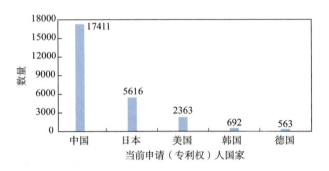

图2-7　硫酸镍中国相关专利数量分布情况

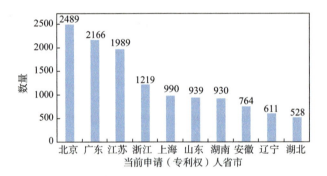

图2-8　硫酸镍相关专利各省市数量分布情况

① 高Cu镍锍。高Cu镍锍常压浸出过程中，金属Ni全部溶解，Ni_3S_2部分溶解，NiS、CuS、Cu_2S不溶解；一段加压浸出Ni_3S_2、NiS几乎全部溶解，Cu_2S部分溶解并转化为CuS，Cu以CuS、Cu_2S的形式保留在渣中；二段加压浸出NiS、CuS、Cu_2S全部浸出。常压浸出液用于生产镍产品，一段加压浸出液返回常压浸出，二段加压浸出液用于生产铜产品。

② 低Cu镍锍。高Cu镍锍采用将一段加压的Cu^{2+}返回常压浸出，主要是用作金属态Ni、Fe的氧化剂，而对于低Cu镍锍，Cu含量少，常压浸出过程中对金属态Ni、Fe不能有效浸出。日本住友的新居滨镍冶炼厂利用低Cu镍锍为原料，采用类似于处理高Cu镍锍选择性浸出的一次加压浸出工艺，将原料中低含量的Cu保留在渣中，而对浸出液净化除杂后进行镍钴分离，分别生产硫酸镍和电解钴。

2）以羰基镍为原料

羰基镍在氧化剂的作用下，在稀酸溶液中具有较好的溶解速率。因该技术工业化过程简单，一经发现就被用于工业化生产。由于羰基镍中Co、Cu、Pb（Zn）含量约是电镍的1/8、1/50、1/10，所以，虽然以羰基镍为原料生产的硫酸镍纯度高，但也存在以下缺点：①原料昂贵成本高，且主要依靠进口；②羰基镍毒性较大，已被国际癌症研究中心确认为致癌物；③提取过程中有CO有毒气体放出，生产条件要求苛刻。

3）以红土镍矿为原料

红土镍矿含Ni 1.0%~1.8%，含Mg高达20%，Mg品位相对高，制备工业硫酸镍主要降低Mg的浸出率并最大化Mg的回收。

北京矿冶研究总院借鉴澳大利亚雅布鲁镍冶炼厂Caron工艺处理元石山的高铁低镁红土镍矿（Ni 0.89%、Fe 20.8%、Mg 6.0%、Co 0.044%），采用还原焙烧后两段氨浸强化镍钴浸出的同时避免了Mg的浸出，氨体系浸出液经选择性萃取—硫酸反萃得到纯净的硫酸镍溶液，进一步蒸发结晶为工业硫酸镍产品。另一种方法是借鉴澳大利亚雅布鲁镍冶炼厂红土镍矿与氢氧化镍钴联合处理工艺，对红土镍矿常压硫酸浸出的浸出液除杂后所得氢氧化镍钴进行氨浸，避免了氢氧化镍钴酸溶过程中Mg的溶出，氨浸出液经选择性萃取—硫酸反萃、蒸发结晶得到工业硫酸镍产品。

（2）锰源（碳酸锰、二氧化锰）制备技术[31-34]

常见锰矿包括无水和含水氧化锰矿和碳酸锰矿，世界锰矿主要以氧化锰矿为主，但中国锰矿以碳酸锰矿为主。我国锰矿资源中，碳酸锰矿占比56%，氧化锰矿占比25%，其他类锰矿石占比19%。

碳酸锰材料相关专利总数近两万，日本数量占比50%以上（见图2-9），国内排名前五名的省（直辖市）分别为广东、北京、江苏、浙江、上海（见图2-10），但从2012年起，各国申请数量均呈现下降趋势。

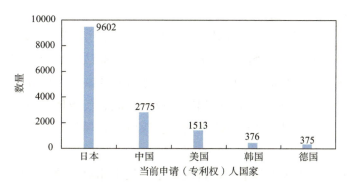

图2-9　碳酸锰材料国际专利数量情况

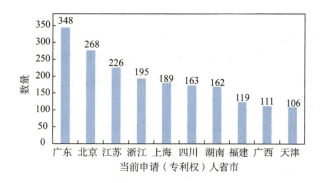

图2-10　国内专利权人排名情况

1)碳酸锰矿浸出工艺

① 预焙烧浸出法。预焙烧浸出法主要有还原焙烧和中性焙烧。还原焙烧主要适用于高价态锰矿含量较高的菱锰矿。通过通入还原性气体(如一氧化碳)或加入还原性物质(如双氧水),使高价态的锰被还原成低价态锰,有利于后续浸出。中性焙烧主要是将碳酸锰矿与添加剂的混合物料经过高温焙烧生成可溶性锰盐,然后浸出、沉淀的方法。高温焙烧后物料中挥发性杂质被除去,矿物有效成分发生相变,颗粒中出现裂纹,有利于浸取。目前研究最多的是利用铵盐作为焙烧添加剂。

预焙烧浸出法可以有效改变矿石性质,显著提高锰的浸出率和品位。但存在能耗较大、生产成本高、有有害气体生成的问题。如果能找到高效的焙烧添加剂,降低焙烧温度并减少有害气体的排放,预焙烧浸出法将是未来锰矿主要的浸出方法之一。

② 还原浸出法。还原浸取是加入还原剂使被浸出固体物料中的有益组分在浸出过程中发生以还原反应为特征的浸出方法。菱锰矿与含高价态锰矿(如软锰矿、硅酸锰矿等)共生时,还原剂可将高价态的锰还原成低价态锰,因其易于浸取而获得较高的浸出率。很多学者对还原剂的种类进行大量的实验探索,目前使用的还原剂有苯胺、葡萄糖、纤维素、亚硫酸氢钠、亚硫酸盐、硫代硫酸盐、二氧化硫、硫酸亚铁、铁屑、黄铁矿、闪锌矿、方铅矿、抗坏血酸、羟基胺等。

菱锰矿中伴生的软锰矿、硅酸锰矿等高价态锰矿的含量较高时,利用还原浸出可以获得较高的浸出率。其过程节约资源,生产成本低,无污染,浸出效果好,是未来处理含高价态锰的菱锰矿较理想的工艺。

③ 直接酸浸法。直接酸浸法是采用酸与碳酸锰矿直接作用浸出锰的过程。由于浸出过程简单,容易操作,并且成本较低,浸出率较高,使得此法在国内外被广泛应用于工业生产。就目前的研究而言,工业生产用酸仍是工业盐酸和硫酸。国内外学者对不同地区的碳酸锰矿进行了大量深入的研究,对反应温度、反应时间、反应体系液固比、搅拌速率、物料颗粒大小、酸的浓度等因素进行了大量的实验探索。在最佳工艺条件下,取得了较高的浸出率。

直接酸浸法具有生产流程简单、设备投资小、技术相对成熟、锰浸出率高等特点,作为传统工艺一直被应用于工业生产。当矿石中含有还原性物质、浸出液中含有还原性离子或者浸出过程中生成还原性气体时,添加高价态锰矿进行配矿浸出,可取得较好的浸出效果。根据碳酸锰矿不同的矿石性质,调整工艺条件,酸浸均能达到较好的浸出效果。直接酸浸法浸出锰的同时,其他碳酸盐类矿物也进入浸出液中,使得后续除杂工序比较复杂。基于成本和浸出效果考虑,直接浸出法是目前乃至以后被广泛工业应用的工艺方法。

2)电解二氧化锰(EMD)生产方法

电解二氧化锰的生产方法分为高温法和低温法两种。低温法的主要工艺条件如下:电解液的温度为20～25℃,电解液的硫酸浓度为120～200g/L,阳极电流密度为500A/m^2,电解生成的二氧化锰呈浆状悬浮于电解液中。高温法的主要工艺条件如下:电解液的温度为95～100℃,电解液的硫酸浓度为30～50g/L,阳极电流密度为40～100A/m^2。高温法与低温法相比具有阳极电流密度低、电解槽材质要求低、操作简单及生产连续化等优点，是目前各国生产EMD最主要的方法。高温法沉积在阳极上的二氧化锰经过剥离、粉碎、漂洗、中和、干燥等处理后即成为电解二氧化锰产品。

电解二氧化锰按原料的不同，可以分为碳酸锰矿法、氧化锰还原焙烧法和"两矿"法等工艺。目前国内多采用碳酸锰矿法，即碳酸锰矿粉用硫酸浸出制得硫酸锰溶液经过滤、净化、电解而成。国外多采用氧化锰还原焙烧法，即二氧化锰矿经粉碎、还原浸出、净化、电解而成。"两矿"法即采用MnO_2矿与硫铁矿还原浸出、净化、电解而成。

（3）铁源（磷酸铁）制备技术[35-40]

1）共沉淀法

共沉淀法是指溶液中含有两种或多种阳离子，它们以均相形式存在于溶液中，加入沉淀剂，经沉淀反应后，可得到各种成分的均匀的沉淀。共沉淀法是制备$FePO_4$的传统方法，其过程如下：将铁源与磷源溶解之后，加入其他的化合物使析出沉淀，之后进行洗涤、干燥、煅烧即可得到产物。

2）水热法

水热法以氯化铁和磷酸苯二钠为铁源和磷源，以十二烷基硫酸钠为表面活性剂，混合均匀之后，于180℃下进行水热反应，可成功制备复合介孔$FePO_4$。水热反应发生在高压反应釜中，外界环境是高温、高压，因此，难溶的物质在该反应体系中可以溶解和重结晶。由于水热反应操作温度温和、工艺简单、产品的结晶度高，而且易于批量生产，因此得到很多人的青睐。实验过程中通过调整实验参数，如温度、压力、浓度和添加物等控制产品的性能。

3）喷雾干燥法

喷雾干燥法以六水氯化铁和磷酸分别为铁源和磷源，蒸馏水为溶剂，在一定量的阳离子表面活性剂CTAB存在下，反应一段时间得到单斜晶型$FePO_4 \cdot 2H_2O$，其平均粒径约为1.5μm，获得的产物粒度分散性较好。

4）其他方法

用三氯化铁或硝酸铁溶液与磷酸反应，在高温下使氯化氢或硝酸分解挥发，或用氨水中和过量酸得到磷酸铁。也可将硫酸亚铁用磷酸酸化后与氯酸钠或过氧化氢反应，生成磷酸二氢铁，再用氢氧化钠或氨水调节pH值为2左右，生成磷酸铁。

磷酸铁材料国际相关专利约8000件，以日本、中国、美国为主，三国占据专利总量的70%以上，如图2-11所示。中国专利总数逾30000件，各省市排名前5名分别为广东、北京、江苏、四川、浙江，专利权人前3名分别为清华大学、合肥国轩高科动力能源有限公司、湖南妙盛汽车电源有限公司，如图2-12所示。

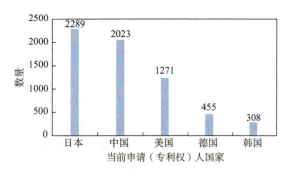

图2-11 磷酸铁材料国际专利数量情况

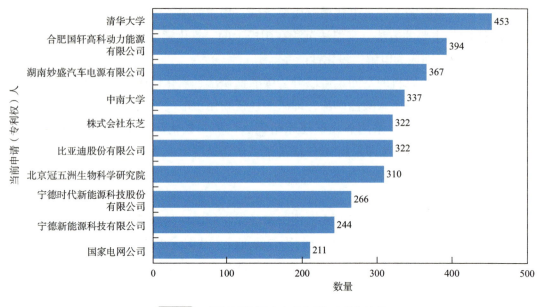

图2-12 磷酸铁材料国内专利专利权人排名情况

2.1.2 原材料产业技术

锂离子二次电池材料制造过程中涉及很广泛的化工原材料，例如，正极材料中普遍用到的有色金属镍、钴、锰和铁的化合物；正极和电解质盐用到的锂盐；负极用到的各种碳材料，从天然石墨矿到石油或者煤提取的沥青、针状焦，以及新型负极材料的硅和钛的化合物；隔膜涉及各类聚合物材料，如PE、PP、PET，以及近年来用于制备隔膜涂覆和用来提高安全性的陶瓷粉体氧化铝乃至固态电解质等；集流体涉及铜箔和铝箔；铝塑膜涉及铝箔、胶、塑料膜等，如表2-1所示。限于篇幅，本书着重从正极原材料、负极原材料、电解液原材料及电池隔膜原材料4个方面来详细分析。

表2-1 锂离子二次电池主要原材料

电池材料	正极材料	负极材料	电解液	隔膜	集流体	铝塑膜	结构件
主要原材料	金属原材料，包括锂、钴、镍、锰、铁、磷等	天然石墨、针状焦、沥青、硅、氧化钛	电解质盐、$LiPF_6$、LiF、HF、溶剂包括各类碳酸酯、添加剂	PE、PP、PET、陶瓷粉体、黏结剂	铜、铝	铝、胶	金属、高分子聚合物等

2.1.2.1 正极原材料制备技术

目前在锂离子二次动力电池中，常见的正极材料中钴酸锂一般仅用于消费类电池，而锰酸锂、磷酸铁锂及三元材料（包括NCM和NCA）都有广泛应用。动力电池用的正极材料的直接原材料包括各类前驱体，这些前驱体的原材料又包括锂盐、镍盐、钴盐、锰盐、铁盐等。本节首先对于一般常见的前驱体生产技术进行简单的介绍，然后在此基础上详细介绍主要动力电池正极材料三元材料中的金属原材料制备技术，在各分段落也会就产业界主要供应商做一些简单的介绍。

(1) 常见正极材料前驱体及正极材料的合成方法简介

1) 磷酸铁锂

磷酸铁锂常见的制备方法包括高温固相法、碳热还原法、水热合成法及其他一些方法。目前国内外已经能实现磷酸铁锂电池量产的合成方法大部分是基于高温固相法或碳热还原法。

① 高温固相法：该方法混合锂源、铁源、磷源等，在球磨干燥后，置于窑炉内，在惰性或者还原气氛下，以一定的升温加速加热到某一温度，反应一段时间后冷却。高温固相法的优点是工艺简单、易实现产业化，但产物粒径不易控制、分布不均匀，形貌也不规则，并且在合成过程中需要使用惰性气体保护。

② 碳热还原法：这种方法是高温固相法的改进，即在第一步混合球磨中加入碳源，2010年前后有不少企业在应用。由于该方法的生产过程较为简单可控，原材料简单，且采用一次烧结，所以，它为磷酸铁锂走向工业化提供了另一条途径。

早期主要是以草酸亚铁为铁源的高温固相法和以铁红为铁源的碳热还原法。对碳热还原法来讲，选取的铁源主要有两种，一种是早期Valence和苏州恒正的氧化铁红路线，还有一种是目前已经普遍采用的磷酸铁路线。后者制程工艺较为简单，其最大优点是避开了其他合成方法中使用磷酸二氢铵为原料，产生大量氨气污染的环境问题，同时可以利用控制磷酸铁前驱体的形貌来控制最终产品磷酸铁锂的形貌。目前这种路线的合成方法就是$FePO_4$前驱体加上葡萄糖等碳源和碳酸锂，在密闭气氛下高温烧结，就可以得到理想的磷酸铁锂正极材料。

$FePO_4$作为制备锂离子电池正极材料$LiFePO_4$的重要原料，具有成本低、结构稳定、环境友好等特点而受到广泛关注。目前$FePO_4$的合成方法主要有共沉淀法、水热法和溶胶-凝胶法等。共沉淀法是制备$FePO_4$的主要方法，该方法制备过程简单方便、能耗小、需要的设备简单并且制备的颗粒粒度小而且分布均匀。

2) 三元材料

在三元材料的制备过程中，一般会先用湿法化学的方法制备三元材料的（镍钴锰或者镍钴铝）氢氧化物沉淀为前驱体，然后通过"火法"——高温混合、烧结反应制备得到相应的三元材料。

目前工业上使用的制备三元前驱体的主要方法为共沉淀方法，主要的原材料有硫酸钴、硫酸镍、硫酸锰、氨水和氢氧化钠。将氨水和氢氧化钠制成碱性溶液，将硫酸锰、硫酸钴、硫酸镍按照一定比例溶解于去离子水中制成盐溶液，将盐溶液、碱溶液、氨溶液以一定流量加入到反应釜中并不断搅拌，在氮气气氛保护下，以适当的温度、搅拌速率和pH值等反应条件下，形成氢氧化物沉淀[$Ni_xCo_yMn_z(OH)_2$]。溢出液经过熟化后，进行脱水，并用适当温度的去离子水或碱液进行清洗，至钠离子含量、硫酸根含量达目标要求，脱水后的滤饼经过干燥，就可以得到三元材料的前驱体三元金属氢氧化物粉末[$Ni_xCo_yMn_z(OH)_2$]。在实际生产中，硫酸盐的转化率与反应物的浓度、反应物之间的比例和反应的pH

值有着密切的关系。如果是镍钴铝酸锂NCA的前驱体的制备方法和NCM前驱体类似，可以合成二元镍钴氢氧化物前驱体或直接镍钴铝氢氧化物NCA前驱体。

此外，前驱体生产方式可以分为连续式和间歇式。连续式生产的前驱体一般粒径分布比较宽，因为压实比较高，对于D50较小的前驱体生产较为难控制；相对应地间歇式生产的前驱体一般粒径分布比较窄，压实比较小，比较容易实现D50较小的前驱体生产，也比较容易实现前驱体掺杂和包覆。

在得到前驱体以后，一般以镍钴锰氢氧化物和锂的氢氧化物或碳酸盐为原料，按相应的物质的量配制混合，在700~1100℃下煅烧，得到镍钴锰三元材料产品。与传统的一步固相合成技术相比，采用共沉淀前驱体方法可以使材料达到分子或原子线度化学计量比混合，易得到粒径分布均匀、元素分布均匀的前驱体，且烧结产品的性能较好，重现性好，煅烧条件更容易控制，操作简单，商业化生产均采用此方法。

镍钴锰氢氧化物沉淀和镍钴铝氢氧化物沉淀的工业化制备用的可溶性金属盐一般都是硫酸盐。从理论上来讲，金属可溶性的氯化物、硝酸盐都可以用来制备沉淀，但是氯化物会对不锈钢等金属设备造成腐蚀，硝酸盐的高价格和烧结工艺产生的氮氧化物污染，使这两种可溶性金属盐几乎没有被使用。

图2-13所示为三元材料前驱体制备沉淀过程示意图。

3）锰酸锂

锰酸锂的制备可以采用不同的锰源，包括各类锰的氧化物，如MnO_2、Mn_2O_3、Mn_3O_4、$MnCO_3$等。其常规合成方法包括固相高温烧结、溶胶-凝胶法、乳液干燥法等，目前一般的工艺路线采用电解二氧化锰EMD+碳酸锂高温固相烧结。有研究报道四氧化三锰由于纯度高、杂质含量少，结构为尖晶石型，合成尖晶石型锰酸锂的时候不存在剧烈的结构变化，因此是合成尖晶石型锰酸锂的优质原料。目前，高端动力用锰酸锂都是电池级Mn_3O_4和碳酸锂烧结而得到的，呈晶粒大小较为均匀的单晶八面体形貌，而由EMD制备的锰酸锂呈晶粒大小不均匀的二次颗粒形貌。

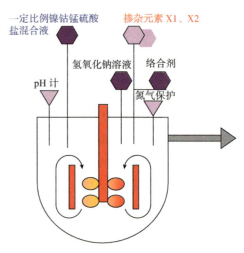

图2-13 三元材料前驱体制备沉淀过程示意图

（2）金属原材料的制备

1）硫酸镍/钴的制备

硫酸镍按照用途不同，国标分为电池级和电镀级，主要差异是电池级的钴盐含量稍微高一点。电池级硫酸镍的制备路线较多，如果按照直接原料来分，包括：金属镍/羰基镍直接硫酸溶解制备，氧化镍、氢氧化镍和碳酸镍等镍中间品；含镍废料，电解铜或者钴生产中得到的副产物。目前，我国硫酸镍的生产主要以镍中间品为原料。

国内早期的大规模硫酸镍生产工艺都是基于硫化镍矿，因为中国的镍资源绝大部分是硫化镍矿。传统的硫化镍富矿生产镍，需要经过采矿、选矿，然后通过火法冶炼得到含Ni70%左右的高冰镍，到这一步，可以进行精炼电解制备得到高纯度电解镍板，或者溶解除杂，直接制备得到硫酸镍。2001年吉恩镍业借鉴国内外经验，建成年产1万吨六水硫酸镍项目，具体工艺如下：含Ni62%、Cu9%、Co1%、Fe3%、S20%的高Cu镍锍经球磨后，用一次加压浸出液浆化通入空气搅拌，常压浸出，常压浸出液调pH值后直接蒸发，结晶为含Co硫酸镍，结晶母液经P204除杂、Cyanex272镍钴分离后，分别蒸发结晶为精制硫酸镍和精制硫酸钴，具体流程如图2-14所示。

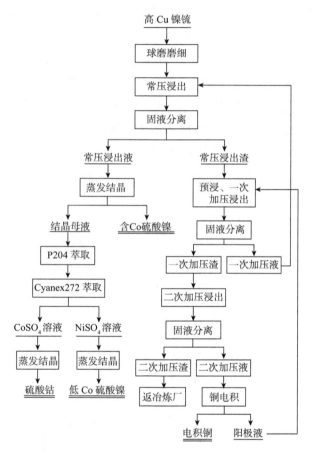

图2-14 硫化镍矿提取硫酸镍路线

近年来，随着国内越来越多利用红土矿资源，越来越多的硫酸镍产能来自于红土矿冶炼，国内也逐渐开发出针对红土矿的不同冶炼工艺，一种是火法的镍铁技术，就是不再生产高纯度的电解镍板，而是将红土镍矿直接和焦炭一起放入高炉，回转窑-电炉工艺成为领先镍铁供应商的冶炼方法，熔炼出镍生铁（镍铁合金），从而替代镍板作为不锈钢的原料。由于生产步骤的减少，使得生产成本大大降低，也使得国内的青山制铁一举成为全球最大的不锈钢和原生镍提取商。

如果从红土矿提取硫酸镍，需要采用湿法工艺，如北京矿冶研究总院借鉴澳大利亚雅布鲁镍冶炼厂Caron工艺处理元石山的高铁低镁红土镍矿，采用还原焙烧后两段氨浸强化镍钴浸出的同时避免了Mg的浸出，氨体系浸出液经选择性萃取-硫酸反萃，得到纯净的硫酸镍溶液，进一步蒸发结晶为工业硫酸镍产品，萃余液硫化沉淀得粗制CoS（Co 30%）。

详细的各类工业化硫酸镍制备工艺路线的总结可以参见《化工进展》2015年第34卷第8期3085页《工业硫酸镍生产技术进展》。硫酸钴的制备一般没有单独流程，是与硫酸镍的副产物一同制备的。

2）硫酸锰及其电池级氧化锰的制备

① 硫酸锰。当前生产高纯硫酸锰主要有3种方式，一是通过碳酸锰矿石原料生产，二是通过工业硫酸锰原料生产，三是通过电解金属锰原料生产，这3种方式各有其优缺点。其中通过矿石和工业硫酸锰制备，杂质工艺处理比较困难、复杂，尤其是K^+、Na^+、Ca^{2+}、Mg^{2+}，但成本较低。通过电解金属锰，因其本身纯度就是99.5%以上，对后续除杂工艺流程短，成品质量高，但价格也较高。常规硫酸锰的制备，以常见的碳酸锰矿为原料，混合煤粉燃烧后，获得二氧化锰；经过酸化溶解、化合、压滤除杂后的硫酸锰溶液，加入适当的硫化物，调节pH值，搅拌一定时间，生成不溶于水的PbS、CdS等沉淀，再通过压滤去除硫化物沉淀，得到无Pb^{2+}、Cd^{2+}等重金属离子的硫酸锰溶液，再向该溶液加入氟化物，控制pH值、反应温度、搅拌时间和浓度，压滤，除掉Ca^{2+}和Mg^{2+}离子，即可得到比较纯净的硫酸锰溶液。

根据南京国环科技股份有限公司编制的《贵州红星发展大龙锰业有限责任公司3万t/a动力电池专用高纯硫酸锰项目环境影响报告书》，其具体流程和前述流程有点类似，但是除杂的化学过程略有不同，如图2-15所示。

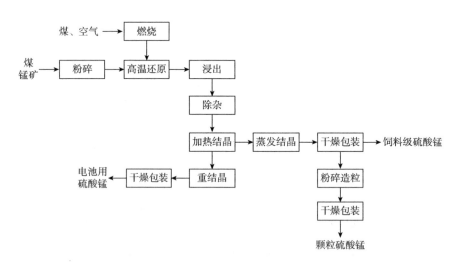

图2-15 贵州红星发展硫酸锰制备流程工艺路线图

a. 锰浆脱硫吸收：二氧化锰矿粉打浆后将烟气通入浆液中，二氧化锰与烟气中的二氧化硫反应生成硫酸锰溶液，然后进行固液分离，固体经洗涤后作为废渣运至渣场堆放，液体进入下一工序。

b. 中和净化：烟气脱硫得到的硫酸锰溶液含有比较多的杂质，先加入硫酸锰溶液、水、烧结锰矿、硫铁矿，净化烟气脱硫系统得到的硫酸锰，该过程控制硫铁矿的加入，使硫铁矿全部反应完成，再通过加入硫酸与多余的烧结锰矿反应，进一步生成硫酸锰。

c. 硫化：硫酸锰溶液与配制好的氨水及硫化锰酸化产生的硫化氢发生反应，得到硫化锰及硫酸铵溶液，分离后硫酸铵溶液经蒸发经晶、烘干等过程得到副产品硫酸铵。硫化锰进行打浆后进入酸化工序。

d. 酸化工序：经固液分离后的硫化锰经打浆后与硫酸发生酸化反应，除去钙、镁、重金属，得到合格的硫酸锰溶液，反应产生的硫化氢气体返回硫化工序，该工序为全密封系统，设置有水封等系统，避免硫化氢外泄。

e. 精制工序：酸化好的硫酸锰溶液经进一步除铁工序及蒸发结晶、脱水、烘干得到高纯一水硫酸锰产品。

② 电解二氧化锰EMD。电解法生产的二氧化锰EMD品位为90%~94%，呈γ晶型，具有密度大、填充密度高等特点。在电化学性能上还具有放电容量大、放电过电位低等优点，是制备锰酸锂的常规原料。现在世界上二氧化锰产量中EMD占90%左右。

电解二氧化锰按原料的不同，生产方法也可以分为碳酸锰矿法、氧化锰还原焙烧法和"两矿"法等工艺。目前国内多采用碳酸锰矿法，即碳酸锰矿粉用硫酸浸出制得硫酸锰溶液，经过滤、净化、电解而成。国外多采用氧化锰还原焙烧法，即二氧化锰矿经粉碎、还原浸出、净化、电解而成。"两矿"法即采用二氧化锰矿与硫铁矿还原浸出、净化、电解而成。一般过程都是先得到较纯的硫酸锰溶液，然后进行电解得到。以上3种方法电解工艺大体接近，硫酸锰溶液计量后加入电解槽，控制槽温、电解槽硫酸浓度、槽电压等工艺参数，硫酸锰溶液电解成为硫酸和二氧化锰产品，电解二氧化锰产品生长在阳极板上，同时产生氢气。块状电解二氧化锰从极板剥离、破碎、漂洗、磨粉后，生产为电解二氧化锰粉状产品。

根据南京国环科技股份有限公司编制的《贵州红星发展大龙锰业有限责任公司6000吨/年高性能电解二氧化锰技术改造项目环境影响报告书》，该EMD项目与原有电解生产工艺在前端硫酸锰的制备过程中，有一定改变，其余后续工艺均保持一致。为降低硫酸锰溶液中的杂质，本次项目采用两矿一步法生产硫酸锰溶液，即采用氧化锰矿粉与硫铁矿矿粉、硫酸反应生成硫酸锰溶液。制得的硫酸锰溶液中含有较大量的Fe^{2+}和少量的镍、钼等重金属离子，先向溶液中加入一定量的软锰矿粉（含二氧化锰粉），将溶液中的Fe^{2+}氧化成Fe^{3+}，再加氢氧化钠溶液将溶液中和至pH值近中性，沉淀去除Fe^{3+}等；再加少量福美钠（SDD，二甲基二硫代氨基甲酸钠），福美钠与镍等重金属螯合反应生成熔度积极小螯合物沉淀，因此可沉去除镍等；最后向溶液中加入少量高锰酸钠，以吸附沉淀去除溶液中尚存的少量钼等。前述溶液经过滤去除其中沉淀物，配制成电解液，在溶液温度保持在（93±5）℃，槽电压2~3V下电解，在阳极上沉积生成块状二氧化锰粗品，二氧化锰粗品经剥离、粉碎、用水多次漂洗，并加入碳酸氢钠中和至pH=5~7，再经过滤、干燥、磨粉制得电解二氧化锰产品。

③ 电池级Mn_3O_4的制备工艺。电池级Mn_3O_4主要用来与碳酸锂反应制备高纯度锰酸锂，

见图2-16。一种电池级Mn_3O_4的制备方法是向碳酸锰矿[主要成分为$MnCO_3$，还含有铁（+2价）、镍（+2价）、钴（+2价）等碳酸盐杂质]中加入硫酸，这些碳酸盐和稀硫酸反应生成硫酸盐，向溶液中加入二氧化锰、氨水并调节溶液的pH值，可以将亚铁离子氧化为铁离子，调节pH值可以将氢氧化铁沉淀下来，向滤液A中加入硫化铵，可以将镍离子、钴离子形成硫化物沉淀下来，过滤后得到硫酸锰溶液，向滤液中加入碳酸氢铵、氨水，得到碳酸锰沉淀和滤液B，焙烧碳酸锰固体得到Mn_3O_4。

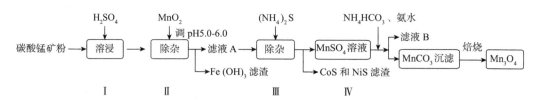

图2-16 由碳酸锰矿制备电池级Mn_3O_4的制备工艺示意图

3）锂盐：碳酸锂和一水合氢氧化锂的制备

单水氢氧化锂、碳酸锂和氯化锂等同属于基础锂盐产品。碳酸锂是生产二次锂盐和金属锂的基础材料，因而碳酸锂是锂产品中最为关键的产品，其他锂产品基本都是碳酸锂的下游产品。

常规的锂盐制备方法主要有卤水法、锂辉石路线和锂云母路线。相比盐湖卤水提锂，矿石提锂（包括锂辉石和锂云母）在中国具有以下优势：①矿石提锂工艺技术成熟，原料化学组成较稳定，杂质成分较少，工艺过程易于控制，产品质量稳定可靠；②矿石提锂工艺灵活，可实现多种锂化合物同时生产；③中国的盐湖卤水提锂的成本相对于锂辉石矿石提锂的成本要高。青海台吉乃尔盐湖由于镁锂比，锂镁分离是其难题，这导致成本很高。西藏扎布耶盐湖卤水属碳酸盐型，镁锂比低，但由于其地理位置、地质结构原因，造成其粗碳酸锂矿提取的投资成本、运行成本及运输成本高。

① 锂辉石制备碳酸锂和氢氧化锂。锂辉石是利用传统采矿技术从露天开采系统中提取出来的，然后，将提取的锂辉石"块"进行机械破碎，以减小其尺寸。粉碎后的矿石进一步研磨，得到更精细的产品，更适合于在浮池中进一步分离。在这些浮选中，包括石英、长石和云母在内的各种其他矿物质被除去。这样选矿后，形成锂辉石浓缩物，经过化学处理制成碳酸锂或氢氧化锂。

图2-17所示是赣峰锂业从锂辉石提取碳酸锂和氢氧化锂的路线示意图，这是目前典型的锂辉石提锂的技术路线。赣峰锂业锂辉石硫酸浸出工艺主要在中和、碱化、离子交换阶段去除杂质。其中，在中和过滤阶段可以将Si和Al杂质去除，在碱化除杂阶段去除Mg、Mn、Cu、Zn等杂质，通过离子交换工序除去Ca^{2+}离子，Na^+和SO_4^{2-}杂质主要通过离心分离和洗涤工序去除。如果拿到硫酸锂精制液后加入烧碱，可以冷冻结晶获得氢氧化锂溶液和十水合硫酸钠，氢氧化锂溶液经过浓缩结晶、分离和烘干程序获得电池级一水合氢氧化锂，其中后半段通过封闭体系实现碳酸盐的稳定。

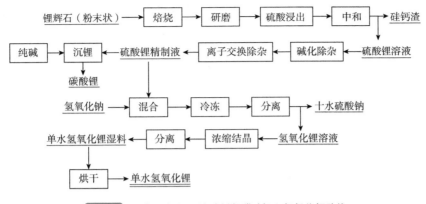

图2-17 常规的锂辉石精矿制备碳酸锂和氢氧化锂路线

以上简单介绍了国内赣锋锂业的由锂辉石制备碳酸锂和一水合氢氧化锂的技术路线。根据天齐锂业2018年年报和最新的天齐锂业5000吨扩产的环评报告书，天齐锂业的锂精矿都来自泰利森，通过以下步骤在格林布什矿场将锂辉石加工成锂精矿：a.开采的粗矿通过多级破碎循环进行尺寸减小；b.破碎的矿石通过筛网区分尺寸，用重介质分离法使锂矿物与多密度矿物分离，将粗糙的碎矿进行浓缩，从而得到粗糙的锂精矿；c.使用筛网或液压尺寸测定方法进行分类，以将剩余的矿粒按照不同尺寸分成不同的组别；d.使用再研磨球磨改善所含锂矿物的释放；e.采用湿式高强度磁选去除潜在的污染矿物质；f.进行浮选从而得到精细的锂精矿；g.进行增稠及过滤以生产化学或技术级锂精矿。然后锂精矿运到国内的几个工厂进行基础锂盐的制备。其碳酸锂生产工艺和赣锋锂业十分类似。第一步，对锂精矿进行煅烧、磨细和酸化。第二步，加入碳酸钙并进行调浆、浸取、过滤，将锂精矿转化为硫酸锂溶液。第三步，通过纯化和蒸发浓缩处理将硫酸锂溶液进行浓缩过滤，然后加入碳酸钠、氢氧化钠或氯化钙制成成品碳酸锂、氢氧化锂或氯化锂。第四步，通过电解和蒸馏的方法使用氯化锂生产金属锂。

② 卤水制备碳酸锂。在过去的40年里，卤水已经成为锂辉石开采的可行替代品。卤水是含水层中含盐、富含矿物质的溶液，通常存在于具有特定地质条件的干旱地区。其中许多含水层是由火山和地热事件或含有高浓度灰的径流最终渗透形成的。这些事件有助于从周围岩石，特别是氯化锂中浸出矿物质。

1966年，内华达州银峰（Clayton Valley）首次大规模提取锂卤水。同期，在南美洲中部安第斯山脉地区也发现了富锂卤水。然而，这些卤水沉积物在锂浓度和矿物成分（杂离子）方面存在很大的差异。目前，智利北部的Atacama和阿根廷西北部的Hombre Muerto是最主要的商业化生产的盐湖。其中，前者的锂浓度是世界上卤水资源中最高的。

含高浓度锂的卤水是用抽水井从卤水含水层中抽取的。卤水从井口被转移到蒸发池系统，利用太阳能蒸发，锂盐被浓缩在盐水中，最终进入系统中的下一个池塘。这一步骤将持续多次，直到锂浓度达到足以转化为碳酸锂或氢氧化锂的水平。这些卤水所在地区的海拔高度和固有的干旱条件有助于完全由太阳驱动的蒸发过程，环境友好而又节约能源，因为它不依赖于使用化石燃料来浓缩盐水。

常见卤水法路线制备碳酸锂如图2-18所示,卤水中的主要成分是LiCl、$MgCl_2$、KCl、Na^+及少量的Ca^{2+}、SO_4^{2-},常见的工艺是通过液碱调节pH值除去镁杂质,二氧化碳除钙杂质,Na^+、K^+、SO_4^{2-}则通过沉锂过程中的离心分离和洗涤来控制。卤水制备碳酸锂的工艺与卤水来源及卤水的成本有直接关系。

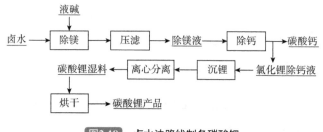

图2-18 卤水法路线制备碳酸锂

③ 锂云母制备锂盐路线。全球锂云母提锂占比不高。2017年世界锂盐的产量折合碳酸锂当量为23.54万吨,其中盐湖提锂占比60%左右,矿石提锂占比40%左右,其中锂辉石占38%,云母提锂占比只有不到2%。

锂云母的处理方法主要有5种:石灰石烧结法、硫酸盐焙烧法、压煮法、氯化焙烧法、硫酸法。在这几种方法中,大部分方法涉及锂云母与提取化合物的高温反应,锂盐浸出率低,不具备大规模开发的价值。氯化焙烧法和硫酸法可实现锂、铷、铯的高效溶出,浸出率可达90%以上,具有明显的竞争优势。通过优化浸出工艺,硫酸法可以实现锂、铷、铯的浸出率都达95%以上。

山东瑞福锂业采用250℃硫酸+氟化物常压反应机制,可以实现锂云母反应阶段转化率97%以上,总体锂盐收率81%,可以与传统锂辉石晶型转换硫酸盐法的锂综合收率媲美,而又不涉及任何500℃以上的高温处理,能耗优势明显,如图2-19所示。

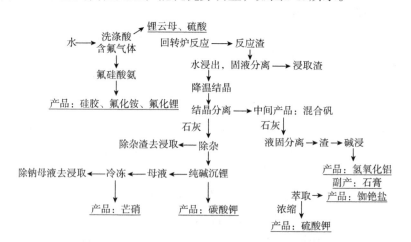

图2-19 山东瑞福锂业提出的锂云母提锂路线和综合利用路线

此外,地处世界最大的锂云母矿——"亚洲锂都"宜春市的九岭新能源,拥有成熟、规模化的锂资源产业链,公司已成为目前为数不多的掌握锂云母采、选、冶全产业链的企业。2018年年底高工锂电会议中，该公司CEO魏东东介绍采用混合酸法（盐酸、硫酸或混合酸），能将碳酸锂产品纯度达到99.5%，相比传统云母提锂工艺，现有提锂工艺方法对锂云母综合利用率有明显提升，综合提率达到82%，同时解决了生产碳酸锂废渣污染环境问题，且大大提高了锂云母综合经济价值。

2.1.2.2 负极原材料制备技术

负极材料是锂离子电池四大关键材料之一，直接影响电池的能量密度、首圈效率、循环寿命等性能，质量约占整个电芯的18%，体积约占22%，成本占电池的5%～15%。目前市场上负极材料主要包括石墨（天然石墨和人造石墨）、无定形碳（软碳和硬碳）、钛酸锂、硅基材料。负极原材料的提取、加工、制备技术关系到下游负极材料的品质，并最终影响整个电池的性能。接下来将分别介绍负极原材料的制备技术。

（1）天然石墨

工业上将天然石墨分为致密结晶状石墨、鳞片石墨和隐晶质石墨3类，其中用于锂离子电池负极材料的主要为鳞片石墨。鳞片石墨晶体呈鳞片状，是在高强度的压力下变质而成的，在变质岩中以单独的片状存在，有大鳞片和细鳞片之分。鳞片石墨主要分布在澳大利亚、巴西、加拿大、中国、德国和马达加斯加。我国石墨的质量相当好，晶质鳞片石墨的结晶程度一般较高，片度多为0.05～1.5mm，部分粗片可达5～10mm。并且我国的鳞片石墨矿床大多适于露天开采，易采、易选。从天然石墨矿到最终的负极产品，原材料要经过物理化学提纯，以及针对负极材料特殊需求的深加工处理，图2-20所示为使用最广泛的加工工序。

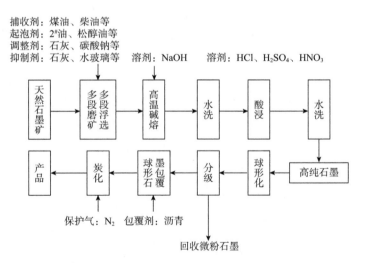

图2-20 以天然石墨矿为原材料生产锂离子电池负极流程图

石墨原料提纯的第一步是物理浮选，将矿石用浮选药剂处理后，利用矿物表面性质的差异，使矿物有选择性地黏附于气泡上，将有用的矿物和脉石矿物分开。石墨与水接触后，表面不易被水浸润，具有良好的可浮性，可实现与杂质矿物的分离。浮选流程多为多段磨矿、多段浮选，保护大鳞片不被过粉碎是其中的关键。浮选的捕收剂一般选用煤油、柴油，用量为100～200g/t，起泡剂一般为2#油、4#油、松醇油、丁醚油等，用量为

50～250g/t。浮选后石墨品位可提高至80%～90%，但不能分离夹杂在石墨鳞片中极细状态的硅酸盐矿物和金属氧化物杂质等，这些杂质在之后的碱酸法化学处理中，可分别在高温碱熔、酸浸中去除，得到品位高、含碳量为99%～99.9%的高纯石墨。

高纯鳞片石墨要经过深加工才能得到最终的负极材料，球形化和表面包覆改性是其中的关键技术。通过球形化技术使鳞片结构的天然石墨在气流的作用下发生相互碰撞，鳞片结构卷曲，形成球形或类球形颗粒。球形结构的石墨比表面积小、真实密度大、堆积时取向较为均匀。另外，天然石墨颗粒结构不稳定，电解液共嵌入会引发片层结构的剥离，对电解液有特殊要求。并且，天然石墨膨胀大、首效低、倍率性能不好、循环寿命短。所以，优质天然石墨负极离不开表面包覆改性技术，常用的技术包括表面氧化、表面氟化、表面包覆软碳或硬碳等其他碳质材料。从成本和性能两方面综合考虑，目前商用化天然石墨主要使用到的是碳包覆技术，常用的包覆剂为软碳结构的沥青类材料。沥青按其来源分为煤沥青和石油沥青，煤沥青是煤干馏得到煤焦油，再经蒸馏提取轻质组分后剩余的残渣；石油沥青是以原油中的减压渣油、流化催化裂解渣油、热解渣油、石脑油裂解中的乙烯焦油等作为原料，经热处理使之缩聚生成的。沥青作为包覆层前驱体，经过交联固化后形成的多芳环结构化合物与石墨材料结构相似，结合力强，包覆后的产品与电解液的相容性好，防止了溶剂的共嵌入。未来天然石墨的改善思路是实现颗粒表面的均匀包覆、降低包覆层的厚度和电化学阻抗、通过粒径调控等降低极片膨胀。

（2）人造石墨

人造石墨的原材料来源分为煤系、石油系、煤和石油混合系三大类，其中以煤系针状焦、石油系针状焦、石油焦应用最为广泛。先驱体原料种类对产品质量影响很大，高端人造石墨多以针状焦为原料，而中低端多以石油焦为原料。针状焦是一种具有明显纤维状结构的碳材料，在平行于颗粒长轴方向上具有优异的导电性和导热性，且热膨胀系数小、易于石墨化。针状焦根据来源分为煤系针状焦和石油系针状焦，两者生产方法的主要区别在于原料预处理工艺，随后焦化和煅烧的工艺原理是相同的。图2-21所示为以煤矿或者原油为原料生产针状焦，并加工为人造石墨负极材料的一般工序。

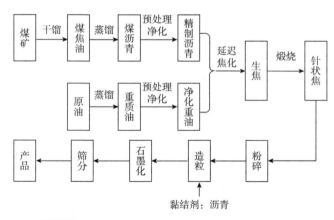

图2-21　以煤矿或原油为原材料生产人造石墨的流程图

煤矿经干馏得到煤焦油，然后通过蒸馏工序去除其中的轻质组分，得到残留的煤沥青。煤沥青的基本组成单元为多环、稠环芳烃，还有一些杂环化合物、少量高分子物质。煤沥青在制备煤针状焦时首先要经过预处理，也称为煤沥青净化，主要目的是去除煤沥青中的喹啉不溶物。喹啉不溶物中不仅有煤焦油蒸馏时某些高分子树脂状物质受热聚合生成的无定形碳，还有从炼焦炉室随煤气带出来的煤粉和焦粉，它们附着在中间相周围，阻碍球状晶体的长大、融并，焦化后也不能得到纤维结构良好的针状焦组织。目前国内外常用的预处理方法为溶剂—沉降法，常用的溶剂为脂肪烃和芳香烃的混合溶剂，其和沥青按照一定比例混合到沉降槽中，分离出重相和轻相，进入分馏塔分离，最终通过蒸馏得到精制沥青。精制沥青下一步要进行焦化，常用延迟焦化技术，在这个过程中精制沥青发生热分解、缩聚反应形成中间相小球体，中间相小球体再经充分长大、融并、定向，最后固化为纤维状结构的生焦。生焦中含有一定的水分和挥发性物质，需在隔绝空气的条件下进行高温煅烧处理，此时焦炭碳含量、密度、强度、导电性和化学稳定性逐渐达到针状焦的理化指标。

油系针状焦的原材料是原油加工生产中的重质油，主要成分是脂肪烃，芳香烃含量很少，还有一些石油加工时残留的各种催化剂、生成的胶质、沥青质等对生产针状焦不利的杂质，在制备油系针状焦时要首先经过预处理去除这些杂质。重油原料的种类直接关系到预处理的难易程度，合适的原料应满足：芳烃含量为30%～50%、胶质沥青质含量不大于2.0%、灰分不大于0.05%、硫含量不大于0.5%。理想的重质油种类为热解燃料油或黑油，黑油是沸点高于裂解汽油的残留重质油。我国在原材料领域并不占优势，国内加工的原油大部分属于高硫原油，芳香烃含量不够高，前期炼油过程中加入了很多催化剂粉末。预处理后的净化重油也需经过延迟焦化、煅烧过程得到针状焦，其工艺流程与煤系针状焦生产过程很相近，但是在工艺参数和操作周期等方面存在一定的差距。

生产针状焦中煤沥青和重质油的净化除杂、延迟焦化中的工艺参数、煅烧中高温条件是关乎产品品质的关键技术。

从针状焦加工为人造石墨基本要经历粉碎、造粒、高温石墨化、筛分四大工序，在造粒时需要加入沥青作为黏结剂。其关键技术在于优质原料的选择、二次颗粒的结构设计、颗粒表面修饰、超高温石墨化、催化石墨化等。

（3）钛酸锂

Li-Ti-O三元体系的化合物中适宜用于锂离子电池负极材料的为尖晶石结构的$Li_4Ti_5O_{12}$，其为白色的晶体粉末，结构稳定，锂离子嵌入前后体积基本零应变，不产生SEI膜，但是会有胀气现象。工业生产钛酸锂常用传统的固相法，其钛源来自锐钛矿型TiO_2，即钛白粉，锂源来自$LiOH$或者Li_2CO_3。钛白粉的生产方法主要有硫酸法和氯化法，其中氯化法一般只能生产金红石型二氧化钛，所以，这里只介绍硫酸法的生产工艺，具体流程如图2-22所示。

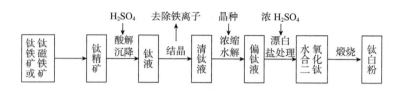

图2-22　硫酸法制备钛白粉的工艺路线

硫酸法中的原材料为钛铁矿或者钛磁铁矿，首先从中提取出钛精矿，其主要成分为$FeTiO_3$，加入硫酸可将其分解，不溶性钛矿和沙粒可在沉降后过滤掉。此时得到的钛液中含有Fe^{2+}，其可在钛液降温之后以亚铁晶体状态析出，经过压滤得到清钛液。清钛液经浓缩、水解，转化为偏钛液，这时加入外来晶种可控制最终二氧化钛的晶种类型，制备钛酸锂的钛源时应加入锐钛矿型的晶种。偏钛液经过进一步漂白、盐处理净化后，经煅烧得到最终的钛白粉。我国硫酸法生产钛白粉的技术路线已经相当成熟。

工业生产钛酸锂常用的方法为固相法，通常将LiOH或Li_2CO_3和锐钛矿型TiO_2按照一定物质的量比（通常Li:Ti摩尔比为4:5）分散在无水乙醇或丙酮中，通过球磨混料后，进行高温烧结即可得到钛酸锂，图2-23所示为固相法的主要工艺路线。其中的关键技术是避免颗粒团聚、均匀控制粒径分布。钛酸锂导电性差，并且在工作和存储过程中存在胀气现象，碳包覆是目前最常用的改性方法，可在前期对TiO_2进行碳包覆，也可在后期对钛酸锂进行包覆，碳源主要包括天然石墨、复合碳、乙炔黑和各种含碳多羟基有机化合物。

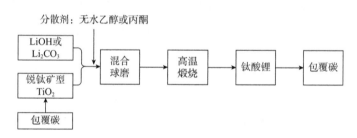

图2-23　固相法制备钛酸锂的工艺路线

（4）硅基负极

目前硅基负极应用努力的方向是制备纳米硅碳或氧化亚硅碳复合材料，在纳米硅的获得方面，目前国内主要采用机械球磨法，将精炼的工业硅研磨为纳米片状。在氧化亚硅的获得方面，目前应用较广的是以硅和二氧化硅为原料的物理气相沉积技术。接下来依次介绍原材料硅和二氧化硅的生产工艺。

工业硅又叫金属硅，其中含有一些铁、铝、钙等金属杂质，其制备方法如图2-24所示。工业硅的原材料为硅石（SiO_2的含量>99%），其是脉石英、石英岩、石英砂岩的总称。硅石首先经过水洗除泥、粉碎筛粉除去碎石和石粉杂质；然后根据所用还原剂的种类，按不同的比例进行配料混合，混合均匀后，送入电炉内。电炉中常用的还原剂为石油焦、木屑或者煤。其中的石油焦是原油经蒸馏将轻、重质油分离后，重质油（柴油、蜡油等重质油）再经热裂得到的石油制品，呈海绵状，产量大，价格便宜。在电炉内，硅石在高温下被还原为液态的硅，之后再通入空气、氧气进行精炼除杂，在出口处冷却得到硅铸锭，再经过粉碎挑渣得到工业硅粉。

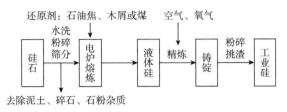

图2-24 工业硅生产的工艺路线

生产氧化亚硅中所用的二氧化硅是工业上常说的硅微粉，硅微粉中二氧化硅的含量在99%以上。其制备工艺如图2-25所示。制备硅微粉的最初原料也为硅石，首先将其简单除杂处理后得到净化的天然石英；或者经熔炼炉高温熔融后再急冷，得到非晶态的熔融石英。天然石英或熔融石英经破碎、球磨（或振动、气流磨）、浮选、酸洗提纯、高纯水处理等多道工艺加工成硅微粉。硅微粉的粒度比较大，有200目、400目、600目、1000目、3000目、5000目（粒径1μm=1.8万目）等，是一种粉状态。超细高纯硅微粉、球形硅微粉、表面改性技术是硅微粉未来的发展方向。

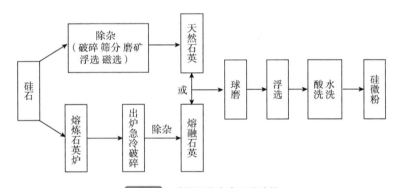

图2-25 硅微粉的生产工艺路线

纳米硅碳复合材料能够降低硅材料在充放电过程中体积膨胀造成的负面影响。硅碳复合的工艺方式有包覆、掺杂、嵌入式，制备方法包括机械球磨法、高温裂解法、化学气相沉淀法等。机械球磨法可以促进原料颗粒之间的均匀混合并获得较小的粒径，同时颗粒之间的空隙也有利于电池循环性能的提高，工艺简单、成本低、效率高，适合工业生产。硅碳复合的包覆方式不同，碳材料的加入时机也就不同，所以生产的工艺流程也不完全一致。图2-26所示为一种常用的利用球磨法生产纳米硅碳的工艺流程图。首先将块状硅材料进行粉碎、研磨得到纳米硅。纳米硅与碳进行混合，复合碳的种类包括人造石墨、天然石墨、软碳、硬碳等。混合的粉料在热处理后要经过球磨造粒，进一步碳包覆、除磁，才可得到最终的硅碳复合材料。在硅碳复合材料的制备过程中，纳米材料的单分散、碳层的均匀包覆、复合颗粒设计、安全工程化等技术均有一定的壁垒，企业只有克服了这些技术壁垒才能在硅碳材料领域占领一席之地。

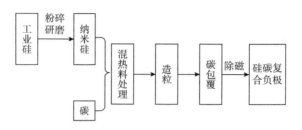

图2-26 硅碳复合负极的生产工艺路线

除了硅碳负极，硅氧负极也进入了产业化生产，目前主要通过以硅和二氧化硅为原料的物理气相沉积技术制备氧化亚硅，其一般的生产步骤如图2-27所示。首先将原料硅粉和二氧化硅粉分别依次进行粗磨和细磨，然后将两种粉末混合，在高温下发生归中反应得到SiO_x粉末，SiO_x中氧含量的精确控制非常重要。将得到的SiO_x粉末进行球磨筛分，之后进一步碳包覆，在除磁之后得到硅氧负极。氧化亚硅中由于氧原子的引入，首次嵌锂时会生成不可逆的Li_2O和Li_4SiO_4，在后期膨胀时有利于维持结构的稳定，但同时也会导致低的首圈库仑效率。通过控制硅氧比可以平衡循环和首圈效率之间的关系，这是硅氧负极的关键技术。氧化亚硅的首效低，有实验室研究通过补锂技术提高首效，如正极加入富锂材料（Li_5FeO_4）、负极采用能形成稳定SEI膜的含锂颗粒（Li_xSi），或是对负极或者负极片选用金属锂或者活性锂化合物进行预锂化。目前市面上已有一些产品，但是预锂化的大规模产业化还未能实现。

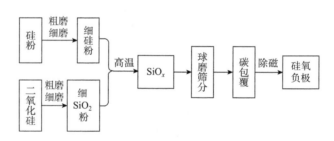

图2-27 硅氧负极的生产工艺路线

需要注意的是，与硅基负极相匹配的黏结剂和电解液的开发，也需紧跟步伐。并且，从关键的纳米硅、氧化亚硅的制备环节，到材料的粉碎及十分重要的气相包覆环节，在性能与稳定性能达到要求的也多为进口设备，近几年国内设备企业也在加紧研发，但是精密程度上还需进一步提升。

2.1.2.3 电解液原材料制备技术

电解液被称为锂离子电池的"血液"，为电池提供锂离子传输的通道，在电池内部架起正负极连接的桥梁。电解液的性质直接关系到电池的内阻、倍率性能、温度性能、电压范围、循环寿命、使用容量、安全性等性质。锂离子电池电解液是由高纯锂盐、溶剂、添加剂在一定条件下按照一定的比例配制而成的。一般单吨电解液中锂盐、溶剂、添加剂的质量比为0.12∶0.83∶0.05，不同的电解液配方会在此基础上有所调整。锂盐是电解液的核心成分，常决定了电解液的电化学性能和成本，常见的锂盐有$LiPF_6$、$LiClO_4$、$LiBF_4$、

LiBOB、LiAsF$_6$等。溶剂是电解质中的主要成分，常为多种单一溶剂的混合物，最为常见的搭配是高介电常数和高黏度的环状碳酸酯（EC、PC）与低介电常数和低黏度的链状碳酸酯（DMC、DEC）按不同配比混合。锂离子电池电解液一般由高纯度有机溶剂、电解质、添加剂等材料在一定条件下，按一定比例配制而成，其制备流程如图2-28所示。为了梳理锂离子电池产业化情况，将从其原材料的制备技术及市场规模进行调研。

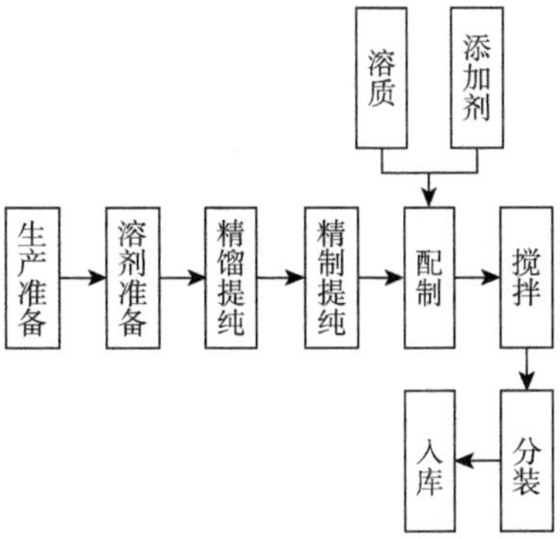

图2-28 锂离子电池电解液的制备流程

（1）锂盐LiPF$_6$的制备技术

LiPF$_6$的制备工艺主要有气-固反应法、溶剂法（包括无机溶剂法和有机溶剂法。无机溶剂法主要有HF溶剂法和SO$_2$溶剂法，有机溶剂法包括醚类、酯类溶剂及乙腈溶剂）和离子交换法。

1）气-固反应法

LiPF$_6$的气-固反应方程式如下。

$$LiF(s) + HF(g) \xrightarrow{50\sim200℃} LiHF_2$$

$$LiHF_2(s) \xrightarrow{60\sim700℃} LiF(多孔) + HF(g) \quad (减压除去HF)$$

$$PF_5 + LiF(多孔) \longrightarrow LiPF_6$$

2）溶剂法

① HF溶剂法：该方法是通过将LiF溶解于无水HF，在高纯PF$_5$气体氛围下反应生成LiPF$_6$晶体，经分离干燥得到最终成品，具体反应方程式如下：

$$PF_5 + LiF \xrightarrow{HF} LiPF_6$$

② SO$_2$溶剂法：该方法是通过将SO$_2$液体溶于LiF溶液中，并通入PF$_5$气体进行反应，反应结束后通过加热除去SO$_2$和PF$_5$即可制备LiPF$_6$晶体。

③ 醚类、酯类溶剂法：将PF$_5$和LiF反应生成的LiPF$_6$溶于醚或酯，然后通入过量PF$_5$将LiPF$_6$从溶剂中析出，离心干燥获得最终产物。将上述有机溶剂换成锂离子电池中使用的常用溶剂，得到的产物可直接用于配制电解液。

④ 乙腈溶剂法：主要是将PF$_5$与LiF在乙腈悬浮液中反应得到Li(CH$_3$CN)$_4$PF$_6$的盐，经过纯化和干燥等过程制备LiPF$_6$产品。

3）离子交换法

将六氟磷酸盐与含锂化合物在有机溶剂中离子交换制得LiPF$_6$。

4）提纯方法

LiPF$_6$的纯化方法主要有化学反应法、热真空干燥法和溶剂重结晶法，因化学反应法中容易引入杂质，而真空干燥法对真空度的要求高，易使LiPF$_6$分解，所以，这两种方法使用的较少，一般使用溶剂重结晶法对LiPF$_6$进行纯化。

（2）HF的制备技术

1）萤石法

回转窑法：将干燥后的萤石粉和硫酸混合送入回转式反应炉内进行反应，反应后的气体进入粗馏塔。粗氟化氢气体经脱气塔冷凝为液态，进入精馏塔精馏，精制后的氟化氢用水吸收，即得氢氟酸产品，反应方程式如下：

$$CaF_2 + H_2SO_4（浓）\xrightarrow{\Delta} 2HF + CaSO_4$$

气固、气液固流化床法：指在C_6F_6惰性液相中，粒状萤石与硫酸反应制取HF，得到的HF气体经硫酸脱水、浓缩和蒸馏后纯度可达99.8%，气固流化床生产HF时利用气化的硫酸与萤石反应制取HF，反应方程如下：

$$CaF_2 + SO_3（g）+ H_2O（g）\longrightarrow 2HF（g）+ CaSO_4（s）$$

间歇生产法：是以化学计量比对萤石和硫酸计量的一种新工艺，先将萤石粉加热后送入反应器，然后逐步加入热硫酸除去固体反应产物即得产品。

2）氟硅酸法

氯化盐中间法：将NH_3和H_2SiF_6中和，分离反应生成的SiO_2，将产物NH_4F与KF作用，生成的NH_3返回中和段，结晶得到的KHF_2和NaF悬浮液作用后生成$NaHF_2$，反应产物经分离干燥后高温分解生成HF气体，经冷却、除杂、精馏即得氢氟酸。

氟硅酸热分解法：H_2SiF_6加热分解为HF和SiF_4，用有机溶剂溶解吸收HF，溶解度小的SiF_4气体除去后将该有机溶剂用聚乙二醇（或庚烷）吸收，冷却、分离、精馏及再冷却后制得氢氟酸。

（3）LiF的提取、制备、加工技术路线

LiF的制备方法主要有直接制备法、离子交换制备法和萃取制备法，其中直接制备法又分为干法和湿法。

1）直接制备法

干法：通过将锂盐溶解、纯化、浓缩、干燥后得到单水氢氧化锂，与氟化铵研磨后在惰性气体下煅烧制备。该方法工艺复杂且生产成本高，难以实现工业化生产。

湿法：早期使用Li_2CO_3与HF溶液反应制得，该方法原理简单但生成的LiF颗粒分布不均。后又采用LiCl与BrF_3反应或Li_2SO_4溶液与HF或HF盐反应来制备LiF。

2）离子交换法

robert使用氟硅酸钠在氢氧化钠溶液中反应产物加入到用离子交换法预处理的LiOH溶液中制备LiF。目前生产高纯和电池级别的LiF溶剂主要使用方法为：a. Li_2CO_3或LiOH与HCl中和，过滤后滤液加草酸铵除钙、镁离子后与HF、氨水反应制备LiF；b.利用锂盐在水中不同的溶解度将$LiCO_3$或LiOH进行转变及提纯，后直接与HF、氨水反应制得LiF。

3）溶剂萃取法

溶剂萃取法是通过萃取剂除去锂盐溶液中的离子或其他杂质后与HF或其他含氟的原料反应制备LiF的过程。该方法最早研究的是日本的小林健二，将$LiNO_3$原料萃取后除去杂质离子与HF反应制备高纯LiF。

(4) 碳酸酯类的制备技术

1) 链状碳酸酯DMC的制备工艺

链状碳酸酯DMC的制备工艺包括光气法（分为光气甲醇法和光气醇钠法）、酯交换法（包括用DMS与碳酸钠进行酯交换工艺、用碳酸乙烯酯与甲醇进行酯交换工艺和联产DMC和乙二醇的液相酯交换工艺3种）、甲醇氧化羰化功法（包括液相法、气相法和亚硝酸酯法）及尿素醇解法。

① 光气法。

光气甲醇法的反应方程：$COCl_2 + 2CH_3ONa \longrightarrow (CH_3O)_2CO + 2NaCl$

光气醇钠法的反应方程：$COCl_2 + 2CH_3OH \longrightarrow (CH_3O)_2CO + 2HCl$

② 酯交换法：将CO_2和环氧烷烃经环加成制得环状碳酸酯，再与甲醇经酯交换制得碳酸二甲酯（DMC）。

③ 甲醇氧化羰化功法：意大利ENI公司在1983年首次将液相工艺工业化，其反应方程为

$$2CH_3OH + \frac{1}{2}O_2 + 2CuCl \longrightarrow 2Cu(OCH_3)Cl + H_2O$$

$$CO + 2Cu(OCH_3)Cl \longrightarrow (CH_3O)_2CO + 2CuCl$$

亚硝酸酯法：日本宇部兴产（Ube）公司以$PdCl_2/CuCl_2$为催化剂，亚硝酸盐作催化反应循环剂，通过气相亚硝酸酯的糖基化反应合成DMC。

④ 尿素醇解法：尿素间接醇解法原料廉价易得，清洁无污染，有利于带动开发化肥下游产品，其反应方程式为

$$(NH_2)_2CO + CH_3OH \xrightarrow{NH_3} NH_2CO(OCH_3) + CH_3OH \xrightarrow{NH_3} DMC$$

2) 环状碳酸酯（PC/EC）的制备技术

环状碳酸酯（PC/EC）的制备方法主要有光气法、酯交换法、环氧乙烷/环氧丙烷与二氧化碳加成法、卤代醇法和尿素醇解法。其中环氧乙烷/环氧丙烷与二氧化碳加成法有配合物催化剂法，季铵盐、膦盐、碱金属盐催化剂法，多相催化剂法、离子液体催化体系和路易斯酸碱位催化剂体系。

① 光气法：工业化制备PC和EC的方法是光气法，采用乙二醇或丙二醇与光气进行合成反应，由于光气有剧毒且对环境产生严重的污染，目前该方法已被禁止使用。

② 酯交换法：主要是利用碳酸二乙酯与乙二醇/丙二醇的酯交换反应来制备环状碳酸脂，这种方法的原料价格昂贵，且作为催化剂的有机锡类毒性较大，目前已基本不再使用。

③ 环氧乙烷/环氧丙烷与二氧化碳加成法：这是目前最常用的制备方法，反应方程为

④ 卤代醇法：使用的催化剂和原材料价格都偏高，反应条件苛刻，产率低，不适合大规模生产。

⑤ 尿素醇解法：该方法使用的原料易得且价格低绿色安全，具体反应方程为

$$HOCH_2CH_2OH + H_2NCONH_2 \longrightarrow HOCH_2CH_2OCONH_2 + NH_3$$

$$HOCH_2CH_2OCONH_2 \longrightarrow \text{(ethylene carbonate)} + NH_3$$

$$H_2NCONH_2 + CH_3CH(OH)CH_2OH \xrightarrow{\text{Cat}} \text{(propylene carbonate)} + 2NH_3$$

（5）醚类提取、制备、加工技术路线

1）环状醚四氢呋喃（THF）的制备工艺

环状醚四氢呋喃（THF）的制备包括糠醛法、顺酐催化加氢法（包括液相法和气相法）、1,4-丁二醇脱水环化法（Reppe法）、1,4-二氯丁烯法和丁二烯氧化法。

① 糠醛法。由糠醛脱羰基生成呋喃，再加氢而得。这是工业上最早生产四氢呋喃的方法之一。糠醛主要由玉米芯等农副产品水解制造。该法污染严重，不利于大规模生产，已逐步被淘汰，反应方程如下：

$$\text{糠醛} + H_2O \xrightarrow{\text{ZnO, CrO}_3 / \text{MnO}_2} \text{呋喃} + H_2 + CO_2$$

$$\text{呋喃} + 2H_2 \xrightarrow{\text{Ni, Al}} \text{四氢呋喃}$$

② 顺酐催化加氢法。顺酐和氢气从底部进入内装镍催化剂的反应器。反应产物与原料氢气冷却至50℃左右进入洗涤塔底部，使未反应的氢气及气态与液态产物分离，未反应的氢气及气态产物经洗涤后循环到反应器，液态产物经蒸馏而得四氢呋喃产品，反应方程如下：

$$\text{顺酐} + H_2 \xrightarrow{\text{Ni}} \text{丁二酸酐}$$

$$\text{丁二酸酐} + 2H_2 \longrightarrow \gamma\text{-丁内酯} + H_2O$$

$$\gamma\text{-丁内酯} + 2H_2 \longrightarrow \text{四氢呋喃} + H_2O$$

③ 1,4-丁二醇脱水环化法。1,4-丁二醇脱水环化法工艺过程如下：向反应器中加入硫酸水溶液和1,4-丁二醇，塔顶得到四氢呋喃的水溶液。反应器排焦经过滤，得到的硫酸水溶液可以重新使用，反应方程如下：

$$OHCH_2CH_2CH_2CH_2OH \xrightarrow{H_2SO_4} \begin{array}{c} H_2C-CH_2 \\ | \quad O \quad | \\ H_2C-CH_2 \end{array} + H_2O$$

④ 二氯丁烯法。以1,4-二氯丁烯为原料，经水解生成丁烯二醇，再经催化加氢而得。精制后的丁烯二醇加氢生成丁二醇，蒸馏后进入环合反应器，在常压及120~140℃下于酸性介质中生成粗四氢呋喃，蒸馏脱水和脱高沸物，最后蒸馏得高纯四氢呋喃。

⑤ 丁二烯氧化法。以丁二烯为原料，经氧化得呋喃，再加氢而得。此法在国外已工业化，反应方程如下：

$$CH_2=CH-CH=CH_2 \xrightarrow[\text{气相环氧化}]{Ag} \triangle\!\!\!\!\!\!\!O \xrightarrow[H_2]{2,5-二氢呋喃} \bigcirc\!\!\!\!O$$

2) 1,3-二氧环戊烷（DOL）的制备方法

1,3-二氧环戊烷主要是通过乙二醇和甲醛，在酸性催化剂下，发生环化反应来制备；一般通过蒸馏或精馏的方式从反应混合物中分离出纯二氧戊环。

3) 乙二醇二甲醚（DME）的制备方法

① 乙二醇与甲醇的脱水反应：以高岭土、路易斯酸和阴离子交换树脂为催化剂，乙二醇或乙二醇单甲醚与甲醇或二甲醚发生催化反应制备乙二醇二甲醚，该工艺原料易得，但副反应多。

② 二甲醚氧化偶联：以负载在氧化镁上的ⅣA族碳族元素的金属氧化物为催化剂，在200℃、1.6MPa下二甲醚发生氧化耦合反应制备。该工艺设计新颖，但产物选择性低。

③ 二甘醇醚分解：以镍为催化剂，二甘醇甲醚在205℃下通过催化反应生成乙二醇单甲醚、乙二醇二甲醚和甲乙醚，乙二醇单甲醚在十二钼磷酸催化下反应制备乙二醇二甲醚和二乙二醇二甲醚，该方法简便但产率不高。

④ 乙二醇缩醛的加氢分解：乙二醇缩醛加氢制备二乙醇二甲醚，钯、铂促进镍-硅酸铝催化剂对氢解除反应的活性和选择性，该方法选择性高。

⑤ 二甲醚与环氧乙烷反应：使用酸性催化剂，二甲醚与环氧乙烷通过催化反应制备。

⑥ 相转移催化法：以乙二醇单甲醚与氢氧化钠和一氯甲烷为原料，在70℃下以三乙基苯基氯化铵为催化剂制备乙二醇二甲醚，产率达90%。

2.1.2.4 电池隔膜原材料制备技术

（1）超高分子量聚乙烯的制备工艺

超高分子量聚乙烯的合成方法与普通的高密度聚乙烯相类似。采用齐格勒催化剂，在一定的条件下使乙烯聚合，即可得到超高分子量聚乙烯。此外，还有索尔维法和U.C.C气相法。

齐格勒低压淤浆法是以β-$TiCl_3$/Ai$(C_2H_5)_2$Cl或$TiCl_4$/Al$(C_2H_5)_2$Cl为催化剂，以60~120℃

馏分的饱和烃为分散介质（或以庚烷、汽油为溶剂），在常压或接近常压，75～85℃的条件下使乙烯聚合，便合成相对分子量为100万～500万的超高分子量聚乙烯。

索尔维法的生产工艺是先将乙烯、共聚单体、催化剂、氢和己烷（稀释剂）一起加入环形反应器。聚合物浆液减压后进入第一汽提塔，除去全部未反应的乙烯和大部分溶剂；聚合物进入第二汽提塔继续脱除残留溶剂，在这两个汽提塔中将催化剂的剩余活性彻底破坏，以免引起聚合。从第二汽提塔排出的浆液（聚合物粉末和水）经离心机、干燥、造粒后即得成品。

U.C.C气相法是美国联合碳化合物公司发明的使乙烯在流化床中气相低压聚合，直接制造干粉状聚乙烯的方法。催化剂一般选用有机铬化物或齐格勒催化剂。以具有表面积 50～1000m^2/g的硅胶为载体。活化剂为有机铝化合物。

（2）聚丙烯的制备工艺

我国工业上聚丙烯生产始于20世纪70年代，经过近40年的发展，初步形成了以溶剂法、淤浆法、间歇式液相本体法、气相法、液相本体法等多种生产工艺相结合，不同的大中小型生产企业共存的格局。

溶剂法是一种较早的结晶聚丙烯的生产工艺，该方法的溶剂聚合温度较高，需要添加特殊的催化剂——锂化合物才能适应，其工艺流程如下：连续将催化剂组分、单体和溶剂加入到聚合反应器，通过对溶剂进行减压，将未反应的单体循环分离出来，并不断补充溶剂以降低溶液的黏度，并且还要过滤掉残留的催化剂；使用溶剂法来生产聚丙烯，其工艺流程相对复杂，而且成本比较高。由于该工艺需要使用特殊的催化剂，导致其生产出的聚丙烯产品的应用范围有限，目前这种方法已经无法适用于现代化的生产。

淤浆法用于生产聚丙烯，是世界上最早的一种工艺技术，淤浆法比较典型的生产工艺主要有Amoco工艺、Montedison工艺及Hercules工艺。这些工艺是基于当时的第一代催化剂而研发的，此工艺主要是利用立体搅拌釜反应器进行生产，通过淤浆法生产聚丙烯时，需要对原料进行脱灰和脱无规物。由于生产时采用的溶剂不同，导致该工艺的操作差异性比较大。

气相法用于生产聚丙烯，Spheripol二代生产聚丙烯的工艺使用的是第四代催化剂体系，工艺使用的是双环管聚合反应器即多区循环反应器（MZCR）进行生产。此工艺中预聚合及聚合反应器的设计压力等级都有提高，提高了产品性能。Spheripol工艺的生产特点如下：改善了生产中的汽蒸/干燥系统、高压与低压脱气和事故排放单元；提高了企业的生产效率，增强了操作灵活性。该技术生产的聚丙烯可以用于汽车、包装和消费品等非传统应用市场，其利润也比传统聚丙烯高出很多。

（3）涂层材料陶瓷氧化铝的制备工艺

大规模工业氧化铝的制备手段主要为"拜耳法"。其原材料铝土矿是铝在自然界存在的主要矿物（$Al_2O_3 \cdot H_2O$和$Al_2O_3 \cdot 3H_2O$），将其粉碎后用高温氢氧化钠溶液浸渍，获得偏铝酸钠溶液；过滤去掉残渣，将滤液降温并加入氢氧化铝晶体，经过长时间搅拌，铝酸钠溶液会分解析出氢氧化铝沉淀；将沉淀分离出来洗净，再在950～1200℃下煅烧，就得到型氧化铝粉末，母液可循环利用。这种方法是由奥地利科学家拜耳在1888年发现的，被称为"拜耳法"，该方法被广泛应用于冶金、机械、化工等领域。

此外高纯纳米氧化铝的制备方法还包括结晶热解法、醇铝水解法、氯化汞活化水解法、改良拜耳法、凝胶溶胶法、水热合成法、沉淀法等。

(4) 涂层材料勃姆制备工艺石

碱法用酸从铝酸盐（通常是偏铝酸钠）溶液中沉淀出一水合氧化铝，所用的酸分别是HCl、H_2SO_4、HNO_3等强酸和CO_2、NH_4HCO_3、$NaHCO_3$等弱酸性物质。其反应化学式如下：$AlO_2^- + H_3O^+ \rightarrow AlOOH$。

碳化法实际上是碱法制备勃姆石的方法之一，在$NaAlO_2$溶液中通入CO_2进行沉淀。利用中间产物$NaAlO_2$溶液及CO_2废气作为反应原料，是成本最低的工艺路线，且对环境的污染较小，是一种比较有前途的方法，因而对这种方法的研究较多，所以把它专称为碳化法。

有机醇铝水解法是采用2-丁醇铝或异丙醇铝作为原料，将其溶于溶剂（水或有机溶剂），在一定温度下水解得到勃姆石。有机醇铝水解法的优点如下：设备简单、工艺易于控制，得到的产品孔结构容易控制、比表面和纯度高，粉末均匀。

水热法制备勃姆石是利用三水铝石、拜耳石或无定形氧化铝水合物在高压釜中在高温和水蒸气的作用下制备的，稳定条件范围是140～375℃，压力需小于14MPa。工业上通常以三水铝石为原料制备纯度和结晶度很高的勃姆石。

2.1.3 原材料产业现状

2.1.3.1 正极材料原材料产业现状

目前锂离子电池涉及的金属元素原材料，如镍、钴、锰、锂，在全球和中国范围内的地理分布都极不均匀，而且基本上这些采矿和冶炼业形成了主要以几家大公司相对垄断的业态形式。表2-2所示为全球主要矿石企业分布。

表2-2 全球主要矿石企业分布

国　家	企　业	国　家	企　业
中国	金川集团（镍&钴） 天齐锂业（锂） 鑫海科技股份（镍） 华友钴业（钴） 寒锐钴业（钴） 江苏德龙（镍） 赣锋锂业（锂） 红星发展大龙锰业（锰） 中信大锰矿业（锰） 洛阳钼业（钴） 汇通科技（锰） 湘潭电化科技股份（锰）	美国	雅宝（锂） FMC/Livent（锂）
		俄罗斯	诺里尔克镍业集团（镍）
		英国	英美资源（镍）
		瑞士	嘉能可（镍&钴）
		卢森堡	欧亚资源（钴）
		澳大利亚	必和必拓公司（镍）
		巴西	淡水河谷（镍&钴）
		智利	智利矿业化工（锂）
		阿根廷	Orcobre（锂）
		日本	住友金属矿山（镍）
		印度尼西亚	青山控股集团（镍）

(1)镍资源产业现状

据美国地质调查局2019年年初的统计数据,大洋底部的含镍锰结核中的镍金属资源量约6.9亿吨,2018年全球陆地镍资源的储量为8900万吨。陆地上镍的分布极不均匀,主要集中在印度尼西亚、澳大利亚、巴西、俄罗斯、古巴、菲律宾、南非、中国、加拿大等国家,以上国家储量占陆地储量的90%以上,如图2-29所示。

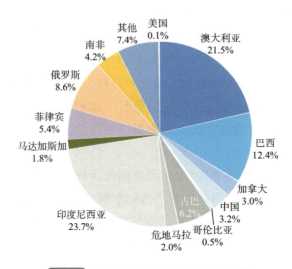

图2-29 2018年全球陆地镍资源储量分布

我国镍资源的特点是非常集中,全国镍矿区共有93处镍矿资源储量,分布于19个省区,70%的镍矿资源集中在甘肃,27%的分布在新疆、云南、吉林、四川、陕西、青海和湖北7个省区,最大的世界闻名的金川镍矿就占到我国镍资源储量的63.9%,新疆喀拉通克和黄山、黄山北3个矿也占到12.2%。

2018年全球原生镍的最大供应商是青山集团,其次分别是淡水河谷和诺镍集团,前10大供应商中,新兴的从红土矿火法直接获得镍生铁来冶炼不锈钢的企业占了很大的份额,如青山集团、金川、山东新海、德龙。

1)青山控股集团

青山控股集团起步于20世纪80年代,集团经多年发展,目前已经是世界上最大的不锈钢粗钢和金属镍的生产商。集团下属青山钢铁在印尼拥有丰富的镍矿资源,原矿储量在10亿吨以上,镍金属储量在1200万吨以上,已经建成全球最大的镍铁合金冶炼产能,为其投资建设锂电池原材料和动力电池项目提供了保障。青山实业拟投资7亿美元在印度尼西亚设立合资公司,项目初期目标为建成不低于5万吨镍金属湿法生产冶炼能力、4000吨钴金属湿法冶炼能力,产出5万吨氢氧化镍中间品、15万吨电池级硫酸镍晶体、2万吨电池级硫酸钴晶体、3万吨电池级硫酸锰晶体,未来依据全球市场需要调整产品结构与扩大生产规模。

2)淡水河谷

淡水河谷(Vale)是全球第二大及美洲最大的金属及采矿公司,按照福布斯2018年的排名，其位列全球500强企业的第325名。按产量计，公司是全球最大的铁矿石及第二大镍矿生产商，还是锰矿石及铁合金的领先生产商之一。此外，公司也生产铜、煤、肥料养分、钴、铂族金属及其他产品。淡水河谷的镍矿主要分布在加拿大的三处矿山，2016年总产量为24.46万吨，2017年镍产量为28.82万吨，2018年镍产量为31.1万吨。

3）诺里尔克镍业集团

俄罗斯诺里尔克镍业集团（Norilsk Nickel Group）包括MMC Norilsk Nickel公司及其子公司。MMC Norilsk是Norilsk镍集团的核心和母公司。诺里尔斯克镍业集团是全球领先的金属和矿业公司，是世界上最大的钯和精炼镍生产商，也是铂（第4，占10%产量）、铜和钴（第8，占3%产量）的主要生产商。此外，该集团还生产铑、银、金、铱、钌、硒、碲和硫。诺镍拥有Norilsk-Talnakh的镍矿床无疑是世界上最大的镍-铜-钯矿床。根据最新的勘探结果，诺镍拥有690万吨镍储量，1210万吨铜储量，3800吨铂系元素储量。诺镍2016年镍产量19.7万吨，2017年镍产量21.0万吨，2018年镍产量为21.7万吨，是全球第三大镍矿生产商（原生镍）。

（2）钴资源产业现状

刚果（金）一直是世界上钴金属元素的主要来源国，目前供应世界60%以上的钴元素。除了极少数在摩洛哥的砷化钴矿床的和刚果（金）的手工开采钴以外，大多数钴都是作为铜或镍的副产品开采获得。中国是世界领先的精炼钴生产国，中国生产的大部分精炼钴是从刚果（金）进口的钴粗炼品。中国是世界上钴的主要消费国，其80%以上的消费都用于可充电电池行业。

世界陆地钴资源的绝大多数位于刚果（金）和赞比亚的沉积物型层状铜矿床；澳大利亚及其附近岛屿国家和古巴的含镍红土矿床；以及澳大利亚、加拿大、俄罗斯和美国的镁铁质和超镁铁质岩石中的岩浆型镍铜硫化物矿床。在大西洋、印度洋和太平洋海底的锰结核和结壳中发现了超过1.2亿吨的钴资源。根据美国地质调查局2019年公布的数据显示，全球可供开采的钴资源储量约为690万吨（金属当量），主要分布在刚果（金）和澳大利亚，分别达到49.5%和17.5%，如图2-30所示。

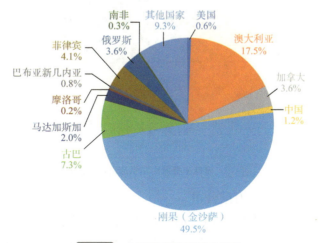

图2-30　全球钴资源储量分布情况

中国的钴资源十分贫乏，钴精矿储量很少，已经探明的钴资源平均品位仅为0.02%，开采难度大、成本高，而且主要的钴资源多数以共生元素的形式存在于镍矿和铜矿中，储量约8万吨。中国的钴资源主要分布在西部，如甘肃、山东、河北、山西、青海、云南等，甘肃金川的储量占全国储量的30%以上。基于中国钴资源禀赋较差的原因，中国钴主要依赖进口。

钴资源呈现典型的寡头垄断，前几年，全球的钴矿上游资源主要被嘉能可、自由港、欧亚资源、淡水河谷、谢礼特等跨国矿企控制，5家企业钴矿产量占全球的比例约为50%。近年来，随着以华友钴业、金川国际、寒锐钴业为代表的中国企业在刚果（金）的布局的生根开花，它们发挥了越来越大的作用，例如，自由港的钴矿业务被洛阳钼业收购，华友钴业和寒锐钴业在刚果（金）的项目陆续投产，中国企业在钴金属的产业链中发挥越来越重要的作用。2018年，主要的原生钴矿供应商主要是嘉能可、洛阳钼业、华友钴业、寒锐钴业、谢力特、淡水河谷、欧亚资源、金川国际等，它们的产量占到全球供应量的75%，如图2-31所示。

1）嘉能可

嘉能可是一家瑞士公司，成立于1974年，总部设于瑞士巴尔，是全球最大的多元化自然资源公司之一。1974年马克·里奇（Marc Rich）创立了嘉能可，最初专注于黑色金属、有色金属、矿产、原油的实物营销。2013年，嘉能可完成对矿业巨头斯特拉塔（Xstrata）的并购，新公司的名称为嘉能可斯特拉塔，是全球最大的钴原料供商。嘉能可2016年全年共产钴原料2.83万吨，2017年嘉能可钴产量为2.74万吨，2018年钴产量同比大增54%至4.22万吨，公司2019年钴产量继续增加至4.63万吨。

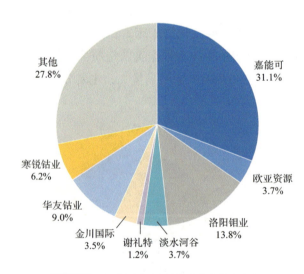

图2-31　全球主要原生钴供应商市场占有率

2）洛阳栾川钼业集团股份有限公司

洛阳栾川钼业集团股份有限公司（简称洛阳钼业）属于有色金属采矿业，主要从事铜、钼、钨、钴、铌、磷等矿业的采选、冶炼、深加工等业务，拥有较为完整的一体化产业链条，是全球前五大钼生产商及最大钨生产商、全球第二大钴、铌生产商和全球领先的铜生产商，同时也是巴西境内第二大磷肥生产商。

钴金属方面，洛阳钼业运营业务分布于巴西、刚果（金）和澳大利亚。位于刚果（金）的Tenke Fungurume Mining（TFM）间接持有该矿80%的权益［剩余20%的权益属于刚果（金）政府］。该矿特许采矿区面积近1600平方千米，业务范围覆盖铜、钴矿石的勘探、开采、提炼、加工和销售，主要产品为电解铜和氢氧化钴。Tenke拥有超过2800万吨铜和300万吨钴的资源量。2016年Tenke矿生产钴金属1.45万吨，居世界第二；洛阳钼业2017年实现钴金属生产量16419吨，销售量15326吨，库存量3307吨；2018年实现钴金属生产量18747吨，销售量19390吨，库存量2649吨。洛阳钼业2018年年报显示，公司铜钴相关产品营收143.74亿元，同比增长3.82%；毛利率36.19%，同比下滑3.84%。

3）华友钴业

华友钴业成立于2002年，2013年上市，公司目前为中国最大的钴产品供应商，产销规模位居世界前列，也是目国内钴品类型最为丰富的生产企业之一，主要钴品包括四氧化三钴、氧化钴、碳酸钴、硫酸钴等。随着产能的逐步释放，2016年公司钴产品量达到20916吨，较2015年增长70%，产品量占国内总供给的46%，占全球比例达到17%，公司龙头地位更加巩固。华友钴业2018年年报显示，公司报告期内实现营收144.51亿元，同比增长49.7%；归属于上市公司股东的净利润15.28亿元，同比下滑19.38%。华友钴业2018年全年生产钴产品24354吨金属量（含委托加工375吨，受托加工1726吨，假设自有矿山供应量为50%），销售量21788吨，库存量2053吨。钴产品实现营收95.8亿元，同比增长29.73%；毛利率34.74%，同比减少5.15%。

（3）锰资源产业现状

全球锰资源十分丰富，但世界范围内的分布不均，主要分布在南非、乌克兰、澳大利亚、巴西等。根据美国地质调查局2019年的数据，全球陆地锰矿藏的金属储量约为7.6亿吨，其中主要集中在南非（2.3亿吨）、乌克兰（1.4亿吨）、巴西（1.1亿吨）、澳大利亚（9900万吨）、加蓬（6500万吨）、印度（3300万吨）、中国（5400万吨），这几个国家储量合计为7.31亿吨，占到总储量的97%，锰矿资源相当集中。图2-32所示为2018年世界不同国家锰矿储量。锰矿矿床分为沉积型、火山沉积型、沉积变质型、热液型、风化壳型和海底结核-结壳型。工业价值最大的为沉积和沉积变质矿床（我国锰矿资源现状及采选技术发展，2012全国锰业技术委员会报告）。全球富锰矿资源主要集中在南半球的南非、加蓬、巴西和澳大利亚。例如，南非和澳大利亚的锰矿石品位达30%~50%，这些矿藏主要是沉积变质型或风化壳型；印度、哈萨克斯坦和墨西哥是中等品位的锰

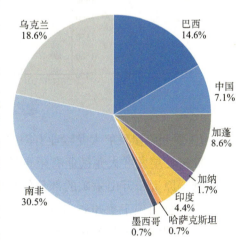

图2-32　2018年世界不同国家锰矿储量

矿资源国，矿石中锰的品位一般为35%～40%；乌克兰、中国、加纳则主要以低品位锰矿为主，品位一般低于30%，主要是沉积型和火山沉积型矿床，需要通过选矿、人工富集后（尤其是磁选）才能作为商品矿（35%以上）出售。

中国的锰矿资源空间分布极不均匀，以广西和湖南最为丰富，约占到全国55%的储量，加上贵州、云南、重庆、湖北、陕西，其储量约占到中国锰矿石保有储量的86.6%。当前，中国大部分锰矿来自碳酸锰矿资源，1/4来自氧化锰。主要的锰矿是云南鹤庆锰矿、广西大新锰矿，主要的生产企业包括中信大锰、红星发展、湖南汇通科技。

与世界锰矿相比，中国锰矿有几大特点：中小矿山为主，产地多，富矿少；中国锰矿层位多，形成于不同时代的地层；锰矿石以贫矿为主，富矿少，组分复杂，平均品位22%，低于世界平均品位10个点，质量普遍较差，且有部分富锰矿石在利用时仍需工业加工。符合国际商品级富矿石（锰含量≥48%）的矿床完全缺乏。矿石物质组分复杂，为高磷高铁的锰矿石。其他的锰资源大国以开采高品位优质锰矿为主。直到2016年中国锰矿才迎来了突破，经过中国地质调查局西安地质调查中心和新疆维吾尔自治区国土资源厅的共同努力，在西昆仑地质找矿实现了重大突破：西昆仑玛尔坎苏优质锰矿资源量达3000万吨，平均品位35%左右，有望成为我国北方最重要的优质锰矿资源开发基地。据科技日报贵阳2018年4月1日报道，贵州省地矿局在松桃县探获我国有记载以来的第一个特大型富锰矿床。这一富矿的发现不仅是我国有史以来锰矿找矿的最大突破，同时还打破了世界超大型锰矿床主要分布在南半球的格局。根据自然资源部《2018年矿产资源报告》，2018年中国锰矿石储量从2017年的15.51亿吨迅速增加到2018年的18.46亿吨。

图2-33所示为全球锰的产量。

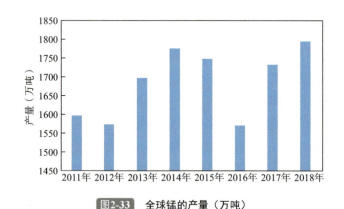

图2-33 全球锰的产量（万吨）

1) 贵州红星发展大龙锰业有限责任公司

贵州红星发展大龙锰业有限责任公司是由上市公司红星发展通过收购有600年历史的"汞都"原贵州万山汞矿的部分优势资产并投资4亿多元建成的专业生产锰、钡系列产品的公司。公司位于贵州省玉屏县大龙经济开发区，占地70万平方米，并配套有公司专属的铁路专用线和大型矿山，同时配套建设了一条年产10万吨的硫酸生产线。目前公司的无汞电解二氧化锰年生产能力为4万吨，动力电池专用硫酸锰年生产能力5000吨（设计规模10万吨），钡盐年生产能力达到10万吨，并均通过了ISO 9001（2000）质量体系认证和ISO 14000环保体系认证。

2）湘潭电化

湘潭电化科技股份有限公司主营业务为生产销售电解二氧化锰和新能源电池材料、城市污水集中处理、工业贸易等。其中电解二氧化锰年产11万吨，为世界上最大的电解二氧化锰生产商。产品分为碳锌电池级、无汞碱锰电池级、一次锂锰电池级、锰酸锂电池级和高性能电池级五大类，是国内生产历史最悠久、产品类型最齐全、产品质量最稳定、生产技术最先进的电解二氧化锰专业生产厂商。

（4）锂资源产业现状

根据美国地质调查局2018年和2019年的最新数据，由于不断的勘探，全世界的锂资源量大幅增加，总量超过6200万吨。在主要国家中，阿根廷已查明的锂资源量为1480万吨，玻利维亚900万吨，智利850万吨，中国700万吨（中国的数据在2018年和2019年发生了很大的变化，这里还是采用2018年的数据），美国680万吨，澳大利亚770万吨，加拿大200万吨，刚果（金）、俄罗斯和塞尔维亚各100万吨，捷克130万吨，墨西哥170万吨，津巴布韦50万吨。

中国锂资源相对丰富，主要分布于青海和西藏。中国是锂资源较为丰富的国家之一，根据美国地质调查局2018年发布的数据，中国锂储量约320万吨，约占全球总储量的20%，世界排名第2位，仅次于智利，如图2-34所示。从区域分布看，中国锂资源主要分布在青海、西藏、新疆、四川、江西、湖南等省区，其中青海和西藏两地盐湖锂资源储量占全国锂资源总储量的75%左右，资源相对集中。尽管中国的锂盐储量高，中国锂储量占到全球资源的20%，但由于锂资源总体品位低、分布地区生态环境极其脆弱不易开采、自身加工工艺水平低、管理水平低下等，所以，资源利用率非常低，例如，国内目前探明储量高并取得采矿权证的四川阿坝州的雅化集团所属德鑫矿业公司的李家沟、众和股份所属金鑫矿业的党坝、甘孜州融达锂业的甲基卡（134号脉，2019年6月已经复工）、天齐锂业所属甲基卡（248号脉）。这些矿山海拔3500~4500米，自然环境恶劣，基础设施配套差，开采难度大，尾矿处理难度大，环保问题对开发影响大。同时，我国盐湖含锂卤水资源有两个显著的特点（盐湖锂资源分离提取方法研究进展）：一是锂含量高，卤水中锂质量浓度高达2.2~3.1g/L；二是镁锂比高，比国外高数十倍乃至百倍，东台吉乃尔盐湖卤水镁锂比达到40（美国银峰卤水中该值为2，智利阿塔卡玛盐湖卤水为6），这给我国锂资源的开发带来了很大的难度。因而，研究出一种锂资源的高效分离提取技术，是大规模开发我国盐湖锂资源的关键。目前中国包括碳酸锂在内的基础锂盐的生产原料绝大部分依赖进口，进

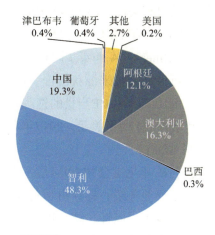

图2-34　2018年全球锂资源储量分布

口比例为70%～80%。

从近几年走势来看，锂矿产量虽有波动，但整体上有增长的趋势，而且随着全球汽车的电动化，这个趋势不可避免。受益于最近几年电动汽车用锂离子电池对锂的消费需求增加，在全球2012—2015年相对稳定的锂矿产量后（3.2万～3.5万吨锂金属含量），从2016年开始快速增长，其中2015—2016年，全球年产量增加了21%，2017年产量又比2016年大幅增长了80%，这是由于2017年全球锂辉石产量较2016年增长了74%，其中由于澳大利亚锂辉石产量增长了3倍，包括出口到中国加工的直航矿石中超过11000吨锂金属含量。

从国家来看（见图2-34），2018年澳大利亚和智利锂矿石产量分别为51000吨和16000吨锂金属当量，位居第一、第二位，两国产量合计占全球总产量的79.1%，这说明全球锂矿石生产集中度较高，中国锂矿石产量约为8000吨锂金属当量，占总产量的9.5%。澳大利亚的5个锂辉石业务，以及阿根廷和智利的2个卤水业务占世界锂产量的大部分。澳大利亚领先的锂辉石业务在2018年将锂辉石精矿产量增加了40%左右，仍然是世界上最大的锂生产商。两个新的澳大利亚锂辉石业务在2017年提高了产量，另外5个锂辉石业务在2018年提高了产量。由于从2019年下半年开始，全球锂产量超过世界锂消费量，中国的碳酸锂现货价格从2018年初的约21000美元/吨降至第三季度的约12000美元/吨，目前电池级碳酸锂价格已经跌到9500美元/吨左右。

1）Albemarle雅宝

雅宝在1887年成立时只是一家小造纸厂，2014年雅宝收购了Rockwood，由此进入锂矿行业。目前，雅宝的三大业务板块分别是占营收35%的锂业务、34%的催化剂业务和27%的溴业务（世界第二），全球员工约5900人，遍布约100个国家。雅宝主要的锂资源来自通过太阳能自然蒸发获得智利的阿塔卡马盐湖和美国内华达州的银峰盐湖的卤水。从阿塔卡马盐湖获得锂卤水后，雅宝利用在智利拉内格拉附近的一家工厂将其加工成碳酸锂和氯化锂。银峰的锂卤水在银峰的工厂加工成碳酸锂。随后，在美国、德国、法国和中国台湾的其他地区，根据当地服务的市场，进一步将材料加工成各种衍生产品。2018年3月，根据和智利政府有关部门CROFO新签的协议，截至2043年雅宝可以从阿塔卡马盐湖抽取相当于14.5万吨LCE/年的卤水，银峰还是只有约0.6万吨LCE的配额。此外，2018年12月，雅宝从Bolland Minera S.A.购买了阿根廷卡塔玛卡省安托法拉（Antofalla）的未开发土地，如有必要，还可以从其他来源获得锂。此外，雅宝还有49%的位于西澳大利亚的Talison的权益，可以获得10.5万吨LCE当量的锂辉石精矿。2017年雅宝锂化学品的销售额达到10.2亿美元，2018年增加到12.3亿美元，2017年和2018年的税前利润分别为4.47亿美元和5.31亿美元。

2）SQM

智利矿业化工公司SQM是一家在全球范围内拥有人类发展所需化学品产业的公司，有五大主要业务线：特种植物营养素、锂和衍生物、碘和衍生物、钾和工业化学品。在这几个产品线中，以钾、碘、锂产品为主业，是世界上最大的碘、硝酸钠生产商及第二大硝酸钾和锂化学品的生产商，也是世界最大的碳酸锂生产商。1997年SQM正式进入锂产品市场，锂的开发主要依赖于智利阿卡塔玛盐湖，主要锂产品为碳酸锂和氢氧化锂。根据2018年SQM于Corfo签署的协议，如果在产能等方面满足新协议所有的要求，公司将合计拥有阿卡塔玛盐湖锂资源开采配额220.6万吨LCE，开采期限至2030年，相当于2018—2030年年均产量17万吨LCE，现有7万吨LCE产能，SQM将增加5万吨LCE当量的产能，到2020年底产能达到12万吨LCE当量，即2019—2021年将产量从7万吨碳酸锂提升到12万吨碳酸锂；氢氧化锂的产能在同一时期计划将从1.35万吨提升到2.95万吨。2025年会进一步把产能提升至18万吨LCE当量。

SQM利用阿卡塔玛盐湖提取的高锂浓度溶液，在其位于智利安托法加斯塔附近的Salar del Carmen工厂生产碳酸锂。氢氧化锂主要用于生产能够承受极端温度和负载条件的润滑脂，世界上大约70%的润滑脂含有锂，此外，还可以用于高镍锂电池正极材料和着色剂。SQM利用自产的碳酸锂在Salar del Carmen工厂生产氢氧化锂。2011年SQM公司销售锂产品及其衍生物4.05万吨，约占全球31%的市场份额，2012年SQM碳酸锂及其衍生物销售量约为4.57万吨。2017/2018年SQM锂及其衍生品年销量分别为4.97/4.57万吨。2018年SQM锂盐产量的市场份额约为16%，锂化学品销售额为7.25亿美元，锂化学品净利润占到全公司净利润的一半，约为4亿美元。

3）赣锋锂业

赣锋锂业是全球第三大及中国最大的锂化合物生产商及全球最大的金属锂生产商，拥有五大类逾40种锂化合物及金属锂产品的生产能力，是锂系列产品供应最齐全的制造商之一。赣锋锂业2017年生产碳酸锂1.83万吨，氢氧化锂0.61万吨LCE（碳酸锂当量）；2018年生产碳酸锂1.63万吨，氢氧化锂1.30万吨LCE。赣锋锂业2018年营业收入为50.0亿元，净利润12.2亿元，总资产135.2亿元。

4）天齐锂业

根据天齐锂业网站及2018年年报，天齐锂业是中国和全球领先的以锂为核心的新能源材料供应商，公司业务涵盖锂产业链的关键阶段，包括硬岩型锂矿资源的开发、锂精矿加工销售及锂化工产品的生产销售。公司的锂资源布局包括控股51%的泰利森、参股SQM25.87%的股权，参股西藏日喀则扎布耶锂业20%股份等。

公司控股的泰利森拥有目前世界上正开采的储量最大、品质最好的锂辉石矿——西澳大利亚格林布什（Greenbushes），拥有最高资源品位和最低化学级锂精矿生产成本。公司通过控股泰利森实现了锂精矿的完全自给自足，并提高了公司的成本控制能力。根据Roskill报告和天齐锂业2018年年报，按照2017年产量计算，格林布什矿场产量约占全球锂矿产量的29%。按2017年度销售收入计算，天齐锂业公司是世界第二大及亚洲最大的锂生产商，也是中国唯一通过大型、单一且稳定的锂精矿供给实现自给自足的锂化合物及衍生物生产商；按2017年的产量计，公司是世界第三大及亚洲和中国最大的锂化合物生产商。2018年营业收入为62.4亿元，净利润22.0亿元，总资产446.3亿元。其中2017年锂化工品产量3.23万吨，2018年锂化工产品产量3.96万吨。

2.1.3.2 负极材料原材料产业现状

负极原材料产业将会影响负极材料产业链的供应、价格定位等，接下来将分别对负极原材料的产业现状进行分析。

（1）天然石墨

全球石墨储量巨大，根据美国地址调查局（USGS）统计，2017年全球的石墨储量达2.7亿吨，并且分布比较集中，80%集中分布在土耳其（9000万吨）、巴西（7200万吨）和中国（5500万吨）。天然石墨的生产国也比较集中，主要在中国、印度和巴西。据鑫椤资讯整理，2016年全球天然石墨的总产量为118.3万吨，其中中国石墨的年产量为78万吨，约占世界总产量的65%，位居全球之首；印度石墨产量居世界第二，约占世界总产量的14%；巴西石墨年产量约占世界总产量的7%。2018年莫桑比克加大石墨矿产的开发，预计将会跻身全球最大石墨生产国之一。

如前所述，天然石墨中适合作为锂离子电池负极材料的是鳞片晶质石墨，晶质鳞片石墨资源主要蕴藏在中国、乌克兰、斯里兰卡、马达加斯加、巴西等国家，其中马达加斯加盛产大鳞片石墨。根据《中国矿产资源报告2018》报道，2017年我国晶质石墨矿物查明资源储量为3.67亿吨，主要分布在黑龙江、内蒙古、山西、四川、山东五省，储量占全国的80%以上。我国既是鳞片石墨资源大国，也是鳞片石墨资源消费大国，进出口量大。据海关统计数据，2018年我国鳞片状天然石墨进口量达到60253吨，与上年同期增长999.03%。其中来自非洲的进口量趋增，来自莫桑比克的进口量为29002吨，占总进口量的48.43%，来自马达加斯加的进口量为27955吨，占总进口量的46.39%。2018年我国鳞片状天然石墨出口量达到130735吨，主要出口国包括日本、印度、美国、韩国和德国等。总的来说，我国石墨存在大量出口低附加值产品、高端深加工产品主要依赖进口、开发利用粗放的问题，将资源优势转化为技术和经济优势是我国石墨产业今后发展的必然趋势。

天然鳞片石墨具有良好的耐高温、导电、导热、润滑、可塑、耐酸碱等特性，广泛应用在耐火材料、涂料行业、导电材料、密封材料、耐磨材料和润滑剂等领域。预计到2020年电动汽车产量将达到140万辆左右，锂离子电池负极材料对石墨的需求量将达到6.5万吨。未来新能源新材料将带动石墨资源尤其是优质石墨资源需求的增长，2020年这一比例将超过石墨消费量的25%。

我国生产天然石墨的优势企业包括鸡西市东北亚矿产资源有限公司、青岛金汇石墨有限公司、黑龙江省宝泉岭农垦溢祥新能源材料有限公司、内蒙古瑞盛新能源有限公司、湛江市聚鑫新能源有限公司等。

（2）人造石墨

人造石墨多以针状焦为原料，根据来源分为煤系针状焦和石油系针状焦。油系针状焦是1950年美国大湖碳素公司首次开发出来的产品，直到1968年实现了工业化生产；1970年日本三菱化成工业公司对煤系针状焦进行大力度的开发，在1979年煤系针状焦实现了产业化。目前国内外生产针状焦的企业主要分布在美国、英国、日本等少数几个国家，主要生产企业有7家，其具体产能和产品类别如表2-3所示。

表2-3 国外针状焦主要生产企业简况

企业名称	产品类别	设计产能（万吨/年）
Conoco INC（英国 HUMBER 工厂）	油系	230
Conoco INC（美国休斯敦工厂）	油系	140
美国碳/石墨集团海波针状焦公司	油系	140
日本兴亚株式会社	油系	80
日本水岛制油所	油系	70
日本新日铁化学株式会所	煤系	140
日本三菱化学株式会所	煤系	60

我国对针状焦的研究始于20世纪70年代末，1995年11月，锦州石化公司采用石化科学院技术，将油系针状焦投产成功；1994年鞍山沿海化工采用鞍山焦化耐火材料设计研究院专利技术，建成了煤系针状焦工业化生产装置，并于1996年投料试生产。目前我国实现煤系针状焦产业化的主要企业是山西宏特化工有限公司、山东兖矿科蓝煤焦化公司、中钢热能研究所；油系针状焦的主要企业是锦州石化公司、山东海化集团。据百川资讯统计，2018年我国针状焦总产能为62万吨，产量为35.5万吨，其中熟焦产量28.49万吨，同比增长147.95%，生焦产量7.01万吨，同比增长93.11%，油系和煤系针状焦的比例分别为52%和48%。

针状焦目前主要应用在人造石墨负极和石墨电极两个领域。2018年我国负极材料用针状焦的需求量约为14万吨，随着新能源汽车行业对高容量人造石墨需求的增加，预计2020年需求量将增至25万吨。石墨电极主要应用在炼钢领域，随着我国钢铁行业产业结构的调整及废钢资源的增加，石墨电极用针状焦的需求量也在增加，2018年石墨电极用针状焦的需求量约为35.9万吨，预计到2020年也将会大幅度增至56万吨。根据鑫椤资讯预测，2018年中国针状焦的进口量约为21.8万吨，同比增加了28%。且国外针状焦2018年的产能利用率已经达到86%，未来我国进口针状焦的增加空间有限。庞大的需求给国内针状焦的生产企业同时带来的压力和市场，2019年我国针状焦的产能预计可达101万吨，产量为47万吨；2020年产能预计可增加至140万吨，产量增加至87.5万吨。

（3）钛酸锂

生产钛酸锂时用到的钛源为锐钛矿型TiO_2，又称钛白粉，其是从钛铁矿或者钛磁铁矿中提取出的产物。全球有30多个国家拥有钛资源，主要分布在澳大利亚、南非、加拿大、中国和印度等国。全球钛铁矿储量约为7亿吨，其中我国储量为2亿吨，占全球储量的28.6%，居世界第一位；紧随其后的是澳大利亚，储量为1.6亿吨；印度储量为8500万吨；南非储量为6300万吨；巴西储量为4300万吨。产能方面，全球钛白粉行业集中度较高，呈寡头垄断，前5家供应商掌握了全球52%的产能，达387万吨，分别为美国杜邦公司，产能124.2万吨；美国特诺（Tronox），产能100万吨；我国的龙蟒佰利联，产能95万吨；Venator，产能81万吨；德国康诺斯（Kronos），产能55.9万吨。

我国钛矿主要分布在四川攀枝花（钛磁铁矿）、海南省（钛铁矿）、云南省（钛铁矿）、广西壮族自治区（钛铁矿）。2018年我国钛白粉产量为286.95万吨，同比增加27万吨，增幅为10.49%，其中锐钛矿型钛白粉为44.33万吨。钛白粉企业中实际产量达到10万吨以上的一共11家，其中前3家分别为龙蟒佰利联集团、攀钢集团钒钛资源股份有限公司、中核华源钛白股份有限公司。国内钛白粉的行业集中度低，我国的产能优势并不明显。

（4）硅基负极

硅基负极目前以纳米硅碳或氧化亚硅碳复合材料为主，其硅源均来自硅石，是脉石英、石英岩、石英砂岩的总称。石英砂是最基础的石英矿产品，可分为普通石英砂（$SiO_2 \geq 90\% \sim 99\%$），精制石英砂（$SiO_2 \geq 99\% \sim 99.5\%$）和高纯度石英砂（$SiO_2 \geq 99.5\% \sim 99.995\%$）。目前世界各国所用的普通石英砂一般以自产自用为主；优质砂由于资源分布不均和价格较高，多数国家除自产自用外尚有一定数量的进出口。我国石英矿资源丰富，种类包括石英岩、石英砂岩、天然石英砂、脉石英等，主要分布于广东、广西、海南、福建、云南、四川、黑龙江等地。从全国范围来看，江苏新沂、连云港，以及安徽凤阳、河北灵寿是石英原料的主产厂区，占据全国石英市场的80%。

纳米硅是金属硅经粉碎研磨后得到的，金属硅中含有一些铁、铝、钙等金属杂质。金属硅是高耗能高污染的行业，主要成本为硅石原料和电力，我国是最大的金属硅生产国。2018年我国金属硅产量240万吨，全球占比68%；海外总产量112万吨，其中欧洲产量45.5万吨，巴西产量24万吨，美国产量19万吨，其他地区产量23.5万吨。未来几年全球金属硅新增产能集中在中国，预计2018—2020年全球金属硅产量分别为352万吨、371万吨、394万吨。国内产能主要集中在电力价格较低、硅石原料丰富的云南、四川、新疆等地，三地的产能占全国的75%。2018年我国生产的金属硅中37%用于出口，21%用于铝合金产业，26%用于有机硅产业，14%用于多晶硅的生产，用于生产纳米硅碳负极的很少。目前我国工业硅行业的优秀企业包括合盛硅业股份有限公司、云南永昌硅业股份有限公司、四川茂县潘达尔硅业有限责任公司、新疆中硅科技有限公司等。其中合盛硅业目前拥有84万吨金属硅有效产能，2018年产量为60.5万吨，占国内总产量的25.21%，是全球金属硅最大的龙头企业。

生产氧化亚硅中所用的二氧化硅是工业常说的硅微粉。目前，世界上只有中国、日本、韩国、美国等少数国家具备硅微粉生产能力，我国硅微粉的市场主要在国内。我国的硅微粉行业有近百家，但基本属于乡镇企业，产品的质量无法保证。目前国内主要生产普通的角形结晶硅微粉和角形熔融硅微粉，高端硅微粉如球形硅微粉、超细硅微粉仍以日本、美国等企业为主。日本的Tatsumori、Denka、Micro等公司可生产球形硅微粉。在我国，硅微粉的生产与原材料供应密切相关，我国石英砂资源主要分布在安徽凤阳、江苏东海、广西等地，比较有实力的硅微粉生产企业包括江苏联瑞新材料股份有限公司、矽比科（上海）矿业有限公司、浙江华飞电子基材有限公司、安徽壹石通材料科技股份有限公司和重庆市锦艺硅材料开发有限公司。硅微粉的颗粒大小决定了其应用领域，目前广泛应用于电子材料、电工绝缘材料、胶黏剂、特种陶瓷、精密铸造、油漆涂料、油墨、硅橡胶、功能性橡胶、高级建材等领域。

2.1.3.3 电解液原材料产业现状

（1）六氟磷酸锂

目前国内的六氟磷酸锂厂商主要有多氟多、必康股份、天赐材料、石大胜华、杉杉股份、宏源药业、天际股份、永太科技、天津金牛、北斗星化学等，如表2-4所示。其中多氟多、必康股份属于传统资深派，企业市场布局早、先发优势明显、客户积累及生产工艺成熟。天赐材料、杉杉股份、石大胜华等企业布局六氟磷酸锂产品线属于电解液产业链延伸。天际股份、宏源药业等企业涉及行业较广，布局六氟磷酸锂市场以借助锂电市场寻求业绩新增长。据不完全统计，2017年国内六氟磷酸锂产能超过2.866万吨，2018年国内六氟磷酸锂产能超过4.826万吨，2019年国内六氟磷酸锂产能超过6.126万吨，如表2-5所示。

表2-4 六氟磷酸锂企业分布情况

省 份	企 业	省 份	企 业
浙江	杉杉股份	湖北	宏源药业
	永太科技	陕西	必康股份
	北斗星化学	山东	石大胜华
广东	天赐材料	河南	多氟多
天津	天津金牛	江苏	天际股份（新泰材料）

表2-5 六氟磷酸锂主要商家产能情况（单位：吨）

公 司	2014年	2015年	2016年	2017年	2018年	2019年
多氟多	2200	2200	3000	6000	6000	10000
天赐材料	300	2000	2000	4000	14000	14000
森田化学（中国）	3000	3200	3500	5000	5000	10000
九九久	2000	2000	4000	4000	5000	5000
新泰材料	—	1080	1080	5160	8160	8160
石大胜华	—	—	—	1000	2000	2000
永太科技	—	—	1500	3000	3000	3000
湖北宏源	—	—	600	1000	1000	5000
江西石磊	—	—	—	—	600	600
汕头金光	—	—	—	—	500	500
天津金牛	700	1000	1000	1000	1000	1000
杉杉股份	—	—	—	—	2000	2000
国内合计	8200	11480	15180	28660	48260	61260

1）多氟多化工股份有限公司

多氟多作为国产六氟磷酸锂的领跑者，行业地位及成就是获得认可的。2018年底，多氟多具有年产6000吨六氟磷酸锂的生产能力，全年产销5440吨，2019年具有年产10000吨六氟磷酸锂的生产能力。产品被国内主流电解液生产厂商广泛使用，并稳定出口到韩国、日本等国外市场，为三菱、三井、宇部、LG、Soulbrain、Panax、比亚迪、新宙邦、杉杉等一批高端优质客户的供应商，也是特斯拉等国内外新能源汽车产业链体系的一环。

2）必康股份

2015年，必康股份借壳九九久上市，保留九九久此前的新能源业务，也是国内涉足六氟磷酸锂的资深老将。2016年必康股份六氟磷酸锂产能为2000吨/年，生产工艺成熟，产品质量稳定，拥有稳定的客户群体，产能已完全释放并持续满负荷运行。2017上半年，新增的3000吨产能实现投产，2018年和2019年六氟磷酸里产能为5000吨。

3）广州天赐高新材料股份有限公司

2016年，天赐材料自产六氟磷酸锂未能满足电解液生产的需求，部分外购。2017年3月，天赐6000吨液体六氟磷酸锂项目投产，此项目不仅实现了电解液生产的工艺优化，同时也大幅降低了六氟磷酸锂的生产成本。与传统晶体六氟磷酸锂相比，液体六氟磷酸锂千吨投资额大幅低于固体六氟磷酸锂，6000吨液体六氟磷酸锂项目投资额仅为4964万元，同时液体六氟磷酸锂生产工艺相对简单，减少了结晶、溶化、冷却等环节，大大提高了生产效率，生产成本和产品价格均能有效降低，使得公司电解液产品竞争力进一步加强。2018年和2019年液体六氟磷酸锂产能达到14000吨（相当于固体6000吨），通过自产六氟磷酸锂，天赐材料已经构建了其独特的成本管控体系，也将成为其长期优势。

4）杉杉股份

杉杉股份锂电材料业务横跨正极、负极、电解液等多个细分市场。尽管正极材料业绩突出，但旗下电解液业务近年来并未有明显起色。2017上半年，其电解液业务实现销售量为1869吨，同比下滑43.31%；营收1.06亿元，同比下滑43.27%。收购优质标的衢州杉杉是杉杉股份寻求破局的重要一步，借助衢州杉杉六氟磷酸锂的技术优势，寻求市场新的突破口，同时融合原有电解液基础，提升产品性能。根据杉杉股份2017半年报披露，衢州20000吨电解液项目已于2017年11月投试产，年产2000吨六氟磷酸锂项目于2018年4月底投试产，2018年和2019年杉杉股份六氟磷酸锂产能为2000吨。

5）石大胜华

石大胜华作为国内锂电溶剂龙头，在锂离子电池电解液溶剂行业具有较强的竞争优势。2016年7月22日东营市环保局环境批复东营石大胜华新能源有限公司 5000 吨/年六氟磷酸锂项目（一期），2017年石大胜华六氟磷酸锂产能为2000吨，2018年和2019年六氟磷酸锂产能为2000吨。

（2）氢氟酸

氢氟酸因技术门槛比较低、资金占用少等特点，使得外行业入门非常容易，近几年产能增速飞流直上。2014年我国无水氢氟酸国内产能达到226万吨，而总产量仅在116.6万吨，全年产能利用率为46.9%，赤裸裸地揭示了行业产能过剩的严重性。

2010年国家公布淘汰5000吨/年以下的无水氟化氢生产装置，2011年3月中国出台氢氟酸行业准入标准，规定新建企业总规模不低于5万吨/年，新建单套装置规模不低于2万吨/年。与此同时，"十二五"规划要求，到2015年，氟化氢总生产能力控制在160万吨/年左右，产量110万吨左右。我国氟化氢的生产企业主要集中在浙江、江西、福建、江苏、安徽和山东6省，这6省的氢氟酸产能约占我国氢氟酸产能的2/3，2016年产量达105.6万吨。

1）多氟多化工股份有限公司

多氟多从氟化工出发，研究了氟、锂、硅3个元素，开发了六氟磷酸锂和动力锂离子电池等新产品，通过收购河北红星汽车，打通了新能源汽车的全产业链，具备"萤石-高纯氢氟酸-氟化锂-六氟磷酸锂-锂电池-新能源汽车"完整的产业链。

公司采用磷肥副产氟资源流化床法制氟化铝联产气相白炭黑、氟化铵媒介法制氢氟酸，可颠覆传统的萤石法制氢氟酸和氟化铝，节约战略资源萤石，降低生产成本，提高产品市场竞争力。无水氢氟酸厂家装置共4条线，目前开了3条线。氢氟酸暂少量外卖，对外出厂报价为10500元/吨。2018年销售氢氟酸（包括普通氢氟酸和电子级氢氟酸）4.2万吨，稳居全球龙头地位。

2）广州天赐高新材料股份有限公司

天赐材料致力于完成"基础化工材料、碳酸锂、六氟磷酸锂、电解液"纵向一体化布局，通过布局锂矿资源、碳酸锂、氢氟酸、五氟化磷、六氟磷酸锂及新型锂盐、溶剂等打通全产业链，极大地提升了产品竞争力。

2017年12月天赐全资子公司九江天赐以自有资金4560万元收购安徽东至天孚化工57%的股权，后者拥有丰富的氟化工生产经验，目前建有10000吨/年无水氟化氢产线，此后2018年1月公司再次公告安徽天孚拟自筹资金投资建设年产5万吨氟化氢、年产2.5万吨电子级氢氟酸改扩建项目。

3）贵州瓮福开

2019年4月16日，贵州瓮福开磷氟硅新材料有限公司在开阳矿肥工业园区举行循环经济利用——年产三万吨无水氟化氢项目奠基仪式。

贵州瓮福开磷氟硅新材料有限公司由贵州瓮福蓝天氟化工股份有限公司和贵州开磷集团股份公司共同出资组建。规划分三期建设无水氟化氢项目9万吨，第一期、第二期在开阳矿肥工业园区建设，第三期在息烽小寨坝建设。此次奠基的项目是继贵州、福建、湖北、云南四套装置之后的全球第五套从磷矿中回收氟资源的项目，项目一期投资3.5亿元，实现产能3万吨/年，并在此基础上投资建设无机氟盐、有机氟化学品、氟精细化学品、硅化学品精细化高端化产品等。

（3）碳酸锂

在下游需求强势拉动之下，行业得到较快的增长。2017年我国碳酸锂行业产量约8.3万吨，需求量约11.22万吨，近几年我国碳酸锂行业产销量情况如图2-35所示。

赣锋锂业现有产能18500吨，规划产能17500吨，预计新建产能2018年四季度投放。

天齐锂业现有产能27500吨，规划产能24000吨，预计氢氧化锂产品2018年年

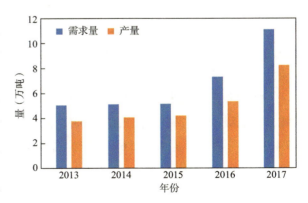

图2-35 2013—2017年中国碳酸锂行业产销量情况

底试生产。

山东瑞福2017年四季度20000吨新建产能项目陆续放量，进入2018年以后其投放力度仍在继续放大。

容汇通用及致远锂业的新增产线已经完成建设，现已进入调试及试生产阶段，预计下半年将会进入市场中，届时每月将新增约2000吨的碳酸锂供应量。

天赐材料分别在2016年5月25日与江苏容汇出资8000万元成立九江容汇，公司持有30%的股权；2018年1月31日与江苏容汇共同对九江容汇增资8000万元，公司仍持有30%的股权生产销售氢氧化锂、碳酸锂。

（4）碳酸酯溶剂

电解液一般由高纯度的有机溶剂、溶质及必要的功能添加剂等原材料在一定的条件下，按照一定比例配制而成。溶剂是电解液的主体部分，目前市场上常用的有机溶剂有碳酸二甲酯（DMC）、碳酸丙烯酯（PC）、碳酸二乙酯（DEC）、碳酸乙烯酯（EC）、碳酸甲乙酯（EMC）等。

全球电解液需求强劲，EC供不应求、LiPF6形势渐明：全球汽车电动化趋势加快，预计2019—2020年全球电解液出货量分别为24万吨和35万吨，对应溶剂需求20.3万吨和30.2万吨。据Benchmark预测，全球锂电池2023年产能将达到658GW·h，对应全球溶剂需求超过60万吨。EC作为电解液溶剂的基础组分，具有不可替代性，中国化学与物理电源行业协会预测2019—2020年国内的电池级EC需求为4万～5.4万吨。

全球DMC的商品量主要来源于中国，国外的DMC生产商一般都是配套生产聚碳酸酯，较少向市场销售，我国DMC行业经过多年的发展，产能规模、产量在世界范围内都处于领先地位，DMC行业2018年底有效产能约44.9万吨。据碳酸酯联盟调查，2017年国内DMC总产能为53万吨，产量为42.1万吨，估算供应量约39万吨。

1）石大胜华

石大胜华是国内电解液溶剂龙头企业，聚焦新能源和新材料业务，积极发展特种化学品和新兴业务。年报显示，公司是国内唯一一家同时具备碳酸二甲酯、碳酸甲乙酯、碳酸乙烯酯、碳酸二乙酯、碳酸丙烯酯全部5种电解液溶剂生产能力，也是市场上少数几家能够提供99.99%超纯品的企业，供应量占全球的40%，出口量占国内电解液溶剂出口量的80%。

石大胜华电池级碳酸酯溶剂总产能超过10万吨，单一产品产能均为国内最大。并且，公司主要客户均为全球电解液行业龙头企业，包括天赐材料、新宙邦、江苏国泰、比亚迪、三菱化学、宇部兴产、中央硝子等。

2018年，石大胜华碳酸二甲酯系列产品产量超过39万吨，其中碳酸酯类产品近20万吨，电池级产品占碳酸酯产品近40%。2018年中国碳酸乙烯酯总产能为10.4万吨，产量约为7.4万吨，其中石大胜华以2.6万吨产能占据龙头位置。

2）海科新源化工

海科新源化工公司现配套齐全5种电解液溶剂（DMC/EC/EMC/DEC/PC），现有产能为10万吨；国内主要客户为比亚迪、天赐材料、新宙邦、江苏国泰、杉杉等行业知名电解液厂家；2018年国内市场份额超30%，2019年公司规划出口份额占比提升到15%。

目前，海科新源拥有多套生产装置，如100000吨/年的电解液溶剂，80000吨/年的碳酸二甲酯，60000吨/年的丙二醇，80000吨/年的异丙醇与10000吨/年的二异丙醚等，主要为医药、食品、电解液、化妆品、香精香料、烟草等行业客户提供高品质产品，如电解液溶剂（DMC、EMC、DEC、PC、EC）、医药/食品级丙二醇、食品级异丙醇、一缩二丙二醇、工业级碳酸二甲酯、异丙醇、二异丙醚等，同时为客户提供全面、专业的创新技术解决方案服务。

目前，海科新源6万吨/年碳酸二甲酯装置稳定运行，目前报盘执行5500元/吨承兑出厂。

3）山东德普化工

山东德普化工科技有限公司成立于2007年，是科技民营企业，主要从事碳酸二甲酯、1,2丙二醇、碳酸丙烯酯、固体光气等精细化工产品的生产和销售，是国内目前该产品单套生产能力较大的专业化工生产企业之一。

项目二期建设总投资1.78亿元，2013年7月1号项目完工后，企业形成了碳酸二甲酯40000吨/年、1,2-丙二醇32000吨/年、碳酸丙烯酯50000吨/年的生产规模，年销售收入10亿元。

截至2019年4月23日，德普化工两套（共4.8万吨/年）小装置稳定运行，大装置检修，目前报盘执行5500元/吨承兑出厂。

4）新宙邦

新宙邦坚持高端差异化和全球大客户战略，通过配方服务和不同添加剂的定制化产品赚取更高的附加值，已成为村田、松下、三星SDI、LG化学、比亚迪、孚能科技、亿纬锂能等公司电解液产品的重要供应商。公司在布局高端添加剂及新型锂盐的同时，进一步在国内外扩大产能，在目前约4万吨的基础上扩产7万多吨产能，其中4万吨在波兰基地扩产以满足未来欧洲的市场需求。同时公司规划建设5.4万吨碳酸酯溶剂，保障未来溶剂的供应，进一步增强行业竞争力。

（5）添加剂

1）江苏华盛

江苏华盛锂电材料股份有限公司（简称江苏华盛，英文简称HSC CORPORATION）创立于1997年，是一家专注于锂离子电池电解液添加剂的研发、生产和销售的高新技术企业。公司是碳酸亚乙烯酯（VC）和氟代碳酸乙烯酯（FEC）市场领先的供应商之一，年产能近6000吨，主要客户有三菱化学、宇部兴产、Enchem、Panax、Soulbrain、国泰华荣、比亚迪、天赐、杉杉等国内外知名厂商。

2）武汉中德远东精细化工

武汉中德远东精细化工有限公司是德国RASCHIG股份有限公司在中国地区投资的一家研发、生产和销售1,3-丙烷磺酸内酯（PS）及其下游产品的专业精细化工公司。

3）苏州华一新能源

苏州华一新能源科技有限公司成立于2000年，是一家专业从事高端精细化工材料——锂离子电池功能性添加剂，集研发、生产和销售为一体的精细化工企业，具备年产1000吨碳酸亚乙烯酯（VC）、1000吨氟代碳酸乙烯酯（FEC）、500吨碳酸乙烯亚乙酯（VEC）、500吨1,3-丙磺酸内酯（PS）的能力。

4）荣城青木化学

荣成青木高新材料股份有限公司始建于2012年，公司位于中国山东半岛美丽的海滨城市——荣成市。公司是专业从事集功能性高新材料研发、生产、销售为一体的精细化工企业，主要从事锂电池电解液的添加剂制造与销售。公司主要产品和产能如下：碳酸亚乙烯酯（VC），1500吨/年；氟代碳酸乙烯酯（FEC），1500吨/年；1,3-丙磺酸内酯（PS），2000吨/年。

5）福建创鑫

福建创鑫科技开发有限公司及其全资子公司福建邵武创鑫新材料有限公司主要从事锂电池电解液添加剂的研发、生产和销售，主营碳酸亚乙烯酯（VC）、硫酸乙烯酯（DTD）、硫酸丙烯酯（PSA）、亚硫酸亚乙酯（ES）、碳酸乙烯亚乙酯（VEC）、三（三甲基硅烷）硼酸酯（TMSB）、三（三甲基硅烷）磷酸酯（TMSP）、五氟环三磷腈、丁二腈（SN）、甲烷二磺酸亚甲酯（MMDS）等。

6）新宙邦

新宙邦是一家专业从事新型电子化学品的研发、生产的高新技术企业，成立于2002年2月，并于2010年1月上市。

2014年7月，公司收购张家港瀚康化工，涉足电解质添加剂领域。瀚康化工是国内主要的锂电池添加剂供应商，拥有新型添加剂产品300多种，主营产品有碳酸亚乙烯酯（VC）和氟代碳酸乙烯酯（FEC），有利于提高电解液的低温性能和电导率，改善电极SEI膜性能、电池安全性能与电解液循环稳定性。目前，瀚康化工添加剂总产能约为3000吨/年，其中FEC产能约为1200吨/年，全球市场占有率约为27%，居全球第二；VC产能约为800吨/年，全球市场占有率约为5%。

2016年，子公司博氟科技建设年产200吨的LiFSI（双氟代磺酰亚胺锂）项目，目前已经投产。

7）天赐材料

广州天赐高新材料股份有限公司是一家专业从事个人护理品功能材料、锂离子电池材料、有机硅橡胶材料的高科技民营企业。公司目前拥有300吨LiFSI产能，2018年8月，2000吨LiFSI也即将投产，未来还有望布局硫酰氟路线。此外，在高镍、高电压正极材料趋势下，电解液添加剂尤为重要，而天赐子公司吉慕特在SEI成膜添加剂、阻燃添加剂、防过充添加剂等领域拥有深厚技术积累，未来也拟布局多类新产品，有助于保障公司在电解液全产业链中的领先地位。

2.1.3.4　隔膜原材料产业现状

目前，电池隔膜原材料的生产企业主要有大韩油化有限公司、日本三井、德国Ticona公司、巴西的Braskem公司、荷兰的DSM公司、日本旭化成等。

(1) 锂电池隔膜超高分子量聚乙烯的产业现状

超高分子量聚乙烯最早由德国Hoechest公司于1958年实现商品化,其后美国Hercules、日本三井石油化工公司及法国相继投入工业规模生产。目前,世界超高分子量聚乙烯主要生产企业有塞拉尼斯、巴西Braskem公司、荷兰的DSM公司及日本三井化学公司等。

我国于20世纪60年代开始研制超高分子量聚乙烯,目前,国内已有燕山石化、辽阳石化、Ticona南京公司、上海联乐、九江鑫星、无锡富坤等多家原料供应商,但是目前国内的隔膜企业的原材料供应均采用国外的超高分子量聚乙烯,主要以日本、德国、美国为主。

表2-6所示为国外主要超高分子量聚乙烯生产企业产能分布。

表2-6 国外主要超高分子量聚乙烯生产企业产能分布

生产企业	产能(万吨/年)	生产企业	产能(万吨/年)
德国Ticona公司	9.0	日本旭化成工业公司	5.0
巴西的Braskem公司	4.5	其他	1.5
荷兰的DSM公司	2.0		

1) 塞拉尼斯

塞拉尼斯在德国的欧伯豪森、美国得克萨斯州的毕肖普及中国的南京都设立了生产基地。2008年在南京投产的超高分子量聚乙烯新装置进一步提升了塞拉尼斯的整体制造能力,使其超高分子量聚乙烯产品得以覆盖全球。随着中国装置的上线,塞拉尼斯公司3个工厂的总产能已达到了9万吨。目前塞拉尼斯又在南京工厂投资3200万元扩建1.4万吨超高分子量聚乙烯粉料产能。

2) 巴西Braskem公司

巴西Braskem公司是世界超高分子量聚乙烯第二大生产商,其在美国和巴西工厂的超高分子量聚乙烯总产能约为7万吨。该公司下属得克萨斯州拉波特生产工厂完成了第一个全年的UTEC®超高分子量聚乙烯生产,包括推出新的UTEC®9540产品,这是当今全球分子量最高的商用聚乙烯聚合物。目前主要面向美洲市场,但正在积极开发全球市场。

3) 荷兰DSM公司、日本三井公司和韩国大韩油化

荷兰DSM公司、日本三井公司和韩国大韩油化的超高分子量聚乙烯生产规模相对较小。除生产常规牌号外,还提供特殊牌号(如注射成型牌号、纤维牌号和超细超高分子量聚乙烯)。其中DSM公司主要向欧洲市场供货,三井公司集中在日本市场。

4) 燕山石化

燕山石化公司是国内最大的超高分子量聚乙烯生产企业,在国内具有较高的市场占有率。起步之初是在2012年北京助剂二厂停产之后开始在化工六厂低压聚乙烯装置上开始生产的,经过5年的生产,燕山石化产品销售到多个领域,如板材、管材、纤维、滤材等领域,市场占有率逐年提高。

(2) 锂电池隔膜聚丙烯原料的产业现状

国内隔膜工厂使用的聚丙烯原料最主要的供应商是韩国大韩油化。由于能够生产电池隔膜级聚丙烯原料的企业非常少,而所有的原料供应商中,大韩油化所生产的原料与生产

线的匹配度最高，所以，它们的原料长期垄断中国市场。

（3）锂电池隔膜涂层材料陶瓷氧化铝的产业现状

目前，生产涂层材料陶瓷氧化铝的生产企业主要有宣城晶瑞新材料有限公司、淄博鸿嘉铝业股份有限公司、赢创特种化学（上海）有限公司等。

1）安徽宣城晶瑞新材料有限公司

安徽宣城晶瑞新材料有限公司是一家从事纳米技术研究、生产及应用的高新技术企业。宣城晶瑞新材料有限公司位于宣城市宣州工业新区（安徽宣州经济开发区），公司是国内产量最大、生产品种最多的纳米氧化物生产基地。公司拥有年产600吨纳米二氧化钛及其系列产品；年产400吨纳米三氧化二铝及1000吨5N高纯三氧化二铝其系列产品。锂电池隔膜专用氧化铝的产量为3000吨，单价为15万元/吨产品，已经广泛用于信息通信、航空航天、军事、涂料、橡胶、油墨、塑料、化妆品、食品、医药、服装等领域。

2）淄博鸿嘉铝业股份有限公司

淄博鸿嘉铝业股份有限公司的产品高温氧化铝、高温氧化铝微粉、氢氧化铝等产品热销全国。公司是集科、工、贸一体化的专业化私营公司，位于山东省中东部。该公司专业从事氧化铝、氢氧化铝系列产品的开发、生产、销售。产品被广泛应用于、BMC、SMC、玻璃、人造石、绝缘子、无卤电缆料、汽车、电子等行业。锂电池隔膜专用氧化铝的产量为5000吨，单价为15万元/吨产品。

3）赢创特种化学（上海）有限公司

赢创在中国已经拥有了约20家公司，生产基地遍及中国十几个城市。赢创产品品质卓越，种类繁多，包括沉淀法二氧化硅、炭黑、橡胶硅烷偶联剂、氨基酸、聚氨酯泡沫添加剂、涂料聚酯树脂、色浆、着色系统、高性能聚合物及聚合物生产所需的引发剂等，客户遍及中国及整个亚洲。锂电池隔膜专用氧化铝的单价为20万元/吨产品。

2.1.4 原材料技术与产业分析

2.1.4.1 原材料资源分析

（1）正极

目前总体而言，镍、钴、锰、锂几种元素中，钴的供应形势最为紧张。根据前面的分析，电池应用Co的消耗量占到全球总体消费量的59%，随着动力电池产业的持续发展，对于钴的价格推动、可持续性的开采、动力电池的循环使用，以及低钴及无钴化动力电池的技术推动都将是非常显著的。另外，钴资源分布得相对集中，主要在刚果和赞比亚的铜钴矿带上，而非洲政局的相对不稳定，最近增加的资源税，对钴金属的持续稳定供应造成一定的风险。

相对于钴的紧张供应链，金属镍和金属锰的原材料的供应量相对还好。全球镍市场主要的消费是不锈钢和合金，电池材料仅占5%；中国镍消费终端与全球区别不大，主要集中在不锈钢、电镀、铸造和合金、电池，其中镍的需求端85%左右用于不锈钢生产，电池镍消费占比较低，仅为4.5%。目前主要缺乏的是电池级的硫酸镍产能，随着在印尼、菲律宾大量红土矿新增产能（青山集团、住友金属矿山SMM）和BHP、诺镍等后续硫酸盐产能的释放，供需会保持一个相对稳定的态势。锰的总体供应由于原材料丰富、电池应用占比小（3%）、竞争激烈、价格便宜，所以，供应不是问题。

锂盐的全球供应，类似于金属钴，主要供应商形成相对垄断的格局，尽管目前锂离子电池的应用占锂元素总体消费量接近50%，但没有达到钴元素60%的消费量。而且，最近几年，全球不仅盐湖锂和锂辉石路线锂供应商纷纷在扩产，新型的锂云母技术供应商进入市场，可以完全满足市场的需求，而且锂电池中锂元素的循环回收技术也已经十分成熟，只是成本相对较高。

随着动力电池产业回收技术的发展和法规的健全，Ni/Co/Mn/Li的完全回收将是完全可行的，也是必须执行的，也是确保整个动力电池产业可持续发展资源供应的必经之路。

（2）负极

动力电池的负极主要包括天然石墨、人造石墨、硅基负极。总体而言，负极材料的原材料还是比较丰富的，如天然石墨，全球石墨储量巨大，根据美国地质调查局（USGS）的统计，2019年全球的天然石墨储量达3.0亿吨，并且分布比较集中，73%集中分布在土耳其（9000万吨）、巴西（7200万吨）和中国（7300万吨）。2017年我国晶质石墨矿物查明资源储量为3.67亿吨，每年全球产量在120万吨左右。从消费结构来看，我国的晶质石墨目前主要应用在钢铁、铸造业、耐火材料等传统领域，未来新能源、新材料将带动石墨资源尤其是优质石墨资源需求的增长，2020年这一比例将超过石墨消费量的25%。

人造石墨多以针状焦为原料，根据来源分为煤系针状焦和石油系针状焦，目前来看煤资源比石油资源更为丰富，而且目前石油化工和煤化工都十分发达，只要有足够的煤和石油资源，相对应的针状焦原材料不成问题。根据2000年的数据，目前世界探明可采储量为9842.11亿吨。其中，主要集中在美国、俄罗斯、中国、澳大利亚等国。煤炭是世界上储量最多、分布最广的常规能源，也是重要的战略资源，根据目前的年消耗量，可以使用上百年。根据BP的数据，截至2017年底，全球探明石油储量达到1.6966万亿桶，按照2017年的产量水平，这一储量能够满足世界50.2年的产量，所以，50年内针状焦的原料不是问题。

硅基负极材料，其硅源来均自硅石，是脉石英、石英岩、石英砂岩的总称。硅是地壳中除氧元素以外分布最二丰富的元素。石英砂是最基础的石英矿产品，可分为普通石英砂（$SiO_2 \geq 90\% \sim 99\%$），精制石英砂（$SiO_2 \geq 99\% \sim 99.5\%$）和高纯度石英砂（$SiO_2 \geq 99.5\% \sim 99.995\%$）。目前世界各国所用的普通石英砂一般以自产自用为主；优质砂由于资源分布不均和价格较高，多数国家除自产自用外尚有一定数量的进出口，我国石英矿资源相当丰富。

（3）电解液

目前商业化电解液主要由碳酸酯溶剂、六氟磷酸锂、添加剂组成。六氟磷酸锂作为主流锂盐品种，在电解液成本中约占50%，六氟磷酸锂的价格波动直接影响下游电解液厂商的原材料成本和利润空间。无水氟化氢是制备六氟磷酸锂的重要原料，占六氟磷酸锂总成本的34.61%。我国氟化工的生产企业主要集中在浙江、江西、福建、江苏、安徽和山东6省，这6省的氢氟酸产能约占我国氢氟酸产能的2/3，2014年我国无水氢氟酸国内产能达到226

万吨，而总产量仅在116.6万吨，全年产能利用率为46.9%，行业产能过剩严重。2015年，氟化氢总生产能力控制在160万吨/年左右，产量为110万吨左右，2016年产量达105.6万吨。

氟化锂是锂基础产品之一，一般通过氢氟酸和氢氧化锂溶液反应得到。如前面章节分析，全球锂资源包括碳酸锂和氢氧化锂资源及产品供应主要集中于Albemarle、SQM、天齐锂业、赣锋锂业、Livent和Orocobre等国际巨头手上，TOP6供应量占据全球约80%的供应量。

（4）隔膜

动力电池用隔膜的原材料主要包括超高分子量聚乙烯、超高分子量聚丙烯、涂敷用氧化铝陶瓷粉末。国际市场上，超高分子量聚乙烯（UHMWPE）生产企业主要有德国的Ticona公司、巴西的Braskem公司、荷兰的DSM公司、日本三井化学公司和日本旭化成工业公司等，中国目前可以供应超高分子量的公司也逐渐发展起来，包括燕山石化、辽阳石化、Ticona南京公司、上海联乐、九江鑫星、无锡富坤等多家原料供应商，但是目前国内隔膜企业的原材料供应均采用国外的超高分子量聚乙烯。能够生产电池隔膜级聚丙烯原料的企业非常少，国内隔膜工厂使用的聚丙烯原料最主要的供应商是韩国大韩油化，其他还包括利安德巴塞尔工业公司、中国石油独山子石化公司、北方华锦等。这些原材料都来自石油化工的主要产物乙烯和丙烯的衍生化合物，根据上一节石油资源的分析，这些原材料供应保障至少50年。

铝元素是地壳中最为丰富的元素之一，根据2019年美国地质调查局（USGS）估算，2018年全球铝的产量大概为6000万吨，全球铝土矿资源量为550亿~750亿吨，目前能够充分保障人类在未来对于铝的需求。目前，生产涂层材料陶瓷氧化铝的生产企业主要有宣城晶瑞新材料有限公司、淄博鸿嘉铝业股份有限公司、赢创特种化学（上海）有限公司等，供应量也十分充足。

2.1.4.2 原材料技术分析

（1）正极

目前在金属硫酸盐及锰氧化物的全球性主要供应商中，都出现了中国公司的身影，如镍矿的青山集团等、钴矿的华友钴业和寒锐钴业、锰矿的湘潭电化。以这些中国公司为代表的中国企业，在各种电池级金属硫酸盐的制备技术上已经达到世界领先水平，尤其是在镍钴的冶炼、分离、提纯，以及红土冶炼等领域。在全球性锂矿公司中，天齐锂业和赣锋锂业也跻身其中，除了传统的南美卤水提锂技术，也开发出极具中国特色的锂辉石和锂云母矿石提锂技术、高镁锂比卤水的提锂技术，以及锂电池回收后镍、钴、锰、锂的回收和二次利用，都站在了锂电池原材料制备技术的世界最前沿。

在三元材料NCM前驱体领域，尤其在高镍领域，日韩处于领先地位，尤其是表面改性、结构改性方面，主要厂商包括SMM控股的田中，韩国的Ecopro。中国厂商在常规体系的111和523、622前驱体领域目前已经有了长足进步，包括GEM、中伟新能源、邦普、金驰科技、科隆等；其中中伟新能源生产的窄粒径分布的622系列等已经开始供应LG国际一流厂商，达到了世界水平。

比利时的优美科公司自供的前驱体研发主要在欧洲，生产基地在中国广东的江门，其中低镍（111、523、622）等产品有自己的特色，尤其是在小粒径前驱体和三元材料方面占有主导地位。在NCA的前驱体中，NCA共沉淀前驱体目前主要是日本的田中和韩国Ecopro，而国内技术早期以NC前驱体为主，包括科隆、邦普等，在此基础上，最近几年中伟新能源、芳源环保的NCA前驱体也慢慢开始起量。除此以外，欧洲芬兰优美科（原Freeport Cobalt的前驱体业务）和美洲的巴斯夫户田公司（BASF Toda America LLC）也有少量前驱体产能的分布，但总体量不大，产品品质一般。

（2）负极

从全球范围来看，石墨矿产资源分布相对集中，石墨的生产国也高度集中，主要在中国、印度和巴西。据USGS报道，2018年中国天然石墨的产量占全球的67.8%，巴西占10.2%，加拿大4.3%，印度3.8%。我国既是石墨资源大国，也是石墨资源消费大国，进出口量均大，存在大量出口低附加值产品、高端深加工产品主要依赖进口、开发利用粗放的问题。近几年国内也出现了一批新型的加工企业，在努力实现石墨产品的结构升级，例如，方大炭素新材料科技股份有限公司生产的超高功率石墨电极是该公司的优势产品；中钢国际工程技术股份有限公司的主要产品为石墨电极、特种炭质品、碳纤维制品；银基烯碳新材料股份有限公司的产品主要为活性炭、超高纯石墨等新型碳材料产品；贝特瑞新能源材料股份有限公司建有多条负极材料、球型石墨和导电石墨的生产线，是以加工锂离子电池负极材料的身份进军石墨矿产开发领域的，以期建立完整的负极产业链，逐渐成为石墨深加工的龙头企业。

针状焦是制备人造石墨的主要原材料，目前国外针状焦的主要生产企业集中在美国、英国、日本，主要生产企业有日本的水岛制油所和兴亚株式会社（KOA）、美国的碳/石墨集团海波针状焦公司（CGG）和ConocoINC、英国的Conoco INC，这些企业均生产油系针状焦；煤系针状焦生产技术主要掌握在日本三菱和新日铁化学株式会社手中，技术高度保密。我国对针状焦的研究始于20世纪70年代末，近几年国内技术趋于成熟，目前我国实现煤系针状焦产业化的主要企业是宝钢化工、山东兖矿科蓝煤焦化公司、中钢热能研究所；油系针状焦的主要企业是锦州石化公司、山东海化集团。与国外相比，国内针状焦的质量略低：国内针状焦产品热膨胀系数一般为1.2～1.3，高于国外的1.0；国内针状焦含硫含氮量一般在1.2%，高于国外的0.9%。

金属硅是高耗能高污染的行业，主要成本为硅石原料和电力，我国是最大的金属硅生产国，国内产能主要集中在电力价格较低、硅石原料丰富的云南、四川、新疆等地，三地的产能占全国的75%。目前我国工业硅行业的优秀企业包括合盛硅业股份有限公司、云南永昌硅业股份有限公司、四川茂县潘达尔硅业有限责任公司、新疆中硅科技有限公司等。其中合盛硅业目前拥有84万吨金属硅有效产能，2018年的产量为60.5万吨，占国内总产量的25.21%，是全球金属硅最大的龙头企业。二氧化硅在工业中常被称为硅微粉，目前，世界上只有中国、日本、韩国、美国等少数国家具备硅微粉生产能力，我国硅微粉的市场主要是在国内。我国的硅微粉行业近百家，但基本属于乡镇企业，产品的质量无法保证，比较有实力的硅微粉生产企业包括江苏联瑞新材料股份有限公司、矽比科（上海）矿业有限公司、浙江华飞电子基材有限公司、安徽壹石通材料科技股份有限公司和重庆市锦艺硅材料开发有限公司。高端硅微粉如球形硅微粉、超细硅微粉仍以日本、美国等企业为主。日本的Tatsumori、Denka、Micro等公司可生产球形硅微粉。

（3）电解液

六氟磷酸锂的制备方法主要有气固反应法、有机溶剂法和氟化氢溶剂法等。目前，国内外主流六氟磷酸锂制备方法是氟化氢溶剂法，在所有工业化生产方法中占80%以上，日本森田化工、金牛化工、多氟多化工、江苏九九久等大型企业均采用该方法实现工业化生产。

氟化氢的制备方法为萤石法和氟硅酸法，从成本、能耗、工艺、转化率综合考虑国内多采用萤石制备氟化氢，多氟多具备"萤石-高纯氢氟酸-氟化锂-六氟磷酸锂-锂电池-新能源汽车"完整的产业链。天赐材料致力于完成"基础化工材料、碳酸锂、六氟磷酸锂、电解液"纵向一体化布局，通过布局锂矿资源、碳酸锂、氢氟酸、五氟化磷、六氟磷酸锂及新型锂盐、溶剂等打通全产业链，极大地提升了产品竞争力。

碳酸酯的合成主要有光气法、酯交换法、卤代醇法、尿素醇解法，其中DMC有甲醇氧化羰化功法、亚硝酸酯法，EC和PC有环氧乙烷/环氧丙烷与二氧化碳加成法。目前光气法因工艺流程长、收率低、成本高、污染严重，已经被淘汰。酯交换法的反应速度有所提高，产率也有所提高。卤代醇法、乙烯与二氧化碳合成法都具有反应复杂、工艺烦琐等问题。尿素醇解法由于反应简单，原材料价格便宜，未反应的乙二醇可循环利用，经济性明显，具有很好的发展前景。

（4）隔膜

商业化的隔膜主要是通过干法单向/双向拉伸工艺或湿法工艺制备聚丙烯（PP）膜或聚乙烯（PE）膜，价格便宜，孔径适当，机械强度大，且具有热关闭性能，是电子产品领域的最佳选择。但是，以锂离子电池作为动力交通工具及储能电池等的出现，对锂离子电池隔膜的性能提出了更高的要求，传统商业化聚烯烃隔膜吸收和保留电解质能力较弱、热稳定性较差及孔隙率低等问题已不可忽视。与电子产品锂离子电池相比，动力/储能锂离子电池对隔膜提出了更高的要求：更高的耐热性、更高的吸液率、更高的孔隙率及更好的耐化学稳定性能。

超高分子量聚乙烯的合成方法与普通的高密度聚乙烯类似，多采用齐格勒催化剂，在一定的条件下使乙烯聚合，即可得到超高分子量聚乙烯。此外，还有索尔维法和U.C.C气相法。超高分子量聚乙烯和普通聚乙烯在聚合上的区别，主要有聚合温度不同、催化剂的浓度不同及是否加氢（氢气主要用于断链）。由于聚合条件的不同导致聚乙烯相对分子质量不同，它们的物理机械性能及进行成型加工的方法等都有很大的区别。

我国工业上聚丙烯生产始于20世纪70年代，经过近40年的发展，初步形成了以溶剂法、淤浆法、间歇式液相本体法、气相法、液相本体法等多种生产工艺相结合，不同的大中小型生产企业共存的格局。

大规模工业氧化铝的制备手段主要为"拜耳法"。其原材料铝土矿是铝在自然界存在的主要矿物（$Al_2O_3 \cdot H_2O$和$Al_2O_3 \cdot 3H_2O$），将其粉碎后用高温氢氧化钠溶液浸渍，获得偏铝酸钠溶液；过滤去掉残渣，将滤液降温并加入氢氧化铝晶体，经过长时间搅拌，铝酸钠溶液会分解析出氢氧化铝沉淀；将沉淀分离出来洗净，再在950～1200℃的温度下煅烧，就得到型氧化铝粉末，母液可循环利用。这种方法是由奥地利科学家拜耳在1888年提出的，被称为"拜耳法"，广泛应用于冶金、机械、化工等领域。

2.1.4.3 原材料产业

（1）正极原材料产业现状

随着汽车的电动化和乘用车对于三元锂离子电池需求量的增长，最近3年国内三元前驱体行业迅速扩张。根据鑫椤资讯对国内16家三元前驱体企业产量的统计，2018年三元前驱体总产量为21.8万吨，比2017年增长68%，而2016年和2017年的三元前驱体的产量分别为7.3万吨和13.0万吨。2017年相比，2019年三元前驱体厂家中有9家产量超过1万吨，三甲中的格林美、优美科和中伟新材料都突破了3万吨，并且行业集中度有进一步提高的趋势。此外，日韩在中国的前驱体采购量也大幅度上升，从出口数据看，前三大三元前驱体供应商都有超过上万吨的出口量。河南科隆、华友钴业及芳源环保也都有几千吨的出口。

（2）隔膜原材料产业现状

超高分子量聚乙烯最早由德国Hoechest公司于1958年实现商品化，其后美国Hercules、日本三井石油化工公司及法国相继投入工业规模生产。目前，世界超高分子量聚乙烯主要生产企业有塞拉尼斯、巴西Braskem公司、荷兰的DSM公司及日本三井化学公司等。塞拉尼斯在德国的欧伯豪森、美国得克萨斯州的毕肖普及中国的南京都设立了生产基地。塞拉尼斯公司3个工厂的总产能已达到了9万吨，产能还在继续增加中。巴西Braskem公司是世界超高分子量聚乙烯第二大生产商，其在美国和巴西工厂的超高分子量聚乙烯总产能约为7万吨。荷兰DSM公司、日本三井公司和韩国大韩油化的超高分子量聚乙烯生产规模相对较小。其中DSM公司主要向欧洲市场供货，三井公司集中在日本市场。我国于20世纪60年代开始研制超高分子量聚乙烯，目前，国内已经形成燕山石化、辽阳石化等多家原料供应商，但是目前国内的隔膜企业的原材料供应均采用国外的超高分子量聚乙烯。

国内隔膜工厂使用的聚丙烯原料最主要的供应商是韩国大韩油化。由于能够生产电池隔膜级聚丙烯原料的企业非常少，而所有的原料供应商中，大韩油化所生产的原料与生产线的匹配度最高，所以，它们的原料长期垄断中国市场。大韩油化通过独特的Slurry Process工艺，使精制催化剂及制造工厂的不纯物混入最小化，最终产品不纯物，特别总灰分含量极少，有优良的耐热性和电器性，是优秀的锂电池隔膜的原料。国际化工巨头利安德巴塞（Lyondellbasell）的聚烯烃专用料也已被成功引入中国，包括适用于湿法工艺HDPE的GX5028和适用于干法工艺PP的E4462。

（3）电解液原材料产业现状

前商业化电解液主要由碳酸酯溶剂、六氟磷酸锂、添加剂组成。目前国内从出货量和产能规模看，基本形成了天赐材料、新宙邦、国泰华荣三大企业并列的局面。2018年我国锂电池电解液出货量为14.0万吨，同比增长27.3%；产值为61亿元，预计2019—2020年我国电解液出货量分别为21万吨和27万吨；电解液行业产值将分别达到85亿元和104亿元，市场空间即将达到百亿元。随着全球汽车电动化趋势的加快，预计2019—2020年全球电解液出货量分别为24万吨和35万吨，对应溶剂需求为20.3万吨和30.2万吨。据Benchmark预测，全球锂电池2023年产能将达到658GW·h，对应全球溶剂需求超过60万吨。

2006—2014年，六氟磷酸锂一直为日本的瑞星化工、森田化学和关东电化等企业所垄断，随着国内企业实现技术突破，打破国外企业对六氟磷酸锂的技术封锁和市场垄断，六氟磷酸锂价格迅速下降，产能不断提升，据不完全统计，2017年国内六氟磷酸锂产能超过2.99万吨，2018年国内六氟磷酸锂产能超过4.94万吨。目前国内的六氟磷酸锂厂商主要有多氟多、必康股份、天赐材料、石大胜华、杉杉股份、宏源药业、天际股份、永太科技、天津金牛、北斗星化学等。

添加剂是电解液的核心技术，目前全球电解液巨头日本宇部、韩国ECOPRO、日本三菱化学等都有自己独特的添加剂专利。中国锂电池电解液企业专利数量前十名企业分别为国泰华荣和广州天赐（并列第一）、新宙邦、巴斯夫（苏州）、东莞杉杉、珠海赛纬、汕头金光、天津金牛、湖州创亚、山东海容、江西优锂。

2.2 动力电池材料技术与产业

2.2.1 电池材料前沿技术

2.2.1.1 正极材料

目前，锂离子电池正极材料的性能和价格等是制约其进一步向高能量、长寿命和低成本发展的瓶颈，发展高能锂离子电池的关键技术之一是正极材料的开发。因为锂离子电池是以两种不同的能够可逆地插入及脱出锂离子的嵌锂化合物分别作为电池的正极和负极的二次电池体系。充电时，锂离子从正极材料的晶格中脱出，经过电解质后插入到负极材料的晶格中，使得负极富锂，正极贫锂；放电时锂离子从负极材料的晶格中脱出，经过电解质后插入到正极材料的晶格中，使得正极富锂，负极贫锂。因此，理论上具备储锂能力的层状结构和尖晶石结构的材料，都能做锂离子电池正极材料。但总体来说，锂离子电池正极材料在实际的应用中还需满足以下几点要求[41]：

① 电池反应应该具有较大的吉布斯自由能，以保证可以提供高的电池电压。
② 放电过程中吉布斯自由能变化要小，以保证输出电压接近为常数。
③ 正极材料应有低的氧化电位，即相对于金属锂有较高的电压。
④ 质量比能量性能优异，但又能存储大量锂，以保证具有较大容量。
⑤ 具有良好的电子导电性。
⑥ 在全部操作电压内结构稳定，保证有较长的循环寿命。
⑦ 材料安全无毒、成本低。

如今，国际市场中实际应用的正极材料主要包括钴酸锂、三元材料、锰酸锂和磷酸铁锂。从目前市场用量来看，锂电池正极材料仍以钴酸锂为主，除了其结构稳定性佳、能量密度高的特性外，最早应用于可携式电子装置等小型电池领域也是一大原因。为了提高这部分可携式电子装置电池电容量及降低材料成本，三元系的材料在可携式装置的渗透率可望提升。此外,随着锂电池爆炸事件陆续发生后,正极材料研究重点转向安全性开发,其中锰酸锂电容量虽然较低,但其安全性较高,也让其在大型锂电池或动力电池市场渗透率逐年提升;磷酸锂铁相较于锂锰系具有更高的热稳定性,在成本考量上也比锂钴氧化物更具优势,使得磷酸锂铁和锂锰系在未来锂电池市场的应用备受期待。

在锂离子电池产品组成成分中,正极材料占据着最重要的地位(通常正负极材料的质量比为3:1～4:1),正极材料的好坏直接决定了最终锂离子电池产品的性能指标。同时,正极材料在电池成本中所占比例高达40%,因此,取得锂离子电池正极材料的技术突破对动力电池产业发展至关重要。下面介绍几种性能优异的锂离子电池正极材料的研究进展及研究展望。

(1)高镍三元材料

基于三元正极材料的锂离子电池是新能源车的核心构建,前驱体制造工艺难度高,高镍化是目前市场的发展趋向。正极材料对于动力电池的能量密度等指标有着至关重要的作用,而影响正极材料性能的关键便是正极材料中镍钴锰的比例。正极材料中镍钴锰元素的比例按照镍元素占比从低到高可以分为NCM111、NCM442、NCM532、NCM622、NCM811等。

当前国内三元正极材料和前驱体产业存在产能过剩且高端产能不足的问题,也就是说,国内目前高镍三元正极材料市场仍处于起步阶段,目前还是以大规模低镍三元电池的生产为主。高镍三元电池提高了镍的比例,降低了钴的用量,一方面可以显著提升锂电池的能量密度;另一方面大大降低了材料成本。尤其在相关政策指标的要求下,为了电池能量密度能达到标准,高镍化对于动力电池发展来说势在必行。

层状高镍材料具有高可逆性和低成本等优点,被认为是一种有前途的锂离子电池正极材料。然而,由于粉末性质不稳定和电极密度有限等重大挑战,阻碍了镍含量超过80%的高镍正极材料的实际应用。

不稳定的粉末性质来源于残余的锂化合物,如LiOH和Li_2CO_3,它们是在合成过程中及在空气中存储时,三价镍离子的自发还原造成的。Li_2CO_3可以显著促进气体的生成,并增加正极粉末中的水分,最终可能引发严重的安全问题。此外,正极上的LiOH增加了粉末的pH值,导致电极制造过程中浆料的凝胶化。

高镍正极材料商业化的另一个阻碍因素是与能量密度直接相关的电极密度。一般来说,高镍正极材料由二次颗粒组成,因此,与单晶$LiCoO_2$(LCO,约3.9g/cm^3)相比,其颗粒密度较低(约3.4g/cm^3)。高镍正极材料颗粒密度的大幅降低阻碍了电极密度的增加,从而大大降低了其体积能量密度。此外,随着高镍正极材料中镍含量的增加,二次颗粒更容易在电极压制过程中发生塌陷,导致结构不稳定,特别是电极密度超过3.3g/cm^{3}时(镍含量≥80%)通常会出现严重的容量衰减。

因此,为了增强高镍正极材料的结构和电化学稳定性,加快其商业化应用的进程,人们提出了很多有效的策略和方法,下面对其进行简要介绍。

① 掺杂。掺杂是提高结构和热稳定性最简单的方法。在高镍正极材料中可以引入广泛的掺杂元素,如Al、Mg、Ti、Mo、Nb和Na。通过掺杂提高正极材料稳定性的机制包括:

a.将电化学非活性元素引入主体结构；b.抑制从层状结构到岩盐状结构的相转变过程；c.促进了锂离子的传输。在众多掺杂剂中，铝和镁因成本低而被认为是最具吸引力的元素。

Aurbach等[42]研究了铝掺杂对LiNi$_{0.5}$Co$_{0.2}$Mn$_{0.3}$O$_2$（NCM523）的影响。铝掺杂的NCM523具有较高的电化学稳定性，每圈的容量衰减率仅为0.02%；相比之下，未掺杂的NCM523在30℃下每圈的容量衰减率为0.07%，如图2-36所示。

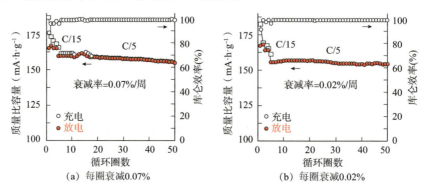

图2-36　30℃下，NCM523材料在掺杂铝前后的循环性能图，电位区间为3.0～4.3V

Wang等[43]研究了LiNi$_{0.6}$Co$_{0.2}$Mn$_{0.2}$O$_2$（NCM622）上的镁掺杂，并证明镁的引入可以使NCM622的电化学性能稳定。0.01%摩尔分数的镁掺杂NCM622（Mg-1）在25℃下100圈循环后容量保持率提高了约11%。有人提出，镁可以存在于锂离子的位置上，从而阻止相变过程。此外，掺杂镁的NCM622的阳离子无序度（Ni/Li混排），无论是Mg-1、Mg-3还是Mg-5，与不掺杂相比（约5.2%）都有所降低，分别为1.6%、1.8%和3.2%，如图2-37所示。

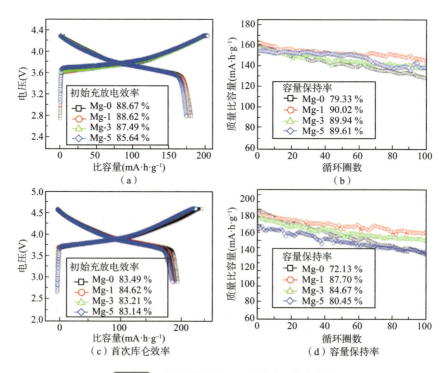

图2-37　所制备样品在1C下的首次充放电曲线

② 设计浓度梯度。影响高镍正极材料商业化的最重要因素是其电化学稳定性和热稳定性。基于此，Sun等[44]提出了一种具有高镍含量核和高锰含量壳的核壳结构正极材料，以同时确保材料的结构和热稳定性。尽管核壳结构设计取得了优异的热稳定性，但在循环过程中，由于核与壳的元素组成不同，因而出现不同程度的体积变化，最终在核与壳的边界观察到大量的裂纹。这种不连续性降低了锂离子从核的运输和电子转移，导致电池性能的恶化。为了克服这些挑战，他们引入具有浓度梯度的外壳，且外壳的最内侧成分与高镍核末端连续相连。因此，该方法使得形成的裂纹最小化，从而显著提高了循环性能。然而，在高温循环过程中，具有浓度梯度的薄壳结构稳定性仍然不足。这促使在正极颗粒中引入全浓度梯度（FCG），其中镍和锰的浓度在正极颗粒中逐渐变化。在微裂纹的形成过程中，FCG正极材料在高温下表现出良好的结构稳定性和电化学性能，如图2-38所示。

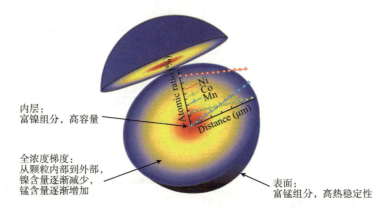

图2-38 全浓度梯度锂过渡金属氧化物颗粒的示意图（其中镍的浓度由中心向外层逐渐下降，而锰浓度则相应增加）

图2-39所示为SEM和EPMA分析结果。

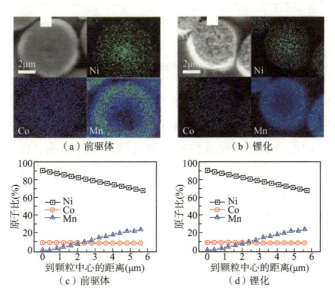

图2-39 SEM和EPMA分析结果

从图2-39中可以清楚地看到颗粒的中心富含镍,而外表面富含锰。前驱体和锂化后镍的浓度沿颗粒表面呈线性下降,而锰的浓度呈线性上升,钴的浓度保持不变。

图2-40所示为IC、OC和FCG材料充放电特性。

③ 二次颗粒表面改性。具有浓度梯度的高镍正极材料在电池性能和热稳定性方面取得了很大的进展,但是正极材料表面缺少保护层,在降低反应性方面存在困难。这些问题使得研究人员利用粉末涂层工艺,尝试使用含有氧化物或磷酸盐的化合物来进行正极表面包覆。该工艺首先将正极粉末与包覆层前驱体粉末机械混合,然后对混合物进行煅烧,形成涂层。

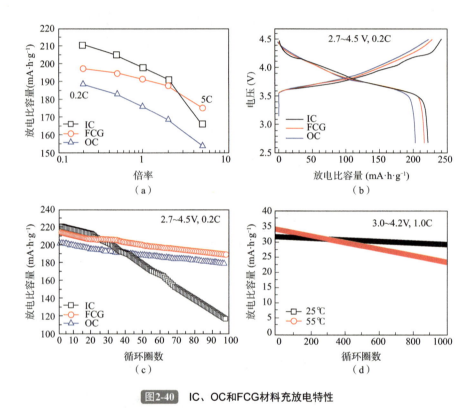

图2-40　IC、OC和FCG材料充放电特性

据报道,在$LiNi_{0.80}Co_{0.15}Al_{0.05}O_2$(NCA)上的纳米$SiO_2$涂层可以提高热稳定性。在60℃下,经过100次循环,有包覆层的NCA的放电容量比未包覆的高约50%。这是因为局部分布的SiO_2包覆层可以保护正极表面不受酸性物质和电解液等的影响,保证了电极和电解质之间界面的稳定。此外,靠近表面的包覆层可以减少界面处二价镍离子的形成,从而抑制阳离子混合层在NCA中的传播[45]。

首先将直径约500nm的聚苯乙烯微球(PSB)分散在反应器中,并以十六烷基三甲基溴化铵为表面活性剂。随后,$PSB-Ni_{0.6}Co_{0.2}Mn_{0.2}(OH)_2$前驱体在PSB周围生长。将前驱体在750℃氧气气氛下热处理,内部的PSB分解,得到多孔$LiNi_{0.6}Co_{0.2}Mn_{0.2}O_2$(PSB-NCM)正极材料,如图2-41所示。

图2-42所示为PSB-NCM的电化学性能。

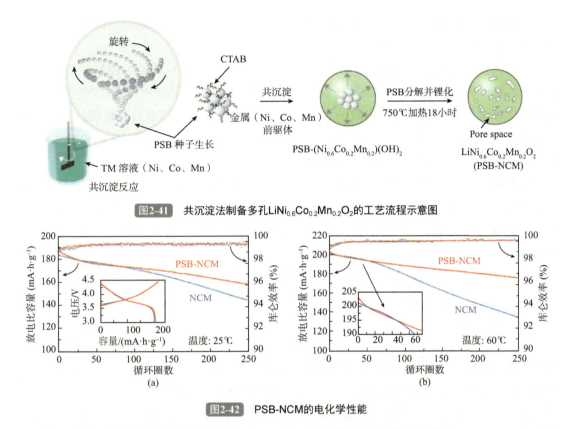

图2-41 共沉淀法制备多孔$LiNi_{0.6}Co_{0.2}Mn_{0.2}O_2$的工艺流程示意图

图2-42 PSB-NCM的电化学性能

可以看出，层状高镍正极材料（Ni≥80%）具有较高的可逆比容量（>200mA·h/g）和较佳的循环稳定性，已成为材料、能源等学科的研究热点，也是未来高比能量动力电池的优选材料。但由于镍含量较高，高镍正极材料在高电位下的循环性能、安全性能及高温性能还存在较大挑战。

针对高镍正极材料开发的问题，现已通过优化烧结工艺，掺杂改性和包覆改性有效改善了这些问题。目前，Ni=80%的高镍材料已成功开发，而Ni=90%的高镍材料成功开发尚无报道。其中$LiNi_{0.8}Co_{0.15}Al_{0.05}O_2$材料已在Tesla中运用，但不可否认，高镍正极材料批量生产的技术仍掌握在国外部分厂家手中，工艺难度大，技术要求高。因此，如何将高镍正极材料大规模产业化，完成高比能量动力电池的开发，将成为研究者开发的重中之重。

（2）富锂锰基材料

锂离子电池电极材料的比容量是由氧化还原反应过程中内外电路的电荷转移量决定的，实现多电子转移是提高材料比容量的重要途径之一。阴离子氧化还原反应为实现这种多电子转移过程提供了可能。虽然阴离子电荷补偿反应提高了材料的比容量，但也带来很多问题，如首次不可逆过程引起首次效率偏低，释氧引起安全性问题、循环稳定性较差及较大的电压滞后现象。这在某种程度上降低了高比容量带来的优越性。因此，研究阴离子电荷补偿机制，探索可逆性的影响因素，对于下一代新型高比容量锂离子电池正极材料设计与制备具有十分重要的意义。

在目前的锂离子电池体系中，由于金属锰的低成本和高丰度，以及Mn的氧化态Mn^{4+}的固有稳定性，其成为取代资源有限且存在安全问题的镍和钴的理想选择，因此，近年来富锂锰基正极材料受到了广泛关注。

北京大学夏定国课题组报道了在锂离子电池富锂锰基正极材料的可控制备和阴离子电荷补偿机制研究方面的最新进展[46]，如图2-43～图2-45所示。传统的O3型富锂锰基材料在充放电过程中具有电压和容量衰减的缺点，该工作构筑了一种O2型具有单层Li_2MnO_3超结构的富锂锰基材料，可以提供400mA·h·g^{-1}的可逆比容量，能量密度高达1360W·h·kg^{-1}，同时解析得出材料的高容量来自材料内稳定的阴离子氧化还原反应。

加利福尼亚大学伯克利分校的Gerbrand Ceder与Jinhyuk Lee在*Nature*上发表题为*Reversible Mn^{2+}/Mn^{4+} double redox in lithium-excess cathode materials*的研究论文[47]，提出了在无序岩盐结构中结合高价阳离子和氟部分取代氧的策略，以将可逆的Mn^{2+}/Mn^{4+}双氧化还原电对结合到富锂锰基材料中，由此获得的富锂锰基材料具有很高的容量和能量密度，见图2-46和图2-47。Mn^{2+}/Mn^{4+}氧化还原电对的使用降低了氧的氧化还原活性，从而使得材料稳定，为设计高性能锂离子电池富锂锰基材料开辟了新的机遇。

中国科学院化学研究所郭玉国团队[48]提出了一种通过提高正极材料的放电电压和保持高容量来提高能量密度的新策略，具体的方案是在大容量富锂正极材料中实现的，如图2-48～图2-50所示。通过提高富锂锰基材料中Ni元素的含量和重复退火的简单后处理，正极材料的电压平台由3.5V增加到3.8V，质量能量密度由912W·h/kg提高至1033W·h/kg。该工作指出提升的机理来源于更低的Li_2MnO_3含量，同时也为开发、设计和筛选高能量密度的电极材料提供了一个通用原则。

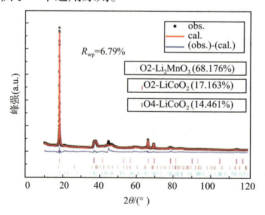
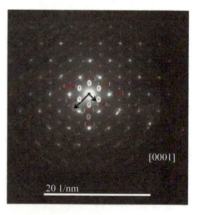

图2-43　室温下$Li_{1.25}Co_{0.25}Mn_{0.50}O_2$材料的X射线衍射图和选区电子衍射

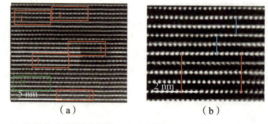

图2-44　（a）$Li_{1.25}Co_{0.25}Mn_{0.50}O_2$的高角度环形暗场像；（b）基于$P6_3mc$空间群沿[100]晶向放大的$Li_{1.25}Co_{0.25}Mn_{0.50}O_2$的高角度环形暗场像

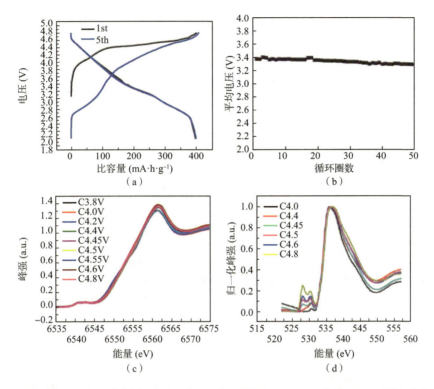

图2-45 （a）电流密度为10mA·g^{-1}时的电压-容量曲线，电压区间2.0~4.8V；（b）80mA·g^{-1}的电流密度下平均放电电位与循环圈数的关系图；（c）不同充电电位下Mn的K带的吸收光谱；（d）不同充电电位下O的K带的吸收光谱

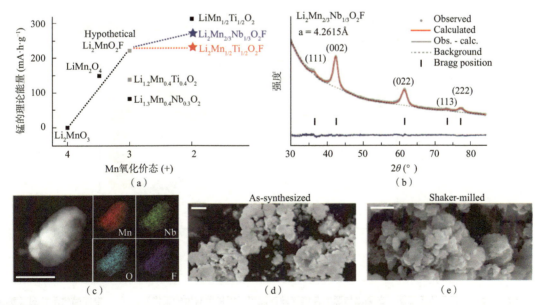

图2-46 Li$_2$Mn$_{2/3}$Nb$_{1/3}$O$_2$F的设计和结构表征。（a）各种锰基正极材料中锰的理论氧化还原能力；（b）Li$_2$Mn$_{2/3}$Nb$_{1/3}$O$_2$F的X射线衍射图；（c）Li$_2$Mn$_{2/3}$Nb$_{1/3}$O$_2$F颗粒的元素分析（Mn、Nb、O、F），比例尺为100nm；（d）和（e）Li$_2$Mn$_{2/3}$Nb$_{1/3}$O$_2$F的SEM图，图（d）的比例尺为400nm；图（e）的比例尺为200nm

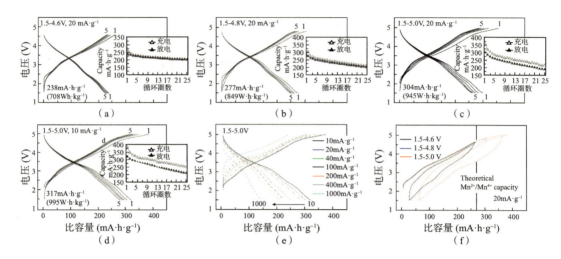

图2-47 Li$_2$Mn$_{2/3}$Nb$_{1/3}$O$_2$F的电化学性能。图（a）~（d）不同条件下Li$_2$Mn$_{2/3}$Nb$_{1/3}$O$_2$F的电压-容量曲线和循环性能图；（e）10、20、40、100、200、400和1000mA·g^{-1}电流密度下Li$_2$Mn$_{2/3}$Nb$_{1/3}$O$_2$F的首次充放电曲线，电位区间1.5~5.0V；（f）不同电压窗口下Li$_2$Mn$_{2/3}$Nb$_{1/3}$O$_2$F的首圈和第二圈充电曲线

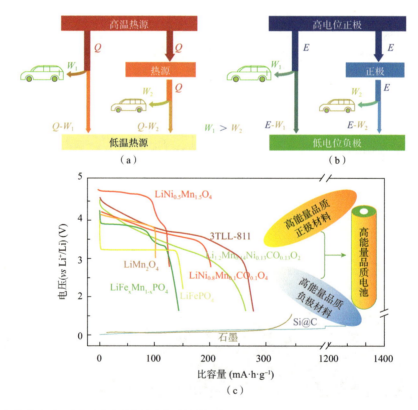

图2-48 （a）热量品质示意图（在高温热源中存储等效热能可以提供更有用的工作）；（b）电能品质示意图（高电压电池中存储等效电能可以提供更有用的工作）；（c）正极和负极的高能量品质示意图

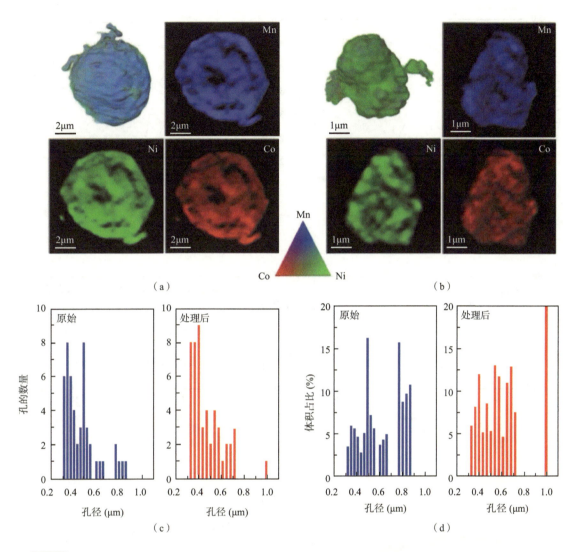

图2-49 （a）原始样品LL-811的断层扫描重建；（b）处理后的样品3TLL-811的断层扫描重建；（c）LL-811和3TLL-811中孔的数量分布；（d）LL-811和3TLL-811中孔体积分数分布

北京工业大学尉海军研究团队[49]的研究成果见图2-51。他们对富锂锰基层状氧化物在不同温度下电化学循环过程中的结构演变进行了深入的研究，并对其结构稳定性进行了设计。作者报道了富锂锰基材料原始结构为$LiTMO_2$相和Li_2MnO_3相共同主导，经过充放电循环后，变化为以$LiTMO_2$相为内核、以尖晶石相和岩盐相为外核构成的核壳结构，见图2-52。结果表明，该结构变化对温度很敏感，在高温下更容易发生结构变化，且温度越高，变化速度越快。变化的机理是充放电循环时材料中层状氧逸出，导致过渡金属离子向材料表面聚集。该项研究阐明了富锂锰基层状氧化物正极的结构演变机理，同时也为类似高比能量材料的结构设计奠定了基础。

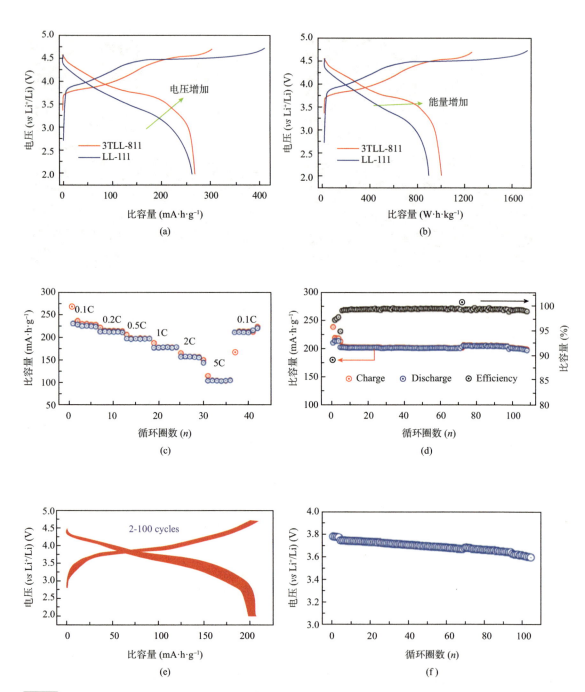

图2-50 （a）电流密度为0.05C（1C=250mA·g^{-1}）时，LL-811和3TLL-811电极的恒电流充放电曲线与比容量的关系图；（b）LL-811和3TLL-811恒电流充放电曲线与比能量的关系图；（c）3TLL-811电极的倍率性能；（d）3TLL-811电极在0.5C电流密度下的循环性能；（e）0.5C电流密度下3TLL-811电极充放电曲线与比容量的关系图；（f）3TLL-811电极循环圈数与平均放电电压的关系

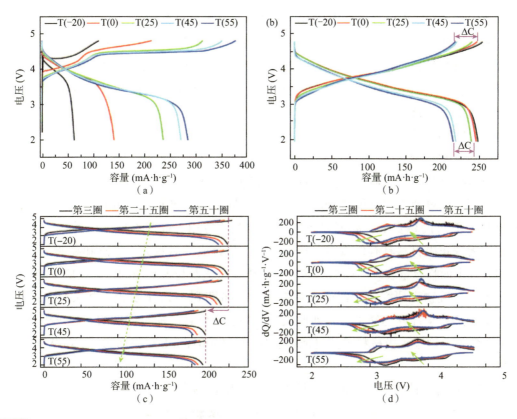

图2-51 LLO 的温度灵敏性。(a, b) 不同活化温度 (−20、0、25、45 和 55℃) 下第 1 圈和第 3 圈电化学循环的充放电曲线,电流密度 0.1C (20mA·g^{-1}),电位区间 2.0～4.8V;(c) 在不同温度下初始活化后 LLO 的充放电曲线;(d) 在不同温度下初始活化后 LLO 的 dQ/dV 曲线

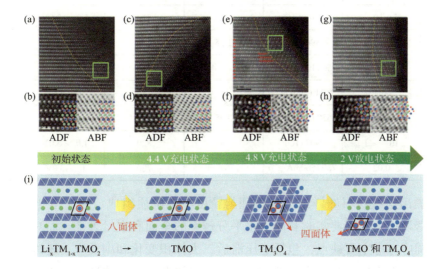

图2-52 首次电化学循环中晶粒表面结构的演变。图 (a)(c)(e) 和 (g) 分别为初始状态 4.4V 充电状态、4.8V 充电状态和 2.0V 放电状态下晶体表面的微观结构。图 (b)(d)(f) 和 (h) 分别为放大的 HAADF STEM 图像,以及图 (a)(c)(e) 和 (g) 中圆圈区域的 ABF STEM 图像。图 (i) 为首次循环期间晶体表面结构演变的示意图。图 (a)(c)(e) 和 (g) 中的黄色虚线表现出不同状态下特殊的表面结构。图 (e) 中的红色圆圈表示位于初始锂层中八面体空位的 TM 离子

富锂锰基材料具有较高的放电比容量,几乎是磷酸铁锂的2倍,如果与硅碳复合材料匹配,电池单体能量密度可达到350W·h·kg^{-1},同时富锂锰基材料中锰矿的存在降低了成本,并且改善了材料的稳定性及安全性。因此,富锂锰基正极材料被视为下一代锂动力电池材料的理想选择,为加快其应用进程,研究者还需着力解决富锂锰基材料首次不可逆容量高、循环和倍率性能较差的问题。

(3)其他正极材料

① 无锂正极材料

正极转换材料(如过渡金属卤化物、硫化物和氧化物)表现出高工作电压和高容量,为可充电锂金属电池提供高能量密度,并且随着锂金属负极和固态电解质的发展,转换型正极材料在下一代高安全、高能量密度储能装置的应用方面具有广阔的前景。与含锂正极相比,无锂正极材料具有低成本、环境友好、易合成、对水分不敏感和高能量密度等优势,同时其也面临容量衰减、高电压滞后、大体积变化及与电解质的寄生反应等挑战。

中国科学院物理研究所李泓研究员在国际著名期刊 *Joule* 上发表了相关材料的综述文章[50],基于热力学计算选择了一系列低成本、环境友好且高能量密度的无锂正极材料,与Li/C负极结合,这些正极材料可为电池提供1000~1600W·h·kg^{-1}和1500~2200W·h·L^{-1}的能量密度。

表2-7所示为几种主要无锂正极材料的容量和工作电压。

表2-7 几种主要无锂正极材料的容量和工作电压

材料	电导率 (S·cm^{-1})	第一圈容量 (mA·h·g^{-1})	第一圈电压 (V vs Li$^+$/Li)	第二圈容量 (mA·h·g^{-1})	电化学窗口	容量保持 (mA·h·g^{-1})
S	5×10^{-30}	800 (0.1C)	2.1	810	1.7~3.0V	750 (100th)
(CF)$_n$	10^{-12}~10^{-14}	896 (1C)	1.95	0	1.5~3.0V	0
FeF$_3$	10^{-17}	550 (100mA·g^{-1})	1~4	550	1.0~4.0V	520 (400th)
CoF$_3$	none	1011 (5mA·g^{-1})	1.5	420	0~4.0V	400 (14th)
CuF$_2$	none	530 (5mA·g^{-1})	3.25	172	1.5~4.5V	58 (3rd)
FeS$_2$	10^{-6}~1	907 (1C)	1.6	820	1.0~3.0V	720 (100th)
MnO$_2$	0.02	780 (500mA·g^{-1})	0.4	720	0~3.0V	847 (250th)

综述中提出这些材料的详细反应机理与粒度、电解质组成、截止电压、电流速率、操作温度等密切相关,需要实时和原子水平分辨率的全面和定量表征。而对于实际应用,综述中也强调应考虑主要缺点,包括电压滞后、大体积变化和副反应。还讨论了正极改性的可用策略,如嵌入导电基质中的纳米结构、元素掺杂、表面改性、电压控制、相控制、有效黏合剂和电解质添加剂,以及原位固化。具有协同功能的组合解决方案可以有效克服所有挑战。无锂正极与含锂负极耦合,建议使用含锂负极与固态电解质偶联,以提高安全性,避免锂与液体电解质之间的副反应。

② 转化-插层机制正极材料

针对水系锂离子电池而言，正极材料的设计也至关重要。水系电解质的稳定电压窗口约为1.23V，比目前电池中使用的有机电解质窄。因此，水系电池系统的能量密度一般比有机系的能量密度低，因为有机系电池的电压输出一般在3.0V以上。采用"water-in-salt盐包水"型电解质可扩展水系电池电化学窗口到3～4V。然而，典型的过渡金属氧化物正极材料中，锂嵌入容量太小，限制了能量密度的进一步提高。

美国马里兰大学王春生团队[51]在石墨中创造性地引入卤素转化-插层化学，发展了一种具有优异可逆性的水系锂离子电池。研究人员利用卤素阴离子（Br^-和Cl^-）在石墨中的氧化还原反应，将无水LiBr和LiCl及石墨进行混合，制备得到一种含有等摩尔卤化锂盐LiBr-LiCl-石墨的全新复合电极。高浓度的双盐水电解质可以将部分水合的LiBr/LiCl限制在正极中。一旦发生氧化行为，Br和Cl可以作为固体石墨插层化合物嵌入石墨基质中而得到稳定。这种全新的正极化学方法兼具转化反应的高能量和拓扑嵌入的优异可逆性，因而被称为转化-插层化学机制，如图2-53所示。这种阴离子转换-插层机理具有多种优势，一方面提高了转化反应的高能量密度；另一方面增强了插层机制的优异可逆性；除此之外，还改善了水系电池的安全性，可谓一举多得。

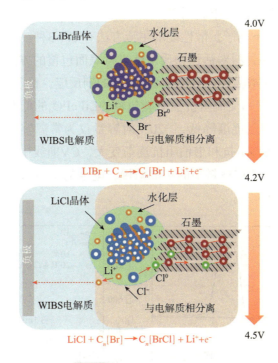

图2-53 转换-插层化学机制

（4）正极材料的低温性能

橄榄石结构的$LiFePO_4$具有放电比容量高、放电平台平稳、结构稳定、循环性能优异、原料丰富等优点，是锂离子动力电池主流正极材料。但是磷酸铁锂属于$Pnma$空间群，P占据四面体位置，过渡金属M占据八面体位置，锂原子沿[010]轴一维方向形成迁移通道，这种一维的离子通道导致了锂离子只能有序地以单一方式脱出或者嵌入,严重影响了锂离子在该材料中的扩散能力。尤其在低温下本体中锂离子的扩散进一步受阻造成阻抗增大,导致极化更加严重,低温性能较差。

镍钴锰基$LiNi_xCo_yMn_{1-x-y}O_2$是近年来开发的一类新型固溶体材料,具有类似于$LiCoO_2$的α-$NaFeO_2$单相层状结构。该材料具有可逆比容量高、循环稳定性好、成本适中等重要优点,同样在动力电池领域实现了成功应用,并且应用规模得到迅速发展。但是也存在一些亟需解决的问题,如电子导电率低、大倍率稳定性差,尤其是随着镍含量的提高,材料的高低温性能变差等问题。

富锂锰基层状正极材料具有更高的放电比容量,有望成为下一代锂离子电池正极材料。然而,富锂锰基在实际应用中存在诸多问题:首次不可逆容量高,在充放电的过程中易由层状结构向尖晶石结构转变,使得Li^+的扩散通道被迁移过来的过渡金属离子堵塞,造成容量衰减严重,同时本身离子及电子导电性不佳,导致倍率性能和低温性能不佳。

采用LCO为正极时,分别采用几款水系电解液和EC基的碳酸酯类电解液时电池的低温性能。在采用LiCl的水系电解液中,-40℃下电池还能够保持72%的常温容量,而其他电解液在-40℃下则无法完成放电,这表明LCO材料即便是在较低的温度下也具有较高的固相扩散系数,并不是电池低温性能的限制因素。

改善正极材料在低温下离子扩散性能的主流方法有如下3种。

① 采用导电性优异的材料对活性物质本体进行表面包覆的方法提升正极材料界面的电导率,降低界面阻抗,同时减少正极材料和电解液的副反应,稳定材料结构。

Rui等[52]采用循环伏安和交流阻抗法对碳包覆的$LiFePO_4$的低温性能进行了研究,发现随着温度的降低其放电容量逐渐降低,-20℃时容量仅为常温容量的33%。作者认为随着温度降低,电池中电荷转移阻抗和韦伯阻抗逐渐变大,CV曲线中的氧化还原电位的差值增大,这表明在低温下锂离子在材料中的扩散减慢,电池的法拉第反应动力学速率减弱造成极化明显增大,如图2-54所示。

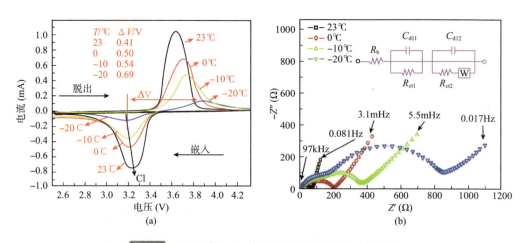

图2-54 LFP/C在不同温度下的CV(a)和EIS(b)曲线图

② 通过Mn、Al、Cr、Mg、F等元素对材料本体进行体相掺杂，增加材料的层间距来提高Li^+在本体中的扩散速率，降低Li^+的扩散阻抗，进而提升电池的低温性能。Li等[53]对$LiNi_{0.5}Co_{0.2}Mn_{0.3}O_2$材料进行Al掺杂，发现Al增大了材料的层间距，降低了锂离子在材料中的扩散阻抗，使其在低温下的克容量大大提高。磷酸铁锂正极材料在充电过程从磷酸铁锂相至磷酸铁相间的相转变比放电过程从磷酸铁相至磷酸铁锂相间的相转变更缓慢，而Cr掺杂可促进放电过程从磷酸铁相至磷酸铁锂相间的相转变，从而改善$LiFePO_4$的倍率性能和低温性能。

③ 降低材料粒径，缩短Li^+迁移路径。需要指出的是，该方法会增大材料的比表面积，从而与电解液的副反应增多。Zhao等[54]研究了粒径对碳包覆$LiFePO_4$材料低温性能的影响，发现在-20℃下材料的放电容量随着粒径的减小而增大，这是因为锂离子的扩散距离缩短，使脱嵌锂的过程变得更加容易。

（5）正极材料的高温性能

目前常见的正极材料主要包含LCO、LMO、LFP、NCM和NCA，热稳定性的分析表明Li_xNiO_2和Li_xCoO_2在200～230℃就开始出现剧烈的放热反应，而$Li_xMn_2O_4$材料在225℃左右出现放热反应，但是放出的热量更少，反应也更温和[55]。从热稳定性角度来看，几种电池材料的安全性从高到低分别如下：LFP、$Li[Ni_{3/8}Co_{1/4}Mn_{3/8}]O_2$、$Li_{1+x}Mn_{2-x}O_4$、LCO、$LiNi_{0.7}Co_{0.2}Ti_{0.05}Mg_{0.05}O_2$、$LiNi_{0.8}Co_{0.2}O_2$、$LiNiO_2$[56]。

为了提升LCO材料在60℃下的循环稳定性，人们通过干法工艺在其表面包覆MgF_2、Al_2O_3和TiO_2等成分，其中包覆TiO_2的材料在高温循环后容量保持率提高到了90%。当与LTO搭配时，NCM体系电池表现出了较好的倍率性能，在60℃下循环100次容量保持率可达95.3%[57]。NCA材料凭借较高的能量密度近年来得到了广泛的关注，研究表明NCA正极的电池在60℃下循环140次后，损失了高达65%的容量，而在室温下这一比例仅为4%。研究表明，NCA材料在70℃、80℃的高温条件下循环时材料颗粒的表面和晶界位置会出现类NiO相杂质，从而导致材料的阻抗显著增加[58]。通过Mg掺杂的方式可以抑制这种现象的发生。表面包覆也是提升材料高温性能的有效方法，例如，LMO材料在60℃高温下循环100次后会损失超过72%的容量，但是当采用LTO对其进行包覆处理后，电池的容量保持率能够提升到95%[59]，见图2-55。

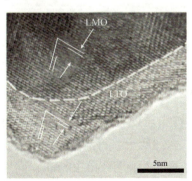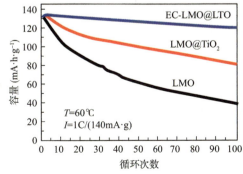

图2-55　HRTEM用于LTO在LMO（尖晶石型氧化物）上的外延涂层，以及未涂层和涂层LMO在60℃时的循环稳定性

LFP材料由于具有低成本、高安全和长寿命的特性,近年来在动力电池领域重新得到关注,但是采用LFP/MCMB体系的方形锂离子电池在37℃和55℃下循环时会出现显著的衰降[60],LFP/Li扣式电池在60℃下循环40次后,就会损失约40%的容量,研究表明LFP在高温下会出现Fe元素的溶出,在材料内部产生富锂相和贫锂相[61]。通过对电解液的调整,能够提升LFP电池的高温性能,例如,研究表明采用EC+LiBOB体系电解液,在100℃下循环170次,电池的容量保持率仍然可以达到75%[62]。

2.2.1.2 负极材料

负极材料是电池在充电过程中锂离子和电子的载体,起着能量的存储与释放作用。在电池成本中,负极材料占5%~15%,是锂离子电池的重要原材料之一。全球锂电池负极材料销量约十余万吨,产地主要为中国和日本。根据现阶段新能源汽车的增长趋势,对负极材料的需求也将呈现持续增长的状态。

理想的负极材料必须具备以下7个条件[63]:化学电位较低,与正极材料形成较大的电势差,从而得到高功率电池;应具备较高的循环比容量;Li^+应该容易嵌入和脱出,具有较高的库仑效率,以使在Li^+脱嵌过程中可以有较稳定的充放电电压;有良好的电子电导率和离子电导率;有良好的稳定性,对电解质有一定的兼容性;材料的来源应该资源丰富,价格低廉,制造工艺简单;安全、绿色无污染。

实际上符合全部条件的负极材料目前基本不存在,因此,研究能量密度高、安全性能好、价格便宜、材料易得的新型负极材料成为研究工作者的当务之急,也是现阶段锂电池研究领域的热门课题。目前,全球锂电池负极材料仍然以天然/人造石墨为主,新型非碳负极材料如钛酸锂、合金材料(硅基负极、锡基负极)、金属锂也在快速发展中[64]。

(1)几种重要负极材料研究进展及应用展望

图2-56所示为锂离子电池负极材料分类。

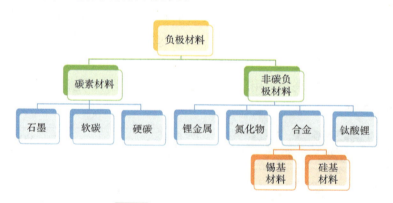

图2-56 锂离子电池负极材料分类

碳素材料负极是一个总称,一般可分为3类:石墨、硬碳和软碳。石墨又可分为人造石墨、天然石墨、中间相碳微球,具体性能对比如表2-8所示。目前,石墨负极是锂离子电池商业化程度最高的负极材料,石墨为层状堆垛结构,层间距为0.335nm,同层的碳原子以sp^2杂化形成共价键结合,石墨层间以范德华力结合。在每一层上,碳原子之间都呈六元环排列方式并向二维方向无限延伸。石墨的这种层状结构可以使锂离子很容易地嵌入和脱出，并且在充放电过程中其结构可保持结构稳定。石墨负极材料的理论容量为372mA·h/g，但实际比容量为330~370mA·h/g；石墨具有明显的低电位充放电平台（0.01~0.2V），大部分嵌锂容量都在该电压区域内产生，充放电平台对应着石墨层间化合物LiC_6的形成和分解，这有利于给锂电池提供高而平稳的工作电压[65]。

表2-8 锂离子电池石墨负极材料分类及性能对比

种类	天然石墨	人造石墨	中间相碳微球
容量	容量高，达到365mA·h·g^{-1}，接近理论容量，372mA·h·g^{-1}	容量较高，300~360mA·h·g^{-1}，取决于石墨化度和纯度	容量偏低，320~355mA·h·g^{-1}
密度	高	偏低	高
导电性	优异	优异	良好
循环性能	较差，需包覆处理	优异	良好
成本	价格较低	价格相差较大	价格昂贵

石墨负极材料中，人造石墨具备长循环、高温存储、高倍率等天然石墨不具备的特殊优势。人造石墨负极由碳材料加工而来，它是将易石墨化的软碳材料经2500℃以上高温石墨化处理制成，此时碳材料内部二次粒子以随机方式进行排列，存在大量孔隙结构，这有利于电解液的渗透和锂离子在负极中的脱嵌穿梭，因此，人造石墨负极材料能提高和增加锂离子电池的快速充放电速度和次数。目前，国内新能源汽车用动力锂电池所采用的负极材料多为人造石墨负极，2016年，人造石墨在负极材料中的市场占有率已经超过60%，但同时石墨负极本身理论容量低等问题极大地限制了新能源汽车动力电池实现变革性发展。

不同于石墨材料，碳素材料的中的软碳、硬碳则很难实现商业化应用。软碳即在高温条件（>2500℃）下处理可以形成石墨化结构的无定形碳。软碳材料的突出优点是可逆比容量高，一般大于300mA·h/g，与有机溶剂相容性较好，因此，锂电池的循环稳定性好，较适合大电流密度的锂电池充放电。但软碳负极材料内部具有大量的乱层结构及异质原子，其容量一般为250~320mA·h/g，并且其电压滞后性大，首次充放电效率低，并且容量衰减较快，因此难以获得实际应用。硬碳，即高温（>2500℃）条件下处理很难形成石墨化结构的碳，通常采用难石墨化的炭材料前驱体（如酚醛树脂）在900~1100℃条件下热处理得到。硬碳材料在制备过程中内部结构会产生大量的晶格缺陷，这导致在嵌锂过程中锂离子不仅嵌入碳原子层间，而且会嵌入到这些晶格缺陷中，因此，硬碳负极具有较高的比容量（350~450mA·h/g），这有利于锂电池容量的提高。但是，这些晶格缺陷也导致了硬碳负极材料的首次库仑效率低、循环稳定性能较差、电压滞后现象严重等。目前硬碳负极还没有应用到商业化的锂离子电池中，离实际应用还有一段距离。

总体来说，石墨负极材料虽已成功商品化，但仍存在一些难以克服的缺点，这是因为碳负极在电解液中［主要为EC、DEC、碳酸二甲酯（DMC）、聚碳酸酯（PC）等有机溶剂］会形成钝化膜（SEI膜），该膜层虽可传递电子和锂离子，但会引起初始容量的不可逆损失。而且碳电极的电位与金属锂的电位很接近，当电池过充电时，碳电极表面易析出金属锂，从而可能会形成锂枝晶而引起短路。随着温度的升高，嵌锂状态下的碳负极将首先与电解液发生放热反应，如锂离子与有机溶剂PC发生放热反应，会生成易燃气体，因此，有机溶剂与碳负极不匹配也可能使锂离子动力电池发生燃烧。基于上述原因，寻找性能更为良好的非碳负极材料成为锂离子电池研究的重要课题。目前已有显著科研成果的非碳负极材料主要有钛酸锂材料、合金材料中的硅基材料。

钛酸锂（LTO）被普遍认为是比碳更为安全、寿命更长的负极材料[66]。钛酸锂负极具有快速充放电、循环次数多及安全性高等优点，前景被很多电池界人士和企业所看好。钛酸锂材料的"零应变"性能极大地延长了钛酸锂负极体系电池的循环寿命，其尖晶石结构所特有的三维锂离子扩散通道，使其具有功率特性优异和优良的高低温性能等优点。与碳素负极材料相比，钛酸锂的电位高（比金属锂的电位高1.55V），这就导致通常在电解液与碳负极表面上生长的固液层在钛酸锂表面基本上不形成。与碳材料相比，钛酸锂脱嵌锂平台电位较高（1.55V vs Li/Li$^+$），可避免锂枝晶的产生，保障了电池的安全性；其理论比容量为175mA·h/g，具有平稳的放电平台容量利用率较高。此外，钛酸锂负极锂电池寿命很长，这是因为钛酸锂负极材料本身的结构稳定，并且在充放电过程中保持电极结构稳定，使锂电池的循环寿命极大地提高，循环次数可达25000次以上。最后，钛酸锂电池有传统锂离子电池不具备的优异高低温性能和快速充放电功能，钛酸锂电池具备在-50～60℃很宽的高低温范围内完全充放电的电化学表现。目前以石墨为负极的锂离子电池可以在-40℃左右放电（放电量较低），但无法在-10℃及更低温度下实现常规电流的充电。尽管钛酸锂在安全性、使用寿命、工作温度范围等方面都具有明显优势，但钛酸锂容量很低，理论容量只有175mA·h/g，限制了其在动力电池领域的发展和应用。

剑桥大学的Clare P. Grey团队[67]提出了利用微米级的铌钨氧化物材料（$Nb_{16}W_5O_{55}$及$Nb_{18}W_{16}O_{93}$）来替代纳米颗粒，同样可以显著优化电池性能。该研究证明了只要利用适当的主晶格话，材料的尺寸、结构甚至多孔性均不是实现高速充放电电池电极的必要性质。研究人员利用克级固态合成法制备的铌钨氧化物块体材料，可高效利用其超结构模块来稳定锂嵌入过程中的材料主体结构。因此，这种材料不仅在锂离子扩散系数上优于传统的电极材料（$Li_4Ti_5O_{12}$）数个数量级，同时还能保持优于纳米材料的高容量及高锂存储性能。这一铌钨氧化物材料的出现打破了通过构造纳米电极材料来优化电池中离子扩散速率和电学性能的传统方法，为制备高性能电池提供了新的策略。

与钛酸锂材料相比，合金材料中的硅基材料因具有3590mA·h/g的超高比容量，被认为是下一代锂离子电池负极的最理想选择[68-70]。它能够大幅度提高锂离子电池的能量密度，这正是便携式电子产品、无人机、新能源汽车和储能电池系统等一系列新技术领域发展的迫切需要。然而，锂离子电池中硅负极低的导电率和循环过程中较大的体积变化，严重阻碍了其应用。对硅负极的合理设计及纳米硅与碳质材料的有效结合是克服硅负极实际应用挑战的最有效途径。

纳米结构的硅解决了硅负极在应用方面的一些难题，包括有效抑制颗粒粉化和加快锂离子扩散路径。然而，与纳米结构设计相关的固有缺点难以克服，如高比表面积和低振实密度。颗粒与电解液的大面积接触导致较高的界面电阻和较多的副反应，严重降低了电极的库仑效率，不适当的空隙也造成了低振实密度，延长了电子传输路径。此外，纳米硅颗粒高昂的生产成本和复杂的制备工艺也阻碍了其商业化道路。因此，迫切需要合理的空间和结构设计。基于此，人们广泛研究了具有三维导电网络和稳定界面的微纳结构硅基负极材料，这种设计具有多重优势：①用碳构建三维导电网络，可以提供快速的电子/锂离子传输通道；②充分利用硅的纳米结构和材料的层次缓冲结构，保证了活性颗粒在循环过程中的稳定性；③碳包覆层用于实现稳定的界面；④有效解决高比表面积和低振实密度的困境。

由于纳米硅/热解碳复合微米颗粒具有良好的孔隙和均匀的碳包覆层，通常表现出较高的可逆容量和优异的循环稳定性。Liu等[71]设计了一种"石榴"结构，如图2-57所示，首先将硅纳米颗粒封装于导电碳层内形成一级蛋黄壳结构，随后为了提高材料的振实密度和减少活性物质与电解液的接触面积，在循环过程中获得较高的库仑效率，上述一级纳米颗粒被堆积组装成二级微米颗粒，并于外侧再包覆一层碳壳作为电解液的屏障。最终，这种类似于石榴的层次缓冲结构使电极获得了优异的循环性能，循环1000圈后仍能保持97%的容量、99.87%的高库仑效率及1270mA·h/cm³的体积比容量（图2-58）。

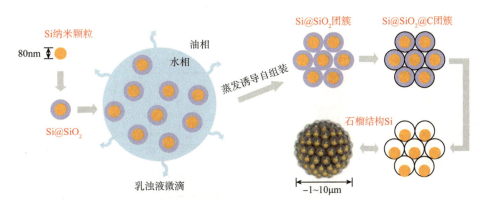

图2-57　石榴型硅负极制备工艺示意图

图2-58所示为石榴型硅负极的电化学表征。

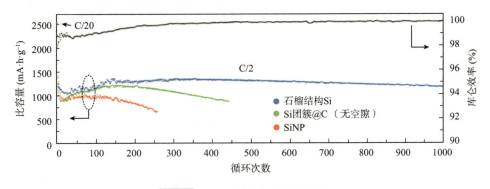

图2-58　石榴型硅负极的电化学表征

无定形碳通常是由聚合物或乙炔裂解而成的，导电性差、比容量低，在Si/C复合材料中应用不多。因此，成本低廉、体积变化小、导电性好、库仑效率高的石墨碳材料被广泛用作主体材料来制备Si/C复合材料。为了尽可能满足硅负极的实用化要求，硅碳复合材料的合理设计可由石墨碳/纳米硅作为核，无定形碳作为壳组成。这种设计具有如下优点：①石墨有利于缓冲硅的体积变化，保持材料结构的完整性，同时可以降低比表面积，提高振实密度；②无定形碳有助于形成稳定的SEI层；③内部石墨碳和外部无定形碳包覆层构建了三维导电网络，充分利用了活性材料，提高了整个电极的导电性。

Xu等[72]设计合成出一种"西瓜"结构的硅碳微球，如图2-59所示，通过设计层次缓冲结构和采取最优粒径分布的策略对电极材料进行双重保护，使其能够在较高的压实密度下减轻硅电极在循环过程中的体积膨胀，抑制纳米硅颗粒的破碎、粉化。上述硅碳微球具有平滑的表面、致密的结构和合适的粒径分布（3~35μm）。相较于单一的粒径分布，各种不同尺寸的硅碳微球有助于提高材料的振实密度，同时保证充放电过程中结构的稳定性，从而制备出高负载量的致密化电极。该复合电极首圈库仑效率为89.2%，平均库仑效率为99.8%，表明锂离子在脱嵌过程中具有良好的可逆性。在4.1mg/cm²的负载量下，电极展现出良好的循环和倍率性能，首圈可逆面容量为2.54mA·h/cm²，循环500圈后仍大于1.91mA·h/cm²。同时，在55℃条件下循环250圈后容量保持率为80%，即使在-20℃的苛刻条件下也表现出良好的循环性能。

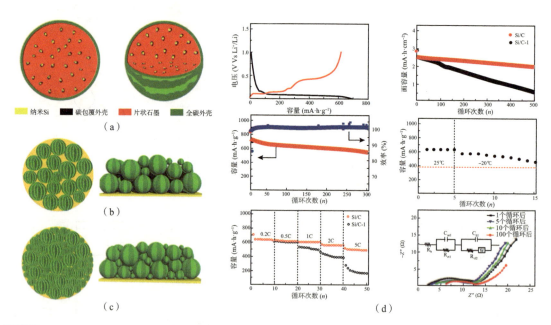

图2-59　（a）受西瓜启发而设计的硅碳微球结构示意图；（b）单一尺寸分布的硅碳微球负极组装模型；（c）最优尺寸分布的硅碳微球负极组装模型；（d）"西瓜"结构硅碳微球的电化学测试数据

天津大学杨全红课题组近期在"厚密"硅基负极的构建中提出了一种通过可控收缩结合碳/硅界面修饰实现碳结构的力学缓冲增强策略，如图2-60所示。在材料设计与制备方面，提出可流动、可变形、可去除的"变形金刚"硫模板法，结合三维石墨烯网络毛细收缩技术，为硅纳米颗粒定制了碳笼结构，预留了必要的最小孔隙，并辅以聚多巴胺表面修饰增强硅纳米颗粒与石墨烯笼之间的界面结合力，实现了碳笼对硅纳米颗粒（硅含量＞50%）的强限域，显著提高了硅-碳电极的力学缓冲能力。在电极密度为$1g/cm^3$、实用化面容量为$3mA·h/cm^2$的条件下，该硅-碳负极的体积比容量超过$1200mA·h/cm^3$，为商用石墨负极的3倍以上。循环100周之后，仍具有76%的容量保持率。当电极负载量增加到$6.7mg/cm^2$时，体积比容量为$1015mA·h/cm^3$，稳定循环50周之后容量保持率在60%以上。

同时，采用原位透射电子显微镜技术对膨胀负极进行了系统的力学增强解析，在碳笼的平面压缩测试中发现石墨烯笼在压缩反弹过程中（形变超过80%）对其中的硅纳米颗粒具有良好的限域效果；而在垂直面剪切测试中则发现石墨烯笼在被剪切破坏的过程中，与限域其中的硅纳米颗粒仍保持很好的界面结合。基于原位透射电子显微镜的力学-电化学耦合表征证明，石墨烯笼具有足够的机械柔性和力学强度，对嵌锂后完全膨胀（＞300%）的硅具有优异的限域缓冲效果（完全嵌锂时材料形变＜20%），保持了硅-碳复合负极的体积稳定性和结构完整性，如图2-60所示。

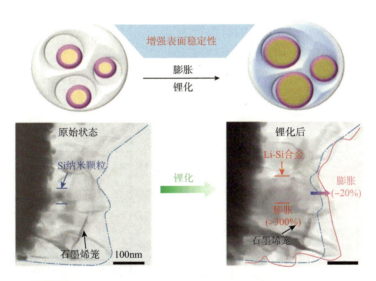

图2-60　"厚密"硅基负极设计示意图及原位透射电子显微镜表征

（2）负极材料的低温性能

锂离子去溶剂化过程是低温下锂离子迁移的主要动力学障碍，而不是锂离子在固相电极中扩散[73,74]。通过比较LTO/LTO、NCA/NCA、石墨/石墨对称电池在-40℃时的EIS结果，其中，$R_{LTO/LTO} = R_{ct} + R_{去溶剂化} + R_b$，而$R_{x/x} = R_{ct} + R_{SEI\ of\ x} + R_{去溶剂化} + R_b$（$x$ = NCA和石墨），从而剥离了各项传质和电荷转移过程。结果证实了锂离子的去溶剂化是锂离子进入电极内部最耗费能量的步骤，并且当温度降低到-20℃以下时，这种能垒变得更加明显。该结果实际上与早期发现的电荷转移电阻变得更大并在0℃以下占主导地位的电阻的早期发现非常吻合，因为早期的"电荷转移电阻"实际上是SEI处的Li^+转移，其中包含Li^+的去溶剂化作用和锂离子在SEI中的传质[75,76]。

美国西北太平洋国家实验室（PNNL）研究表明，在低温下Li^+去溶剂化过程是锂离子电池低温性能的主要限制因素，对锂离子电池低温性能的影响甚至要高于Li^+在SEI膜中的扩散的影响[73]。由于石墨负极的低温性能较差，因此，人们将目光转向了其他类型的负极，例如，TiO_2就表现出了较好的低温性能，在-40℃下仍然能够充入77mA·h/g的容量，能够实现在-30℃条件下的充放电循环[77]。

影响锂离子电池低温性能的另一个因素是锂沉积[78]。

① 低温时，电池的阻抗增大，极化严重，负极表面将析出和沉积大量具有较高活性的金属锂，且容易与电解液发生不可逆反应，导致电池容量下降。

② 沉积在电极表面的金属锂与电解液的反应产物一般不具有电子导电性，导致负极的极化更严重。

Zinth等[79]利用中子衍射等手段对NMC111/石墨18650型锂离子电池在-20℃下的析锂行为进行了详细的研究，如图2-61所示。图2-62所示为在C/30和C/5倍率下进行充电时，石墨负极物相变化的对比。

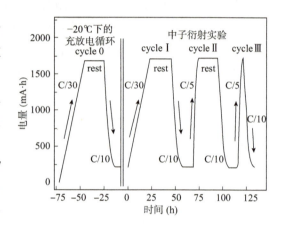

图2-61 中子衍射实验低温-20℃下充放电过程电量与时间的关系

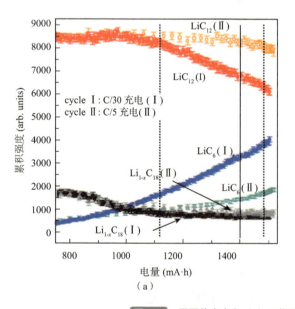

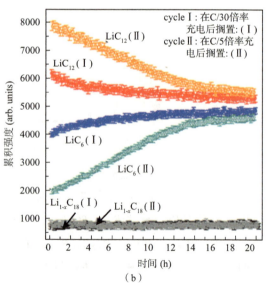

图2-62 不同倍率充电（a）及搁置20h后负极物相变化对比（b）

对于两种不同的充电倍率，贫锂物相$Li_{1-x}C_{18}$是非常相近的，区别主要体现在LiC_{12}和LiC_6两种物相上，在充电的初期两种充电倍率下负极中的物相变化趋势是比较接近的。对于LiC_{12}物相，当充电容量达到95mA·h时，变化趋势开始出现不同，当达到1100mA·h时，两种倍率下的LiC_{12}物相开始出现显著的差距，C/30小倍率充电时，LiC_{12}物相的下降速度非常快，但是C/5倍率下LiC_{12}物相的下降速度则要缓慢得多，也就是说，由于低温下负极的嵌锂动力学条件变差，使得LiC_{12}进一步嵌锂生成LiC_6物相的速度下降。与之相对应的，LiC_6物相在C/30小倍率下增加得非常快，但是在C/5倍率下就要缓慢得多，这就表明在C/5倍率下，更少的锂嵌入到石墨的晶体结构之中。但是在C/5充电倍率下电池的充电容量反而要比C/30充电倍率下的容量更高一点。这多出的没有嵌入到石墨负极内的锂很有可能是以金属锂的形式在石墨表面析出，充电结束后的静置过程也从侧面佐证了这一点。

选择合适的负极材料是提高电池低温性能的关键因素，目前主要通过负极表面处理、表面包覆、掺杂增大层间距、控制颗粒大小等途径进行低温性能的优化。

① 表面处理。表面处理包括表面氧化和氟化。表面处理可以减少石墨表面的活性位点，降低不可逆容量损失，同时可以生成更多的微纳结构孔道，有利于Li^+传输，降低阻抗。张丽津等[80]经过氧化微扩层处理，石墨的平均晶粒尺寸减小，锂离子在碳层表面及边缘嵌入量增加，在石墨表面引入的纳米级孔隙结构进一步增大了锂离子存储空间。

② 表面包覆。表面包覆如碳包覆、金属包覆不但能够避免负极与电解液的直接接触，改善电解液与负极的相容性，同时可以增加石墨的导电性，提供更多的嵌入锂位点，使不可逆容量降低。另外，软碳或硬碳材料的层间距比石墨大，在负极上包覆一层软碳或硬碳材料，有利于锂离子的扩散，降低SEI膜阻抗，从而提高电池的低温性能。通过少量银的表面包覆提高了负极材料的导电性，使其在低温下具有优异的电化学性能。

③ 增大石墨层间距。石墨负极的层间距小，低温下锂离子在石墨层间的扩散速率降低，导致极化增大，在石墨制备过程中引入B、N、S、K等元素可以对石墨进行结构改性，增加石墨的层间距，提高其脱/嵌锂能力，P（0.106pm）的原子半径比C（0.077pm）大，掺P可增加石墨的层间距，增强锂离子的扩散能力，同时有可能提高碳材料中石墨微晶的含量。K引入到碳材料中会形成插入化合物KC_8，当钾脱出后碳材料的层间距增大，有利于锂的快速插入，进而提高电池的低温性能。

④ 黏结剂。图2-63所示为PVDF和SBR黏结剂随温度变化的模量变化，两种黏结剂体系的玻璃化转变温度分别为-42℃和-4.5℃，SBR类黏结剂由于较高的转变温度，不适合低温锂离子电池的应用。

⑤ 有机物电池。Xia等[82]以凝固点低至-84℃的乙酸乙酯为溶剂，溶解双三氟甲烷磺酰亚胺锂（LiTFSI）制成低温电解质，在-70℃的超低温下离子电导率仍可达到0.2mS/cm。他们使用两种有机聚合物电极与这种电解质构成可充电电池，如图2-64所示。在-70℃的超低温下仍可很好地工作，容量仅比室温容量下降约30%。

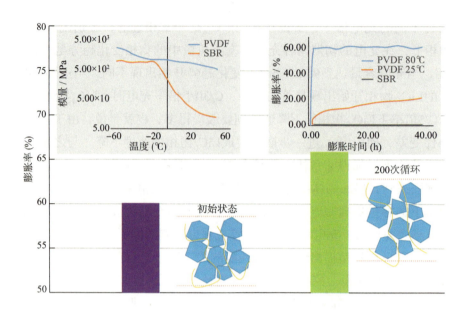

图2-63 使用PVDF和SBR黏结剂的电极循环过程中的电极变化情况[81]

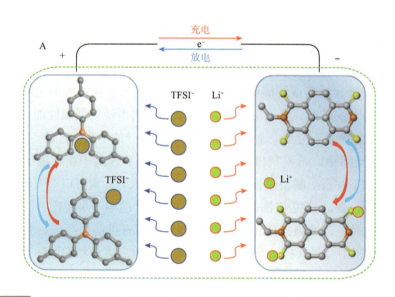

图2-64 有机聚合物PTPAn和PNTCDA分别作为正负极组装全电池的充放电过程示意图

（3）负极材料的高温及热安全性能

石墨是目前最为常用的负极材料，由于石墨的嵌锂电位较低，因此电解液会在石墨负极表面发生分解，生成一层固体钝化膜，即SEI膜[83]。如图2-65所示，在热稳定性测试中，SEI膜在115～120℃发生分解，裸露的Li_xC_6会导致电解液持续的分解反应[84]，从而在210～230℃产生一个放热峰。$LiPF_6$的分解则发生在260℃附近[85]，在280～310℃内则有两个明显的放热峰，主要是嵌锂石墨与PVDF黏结剂的反应。

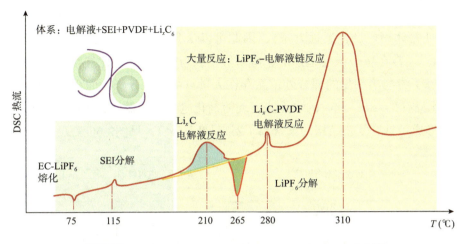

图2-65 包含Li_xC_6、SEI、电解液和PVDF的阳极的DSC曲线[86]

在锂离子电池内部,反应主要发生在电极界面,因此,界面的稳定性也会对锂离子电池的高温性能产生重要影响,特别是负极的SEI膜的热稳定性相对较差,会对锂离子电池的高温性能产生较大的影响。研究表明,在高温下SEI膜会发生如下变化:①阻抗随时间增加;②在65℃下SEI膜的阻抗较低;③新生成的SEI膜在25℃下的阻抗高于65℃下的阻抗,但是仍然低于初始SEI膜,这表明常温下形成的SEI膜在高温环境下会发生分解,并形成更加稳定的SEI膜。XPS分解结果表明,在高温下SEI膜中的有机成分会发生分解,而无机成分LiF的含量会出现明显的增加。EC作为一种负极形成稳定SEI膜必备的溶剂,当添加量达到70%时能够显著改善锂离子电池在高温下的存储性能,如果添加量较低(30%),则会导致锂离子电池在高温下产生较大的不可逆容量[87]。

虽然热稳定性的研究显示SEI膜的分解温度为115~120℃,理论上锂离子电池完全能够在60℃的环境下使用,但是实际上在高温存储和循环的过程中锂离子电池会发生严重的性能衰降[88]。研究表明,高温条件下锂离子电池的衰降主要来自负极,高温下电解液在负极表面分解形成了厚厚的一层SEI膜,引起锂离子电池容量衰降和阻抗增加。

2.2.1.3 电解液/电解质

锂离子电池中的电解质通常由一种或多种导电锂盐组成,如$LiClO_4$、$LiAs_6$、$LiBF_4$、$LiPF_6$,溶于单一或非水溶剂混合物中。此类溶剂包括环状和非环状碳酸盐,如碳酸乙烯酯(EC)、碳酸丙烯酯(PC)、碳酸二乙酯(DEC)和碳酸甲乙酯(EMC)。除此以外,聚合物和离子液体基电解质近年来也受到了广泛关注。目前最先进的锂离子电池电解质系统有其自身的缺点,如不可逆容量、温度限制和安全问题等。探索和开发新的电解液体系或在电解液中加入少量其他组分以改善电极的表面形态是解决上述问题最经济、最有效的方法。

(1)几种电解质及添加剂的突破性工作

1)Water-in-salt电解液

2015年,索鎏敏、许康和王春生等[89]在Science报道了Water-in-salt电解液,该电解液为

21mol/kg的LiTFSI（双三氟甲烷磺酰亚胺锂）水溶液，在该体系下溶质LiTFSI和溶剂H_2O无论是质量比还是体积比，都远远大于1，因此可以认为是溶剂和溶质实现了反转从而得名Water-in-salt。通常在一般浓度条件下，电解液中Li与H_2O的质量比往往远远大于1∶4，因此，认为水除了参与溶剂化的部分外依然存在大量自由的水分子，而在Water-in-salt中Li与H_2O的质量比只有1∶2.6，此时的水无法实现溶剂化电荷屏蔽效应，阴阳离子发生强烈相互作用，进而形成了具有复杂结构的聚合离子对，如Li_2TFSI，见图2-66。

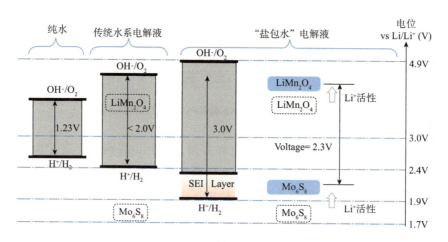

图2-66 稀溶液和Water-in-salt电解液中Li^+初始溶剂化程度的变化，表明了LiTFSI浓度对离子-溶剂和离子-离子相互作用的影响[89]

将Water-in-salt电解液用不锈钢电极进行CV测试以探寻其电化学窗口（图2-67）。可知在负极一侧由于TFSI的还原导致了一种钝化作用，该钝化作用随着盐浓度的增加而增加，使得平台电流密度由1mol/kg时的2.47mA/cm^2减少为21mol/kg时的0.18mA/cm^2，将析氢电位由2.63V降低至1.90V。而在正极一侧并没有发现明显的钝化作用，但由于Li^+的溶剂化作用导致水分子的活性降低，同时TFSI离子的作用导致其内部Helmholtz层的集聚，使其析氧电位由3.86V提高至4.90V。最终Water-in-salt电解液取得了3V稳定的电化学窗口。

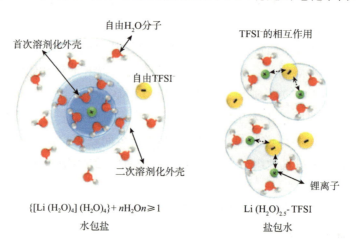

图2-67 高浓度盐使water-in-salt电解液的电化学窗口得以扩宽，同时改变了$LiMn_2O_4$正极和Mo_6S_8负极的氧化还原电位

随后,在2016年Water-in-bisalt(WIBS)电解质被报道[90],该电解质为21mol/kg LiTFSI与7mol/kg LiOTF(三氟甲磺酸锂)水溶液,由WIS的单盐体系拓展为WIBS的双盐体系,其Li与H_2O的质量比由1∶2.6变为1∶2。WIBS稳定的电化学窗口进一步拓宽至大于3.1V,并成功将TiO_2负极包括进其安全稳定窗口,从而为实现更高输出电压水系锂离子电池提供可能。

2)高浓度电解质

常规电解液中的锂盐$LiPF_6$的化学性质不稳定,会加速电极材料中过渡金属的溶解,但是却有利于抑制铝集流体的氧化溶解(氧化腐蚀);用更稳定的锂盐取代$LiPF_6$虽然可以减缓过渡金属的溶解,但不幸的是会造成严重的铝氧化腐蚀,这就使新一代电解液的设计陷入了两难的境地。为解决这一矛盾,日本东京大学的王建辉博士和Yuki Yamada教授设计了一种超高浓度的$LiN(SO_2F)_2$/碳酸二甲酯(DMC)电解液体系[91]。研究发现,在超高浓度条件下,该电解液中的阴离子和溶剂分子形成的三维网络可与锂离子形成较强的配合作用,从而在5V电压条件下有效地阻止过渡金属和铝的溶解,图2-68所示为不同类型、不同浓度电解液的物化性质,表明最终实现了具有优异循环稳定性、高倍率容量、高安全型的高电压$LiNi_{0.5}Mn_{1.5}O_4$/石墨电池。

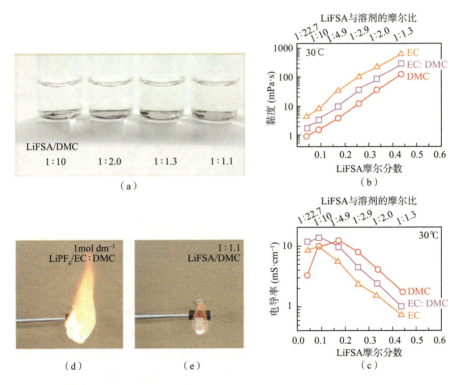

图2-68 不同类型、不同浓度电解液的物化性质,表明超高浓度型双氟磺酰基氨基锂(LiFSA)/DMC电解液有着更好的热稳定性、安全性和较高的离子电导率

① 不同浓度LiFSA/DMC电解液常温下的颜色为透明无色。

② 30℃下不同浓度的LiFSA/DMC、EC和EC∶DMC(物质的量浓度1∶1)电解液的黏

度。对于单独使用的溶剂，其黏度随LiFSA的摩尔分数（xLiFSA）的增加，呈现指数型的增长。

③ 30℃下不同浓度的LiFSA/DMC，EC和EC：DMC（物质的量浓度1：1）电解液的离子电导率。对于移动离子溶剂化半径相同的电解液，其离子电导率与移动离子的数量成正比，与介质的黏度成反比。当xLiFSA＜0.14时，EC：DMC由于协同效应（EC的高介电常数和DMC的低黏度）具有最高的离子电导率。然而，当xLiFSA＞0.14时，DMC的离子电导率高于EC：DMC，这时低黏度成为高浓度电解液的离子电导率的决定性因素。

④ 商业1.0mol/dm³ $LiPF_6$/EC：DMC（体积百分比1：1）和1：1.1超高浓度LiFSA/DMC电解液的燃烧测试。LiFSA/DMC电解液不如低浓度商业$LiPF_6$/EC：DMC燃烧得剧烈，有着更好的热稳定性和安全性。线性碳酸酯溶剂的高挥发性和高可燃性在高浓度电解液中可以被克服，因为它的有机溶剂含量比稀浓度的电解液低。

（2）电解质的低温性能

在电解液中Li^+并不是单独存在的，而是与溶剂结合形成溶剂化结构，通常我们认为EC会直接与Li^+结合，形成第一层溶剂化外壳，在较低浓度电解液中，一个Li^+通常会与5~6个EC分子结合，在常规的1mol·L^{-1}的电解液中这一数值通常是4。在第一层溶剂化外壳外部，还会再产生一层溶剂化外壳，这层外壳与内层外壳有着微弱的联系，因此使其与电解液体相之间存在明显的区别[92]，见图2-69。

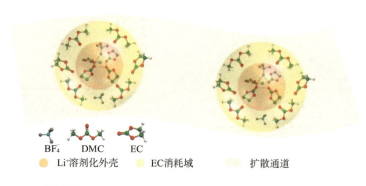

图2-69 锂离子在EC+DMC电解质中的溶解鞘结构示意图[93]

根据目前的理论，第一层溶剂化外壳几乎不受温度的影响，温度影响的主要是第二层溶剂化外壳和体相电解液，进而影响电解液的电导率和扩散系数，因此提升电解液低温性能的关键在于采用熔点低的溶剂。电解液作为锂离子电池的重要组成部分，不仅决定了Li^+在液相中的迁移速率，同时还参与SEI膜形成，对SEI膜性能起着关键作用。低温下电解液的黏度增大，电导率降低，SEI膜阻抗增大，与正负极材料间的相容性变差，极大地恶化了电池的能量密度、循环性能等。改善方法有如下几种：

1）通过优化溶剂组成提高电解液的低温电导率

电解液的低温性能主要是由其低温共熔点决定的，在锂离子电池中，电解液的有机溶剂主要有碳酸酯和羧酸酯等[94]，其中，碳酸酯中的碳酸乙烯酯（EC）和碳酸二甲酯

（DMC）应用较广，但熔点都相对较高，在低温下会出现凝固现象，导致锂离子电解液的电导率迅速下降，对电池的低温性能影响较大[95]。由于EC在形成SEI的电解质中必不可少，通过加入低熔点和低黏度的组分如直链羧酸盐等，降低溶剂EC含量，可以有效降低低温下电解液的黏度和共熔点，提高电解液的电导率。表2-9所示为常见的低熔点共溶剂的物理性质。

表2-9 常见的低熔点共溶剂的物理性质[96]

溶剂	熔点（℃）	沸点（℃）	相对介电常数（25℃）	黏度（20℃）（mPa·s）
乙酸丙酯（PA）	-95	102	6.00	0.55
甲苯（Tol）	-95	111	2.38	0.55
乙酸乙酯（EA）	-84	77	6.02	0.43
丙酸乙酯（EP）	-74	99	—	0.90（15℃）
碳酸甲乙酯（EMC）	-55	107	2.40	0.65
碳酸丙烯酯（PC）	-49	241	64.92	2.53
碳酸二乙烯酯（DEC）	-43	126	2.82	0.75
DMC	0.5	90	3.12	0.59
EC	36	248	89.60	1.85（40℃）

低熔点共溶剂应具有如下特点：低熔点、高介电常数、低黏度及可参与电极反应形成稳定的SEI膜等。由表2-9可知，目前，没有任何一种溶剂可以满足全部要求。为了更好地改善锂离子电池的低温性能，研究者常采用多元溶剂的混合体系。E. J. Plichta等[97]报道了1mol/L LiPF$_6$/EC+DMC+EMC（体积比为1∶1∶1）的三元电解液混合体系，此电解液在-40℃时的电导率高达1mS/cm。将低熔点的EMC和低黏度的DMC混合配制成电解液体系，可提高电解液的离子电导率，从而优化锂离子电池的低温性能。S. V. Sazhin等[98]研究了添加EP共溶剂的EC三元电解液体系EC+DMC+EP和EC+EMC+EP的低温性能，发现在-20℃下，电池的循环寿命和倍率性能均不会出现明显衰减。这可能是因为与常用电解液的有机溶剂相比，EP具有黏度小、熔点低的特点，向电解液体系中加入适量的EP，可降低熔点和黏度，提高Li$^+$的扩散速度，从而提高锂离子电池的低温性能。

2）使用新型电解质提高锂离子传导能力

电解质盐是电解液的重要组成之一，也是获得优良低温性能的关键因素。锂盐对电解质的影响，通常可以使用Stokes-Einstein方程来描述液体扩散。根据Stokes方程（仅考虑黏度效应）：

$$\zeta = 6\pi\gamma\mu$$

式中，迁移率μ是阻力系数ζ的倒数，该阻力系数是扩散物体的动量弛豫时间的倒数。另外，为了使溶剂化的离子在电场下迁移，必须防止溶剂化的溶剂与它的抗衡离子形成紧密的离子对，这可以描述为介电效应。因此，扩散率受这两个因素影响。电导率降低的内在本质直接与介电常数和零度以下温度下的黏度变化有关。

目前，商用电解质盐是六氟磷酸锂，形成的SEI膜阻抗较大，导致其低温性能较差，新型锂盐的开发迫在眉睫。Zhang等[99]以$LiNiO_2$/石墨为电极材料，研究发现低温下$LiBF_4$的电导率低于$LiPF_6$，但其-30℃的容量为常温容量的86%，而$LiPF_6$基电解液仅为常温容量的72%，这是由于$LiBF_4$基电解液的电荷转移阻抗较小，低温下的极化小，因此电池的低温性能较好。然而，$LiBF_4$基电解液无法在电极界面形成稳定的SEI膜，造成容量衰减严重。

二氟草酸硼酸锂（LiODFB）结合了LiBOB和$LiBF_4$的优势，由二者各提供一半分子结构组成，作为锂盐的电解液在高低温条件下都具有较高的电导率，使锂离子电池在宽温度范围内展现出优异的电化学性能[100]。

LiTFSI作为新型锂盐具有高的热稳定性，阴阳离子的缔合度小，在碳酸酯体系中具有高的溶解度和解离度。在低温情况下，LiFSI体系电解液较高的电导率和较低的电荷转移阻抗保证了其低温性能。Mandal等[101]采用LiTFSI作为锂盐，EC/DMC/EMC/PC（质量比为15∶37∶38∶10）为基础溶剂，所得电解液在-40℃下仍具有$2mS·cm^{-1}$的高电导率。

表2-10所示为常用锂盐的优缺点对比。

表2-10 常用锂盐的优缺点对比

种类	优点	缺点
$LiPF_6$	电导率高；成本低	循环性能差；热稳定性差，易水解生成HF，破坏电极活性物质，腐蚀集流体，从而造成容量衰减；一般在含有EC的电解液中才能生成稳定的SEI膜。由于EC本身熔点（37℃）较高，低温性能较差，限制了电池在低温条件下的使用
LiBOB	电导率高；电化学窗口宽；热稳定性高；成本低；成膜性好，在熔点较低的PC基溶剂中，仍能形成稳定的SEI膜，可增加石墨系负极材料在PC基溶剂中的稳定性	对水敏感；在链状酸酯的溶解度低，黏度较大，低温性能差，温度降至-50℃，作为电解液的电池停止放电
$LiBF_4$	热稳定性高；电导率高	极易水解；成膜性差；循环性能差
LiODFB	溶解度高；常温和高温循环性能好；水解时不产生HF；电化学窗口宽	低温电导率下降快；形成厚的SEI膜
LiTFSI	电导率高；溶解度高；热稳定性好	黏度高；与石墨负极相容性差；成本高

结合不同锂盐的优点，可将混合锂盐作为改良方案，如低温下$LiBF_4$的电荷传递阻抗较低，而LiODFB具有良好的成膜性和较高的电导率，在LiODFB中加入LiBF4，可以提高电池的低温性能。

3）使用新型添加剂改善SEI膜的性质，使其有利于Li^+在低温下传导

SEI膜对电池的低温性能有很重要的影响，它是离子导体和电子绝缘体，是Li^+从液相到达电极表面的通道。低温时，SEI膜阻抗变大，Li^+在SEI膜中的扩散速率急剧降低，使得电极表面电荷累积程度加深，导致石墨嵌锂能力下降，极化增强。通过优化SEI膜的组成及成膜条件，提高SEI膜在低温下的离子导电性，有利于电池低温性能的提高，因此，开发低

温性能优异的成膜添加剂是目前的研究热点。

Liu等[102]研究了以FEC作为电解液添加剂对电池低温性能的影响,研究结果表明,石墨/Li半电池在-20℃,添加2% FEC的电解液比基础电解液在-20℃首次放电时容量增加了50%,且充电平台降低了0.2V左右。XPS测试表明,添加FEC电解液所形成的SEI膜中比未添加FEC的电解液所形成的SEI膜中的LiF的含量高,其有利于低温下SEI膜的阻抗的降低,进而提高了电池的低温性能。

Yang等[103]研究发现添加$LiPO_2F_2$能够显著改善$LiNi_{0.5}Co_{0.2}Mn_{0.3}O_2$/石墨软包电池的低温性能,含$LiPO_2F_2$电解液电池在0℃和-20℃循环100周后容量保持率分别为96.7%和91%,而基础电解液在循环100周后容量保持率仅为20.1%和16.0%。对$LiNi_{0.5}Co_{0.2}Mn_{0.3}O_2$/Li和全电池及石墨/锂半电池进行EIS测试,结果表明添加$LiPO_2F_2$能够显著降低石墨负极SEI膜阻抗和电荷转移阻抗,减小低温下的极化。

Liao等[104]研究表明电解液中BS(Butyl Sultone)的加入有利于低温下电池放电容量和倍率性能的提高,其采用EIS、XPS等手段对BS的作用机理进行了深入探讨。在-20℃下,添加BS后阻抗R_{SEI}和R_{ct}分别由4094Ω、8553Ω降至3631Ω、3301Ω,表明BS的加入提高了锂离子的电荷转移速率,大大降低了低温下的极化(见图2-70)。XPS测试表明BS有利于SEI膜的形成,其能形成具有低阻抗的含硫化合物,同时降低了SEI膜中Li_2CO_3的含量,降低了SEI膜阻抗,同时提高了SEI膜的稳定性。

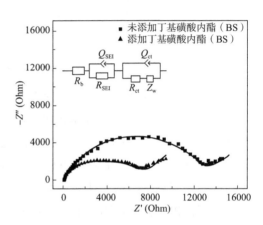

图2-70 阻抗谱和完全放电的$LiFePO_4$电极-20℃时的等效电路模型

电解液的电导率和成膜阻抗对锂离子电池的低温性能有重要的影响。对于低温型电解液,应从电解液溶剂体系、锂盐和添加剂三方面综合进行优化。对于电解液溶剂,应选择低熔点、低黏度和高介电常数的溶剂体系,线性羧酸酯类溶剂低温性能优异,但其对循环性能影响较大,需匹配介电常数高的环状碳酸酯如EC、PC共混使用;对于锂盐和添加剂,主要从降低成膜阻抗方面考虑,提高锂离子的迁移速率。另外,低温下适当提高锂盐浓度能提高电解液的电导率,提高低温性能。

(3)电解质的高温安全性能

在商业锂离子电池中为了获得较高的能量密度,通常电池内部的注液量都是非常有限的,因此,设计高温使用的电池时要首先考虑电解液溶剂的蒸发性,避免高温下电池内部出现干区[105]。一般来说,需要高电压的电解液,最好是蒸汽压低于60℃的电解液。

图2-71所示为碳酸酯溶剂和电解质的蒸气压随温度变化关系。

从图2-71中可以看出,线性溶剂的蒸气压从小到大的顺序为DEC<EMC<DMC,这与它们的沸点是相符的。在高温锂离子电池设计的过程中,为了减少电解液的挥发,应该选择一些蒸气压相对较低的溶剂。

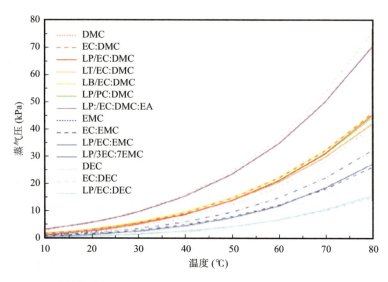

图2-71 碳酸酯溶剂和电解质的蒸气压随温度变化关系[106]

通常我们认为在电池高温存储的过程中，$LiPF_6$会在负极表面发生分解，产生LiF和PF_5等产物，其中PF_5还会与电解液中的微量水发生分解反应，生成HF产物。此外，PF_5还能与溶剂发生反应，生成CO_2、醚类、氟代烷及OPF_3等产物。热稳定性分析表明，在干燥条件下$LiPF_6$在107℃下仍然能够保持稳定，当与EC、DMC和EMC混合后，在267℃下也不会产生新的分解产物，但是一旦引入水分则会导致$LiPF_6$的分解温度降低[107, 108]。

由于$LiPF_6$的热稳定性较低，因此人们也对其他的锂盐进行了研究，测试表明LiBOB锂盐在60℃下的容量与$LiPF_6$在50℃下的电池容量是相同的，但是在循环性能上LiBOB锂盐表现出了更好的性能，在60℃下循环77次后，LiBOB锂盐的电池容量保持率为97%，而在50℃下同样循环77次，$LiPF_6$锂盐的电池容量保持率仅为56%。研究表明，LiBOB锂盐与内脂类溶剂结合使用时使电池在75℃的高温环境下仍然获得良好的性能[109]。

高温存储自放电也是困扰锂离子电池的一大问题。早在1998年，电解液的热稳定性被用来解释锂电池在55℃时的自放电现象[110]。采用$LiPF_6$体系的电解液的电池在高温存储的过程中存在CO_2的穿梭效应，也就是CO_2在负极发生还原反应生成碳酸锂，碳酸锂溶解到电解液中并扩散到正极表面，碳酸锂在正极表面发生氧化反应，生成CO_2，如此循环会导致电池在高温下发生严重的自放电反应[111]。可以通过采用$LiBF_4$和LiTFSI锂盐替代$LiPF_6$的方式减少锂离子电池在高温存储过程中的自放电，此外，$LiPF_4(C_2O_4)$具有良好的热稳定性，并且在碳酸酯类溶剂中具有很好的稳定性，采用其作为锂盐时，锂离子电池能够在65℃下存储两周后仍然保持良好的循环性能。$LiC_2O_4BF_2$和LiDFOB能够在负极形成高稳定、低阻抗的SEI膜，因此也能帮助锂离子电池在55℃的高温环境中获得良好的性能[112]。

近年来，在热失控和电动汽车灾难性火灾爆炸的刺激下，不可燃或灭火电解质的发展受到了广泛的关注[113, 114]。理想的非易燃或阻燃安全的电解质，包括凝胶聚合物电解质、固体聚合物/IL/锂盐三元电解质、烷基碳酸/IL/固体聚合物混合、IL基电解质、固体聚合物电解质和固体电解质可能有利于高温电解质的发展[115]。

2.2.1.4 隔膜材料

我国锂电池隔膜行业处于高速发展的阶段，湿法隔膜逐渐成为主流的技术路线，但同时国产隔膜整体技术水平与国际一线公司技术水平还有较大的差距。在技术发展领域，传统的聚烯烃隔膜已无法满足当前锂动力电池的需求，高孔隙率、高热阻、高熔点、高强度、对电解液具有良好浸润性是今后锂离子电池的发展方向。

作为锂电池的关键材料，隔膜在其中扮演着电子隔绝的作用，阻止正负极直接接触，允许电解液中锂离子自由通过，同时，隔膜对于保障电池的安全运行也起着至关重要的作用。在特殊情况下，如事故、刺穿、电池滥用等，发生隔膜局部破损从而造成正负极的直接接触，从而引发剧烈的电池反应，造成电池的起火爆炸。因此，为了提高锂离子电池的安全性，保证电池的安全平稳运行，隔膜必须满足以下5个条件[116, 117]：①化学稳定性：不与电解质、电极材料发生反应。②浸润性：与电解质易于浸润且不伸长、不收缩。③热稳定性：耐受高温，具有较高的熔断隔离性。④机械强度：拉伸强度好，以保证自动卷绕时的强度和宽度不变。⑤孔隙率：较高的孔隙率以满足离子导电的需求。

当前，市场上商业化的锂电池隔膜主要是以聚乙烯（PE）和聚丙烯（PP）为主的微孔聚烯烃隔膜，这类隔膜凭借较低的成本、良好的机械性能、优异的化学稳定性和电化学稳定性等优点而被广泛应用在锂电池隔膜中。实际应用中又包括单层PP或PE隔膜、双层PE/PP复合隔膜、双层PP/PP复合隔膜及三层PP/PE/PP复合隔膜。由于PE隔膜柔韧性好，熔点低，为135℃，闭孔温度低，而PP隔膜力学性能好，熔点较高，为165℃，将两者结合起来使得复合隔膜具有闭孔温度低、熔断温度高的优点，在较高温度下隔膜自行闭孔而不会熔化，且外层PP膜具有抗氧化作用，所以，该类隔膜的循环性能和安全性能得到一定的提升，在动力电池领域应用较广。

近年来，一方面3C产业和新能源汽车产业对于高性能二次电池的强烈需求，推动了隔膜生产技术的快速发展；另一方面，为进一步提高锂离子电池的比能量及安全性，研究人员在传统的聚烯烃膜基础上，发展了众多新型锂电隔膜。

（1）新体系隔膜

由于聚烯烃材料本身疏液表面和低的表面能导致这类隔膜对电解液的浸润性较差，影响电池的循环寿命。另外，由于PE和PP的热变形温度比较低（PE的热变形温度为80～85℃，PP的热变形温度为100℃），温度过高时隔膜会发生严重的热收缩，因此这类隔膜不适于在高温环境下使用，使得传统聚烯烃隔膜无法满足现今3C产品及动力电池的使用要求。针对锂离子电池技术的发展需求，研究者在传统聚烯烃隔膜的基础上发展了各种新型锂电隔膜材料。

非织造隔膜通过非纺织的方法将纤维进行定向或随机排列，形成纤网结构，然后用化学或物理的方法进行加固成膜，使其具有良好的透气率和吸液率。天然材料和合成材料已经广泛应用于制备无纺布膜，天然材料主要包括纤维素及其衍生物，合成材料包括聚对苯二甲酸乙二酯（PET）、聚偏氟乙烯（PVDF）、聚偏氟乙烯-六氟丙烯（PVDF-HFP）、聚酰胺（PA）、聚酰亚胺（PI）、芳纶（间位芳纶，PMIA；对位芳纶PPTA）等。

湘潭大学肖启珍等[118]用静电纺丝法制备了PET纳米纤维隔膜，制造出的纳米纤维隔膜具有三维多孔网状结构，如图2-72所示，纤维平均直径为300nm，且表面光滑。静电纺丝PET隔膜熔点远高于PE膜，为255℃，最大拉伸强度为12MPa，孔隙率达到89%，吸液率达到500%，远高于市场上的Celgard隔膜，离子电导率达到

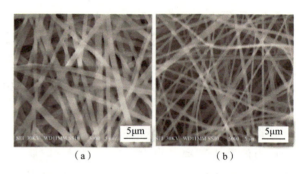

图2-72　PET隔膜充放电循环前（a）后（b）SEM图

$2.27×10^{-3}$S/cm，且循环性能也较Celgard隔膜优异，电池循环50圈后PET隔膜多孔纤维结构依然保持稳定。

浙江大学朱宝库团队[119]通过相转化法制造了海绵状的PMIA隔膜，孔径分布集中，90%的孔径在微米以下，且拉伸强度较高，达到了10.3MPa，如图2-73所示。相转化法制造的PMIA隔膜具有优良的热稳定性，在温度上升至400℃时仍没有明显的质量损失，隔膜在160℃下处理1h没有收缩。同样由于强极性官能团使得PMIA隔膜接触角较小，仅有11.3°，且海绵状结构使得其吸液迅速，提高了隔膜的润湿性能，使得电池的活化时间减少，长循环的稳定性提高。另外，由于海绵状结构的PMIA隔膜内部互相连通的多孔结构，使锂离子在其中传输通畅，因此相转化法制造的隔膜离子电导率高达$1.51×10^{-3}$S/cm。

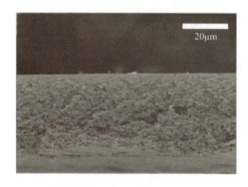

图2-73　PMIA隔膜截面SEM图

（2）复合隔膜

非织造隔膜的缺点在于在生产过程中较难控制孔径大小与均一性，另外，非织造隔膜的机械强度较低，很难满足动力电池的需求。近年来，复合隔膜已成为动力锂离子电池隔膜的发展方向，该类隔膜是以非织造布为基材，在基材上涂覆无机陶瓷颗粒层或复合聚合物层的复合型多层隔膜。

华东理工大学的杨云霞团队[120]通过在PE膜上涂覆一水软铝石使涂层更薄，且显著提高了PE膜的热稳定性，在140℃下几乎无热收缩，在180℃下处理0.5h的热收缩也小于3%，如图2-74所示，他们发现在高温环境下熔化的一部分PE由于毛细管作用会进入表面AlOOH层，并与AlOOH颗粒良好接触，形成互相连接的表面结构，从而提高了隔膜的热稳定性，并使基膜与涂覆层接触更紧密，提高了隔膜的机械性能。简单的涂覆复合会发生一系列问题，

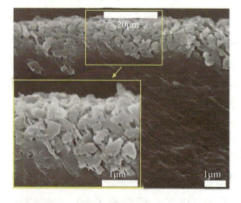

图2-74　AlOOH涂覆隔膜在150℃处理0.5h后截面SEM图

如将陶瓷颗粒涂覆在隔膜表面时会发生颗粒团聚分散不均,涂覆后陶瓷颗粒脱落及陶瓷复合隔膜易受潮等问题,在涂层浆料中加入特殊性质的添加剂能缓解这些问题。韩国国立大学的Myung-HyunRyou课题组[121]在涂层浆料中加入DLSS表面活性剂,改进Al_2O_3无机涂层工艺,没有加入表面活性剂的涂层表面显示出纵向裂纹,而DLSS的加入能降低液滴表面张力,使得Al_2O_3颗粒均匀分散在PE膜表面,使用这种表面活性剂制造的隔膜具有均一的表面性质,对电解液润湿性更好,从而使倍率性能、循环性能提高。

韩国汉阳大学的Kim课题组[122]提出将SiO_2颗粒氨基化后涂覆在PE隔膜表面,如图2-75所示。氨基与电解质高温分解产生的PF_5发生复合反应,从而避免电解液中HF的产生,因此抑制了高温环境下正极活性材料内过渡金属的溶解,且由于SiO_2陶瓷颗粒的热阻大,进一步提高了复合隔膜在高温下的稳定性和机械性能。

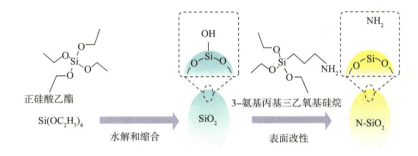

图2-75 氨基化后SiO_2颗粒表面结构示意图

有机/无机杂化涂层隔膜是在聚合物涂层浆料中分散进入无机粒子,混合均匀后涂覆在隔膜基材上。剑桥大学的陈刚团队[123]通过实验测量了电池三大组件的传热率,发现对电池热耗散阻碍最大的组件是隔膜,通过计算发现只有隔膜截面热导率达到1W/(m·K)才能使电池较快地降温,为此他们制备了一种纳米/微米-Al_2O_3/PVDF-HFP复合隔膜,聚合物作为黏结剂将陶瓷颗粒包裹,如图2-76所示。在加入微米级别的陶瓷颗粒时传热方式为通过包裹在陶瓷颗粒外部的聚合物相和电解液相传导陶瓷之间的热量,加入一定量的纳米级别陶瓷颗粒后,这些被聚合物包裹的纳

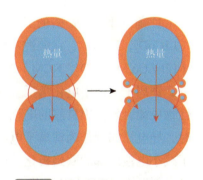

图2-76 纳米/微米-Al_2O_3/PVDF-HFP复合物传热示意图

米级别陶瓷颗粒则与微米陶瓷颗粒接触来传热,且由于纳米陶瓷颗粒比表面积较大,从而减少了陶瓷颗粒间的聚合物厚度,共同减少了传热热阻,在加入的纳米与微米陶瓷含量比为15%时复合隔膜的热导率便可达到1W/(m·K)。

原位复合是在成膜浆料中预先分散进陶瓷颗粒或聚合物纤维等,通过湿法双向拉伸或者静电纺丝制成隔膜。相比直接在隔膜表面复合陶瓷层和聚合物,原位复合隔膜中的有机相能牢牢包裹住陶瓷颗粒及纤维,解决了涂层在表面脱落的问题。同时复合于基膜内的陶瓷颗粒及纤维使得原有的隔膜孔洞结构改变,形成均一的开放式孔洞结构,但是原位复

合过程中,加入的陶瓷颗粒的量会受到限制,因为一旦其百分比高于一定的量,会发生团聚,从而影响电池的循环性能。

斯坦福大学崔屹课题组[124]开发了一种"核—壳"结构微米纤维,利用静电纺丝技术将防火剂磷酸三苯酯(TPP)作为纤维内核,并用聚偏氟乙烯-六氟丙烯(PVDF-HFP)作为高分子外壳将其包裹。由此复合纤维无序堆叠得到自支撑的独立膜,该复合膜在电池正常工作时防火剂被包裹在PVDF-HFP聚合物内,防止其与电解液接触,减少防火剂的添加对电池电化学性能的影响,而在电池发生热失控的时候,PVDF-HFP外壳部分熔化使内部防火剂TPP释放到电解液中,起到抑制燃烧的作用。实验对比了商业PE隔膜和TPP@PVDF-HFP复合隔膜与不同电解液组合的石墨电极循环性能,结果显示在电池正常工作时,由于高分子保护层的存在,该种隔膜对石墨性能没有明显的负面影响,并通过点火试验测试了商业PE隔膜和TPP@PVDF-HFP燃烧时间,以及两种隔膜的吸热峰,结果显示加入TPP的隔膜能有效提高隔膜的安全性能,这种核壳结构的纤维隔膜制备工艺简单,原料易得,适合商业化大规模生产。

在技术发展领域,传统的聚烯烃隔膜已无法满足当前锂动力电池的应用需求,今后锂离子电池隔膜的发展方向将是实现高孔隙率、高热阻、高熔点、高强度和对电解液良好浸润性。为实现这些技术指标,可以从以下三个方面入手:第一,研发新材料体系,并发展相应的生产制备技术,使其尽快工业化;第二,隔膜涂层具有成本低、技术简单、效果显著等优点,是解决现有问题的有效手段;第三,原位复合制备工艺较复杂,可以作为未来隔膜的研究方向。

2.2.1.5 导电添加剂

目前市面上常见的几种锂离子电池正极材料而言,包括前文提及的钴酸锂($LiCoO_2$,LCO)、锰酸锂($LiMn_2O_4$,LMO)、磷酸铁锂($LiFePO_4$,LFP)和三元材料($LiNi_xCo_yMn_{1-x-y}O_2$,NCM)等,都存在一个共同的问题,即导电性能不够理想。一般情况下,锂离子电池中电化学反应的发生需要电子和锂离子同时到达活性物质表面,因此,活性物质能否发挥出良好的电化学性能取决于电子和锂离子是否能够及时传递到其表面。这时,导电添加剂作为锂离子电池中不可或缺的关键材料,所起的作用不容忽视。因此,为了减小电池内部的欧姆极化,确保活性物质发挥出应有的容量,需要在材料颗粒之间添加导电剂以构建电子导电网络,为电子传输提供快速通道。

(1)石墨烯单组分导电剂

碳材料,如导电炭黑、导电石墨及碳纳米管等是目前广泛应用的导电剂。一方面,由于导电剂在电池循环过程中并不贡献容量,因而为了提高电池的质量能量密度,就希望在保证活性物质性能充分发挥的前提下尽量减少其使用量,从而提高活性物质的比例。另一方面,这些碳材料的密度往往远低于正极活性物质,所以,减少导电剂的使用量又能显著提升电池的体积能量密度。

作为一种新型的纳米碳质材料,石墨烯具有独特的几何结构特征和物理性能。自2010年率先将其作为导电剂用于商品化锂离子电池中以来,天津大学杨全红课题组针对石墨烯导电剂展开了系统的研究工作。石墨烯用作导电剂具有"至柔至薄至密"的特点，其优势主要体现在以下4个方面：①高电子电导率，意味着极少的添加量就可以大大降低电池的内阻；②二维平面结构，即与零维的炭黑颗粒、一维的碳纳米管相比，石墨烯片层可以实现与活性物质的"面-点"接触，具有更低的导电阈值，并且在极片中可以从更大的空间跨度上构建导电网络，实现整个电极上的"长程导电"；③超薄特性，石墨烯是典型的表面性固体，其上所有碳原子都暴露出来进行电子传递，原子利用率高，故可以在最少的添加量下构成完整的导电网络，提升电池的能量密度；④高柔韧性，不仅可以与活性物质良好接触，而且能够缓冲充放电过程中活性材料出现的体积膨胀，抑制极片的回弹效应，使电池具有良好的循环性能。由于存在上述优势，基于石墨烯导电剂的锂离子电池可实现致密构建。

1）石墨烯导电剂与活性材料颗粒的接触模式。石墨烯导电剂的高效性，源于其与活性材料颗粒独特的接触模式。天津大学杨全红课题组率先提出图2-77所示的石墨烯柔性"面-点"接触导电网络机理图。可以看出，区别于炭黑和活性物质之间的"点-点"接触，在由石墨烯片层构建的导电网络中，石墨烯和活性物质之间是一种"面-点"接触，因而具有更高的导电效率，能够在更少的使用量下达到整个电极的导电阈值，使活性材料表现出良好的电化学性能，进而提高电池的能量密度。考虑到不同锂离子电池正极体系的特性有所差别，对于导电剂的需求量也不尽相同，天津大学杨全红课题针对不同锂离子电池正极体系（包括LFP、LCO、NCM）系统考察了石墨烯导电剂在实验室工况下的最优使用量，并与其他导电剂进行了对比，探讨了基于"面-点"接触模式的石墨烯导电剂具有的优势。

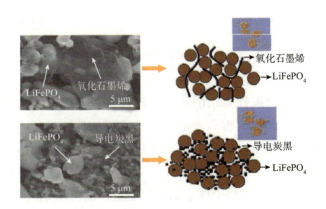

图2-77　石墨烯导电网络的导电机理示意图

图2-78展示了石墨烯导电剂对LFP性能的改善作用。对于LFP体系，在实验室工况下石墨烯导电剂的最优使用量为2%（质量分数，下同）。如图2-78（a）和（b）所示，在该使用量下，LFP在0.05C及0.1C充放电时的容量和循环性能优于使用20%导电炭黑。这证明了在该工况下，以石墨烯导电剂取代导电炭黑能够显著提升LFP材料的电化学性能。

图2-78（c）和（d）分别给出了LCO和NCM正极体系中使用石墨烯导电剂与炭黑导电

剂循环性能的对比。可以看出，相较于炭黑，即使是1%石墨烯的引入也可以发挥明显的导电效果，在1C下的循环性能要优于使用3%炭黑的电池性能。同时，还可以发现在LCO和NCM体系中，石墨烯的最优使用量要小于LFP体系。究其原因，是两类活性物质的尺寸差异。LFP颗粒的粒径一般为300nm～1μm，远低于LCO和NCM约10μm的粒径，所以，前者比表面积更高，需要相对较多的石墨烯才能在电极内部构建有效的导电网络。

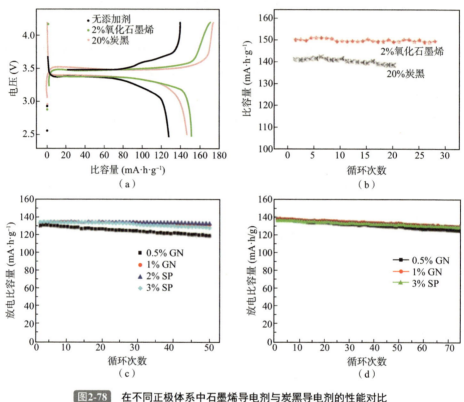

图2-78 在不同正极体系中石墨烯导电剂与炭黑导电剂的性能对比
（a），（b）LFP；（c）LCO；（d）NCM

随着用户对储能器件便携性要求的提高和器件自身使用空间的限制，相比于质量能量密度，体积能量密度逐渐成为锂离子电池至关重要的性能指标。石墨烯导电剂的使用不仅可以提升电极材料的质量比容量，还有望提高锂离子电池的体积能量密度。传统的碳材料导电剂密度普遍较轻，即使很少的添加量也会占据较大的电极空间，导致活性物质的容纳空间有限，进而降低了整个体系的体积能量密度。以导电炭黑为例，其密度一般为0.4g/cm³，远小于LFP的2.0～2.3g/cm³和LCO的3.8～4.0g/cm³。从理论上讲，每减少1%的导电炭黑就相当于增加了约5%的LFP或7%～10%的LCO，因此，降低导电剂的添加量可以在很大程度上提高整个电池体系的体积能量密度。

碳纳米管也是一种具有独特结构的纳米碳质材料，同样具有良好的电子传导性，已被广泛用作锂离子电池的导电剂。但是在实际使用的导电剂中，仍以多壁碳纳米管为主，并且存在易聚集成束、难以完全分散等问题，因而效果并不如石墨烯优异。Huang课题对比了炭黑、碳纳米管和石墨烯单独作为LFP导电剂时的性能，发现当导电剂用量为5%时，使用碳纳米管的LFP比容量在0.1C时只有127mA·h/g，低于使用石墨烯的146mA·h/g。

碳纳米管导电效果逊于石墨烯的主要原因，除了分散困难之外，接触模式也是一个重要因素。碳纳米管属于一维材料，与活性材料颗粒的接触模式为"线-点"接触。相对于导电炭黑的"点-点"接触，虽然有所提高，但与石墨烯的"面-点"接触相比仍具有一定的差距，存在接触面积小、电子不能有效传导等缺点。需要指出的是，上述对比主要基于实验室制备的电池。对于大规模应用，还需要从实际工况出发，来对碳纳米管和石墨烯导电剂进行综合评价。

2）石墨烯导电剂电子/离子传导的均衡性。尽管在电子传输能力方面，石墨烯相较于其他传统导电剂具有明显的优势，但在目前的实际应用中仍存在许多瓶颈。其中最重要的问题在于，在电极内部，石墨烯的平面结构会对离子传输产生位阻效应。且随着电流的增大，阻碍作用愈发明显。如图2-79所示，石墨烯对锂离子传输的位阻效应与电极厚度、石墨烯和活性材料颗粒的尺寸差异密切相关，所以，在开发使用石墨烯导电剂时需要综合考虑电子/离子传导的均衡性。

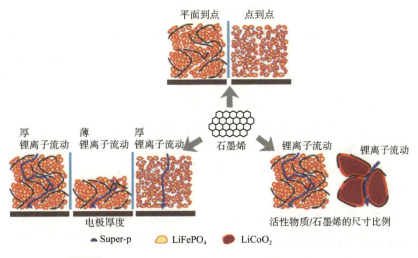

图2-79　基于"面-点"接触模式的石墨烯导电剂优势与限制

图2-80所示为使用石墨烯与传统导电剂的10A·h LFP电池在不同放电倍率下的性能对比。结果显示，使用了1%石墨烯+1%炭黑导电剂的锂离子电池的性能虽然在2C及以下放电倍率时的容量相对于使用了10%传统导电剂的锂离子电池有明显提升，但是当放电速率提高到3C时，前者的容量骤减，而后者却没有太大变化。通过进一步的阻抗分析和模拟计算发现，大电流条件下容量骤降的原因是石墨烯片层对电解液中锂离子传输的阻碍。由此表明，石墨烯导电剂虽然能够在正极材料周围构建有效的电子传输网络，但由于其片层具有一定的空间跨度，且锂离子难以穿过石墨烯的六元环，因此，会对电解液中锂离子的传输带来一定的负面影响，从而影响锂离子电池功率性能的输出。

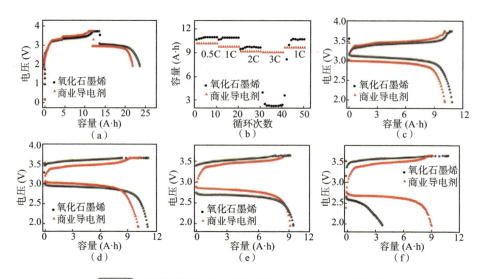

图2-80 使用石墨烯和传统导电剂的10A·h LFP电池性能对比

(a) 化成过程;(b) 倍率性能;(c)~(f) 0.5/0.5、0.5/1、0.5/2 和 0.5/3C 时的充放电曲线

前文述及,锂离子电池发生电化学反应需要电子和锂离子同时到达活性物质表面,由于石墨烯片层对离子传输的阻碍作用,使用石墨烯导电剂的电池中锂离子的传输速度相对较慢,电池内部极化效应显著增加,因而无法发挥出应有的容量。从图2-81中可以看出,这种影响与充放电倍率密切相关。当放电倍率较小时,虽然锂离子由于石墨烯的阻碍而传输速率降低,但此时电池内部的"控速步骤"仍是电子传导,同时由于使用石墨烯导电剂的电极片电导率更高,所以,该电池放电容量仍然优于使用传统导电剂的电池。但是随着放电倍率的提高,电池内部电化学反应过程对锂离子的传输速度要求越来越高,"控速步骤"逐渐由电子传导转变到离子传导,所以,在大电流放电条件下,使用石墨烯导电剂的电池性能迅速下降。

锂离子电池在实际制备时,电极的厚度一般为60~100μm,个别情况下能量型的储能电池中电极厚度甚至达到200μm以上。这与实验室条件下组装扣式电池测试(普遍低于30μm)时的情况有很大的差别。极片越厚,充放电过程中锂离子需要的传输路径就越长,电池的倍率性能往往也越差。

天津大学杨全红课题组研究了不同正极极片厚度条件下,石墨烯导电剂对LFP倍率性能的影响。在较薄(厚度为13μm和26μm)的极片中,随着锂离子电池正极中石墨烯导电添加剂使用量的增加(1%增加到10%),电池的倍率性能逐渐提高,并没有出现电池容量突降的情况。这说明在较薄的电池极片厚度下,石墨烯并不会对锂离子在整个电极范围内的传输行为产生很大的影响。而在较厚(39μm和52μm)的极片中,使用5%石墨烯导电剂的锂离子电池的容量性能低于使用3.5%石墨烯导电添加剂的锂离子电池。随着石墨烯导电添加剂用量的增多,电池的功率性能降低,证明在较厚的电池极片中,石墨烯导电添加剂使用量过多会显著降低电池的功率性能。当极片本身很薄时,锂离子需要传输的距离非常短,这时决定电池性能的关键因素是极片的电子导电性,所以,随着锂离子电池中石墨烯导电添加剂使用量的增加，电池的功率性能随之提高。而当LFP电极片较厚时，锂离子传输的路径较长，在这种情况下石墨烯导电添加剂对锂离子传输的位阻效应直接导致了电池性能的突降。所以，在评估石墨烯导电添加剂对锂离子电池能量密度和功率密度的影响时，要保证所使用电极的厚度与实际锂离子电池电极厚度一致。

为了降低石墨烯对锂离子传输的位阻效应，通过石墨烯的条带化及表面引入孔隙，可以为锂离子的传输减少阻力或开辟通道。本课题组采用$KMnO_4$活化，Piao课题组采用KOH活化的方法，在石墨烯表面引入丰富的孔隙，然后将其作为LFP的导电剂，结果如图2-81所示。使用活化石墨烯作为导电剂的LFP倍率性能大幅度提升，电流密度为5A/g时LFP容量仍有60mA·h/g以上。这进一步说明了石墨烯片层在LFP体系中对锂离子的传输存在影响，同时也为石墨烯导电剂的实际应用提供了一种解决思路。

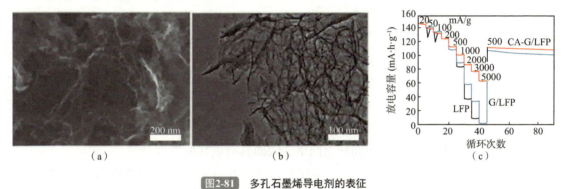

图2-81 多孔石墨烯导电剂的表征

(a) 多孔石墨烯的扫描电子显微镜（SEM）照片；(b) 多孔石墨烯的透射电子显微镜（TEM）照片；(c) 使用多孔石墨烯导电剂的LFP的电化学性能

值得注意的是，活性颗粒的尺寸也会影响石墨烯导电剂在实际应用中的效果。一般来讲，LCO、NMC等材料的粒径较大，通常为10μm左右，而LFP粒径普遍较小，500～800nm居多。模拟计算结果表明，石墨烯与活性物质不同的尺寸比会影响电极孔隙的曲折度，进而影响锂离子传输的路径。当石墨烯片层尺寸小于活性物质或与其相当时，石墨烯导电剂对锂离子的位阻效应可以忽略不计；而当前者明显大于后者时，传输路径的曲折度很大。这就意味着，石墨烯用于功率型锂离子电池时，其尺寸要明显小于电极中活性物质的尺寸。

天津大学杨全红课题组在微米尺寸LCO和纳米尺寸LFP中通过实验验证了该结论，具体结果如图2-82所示。在纳米尺寸LFP体系中使用石墨烯导电剂，在小于2C的较低放电电流下，使用片径为1～2μm的石墨烯导电剂的锂离子电池比使用传统导电剂的电池具备更好的电化学性能；但是当放电电流提高到3C以上时，使用石墨烯导电剂的锂离子电池性能有明显的衰减，这与前述10A·h LFP电池的结果趋势一致。当活性物质为10μm左右的LCO体系时，使用相同的石墨烯导电剂在高达5C的放电电流下，LCO仍然具有很好的倍率性能，并没有发现石墨烯的引入对锂离子传输造成位阻效应。他们据此提出了不同石墨烯/活性物质尺寸比的正极体系中的锂离子传输模型图，如图2-82所示。在LCO的充放电过程中，石墨烯对锂离子传输的影响行为并不明显，而LCO活性物质会对锂离子传输造成位阻效应，即由活性物质主导正极体系内部锂离子传输的路径。

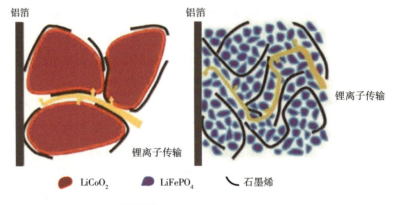

图2-82　锂离子传输路径示意图

（2）石墨烯/炭黑二元导电剂

在电极内部构建导电网络时，如果能够综合利用石墨烯的"面-点"与炭黑的"点-点"接触模式，就可以在使用更少石墨烯的前提下进一步发挥出正极活性材料的性能。事实上，在锂离子电池实际制备过程中，为了综合利用不同导电剂的优势，在更大程度上提高电池性能，往往并非采用单一的导电剂，而是将两种不同的导电材料组成二元导电剂使用，在电极的不同尺度上同时建立导电网络。相比单一的导电剂，不同尺度的导电剂可以分别从电极的不同层次上构建协同导电网络，因而具有更好的效果。

石墨烯和导电炭黑的接触模式之间存在良好的互补效应，可以在电极内部同时建立"长程"和"短程"导电网络。石墨烯导电剂虽然可以在较少的使用量下通过片层之间的搭接构建良好的导电网络，从而大幅度提高整个电极的电导率。但是具体到每个活性材料颗粒上，其片层并不能完全覆盖整个颗粒表面，电子在"面-点"接触之外部分裸露表面上的传输显然会相对滞后。倘若将石墨烯片层完全包覆活性材料颗粒，一方面，必然会造成其用量的增加；另一方面，由于石墨烯片层对锂离子传输的阻碍作用，活性材料的电化学性能又会大幅度降低。因此，使用石墨烯导电剂时需要有维度更低的其他碳材料配合解决颗粒表面上的"短程"导电问题。炭黑导电剂是零维的碳纳米材料，可以均匀地附着在活性物质表面，增强活性物质颗粒表面的电子输运。如果与石墨烯导电剂结合起来使用，这种由炭黑颗粒构建的"短程"导电网络将会是石墨烯构筑的"长程"导电网络的一个很好的补充和完善。

天津大学杨全红课题组在LFP和LCO正极体系中研究了石墨烯/导电炭黑二元导电剂的协同导电机制。在LFP正极体系中，使用二元导电剂可以显著降低电池中的极化现象。同时，相对于仅使用石墨烯导电剂的电池，石墨烯/导电炭黑二元导电剂能够大幅降低所需石墨烯的用量。图2-83所示为石墨烯/炭黑二元导电剂对LCO正极体系的性能改善结果。从图2-83（a）所示的循环性能和图2-83（b）所示的倍率性能可以看出，最优二元导电剂的用量为0.2%的石墨烯和1%的炭黑。LCO在1C下的循环性能及5C下的倍率性能都要优于使用3%传统导电炭黑的锂离子电池的性能。该二元导电剂中石墨烯的使用量仅为0.2%，而且导电剂的总量为1.2%。课题组进一步将石墨烯和炭黑直接制成杂化材料，既可以防止石墨烯片层的团聚，改善石墨烯导电剂的分散，又能够进一步提高电子导电效率，用于LFP体系时表现出了良好的二元导电剂优势。所以，使用石墨烯/导电炭黑二元导电剂确实可以搭建更为有效的导电网络，达到降低成本和提高能量密度的效果，具有很好的实用前景。

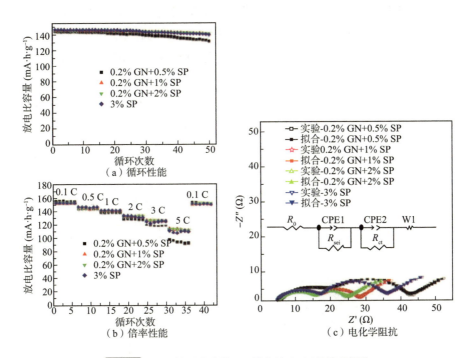

图2-83　石墨烯/导电炭黑二元导电剂对LCO性能的提升

2.2.1.6　黏结剂

作为电化学储能系统中关键的一环，黏结剂在电池循环中对于活性颗粒、导电剂及集流体具有下述作用：①作为分散剂和增稠剂，使得活性颗粒能够均匀地分散；②通过机械作用、分子间相互作用或化学键连接活性颗粒与集流体，保证电极结构的完整性；③保证电子/离子的传输。

作为锂离子电池常用的黏结剂，PVDF（聚偏二氟乙烯）黏结剂具有良好的力学、化学及电化学稳定性。然而，PVDF黏结剂仅与活性颗粒间具有较弱的范德华力，无法适应较大程度的体积变化，并不适用于硅基为代表的高能量负极体系。黏结剂的相互作用包括黏结剂之间的作用、黏结剂与活性物质之间的相互作用及黏结剂与集流体之间的相互作用。PVDF黏结剂的失效可能源于与活性颗粒之间较弱的相互作用力，因此，研究者通过引入强相互作用，旨在提升黏结剂和活性颗粒之间的稳定性。2011年，Kovalenko等[54]报道了一种从褐藻（brown algae）中提取的海藻酸盐作为黏结剂用于纳米硅负极之中，在1200mA/g的电流密度下稳定循环1300圈，在4200mA/g的大电流密度下，100圈内电池的可逆容量为1700~2000mA·h/g，证明了其作为黏结剂对Si负极结构的稳定作用。相较CMC，海藻酸盐优异的电化学性能可能来自聚合物链上均匀分布的极性基团，为在Si颗粒上的黏附提供了更多、更强的作用位点，从而改善了电池的循环稳定性。

2017年，Choi等[58]创造性地将机械化学键引入硅负极黏结剂体系，利用滑环效应设计"分子滑轮"，所设计的黏结剂展现出优异的力学性能并且能够承受巨大的体积膨胀，维持微米硅负极循环过程中结构的稳定。如图2-84所示，利用动滑轮组来分散牵引目标物体所需施加的力，利用聚轮烷与PAA交联构建"分子动滑轮"，从而均匀分散循环过程中由体积变化所产生的应力，提升电极性能。相比PAA，PR-PAA在受应力作用过程中逐渐由弹性变形向塑性变形过渡，对应微观结构则是由于链在应力作用下逐渐拉伸，通过链牵引长度的增加来分散施加在聚合物链上的应力，从而防止聚合物链的断裂，PR-PAA可承受400%的形变，约为PAA的8倍。利用该黏结剂组装微米硅负极，具有高达91.22%的首圈库仑效率，0.2C下能实现150圈可逆循环保持面容量2.5mA·h/cm²左右。

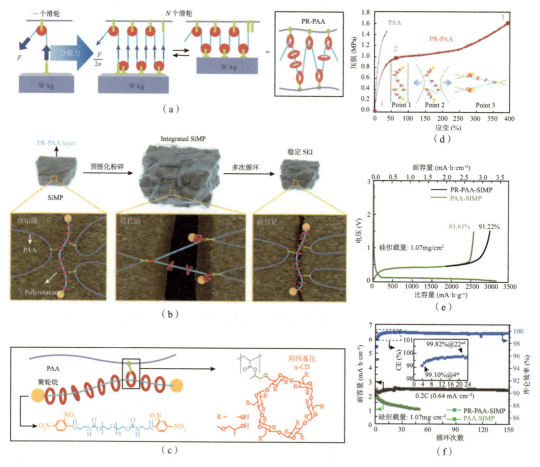

图2-84 （a）～（c）分子滑轮设计概念图；（d）PR-PAA和PAA薄膜的应力-应变曲线；（e）PR-PAA-SiMP和PAA-SiMP的首圈放电曲线；（f）PR-PAA-SiMP和PAA-SiMP的循环性能图[58]

Wu等[59]通过植酸对聚苯胺（PANI）进行预掺杂，作为导电黏结剂用于纳米硅负极之中，其中，植酸的磷酸基团能够于Si负极表面SiO_2氧化层形成强氢键，多孔结构能够对体积膨胀进行有效缓冲。所制备电池能够在高电流密度下（6A/g）稳定循环5000圈，具有90%的容量保持率。Park等[60]设计了一种芘基导电黏结剂（PPy和PPyE）。与传统导电聚合物不同，此类聚合物没有导电骨架，芘基侧链通过π-π堆积作用实现自组装，实现π电子云的离域，从而获得导电性。

2015年，Liu等[61]首次将瓜尔胶（guar gum）作为纳米硅负极用黏结剂。由于瓜尔胶分子的热运动，配位锂离子会与络合位点分离，并与新的位点络合，造成了锂离子的运动。所制备电极循环300圈后展现出1561mA·h/g的容量，证明了黏结剂优异的性能。2019年，Ryu等[40]设计了一种可导离子的共价交联聚合物网络，利用聚环氧乙烷（PEO）中的氧原子上的孤对电子与锂离子进行配对，使得Li^+具有较高的传输率。由于PEO嵌段的高导离子性，提高了电极的倍率性能，7C电流密度下具有1000mA·h/g的可逆容量。

2018年，上海交通大学化学化工学院杨军教授研究团队在Joule报道了多级网络结构并带有自愈合功能的水系黏结剂［PAA-P（HEA-co-DMA）］可以有效缓解微米硅电极在充放电过程中由于活性物质的体积变化引起的颗粒粉化和电子导电丧失现象，进而获得性能优异的硅基负极。该工作从黏结剂的结构设计出发，合成了一种软-硬并举的具有多级网络结构的新型黏结剂，该聚合物具有一定的自愈合能力和优异的拉伸性能，可以有效地缓冲由于微米硅颗粒的体积变化而引起的应变，抑制硅颗粒在循环过程中的粉化，使微米级硅颗粒电极的电化学性能得到显著改善。在5A/g的大电流下比容量仍有约1850mA·h/g，并具有优异的电化学可逆性。此外，该黏结剂也适用于微米氧化硅负极材料，可在$9mA·h/cm^2$的高面积容量下可逆循环。

2020年，澳大利亚莫纳什大学的Mahdokht Shaibani与Mainak Majumder以常见的Na-CMC作为黏结剂，通过调控其在极片中的分散状态，将常见的"黏结剂包裹活性物"的微观结构优化为"黏结剂作为桥梁连接活性物颗粒的部分表面"的特殊结构。该结构的极片具有非常大的反应活性面积，能够抵抗循环过程中体积膨胀带来的内应力，同时具有很好的电子与离子传输特性。在面载量高达$15mg/cm^2$的电极中，该独特的结构能够明显改善"厚硫正极"的综合电化学性能。

2.2.2 电池材料产业与技术

2.2.2.1 正极材料

根据高工锂电的数据，2019年中国正极材料出货量为40.4万吨，同比增长32.5%。其中，三元正极材料出货量为19.2万吨，同比增幅40.7%；磷酸铁锂材料出货量为8.8万吨，同比增长29.3%；钴酸锂材料出货量为6.62万吨；锰酸锂材料出货量为5.7万吨。下面对主要的三元正极材料企业进行介绍。

（1）湖南长远锂科有限公司

湖南长远锂科有限公司是世界500强企业中国五矿集团有限公司的下属企业，公司主要从事锂离子电池正极材料的研究与生产，主要产品包括三元材料前驱体（金驰）、三元正极材料、钴酸锂等锂电正极材料。公司三元正极材料主要以NCM523为主，其次为NCM622，目前公司正在加大NCA和NCM811的开发力度。

长远锂科共拥有三元正极材料产能15000吨，全部位于麓谷基地，同时公司在铜官基地扩建新的2万吨NCM/NCA产能，2019年将达到30000吨/年前驱体、45000吨/年的正极材料产能，2022年将达到115000吨/年的正极材料总产能。主要三元正极材料客户包括CATL、比亚迪、亿纬锂能、欣旺达等。

（2）宁波容百新能源科技股份有限公司

宁波容百新能源科技股份有限公司的前身是1996年成立的宁波金和新材料股份有限公司，是一家以锂离子电池及材料为主业的国家级高新技术企业，是行业内领先的三元材料企业。容百集团于2014年9月重组建立宁波容百新能源科技股份有限公司，包括湖北容百锂电材料有限公司、贵州容百锂电材料有限公司、北京容百新能源科技有限公司、宁波容百锂电贸易有限公司、JS株式会社、韩国EMT株式会社6家控股子公司，参股韩国TMR株式会社。宁波容百主营锂电池三元正极材料产品，截至2018年底，容百科技三元NCM产能为30000吨/年，包括NCM523、NCM622、NCM811，NCA产能为800吨/年，三元前驱体产能为18000吨，客户囊括LG化学、三星SDI、宁德时代、比亚迪、力神电池、比克电池、亿纬锂能、孚能科技、捷威动力等国内外知名动力电池企业。容百科技还在国内NCM811领域率先实现大规模量产，并在高镍正极材料领域保持行业领先竞争优势。根据容百科技的招股说明书显示，2016—2018年，容百科技报告期内分别实现营业收入8.85亿元、18.79亿元和30.41亿元，复合增长率达到84%；实现净利润分别为555.93万元、2723.25万元和21097.04万元。

（3）北京当升材料科技股份有限公司

北京当升材料科技股份有限公司成立于1998年，控制股东为北京矿冶研究总院。2018年公司锂电正极材料产品主要为三元材料和钴酸锂，其中三元材料量产产品包括NCM523、NCM622和NCM811等系列产品，动力型NCA产品材料完成中试工艺定型；当升目前共有正极材料产能1.6万吨。其中燕郊拥有6000吨产能，包括钴酸锂3000吨，三元3000吨，主要是NCM523。海门拥有1万吨产能，包含一期4000吨NCM523，二期一阶段的2000吨NCM622和二期二阶段4000吨NCM811。公司三元正极材料客户包括三星SDI、LG化学、SKI、比亚迪等。目前正在开展江苏海门当升三期工程和常州锂电新材料产业基地两大生产基地的建设工作。其中，江苏当升三期工程新增产能将会在2020年第三季度投产，都是高镍NCA/811产线，向上兼容523和622。

（4）厦门厦钨新能源材料有限公司

厦门厦钨新能源材料有限公司成立于2003年，是世界钨行业领军企业——厦门钨业股份有限公司的全资控股子公司。从2002年起，公司陆续投入重金建立了贮氢合金粉、钴酸锂、锰酸锂、三元材料及磷酸铁锂等生产线，产销量位居国内前列，是国内新能源材料行业的重点企业。公司在动力电池材料的研发和产业化方面处于领先地位，是国内出口动力电池三元材料的主要企业之一。

厦钨新能源三元正极材料产品包括NCM111、NCM523、NCM622、NCM811等多个系列。截至2018年底，公司三元材料总产能达19000吨，主要客户包括CATL、比亚迪、松下、中航锂电等。2019年底正极材料将形成5万吨产能，2020年达7万吨。

(5) 住友金属矿山

住友金属矿山成立于1590年，最初是铜冶炼企业，也是日本最大的镍冶炼商。目前，其业务主要三个部分，一是矿山资源，二是冶炼业务，三是电池材料的制造销售。目前住友金属矿山是特斯拉动力电池供应商松下的正极材料供应商，主要为丰田汽车和松下作正极材料配套。丰田和松下是住友金属的前两大客户。丰田汽车拥有住友金属3.8%的股权。住友金属矿山的独特优势在于包括开采原材料镍至生产电池材料等电子元件的综合生产，不像全球其他资源企业一样，只专注于采矿或冶炼。

住友金属矿山的NCA产能随着特斯拉电动汽车业务蓬勃发展而不断扩产，从最初的850吨/月，到2016年12月的1850吨/月，大幅度提升至目前的4550吨/月。2019年5月，住友金属矿山总裁表示2028年3月之前，公司将把正极材料的产能提高到10000吨/月。

(6) 优美科

比利时优美科集团是具有200多年历史的科技创新公司，专业从事有色金属与材料回收、利用，其产品应用领域覆盖贵金属回收、汽车尾气催化剂和锂离子电池正极材料，以及上游的镍钴提炼、资源回收等，均处于全球领军地位，是全球最大的锂离子电池正极材料制造商之一。在国内的布局包括生产和销售各类钴化学品的赣州逸豪优美科实业有限公司（设计钴原料年处理5万吨），生产硫酸镍、硫酸钴、球镍的江门市长优实业有限公司，生产三元前驱体和三元正极材料的江门市优美科长信新材料有限公司。2017年宣布扩产以前，长信公司具有5000吨三元前驱体和2000吨三元材料的生产能力，其中多生产的3000吨/年的前驱体直接出口到优美科韩国天安工厂进行烧结。2017年优美科宣布在江门市高新区（江海区）投资30亿元，打造年产量20万吨、产值超百亿元的全球最大新材料产业基地；2019年第一期10万吨扩产完成后，优美科江门将形成10.5万吨三元前驱体和三元正极材料10.2万吨的生产能力。

2.2.2.2 负极材料

目前锂离子电池负极行业的全球竞争格局为：全球供应由中日主导，我国企业具备全球竞争力。根据B3研究报告显示，2018年，世界负极企业市场份额排名前8的企业为贝特瑞（20%）、日立化成（日本，17%）、杉杉科技（13%）、江西紫宸（10%）、东莞凯金（6%）、三菱化学（日本，6%）、深圳斯诺（5%）、星城石墨（4%），这8家企业的负极市场份额占了全球的81%，行业市场集中度偏高。前8家企业中有6家为中国企业，两家为日本企业。目前整个负极市场还是以天然石墨和人造石墨为主，前者最初是由具有煤炭研究背景的日本三菱化学公司实现的产业化，后者是由具有碳素研究背景的日立化成和具有针状焦研究背景的JFE化学公司实现的产业化。石墨负极的生产技术起初一直掌握在日本手中，处于技术垄断的局面，直到2002年贝特瑞突破了天然石墨的球形化技术、2005年上海杉杉开发出人造石墨负极、2012年江西紫宸出品了人造石墨产品，国内的负极市场开始成长，如今已经具备全球竞争力。表2-11所示为负极材料世界范围内企业分布情况。

表2-11 负极材料企业分布

国家	企业	国家	企业
中国	中科星城科技（石墨&硅基） 格翎电池材料（石墨） 国轩高科（硅基） 杉杉新材料（石墨&硅基） 紫宸科技（石墨） 正拓新能源（石墨&硅基） 天目先导（硅基） 贝特瑞（石墨&硅基） 凯金新能源（石墨） 翔丰华科技（石墨） 斯诺实业（石墨） 金润能源材料（石墨）	日本	日立化成（石墨&硅基） 日本碳素（石墨） 三菱化学（石墨） 日本JFE（石墨） 昭和电工（石墨&硅基） 信越化学（硅基） 吴羽化工（硅基） OTC（硅基）
		韩国	大洲电子（石墨&硅基）
		英国	Nexcon（硅基）
		美国	Amprium（硅基）、3M（硅基）

（1）贝特瑞

贝特瑞成立于2000年，是中国宝安全资子公司，目前已经成为锂电池负极材料的龙头企业，其产品包括天然石墨、人造石墨、硅系复合负极和新型负极材料等，其中天然石墨市场多年一直保持第一。其主要客户涵盖三星、LG、日本松下、索尼、ATL、力神电池、比克电池、比亚迪、国轩高科等。2018年贝特瑞负极材料业务销售收入29.3亿元，主要的增长点来自海外客户和硅基负极订单的增加。

表2-12所示为贝特瑞用于动力电池负极材料主要理化指标。

表2-12 贝特瑞用于动力电池负极材料主要理化指标

产品种类	产品名称	$D50/\mu m$	振实密度（g/cm^3）	比表面积（m^2/g）	压实密度（g/cm^3）	纽扣电池 首次容量（mA·h/g）	纽扣电池 首效（%）
低膨胀长循环天然石墨（xEV）	GSN	16～19	1.0±0.05	2.2±0.5	≥1.9	≥360	≥94
	LSN	16～19	1.0±0.05	2.0±0.5	≥1.75	≥350	≥94
高性价比人造石墨	AGP-2L-S	16.396	1.013	—	1.5～1.6	345.2	94.2
快充长寿命人造石墨	BFC-18	17.055	0.801	—	1.65～1.75	357.3	94.8
高能量密度低膨胀人造石墨	S360-L2-H	14.879	0.92±0.05	—	1.75～1.80	356.9	95.5
低膨胀长寿命人造石墨	S360-L1	18.39	≥0.85	—	1.6～1.7	350.7	94.6
	S360-L2	18.42	≥0.80	—	1.7～1.8	358.8	94.4
高容量高首效氧化亚硅复合材料	S420-2A	16.0±2.0	0.9±0.1	<2.0	≥1.7	≥420	92.5±1.0
	S450-2A	15.0±2.0	0.9±0.1	<2.0	≥1.7	≥450	91.5±1.0
	S500-2A	15.0±2.0	0.9±0.1	<2.0	≥1.7	≥500	90.0±1.0

(2) 宁波杉杉新材料科技有限公司

宁波杉杉新材料科技有限公司成立于2003年,其产品包括人造石墨、天然石墨、中间相碳微球等,其中人造石墨FSNC-1被誉为业内人造石墨标杆产品。其主要客户包括LG、SONY、CATL、ATL、力神电池、比克电池、比亚迪、哈光宇等。2018年杉杉负极材料业务销售收入19.4亿元,同比增长31.1%,销售收入中毛利润总额为4.65亿元,毛利率约为24%。

表2-13所示为杉杉用于动力电池负极材料主要理化指标。

表2-13 杉杉用于动力电池负极材料主要理化指标

产品种类	产品类型	D50（μm）	真密度（g/cm³）	振实密度（g/cm³）	压实密度（g/cm³）	比表面积（m²/g）	首次容量（mA·h/g）	首效（%）
高容量密度天然石墨	DMGS	16.1	2.25	1.08	1.50～1.60	2.5	363.4	92.4
高容量密度兼顾高功率天然石墨	GF-1S2	10.7	2.24	1.04	1.50～1.60	3.2	363.0	91.8
高倍率人造石墨	CAG-3MT	10.7	2.21	1.22	1.35～1.45	1.22	336.1	93.6
高倍率人造石墨	CMS-G15	15.6	2.20	1.42	1.35～1.45	1.42	324.3	93.6
高倍率低温人造石墨	CP5-H	7.3	2.21	1.02	1.35～1.45	2.0	334.7	92.8
高倍率低温人造石墨	CP7-M	8.5	2.22	1.00	1.40～1.50	1.8	338.0	92.4
高倍率低温人造石墨	EP7-H	9.4	2.22	0.98	1.45～1.55	1.7	349.9	92.0
高容量人造石墨	FSN-1	15.3	2.24	1.10	1.45～1.55	1.4	342.3	92.9
高容量人造石墨	SS1-P15	15.4	2.24	1.13	1.55～1.65	1.4	352.7	93.5
高容量人造石墨	QCG-P8	10.3	2.26	1.14	1.55～1.65	1.9	355.4	92.8
高容量人造石墨	PHG3	14.4	2.25	1.07	1.60～1.70	1.3	355.3	93.1
高容量人造石墨	SP11H	16.0	2.26	0.90	1.60～1.70	1.8	358.9	93.3

(3) 江西紫宸科技有限公司

江西紫宸科技有限公司成立于2012年,其产品主要为人造石墨,定位于高端人造石墨领域,是目前国内人造石墨最大的生产商。紫宸的一大核心技术在于造粒,其生产的产品具备高容量、高倍率、高压实密度、低膨胀和长循环等特性,在高端石墨领域具有技术优势。其主要客户包括ATL、CATL、中航锂电、SDI、LG、珠光宇、维科等。2019年紫宸负极材料营收30.53亿元,全年实现产量4.67万吨负极,增长40.77%。

表2-14所示为江西紫宸用于动力电池负极材料主要理化指标。

表2-14 江西紫宸用于动力电池负极材料主要理化指标

产品种类	产品名称	D50（μm）	真密度（g/cm³）	振实密度（g/cm³）	比表面积（m²/g）	放电容量（mA·h/g）	首效（%）	容量保持率（300周）（%）
人造石墨	FT-1	15.6	2.25	1.04	1.3	—	—	—
	F3-C	20.5	2.25	0.98	0.65	355.6	95.0	—
	F32	12.7	2.25	0.81	1.5	359.7	94.5	—
	G6	15.6	2.25	0.98	2.0	354.3	92.8	—
	GT	21.1	2.25	0.82	0.93	353.5	93	—
硅碳	Si/C Composites-380mA·h/g	18	—	0.9	1.5	380	91	93
	Si/C Composites-400mA·h/g	16	—	0.9	1.6	400	90	90
	Si/C Composites-420mA·h/g	15	—	0.8	1.8	420	88	85

（4）东莞市凯金新能源科技股份有限公司

东莞市凯金新能源科技股份有限公司成立于2012年，其产品以人造石墨为主，定位在中低端人造石墨，主要客户包括CATL、孚能科技、中航锂电等，东莞凯金深度绑定CATL。

表2-15所示为东莞凯金用于动力电池负极材料主要理化指标。

表2-15 东莞凯金用于动力电池负极材料主要理化指标

石墨类型	产品型号	中粒径（μm）	设计容量（mA·h/g）	压实密度（g/cm³）	特点
倍率人造石墨	AML410	8～14	330～335	1.30～1.55	高倍率、高性价比、循环性能优异
高倍率快充人造石墨	AML410ST	10～16	330～335	1.30～1.55	快充、高倍率、高性价比、循环性能优异
	AML440ST	10～16	335～340	1.40～1.60	快充、高倍率、高性价比、循环性能优异
	B1T	5～11	330	1.30～1.50	快充5C以上、高倍率、循环性能优异

2.2.2.3 电解液

根据统计，2018年电解液总产量为14万吨，同比上涨27%。其中应用于动力电池8.5万吨，同比增长52%，占比61%；应用于数码电池4.7万吨，同比增长仅1%，市场增量主要来自动力电池。前五大生产商合计全年产量9.5万吨，占总产量的68%，行业的集中度逐渐凸显。

据统计，2019年排名前10的电解液厂家目前产能已超过20万吨，整体产能预估30万吨。根据东吴证券研究院报告测算，2019年国内市场需求14万吨，2020年需求18万吨，产能充足。电解液产能通常受限于上游原材料，包括六氟磷酸锂、溶剂等，这两种化学品生产偏周期性，且受环保政策影响大，2015年下半年到2016年上半年电解液受限于六氟，2018年4季度受限于溶剂。国内电解液行业产能统计如表2-16所示。

表2-16 国内电解液行业产能统计　　　　　　　　　　　　　　　　单位：万吨

企业	2018年	2019年	2020年
广州天赐	60000	100000	140000
深圳新宙邦	40000	50000	90000
江苏国泰华荣	30000	30000	50000
天津金牛	10000	10000	10000
东莞杉杉	10000	30000	40000
汕头金光	15000	15000	20000
北京化学	12000	12000	12000
珠海赛纬	10000	10000	10000
香河昆仑	8000	28000	48000
山东海容	10000	10000	10000
总量	205000	295000	430000

国外主流电解液厂商为三菱、宇部、中央硝子、富山、Panax-Etec、Soulbrain，其中三菱和宇部的规模为2万吨级别，其余规模基本为1吨以下。除了三菱外，其他国外供应商扩产有限，中国电解液厂已取得较大份额，并将进一步扩大规模，拉开差距。这些厂商的产能统计如表2-17所示。

表2-17 国外电解液企业产能统计

企业	产能	扩产计划	配套电池企业
三菱	日本：1.1万吨 美国：1万吨 英国：1万吨 中国常熟：1万吨 合计4.1万吨	到2020年，电解液产能提升90%，到9.5万吨	重点：松下、LG、AESC
宇部	2万吨	—	重点：松下60%、其次LG
中央硝子	1万吨	—	重点：三星50%、其次LEJ
富山	5千吨	—	重点：AESC50%、其次Sony
Panax-Etec	5千吨	—	重点：三星50%、其次LG
Soulbrain	5千吨	—	重点：SK、SDI

（1）广州天赐高新材料股份有限公司

广州天赐高新材料股份有限公司成立于2000年6月，并于2014年1月在深圳中小板成功上市。自成立以来，公司一直致力于精细化工新材料的研发、生产和销售，并建立了以研发引导技术、以技术推动产品的发展模式，最终形成了个人护理材料、锂离子电池材料、有机硅橡胶材料三大板块，下游客户包括宝洁、联合利华、欧莱雅、蓝月亮、比亚迪、CATL、索尼、哈光宇、万向等国内外知名企业。2007年公司瞄准新能源汽车蓝海市场并顺势切入中游电解液环节，成功自主研发六氟磷酸锂、高电压添加剂等多项电解液核心产品，并在十年后跃升为电解液行业龙头。表2-18所示为天赐材料主要产品的参数信息。

表2-18 天赐材料主要产品的参数信息

	高压实钴酸锂电池用电解液			镍基高容量材料电解液			高电压电池用电解液			
	TC-E218	TC-E231	TC-E280	TC-E281	TC-E288	TC-E289	TC-E910	TC-E911	TC-E918	TC-E919	TC-E925
溶剂组成	EC\DMC\EMC	EC\PC\DEC\EMC	EC\PC\EMC	EC\PC\DEC\EMC	EC\PC\DEC\EMC	EC\PC\DEC\EMC	EC\PC\DEC\EMC	EC\PC\DEC\EMC	EC\PC\DEC\EMC	EC\PC\DEC\EMC	EC\PC\DEC\EMC
水分含量/Max	20	20	20	20	20	20	20	20	20	20	20
酸度含量/Max	80	80	80	80	80	80	80	80	80	80	80
密度/(g/ml)	1.23	1.18	1.22	1.18	1.18	1.18	1.19	1.19	1.19	1.19	1.19
电导率/(ms/cm)	9	7.3	9	7	7.5	7	7.5	7	7.5	7	7
外观	无色至浅黄色	无色至浅黄色	无色至浅黄色	无色至浅黄色	无色至浅黄色	无色至浅黄色	无色至浅黄色	无色至浅黄色	无色至浅黄色	无色至浅黄色	无色至浅黄色
循环性能	300周容量保持率>88%	300周容量保持率>88%	300周容量保持率>88%	300周容量保持率>88%，500周>80%	300周容量保持率>88%，500周>80%	300周容量保持率>88%，500周>80%	3.0～4.35V循环，300周容量保持率88%，500周	3.0～4.35V循环，300周容量保持率88%，500周	3.0～4.4.4.5V循环，300周容量保持率88%，500周	3.0～4.4.4.5V循环，300周容量保持率88%，500周	3.0～4.4.4.6V循环，1000周容量保持率>90%
高能性能	60℃满电存放7天，膨胀率<5%，容量恢复率>96%	85℃满电存放24h，膨胀率<5%，容量恢复率>95%	60℃满电存放7天，膨胀率<5%，容量恢复率>95%	85℃满电存放5h，膨胀率<5%，容量恢复率>95%	85℃满电存放5h，膨胀率<5%，容量恢复率>95%	85℃满电存放5h，膨胀率<5%，容量恢复率>95%	60℃ 4.35V满电存放7天，盘子里<5%	60℃ 4.35V满电存放7天，盘子里<5%	60℃ 4.35V满电存放7天，盘子里<5%	60℃ 4.35V满电存放7天，盘子里<5%	60℃ 4.4.6V满电存放7天，盘子里<5%，容量恢复率>95%
防过充性能	—	—	—	—	—	电池3C/10V过充，电池不冒烟、爆炸、不着火	电池3C/10V过充，电池不冒烟、爆炸、不着火	电池3C/10V过充，电池不冒烟、爆炸、不着火	电池3C/10V过充，电池不冒烟、爆炸、不着火	电池3C/10V过充，电池不冒烟、爆炸、不着火	—

（2）深圳新宙邦科技股份有限公司

公司2002年成立，以铝电解电容器化学品业务起家，2003年涉足锂离子电池电解液的开发研究。2010年公司上市，登陆资本市场。2014年收购张家口瀚康化工，完成了在电解液添加剂领域的布局，2015年公司布局半导体化学品业务，同年收购海斯福，进入有机氟化学品。2016年设立湖南博氟新材料科技有限公司，进军新型锂盐领域。在2017年收购巴斯夫中国区电解液业务和中国工厂后，2018年又完成了对巴斯夫欧美电解液业务的收购，完善公司在电解液领域的专利布局。目前公司形成了电容器化学品、锂电池电解液、有机氟化学品、半导体化学品四大业务。表2-19所示为新宙邦主要产品的参数信息。

表2-19 新宙邦主要产品的参数信息

消费	高电压钴酸锂 常规数码 特殊负极 圆柱	LBC445B33 LBC305-01 LBC3401A4 LBC3224	LBC3045Q19 LBC3008A LBC3707F LBC3045U1	LBC3045M46 LBC3068G2 LBC3068A56 LBC3036
动力	高倍率 磷酸铁锂 三元 锰酸锂	LBC3036 LBC3237B16 LBC3021B32 LBC420F69 LBC3021C7 LBC3211B	LBC3708C3 LBC338C59 LBC315B14 LBC3401A28 钛酸锂	LBC420C96 LBC338B48 LBC435A50 LBC424A21 LBC3406F6
储能	磷酸铁锂	LBC3237B16	LBC338C59	—
特殊	阻燃型	LBC3045MP18	凝胶型	LBC312GA

（3）三菱化学株式会社

三菱化学株式会社是日本最大的化学公司。公司通过其3个主要部门提供如下产品：功能材料和塑料产品（包括信息及电子产品、专业化学制品、制药）；石油化工；碳及农业产品；片塑产品及塑料包装等功能材料。其下属四日市研究所推进环氧树脂、功能性高分子、电解液、固体催化剂、络合催化剂等多种新产品的设计、试制、工艺开发、运用评价技术的开发。2011年，该公司发展成为全球最大的电解液材料企业，销量为5000吨；2012年继续保持了榜首的宝座，销量高达5200吨，并扩大了与宇部兴产的差距。

（4）中央硝子

中央硝子的前身为Ube Soda Industry Co.，Ltd，于1936年在山口的宇部市成立，以汽水生产为基础，扩展到化肥业务，后来在1958年，公司推出了玻璃业务。该公司于1963年更名为中央玻璃有限公司。现公司已经扩展到广泛的领域，包括建筑玻璃、汽车玻璃、电子材料玻璃、化学品、化肥、精细化学品和玻璃纤维，并不断努力满足社会的多样化需求。

中央硝子作为日本本土最主要的六氟磷酸锂生产企业（与关东化学、森田化学、Stella等齐名）和最主要的电解液生产企业（早在2013年便为日本前3的电解液生产企业，位列三菱化学、宇部兴产之后），在全球锂电池电解液市场具有较高的知名度，特别是中央硝子在特殊性能电解液产品开发领域有差异化竞争优势。根据行业调研，目前中央硝子为

LGC、三星SDI等电池企业海外市场重要的电解液供应商。中央硝子急于扩充电解液的供给体制，曾于2015年宣布投资数亿日元，在衢州配套新的电解液生产设备。2016年中央硝子与国内企业合资共建3000吨六氟磷酸锂的生产项目。但是因为生产理念及成本原因，中央硝子在国内合作项目开展进度远远慢于预期。

（5）韩国旭成化学有限公司

韩国旭成化学成立于1969年，是韩国第一家生产二次电池电解液产品的企业。公司在韩国、马来西亚和中国天津拥有生产基地，电解液年产能达23000吨，客户主要为三星SDI。韩国旭成的电解液材料业务购自三星集团旗下的第一毛织城。随着这几年韩国两大锂离子电池巨头三星SDI和LG化学市场份额的不断扩大，韩国旭成的电解液销量也在快速增长。该公司2011年销售电解液4500吨，排名全球第2；2012年快速增长到5200吨，与三菱化学并列全球榜首。韩国旭成的最大客户是三星SDI，2012年卖给三星SDI的电解液超过了3000吨；此外，LG化学、东莞新能源等也都是韩国旭成的主要客户。旭成化学电解液的研发和生产能力方面在韩国处于领先地位，用于中型或大型可充电电池，因此独立于日本技术。

2.2.2.4 隔膜

目前隔膜市场产能远远大于产量，产能利用率不足40%，湿法隔膜在2017年超过干法隔膜的用量，而且未来将进一步扩大占比，随着电池厂商的不断压价，隔膜的价格将会进一步走低，各隔膜企业之间的竞争将会越来越强，国内各企业分布与产量情况如表2-20所示，也许会引起新一轮的价格战，而且新型的隔膜（如无纺布隔膜）也许会给现有的聚烯烃隔膜带来冲击。

表2-20 国内产能前十的隔膜厂家及其应用厂家

序号	企业名称	年产能（亿平方米）	下游客户
1	上海恩捷新材料科技股份有限公司	5	LG、比亚迪、国轩高科等
2	长园中锂新材料有限公司	5	宁德时代、比亚迪、沃特玛等
3	苏州捷力新能源材料有限公司	2	LG、SDI、比亚迪等
4	沧州明珠塑料股份有限公司	2.5	比亚迪、中航锂电、苏州星恒等
5	深圳市星源材质科技股份有限公司	1	LG、比亚迪、力神等
6	河北金力新能源科技股份有限公司	5	珠海银隆、微宏动力、航天电源等
7	重庆云天化纽米科技有限公司	0.8	LG、沃特玛、振华科技等
8	天津东皋膜技术有限公司	2	远东福斯特、德朗能、比亚迪等
9	佛山市金辉高科光电材料有限公司	1	比亚迪、比克等
10	中材科技股份有限公司	2	CATL、比亚迪、亿纬锂能等

（1）上海恩捷新材料科技股份有限公司

上海恩捷新材料科技股份有限公司成立于2010年4月，注册资金3.89亿元，在浦东新区的南汇工业园区投资建厂。恩捷的产品具有优良的特性、一致性、较低的热收缩率、均匀的孔隙率、稳定的透气性，倍受海内外知名客户的广泛好评。公司现有6条生产线，总年产能达3亿平方米。随着上海恩捷珠海分公司规划建设的生产线逐步投产，2019年基膜产能将达到13亿平方米，成为全球最大的锂电池隔膜生产厂家之一。目前已与知名电池厂商如CATL、LG Chem、比亚迪、国轩高科等建立了稳定的合作关系并形成批量供货。其技术指标如表2-21所示。

表2-21 上海恩捷新材料科技股份有限公司隔膜的技术指标

序号	指标		ND18	ND16	ND14	ND12	ND9
1	厚度（μm）		18±2	16±2	14±2	12±2	9±1.5
2	标准质量（g/m^2）		10.3±1.0	9.2±1.0	8.0±1.0	7.0±1.0	5.5±1.0
3	空隙率（%）		40±5	40±5	40±5	40±5	36±5
4	透气率（s/100mL）		250±50	230±50	180±50	200±50	180±50
5	针刺强度（gf）		≥500	≥450	≥450	≥350	≥300
6	收缩率（105℃×1h）（%）	MD	≤4.0	≤4.0	≤4.0	≤4.0	≤4.0
		TD	≤1.5	≤1.5	≤1.5	≤1.5	≤1.5
7	拉伸强度（kgf/cm^2）	MD	≥1500	≥1500	≥1500	≥1500	≥1500
		TD	≥1000	≥1000	≥1000	≥1000	≥1000
8	断裂伸长率（%）	MD	≥30	≥30	≥30	≥30	≥30
		TD	≥60	≥60	≥60	≥60	≥60

（2）深圳星源材质科技股份有限公司

深圳市星源材质科技股份有限公司成立于2003年9月，注册资金1.92亿元，是中国战略新兴产业新能源材料领域的国家级高新技术企业。公司为中国锂电池隔膜行业的领军企业，截至2017年6月，总资产达24.45亿元，全球范围内形成一个总部、三个生产基地和海外研发机构的战略布局。公司总部位于深圳市光明新区，三大基地分别为广东省深圳基地、安徽省合肥基地、江苏省常州基地，总规划产能达13亿平方米/年；并在美国硅谷、日本大阪设立了海外研发机构。其技术指标如表2-22所示。

表2-22 星源材质隔膜的技术指标

技术指标		16μ		20μ		25μ			32μ			40μ		60μ
		SD216101	SD216101	SD220101	SD220201	SD425101	SD425201	SD425301	SD432101	SD432201	SD432301	SD440201	SD440301	SD460201
隔膜类型		容量型	倍率型	容量型	倍率型	容量型	倍率型	高倍率型	容量型	倍率型	高倍率型	容量型	倍率型	容量型
适用范围														
厚度（μm）		16±2	16±2	20±2	20±2	25±2	25±2	25±2	32±2	32±2	32±2	40±2	40±2	60±3
透气率（S/100ml）		320±100	250±80	450±100	320±80	480±100	380±100	300±80	560±150	500±150	400±150	600±150	480±150	950±200
孔隙率（%）		37±3	42±3	37±3	42±3	37±3	42±3	47±3	37±3	42±3	47±3	37±3	42±3	42±3
面密度（g/m²）		9.1±1.0	8.5±1.0	11.5±1.0	10.5±1.0	14.3±1.0	13.2±1.0	12.1±1.0	18.4±1.5	16.8±1.5	15.5±1.5	21.1±1.5	19.3±1.5	41.1±2.0
穿刺强度（g）		≥250	≥220	≥300	≥280	≥380	≥350	≥300	≥500	≥480	≥450	≥600	≥550	≥800
拉伸强度（kgf/cm²）	MD	≥1100	≥1100	≥1100	≥1100	≥1100	≥1100	≥1100	≥1100	≥1100	≥1100	≥1100	≥1100	≥1100
	TD	≥100	≥100	≥100	≥100	≥100	≥100	≥100	≥100	≥100	≥100	≥100	≥100	≥100
热收缩（90℃×2h）（%）	MD	≤3.0	≤3.0	≤3.0	≤3.0	≤3.0	≤3.0	≤3.0	≤3.0	≤3.0	≤3.0	≤3.0	≤3.0	≤3.0
	TD	≤0.5	≤0.5	≤0.5	≤0.5	≤0.5	≤0.5	≤0.5	≤0.5	≤0.5	≤0.5	≤0.5	≤0.5	≤0.5
	TD	≤0.5	≤0.5	≤0.5	≤0.5	≤0.5	≤0.5	≤0.5	≤0.5	≤0.5	≤0.5	≤0.5	≤0.5	≤0.5

（3）沧州明珠塑料股份有限公司

沧州明珠塑料股份有限公司成立于1995年，是河北沧州东塑集团股份有限公司控股子公司。目前公司注册资本109071.0923万元，资产总值41.5亿元，现有员工2400余人，旗下拥有7个全资子公司、3个参股公司。公司主要生产经营聚乙烯（PE）压力管道、非压力管道和双向拉伸尼龙（BOPA）薄膜、锂离子电池隔膜等几大系列产品，是国内目前最大的塑料管道、BOPA薄膜及锂离子电池隔膜专业生产基地之一。

公司通过持续技术研发，突破了相关技术瓶颈，掌握了干法隔膜、湿法隔膜的生产技术和生产工艺并实现了规模化生产，成为国内少数能同时生产干法隔膜、湿法隔膜和涂布改性隔膜产品的企业。锂电隔膜产品已进入国内较大锂电池厂商，如比亚迪、CATL、天津力神、国轩高科、中航锂电、沃特玛等企业。其技术指标如表2-23和表2-24所示。

表2-23 沧州明珠塑料股份干法隔膜技术指标

指标标准		产品型号					
		ND1238	ND1637	ND2038	ND2538	ND3240	ND4040
厚度（μm）	GB/T 6672—2001	12	16	20	25	32	40
透气率（s/100cc）	JIS P8117	200	225	334	385	450	610
孔隙率（%）	Q/CMZ 001—2010	38	38.5	38.5	39	40.9	40.3
穿刺强度（g）	Q/CMZ 002—2010	228	302-	375	482	534	627
拉伸强度（kgf/cm²）	GB/T1040（1）3—2006	1410	1422	1430	1447	1450	1453
90℃热收缩（90℃，2h）（%）	MD	GB/T 12027—2004	1.3	1.3	1.3	1.5	1.5	1.6
	TD	GB/T 12027—2004	0	0	0	0	0	0

表2-24 沧州明珠塑料股份湿法隔膜技术指标

指标		标准	产品型号				
			NW0533	NW0735	NW0938	NW1238	NW1638
厚度（μm）		GB/T 6672—2001	5	7	9	12	16
透气率（s/100cc）		JIS 8117	80	100	130	170	220
孔隙率（%）		Q/CMZ 001—2010	34	35	38	38	40
针刺强度（gf）		Q/CMZ 002—2010	240	320	350	460	600
拉伸强度（kgf/cm²）	MD	GB/T 1040（1）3—2006	2453	2354	2377	2321	2251
	TD		2051	2113	1626	1801	1590
收缩率（105℃，1h）（%）	MD	GB/T 12027—2004	3.2	3.1	2.4	2.1	2.2
	TD		0.5	0.2	0.7	0.6	0.9
收缩率（125℃，1h）（%）	MD	GB/T 12027—2004	5.1	5.7	3.6	3.4	4.1
	TD		2.3	2.3	2.2	2.2	3.2

(4) 韩国SK innovation

SK innovation (SKI) 成立于1962年，其前身大韩石油公社是韩国第一家炼油公司。目前SKI是韩国最大的石油化工集团，第一大股东韩国SK集团（SK Co., Ltd.）持有33.4%的股份，公司广泛布局能源、化学、新材料等领域，2012年实现684.6亿美元销售额。旗下主要子公司包括SK能源、SK化学、SK润滑油、仁川石化、SKME和SKM&C。

SKI动力电池正极材料采用NCM三元材料，电池单体能量密度达到180W·h/kg，电池组能量密度在110W·h/kg左右。SKI拥有动力锂电池隔膜的核心技术，不仅是全球第三个研发出锂电池隔膜的厂商，还拥有隔膜制造的低收缩性和耐热性专利技术，2008年开始就已经投入电动汽车使用。其性能指标如表2-25所示。

表2-25 韩国SKI隔膜性能指标

指标		容限	备注
厚度（μm）		16±2	
宽度（mm）		W（-0/+1.0）	
长度（m）		1000（-0/+1.0）	
曲率（mm）		≤5	
穿刺强度（gf）		>350	总重量
拉伸强度（kgf/cm^2）	MD	>1150	
	TD	>950	
延伸率（%）	MD	>80	
	TD	>100	
透气性（Sec/100cc）		215±40	葛尔莱法
孔隙度（%）		39±4	
基准重量（g/m^2）		9.1±2	
收缩率（%）	MD	≤7.0	105℃，60min
	TD	≤4.0	
暗点、亮点或针孔		没有检测	

(5) 日本旭化成

作为日本化工业最前端的企业，旭化成在锂电隔膜领域长期占据着全球湿法隔膜龙头的地位，自2015年收购美国Celgard公司后，旭化成正式晋升为同时拥有全球最大干法、湿法隔膜核心技术和产能的公司，是松下、SDI、LG、索尼、Maxell、LEC、BEC等企业的重要隔膜供应商。

2018年初，旭化成发布公告称，将在隔膜设备方面投资约75亿日元（约合人民币4.4亿元），同时扩大干/湿法隔膜产能。预计2020年项目全部达产后，旭化成的隔膜总产能将达到11亿平方米/年，其中，干法隔膜产能4亿平方米/年，湿法隔膜产能7亿平方米/年。其性能指标如表2-26所示。

表2-26 日本旭化成隔膜性能指标

指　　标		数值	指　　标	数值
产地		韩国/日本	长度（m）	+1～10m
宽度（mm）		±0.5	孔隙率（%）	45±5
厚度（m）		16.0±2.0	穿刺强度（g）	≥400
面密度（mm）		0.90±1.5	热收缩率（90℃/1h）（%） MD	≤1.0
透气度（gf）		230±70	TD	≤3.0
拉伸强度（kgf/cm²）	MD	≥1200		
	TD	≥950		

无论是在中国还是在全球其他地区汽车电动化的浪潮之下，包括松下、三星SDI、LG化学等国际一线动力电池企业都开始大举进行产能扩张，而这正是驱动作为隔膜供应商的旭化成大规模扩产的直接因素。

配合主要客户的扩产，旭化成也先后在中国、美国、日本、韩国、巴西、印度等地筹建了多家隔膜事业相关公司并形成了多类型产品体系，全球网络布局脉络初步成型。

2.2.2.5 导电剂

目前国内导电剂材料主要包括导电炭黑、导电石墨、碳纳米管（CNT）、石墨烯等，新型导电剂（碳纳米管、石墨烯及其复合导电剂）拥有更高的导电性和更少的添加比例（传统炭黑导电剂添加量一般为正极材料重量的3%左右，而碳纳米管、石墨烯等新型导电剂添加量可降至0.8%～1.5%），其应用范围和比例正逐步扩大。

随着新型导电剂替代加速，国内企业具备技术及产品配套优势，新型导电剂的性能优于传统导电剂（炭黑和石墨），能够大幅提升锂离子电池的循环寿命和倍率性能。根据高工产研锂电研究所（GGII）显示，2019年中国锂电池市场受新能源汽车动力电池的需求带动，出货量达到117GW·h，同比增长14.7%。其中，动力锂电池出货量同比增长9.2%，达71GW·h。在动力电池市场的带动下，2019年中国锂电池用导电剂粉体出货同比增长6.9%，为8278吨，其中常规导电剂中导电炭黑和导电石墨销量（不含复合导电剂）分别为6040吨和690吨，碳纳米管粉体导电剂（含其复合导电剂）出货量同比增长10.2%，为1432吨，折合碳纳米管导电浆料达3.58万吨（以4%固含量折算），成为导电剂市场中增长最为强劲的部分。

GGII预计，在未来几年，中国新型导电剂，特别是碳纳米管导电剂将逐步代替传统导电剂，新能源汽车市场对动力电池的快充性能要求不断提高。碳纳米管导电剂工艺技术逐步成熟，单位生产效率与工艺自动化程度进一步优化，价格下降，应用范围将逐渐扩大，高镍化、硅基负极产业化进程加速，对碳纳米管导电剂的需求增多。预计2020年碳纳米管导电浆料市场规模将突破7万吨。

国产新型导电剂较国外竞争对手具有优势，一方面，碳纳米管和石墨烯等纳米材料是我国战略前沿重要研究领域，发表论文数和专利数均是世界第一，宏量制备技术处于国际先进序列。另一方面，中国是全球最大的锂离子电池生产国，国内导电剂企业能够与客户高效互动、快速反应，及时有效地掌握客户需求，满足客户需要，直接为客户提供配套的导电浆料。

表2-27所示为国内主流碳纳米材料导电剂厂家。

表2-27 国内主流碳纳米材料导电剂厂家

序号	企业名称	合作企业
1	青岛昊鑫新能源科技有限公司	比亚迪、ATL、CATL、天津力神等
2	江苏天奈科技股份公司	比亚迪、ATL、CATL、天津力神、孚能科技、欣旺达、珠海光宇、亿纬锂能、卡耐新能源、中航锂电、万向等
3	深圳市三顺纳米新材料股份有限公司	三星SDI、比亚迪、国轩高科、比克、国家电网、卓能、中航锂电等
4	惠州集越纳米材料技术有限公司	比亚迪、中航锂电、苏州星恒等
5	深圳市德方纳米科技股份有限公司	LG、比亚迪、力神等

（1）青岛昊鑫新能源科技有限公司

青岛昊鑫新能源科技有限公司成立于2012年，投资12000万元，坐落于青岛平度高新技术产业园，占地面积4万平方米。昊鑫科技始终将创新和研发作为企业发展的核心动力，专注于二次电池用碳材料（包括锂离子电池用天然石墨、人造石墨、硅碳和锡碳负极；二次电池用碳纳米管和石墨烯导电剂）的研发、生产和销售。作为全球为数不多的拥有天然石墨类材料完整产业链的企业，昊鑫科技拥有从石墨原矿开采到最终产品的全套现代化工艺和设备，年产天然石墨负极8000吨，人造石墨负极5000吨，碳纳米管500吨，石墨烯500吨。

2019年，青岛昊鑫导电浆料新车间顺利建成投产，生产能力也从1万吨/年向2万吨/年迈进。近期，LG也有意投资约650亿韩元（折合人民币3.8亿元），将韩国丽水工厂的碳纳米管产能从500吨提升至1700吨。

（2）江苏天奈科技股份公司

江苏天奈科技股份公司（Jiangsu Cnano Technology Co., Ltd.）成立于2011年，是一家致力于碳纳米管、石墨烯的研发、生产及应用性开发和销售的高新技术企业，商业化应用领域包括锂电池、导电高分子复合材料、抗静电涂料、轮胎橡胶增强等；公司产品包括碳纳米管粉体、碳纳米管导电浆料、石墨烯复合导电浆料、碳纳米管导电母粒等。公司拥有多壁碳纳米管、单壁纳米碳管制备的国际专利，以及碳纳米管大批量生产的专业技术。公司拥有40余项碳纳米管相关的国际、国内有效专利。

天奈科技2019年碳纳米管导电浆料的产能为1.2万吨。IPO募资方案中，天奈科技募集10.3亿元，投向与碳纳米管材料相关的三大项目，其中包括"年产3000吨碳纳米管与8000吨导电浆料"的产能扩建。

（3）深圳市三顺纳米新材料股份有限公司

深圳市三顺纳米新材料股份有限公司创立于2011年，是一家专注于碳纳米技术的研发与碳纳米材料的研发、生产和销售的国家级高新技术企业，公司致力于开发、生产高性能碳纳米管（CNTs），产品应用于锂离子电池导电剂、工程塑料、透明导电膜、场发射等。公司坚持"以科技为依托，客户至上"的原则，为新能源、新材料、新工艺提升效率服务。公司专注于持续的技术革新，以提升产品及服务质量，为客户创造价值。公司目前市场份额行业领先，已经成为三星SDI、比亚迪、国轩高科、中航锂电等国际、国内领先的锂离子电池厂家合格供应商。全球领先的炭黑材料龙头卡博特完成了对三顺纳米的收购，成为全球唯一一家覆盖所有主流锂电池导电剂材料的公司，卡博特珠海基地于2019年5月开工建设，一期锂电池导电材料年产能规划达1万吨。

（4）深圳市德方纳米科技股份有限公司

深圳市德方纳米科技股份有限公司（Shenzhen Dynanonic Co.，Ltd.）成立于2007年1月，是一家致力于纳米材料开发直至产业化，集研发、生产和销售纳米材料及其应用产品为一体的国家级高新技术企业。我国第一家将纳米技术应用到制备电池正极材料的企业，是全国纳米技术标准化技术委员会（TC279）委员单位，也是省级工程中心"广东省纳米电极材料工程技术研究中心"和市级工程实验室"深圳纳米电极材料工程实验室"依托建设单位，是"全国纳米技术标准化技术委员会纳米储能技术标准化工作组（SAC/TC279/WG7）"秘书处挂靠单位。公司自主研发的"自热蒸发液相合成纳米磷酸铁锂技术"经过国家纳米科学中心组织的专家组鉴定为国际领先水平。公司主营产品有纳米磷酸铁锂、碳纳米管导电液及碳纳米管等。

公司拥有完全自主的知识产权，截至2017年9月，共申请发明专利41项（其中发明专利40项，实用新型1项），目前已获授权20项。同时，公司主导和参与制定国家标准5项（其中3项已发布），主导制定国际标准2项（其中1项已发布）。依托在纳米级锂离子电池材料领域的技术研发优势，研发一系列高容量锂离子电池材料，致力于向世界奉献更安全与高效的绿色新能源材料，力争将公司打造成为"中国纳米级锂离子电池材料领域的领导者"。

（5）惠州集越纳米材料技术有限责任公司

惠州集越纳米材料技术有限责任公司是一家致力于纳米材料的研发、生产、应用及销售的高新技术企业。集越纳米的专业技术和生产工艺经过国家纳米科学中心组织的专家组鉴定为国际领先水平，公司产品已实现规模化生产。

集越纳米依托纳米储能技术研发生产的碳纳米管材料对增加导电性能，降低电池内阻，提高活性材料克容量发挥着提升电池能量密度、增强电解液吸收率、延长电池使用寿命及电池的成品合格率的作用，显著解决客户对产品质量安全以及生产成本管控的更高需求，通过不断的技术创新，提高产品的性能，来推动企业的发展，凭借着卓越的品质和优秀的售前服务，深受广大客户的好评。

2.3 动力电池电芯技术与产业

2.3.1 电芯前沿技术

2.3.1.1 固态锂(离子)电池

随着便携式设备的普及,人们对高容量和高能量密度存储设备的需求持续增长,然而其带来的安全问题不容忽视。过去大多数电池研究都专注于液态电池体系,尽管液态电解液具有高离子电导性、优异的电极表面润湿性等优点,但其电化学稳定性和热稳定性较差。一方面,有机电解液具有易挥发性和可燃性,电池在过充、过放及高温状态下易发生膨胀,造成电解液泄漏,引发火灾等安全问题。另一方面,电池在充放电过程中,锂离子在电解液中穿梭传导过程中易在负极表面生长锂枝晶,随着锂枝晶的生长,易穿透隔膜造成电池正负极直接接触而发生短路,产生安全隐患。因此,安全性是目前阻碍液态锂离子电池进一步发展的重要因素。

采用固态电解质替代液态电解液不仅可以解决目前液态电池面临的安全问题,也可以进一步发展新一代电池体系。全固态锂(离子)电池不含任何可燃的有机电解液,可从根本上解决液态电解液带来的负面问题,提高电池的安全性和服役寿命。此外,全固态锂(离子)电池具有结构紧凑,制备工艺简易,因此,越来越多的研究学者开始投入到研发和制备全固态锂(离子)电池的工作中。近年来,全固态锂(离子)电池的研究主要集中在开发高离子电导率的固态电解质,实现稳定致密的电极与电解质界面及全固态锂(离子)电池结构的优化设计等。

(1)固态电解质的优点

固态电解质相较传统的液态电解液有着明显的优势[125]。

① 不含有机液态电解液,不存在有机电解液泄漏而产生的安全隐患。

② 固态电解质可代替有机液态电解液和隔膜,起到阻隔正负电极和传输锂离子的作用,减小电池体积,提高电池的能量密度。

③ 工作温度范围宽,可适用于低温和高温等恶劣的工作环境。

④ 具有较宽的电化学窗口,可适用于不同体系的正负极材料。

⑤ 大部分固态电解质电化学稳定性高,电解质与电极间的副反应缓慢,保证固态锂(离子)电池具有优异的循环性能。

⑥ 有机固态电解质的机械加工性能优良,制作工艺简便,可制备加工成所需的任意形状。

⑦ 无机固态电解质中只有锂离子可以迁移,因此具有高锂离子迁移系数。

⑧ 锂离子在无机固态电解质和电极材料的界面传递和转移不涉及去溶剂化过程,活化势垒低,有利于电荷在电极–电解质界面的快速传输。

⑨ 无机固态电解质的强度较高,在一定程度上可以抑制锂枝晶的生长。

固态锂电池可能具备的特点和优点如表2-28所示[126]。

表2-28 固态锂电池可能具备的特点和优点

固态锂（离子）电池的特点	固态锂（离子）电池的优点
抑制锂枝晶	可以使用金属锂电极，因而显著提高能量密度，循环性、安全性显著提高
不易燃烧	安全性优于液态锂离子电池
无持续界面副反应	循环性好，更安全，内阻稳定，功率衰减慢
无电解液泄漏、干涸问题	服役寿命长，不易跳水
高温寿命不受影响或更好	车用、工业应用、安全性好
无气胀	可靠性高，寿命长
正极材料选择面宽	可开发多种不同性能的电池
非活性物质体积质量减少	体积、质量能量密度高
电芯内部可串联	高电压、模块、系统设计简化、易于灵活配组

（2）固态电解质的分类

固态电解质按结构可分为晶体电解质、玻璃态电解质和玻璃-陶瓷电解质。一般来说，固态电解质的结晶度越高，其离子电导率越高，因此，晶体电解质的离子电导率通常最高。玻璃-陶瓷电解质则是同时包含晶体和非晶体的一种特殊状态的固态电解质。

按电解质的厚度可分为块体电解质和薄膜型固态电解质，薄膜型固态电解质的厚度一般为几百纳米至几微米，块体电解质的厚度一般为几百微米。除了厚度的区别外，它们的制备方法也完全不同，薄膜固态电解质通常通过化学沉积、磁控溅射或者溶液法等方法制备，而块体固态电解质一般通过球磨、煅烧、冷压的过程制备。

按成分可分成无机固态电解质、有机固态电解质和复合固态电解质，其中无机固态电解质又可分为氧化物固态电解质、硫化物固态电解质、氮化物固态电解质等[127]。

表2-29列举了典型的无机固态电解质在室温下的离子电导率[128-134]。

表2-29 典型的无机固态电解质在室温下的离子电导率

电解质	结构	离子电导率（25℃）（mS·cm^{-1}）
$Li_7P_3S_{11}$	玻璃-陶瓷	17
Li_3PS_4	玻璃	0.16
$Li_{9.6}P_3S_{12}$	玻璃-陶瓷	1.2
Li_6PS_5Cl	晶体	0.7
$Li_7P_2S_8I$	晶体	0.63
$Li_{10}GeP_2S_{12}$	晶体	12
$Li_{3.25}Ge_{0.25}P_{0.75}S_4$	晶体	2.2
$Li_{10}SnP_2S_{12}$	晶体	4.0
$Li_{11}SiP_2S_{12}$	晶体	2.3
$Li_{9.54}Si_{1.74}P_{1.44}S_{11.7}Cl_{0.3}$	晶体	25
LiPON	非晶（薄膜）	0.0064
Li_3N	晶体	0.58

续表

电解质	结构	离子电导率（25℃）（mS·cm^{-1}）
LiTi$_2$(PO$_4$)$_3$	晶体（NASICON）	0.002
Li$_{1.3}$Al$_{0.3}$Ti$_{1.7}$(PO$_4$)$_3$	晶体（NASICON）	0.5
Li$_{1.5}$Al$_{0.5}$Ge$_{1.5}$(PO$_4$)$_3$	晶体（NASICON）	0.4
Li$_{0.34}$La$_{0.51}$TiO$_{2.94}$	晶体（钙钛矿型）	0.02
Li$_{0.34}$Nd$_{0.55}$TiO$_3$	晶体（钙钛矿型）	0.0008
Li$_7$La$_3$Zr$_2$O$_{12}$	晶体（石榴石型）	0.5
Li$_7$La$_3$Nb$_2$O$_{12}$	晶体（石榴石型）	0.01
Li$_5$La$_3$Ta$_2$O$_{12}$	晶体（石榴石型）	0.015
Li$_{6.4}$La$_3$Zr$_{1.4}$Ta$_{0.6}$O$_{12}$	晶体（石榴石型）	1.0

1）无机固态电解质

① 氧化物固态电解质。氧化物固态电解质主要可以分为钙钛矿结构型、石榴石型、LISICON型和NASICON型固态电解质。钙钛矿型固态电解质的典型代表是Li$_{0.34}$Nd$_{0.55}$TiO$_3$，理想的钙钛矿结构为ABO$_3$，A和B分别是氧离子的十二配位和六配位离子，锂离子在其中以空位机制传导。石榴石型固态电解质的典型代表是Li$_3$Ln$_3$Ta$_2$O$_{12}$，理想的石榴石结构为A$_3$B$_2$(SiO$_4$)$_3$（A=Ca、Mg、Fe等，B=Al、Cr、Fe等），A和B分别是氧离子的八配位和六配位离子。LISICON型固态电解质的典型代表是Li$_{14}$Zn(GeO$_4$)$_4$，以Li$_{11}$Zn(GeO$_4$)$_4$构成牢固的三维结构，剩下的三个锂离子作为可移动的离子。对该种材料的改性集中于材料掺杂和新型制备方法，通过引入杂质元素，针对性地制造孔隙或改变通道大小，弱化骨架与迁移离子间的作用力，从而提高离子电导率。NASICON型固态电解质的代表是Na$_3$Zr$_2$Si$_2$PO$_{12}$，这类化合物的分子式一般为M[A$_2$B$_3$O$_{12}$]，其中M、A、B分别代表一价、四价、五价阳离子，其骨架结构是由AO$_6$八面体和BO$_4$四面体共同形成的。NASICON结构类型的陶瓷离子电解质的室温离子电导率可以超过1.0mS/cm，但晶界电导率偏低，因此，总离子电导率不高[135]。近些年来，通过取代等方式，NASICON类固态电解质室温电导率已经有了明显的提高。

② 硫化物固态电解质。与氧化物固态电解质相比，硫离子的电负性和离子半径比氧离子低，因此，硫化物固态电解质对锂离子的结合力更低，它形成的离子传输通道要宽于氧化物电解质，更易传输锂离子，因此硫化物电解质通常具有更高的离子电导率。除了高离子电导率，硫化物电解质还具有优异的热稳定性、宽广的电化学窗口、良好的机械性能等优点。但是硫化物固态电解质在空气中极不稳定，易与水和氧气发生反应，生成剧毒的硫化氢气体，所以，对于硫化物固态电解质的制备与组装，均需在充满氩气气氛的手套箱中进行操作。

其中，Li$_2$S-P$_2$S$_5$型硫化物电解质是一类研究十分广泛的固态电解质，通常Li$_2$S-P$_2$S$_5$玻璃态固态电解质的离子电导率较低。Hayashi等[136]发现通过高温析晶后的Li$_2$S-P$_2$S$_5$玻璃相发生晶化变成玻璃–陶瓷，这种两相结构大幅度提升了它的离子电导率，所制备的80Li$_2$S-

20P$_2$S$_5$玻璃-陶瓷固态电解质其离子电导率可达0.721mS/cm，而锂含量更低的70Li$_2$S-30P$_2$S$_5$玻璃-陶瓷电解质的离子电导率更是达到了3.2mS/cm。除了固态电解质本身对电解质的影响外，界面对电解质离子电导率的影响也不可忽视，Seino等[137]报道了通过热压的方法制备的70Li$_2$S-30P$_2$S$_5$玻璃-陶瓷固态电解质，减少晶界孔隙，提高致密度，可将离子电导率提高至17mS/cm。当然，还可通过对固态电解质掺杂来提高其各方面的性质。

③ 其他无机固态电解质。其他的无机固态电解质包括Li$_3$N型固态电解质、Li$_3$InX$_6$（X=Br、Cl）型固态电解质、Li$_3$OCl型固态电解质等。Li$_3$N型晶体具有层状结构，锂离子可以在层与层之间进行传输，其锂离子电导率可达到1.0mS/cm，但是Li$_3$N的电化学稳定性较差，可通过掺杂一些卤素元素、碱金属、碱土金属或其他一些元素，提高材料的分解电压[138]。Li$_3$InX$_6$（X=Br、Cl）是具有缺陷的岩盐结构的固态电解质，这种结构具有非常宽的锂离子通道，室温离子电导率约为1.0mS/cm[139]。此外，对Li$_4$SiO$_4$固态电解质也有研究，但其本身的离子电导率不高，可通过掺杂三价阳离子来提高材料的离子电导率。Li$_3$OCl型固态电解质具有反钙钛矿结构，具有非常高的室温离子电导率（25mS/cm）、宽电化学窗口且与金属锂非常稳定的特点。Li$_3$OCl中Cl在立方体的中心，O在八面体的中心，是一种富锂结构，通过高价离子的掺杂，可以进一步提高晶格中的空位，拓宽锂离子的传输通道，进而提高电解质的离子电导率[140]。

2）聚合物固态电解质

聚合物固态电解质的概念是在1973年提出来的，大多数聚合物电解质的室温离子电导率都可达到1.0mS/cm[141]。聚合物固态电解质是由极性高分子和金属盐络合形成的，具有良好的成膜性、可弯曲性和高安全性等优点。1979年，Armand等[142]发表了第一篇将聚合物固态电解质应用于锂离子电池的文章，极大地推动了凝胶全固态锂（离子）电池的发展。锂离子通过聚合物的分段运动在聚合物的链条间传递，主要发生在聚合物电解质中的凝固液相或者凝胶相中。聚合物固态电解质可以被看作在液相和固相之间的中间相状态，被认为是一种半固态电解质，它比无机固态电解质的离子电导率高，比液态电解质的机械强度高，结合了两者的优点，被认为是最有前景的固态电解质之一。

基于聚氧乙烯（PEO）的凝胶聚合物电解质因PEO对液体溶剂和锂离子都具有亲和力，受到了广泛关注。PEO基聚合物电解质的导电过程主要是通过锂离子不断地与醚氧基发生络合反应/解络合反应，通过链段运动实现锂离子的迁移。将聚环氧丙烷（PPO）和PEO共聚可降低玻璃化温度，抑制PEO的结晶。此外，基于聚氟乙烯（PVDF）或者聚氟乙烯-六氟环氧丙烷（PVDF-HFP）的聚合物电解质具有多孔和半晶体结构，是非常好的结构基体材料，但是这种材料的机械强度不够高，可添加无机填充物来提高凝胶聚合物的强度，还可通过共混、共聚、复合的方法改性聚合物电解质的性能。除了上述聚合物基体外，聚甲基丙烯酸甲酯（PMMA）和聚丙烯腈（PAN）也是重要的聚合物电解质体系。总体来看，聚合物的黏合性能具有与电极形成更紧密接触的优点，并且它们也能更好地满足多种尺寸的要求且形状多样化。相较无机电解质，聚合物机械强度较差，热稳定性差，工作温度范围窄，电化学窗口狭窄，导电率相对较低，仍存在巨大的提升空间。

3）复合固态电解质

无机固态电解质和聚合物固态电解质有各自的优缺点，但这些缺点又极大地限制了它们的应用。复合固态电解质可结合无机固态电解质和聚合物固态电解质两者的优点，提高电解质的离子电导率、机械强度、电化学窗口及传输效率等。

在聚合物固态电解质中添加惰性的陶瓷添加剂，可提高聚合物电解质的离子电导率，这是因为添加的材料与活性官能团结合提高材料的表面积，增加了非晶区域的面积，提高了链段与离子的交联位点，从而拓宽了离子传输通道促进离子传输。这些陶瓷添加剂不仅可以提供结构支撑提高电解质的机械强度，还可以抑制聚合物链的重聚合，增加聚合物链的活动能力，加速链段运动。这些陶瓷填充剂包括Al_2O_3、SiO_2、TiO_2、ZrO_2、Fe_2O_3和B_2O_3等[143]，它们的尺寸控制在纳米尺度。纳米碳管、石墨烯、金属有机框架等多孔结构也可以作为添加剂提高聚合物固态电解质的离子电导率，多孔材料本身的结构就可以为锂离子提供三维的传输通道，使其具备良好的电化学性能，而且，多孔材料能吸附小分子，有利于提高电解质和电极之间的界面稳定性。

可在聚合物电解质中添加活性添加剂，有助于离子在电解质中的传导，并引发复合传导的新途径。活性添加剂可以直接提供大量锂离子，提高锂离子在固态电解质中的浓度，也可以促进离子对解离，改变聚合物结构，增加离子传输通道，从而提高离子电导率。Choi等[144]报道了一种将PEO和$Li_7La_3Zr_2O_{12}$复合的电解质，在55℃时具有0.44mS/cm的离子电导率。此外，$Li_{10}GeP_2S_{12}$和PEO基的凝胶电解质可制备超薄的复合固态电解质，不仅可在80℃具有1.2mS/cm的高离子电导率，还具备非常好的韧性和强度，是非常有前景的实用化固态电解质。

（3）固态锂（离子）电池的瓶颈和研究方向

尽管固态锂（离子）电池具备实现高能量密度、高安全性的潜力，但从现有的研发水平和研究结果来看，实际量产及大规模应用仍然有较大的难度，主要原因可以总结为以下几点：

① 卷对卷复合金属锂电极加工困难。

② 高锂离子电导率、高耐氧化电位的聚合物固态电解质尚未突破。

③ 固态电解质与正极颗粒界面电阻较大。

④ 循环过程中固态电解质相与电极颗粒接触变差。

⑤ 兼顾力学与离子传导性的超薄固态电解质尚未获得突破，能否完全抑制枝晶穿刺需要验证。

⑥ 内串电芯可靠性有待提高。

⑦ 空气中稳定的固态电解质需要发展（锂空电池）。

⑧ 固态锂（离子）电池的电化学性能尚不能与液态锂离子电池匹敌。

⑨ 规模化制造技术及成本经济性与液态体系相比优势不突出。

针对固态锂（离子）电池开发所面临的问题，目前主要的研究思路集中在以下几个方面。

① 开发高离子电导率、高稳定性（热稳定性、电化学稳定性及化学稳定性等）的固态电解质材料，包括无机固体电解质、聚合物固体电解质及薄膜固体电解质。

② 开发稳定的金属锂负极，如通过表面修饰、原位固化等。

③ 通过包覆及界面修饰等手段降低固态电极与固态电解质之间的界面阻抗。

（4）固态电解质材料前沿进展

1) 聚合物固态电解质

聚合物固态电解质中研究最早且最为广泛的为PEO基固态电解质，其具有良好的成膜性和机械延展性，目前已经成功商用化。然而，其室温离子电导率较低，需要在60℃以上才能工作。此外，氧化电位较低，一般采用磷酸铁锂正极材料。采用高电压正极材料如钴酸锂和三元材料时，需要对正极材料表面进行修饰，隔绝正极对PEO的催化分解或者正极与PEO之间的副反应。近日，关于正极包覆氧化物固态电解质用于改善PEO全固态电池循环性能的多项工作报道，可以显著提升钴酸锂正极材料在PEO全固态电池中的循环稳定性。其他聚合物固态电解质包括PAN、PMMA、PVDF、PPC等，相比PEO具有较高的氧化电位，但是成膜性较PEO差，单一材料的综合性能还不能满足实际应用。

2) 氧化物固态电解质

氧化物固态电解质主要包括钙钛矿架构LLTO、NASICON结构的LATP和LAGP、LISICON结构的LZGO、石榴石结构的LLZO，此外，还有反钙钛矿结构的Li_3OX和常用于薄膜电解质的LIPON。氧化物固态电解质离子电导率较聚合物高，室温离子电导率可以达到10^{-4}~10^{-3}S/cm。烧结温度较高，硬度较大，单纯的氧化物固态电解质陶瓷片较脆，加工成本高，难以应用于实用化全固态电池中。目前主要商业应用场景为涂覆隔膜、固液混合体系固态电池。

3) 硫化物固态电解质

硫化物固态电解质材料体系是固态电解质中离子电导率最高的体系，LGPS系列电解质材料离子电导率可以达到10^{-2}S/cm以上（$Li_{10}GeP_2S_{12}$材料离子电导率达到12mS/cm，$Li_{9.54}Si_{1.74}P_{1.44}S_{11.7}Cl_{0.3}$材料离子电导率达到25mS/cm），超过现有液态电解质的离子电导率水平。但是硫化物固态电解质的空气稳定性差、电化学稳定性差（与正负极界面兼容性差）及成本较高制约着其大规模应用。国际上研究学者对硫化物固态电解质空气稳定性的改善方法聚焦于元素掺杂/替代（包括O替代S和阳离子掺杂/替代），但只能在一定程度上缓解硫化物固态电解质的空气稳定性。对于电化学稳定（与正负极界面兼容性）的研究包括理论计算预测改性方法和与正负极兼容的界面层材料，实验上进行相应的界面修饰，缓解空间电荷层所导致的界面离子传输受阻问题。对于成本方面，目前国际上报道的硫化物固态电解质研究成果的制备成本均含有昂贵的硫化锂源材料且制备条件苛刻，难以规模生产。另外，所采用的粉末全固态电池也难以放大。国内在该领域较为领先的是中科院物理所研发团队，在硫化物固态电解质制备成本、空气稳定性，以及湿法涂覆制备硫化物固态电解质膜及其复合极片方取得了突破性进展。为硫化物固态电解质及其全固态电池走向实际应用奠定了重要的基础。

2.3.1.2 锂硫电池

早在1940年人们就开始研究锂硫电池了,锂硫电池的负极采用金属锂,正极采用硫,硫的容量非常高,可达到1600mA·h/g,但锂硫电池也有不少痛点。

(1) 电极循环性能差

锂硫电池的电极循环性能差。硫电极放电的时候不是直接生成硫化锂,而是逐步被还原,伴随多硫化锂中间产物的生成;多硫化锂会溶解在电解液中,发生溶解流失。溶解的多硫化锂一方面会扩散到负极还原,再在正极氧化,产生穿梭效应,导致低库仑效率和高自放电;另一方面,溶解的多硫化锂在充电过程中还会在正极表面优先沉积,导致电极因表面孔堵塞而失活,因此,电极循环性能很差。

目前,科研界用多孔碳材料去阻挡或吸附多硫离子,减少它的溶解流失。这种策略在学术上看似很有效,但实际作用非常有限。两者的主要区别在于实验室的研究工作都是基于很小的扣式电池,电极很薄,硫负载量不高,总的硫量大约为几个毫克级;而实际电池的硫含量较大(克级),且电极很厚,单位硫载量很高。

锂硫电池硫的利用效率低、电极循环性能差主要归因于液态多硫化物的穿梭效应及其向固态硫化锂转化缓慢。加速多硫化物的转化,抑制穿梭效应,对提升电池可逆容量和循环性能,推进锂硫电池的商业化进程具有极为关键的作用。

天津大学杨全红等[145]创新性地制备出孪生的TiO_2-TiN异质结构(见图2-85),将孪生TiO_2-TiN杂化结构负载到石墨烯上,TiO_2对LiPSs具有强吸附性而TiN具有很强的导电性,LiPSs在二者界面上实现了快速"吸附-转化"过程,极大地抑制了硫正极中多硫化锂的穿梭效应,循环性能得到极大的提高(>2000周)。

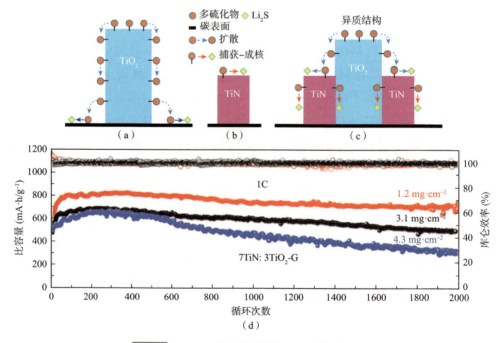

图2-85 TiO_2-TiN异质结构设计原理和循环性能图

加拿大滑铁卢大学陈忠伟院士团队与河北工业大学张永光副教授团队合作[146]，首次将低带隙缺硒的硒化锑半导体引入隔膜的改性。采用喷雾干燥工艺构建了完整的微球结构，确保长程电荷传输，随后的化学还原和快速热冲击使得Sb_2Se_{3-x}/rGO复合物中引入大量V_{Se}。该半导体缺陷工程不仅可以显著提高其导电性、加强化学吸附多硫化物，而且极大地促进了催化多硫化物的动力学转化过程。这种Sb_2Se_{3-x}/rGO改性隔膜的锂硫电池表现出优异的循环性能，在1C倍率下时每次循环的容量衰减仅为0.027%。哈尔滨工业大学的张乃庆团队[147]设计并制备了一种石墨烯负载氮化钼纳米片结构的锂硫电池中间层，具备阻挡多硫化锂和避免硫化锂累积的双功能性。深入的机理研究显示，一方面，氮化钼和多硫化锂之间的强化学键合和色散相互作用能够有效阻止多硫化锂的扩散；另一方面，氮化钼的路易斯酸性表面能够通过共价-活化机制降低硫化锂中锂-硫键的结合，促进硫化锂的分解。电化学测试结果显示，使用该中间层的碳-硫复合正极在1C倍率下循环1500次后容量衰减率，仅为每次循环0.023%。

为了得到循环性能更加稳定的锂硫电池，不少研究者着力于分别针对硫正极和锂负极两电极进行改进，将改进的两电极组装成全电池，使电池的循环性能大幅改善。中国科技大学余彦团队[148]设计了一种双功能的柔性自由基纳米碳纤维导电框架，它同时嵌入异质结构（TiN-VN@CNFs）作为硫正极和锂负极的宿主。作为正极宿主，TiN-VN@CNFs可以提供物理约束、化学锚定和极好的LiPSss氧化还原反应电催化的协同作用。同时，精心设计的具有优良亲锂性的宿主可以实现均匀的锂沉积，抑制锂枝晶的生长。结合这些优点，全电池（S/TiN-VN@CNFs||Li/TiN-VN@CNFs）具有显著的电化学性能。

（2）锂负极的可充性

锂负极的可充性也是一个难以短时间解决的问题。电化学反应必须包含几个串联的过程，第一个过程是反应物从本体溶液向电极表面的传输，称为液相传质；第二个过程为反应物在电极表面得到或失去电子，形成产物的过程，称为电化学反应步骤。哪个速度慢，电极反应就受哪个步骤控制。

对于锂电极来说，其电子交换过程非常快，因此，液相传输是其反应控制步骤，也就是将锂离子从溶液本体传输到电极表面这一步相对慢。这就带来了一些问题，液相传递实际上是受对流影响的，只要有重力，就会存在对流，而电极表面每一点的对流速度并不相同，因此，每一点的反应速度也就不同。长得快的地方，锂离子的传输距离就越短，锂的沉积速度就越来越快，这就是锂枝晶生长的原因。

当然，正负极之间的距离不一样，电流的分布也就不一样，这也是导致锂枝晶生长的重要原因。显然，这些因素在实际电池中是很难避免的，因此，枝晶生长引起的锂的可充性问题不能说没有办法，而是目前还很难找到有效的方案。

金属锂负极在电化学沉积-剥离过程中存在不受控的枝晶生长、无限的体积膨胀及不可逆的界面副反应等棘手的问题。常见的改善金属锂负极-电解质界面稳定性的方法包括使用三维集流体、构建人工SEI膜、开发新型电解液添加剂等。

加拿大西安大略大学孙学良团队[149]通过3D打印方式设计的3D垂直排列锂负极能够有效地通过"微通道壁内的成核"方式控制锂的沉积行为，从而实现高性能、无枝晶的锂负极。此外,微通道有利于促进锂离子的快速传输,同时能够提供足够的空间来容纳脱/嵌锂过程中的金属锂。结果表明,该3D锂负极能够同时满足高工作电流密度、高面容量及超长循环寿命的需求。Peng等[150]基于一种简单有效的方法在锂金属表面制备了一种人工保护界面,并利用此表面保护的锂金属负极有效提升了锂二次电池的循环性能。通过将双(三氟甲烷磺酰基)酰亚胺银溶解于1,2-二甲氧基乙烷和氟代碳酸乙烯酯的混合溶剂中,即可形成一种特殊的银离子前驱液。得益于银离子较强的氧化性,此类银离子前驱液与锂片接触时即会发生快速的离子置换反应,在锂金属表面形成大量的银纳米颗粒。银离子被高效还原的同时会在锂金属表面释放大量的自由锂离子,与在氟代碳酸乙烯酯分子上的电负性氟原子键合而形成高品质的氟化锂界面,在电池循环过程中进一步演化为富氟化锂的SEI膜,对锂金属界面起到至关重要的保护,如图2-86所示。

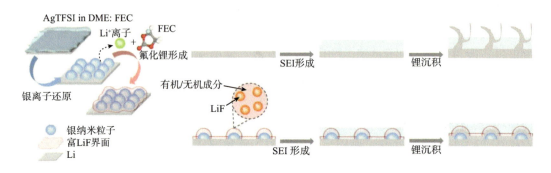

图2-86 Li-Ag-LiF表面的形成,以及Li的成核和SEI的协同控制示意图

上述构建人工SEI膜、使用三维集流体等方法要么会一定程度上牺牲全电池的能量密度,要么就是很难在实用性方面取得突破。开发新型电解液添加剂是一种能够与现有电池生产工艺相兼容的方法。理想的电解液添加剂不仅需要协助形成坚固稳定的SEI膜,还必须能够调控锂离子在界面上的分布。江苏师范大学化学与材料科学学院的赖超团队[151]利用长苯基碳链的聚氧化乙烯作为电解液添加剂,与锂离子络合来稳定金属锂负极界面的工作。该电解液添加剂中的氧化乙烯基团具有很强的亲锂性,与锂离子络合调控锂离子在负极表面的均匀沉积。此外,该添加剂可降低电解液黏度,使得负极-电解液界面上的传质过程加快,保证高倍率大电流下的电池正常工作。

(3)体积能量密度较低

锂硫电池的体积能量密度比较低,可能仅与磷酸铁锂电池相当。因为硫是绝缘体,要想让它导电、让它反应、让它分散,就必须采用大量高比表面的碳,导致硫/碳复合材料的密度非常小。此外,硫的反应是先溶解,再沉积,所以,电极上必须存在大量的液相传输通道。

现在大部分锂硫电池的硫电极极片是不能压的,涂片质量直接决定了后续使用状态,孔隙率特别高,所以,其体积能量密度非常低。对于车来说,特别是乘用车,当能量密度达到一定值后,体积能量密度就更为重要了,因为乘用车没有那么多地方装电池。

针对以上应用性瓶颈问题,目前常见的方法是通过提高电极的孔隙率和加入过量的电解液来提高硫及稳定硫的比容量。然而,要使锂硫电池体系达到与商业化里锂离子电池相媲美的商用级别，锂硫全电池必须同时达到高质量能量密度（E_g）和高体积能量密度（E_v），这使得"如何保持高活性物质含量的同时，减少非活性物质的比例"成为亟待攻克的核心难题。因此，理想的可商业化的锂-硫电池应该是可以实现在高活性物质、少电解质和正极低孔隙率这些严格的条件下工作的。

美国麻省理工学院核科学与工程系和材料科学与工程系的李巨与索鎏敏团队在高E_g和E_v硫正极方面取得了突破性进展，他们提出了一种快速锂嵌入和高振实密度的电化学活性Chevrel相Mo_6S_8和具有转化反应机制的S_8进行组合来实现高性能锂硫电池[152]，如图2-87所示。Mo_6S_8是一种电子导电性和电化学活性较高的独特化合物，可以有效地减少高比表面碳材料的使用，从而可以将正极孔隙率从约70%降低至55%。由于其独特的结构，可以同时容纳多价和单价阳离子，在锂化/脱锂过程中具有快速离子传输性能和良好的结构稳定性。理论上，这种设计可以实现比传统C/S_8正极的Eg和Ev高这一目标。为了比较不同锂硫电池工作的全电池能量密度，该团队组装了约85%（质量分数）的活性（$S_8+Mo_6S_8$）正极材料，其表现出良好的倍率性能（达到$6mA/cm^2$）、稳定的循环性，并且正极的孔隙率大大降低了（体积分数约55%），实现了1.2μL/mg的极低电解质/硫比（E/S比）。此外，基于混合正极和两倍过量锂金属负极，成功组装出的Ah级软包电池能够提供$366W·h/kg$和$581W·h/L$的高E_g和E_v，在综合能量密度方面优于一般锂硫电池和商业锂离子电池。

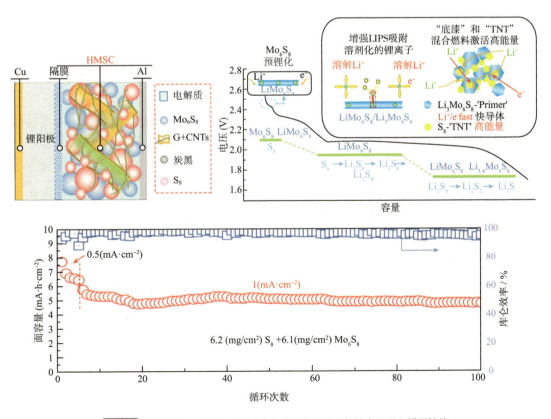

图2-87　具有Chevrel相Mo_6S_8锂硫电池组装原理及其放电机理和循环性能

由Mahdokht Shaibani博士带领的澳大利亚莫纳什大学研究团队从黏结剂角度出发[153]，设计了全新的锂硫电池正极结构。与传统的研究方式不同，该团队的研究者们并没有使用黏合材料来形成密集的网络，而是决定"给硫颗粒一些喘息空间"。他们通过改变传统硫电极的制备工艺，在碳基质和硫颗粒之间形成超强的桥接键，使其能够在充电过程中随着电池的膨胀而留出额外的空间。使用该工艺制成的硫电极，其负载量高达$13mg/cm^2$，表现出了超高的硫利用率（约85%）和面容量（约$19mA·h/cm^2$），并且可以稳定循环200圈，库仑效率超过99%。

为了实现高E_g和高E_v的高性能锂硫电池，电解质溶液的用量是一个不可忽视的因素。因此，高性能的贫电解质锂硫电池的构筑对于发挥其在能量密度方面的优势是必要的。然而，由于电化学反应过程依赖于电解液体积，在低E/S比条件下获得快速的硫动力学、高放电容量和稳定循环性的电化学性能面临着严峻挑战。在硫面载量（单面）高于$4mg/cm^2$的情况下，为了获得低成本和高能量密度（>500W·h/kg）的锂硫电池，必须将E/S比控制在$3.0μL/mg$以下。具体实现高性能贫电解质锂硫电池的手段主要有以下4点：

① 碳硫复合材料的结构设计。低E/S比条件下，构建三维骨架网络以提供充足的导电表面和高反应活性区域，可以有效地实现正极在恶劣条件下的正常循环。

② 正极的结构设计。通过合理设计纳米碳颗粒单体和功能性黏结剂，可以实现具有低E/S比的高性能涂覆式电极。

③ 非均相电催化。电催化剂加速了LiPSs的转化，进一步缓解了活性材料分布不均、电解质黏度增加和导电表面减少的问题。

④ 均相介质。通过构建额外的反应路径来调节LiPSs的转化和Li_2S的沉积，均相介体在低E/S比的条件下具有独特的优势。

锂硫电池作为目前最具潜力的锂离子电池的替代品之一，距离其商业化还有很长的路要走，还需要科研人员与工业界的共同努力。

2.3.1.3 锂空气电池

锂空气电池是一种采用锂作为负极活性材料，采用多孔的气体扩散层电极作为正极材料的电池，按电解质体系主要分为有机电解液体、水性电解液体系、混合电解液体系和全固态电解质体系。

相比目前的锂离子电池，锂空气电池的蓄电量是锂离子电池的10倍以上，而且锂空气电池的重量更小，占用空间更小。所以，锂空气电池一直被当作未来混动汽车或者纯电动汽车的备选电池之一。尽管这些年来在催化剂选择、机理研究、电解液选择、可充性等方面已经取得了很大的进展，但作为一个产品，锂空气电池有如下4个致命缺陷。一是水分的控制。锂空气电池是一个开放体系，这是和锂离子电池不一样的，锂空气电池要用空气中的氧，而空气中含有水，锂会与水反应。既要透氧又要防水，这是一个很难解决的问题。二是氧的催化还原。氧的反应速度非常慢，要想提高氧的反应活性，必须采用高效的催化剂，现在的催化剂都是贵金属，因此，必须发展高效廉价的催化剂，而这也一直是制约燃料电池发展的短板。三是金属锂负极的可充性。即一直在不断研究中的锂枝晶问题。四是放电产物的再分解。锂空气电池的放电产物是锂氧化物,将固态的锂氧化物再催化分解成氧和锂,非常艰难。

针对以上由于开放空气体系和特殊的充放电产物造成的应用难题,锂空气电池面临的挑战主要来自电解质、空气电极和催化剂三个方面。所以,锂空气电池领域的研究进展可以从电解液、空气电极体系设计和催化剂材料的发展情况来观察。目前采用的电解液包括传统酯类、醚类、砜类、离子液体等,但均存在不同程度的高电位充电下变质的问题;电极保护主要面临电极材料的选择及电极结构设计问题;催化剂则面临着催化效率的问题。

(1) 电解质

传统锂氧电池的有机液体电解液不稳定,使得开放体系中的非水系锂空气电池的电解液容易挥发。并且,液体电解液渗透在空气电极中,氧气扩散受阻,使得溶解在电解液中的氧气发生电化学反应,造成大范围极化反应。当大部分研究工作都集中在改善库仑效率和循环寿命时,$Li-O_2$(空气)电池的安全性问题被忽略了。为了解决易燃液态电解液的安全性问题,使得$Li-O_2$电池作为电动汽车能源来使用,基于聚合物电解质的固态(polymer electrolyte-based solid state,PESS)$Li-O_2$(空气)电池由于具有良好的加工性和机械强度,成为了液体电解液更好的代替者。

图2-88所示为PESS $Li-O_2$(空气)电池构造。

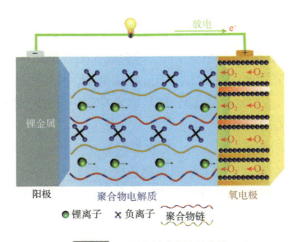

图2-88 PESS Li-空气电池构造

聚合物电解质的稳定性在长寿命PESS Li-空气电池中扮演着重要角色,一般由以下一系列方法完成:①开发特殊抗氧化剂,抑制环境中氧族聚合物基质的氧化;②设计和制备新型聚合物基质,在聚合物侧链上拥有高电子吸附/亲电子官能团,以及以上提及的电子吸附官能团相邻的氢原子。

提高聚合物电解质的离子导电性十分重要,将其导电性提高到10^{-3}S/cm以上是实际应用PESS Li-空气电池的先决条件。可选择的方法很多,如开发新型聚合物/共聚合物基体和锂盐、联合使用锂离子活性/非活性填料,以及开发新型聚合物盐体系。

表面化学是未来发展PESS Li-空气电池的限制因素,包括锂离子在聚合物电解质复合物中的转换，通过电解质和电极之间的表面，最终影响PESS Li-空气电池的循环寿命。构筑高效的界面工程指导方针如下：①提高阳极、聚合物电解质和阴极的兼容性；②提高Li^+在固态电解质中的传输；③使用高效催化剂开发高性能阴极。

最后，应用PESS Li-空气电池的一个长期挑战是，如何阻止从阴极到阳极污染物的交叉污染，这将降低锂阳极的寿命并削弱电池的性能。高度阻碍O_2/CO_2及良好疏水性的功能性聚合物电解质可能会提供一种有效防止O_2、CO_2、H_2O侵蚀的方法，确保PESS Li-空气电池的稳定循环特性。为了得到良好的疏水性，氟化物或者硅化物等可以用作低表面自由能的疏水材料。另外，使用疏水官能团（—CH_2—）的聚合物基体也是另外一种方法。

（2）空气电极体系设计

锂空气电池的实质是锂氧电池，然而在空气中广泛存在的各种其他成分，除惰性气体以外，几乎都会与锂产生不利的化学反应。传统的锂空气电池在放电循环过程中从外部空气中吸取氧气来驱动化学反应，而在充电循环的反向反应过程中氧气再次被释放到大气中。在新一轮的充放电过程中，锂和氧之间的电化学反应依旧发生，但此时的反应却不再使氧还原成气态形式，这些问题极大地影响锂空气电池的寿命。

另外，随着充放电化学反应过程的进行，氧在气体和固体之间转化，此时材料需经历巨大的体积变化，从而扰乱结构中的导电路径，进而严重限制其使用寿命。之前研究中，锂空气电池较差的循环（大多几十次）基本都与此问题有关。

有些研究也会建议使用外带氧气罐提供纯氧来解决这个问题，但是这在实际应用中是极其不实际的一种选择。一是因为氧气罐会极大地降低该体系的理论能量密度，从3500W·h/kg的理论密度的基础上继续扣除氧气罐的重量，最终可能导致该体系完全丧失能量密度这一唯一的优势；二是极端危险，氧气罐本身就会带来使用上的危险，这对于电池要求的安全性来说更是难以跨越的门槛。

通过不太困难的表面保护层生成工艺，在抑制与空气中N_2、CO_2、H_2O反应方面的确取得了良好的效果，至少在基础研究上证明了突破这一问题的可能性。当然也有业内人士指出，该类保护层的稳定性并不是特别的理想，可能还需要进一步深入研究加重复验证，进一步落实该研究方向的成果，以指引接下来的发展方向。

美国阿贡国家实验室陆俊研究员和美国麻省理工学院李巨教授[154]将锂氧化合物的纳米级颗粒嵌入在海绵状的氧化钴晶格中，从而设计出一种区别于传统锂空气电池的新型电池体系。该方法是通过创造纳米级的微小颗粒，将锂和氧容纳在杯子里，使其紧紧地限制在氧化钴晶格中。研究人员将这些粒子定义为nanolithia，在这种形式下，LiO_2、Li_2O_2、Li_2O可以完全被束缚在固体材料内部，降低了1/5的电压损失，从1.2V到0.42V。nanolithia颗粒通常会很不稳定，因此研究人员将其嵌入在氧化钴晶格内，形成的海绵状材料的nanolithia颗粒的孔隙直径只有几纳米。这种模型有利于颗粒的稳定，同时也可以为它们的转化充当催化剂。

南开大学周震教授科研团队在锂电极保护问题上取得了进展，他们开发了一种非常简单的方法来保护锂空气电池中的锂电极[155]。1,4-二氧六环（DOA）在金属锂的催化下会生成高分子聚合物质，这种聚合物能够保护金属锂不被继续消耗。利用这一特点，周教授的科研团队首先将金属锂电极浸泡在1,4-二氧六环的溶液中，紧接着，在锂的催化下，1,4-二氧六环在锂电极的表面形成一层高分子聚合物保护膜。因为这层保护膜的存在，显著提升了锂空气电池的循环性能。通过对使用了不同次数的锂电极进行检测，发现在这层高分子聚合物保护膜的存在下，锂电极表面的副反应被大幅度削弱，即锂电极被电解液消耗的程度大大减少，这个现象表明保护膜的存在能够有效地抑制金属锂电极在电池内的自耗。

美国伊利诺伊大学芝加哥分校、阿贡国家实验室和加州州立大学北岭分校的联合科研团队在《自然》杂志上发表文章[156]，成功制成了可以在类似于空气的气氛中循环超过700次的锂空气电池，打破了之前锂空气电池只能使用纯氧且循环寿命短的限制，让人们看到了这种拥有极高理论能量密度的电池取代现有锂离子，突破电动汽车里程瓶颈的可能。

在负极，他们为锂金属增加了一层由碳酸锂/碳（Li_2CO_3/C）组成的致密的保护性涂层。涂层的过程异常简单：直接由锂金属与二氧化碳通过10次充放电循环，在电极的表面进行化学反应，就可以完成。碳酸锂会阻止锂离子之外的其他化合物进入，从而保护阳极不受空气中氧气之外的其他组分的破坏。而在大气环境中，碳酸锂并不会和空气中的水蒸气产生自发反应，因此，这个保护层既不会参与电池的化学反应，也不会被破坏。在涂层的保护下，单次循环的锂保持率高达99.97%，大幅优于没有涂层的锂空气电池。

（3）催化剂

目前，低能量效率和循环寿命是阻碍锂空气电池实际应用的关键问题。究其缘由主要是涉及反应核心物质——过氧化锂（Li_2O_2）在电池循环过程的不可控。固相催化剂的引入可以加快氧化还原反应动力学，并促进Li_2O_2的分解。但电催化反应被限制在催化剂与Li_2O_2接触界面，导致催化剂的活性位低利用率。并且有些高效催化剂在促进Li_2O_2分解的同时也促进了电解液的分解。近来，可溶性催化剂的使用拓展了催化剂的作用范围，可以显著降低Li_2O_2的分解电压，提高空气电池的循环性能。尤其是在高施主数（DN）溶剂促进电池的高倍率和大容量运行情况下，可溶性催化剂的使用将更加有利于高能量密度、长寿命锂-空气电池的实现。但是由于高DN溶剂自身的强极性，极易受到氧还原中间体的攻击，导致副反应的发生。因此，为了减少电池循环过程中的副反应并提高循环效率，开发可控制Li_2O_2的形成和分解的功能性催化剂具有重要意义。

总体来说，锂空气电池目前几乎处于实验室研发阶段，因为其副反应太多，控制较为困难，设计技术路线、实现实用化还有漫漫长路。针对动力电池行业的需求，还需要考虑以下三个方面的内容：

① 高质量比能量——关乎电动汽车的续航里程问题，这也是锂空电池技术潜力和希望所在。但是，如何发挥锂空气电池的理论容量还需要进一步的研究。

② 高体积比能量——以乘用车为代表的电动汽车对于电池体积有严格的要求，此时电池不仅要轻，还要小，要能"塞"入汽车。而对于包括锂空电池的很多新兴电池技术来说，它们的体积相关的参数常常是非常不理想的，因为常常使用的是低密度、高孔隙率的材料体系，目前更适合于对于体积要求不高的固定式储能场合。

③ 能量转换效率&快速充放——实际上我们使用电池都希望可以"进去多少能量，出来多少能量"，当然这是不可能的，但是高的转换效率意味着更少的能量损失，也意味着快速充放（内阻小——能量转换效率高——发热浪费小——更有利于使用快充类）。而在此时，锂空气电池即使在低倍率下都极大地极化，必然会导致非常不理想的能量效率与倍率性能，这也是其在动力电池领域中的实用化要克服的重要障碍。

锂空气电池作为目前极有前景的储能技术之一，同时最新的研究表明很有希望解决重要的技术瓶颈问题，还需要科研人员与工业界以工业实用化为期望目标开展应用研究。

2.3.1.4 其他新型电芯技术

（1）锌离子电池

锌资源丰富、成本低、容量高且对环境友好，被认为是新型能源装置最具前景的负极材料之一。近两年，可充电中性水系锌离子电池（ZIB）由于低成本、高安全、环保、高性能的优点得到了持续关注，而这几点都是当前有机体系电池所难以企及的。因此，水系锌离子电池（ZIB，锌为负极）已被认为是下一代能源存储技术中非常有前景的替代品。然而，目前对ZIB正极材料的研究仍然处在初级阶段，颇具挑战。

锌离子电池的定义源于其充放电过程中，正极材料可进行Zn^{2+}的脱嵌，负极可进行Zn的氧化溶解/Zn^{2+}的还原沉积，电解液为含Zn^{2+}的近中性或弱酸性水性溶液。其不同于碱性锌电池（负极为锌及其氢氧化物/氧化物的溶解/沉积反应；正极为质子脱嵌反应，如传统的锰-锌、镍-锌电池，或正极与氢氧根反应，如四氧化三钴-锌电池），也区别于其他利用锌作为负极的非碱性电池体系（负极为锌的溶解沉积反应，正极为其他离子参与的反应，其本身不发生Zn^{2+}脱嵌），如图2-89所示。

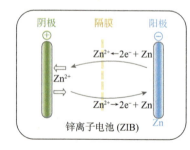
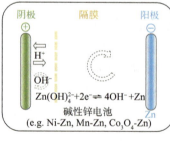
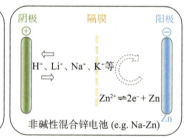

图2-89 锌离子电池工作原理

锌离子正极材料的研究是实现其产业化的重中之重。锌离子电池要求正极材料能够发生可逆的Zn^{2+}脱嵌。由于Zn^{2+}嵌入/脱出反应为两电子过程，离子迁移能垒较大，电化学极化较高，使得宿主微观结构和相结构易破坏，抑制了锌离子电池的电压、倍率及循环性能。目前研究的正极材料主要包括Mn基、V基、普鲁士蓝类似物、Chevrel相化合物、有机正极材料等。各类正极材料各具优势，V基材料具有多样的配位多面体和晶体结构，通常具有较好的循环和高倍率性能，但是其放电电压过低（<0.8V）；普鲁士蓝类似物虽然具有较高的放电电压（>1.7V），但是其放电比容量普遍低于130mA·h/g；Chevrel相化合物放电电压及容量都较低；有机正极材料目前表现出高的比容量和略低于锰基的放电平台；Mn基材料相对具有较高的放电比容量和适中的放电电压,但是由于Mn的溶解问题导致循环和倍率性能较差。总的来说,开发具有高比能量、高功率、长寿命的低成本水性锌电池应该集中在以下三个方面。①寻找具有高电压、高比容量、高倍率、长寿命的正极材料。②寻求高度可逆的锌负极材料,提高Zn负极在高放电深度下的循环性能。③寻求廉价、稳定的水性电解液。

阿德莱德大学的乔世璋教授团队通过对锌离子电池中质子活性的优化,发现并激活了锌离子电池中"潜伏"的一步高电压反应机理,成功提出了正负极均为两电子反应的新型电解Zn-MnO_2电池[157]。电解Zn-MnO_2电池具有高达~2V的理论电压,负极理论质量比容量为820mA·h/g,正极理论质量比容量为616mA·h/g,以及高达700W·h/kg的理论比能量密度。合成制备及电池组装简易,只需要硫酸锌、硫酸锰及微量硫酸作为电解液,泡沫锌负极,正极为碳布集流体,可轻易实现串并联电池组,以及更为规模化能源存储的液流电池组设计。试验中,此电解Zn-MnO_2电池具有实测电压1.95V的高且平整的放电电压平台,约570mA·h/g的高放电比容量,约409W·h/kg的高能量密度基于正极及负极活性物质。此外,根据作者保守估计,此新型电解Zn-MnO_2电池成本每千瓦时低于10美元。

(2)铝离子电池

在目前所有金属电极材料中,金属铝具有最高的体积比容量、质量轻、可靠性高、使用安全、价格低廉且资源丰富等优点,典型的多电子反应特点使铝离子电池成为储能系统的理想选择。然而,由于铝离子具有三电子的高荷电量,电极反应动力学不佳,充放电时容易破坏材料结构,发生三电子反应的过电位较高,导致循环性不佳,目前还难以兼具高能量密度和优良循环性能。这些技术难题导致铝离子电池一直没有成功应用于电化学能量存储和转换技术中。开发高性能正极材料和新型电解液是铝离子电池亟待解决的问题。

北京理工大学吴锋院士团队在铝离子电池正极材料研究中取得了突破性的进展[158]。通过原位电化学转化反应首次合成了$Al_xMnO_2·nH_2O$化合物作为铝离子电池正极材料,同时采用$Al(OTF)_3$-H_2O电解液成功构建了水系铝离子电池Al/$Al(OTF)_3$-H_2O/$Al_xMnO_2·nH_2O$。该研究团队设计了一种原位转化电化学反应来使得尖晶石型Mn_3O_4转化为含水的层状、无定形混合相$Al_xMnO_2·nH_2O$。为了验证该方法的可行性,采用电子能量损失法(EELS)、X射线光电子分析,以及透射电子显微镜-能量色散X射线光谱对反应产物的化学状态和元素种类进行了分析与表征。通过分析,电化学转化反应后Mn元素由2价/3价转化为4价。热重分析表明反应产物在50~300℃表现出更明显的质量下降趋势,表明在转化反应过程中结晶水的损失,如图2-90所示。通过以上一系列表征分析进一步证明了$Mn_3O_4 \rightarrow Al_xMnO_2·nH_2O$原位转化反应的发生。该工作首次将尖晶石-层状转化反应应用于水系三电子电池体系中,为铝离子电池电极材料及新型电解液的开发提供了新的路径,展现了过渡金属氧化物电极材料在构筑高能量铝离子电池体系方面的应用潜力,为实现高安全高性能的大型储能系统提供了新思路和新方法。

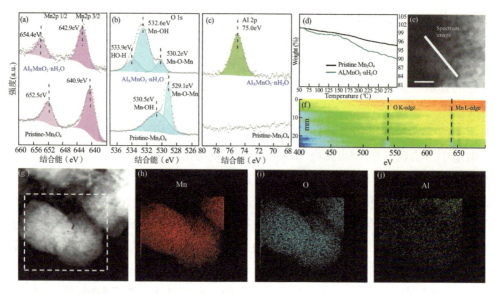

图2-90　电化学反应的作用下尖晶石型Mn_3O_4转化为层状$Al_xMnO_2 \cdot nH_2O$

(3) 钾离子电池

在钠离子电池受到学术界广泛关注的同时，碱金属兄弟之一——钾元素受到的关注却要少得多。虽然同为第一主族元素性质相似且钠钾具有相似的储量，但在钠钾之间，前者似乎更有希望，毕竟钠离子与锂离子半径上更为接近，但对于钠离子和钾离子电池的试验结果显示，钾离子的这一劣势有可能被其一些独特优势得以弥补。

① 氧化还原电位。同为第一主族元素，锂、钠、钾的电极电位并不符合我们一般的常识推断，不是从上至下越来越负（即容易失去电子），锂-3.04V *vs.* SHE；钠-2.71V *vs.* SHE；钾-2.93V *vs.* SHE。因为电池的电压等于正负极的电势差，因此，由负极电位不那么"负"的钠材料构成的钠离子电池往往电压偏低，而锂和钾的电位更相似，所以钾离子电池有望与锂离子电池一样，在高电压这一方面确立优势。

② 石墨负极嵌入。石墨作为锂离子电池的主要负极材料，理所应当被照搬到钠离子和钾离子电池负极，但试验结果却发现钠离子不能嵌入石墨层状结构中，目前钠离子电池使用的负极材料，硬碳是一个主要的发展方向，但其性能并不能让人十分满意，且价格高于石墨。而出人意料的是半径更大的钾离子却可以嵌入石墨，并提供大约250mA·h/g的比容量。

③ 碱金属负极及枝晶问题。碱金属一直被期望能够直接应用为电池负极，因为它不需要任何非活性"宿主"从而带来极大的能量密度，但在充电过程中在固态金属表面的不规则沉积造成的枝晶和枝晶所带来的短路等安全隐患使得碱金属都不能直接应用于电池中，锂金属负极一直对于学术界和工业界都是一个很有挑战的问题，并非一朝一夕可以轻松解决。

有趣的是对于钾离子电池，这个问题完全可以以另一种思路解决：钠和钾的混合物在室温下变成液体，但锂和钠钾都不能形成合金。如果使用钠钾合金做负极，其在室温下为液态，而液体负极就完全没有枝晶形成的问题，充电过程中沉积的金属都会变为液态。而且钠钾合金与有机电解液的不混溶性又使得该液态金属负极并不需要固态电解质,从而使以合金为负极的电池可以在室温下运行。但由于钠钾电位的"相对差异"(钾电位更负,相对更容易失去电子),钠钾合金中具有活性的是金属钾,钠金属并不参与电池反应,但钠起到了把钾金属液态化的作用,钠钾合金作为钾负极具有579mA·h/g的比容量。

④ 正极材料。现今主流的锂离子电池正极结构(比如层状氧化物材料)照搬到钠离子和钾离子都没有取得理想的效果,磷酸铁锂、三元锂、锰酸锂都没有找到在钠离子电池体系中性能良好的对应物。而在钠离子电池中,普鲁士蓝$Na_2MnFe(CN)_6$是目前性能最好的正极材料之一,其理论容量为170mA·h/g,放电平台为3.4V,并具有很好的充放电倍率性能。当此正极和液态K-Na合金负极匹配进行电池研究时,却发现$Na_2MnFe(CN)_6$会逐渐变为$K_2MnFe(CN)_6$,并带来电位的上升,这也就意味着$K_2MnFe(CN)_6$可以作为一个钾正极使用,与K-Na合金或石墨组合成钾离子电池。与$Na_2MnFe(CN)_6$钠正极相比,其理论容量下降为156mA·h/g,但其放电平台上升为3.8V左右。因此,$K_2MnFe(CN)_6$(593W·h/kg)反而比$Na_2MnFe(CN)_6$(578W·h/kg)具有稍高的能量密度。而这个钾正极的能量密度甚至可以与一些主流的锂离子电池正极不相上下,如$LiCoO_2$(4V,140mA·h/g),$LiFePO_4$(3.4V,170mA·h/g)。

同时,在具有极高安全性的水系碱金属离子(Li^+/Na^+/K^+)电池中,钾离子电池相较于水系锂离子电池和水系钠离子电池而言更具优势,主要原因如下:第一,钾在地壳中的含量是锂的1290倍,具有很大的成本优势;第二,钾的标准电极电位比钠低0.22V,意味着同类型结构的钾正极具有更高的电压,从而使得全电池具备更高的能量密度;第三,在具有相同阴离子和相同浓度的水溶液中,钾盐溶液的离子电导率比锂盐和钠盐的电导率都要高很多,意味着用钾盐水溶液做电解液可以使全电池具备更快的充放电能力。然而,由于很多电极材料在水中存在溶解现象、传统水系电解液电压窗口较窄(小于2V)等问题,大大限制了电极材料在水系电池中的选择。因此,探索高性能的钾系正极、负极及宽电压窗口的电解液成为水系钾离子电池领域亟待解决的核心问题。

中国科学院物理研究所/北京凝聚态物理国家研究中心清洁能源重点实验室E01组博士生蒋礼威在胡勇胜研究员和陆雅翔副研究员的指导下,成功构建了一款水系钾离子全电池[159],提出了利用Fe部分取代Mn的富锰钾基普鲁士蓝$K_xFe_yMn_{1-x}[Fe(CN)_6]_w·zH_2O$为正极,有机染料苝艳紫红(PTCDI)(CAS:81-33-4)为负极,22mol/L的三氟甲基磺酸钾水溶液为电解液。

对于正极,具有$P21/n$空间群的富锰钾基普鲁士蓝材料由于对水稳定且兼具高电压和高容量的优点而成为水系钾离子电池正极材料的首选。但是富锰钾基普鲁士蓝材料在低盐浓度电解液中循环时存在严重的溶解问题。作者发现采用高盐浓度的22mol/L三氟甲基磺酸钾水系电解液后,电极的溶解大幅减少,但仍然存在电压和循环衰减。研究工作者进一步发现,通过Fe取代部分Mn,可以减少,材料溶解并大幅度提升循环性能。通过进一步的优化,其中$K_{1.85}Fe_{0.33}Mn_{0.67}[Fe(CN)_6]_{0.98}·0.77H_2O$(KFeMnHCF-3565)正极材料在前40周循环时几乎没有任何电压和容量衰减现象,如图2-91所示。

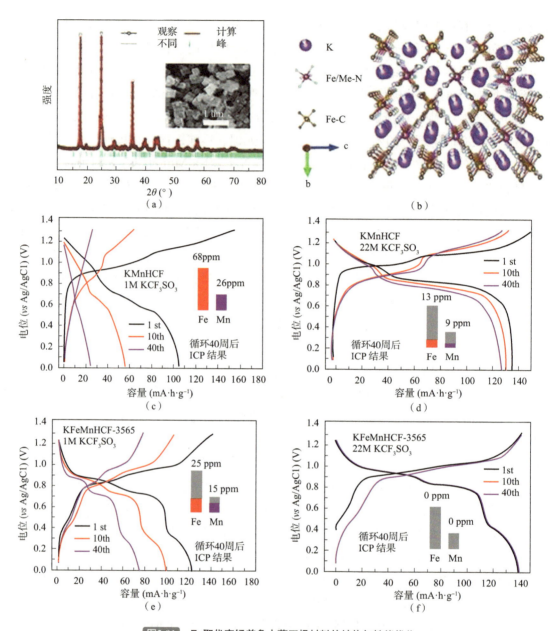

图2-91 Fe取代富锰普鲁士蓝正极材料的结构与性能优化

随后,作者通过非原位X射线衍射(XRD)、X射线吸收近边光谱(XANES)及第一性原理计算揭示了Fe取代Mn提高富锰普鲁士蓝正极循环和倍率性能的机理。一方面,Fe取代部分Mn不仅减少了充电后正极晶格中具有姜—泰勒效应Mn^{3+}的含量,而且改变了Mn^{2+}/Mn^{3+}氧化还原电对在充放电曲线中的变价特点(Mn^{2+}/Mn^{3+}氧化还原电对不仅在充电过程中与Fe^{2+}/Fe^{3+}氧化还原电对变价的次序发生变化,而且在充电和放电过程变得不对称),从而使得正极在结构演化中由原来的两个两相转变为一段固溶体反应加一个两相反应。也即与Mn^{3+}姜泰勒效应相关的相变(立方相到四方相)得到抑制,使得正极的循环性能大大提高。另一方面,第一性原理计算表明Fe取代部分Mn可以降低正极的能带带隙和钾离子的扩散活化能,从而提高了正极材料的电子和离子电导,使得材料具有更高的倍率性能。

对于负极,可用于水系钾离子电池负极材料极少,该工作第一次将有机染料PTCDI用作负极,发现PTCDI在22mol/L三氟甲基磺酸钾电解液中具有很高的储钾容量(125mA·h/g)和较好的倍率性能。此外,22mol/L三氟甲基磺酸钾的高盐浓度水溶液作为电解液,不仅具有宽电压窗口(3V)、高电导率(25℃为76mS/cm,-20℃为10mS/cm),而且由于高盐浓度电解液中自由水很少,可以抑制正、负极材料的溶解,从而使得全电池具备高电压、宽温区、高功率、长寿命等特性。

将开发的正、负极材料和高盐浓度电解液组装成水系钾离子全电池,发现其可以在0~2.6V电压区间内运行,其理论能量密度可达80W·h/kg,寿命可达2000次以上(保持率73%)。值得一提的是,作者还组装了11mA·h的水系钾离子软包电池,并演示了软包电池良好的低倍率(0.1C和0.5C)和高低温(-20~60℃)性能,如图2-92所示。

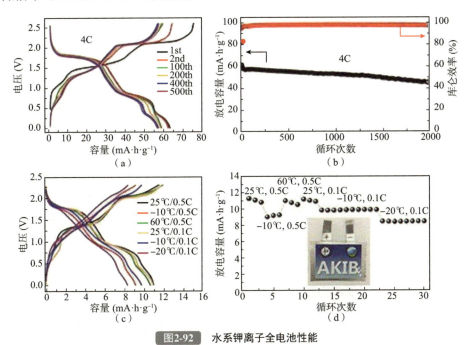

图2-92 水系钾离子全电池性能

(4)镁离子电池

目前,镁离子电池已经凭借其优异的安全性(无枝晶)、低廉的价格优势吸引了广泛的关注,但是镁离子电池要成功商用还需要克服不少难题,例如,能够让金属镁负极稳定充放电的电解液的开发、高稳定正极材料的开发和低电压问题等。

在锂离子电池中负极表面的SEI膜能够起到保护负极,减少副反应的作用,但是研究表明镁离子电池中负极表面形成的SEI膜不仅是电子的绝缘体,也是离子的绝缘体,因此,在镁离子电池中要极力避免形成负极SEI膜。传统的水溶液会在镁负极表面形成一层MgO层,从而严重抑制Mg^{2+}的扩散,导致极化急剧增加,因此目前镁离子电池的电解液基本上都使用醚类体系,常见的醚类电解液主要分为如下3类:①有机金属复合物电解液;②传统镁盐电解液;③B盐电解液。这些电解液都能够有效地避免镁负极表面产生SEI膜。

与电解液相比，镁离子电池正极材料的开发显得更为棘手，镁离子电池正极材料开发主要面临以下几个问题：

① MgO惰性层。目前常见的镁离子电池正极材料在嵌入的过程中会不可逆地生成一层MgO层，从而影响Mg^{2+}的扩散，导致正极材料的可逆性较差。

② Mg^{2+}低扩散系数。Mg^{2+}在正极材料中扩散系数低主要有两方面的原因：首先是由于离子之间较强的相互作用，影响了Mg^{2+}的扩散速度；其次是Mg^{2+}带有两个电荷，使得在嵌入的过程中无机正极材料中过渡金属元素需要失去两个电子，然而，大多数过渡金属氧化物都是单电子反应，这也进一步降低了Mg^{2+}的嵌入速率，同时双电荷导致的复杂电化学反应也会导致材料局部的相变。在这些因素的作用下，镁离子电池的正极材料面临着低容量、低电压、低倍率性能等一系列问题。为了克服这一问题，人们也做了非常多的努力，例如，采用介孔和纳米微孔材料减少Mg^{2+}的扩散距离，而三元钼硫化合物$M_xMo_6X_8$很好地解决了倍率性能差这一问题，但是仍然面临着电压平台低的问题。

③ 电压平台低。低电压问题一直困扰着镁离子电池，Mg^{2+}的高反应活性导致的更加复杂的电化学特性使得高电压的正极材料难以应用，因此，使得镁负极与正极材料之间的电势差缩小导致了镁离子电池的电压较低。

镁负极因具有极低的还原电位，能够被绝大多数简单镁盐和有机溶剂所氧化而在其表面生成惰性的钝化层，该钝化层极大地阻碍了镁离子的传导并导致金属镁负极不能发生可逆沉积/溶解行为。目前所用的镁电解质大多是格式试剂衍生物、含硼有机镁盐、氯化镁-氯化铝复合盐及$MgCl_2$–Mg（TFSI）$_2$复合盐等，而所用的有机溶剂仅限于THF、DME等醚类溶剂，这大大限制了高电压镁电池的发展。美国可再生能源国家实验室的Ban等[160]通过热交联聚丙烯腈、Mg（TFSI）$_2$、炭黑等在金属镁粉表面构筑一层约100nm的镁离子传导聚合物层，该界面层的构筑实现了金属镁负极在含水碳酸丙烯酯溶剂电解质中的可逆循环，在0.5M Mg（TFSI）$_2$/PC + 3M H_2O电解质中，Mg/V_2O_5全电池表现出优异的循环性能，为高电压镁电池的构筑提供了借鉴思路，如图2-93所示。

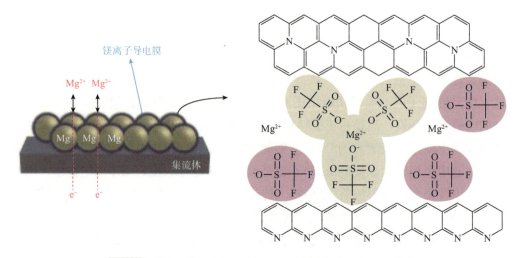

图2-93 镁离子传导界面层示意图以及该界面层的结构示意图[160]

不难看出，镁离子电池发展的核心难点主要集中在高性能正极材料的开发上，传统的无机氧化物正极材料在Mg^{2+}嵌入过程中会在正极材料表面形成MgO惰性层，从而严重影响正极材料的性能，倍率性能差和电压平台低也一直困扰着正极材料的开发。

相比无机正极材料，有机正极材料为镁离子电池带来了无限的可能，首先有机材料具有更加灵活的扩散通道和更小的分子间作用力，电荷离域化和可转动键等特性使得Mg^{2+}具有更快的扩散系数，从而显著提升了镁离子电池的倍率性能。同时有机物正极材料良好的柔性也为镁离子电池在下一代柔性可穿戴电子设备上应用创造了条件。

有机物近乎无限的可能性也让高容量和高电压成为可能，例如，Dominko等[161]采用1,5-聚（蒽醌基硫化物）化合物（PAQS）作为正极材料，镁粉作为负极材料，能够获得225mA·h/g的容量，同时电压也达到了1.5～2.0V（vs Mg/ Mg^{2+}），但是PAQS还面临着循环性能不佳的问题，因此还需要进行进一步的优化。Liao等[162]开发的2,6-聚蒽醌材料（26PAQ）和1,4-聚蒽醌（14PAQ）在保持高电压（1.6V和1.8V）的特性下，仍然维持了非常优异的循环性能，例如，14PAQ材料在1C倍率下循环1000次后容量保持率仍然可达90%以上。凭借着有机物无与伦比的可设计性，使得同时具有高容量、高倍率性能和高循环稳定性的高性能镁离子电池正极材料的开发成为可能。

与单价锂离子相比，二价镁离子与嵌入宿主材料阴阳离子之间静电相互作用力更强，这使得镁离子宿主材料中扩散阻力大，嵌入/脱出动力学过程异常缓慢，该问题严重限制了正极材料的开发。赫姆霍兹研究所的Zhao-Karger等[163]报道了利用溶剂化的镁离子$[Mg(DME)_x]^{2+}$可以在层状二硫化钼材料中表现出快速的动力学行为。休斯顿大学的Yoo等[164]也报道了通过$MgCl^+$作为电荷载体来改善二硫化钛电极的嵌镁容量。通过二甲氧基乙烷的溶剂化作用或者氯离子的络合等，所获得含镁离子载体的电荷密度大大下降，大大减小了其与电极材料的相互作用力，促进了镁离子的扩散动力学。

武汉理工大学麦立强课题组通过苯胺与晶格水分子的置换，获得层间距为1.42nm的二维$VOPO_4$纳米层结构[165]，这为嵌入离子（$MgCl^+$）提供了足够的扩散空间，电化学性能表明，在2.0A/g的倍率下该正极材料依然表现出109mA·h/g的可逆性容量，此外，其表现出优异的循环稳定性（在0.1A/g电流密度下，经500次循环后容量为192mA·h/g），如图2-94所示。

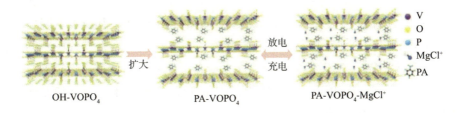

图2-94 苯胺插层$VOPO_4$纳米片的制备及储镁性能示意图

可充电镁电池的研究依然处于实验室研究的初级阶段，尽管高水平研究论文给可充电镁电池领域的研究带来了新的活力和吸引力，真正探索出镁电池的实际应用道路依然坎坷且渺茫，这需要该领域的科研研究不断探索和发掘新理论、新材料、新策略和新电池体系。

（5）钠离子电池

钠离子电池的原材料成本更低廉。钠离子电池使用的正极材料为钠元素，其在地球上的含量非常高。据日本媒体报道，在日本国内，钠离子电池所用的钠元素其材料成本仅为锂元素的1/10左右，因此制造钠离子电池，可大幅降低成本。虽然目前日本的锂电池生产成本下降到最低的每瓦时10～20日元（合0.6～1.2元人民币），但进一步降低成本的可能性微乎其微。

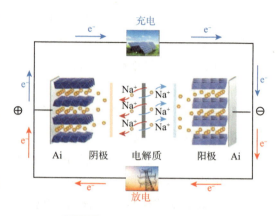

图2-95 钠离子电池的工作原理

如图2-95所示，钠离子电池的工作原理与锂电池没有太大的差别，其同样是依靠钠离子在正负极材料间的交互反应产生电流，其制造工艺也与锂电池类似，因此，可以直接使用锂电池的生产设备进行生产，这就节省了设备更换费用，降低了成本支出。但钠离子电池的电压平台比锂电池的电压平台低，能量密度也低于锂离子电池。同时，钠离子电池到目前为止也没有一种结构稳定的正极和负极，循环寿命同锂电池还有很大的差距。钠离子电池所用正极材料在充放电过程中会经历多次相变，结构稳定性远远低于锂电池所用的钴酸锂、锰酸锂、多元材料等，且钠离子电池难以实现大电流充放电，因此，其倍率性能也不如锂电池。

尽管钠离子电池的研究水平和性能表现还无法与商业化程度最高的锂离子电池相比较，但低成本钠离子电池已经在低速电动车、电动船、家庭储能、电网储能等领域展现了一定的应用价值。2018年7月，中国首辆钠离子电池低速电动车在中国科学院物理研究所园区内示范演示，该辆电动车是由依托物理所钠离子电池技术成立的中科海钠科技有限责任公司推出，该企业是国内首家专注于钠离子电池开发与制造的企业。

1）正极材料

对于钠离子电池而言，在正极材料方面的研究可谓是百家争鸣。正极材料不仅是提高钠离子电池性能的"战场"，也是限制钠离子电池成本的一大瓶颈。目前关于钠离子电池层状正极材料的研究报道已经很多，但大都含过渡金属镍（Ni）或钴（Co）元素，而Ni和Co是锂离子电池正极材料中广泛使用的元素，用到钠离子电池中其成本下降空间有限，所以，Ni和Co不是钠离子电池正极材料的首选元素；而且这些材料在空气中不稳定，易吸水或与水-氧气（二氧化碳）发生化学反应，这无疑会增加材料的生产、运输及存储成本，而且会对电池性能带来影响。因此，要实现钠离子电池的实际应用，就必须发展能够替代Ni或Co的活性元素及其稳定的新型电极材料。

① 橄榄石型$NaFePO_4$。鉴于磷酸铁锂$LiFePO_4$在锂离子电池中的大规模应用，磷酸铁钠$NaFePO_4$自然是被优先考虑的钠离子电池正极材料。橄榄石结构的$NaFePO_4$在所有磷酸盐类钠离子电池正极材料中理论比容量最大，为154mA·h/g。在$NaFePO_4$中，Na^+占据4（c）的

Wychoff位置，Fe^{2+}占据4（a）位置，与橄榄石型$LiFePO_4$类似。Oh等研究发现$Na/NaFePO_4$半电池的工作电压为2.7V，在0.05C充放电倍率和0.5C充放电倍率下，比容量分别稳定在125mA·h/g和85mA·h/g；循环50圈后，XRD结果表明其橄榄石结构仍然良好，说明该材料在嵌钠脱钠过程中具有优异的稳定性。

相对于其他钠离子电池正极材料，$NaFePO_4$虽然具有较高的理论容量，但是到目前为止该材料的研究并不充分，主要受限于其合成方法较为困难。常见的固相或液相方法合成出来的$NaFePO_4$都是化学惰性的磷钠铁矿结构，并非具有活性的橄榄石结构。因此，未来对于$NaFePO_4$的研究必须从合成方法上进行突破，才能使其有望在钠离子储能电池上大规模的应用。

② NASICON结构$Na_3V_2(PO_4)_3$。NASICON结构是一种钠离子超导体结构，该结构具有较大的三维通道结构，能够供钠离子进行快速脱嵌。NASICON型的磷酸盐类材料具有较高的工作电压和较好的结构热稳定性，通过碳包覆和掺杂的方式能够提高其容量和倍率性能，被认为是钠离子当前发展阶段最具产业化应用前景的正极材料。目前以$Na_3V_2(PO_4)_3$作为代表材料，该材料属于六角晶系，空间群为R-3c。$Na_3V_2(PO_4)_3$的晶体结构是由每个VO_6八面体通过共用O原子与3个PO_4四面体相连组成，其中Na^+有两个占据位点：Na1和Na2。其中，Na1位置有1个Na^+，而Na2位置有两个Na^+，并且在充放电过程中Na2位置的两个Na^+首先进行脱嵌。

目前常见合成$Na_3V_2(PO_4)_3$的方法包括固相法、溶胶-凝胶法、水热法、碳热还原法等。其中最常见的为高温固相法，此方法虽然操作简单，但是温度控制较为麻烦。另外，该方法制备周期较长，无法控制材料颗粒尺寸，制备出的材料结块现象较为明显，对材料的性能影响较大。

溶胶-凝胶法可以实现原材料分子级水平的混合。溶液是由直径为1~100nm的胶体粒子分散在溶液中形成的，形成凝胶后在前驱体溶液中具有独特的网状结构，使得制备的产物粒径小且分布均匀。但该方法制备周期较长，操作复杂，影响因素较多，因此难以实现工业化应用。

2）负极材料

在众多报道的钠离子电池负极材料中，高度有序的石墨类软碳负极材料储钠容量较低（通常低于100mA·h/g），而高度无序的硬碳材料由于具有高的比容量和长循环寿命等优良的综合性能而被认为是最有应用前景的一种负极材料。中国科学院物理研究所李云明博士生、胡勇胜研究员等[166]利用水热方法得到了一种硬碳微球，接着又利用棉花作为前驱体通过一步碳化法得到了一种硬碳微管，虽然硬碳具有优异的储钠性能，但是其高昂成本限制了产业化应用。接着他们提出在软碳前驱体沥青中加入第二相，如硬碳前驱体，利用二者之间的相互作用得到了一种无序度较高的非晶碳材料，并且这种复合前驱体具有较高的产碳率（60%左右），作为钠离子电池的负极材料，其展现了高达250mA·h/g的比容量、优异的循环稳定性和倍率性能。他们在该研究基础上取得了进一步突破，采用成本更加低廉的无烟煤作为前驱体，通过简单的粉碎和一步碳化得到了一种具有优异储钠性能的碳负极材料。裂解无烟煤得到的是一种软碳材料，但不同于来自沥青的软碳材料，在1600℃以下仍具有较高的无序度，产碳率高达90%，储钠容量达到220mA·h/g，循环稳定性优异。最重要的是在所有的碳基负极材料中具有最高的性价比。其应用前景也在软包电池中得以验证，以其作为负极和Cu基层状氧化物作为正极制作的软包电池的能量密度达到100W·h/kg，在1C充放电倍率下容量保持率为80%，循环稳定，并通过了一系列适于锂离子电池的安全试验。

除了碳材料外，Ti基类负极材料也受到了研究者们的广泛关注。四价钛元素在空气中可以稳定存在，且Ti^{4+}/Ti^{3+}的氧化态/还原态处于0~2V电压范围之间，不同晶体结构中表现出不同的储钠电位。制备结构不同的含Ti氧化物以获得具有合适电位的负极材料对提高电池性能具有重要的意义。$Na_2Ti_xO_{2x+1}$具有单斜层状结构，3个共边的TiO_6八面体组成1个单元，这种单元再通过共边与其他相似单元上下组成1个整体，这样沿着b轴方向形成Zigzag型链状结构，链状结构再通过八面体顶角链接在a轴方向形成层片状结构，由于Na^+占据层间的位置，因此，可以在层间迁移。Palacin等首次报道具有"Z"字型通道的单斜层状$Na_2Ti_3O_7$作为钠离子电池负极材料，该材料在充放电过程中有两个钠离子可逆脱嵌，对应理论比容量约为200mA·h/g，储钠电位约为0.3V。然而，这种材料的导电性较差，需要添加30%的导电添加剂来提高电子电导，循环性能仍然不稳定。Yan等研究了碳包覆对$Na_2Ti_3O_7$性能的影响，他们采用软模板法制备了球形锐钛矿TiO_2，将其与Na_2CO_3混合后高温煅烧得到类球形$Na_2Ti_3O_7$，再以葡萄糖为碳源，对$Na_2Ti_3O_7$进行碳包覆得到$Na_2Ti_3O_7/C$的复合材料。该材料在1C下循环100周之后仍有111.8mA·h/g的容量保持；而在相同的测试条件下，未包覆碳的材料循环100周后容量仅有48.6mA·h/g。碳包覆显著提高了材料的比容量，其循环性能和倍率性能都优于未包覆碳的材料。Pan等研究发现该材料显示纳米储钠尺寸效应，在纳米材料中的储钠容量更高。

有机材料不但可以作为钠离子电池正极材料，同时也可作为钠离子电池的负极材料。有机材料的存储机理一般认为是有机化合物中的C═O打开并结合1个Li或Na，脱出的时候再回到C═O，所以，有机化合物比容量的大小与其含有的C═O数量有关。Armand等[167]首先提出对苯二甲酸锂$Li_2C_8H_4O_4$作为锂离子电池负极材料，每个结构单元可存储2.3个Li，具有0.8V的平均电压和较好的循环稳定性。Hu等首次报道了对苯二甲酸二钠$Na_2C_8H_4O_4$作为钠离子电池负极材料，其平均电压为0.45V，可逆容量高达250mA·h/g，对应两个电子转移，并且通过Al_2O_3包覆对其表面进行修饰，可以进一步提升其首周库仑效率，优化倍率性能和提高循环稳定性。Okada等报道了$Na_2C_6O_6/C$复合物钠离子电池负极材料，其在1~2.9V的电压范围内具有270mA·h/g的比容量。

通过目前报道的钠离子电池负极材料电压与容量关系比较可以看出，合金类负极材料具有最高的比容量，但是在电化学过程中由于巨大的体积形变导致其容量衰减较快，限制了其在实际电池中的应用，所以，短期内合金类负极材料很难实现应用，未来可以考虑将其添加到碳基负极材料中来提高负极材料的容量。氧化物负极材料虽然有较好的循环稳定性，但是由于储钠电位较高，并且容量相对较低，限制了全电池的能量密度；又由于其倍率性能和循环性能相对较好，有望用在对功率密度和循环寿命要求较高的领域，如电网调频等。有机材料由于电子电导差，并且能溶于有机的电解液中，短期应用受到很大的限制。碳基负极材料由于具有相对较高的储钠容量，循环稳定性较好和成本较低等一系列优点被认为是最有希望实现商业化应用的负极材料。然而，硬碳负极材料的高成本不利于钠离子电池发挥其成本优势，因此，开发更低成本的碳基负极材料仍是钠离子电池商业化的瓶颈。

3）电解液

日本相关机构的研究结果称，提高钠离子电池循环次数的关键是改良电解液。由于动力电池的衰减是因为电解液分子在进入负极材料后进行分解造成的，随着钠离子电池循环次数的增加，寿命和能量密度就会缩短和下降。酯类和醚类电解液是最常用的两种有机电解液，其中酯类电解液是锂离子电池体系的主要选择，因为其可以有效地在石墨负极表面进行钝化且高电压稳定性（＞4V）远优于醚类电解液。但在钠离子电池体系，酯类电解液中石墨的电化学活性极差，且针对诸如钠金属、碳材料等负极难以有效地构建稳定的电极/电解液界面，亟待改性和优化。由于在醚类电解液中钠离子和醚类溶剂分子可以高度可逆地在石墨中发生共插层反应，且有效地在其他负极材料表面构建稳定的电极/电解液界面，所以，受到越来越广泛的关注和研究。但醚类电解液在钠离子电池中的研究还相对初步，仍需要更深入的基础科学认识及更广泛的应用领域拓宽。

醚类电解液在钠离子电池体系中的应用潜力体现在以下几方面：①形成稳定的石墨三元插层化合物；②优化各类负极材料的固态电解质界面（SEI）；③降低如硫化物等中间产物的溶解度；④减小电化学极化等。因此，钠金属负极、碳材料负极及其他非碳材料负极，还有硫正极、氧气正极及部分无机正极等体系均具备显著的应用优势。但是，还有很多科学和技术问题需要突破，包括醚类溶剂分解形成SEI的机制及表征、进一步提升醚类电解液高电压稳定性（＜4V）及添加剂的系统研究等。

（6）双离子电池

近期，双离子电池（DIBs）引起了人们的广泛关注。不同于锂离子电池，双离子电池的储能机制是由电解液中的阴阳离子在充放电过程中分别插入/脱出正负极材料而完成。由于阴离子的插层反应往往发生在较高的电位下，使得该类型的电池具有高的输出电压，进而有助于提高电池的能量密度。此外，与锂离子电池相比，双离子电池采用低成本及"绿色"的电极原料，使得该类型的电池在环保方面有着巨大的优势，纯碳的电极材料也使得双离子电池避免了传统废旧电池处理带来的环境困扰。

双离子电池与LIB相比，具有高工作电压、低成本，原材料可持续性使用和高安全性的优点。在原理上，主要区别可归纳为以下几点：①阴离子在充电过程中插入正极，导致不同的电化学储能机制。因此，双离子电池通常具有高放电电压和能量密度，电解质能够承受高电压而不会分解。②电解质也被认为是双离子电池中的活性物质。在双离子电池中需要有效且高度浓缩的电解质，因为更高量的活性阴离子更有利于减少电池的重量，提高能量密度。③与电池相比，双离子电池还需要更高的孔隙率和更厚的隔板。

双离子电池是基于电解液中阴离子的插层这一概念发展而来的一种新型的电池类型。实际上，阴离子插层的概念早在1938年就被Rüdorff和Hofmann两人首次提了出来[168]。如图2-96所示，Rüdorff等人设计出了最早的"双石墨电池"，该电池的工作机理是基于HSO_4^-在正负极之间插层，这个电池模型也为后期"摇椅式"锂离子电池的设计和开发铺平了道路。遗憾的是，由于电解液的限制，阴离子插层这一技术一直没办法应用到实际生产中，直到1989年McCullough等才首次报道了基于水系电解液和碳质负极的双离子电池[169]，从此以后双离子电池才真正吸引了人们的关注。

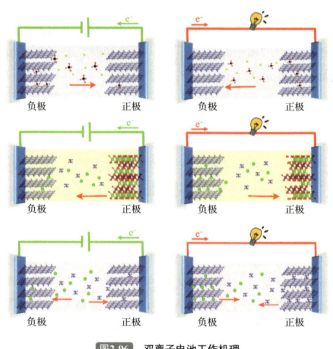

图2-96 双离子电池工作机理

目前最常见的双离子电池是双石墨电池，即正负极材料均采用石墨材料，其工作的机理也不同于传统的锂离子电池。因此，相比锂离子电池，该双石墨电池避免了使用金属化合物正极材料（如含Li、Co、Ni、Mn等），极大地降低了电池原材料的成本，同时也改善了废旧电池对环境的污染。另一方面，阴离子插层现象往往发生在较高的电位下，使得双离子电池具有较高的输出电压，进而也促使该电池具有较高的能量密度。正极材料最常用的是石墨类碳材料，该类型的材料结构比较稳定，且输出的电压平台比较高。除了石墨类材料之外，目前有机类材料包括Coronene和poly（triphenylamine）等也是常见的双离子电池正极材料。另外，其他类型的正极材料如层状正极氧化物等也被报道能用于双离子电池。

在双离子电池中，电解液扮演着非常重要的作用。因此，有机电解液体系中阴离子的尺寸、电解液浓度、溶剂类型及不同添加剂对双离子电池性能都具有一定的影响。近期基于水系电解液的双离子电池陆陆续续被报道出来，其中包括含有F^-、Cl^-、SO_4^{2-}等的电解液。

2.3.2 电芯产业与技术

2.3.2.1 前沿电池技术

（1）固态锂（离子）电池

目前世界上所有固态锂（离子）电池公司有50余家，其分布如表2-30所示。其中中国24家，日本12家，韩国3家，欧美12家。

表2-30 全球固态锂（离子）电池公司分布

国家（地区）	企业	国家（地区）	企业
中国	卫蓝新能源、天津力神、天津十八所、天齐锂业、中航锂电、TDK/ATL、比亚迪、珈伟新能源、沃特玛电池、鹏辉能源、锋锂新能源、宁德时代、清陶新能源、上汽、辉能科技、复阳固态储能科技、万向一二三、天际汽车科技、中天储能、上海811所、国轩高科	日本	NGK Insulators、Murata/Sony、Toyota、Hitachi、Panasonic、Seiko Epson、日本旭化龙、Fujitsu/FDK、Hitachi Shipbuilding、Furukawa Battery、NGK Sprark Plugs、Toshiba、Hitachi Chemical、三井化学株式会社
欧美	美国、Medtroinc、Lonic Materials、Solid Power、Cymbet、24M、Fisker、美国&法国、Blue Solutions/Batscap/Bollore/Capacitor Sciences、美国&英国、Dyson/Sakti3、美国&德国、Volkswagen/Audi/Porsche/Quantumscape、Bosch/Seeo、BASF/Sion Power、德国、BMW	韩国	Hyundai/Kia、LG Chemical、Samsung

1）中国固态锂（离子）电池产业化现状

中国目前有24家公司进行固态锂（离子）电池的研发和生产，分别是北京的卫蓝和国联汽车动力电池研究院；江苏省的清陶新能源、中天储能、无锡海特、复阳固态；浙江省的万向一二三、浙江锋锂、天际汽车科技集团；广东省的TDK/ATL公司、比亚迪、珈伟新能源、沃特玛电池、鹏辉能源；天津的天津力神和中国电子科技集团公司第十八研究所；上海的上海空间电源研究所和上海汽车集团股份有限公司；福建宁德时代；四川天齐锂业和成都亦道科技；河南中航锂电；安徽国轩高科及中国台湾的辉能科技。

① TDK/ATL（日本/中国）。TDK主要生产应用于电子设备的电池。2005年，TDK接手Hong Kong-based Amperex Technology Limited（ATL）。TDK/ATL长期为消费电子领域，如为Apple供应聚合物锂电池，而CATL自2017年从中分离出来。

2017年底，TDK推出了尺寸为4.5mm×3.2mm×1.1mm的CeraCharge固态锂（离子）电池（容量为100μA·h，额定电压为1.4V）。该电池适用于SMD（表面贴装器件），在2018年实现商业化，每月量产30000个。经计算，其体积能量密度约为9W·h/L（约为Cymbet所生产电池的能量密度的1/3）。该电池虽然不具备高能量密度，但是避免了电解液泄漏和起火爆炸的风险，具备极小尺寸、宽温度范围（-20～80℃）、力学性能稳固，以及所声称的较之于Cymbet生产的薄膜电池具有较低成本等优势，适用于物联网、可穿戴等电子设备。

专利方面，自2016年，TDK/ATL已申请47项固态锂离子电池相关的同族专利。据称，一种陶瓷氧化物固态电解质联同多层电池内芯的设计被用于MLCC（多层陶瓷芯片电容器）和SMD（表面贴装器件），其截面图如图2-97所示。

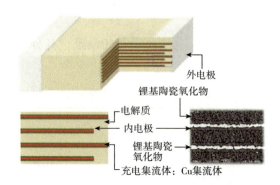

图2-97　CeraCharge固态锂（离子）电池的截面图（使用氧化物陶瓷电解质）

表2-31所示为固态锂离子电池主要参数。

表2-31　固态锂离子电池主要参数

性能参数	尺寸	4.5mm×3.2mm×1.1mm
	容量	100μA·h
	额定电压	1.4V
	循环寿命	>1000次循环
可能的电池设计	电解质	$Li_{1+x}Al_xTi_{2-x}(PO_4)_3$（$0 \leq x \leq 0.6$）（LATP，锂离子电导率：ca. 10^{-3}S/cm），采用polyvinylbutyral黏结剂
	正极材料	$LiVOPO_4/Li_3V_2(PO_4)_3$
	设计	多层电池设计
	沉积方法	与MLCC（多层陶瓷芯片电容器）制备过程类似，液态涂膜
优势与不足	优势	高安全性
	潜在障碍	能量密度的提升

② 辉能科技股份有限公司（中国）。中国台湾辉能微电子有限公司成立于2010年，专业从事各种大功率半导体器件（MOSFET/IGBT）与功率集成器件的设计、生产和销售，研发中心设立在台北。

固态锂（离子）电池企业中国台湾辉能科技创始人公开表示其固态锂（离子）电池在2018年便能达到丰田要在2022年量产450W·h/L电芯的目标；能量密度方面，辉能在2022—2023年能达到丰田2030年电池芯800W·h/L、电池包600W·h/L的目标，也就是达到所谓一次充电能够跑750千米的续航里程。在产能上，2013年，辉能科技在中国台湾桃园市建设完成G1工厂，是全球首家可以实现固态锂电池卷片生产的产线。2018年11月7日已在中国台湾桃园市动工典礼，兴建G2工厂，预估2019年底完工；2020年投产，规划产能1GW·h/年，届时辉能固态锂（离子）电池总产能将达1.5~2GW·h，预计会在2021~2022年装车。

辉能固态锂（离子）电池性能如下。

a. PLCB（High Capacity Type LCB） 高容量类陶瓷电池。工作温度：-25~90℃。储存温服：更广。循环寿命：0.5C，500周，容量保持率为84%。额定电压：3.75V。最大电压：4.35V。表2-32所示为PLCB陶瓷电池主要参数。

表2-32 PLCB陶瓷电池主要参数

产品参数	PLCB		
	475255 AANA	4360A5 AAMA	36D3L8 AAJA
尺寸（mm）	52×55	60×105	133×218
额定电压（V）	3.75	3.75	3.75
最大电压（V）	4.35	4.35	4.35
额定电容量（mA·h）	770	1950	8300
厚度（mm）	4.8	4.5	3.7

b. FLCB（Flexible Type LCB）可挠曲锂陶瓷电池。具有安全性，尺寸不受限及优异的高低压耐受性；可以制备卷心电池。循环寿命：0.5C，500周，容量保持率为86%。额定电压：3.75V。最大电压：4.35V。表2-33所示为FLCB陶瓷电池主要参数。

表2-33 FLCB陶瓷电池主要参数

产品参数	FLCBxxxxxxAAAA				TLCB	
	27038	46046	51076	107136	55290AAAA	
尺寸（mm）	27×38	46×46	51×76	107×163	内径/外径/mm	2.5/5.5
额定电压（V）	3.75	3.75	3.75	3.75	额定电压/V	3.75
最大电压（V）	4.35	4.35	4.35	4.35	最大电压/V	4.35
额定电容量（mA·h）	17	45	90	470	额定电容量/（mA·h）	17
厚度（mm）	0.43	0.43	0.43	0.43	宽度/mm	29

c. BLCB（Bipolar+ LCB）高电压锂陶瓷电池。采用辉能独创的Bipolar+技术，是可用于电芯内部直接串并联的高压电池。具有高能量密度（单颗电池芯电压可达60V甚至更高）、高能源效率、高容量利用率的优点。

d. 创新电池技术。目前以金属锂为负极的LCB固态锂陶瓷电池——ELCB正在研发中，预计于2019年能量密度实现833W·h/L。

③ 北京卫蓝新能源科技有限公司（中国）。卫蓝新能源由中科院物理所陈立泉院士创立，在北京建成近两千平方米的试生产基地，拥有固态锂电池试制线，具备固态锂（离子）电池研发、生产、测试评价和失效分析能力，产品应用覆盖无人机、电动工具、规模储能、电动汽车、航空航天、国家安全等领域，并已与北汽、三峡储能站、LG等开展了深度合作。2018年10月，公司获得三峡资本、中科院创投、清研陆石数亿元融资。

2019年3月29日，江苏卫蓝新能源电池有限公司举行了固态锂（离子）电池一期项目奠基仪式。该项目总投资5亿元，一期项目投资1.8亿元，建设内容主要包括办公楼、固态锂（离子）电池生产厂房、复合金属锂加工厂房及固态电解质生产厂房。项目计划于2020年3月投产，建成后预计形成年产1亿瓦时固态锂（离子）电池的生产规模。

目前北京卫蓝新能源科技有限公司申请至少了4项固态锂（离子）电池方面的专利：设计高分子聚合物正温度系数电阻膜作为集流体；双极性电池结构（电池标称标称容量为80A·h，标称电压为25.6V，使用硫化物电解质）；制备纤维素-固体电解质（氧化物）复合隔膜；以及原位复合固态电解质。

高能量密度的混合固液电池规格：单体（300W·h/kg，42A·h/3.6V），模组（14.4V/3.1kW·h），电池包（345.6V/72.6kW·h）。已经上车：汽车能耗≤14kW·h/100km，NEDC英里数≥500km。

④ 清陶（昆山）新能源材料研究院（中国）。清陶（昆山）新能源材料研究院由清华大学南策文教授与他的博士毕业生于2014年共同创办，目前已获得1.44亿美元的投资。该团队与中国航空（CALB）深度合作，目前拥有两项共同专利。

清陶（昆山）宣布在上海市附近的昆山市建设生产能量密度为400W·h/kg的固态锂（离子）电池，年产量为0.1GW·h/年，2020年达到0.7GW·h/年。该电池主要应用于高端电子产品和特殊设备，随后将应用于电动汽车。

表2-34所示为清陶固态电池主要参数。

表2-34 清陶固态电池主要参数

性能参数	容量电压	5600mA·h，3.63V（0.2C）
	工作温度	-40～80℃（80℃存储，无体积膨胀）
	能量密度	约220W·h/kg，468W·h/L
	倍率循环	1CC/1CD 循环 1000 次，容量大于 80%
可能的电池设计	电解质	聚（甲基丙烯酸甲酯）（PMMA），聚偏二氟乙烯（PVDF），锂盐[如三氟甲磺酸锂（LiCF$_3$SO$_3$）]，无机固体电解质颗粒[如Li$_{1+x}$Al$_x$Ti$_{2-x}$(PO$_4$)$_3$]（LATP，锂离子电导率约为10^{-3}S/cm）
	正极材料	NMC（LiNi$_x$Mn$_y$Co$_z$O$_2$）或 NCA（LiNi$_x$Co$_y$Al$_z$O$_2$）基（高镍含量），PMMA/锂盐，PVDF，导电碳添加剂，硅烷交叉偶联化合物
	负极材料	锂金属合金
	设计	叠片
	沉积方法	通过在玻璃上涂覆来预制电解质膜
优势与不足	优势	大尺寸高能量密度电池的大规模生产
	潜在障碍	PEO 的稳定性不足

⑤ 浙江锋锂新能源科技有限公司（中国）。浙江锋锂新能源科技有限公司是江西赣锋锂业股份有限公司在2017年12月投资设立的专门从事先进锂电池研发与生产的全资子公司。

许晓雄博士为公司首席科学家，并引进以他为核心的研发团队负责固态锂（离子）电池的研发。2018年固态锂（离子）电池的研发取得新的突破，并在8月正式启动2亿瓦时固态锂电池中试生产线建设项目。2019年底，赣锋锂业表示，计划以不超过2.5亿元投资建设第一代固态锂电池研发中试生产线，根据计划，2018年12月亿瓦时级第一代固态锂电池生产线实现送样，2019年12月完成3亿元销售，且二代固态锂电池技术成熟。

目前7项申请专利，主要集中在如下3个方面。

a.制备具有该双层有机-无机复合电解质膜的电池。电解池层为一种有机-无机复合电解质膜，它由紧密结合的层一和层二双层结构组成，层一中无机固态电解质（氧化物）为主要成分，层二以传导锂离子聚合物为主要成分。以镍钴锰三元材料为正极，锂为负极组装电池，无机固态电解质含量高的一面（层一）对负极。

b. 提供一种全固态锂（离子）电池芯，其通过一体聚合的方式基本上消除了充放电过程中引起的界面分离而产生的阻抗大的技术问题。将含有聚合物单体的正极、电解质、负极三层前驱复合薄膜加热固化处理，得到薄膜电极，经卷绕或层叠后得到原位聚合的全固态锂（离子）电池电芯。

c. 利用三维结构的纤维素膜作为支撑体，使得聚合物、锂离子导体（氧化物、硫化物、氮化物）和锂盐组成的复合电解质快速渗入到纤维素膜内，利用流延的方式。

2）海外固态锂（离子）电池产业化现状

① NGK Insulators（日本）。NGK Insulators 生产陶瓷，主要应用于绝缘子和电池（钠硫电池、二次锌电池等）。2016年，NGK Insulators展示了一种能量密度为200～300W·h/L的固态锂（离子）电池原型。最近，NGK Insulators推出了硬币和芯片型固态锂（离子）电池，能量密度达到>200W·h/L，2019年4月开始量产。

NGK展出了4种型号的电池（芯片型陶瓷可充电电池）。它们的容量和尺寸分别如下：10mW·h对应13μm×13μm×200μm（单层），40mW·h对应26μm×26μm×200μm（单层），40mW·h对应13μm×13μm×800μm（多层），40mW·h对应13μm×7μm×800μm（多层）。由于它们是全固态锂离子充电电池，不使用液体电解质，因此其工作温度高达120℃。

NGK绝缘子公司发布了大约12个固态锂离子电池的同族专利。该专利组合专注于微电池，并涵盖了适销对路产品所需的所有重要方面。

该专利组合的一个关键方面是正极中$LiCoO_2$（LCO）颗粒的排列以保证充电/放电时的体积变化的最小化。此外，它适合小型电池，NGK Insulators发现了一种与LCO和金属锂负极充分兼容的陶瓷电解质，从而在界面处不需要聚合物保护层。

表2-35所示为NGK固态电池主要参数。

表2-35 NGK固态电池主要参数

可能的电池设计	电解质	主要成分：$LiAl_xTi_{2-x}(PO_4)_3$（LATP，锂离子的电导率为10^{-3}S/cm）（$x\leqslant 2$）。次要组分：Li_4SiO_4-Li_3BO_3（30wt%：70wt%，以减少接触电解质与电极的接触电阻）
	正极材料	$LiCoO_2$（LCO）
	负极材料	石墨或$Li_4Ti_5O_{12}$（LTO）
	设计	叠片
	沉积方法	液态印刷工艺
优势与不足	优势	在小尺寸（直径≤20mm，高度≤2mm）下实现高能量密度
	潜在障碍	切换到更高能量密度的负极材料

② Blue Solutions/Batscap/Bolloré/Capacitor Sciences（法国）。Bolloré位于法国皮托，成立于1822年。Blue Solutions自2013年10月30日起在巴黎股票市场上市，负责Bolloré集团的所有电力存储项目。Batscap是Blue Solutions的一个部门，专门从事锂电池和超级电容器的设计。Capacitor Sciences由Pavel Lazarev博士创立，总部位于加利福尼亚州帕洛阿尔托，是一家专注于新能源存储分子研究的创新型初创企业，被Blue Solutions收购。

凭借20多年的研究支持，Bolloré集团是唯一一家掌握固态锂金属聚合物技术（LMP®）的制造商。LMP®电池采用Bolloré集团完善的挤出技术生产的薄膜制成，其高能量密度，使用安全性和性能突出，已用于汽车和电动公交车，它们不受外部温度的影响，不需要任何冷却系统，因此，保持了优异的性能和可靠性（工作温度高于105℃，不会出现热失控风险，从而确保最佳安全性）。它们不含溶剂，不含"稀土"，因此，在发生事故或违反电池组完整性时，局部污染的风险有限。使用寿命超过3000次，由其构成LMP®250和LMP®400两种规格的电池，可分别达到252kW·h和392kW·h的容量，组装以后可以达到3.1MW·h。

法国Bolloré是聚合物固态电解质领域领军企业，是全球首个实现固态锂（离子）电池电动车商业化的公司。

表2-36所示为Bolloré固态电池主要参数。

表2-36 Bolloré固态电池主要参数

项 目	参 数	特 点
可能的电池设计	电解质	聚合物固态电解质
	正极材料	LFP
	负极材料	负极金属锂
性能参数	能量密度	120W·h/kg
	开路电压	1.14V（最大电压为1.23V）
	循环效率	>94%
	循环寿命	>3000次
	使用温度范围	-20～160℃
	工作温度	60～80℃
优势与不足	优势	Bolloré曾有生产纸张和超薄塑料膜的历史，具有生产和技术上的优势，且其生产的固态锂（离子）电池已经实现商业化
	潜在障碍	聚合物固态电解质在室温下导电能力不佳，现阶段研究的固态锂（离子）电池的能量密度还较低

③ Bosch/Seeo。Bosch是德国一家以工程和电子为首要业务的跨国公司，总部位于斯图加特附近的格尔林根，它是2011年全球最大的汽车零部件供应商。Seeo成立于2007年，总部位于美国加利福尼亚州海沃德，是Bosch的子公司，专门研究固态锂（离子）电池。Bosch在2015年收购了Seeo，但是Bosch从2019年起计划出售Seeo，放弃自行生产电池。

Seeo使用固体干燥聚合物作为电解质。

Seeo在锂离子电池创新固态锂（离子）电池领域拥有独特的专业知识，并拥有多项专利。

表2-37所示为Bosch固态电池主要参数。

表2-37 Bosch固态电池主要参数

项目	参数	特点
可能的电池设计	电解质	固体干燥聚合物
	正极材料	LFP、NCA
	负极材料	负极金属锂
性能参数	能量密度	350W·h/kg
优势与不足	优势	Bosch收购Seeo，巩固了其创新实力，博世拥有强大的电池管理系统技术与系统集成能力，一旦Seeo研究出性能优异的固态锂（离子）电池，就能迅速实现实用
	潜在障碍	Bosch放弃了Seeo，将研究重心转移到自动驾驶和氢燃料

④ Fujitsu/FDK（日本）。Fujitsu是一家电子产品制造商，制造各种电池。FDK是Fujitsu的子公司，同样生产电池。

2017年，Fujitsu和FDK宣布了具有5V极高电位的正极材料$Li_2CoP_2O_7$和$Li_2NiP_2O_7$的专利发明，产生的能量密度大约为LCO正极材料的1.5倍。2018年，电池公司展示了一种基于新的正极材料的固态锂（离子）电池原型。样品于2018年底出货。

Fujitsu/FDK大约有30个与固态锂离子电池有关的同族专利。Fujitsu/FDK的技术组合将其新的高电压正极与锂离子导电磷酸盐固体电解质结合，如$Li_{1.5}Al_{0.5}Ge_{1.5}(PO_4)_3$（LAGP），通常选择钛酸盐或石墨负极。这种电池体系很有希望快速发现其高能量密度和高安全性的应用。

表2-38所示为Fujitsu固态电池主要参数。

表2-38 Fujitsu固态电池主要参数

项目	参数	特点
可能的电池设计	电解质	$Li_{1.5}Al_{0.5}Ge_{1.5}(PO_4)_3$（LAGP，锂离子电导率：约$10^{-4}$S/cm）或$Li_{1-x}Al_xTi_{2-x}(PO_4)_3$（LATP，Li离子电导率：约$10^{-3}$S/cm）
	正极材料	$Li_2CoP_2O_7$
	负极材料	基于石墨或钛酸锂（LTO）
	设计	叠片
	沉积过程	液态涂层
性能参数	容量密度	FDK的全固态锂（离子）电池实现了比TDK全固态锂（离子）电池高10倍以上的容量密度
优势与不足	优势	高电压正极提供高能量密度
	潜在障碍	正极材料的意外电压降/老化

(2）锂硫、锂空气电池

商用锂离子电池受限于材料体系，已经接近其能量密度极限。为了开发具有更高能量密度的新型电化学储能体系，需要尝试全新的正负极材料。负极侧最理想的备选材料是金属锂，因为其具有较小的密度、最低的氧化还原电位（-3.04V $vs.$ H/H$^+$）和较大的理论容量（3860mA·h/g）。正极侧现有过渡金属氧化物成本高、能量密度达到极限，而采用硫及空气密度更轻、比容量更高、成本更低。因此，出于提高电池能量密度的考虑，锂硫电池和锂空电池的研究开始升温。锂硫电池的理论能量密度高达2600W·h/kg，理论工作电压为2.287V；锂空电池的理论能量密度高达5217W·h/kg（Li$_2$O），是除了Li-F电池外理论能量密度最高的电池体系，然而F有剧毒，所以锂空电池更具希望。图2-98所示为二次储能电池的可能发展体系，其中锂空电池体系因绿色环保、成本低、能量密度超高等优点而备受关注。

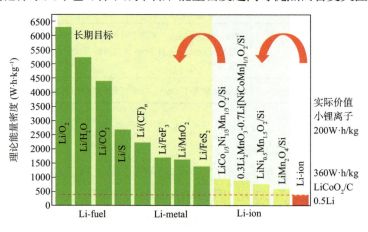

图2-98　二次储能电池的可能发展体系

1）锂硫电池

锂硫电池是以S作为正极材料、Li作为负极材料的电池体系，以S完全反应作为计算，其正极的容量为1675mA·h/g，负极的容量为3860mA·h/g，理论能量密度高达2600W·h/kg，且具有低成本、高功率、环境友好等优势。但是实际应用中存在较多问题，主要如下：①金属锂负极材料的保护；②正极硫单质及硫化物电子电导率与离子电导率均较低；③多硫化物"穿梭效应"导致的自放电；④电池充放电过程中体积形变带来的电接触；⑤热安全性。尽管国内外科研人员投入了巨大的科研热情，其产业化推进仍处于初步阶段。经调研，目前国内外生产锂硫电池中试线只有3条，主要分布企业为中科派思储能科技有限公司、Sion Power（美）、Oxis（英）。其产品规格与性能参数（已公开信息）汇总如下。

① 中科派思储能科技有限公司。中科派思储能科技是由中国科学院大连化学物理研究所与大连派思投资有限公司共同成立，现已建成了6700多平方米现代化锂硫电池生产车间和自动生产线，产能为300万安时/年，是我国第一家专门从事锂硫电池生产和销售的公司，也是中国科学院纳米先导专项锂硫电池产业化基地。其生产的锂硫软包电芯和电池组如图2-99所示。

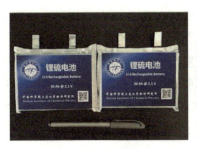 

图2-99 中科派思的锂硫电池示意图

技术核心：锂硫电池高载量碳硫复合材料的设计及制备技术、高硫载量高利用率硫正极的高精度制备技术、适配电解质技术、金属锂负极自动叠片技术，以及锂硫电池化成和分容技术等多项核心技术。

产品主要规格：12V，50A·h；24V，50A·h；24V，45A·h；22V，50A·h；2.1V，30A·h。

主要性能参数：能量密度为609W·h/kg（具有世界领先水平）；-20℃的放电比能量达到400W·h/kg；最低正常工作温度为-60℃；持续放电倍率大于4C，脉冲可达10C；产能为300万安时/年。

② Sion Power。1989年，Sion Power从布鲁克海文国家实验室分拆出来，目标是实现下一代可充电电池技术所需的技术，该公司占地67000平方英尺的生产和研发设施，包括一个干燥的制造室，以及测试、分析/材料和电子装配实验室。公司已获172项专利，多年的研发已经产生了Licerion®锂金属技术，该技术有望大幅改变锂电池领域，提供最高能量密度和比能量组合。该公司生产的锂硫软包电池如图2-100所示。2010年，Sion Power公司将锂硫电池应用在无人机上，白天靠太阳能电池充电，晚上放电提供动力，创造了无人机连续飞行14天（336h）的纪录。

图2-100 Sion Power的软包电池

核心技术：受保护的金属锂负极、高性能锂硫电池电解液配方、超薄陶瓷屏障（Licerion技术）、三明治结构的电池设计。

产品主要规格：100mm×100mm×10mm的20A·h Licerion电池；52mm×38mm×10mm的2.4～2.8A·h软包电池。

主要性能参数：能量密度500W·h/kg（或1000W·h/L）；电池电压2.1V；循环寿命450次。

③ Oxis。2005年成立，专注于研究和开发Li-S电池，拥有150项专利，拥有欧洲最大的高规格干燥室设施之一，进行电池化学的创新研究和开发。干燥的房间可容纳一条装配线，具有最先进的"卷对卷"涂布线，生产高质量的正极极片，依靠负极OXIS国际测试中心，实现产品的商业化，预计年产50万支电池。Oxis与Codemig合作，通过自动化生产线实现商业化，2025年年产能达到500万支。

核心技术：硫基正极材料，高度稳定的电解质系统，解决了锂电极的接触问题。

产品主要规格：高功率151mm×118mm×10.5mm/19.5A·h；高容量145mm×78mm×10mm/14.7A·h。

主要性能参数：电压范围1.9~2.6V；能量密度功率型300W·h/kg；能量型400W·h/kg。放电峰值倍率功率型6C；能量型3C；连续放电倍率功率型2C；能量型1C；充电倍率4C。循环寿命（100%DOD）功率型80%~100%；能量型60%~100%；使用温度0~30℃。储存温度：-30~30℃。

2）锂空气电池

锂空气电池是以金属锂或者锂合金作为负极，以空气作为正极，其能量密度为5217W·h/kg（Li_2O），仅次于Li/F电池体系（6294W·h/kg），远高于锂硫电池的2600W·h/kg。锂空气电池是1970年提出的，当时即指出可能用作电动汽车的电源。锂空气电池具有超高能量密度、完全绿色环保无污染、高安全优势，但其仍存在诸多科学问题：①锂枝晶的生长与粉化，降低了容量、效率和安全性；②空气中的杂质（如水、CO_2、颗粒等）；③电解液的稳定性；④防水透气膜的开发；⑤副反应较多；⑥复杂的反应过程（动力学与热力学机理），其机理尚未阐明。锂空电池现在仍处于研究阶段，尚未出现规模产业化试验。为评估其是否有可能作为动力电池，将从表2-39所示的几个技术出发分析。

表2-39 锂基高容量新型电池技术总结

新型技术	可能性	理由
锂氧电池	较低	纯氧获取成本高；储氧罐风险高，体系能量密度低，安全性有待商榷
二氧化碳电池	较低	储气罐风险高，体系能量密度低，存在安全风险
锂水电池	较低	功率密度很低，电压不平稳，安全性有待商榷，防水膜和添加剂有待研发，附件较多，体系能量密度低
锂空气电池	较低	副反应机理不清；透气膜成本高，倍率性能及循环寿命短；体系能量密度低，安全性有待商榷

（3）钠离子电池

自2010年钠离子电池受到国内外学术界和产业界的广泛关注以来，随着对钠离子电池材料基础科学认识的逐渐深入及关键技术的逐渐成熟，钠离子电池开始受到产业界的关注，钠离子电池也逐渐从实验室向产业界迈进。到目前为止，世界上先后开展钠离子电池产业化研发的企业有16家，其分布如表2-40所示，国外的包括日本住友、丰田、三菱化学、岸田化学，法国法拉第公司、法国TIAMAT公司，瑞典ALTRIS公司，美国Natron Energy公司、美国Novasis公司等，国内钠离子电池公司包括浙江钠创、中科海钠、辽宁星空钠电等公司。

表2-40 全球钠离子电池产业化分布

国别	企　业
中国	辽宁星空（普鲁士蓝/硬碳），中科院物理所、中科海钠（Cu基层氧化物/无定形软包），深圳比克、东莞科迈（Ni基层氧化物/硬碳），钠创新能源（Ni基层氧化物/硬碳软包）
美国	美国Novasis（普鲁士蓝/硬碳），美国Natron Energy（高倍率普鲁士蓝对称水系电池）
英国	英国FARADION（Ni基层氧化物/硬碳软包）
法国	法国NAIADES计划团体（氟磷酸钒钠/硬碳18650电池），法国TIAMAT（$Na_2Co_2TeO_6$负极）
瑞典	瑞典ALTRIS（普鲁士白类材料）
日本	日本住友化工（高体积能量密度）、日本丰田（正极材料开发）、日本东芝、松下（负极材料开发）、日本三菱化学与东京理工大学合作、日本岸田化学（钠离子电池电解质开发）
澳大利亚	澳大利亚卧龙岗大学（普鲁士蓝/硬碳软包）

1）中国钠离子电池企业

① 浙江钠创。浙江钠创是原中聚电池技术，该公司钠离子电池起步较早。其以NiFeMn材料为正极，硬碳为负极，能量密度达到了100W·h/kg，循环500周容量保持率为80%。值得一提的是，其已经成功利用钠离子电池模块成组，装成了1kW·h的储能电柜。但是同样问题便是Ni的价格及循环的问题。同时，该公司缺乏正负极材料的核心专利，面临知识产权问题。

② 辽宁星空钠电。辽宁星空钠电采用普鲁士蓝/硬碳体系，电池性能指标未见报道。2019年1月，各媒体纷纷报道"辽宁星空钠电电池有限公司自主研发的钠离子电池进入量产阶段，这意味着世界首条钠离子电池生产线投入运行"。经国家权威机构测试，产品性能指标均达到国际先进水平。钠离子电池在批量达产后，将率先在国家电网供电领域中得到应用。星空钠电已接下国网辽宁综合能源有限公司的百亿元订单，达到规模化生产及应用能力后，年产值将达到100亿元以上。

③ 中科海钠/中科院物理所。中科海钠科技有限公司专注于新一代储能体系——钠离子电池的研发与生产，拥有多项钠离子电池材料组成、结构、制造和应用的核心专利，是国际少有的拥有钠离子电池核心专利与技术的电池企业之一。公司聚焦低成本、长寿命、高安全、高能量密度的钠离子电池产品，采用成本低廉的CuFeMn基层状正极材料和无烟煤基碳负极材料，6~10A·h软包电芯能量密度达到110W·h/kg，循环2000周容量保持率为80%。中科海钠与中科院物理所联合于2018年5月推出全球首辆钠离子电池低速电动车，并于2019年3月建成全球首座30kW/100kW·h钠离子电池储能电站。该公司关于钠离子电池产业化的进展目前处于世界领先水平。

2）海外钠离子电池企业

① 日本住友。早在2012年日本住友就已经研制了NiFeMn基层状氧化物/硬碳体系的安时级钠离子电池软包电芯，并进行了电化学评估和安全测试，如图2-101所示。彼时钠离子电池刚处于基础科研迅速增长阶段，国际上尚未开始报道钠离子电池软包电芯，当时属于国际钠离子电池产业化发展领先地位，但是近几年其钠离子电池产业化进程几乎处于停滞状态。

（a）20层钠离子二次电池500日元硬币对比图

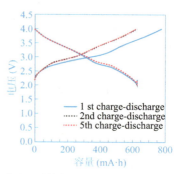

（b）20层钠离子二次电池的充放电曲线

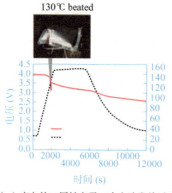

（c）充电的20层钠离子二次电池发热试验曲线

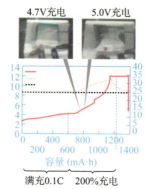

（d）20层钠离子二次电池过充电试验曲线

图2-101　日本住友2012年报道的钠离子电池软包电芯

② 法国NAIADES计划团体。该团体包含法国原子能和替代能源委员会的新能源和纳米科技实验室（CEA LITEN）、西班牙国家研究委员会（CSIC）、法国国家科学研究中心（CNRS）、RS2E等在内的10家政府研究机构、教育机构及企业，致力于发展室温钠离子电池作为锂离子电池的有效补充，用于电能储能设备上。该项目的总体目标是开发基于钠离子技术的电池技术，用于可持续的电能储能系统，旨在降低锂离子技术的成本，同时确保安全性、循环寿命和能量密度方面的可持续性和性能。其中主要是RS2E公司在钠离子电池技术方面的开发，该公司于2015年开发了首款18650钠离子电池，采用的体系为$Na_3V_2(PO_4)_2F_3$/硬碳，电压达到了3.7V，在2018年报道的数据中显示：在100%放电深度（DOD）下，1C倍率下循环4000周后容量保持率为80%，如图2-102所示。然而，因为$Na_3V_2(PO_4)_2F_3$材料的电子电导很低，需要包覆碳及纳米化，因此压实密度低，所以，能量密度只做到了90W·h/kg（0.1C）。另外，V是一种有毒的元素且材料前驱体价格昂贵，

这也与钠离子电池清洁无污染的特性不相符合,未来市场还值得斟酌。

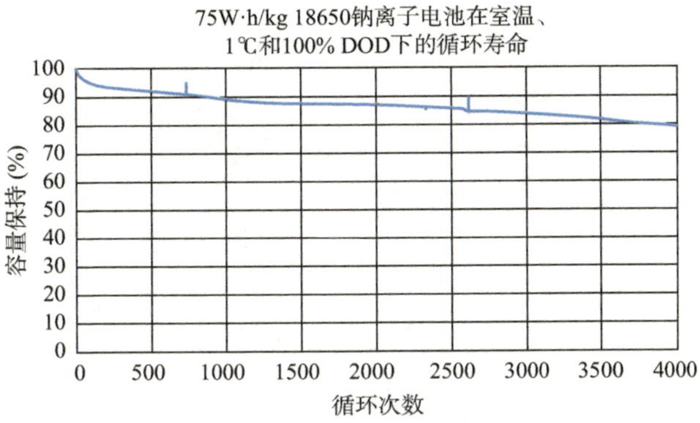

图2-102 法国CNRS等联合开发的18650钠离子电池性能测试

③ 英国FARADION公司。该公司是国外比较早开始钠离子电池产业化探索的公司,该公司使用的正极是Ni、Mn、Ti基的O3型正极材料,可能掺杂了一定量的Mg来稳定结构。负极使用的是硬碳。这类全电池的工作平均电压为3V,能量密度能达到127W·h/kg。法拉第公司不断在增加钠离子电池方面的投入,已经从1A·h的软包电池增大到了3A·h,并且做到了循环170周衰减1%的水平。法拉第公司也宣称已经成功利用软包电池组装成组,应用到了电动自行车上,成为全球首辆钠离子电池电动自行车。但是,Ni和Ti都是比较贵的元素,其性价比和锂离子电池相比下降空间有限。

④ 美国Novasis。Novasis采用的是普鲁士白类正极及硬碳负极,该类材料拥有3.4V的平均电压,因而能量密度也比较高,能达到120W·h/kg,并且循环达到了1200周后,容量保持率为98%。普鲁士白类正极材料的缺点在于合成工艺为湿法工艺,污水处理问题将进一步提高材料成本。同时该材料压实密度比较低,并且电子电导较差,需要更多的导电炭黑,因而也进一步提高了成本。

⑤ 美国Natron Energy。该公司致力于研发新型高功率、长寿命、低成本的工业应用储能技术。开发高倍率普鲁士蓝水系对称电池,体积能量密度为50W·h/L,2C倍率循环10000周。普鲁士蓝独特的结构和组成,在脱嵌钠的过程中材料零应变。可采用高倍率充放电,循环达到上万周。但是普鲁士蓝材料对称体系的能量密度太低,其性价比难以与铅酸电池和锂离子电池相比,因此其发展前景受限。

2.3.2.2 圆柱电池技术

圆柱形锂离子电池由金属壳体和卷芯组成,卷芯由正负极极板和隔膜卷绕而成。圆柱形锂离子电池是最早商业化的锂离子二次电池,经过长久的发展,其具有极高的工艺稳定性及产品均一性,目前在消费电子及电动汽车领域得到广泛应用。最早的圆柱形锂电池是日本SONY公司于1992年发明的18650圆柱形锂电池,该型电池直径为18mm,高度为65mm,因此得名。经过多年的发展及技术累积,工艺成熟度逐步提高,能够进行大规模生产,并在发展过程中根据不同的需求场景衍生出多种尺寸型号,如典型的有14650、17490、18650、21700、26650等。18650和21700圆柱形锂离子电池的结构如图2-103所示。

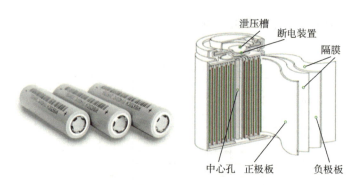

图2-103 圆柱电池的结构图

圆柱形锂离子电池的制造工序主要包括前段极片制备、中段装配和后段检测三部分,其中前段极片制备由合浆、涂布、辊压、分切等工序组成;中段装配由极耳焊接、卷绕成型、入壳、底焊、辊槽、注液、盖帽焊接、封口、清洗和套膜等工序组成;后段检测主要包括化成、老化、分容和筛选等工序组成。具体的圆柱电池的制造工艺如图2-104所示。

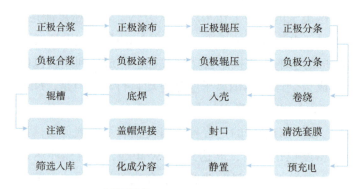

图2-104 圆柱电池制造工艺图

在圆柱形动力电池领域,目前市场上较为知名的圆柱形动力锂离子电池生产企业包括比克电池、天津力神、国轩高科、远东福斯特、上海德朗能、亿纬锂能及天鹏电源等。由于国内圆柱电池企业工艺管控能力不足,产品均一性与日本、韩国相比还存在较大的差距,这就增加了主机厂对电池系统的管理难度,再加上圆柱动力电池能量密度较低的缺陷造成了圆柱动力电池在新能源汽车领域市场的丧失,因此,各圆柱电池企业也在纷纷调整战略,寻求新的出路。一方面,各大圆柱电池企业进行产品升级,推出高比能量密度的21700电池,并陆续导入高镍正极材料;另一方面,圆柱电池企业也在改变市场策略,转向电动自行车、电动工具及储能领域。

图2-105所示为2019年各企业圆柱电池装机量占比。

2.3.2.3 软包电池技术

软包锂离子电池主要以铝塑膜进行封装,其壳体较轻

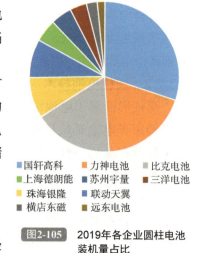

图2-105 2019年各企业圆柱电池装机量占比

且具有一定的柔韧度，能够根据需要进行非规整形状设计。智能手机的迅速发展带动了各个分支系统装备的发展，部件智能化、微型化是其发展趋势。对驱动电源来说就要求在有限的空间内尽可能提升能量密度，软包电池因小巧轻量化而成为首选。软包锂电池所用的关键材料（正极材料、负极材料及隔膜）与传统的钢壳、铝壳锂电池之间的区别不大，最大的不同之处在于软包装材料（铝塑复合膜），这是软包锂电池中最关键、技术难度最高的材料。软包装材料通常分为三层，即外阻层（一般为尼龙BOPA或PET构成的外层保护层）、阻透层（中间层铝箔）和内层（多功能高阻隔层），三层各有各的作用。首先，尼龙层保证了铝塑膜的外形，保证在制造成锂离子电池之前，膜不会发生变形。Al层就是一层金属Al，其作用是防止水的渗入。锂离子电池很怕水，一般要求极片含水量都在PPM级，所以，包装膜必须能够挡住水气的渗入。尼龙不防水，无法起到保护作用。而金属Al在室温下会与空气中的氧反应，生成一层致密的氧化膜，导致水汽无法渗入，保护了电池的内部结构。Al层在铝塑膜成型的过程中还提供了冲坑的塑性。PP（聚丙烯）的特性是在100℃下会发生熔化，并且具有黏性。软包电池的优点如下：重量轻，软包电池重量较同等容量的钢壳锂电池轻40%，较铝壳锂电池轻20%；内阻小，软包电池的内阻较小，可以极大地降低电池的自耗电；循环性能好，软包电池的循环寿命更长，100次循环衰减比铝壳少4%～7%；设计灵活，外形可变任意形状，可以更薄，可根据客户的需求定制，开发新的电池型号。软包电池的不足之处是一致性较差、成本较高、容易发生漏液。成本高可通过规模化生产解决，漏液则可以通过提升铝塑膜质量来解决。常见的软包锂离子电池结构示意图如图2-106所示。

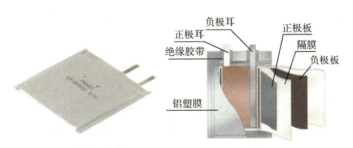

图2-106　软包锂离子电池结构示意图

随着电动车市场的飞速发展，对电池能量密度的要求越来越高，在3种类型的电池中，软包电池能量密度最高，较同等规格尺寸的钢壳电池容量高出15%，较铝壳电池高出10%，能量密度上优势明显。随着技术的不断进步，软包电池常见的一些缺陷，如漏液、鼓胀、均一性不高的问题，目前都有一定的技术手段进行解决，这些都为软包电池的车用提供了保障。

软包电池较圆柱和方形电池最大的区别就是封装方式。软包电池采用的是热封装，而金属外壳电池一般采用焊接（激光焊）。软包电池可以采用热封装的原因是其使用了铝塑包装膜。铝塑膜上的PP层在封头加热的作用下融化黏合在一起，然后封头撤去，降温就固化黏结了。铝塑膜虽然看上去很简单，但把三层材料均匀、牢固地结合在一起仍然存在一定的难度。目前软包市场所用的高端铝塑膜均由日韩等企业供应，国内铝塑膜企业技术质量仍有较大的提升空间。软包电池具体制造工艺如图2-107所示。

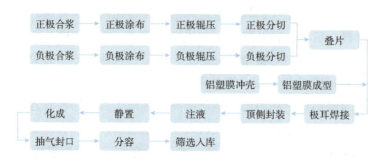

图2-107　软包电池制造工艺图

方形电池单体容量较高，形状规整，适合进行多组电池组合设计，在电动汽车上使用率最高。根据2019年方形动力电池装机量数据，宁德时代一家市场份额占了半壁江山，达到61.9%，宁德时代和比亚迪两家合计装机量占比接近83%，头部效应明显，其余众多企业瓜分剩下的17%，如图2-108所示。

2.3.2.4　方形电池技术

方形锂离子电池通常是指铝壳或钢壳方形电池，内部卷芯可以采用卷绕和叠片两种不同的工艺流程。方形电池结构非常简单，不像圆柱电池采用强度较高的不锈钢作为壳体，所以整体附件重量较轻，能量密度更高。随着近年

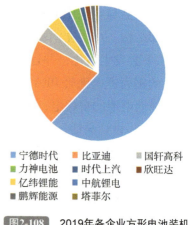

图2-108　2019年各企业方形电池装机量占比

来电动汽车的兴起，续航里程的焦虑迫使电动汽车企业对动力锂离子电池能量密度的要求越来越高，方形电池因具有较高的能量密度而受到众多电动汽车企业的青睐。此外，方形电池的可塑性比圆柱电池更强，可以根据所搭载平台的具体需求而进行定制化的设计，所以导致了大小不一，目前无论制造工艺还是应用标准，并没有圆柱电池那样清晰的标准划分。但也正因为其灵活性高，曾经长时间应用在新能源汽车上，车企可以根据车型的需求而对方形电池的尺寸进行定制化设计，而不用受到圆柱电池标准的限制。方形电池曾经被认为是最适合新能源汽车应用的电池设计。方形电池常见的外观及结构如图2-109所示。

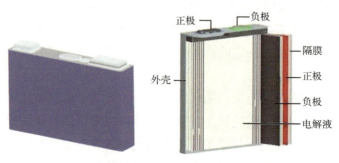

图2-109　方形电池的外观及结构图

一个典型的方形锂离子电池，主要组成部件包括顶盖、壳体、卷芯、绝缘件、安全组件等。其中，安全组件包括NSD针刺安全装置和OSD过充保护装置。针刺安全保护装置在卷芯的最外面加上了金属层，如铜薄片。当针刺发生时，在针刺位置产生的局部大电流通过大面积的铜薄片迅速把单位面积的电流降低，这样可以防止针刺位置局部过热，防止电池热失控发生。过充安全保护装置一般是一个金属薄片，配合保险丝使用，保险丝可以设计到正极集流体上，过充时电池内部产生的压力使得OSD触发内部短路，产生瞬间大电流，从而使保险丝熔断，从而切断电池内部电流回路。具体方形锂离子电池的制造工艺如图2-110所示。

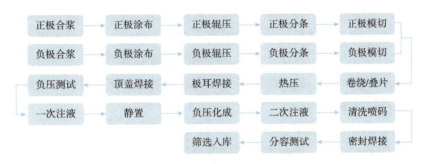

图2-110　方形电池制造工艺图

方形电池单体容量较高，形状规整，适合进行多组电池组合设计，在电动汽车上使用率最高。根据2019年第一季度方形动力电池装机量数据，宁德时代一家市场份额占了半壁江山，达到54.4%，宁德时代和比亚迪两家合计装机量占比接近89%，头部效应明显，其余众多企业瓜分剩下的11%，如图2-111所示。

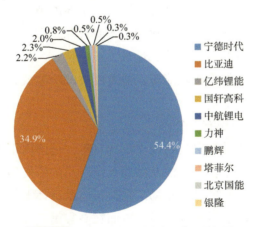

图2-111　2019年第一季度方形电池装机量

随着补贴的退坡及竞争的加剧，新能源技术需要不断向低成本、模块化及标准化的方向推进，这就要求电池生产企业要充分理解吸收汽车企业的市场需求及技术要求。其中提高电池包成组后的系统能量密度显得尤为重要，国内知名动力电池企业从电池的结构方向进行优化，提出了一些创新性的设计，其中以宁德时代推出的CTP电池技术和比亚迪推出的刀片电池技术受到更多的市场关注。

CTP（Cell to Pack）技术是在模组结构基础上做简化，对电池包结构进行优化，在纵向或者横向的排列方式上，减掉一些不重要的结构连接件，将电池直接放入Pack中进行安装，从而达到结构轻量化及降低成本的目的。其技术路线是基于高镍三元体系，减少Pack时的模组数量，直接通过大容量的电芯组成标准化的电池包，再通过合理的堆叠组成更大的电池模块，适用不同的储能要求。通过该技术，电池包体积利用率可以提高15%~20%，零部件数量减少40%，生产效率提高50%左右，能够降低电池的制造成本。

刀片电池因外形似刀片而得名。刀片电池是把电芯宽度极限拉长，降低电池厚度，其长度可达到1m左右，采用两端出极耳的技术方式，与传统方形电池相比，其呈现扁平化和长条化的特点。刀片电池的技术路线是基于磷酸铁锂材料体系，单体电池的容量同样也得到了很大的提高。由于单体电池的容量提高，在电池包成一定容量的电池组模块时，所需要的单体电池数量也得到了减少。通过该技术，电池的单体体积能量密度提升明显，较传统电池有30%的提高幅度，较大的表面积还有助于电池在使用过程中散热，防止热量集聚，此外还能够降低成本。

但是，采用这两种技术方案也存在一些问题：CTP电池无分散的模组存在，在后期维护方面存在一些困难，这就对产品的性能提出了更高的要求；刀片电池长度过长，在实际设计、制造及应用上，技术挑战性很大，尤其在电芯后续的改进、良品率及产品把控方面要求很高。

2.3.2.5 电芯企业

我国的电芯企业包括：北京的国能电池、盟固利；江苏省的蜂巢能源科技、上汽时代、孚能科技、LG化学、松下、捷威动力；浙江省的万向一二三、微宏动力；广东省的比亚迪、银隆、亿纬锂能、比克电池、鹏辉能源、振华新能源、欣旺达、珠海冠宇；天津的天津力神和三星电子；上海的卡耐；福建的宁德时代和猛狮；河南的中航锂电和多氟多；安徽省的国轩高科；江西省的孚能科技、远东、福斯特；广西壮族自治区的卓能新能源；陕西省的三星环新；湖南省的桑顿新能源；黑龙江省的哈尔滨光宇电源。韩国的大型电芯企业有SDI三星、LG化学和SK。

（1）宁德时代新能源股份有限公司

宁德时代新能源科技股份有限公司成立于2011年，是国内率先具备国际竞争力的动力电池制造商，专注新能源汽车动力电池及储能系统产品的研发和生产。宁德时代立足方形电池，同时积极在软包电池领域进行布局。在材料体系选择上，一方面通过继续提高高镍正极容量来提高单体电池的能量密度；另一方面在高容量负极方面进行研发攻关，进一步提高能量密度。高镍正极在电池里应用所面临的安全问题已经得到妥善解决，已经实现量产供货，能够满足客户的需求。同时坚持高能量密度与低成本两条技术路线长期并存，高能量系列产品采用三元材料持续提高能量密度，应对高端品牌追求快速充电及长续航里程等差异化产品的需求；以磷酸铁锂体系来满足低续航里程乘用车、物流车、卡车等的需求，此外，储能领域也是该体系电池所关注的一大领域。除了对动力电池进行投入研发，公司还积极布局上游正极、负极、隔膜及电解液等领域，目前这些领域均已经取得众多专利授权。为了扩大产品的海外市场占有率，公司已经在日本、美国、德国等国家设立子公司，并筹建海外生产基地，进一步推动公司的国际化布局。在对现有产品技术研发持续投入下，公司持续关注固态锂（离子）电池、锂空电池、锂硫电池等新技术的发展动态。

图2-112所示为宁德时代近年技术路线简略图。

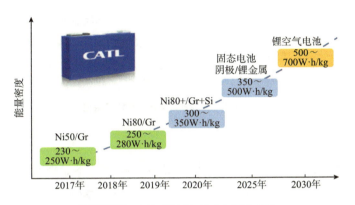

图2-112　宁德时代近年技术路线简略图

根据公开数据查询，宁德时代动力电池出货量在近几年一直稳步提高，从2015年的2.2GW·h到2018年的23.5GW·h，增长了970%。随着其与众多主机厂合资电池厂计划的快速推进，未来几年其装机量和出货量还将保持增长态势。

（2）比亚迪股份有限公司

比亚迪股份有限公司（简称比亚迪）创立于1995年，成立当年即获得了三洋手机镍镉蓄电池的代工订单，当时充电电池市场几乎全部被日本企业所垄断，比亚迪凭借技术优势打破垄断并相继获得摩托罗拉和诺基亚等知名手机品牌的订单，21世纪初期比亚迪已经成为世界上第一大镍镉/镍氢蓄电池供应商。随后多年比亚迪一直跟踪锂离子电池技术最新进展，积极开发锂离子电池技术，2006年比亚迪第一款搭载磷酸铁锂电池的电动汽车研发成功，至此，比亚迪成为全球唯一一家同时掌握新能源汽车电池、电机、电控及充电配套、整车制造等核心技术的企业。

根据公开报道，比亚迪和国内新能源汽车对动力电池选择性要求一致，持续对用于大型客车低成本的磷酸铁锂电池进行技术优化，逐步提高产品性能。面对三元电池在乘用车领域占有率逐步提高的情况下，公司积极进行三元电池技术研发储备，2016年以来，其插电混动车型逐步应用三元电池，从2018年起基本实现全系列乘用车向三元电池切换，仅少数车型继续采用磷酸铁锂路线。此外，公司积极关注布局固态锂（离子）电池等新技术领域的发展。

图2-113所示为比亚迪近年技术路线简略图。

比亚迪动力电池出货量在2018年达到11.4GW·h，远低于宁德时代的23.5GW·h，这主要有两个方面的原因：一方面是比亚迪一直坚守磷酸铁锂路线，切入三元路线时间较晚，没有进行放量增长；另一方面，比亚迪动力电池在2017年之前只供比亚迪自家新能源汽车使用，并未对其他主机厂开放。从2018年开始，已经陆续有其他主机厂使用比亚迪动力电池，未来在该领域仍有很大的市场空间。

图2-113　比亚迪近年技术路线简略图

(3) 惠州亿纬锂能股份有限公司

亿纬锂能股份有限公司创立于2001年，是国家高新技术企业，专注锂电池的创新发展，已形成锂原电池、锂离子电池、电源系统、电子烟等核心业务，产品覆盖智能电网、智能交通、储能及新能源汽车等市场，目前有广州惠州、湖北荆门等四大生产基地。亿纬锂能产品涵盖圆柱、方形和软包三大块，其产能为方形铁锂电池2.5GW·h，圆柱三元1.5GW·h，方形三元1.5GW·h，软包三元1.5GW·h，能够提供全系动力电池产品，提供动力电池全面的解决方案。根据公开数据，亿纬锂能软包电池单体能量密度高达240W·h/kg以上，成组效率达85%，电池包平均能量密度可达160W·h/kg，可进行4C高倍率放电，单体电池循环寿命可达2500次以上；方形三元动力电池单体能量密度达到200W·h/kg，成组效率高达90%。从2017年开始亿纬锂能出货量大增，这主要得益于软包动力电池市场份额的扩张，显示其动力电池得到了市场的认可。

(4) 孚能科技有限公司

孚能科技有限公司成立于2009年，成立之初即聚焦三元锂离子电池，产品经过不断迭代，获得了海外一些国家的认可，获得了国内多家投资机构的注资，其在美国硅谷和中国赣州都设立有研发中心。2017年孚能科技与北汽集团签订了行业内最大电池包采购订单，并吸引了国内大型主机厂的关注。2018年其产能5GW·h，2019年将达到35GW·h，能量密度到2019年达到280W·h/kg，2020年达到300W·h/kg。

(5) 多氟多新能源科技有限公司

多氟多新能源科技有限公司成立于2010年，为多氟多化工股份有限公司的全资子公司，可生产用于电动汽车、储能、便携式电源等锂离子电池。依托化工产品的优势，公司掌握了六氟磷酸锂核心技术并实现产业化后，进而研发车用锂离子电池，并在锂电池正负极材料和电解质等方面进行技术攻关，取得了关键性突破。2016年10GW·h新能源锂离子动力电池项目开工建设，聚焦在三元软包叠片动力电池，已有多款电池经国家工业和信息化部备案，成功在新能源汽车上应用。

(6) 卡耐新能源有限公司

卡耐新能源有限公司是由中国汽车技术研究中心、浙江万丰奥威汽轮股份有限公司、日本英耐时株式会社等共同出资设立的中外合资公司，专业从事动力锂离子电池研发、生产和销售，是国内第一家批量供应三元叠片软包动力锂电池的厂家，目前上海基地、南昌基地、柳州基地都已建设并完成投入量产，除在建的江苏基地外，还设立了日本分公司。2018年卡耐位于国内新能源动力电池装机电量排行榜第九名，2018年年底卡耐产能达到10GW·h，以满足客户的扩产强需求。2019年恒大以10.6亿元入股卡耐新能源有限公司，持股58%，成第一大股东，这也拉开了恒大进入新能源动力电池的序幕。2019年7月，恒大1.8亿元追加收购卡耐新能源有限公司9.6%的股权，持股将达79.859%。此外，恒大卡耐新能源电池产品布局纯电动、插电式及48V混动系列3个系列，2018年量产产品比能量规划达到250W·h/kg，2020年规划达到300W·h/kg，未来的研究方向是低温充电、快充能力方面，通过设计优化力图实现30分钟充电80%。此外，恒大集团积极布局整车、电机等领域，未来在新能源领域的实力不容小觑。

（7）国轩高科动力能源有限公司

国轩高科动力能源有限公司成立于2006年，2008年磷酸铁锂生产线投产运行，2010年搭载国轩高科电池的纯电动公交车上线运营。国轩高科能够独立自主进行锂电池研发、生产，在磷酸铁锂电池技术研发方面，国轩高科已完成单体能量密度由180W·h/kg向190W·h/kg的产品升级，其中批量生产的圆柱磷酸铁锂电池已经规模化应用在电动汽车上。此外，国轩高科还承担国家科技部300W·h/kg高能量密度重大科技专项，已开发出三元811软包电池。图2-114和图2-115所示为国轩高科三元NCM和磷酸铁锂两种体系的动力电池路线图，从图中可以看出，国轩高科在两种材料体系下均存在3种类型的电池结构。根据规划，到2022年三元软包动力电池单体能量密度目标为355W·h/kg，磷酸铁锂软包电池能量密度目标为215W·h/kg。

表2-114　国轩高科NCM电池技术路线简略图　　　图2-115　国轩高科LFP电池技术路线简略图

（8）比克动力电池有限公司

比克动力电池有限公司成立于2015年，其核心业务包括消费数码电池、消费电池和电池回收三大板块，公司产品和服务包括圆柱、方型和聚合物电池，以及电池封装、电池解决方案等，主要应用于新能源汽车、消费类产品及后备储能等领域。在补贴退坡的大环境下，动力电池企业面临多重压力，比克电池希望从三个方面入手来进行应对：①通过提高动力电池正极镍的含量，降低钴的比例，降低原材料成本。作为国内第一家可以使用镍高811材料实现批量供货的电池企业，比克的2.75A·h三元高镍动力电池（18650）能量密度已经达到了240W·h/kg，并能有效保证电池在极端恶劣的高低温环境下正常工作，而在2020年，比克的18650电池但能量密度将达到300W·h/kg。②增加生产规模，完成智能制造升级，实现并提高规模化的经济效益。在大规模量产现有产品的同时，比克也致力于研发高比能量的21700圆柱动力电池。相较之前18650的产品，比克21700的单体能量密度提升35%，组件重量减少10%，系统成本下降超过

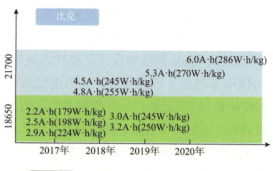

图2-116 比克电池动力电池技术路线简略图

9%；从4.5A·h到4.8A·h产品，均可做到1000次以上循环，容量保持率大于80%。③与整车企业及第三方运营的客户之间达成合作，实现互惠共赢。图2-116所示为比克电池技术发展路线图，可以看出，比克在动力电池领域仍然以圆柱形电池为主，在18650的基础上，实现21700量产出货，根据规划，2020年其21700电池能量密度的目标为286W·h/kg。

（9）力神电池股份有限公司

力神电池股份有限公司是一家国有控股的混合所有制高科技企业，创立于1997年，经过20多年的发展，产品涵盖新能源汽车、电子消费、储能等多个领域，产品类型有圆柱形电池、方形硬壳电池，还有软包的铝塑膜电池。动力电池产品的应用领域非常广泛，根据不同使用场景来提供不同的电池产品，在乘用车方面，圆柱形、方形和软包均在批量供应，在商用车、启停电源和储能领域，主要提供圆形和方形的产品。图2-117所示为力神动力电池技术路线简略图，可以看出，力神动力电池分为功率型和能量型两种类型，分为不同的使用场景。其中功率型电池2020年功率密度目标为5000W/kg，能量型电池能量密度大于300W·h/kg。

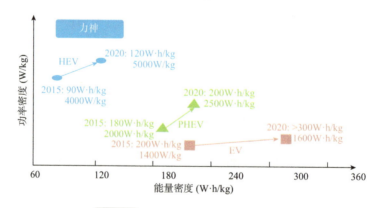

图2-117 力神动力电池技术路线简略图

（10）LG化学

LG化学隶属于韩国三大集团之一LG集团，是其重要支柱产业之一，包括基础材料、电池、信息电子材料、材料、生命科学五大业务，其中电池业务包括小型电池、动力电池、储能电池，电池出货量在全球处于领先地位。公司创新研发出叠片软包电池工艺，目前广泛应用于消费和动力电池领域。2018年其动力电池产能达到20GW·h，当前主要客户包

括雷诺、通用、现代、福特等，覆盖全球范围。在电池领域布局较广，从电池原材料正负极材料、隔膜、导电剂等都有涉及。目前在全球范围内共有4个动力电池工厂建成，进行动力电池的研究、制造和销售，分别位于韩国梧仓、美国霍兰德、中国南京、波兰弗罗茨瓦夫，软包动力电池产能处于全球龙头地位。图2-118所示为LG化学动力电池技术简略图，其材料体系选择高镍体系，2020年动力电池单体能量密度目标为290W·h/kg，通过采用高容量的硅基负极，到2022年使单体能量密度达到320W·h/kg。

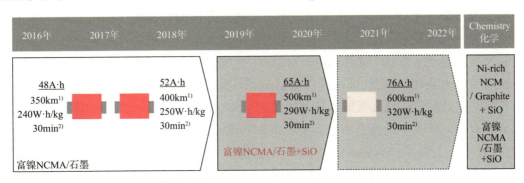

图2-118　LG化学动力电池技术路线简略图

从LG化学2015年至2018年动力电池出货量数据可以看出，2016年以后其动力电池出货量得到了快速的提升，从1.6GW·h增加到8.0GW·h，一方面由于全球电动车市场放量增加，带动了动力电池的需求；另一方面，LG化学坚守的软包动力电池具有较高的能量密度，使其在乘用车市场的占有率增加。此外，随着LG化学在南京及波兰动力工厂的建成投产，在未来几年LG化学动力电池出货量将会出现一个较大的增幅。

（11）三星SDI

三星SDI创立于1970年，1999年成功研发出行业内最大容量的1800mA·h圆形锂离子电池，自此开始进入锂电池领域。2008年，三星SDI和博世合资成立了动力电池公司SB Limotive，进入汽车动力电池领域；2015年，三星SDI全资收购国际领先的电池公司MSBS，并先后在韩国、中国、美国、欧洲等地建立了汽车动力电池工厂。三星SDI的汽车动力电池产品以单一容量具有高能量密度的方形电池为主，现有37A·h、60A·h、94A·h等可应用于EV、PHEV等汽车的产品，正极材料主要采用三元NCM材料，同时积极推进21700圆柱形电池的生产。三星SDI的方形电池可以叠放成电池模块，多个电池模块可以组装成电池组，最后组装在一个外壳中，根据特定汽车型号设计成最终电池产品，这一完整的业务体系使得其电池的应用十分广泛。图2-119所示为三星SDI动力电池技术路线简略图，从图中可以看出其动力电池体积能量密度和系统能量密度稳步增加，目前

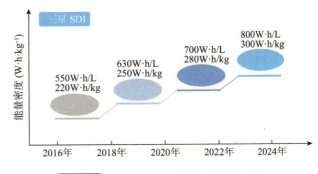

图2-119　三星SDI动力电池技术路线简略图

其技术指标依然处于世界领先地位。

SDI 2015—2018年动力电池出货量，从2015年的1.1GW·h增长到2018年的4.5GW·h，其进入动力电池领域以来，欧洲、美国和亚洲的主要汽车制造商开始与其展开业务合作，迄今为止，已经被选为30多种电动汽车的核心供应商，其核心客户包括大众、克莱斯勒、奥迪和奔驰等。

（12）松下电器

松下电器成立于1918年，涉及四大业务板块：家电冷热设备、环境方案、互联解决方案、汽车电子和机电系统。松下电器作为最早进入动力电池生产的企业之一，拥有最高能量密度的电池、极大的出货量和较低的生产成本。松下电器是圆柱形电池领跑者，其最初动力电池是18650圆柱形电池，能量密度只有50～70W·h/kg，凭借更多经验积累的特有技术，以及和特斯拉降低成本提高质量的合作生产，在NCM和NCA电池及21700型号方面均具有相同价格下的最高质量。松下电器当前NCA材料18650电池最高单体能量密度达到250W·h/kg，特斯拉Model 3使用松下电器的21700圆柱形电池单体的能量密度达到了340W·h/kg，是当前市场中能量密度最高的电池。松下电器在2008年出资64亿美元并购三洋电机的全部股份，凭借自身和三洋电机的强大实力，进入动力电池领域。随后，松下电器与特斯拉密切合作，成为特斯拉电动汽车的专用电池供应商。目前，松下电器在日本、美国、中国都设有动力电池工厂。松下电器动力电池全球出货量一直保持世界前列，2018年动力电池出货量达到22GW·h。

动力电池作为电动汽车的"心脏"，其成本占据了整车成本的30%～40%，由于新能源汽车在全球汽车保有量中仍处于较低的比例，后期有望出现爆发性的增长，因此，动力电池产业有望达到千亿元级别的量级。对动力电池核心技术及产业链的争夺，将会成为大国制造业竞争的另一制高点，而且将在很大程度上影响新能源行业的发展布局。目前，全球动力电池产业主要集中在亚洲、北美及欧洲等个别区域，其中亚洲主要集中在中国、日本、韩国3个国家，北美则主要集中在美国，而欧洲主要集中在德国、匈牙利和波兰等国家。为了在新能源产业发展中扩大话语权，各国根据自己的实际情况制订了不同的政策。从主要国家和地区对动力电池的发展规划来看，中国和欧盟侧重发展锂离子电池技术并逐步向固态电池进行过渡，日本、韩国和美国则是侧重未来固态电池的发展，而且各国和地区均计划在2030年使动力电池能量密度达到500W·h/kg的目标。

目前全球动力电池的产能主要集中在中国、日本、韩国三国，2018年三国合计产能占全球产能的97%。其中，中国发展势头最为迅猛，2015年超越日本成为全球最大的动力电池生产国，2019年中国动力电池出货量约65GW·h，全球占比61.3%。全球知名动力电池制造商几乎全部为中日韩三国企业，如宁德时代、比亚迪、松下、LG化学及三星等。相关企业在立足本国市场以外，也在加大在全球各大市场的布局。在相关政策的加持下，欧洲区有望在2020年超越中国，成为新能源汽车最大的市场，各大汽车企业争相发布颇具竞争力的车型，最近有媒体曝出欧盟绿色经济复苏计划，该计划的重点即是对电动汽车的大力支持，包括免征增值税、提供贷款购买电动车及对充电设置进行投资建设等。在此之下，欧洲电动化的进程正在进入快车道，然而，在高速增长的需求下，动力电池供应短缺正在成为欧洲电动化的最大掣肘。因此，众多电池企业正在涌向欧洲市场，包括以LG化学、三星和SKI在内的韩系，以CATL、比亚迪、远景AESC、蜂巢能源为代表的中国系，还有以Northvolt、SAFT等为代表的欧洲本土系，都在加大资金投入，在欧洲进行产能扩充，开启新一轮动力电池产能建设。

图2-120所示为欧洲动力电池分布图。

图2-120 欧洲动力电池分布图

LG化学作为欧洲市场最大的动力电池供应商，承担着包括大众、奥迪、戴姆勒、路虎及雷诺等一大批主流车企供应商配套业务，2020年一季度，其装机量为全球第一。根据其扩产计划，在波兰弗罗茨瓦夫工厂的产量从35GW·h扩大到65GW·h。另外，两家韩系企业——三星SDI和SKI的欧洲工厂都设在了匈牙利，两家企业也都在筹备第二家工厂的扩产。三星SDI的匈牙利工厂位于哥德，其第二家工厂将于2020年上半年开始建设，2021年开始投产。SK在匈牙利的第二家工厂初期计划产能为10GW·h，后期会提到16GW·h，其目标是两年内将全球产能提升至70GW·h，2025年产能达100GW·h。SKI手上目前的订单主要来自大众、现代和通用。

宁德时代在德国的动力电池工厂预计在2021年投产，2022年的产能将达到14GW·h，到2029年产能将达到70GW·h。2019年11月，宝马将宁德时代动力电池长期采购订单从40亿欧元提高到了73亿欧元。中国企业中，远景AESC已经在英国桑德兰拥有1.9GW·h的产能，据了解目前其还打算考虑新增产能，除此之外，还有包括蜂巢能源、孚能科技都已经明确提出了在欧洲设厂的计划。

欧洲本土企业中，Northvolt位于瑞典的超级工厂已经动工，预计2021年产能将达到16GW·h，之后达到32GW·h，其目标是到2030年实现约150GW·h的电池产能，即200万辆电动汽车的电池，预计可以满足欧洲市场1/4的份额。PSA与Saft合资公司Automotive Cell

Company（ACC）已经开始投建，预计到2023年，第一家电池工厂产能达到24GW·h，到2030年，两家工厂总产能将达48GW·h。ACC充满野心，2030年欧洲电动汽车锂电池将拥有超过400GW·h的预期需求，届时ACC公司将占据10%～15%的市场份额。

从上述可以看出，各大电池厂均在欧洲开展了产能卡位赛，积极扩充产能，这波动力电池新建浪潮将对动力电池乃至新能源汽车产业链产生深远的影响。

作为全球第二大汽车销量大国，美国动力电池市场也成为各大电池企业竞相追逐的目标。2018年11月，SKI宣布将在美国佐治亚州新建动力锂电池厂，总投资金额将达到1.14万亿韩元（约合人民币69.5亿元）。同月，三星SDI计划在密歇根州底特律附近建设价值6270万美元的汽车电池厂，该厂将作为其在美国公司的电池组制造厂、研发中心和汽车电池运营总部。次月，中国最大动力电池供应商宁德时代正式在美国成立子公司，开始拓展动力电池业务，为客户开发适应其需求的产品和服务，供应更多本地化服务。作为特斯拉独家供应商，松下从2009年开始与特斯拉合作。2010年6月，松下向特斯拉投资3000万美元。2014年特斯拉与松下合作在内华达州建设超级厂，根据计划，到2020年，松下将在内华达州的超级厂投资50亿美元。

图2-121所示为美国动力电池分布图。

图2-121　美国动力电池分布图

从以上分析可以看出，3个地区均在新能源产业建设方面制订了明确的规划，为新能源汽车的进一步发展提供了保证，各大动力电池工厂的建成投产不仅会影响动力电池本身的市场格局，还会对整条新能源产业链产生深远的影响。因此，对动力电池厂商来说，由于扩产所需的大体量资金需求，与大型主机厂进行深度捆绑或者合资生产以降低资金压力，将是他们所需面对的现实问题，另外，技术的提升与积累也是壮大过程中不可或缺的条件。

2.3.3　电芯前沿技术总结

根据电芯的应用方向划分，高能量密度、高功率密度、高安全、低成本是电芯技术发展的主要方向。表2-41总结了目前报道的各种电池系统正负极容量、工作电压、能量密度、功率密度、成本、安全和寿命的评估结果。

表2-41 主流电池系统目前报道的水平较高的正负极容量、工作电压、能量密度、功率密度、成本、安全和寿命的评估

电池类型	正极容量 (mA·h/g)	负极容量 (mA·h/g)	工作电压 (V)	能量密度 (W·h/kg) 理论	能量密度 (W·h/kg) 实际	功率密度	成本优势	安全	寿命
锂离子电池	180（钴锂）	372（石墨）	3.75	—	—	—	—	—	—
锂离子电池	145（铁锂）		3.4	—	<320	★★★	★★★	★★★	★★★
锂离子电池	200（三元）		3.6	—					
钠离子电池	117 [Na$_3$V$_2$(PO$_4$)$_3$]	375（硬碳）	3.4	—	110	★★★	★★★	★★★	★★★
钾离子电池	155（普鲁士蓝类似物）	279（石墨）	3.3	—	250	★★★	★★	★★★	★★
镁离子电池	477（CuS）	2205（Mg）	1.5	—	415/cathode	★	★	★★★★	★
锌离子电池	432（Co$_{0.247}$V$_2$O$_5$·0.944H$_2$O）	820（Zn）	1.0	—	432/cathode	★★★★★	★★	★★★★	★★★★
铝离子电池	110（石墨）	2976（Al）	2.0	—	68	★★★★★	★	★★★★	★★★★★
双离子电池	96（石墨）	372（石墨）	4.7	—	<150	★★★★★	★	★★★★	★★★★★
锂硫电池	1675	3860（Li）	2.3	2600	600	★	★★★	★★	★★
锂空气电池	—	3860（Li）	2.7	3505	720	★	★★★★	★	★
固态锂电池	200（三元）	3860（Li）	3.6	—	430	★★	★★	★★★★	★★★

对于锂离子电池而言，高能量密度的提升途径是提高电池的放电电压和容量。尖晶石相$LiNi_{0.5}Mn_{1.5}O_4$、$LiCo(Mn)PO_4$等具有5V左右的电压平台，但是材料的容量偏低（约100mA·h/g），与传统的$LiCoO_2$、三元材料等相比，不具备优势；电解液在高电压下的稳定性也是需要解决的瓶颈问题，限制了这类材料商业化应用。提升现有商业化正极材料的容量是目前的主要发展方向。高镍三元材料，包括$LiNi_{0.6}Co_{0.2}Mn_{0.2}O_2$（622）、$LiNi_{0.8}Co_{0.1}Mn_{0.1}O_2$（811）和$LiNi_{0.8}Co_{0.15}Al_{0.05}O_2$（NCA）等，随着Ni含量的提高，容量也会有明显提升。发展高化学/电化学稳定性的高镍正极材料和Ni含量大于0.9的高镍三元材料，是目前科学研究的前沿，通过单/双/多元素掺杂、表面包覆、Ni浓度梯度技术稳定材料在充放电过程中的结构变化、表面状态，提升高价氧化性Ni和电解液的兼容性，可有效改善材料的循环稳定性。扩展$LiCoO_2$充放电的电化学窗口（4.25~4.6V）对容量的提升有明显作用，在高电压更多Li元素脱出时，稳定结构的方法是掺杂微量的非活性元素（La、Mg、Ti、Al等），起到结构支柱的作用。富锂锰基正极材料具有大于400mA·h/g的理论比容量，也是研究的热点，但阴离子（O^{2-}）参与的氧化还原反应导致充电过程Li脱出时伴随着O^{2-}元素的氧化，可能生成具有高氧化性O_2^-及O_2^{2-}或者O_2的释放，引发电解液在材料表面的分解和材料结构的变化，导致充放电循环过程中放电电压和容量的持续衰降；通过调节Li金属/过渡金属元素种类和含量、表/界面结构的优化、材料的晶型，可抑制电压衰降问题。负极材料中，硅与碳的复合是最具有前景的应用方向。设计硅在碳材料中的体积变化空间，提升复合材料中硅的含量，改善硅在首次充放电过程中的效率，是现在的研究热点，已经取得了重要的进展。最近，崔屹报告了通过元素掺杂，扩散硅的晶格距离，使Li离子扩散更快，减少Li的不可逆脱出，使材料首次充放电效率达到94%，开拓了新的研究方向。

锂金属具有最低的氧化还原电位和高的使用容量，使用锂金属构建锂电池是提升电池能量密度的方法。锂金属电池面临的普遍问题是锂金属溶解和沉积过程中的枝晶易引发电池短路的安全问题，应用中要重点关注。锂金属电池中，锂硫电池理论能量密度高（约2600W·h/kg），使用成本低；但硫密度低、导电性差和多硫中间产物的溶解问题导致体积能量密度低，在动力电池应用领域受到限制。锂空气电池理论能量密度高达3500W·h/kg，是锂基电池技术发展的最终形态；现阶段，过高的充放电过电位、空气中的杂质（水分、二氧化碳等）侵蚀电池正负极等问题，使其短时间内不具有应用前景，但由于该体系集中了氧还原、氧析出、锂金属负极等方面的技术，具有重要的研究价值。

非锂基电池技术包括钠、钾、锌、镁、钙、铝等，由于本身电极电位较高、电解液的兼容性差、高容量/高电压正极材料的缺失等问题，现阶段不具备作为高能量密度动力电池的条件。

高功率密度电池可以通过电极设计和材料选择实现。相对于石墨负极材料，尖晶石相钛酸锂负极材料，充放电过程中体积变化几乎为零，三维锂离子扩散通道使锂离子扩散速度快，表现出优异的功率性能。剑桥大学在Nature上报告了微米级$Nb_{16}W_5O_{55}$和$Nb_{18}W_{16}O_{93}$负极材料，锂离子在材料中的扩散系数为10^{-13}~$10^{-12}m^2/S$，远高于钛酸锂材料（10^{-16}~$10^{-15}m^2/S$），可实现更优异的倍率性能；但由于钛酸锂和铌钨化合物氧化还原电位高，电池能量密度损失严重。因此，在高能量密度电池基础上，通过降低正负极涂覆量、设计极片集流体/极耳结构、改变电解液离子传导率等手段，可获得高功率密度动力电池，同时保持一定的能量密度。新体系电池中，锂硫电池由于硫和硫化锂较差的导电性，锂空气电池由于放电产物过氧化锂较差的导电性，功率密度均较低。基于阴离子插层反应的双离子电池大电流充放电性能优异，循环稳定性高，但缺点是活性物质是电解液中的阴阳离子，含量有限，且比容量不高，全电池能量密度较低。非锂基电池针对高功率密度性能方面研究较少。总体而言，相对于高能量密度电池的研究和应用，高功率密度的性能没有获得足够的重视，需要科研人员和企业工作者的共同关注，为实现新能源电动汽车的快速充电技术而努力。

高安全是动力电池作为电动汽车供电系统首先要保证的性质。一方面，通过对正负极材料结构稳定性的优化和防爆等安全相关零部件的设计，可以提升电池的安全性。另一方面，发展高安全性阻燃电解液添加剂，实现电池燃烧的抑制，是一种简单方便的途径。多种磷化物基添加剂显示出较好的效果。除此之外，基于水系电解液的电池成为当前研究的热点。通过调节锂盐和水的比例，水系电解液的电化学稳定窗口可以突破到约2V（还原）和4.5V（氧化）。进一步引入少量有机溶剂，和水形成复合，实现石墨或者锂金属负极在此类电解液中的应用。电解液具有不燃烧的性质，保证了电池的安全。另外，锌负极基电池可以使用硫酸锌等水系电解液，显示出不燃烧的特点，但是，锌负极和酸性水系电解液之间的化学/电化学反应产生气体，可能会导致电池爆裂，需要开发抑制锌负极和水系电解液副反应及锌枝晶生长的技术。钙、镁、钠、钾负极基电池技术目前普遍采用有机系电解液，关于安全性的研究较少，有待进行深入研究。

电池的低成本化是扩大动力电池基电动汽车广泛应用的必要环节。目前的相关降低锂离子电池成本的前沿研究中，主要是通过减少或去除正极中的高价值钴元素。Jeff Dahn研究报道，低钴含量掺杂（小于5%）对高镍材料的稳定性和多相转变抑制无明显作用，而采用低成本的镁代替钴元素对高镍材料进行掺杂，材料结构稳定性好，热稳定性高，能量密度高。因此，镁取代是无钴高镍材料研究的重点方向。对于负极材料来说，石墨成本的降低效果有限，硅碳材料可以通过使用微米级硅代替纳米级硅颗粒大幅降低成本，但微米级硅面临充放电过程颗粒粉碎的问题，需要通过材料结构设计解决。天津大学杨全红教授提出使用软硬碳模板对微米硅进行限域，明显提升了微米硅负极的循环稳定性，稳定容量为1000mA·h/g左右。关于其他零部件降低成本的前沿研究比较欠缺。其他体系电池中，由于其元素在地球中的含量更为丰富，本身成本更低。钠离子电池研究相对较多，正负极的选择较为丰富，中国科学院物理所已经将铜氧化物基正极和硬碳负极应用于低速、低成本电动汽车，显示出一定的应用潜力。钾、镁、钙基电池处于研究的初级阶段，短时间内不具有应用可能性。锌和铝基电池可使用水系电解液，可进一步降低成本。然而，锌和铝与电解液之间的副反应产气问题限制了其应用，目前仍需要开发有效技术抑制电池体系副反应和枝晶生长问题。

固态电解质应用于电池体系，可同时提升能量密度和安全性。其较高的机械强度可以阻止锂枝晶的生长,防止电池短路;其较高的热稳定性可避免电解质的燃烧,保证电池的安全性。当匹配锂金属作为负极时,电池的能量密度才能有明显提升。目前各类固态锂(离子)电池质中,应用前景较高的是聚合物基电解质、石榴石型锂镧锆氧和硫化物基电解质,且已有企业发布相关产品。相关前沿研究已经由开发快离子传导固态电解质转为对固态电解质与正负极界面的设计,从而实现较好的循环稳定性。在界面处引入合金层、离子传导氧化物或聚合物层,可明显降低锂金属负极和固态电解质之间的阻抗,提升电池的循环寿命。正极端,通过引入弹性缓冲层或者调解活性物质及固态电解质颗粒的尺寸,可缓解电池充放电过程中由于材料体积变化导致的界面接触变差的问题。另外,日本研究学者报告了利用硫化物基固态电解质、钴酸锂正极和钛酸锂负极组装的固态锂离子电池,在60C的电流密度下可稳定充放电,表明固态锂(离子)电池在高功率密度电池应用也有一定的潜力。非锂基电池体系中,关于固态锂(离子)电池的研究较多的是钠离子电池,部分钠的固态电解质表现出比锂基固态电解质更高的传导率,随着在固态钠基电池电解界面优化和组装研究的深入,或可获得更高能量密度和功率密度、低成本的钠基固态锂(离子)电池。由于缺少可传导钾、镁、锌、铝等的固态电解质,相关固态锂(离子)电池体系的研究较少。

2.4 动力电池模组和系统

2.4.1 电池包及电池管理系统(BMS)的主要组成及基本功能介绍

2.4.1.1 电池包的主要组成及基本功能介绍

电池包(Pack)是能量存储装置,图2-122所示为电池包的系统构成及相关专业领域。按结构组成划分,电池包主要子部件还可分为电池模组、电池箱体结构组件、电子电气组件、热管理系统组件、功能辅件等。

若把电池包比作一个人体,电池模组就是"心脏",负责存储和释放能量,为汽车提供动力。电池箱体结构作为模组的承载体,相当于电池包的"骨骼",起到支撑、抗机械冲击、机械振动和环境保护(防水防尘)的作用。电子电气组件可分为电气组件和电子组件两部分。电气组件主要指高/低压线束、连接器、铜靶、汇流排、端子、继电器、保险丝等。高压线束可看作电池包的"大动脉血管",将模组提供的动力不断输送到各个需要的部件中。低压线束可看作电池包的"神经网络",实时传输检测信号和控制信号。电子组件主要指电池管理系统(BMS),可看作电池包的"大脑",主要由单体监控单元(CMU)和电池管理单元(BMU)组成。CMU负责测量电池的电压、电流和温度等参数,同时还有均衡等功能。CMU采集到数据后,通过低压线束将数据传送给BMU。BMU

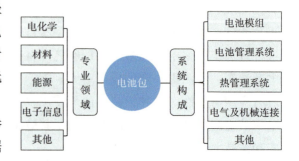

图2-122 电池包的系统构成及相关专业领域

负责评估CMU传送的数据,并对电池的电量、温度进行管理,根据设计的控制策略,判断需要警示的参数和状态,并采取措施对电池进行保护。热管理系统相当于给电池包装了一个空调,可实现电芯的工作温度控制和不同电芯的温度差控制。热管理系统需考虑加热、散热、热均衡、保温等各方面措施。

2.4.1.2 BMS管理系统的主要组成及基本功能介绍

表2-42展示了BMS管理系统的主要组成模块及各模块的功能与用途。其中,BMU为主控模块,也被称为中央处理模块;BSU为采集均匀模块;BDU为显示模块。

表2-42 BMS管理系统的主要组成及功能

模块	图列	功能及用途
BMU	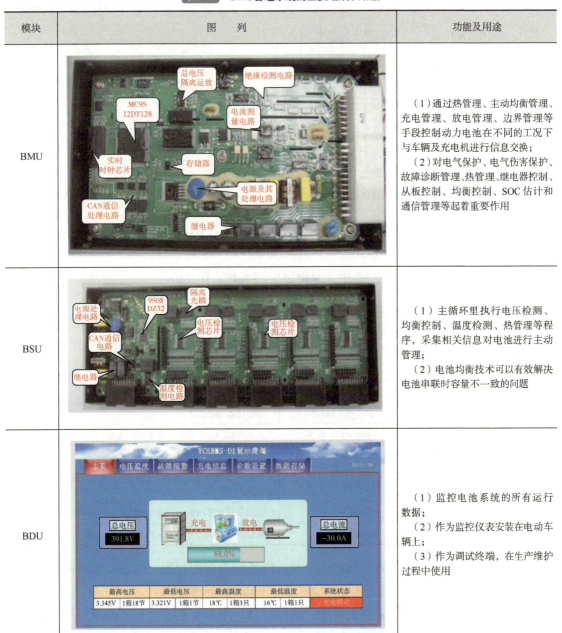	(1)通过热管理、主动均衡管理、充电管理、放电管理、边界管理等手段控制动力电池在不同的工况下与车辆及充电机进行信息交换; (2)对电气保护、电气伤害保护、故障诊断管理、热管理、继电器控制、从板控制、均衡控制、SOC估计和通信管理等起着重要作用
BSU		(1)主循环里执行电压检测、均衡控制、温度检测、热管理等程序,采集相关信息对电池进行主动管理; (2)电池均衡技术可以有效解决电池串联时容量不一致的问题
BDU		(1)监控电池系统的所有运行数据; (2)作为监控仪表安装在电动车辆上; (3)作为调试终端,在生产维护过程中使用

图2-123所示为BMS电池管理系统的基本功能框图，最核心的功能是能够在不同的使用环境下监测及控制电池的充放电过程，在保证电池安全的前提下充分利用电池的存储能量。

电池性能检测一般是对电压、电流、温度的检测，这一功能大多由数据采集模块完成。图2-124和图2-125所示分别是数据采集模块结构图和数据采集模块功能图。

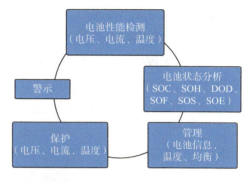

图2-123　BMS电池管理系统基本功能框图

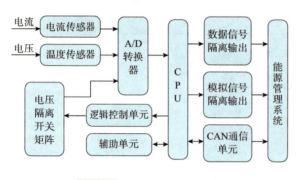

图2-124　数据采集模块结构图

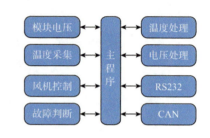

图2-125　数据采集模块功能图

电池的状态估算包括剩余容量（SOC）或放电深度（DOD）、健康状态（SOH）、功能状态（SOF）、能量状态（SOE）、故障及安全状态（SOS）的估算等。SOC是电池剩余容量和基准容量的比值，表2-43总结了目前SOC的主要估算方法。

表2-43　SOC主要估算方法

方　　法	优　　点	缺　　点
安培时间积分法	可在线测量，易操作，精度高	需建立模型，对干扰比较敏感，成本高
卡尔曼滤波器	可在线测量	需大量模型计算，确定参数困难
人工神经网络	可在线测量	需要相近电池的训练数据
阻抗频谱法	可提供 SOH 信息，可在线测量	对温度敏感，成本高
放电试验法	易操作，数据准确，与 SOH 无关	无法在线测量，费时，电池状态改变，能量损失
直流内阻法	易操作，数据准确，有 SOH 信息	只适用于低 SOC 状态
电解液特性法	可在线测量，可提供 SOH 信息	有酸成层现象时易出错，动态响应慢，对温度和电解液纯度敏感
负载电压法	可在线测量，成本低	数据采集和存储量大，变电流情况下的数据处理较难
开路电压法	可在线测量，成本低	有酸成层现象时易出错，动态响应慢，费时

SOH是测定容量与额定容量的比值，是对电池组寿命的预测。目前针对SOH的估算方法有多参数模型、电阻折算法、Arrhenius模型、Rakhmatov模型等。

管理包括电池信息管理、均衡管理、温度管理。电池信息管理有电池信息的显示、系统内外信息的交互、电池历史信息存储3个方面的管理。均衡管理指通过采取措施降低电池不一致性的负面影响,达到优化电池组整体性能,延长电池组整体寿命的效果。温度管理的目的是使电池组内的电池温度尽可能均匀,并利用技术手段给电池降温或者升温,让电池工作在一个合适的温度范围内。

BMS对于电池的保护,是通过发出降低使用电流的指令,让负载控制智能模块进行输出调整,或切断充放电通路来实现保护功能。电压保护、电流保护、温度保护是最基础的管理要求。

警示功能是判断需要警示的参数和状态,并且将警示发送给整车控制器。

2.4.2 电池热管理技术

电池热管理技术对保障电池组及电动汽车的工作可靠性与安全性意义重大。电池热管理技术结合电池电化学特性和生热机理设计电池热管理系统(BTMS),通过对电池组冷却或加热,使电池组保持在正常工作温度范围内,以保证电池的使用性能和安全性能。

2.4.2.1 冷却热管理技术

根据供能方式,冷却热管理技术可分为主动式和被动式两种。主动式冷却利用组装在系统内部的元器件提供冷源进行散热,而被动式冷却仅利用汽车的行驶环境对电池组进行冷却。依据传热介质的不同,冷却热管理技术可分为空气冷却、液体冷却、相变材料(PCM)冷却、热管冷却等方式。表2-44是常见冷却热管理技术的比较。

表2-44 冷却热管理技术比较

比较项	冷却方式			
	空气冷却	液体冷却	相变材料	热管冷却
使用	容易	容易	容易	较难
安装	容易	较难	适中	困难
冷却能力	高于环境温度,范围广	高于环境温度,范围广	高于环境温度,范围窄	低于环境温度,范围有限可控
应用	容易	容易	有限	有限
扩展	容易	容易	适中	困难
均匀性	低	适中	好	好
维护	低	困难	适中	困难
寿命	20年以上	20年以上	20年以上	20年以上

(1)空气冷却方式

空气冷却技术也称风冷式散热,以空气为介质利用热的对流来降低电池温度,可分为自然冷却和强制冷却。自然冷却利用电池包内部流体自身因温度变化而产生的自然对流进行散热,强制冷却在自然对流散热系统的基础上加上风扇等相应的强制通风技术进行散热。目前空气冷却主要采用的是串行及并行两种通风方式,表2-45对这两种通风方式做了对比。

表2-45 不同通风方式的空气冷却技术对比

通风方式	串行	并行
结构示意图		
冷却原理	空气从电池包一侧吹入，依次掠过电池，将热量带走，从电池包另一侧吹出	空气为直立上升气流，空气从电池底部吹入，同时掠过各个电池，将热量从电池顶部吹出
优点	空气吹入端单体电池温度较低，有较好的冷却效果；结构简单	不同电池包上下间隙间压力一致，确保了空气流量的一致性，从而保证了电池包温度场的一致性
缺点	冷却效果不佳，导致电池包温度一致性较差；空气流动阻力较大	结构复杂；占据空间较大
代表产品	第一代丰田Prius、本田Insight	丰田新Prius

目前，国内采用空气冷却方式的典型应用车型主要有众泰E200、比亚迪秦、比亚迪唐、北汽EX200、北汽EC200等；国外采用该冷却方式的车型主要有大众e-Golf、丰田Prius、福特C-MAX等。但空冷方式存在冷却效率低下，响应速度慢，温度均匀性不易控制，电池包密封设计困难，防尘、防水效果差等缺点，且随着锂离子电池组热功率的不断增大，风冷方式越来越不能完成均匀散热的功能。

（2）液体冷却方式

液体冷却方式在系统内布置散热通道或将电池组沉浸在液体中，通过液体对流换热方式来实现电池散热的目的。根据是否与单体电池直接接触，液体冷却可分为接触式和非接触式两种方式。表2-46对两种方式的液体冷却技术进行了对比。

表2-46 液体冷却方式对比

液冷方式	接触式	非接触式
方法	将电池直接浸润到冷却液中	在电池间布置管路或围绕电池布置夹套对冷却液进行盛装，利用管路与电池的直接接触将热量带走
液体所需条件	电绝缘、热导率高	导电性能良好能、热导率高
优选液体	硅基油、矿物质油	水、乙二醇、制冷剂
优点	温度均匀	黏度低，换热效果好
缺点	黏度高、流速低、换热效果差	温度均匀性较差

目前，国内采用液体冷却方式的典型车型有比亚迪宋DM、上汽荣威eRX5、上汽荣威ei6、吉利帝豪EV300、江淮iEV7S、北汽EU200、华晨宝马之诺等。但液体冷却方式往往要求更复杂严苛的结构设计，不利于实现车辆轻量化，且成本较高，维护和保养难度大。

（3）PCM冷却方式

PCM冷却方式是利用相变材料在相变过程中的潜热来达到热管理目的，PCM在相变时虽然温度变化较小，但能吸收或释放大量热量。目前，固-液相变研究和使用最多，但由于其在相变过程中有液体产生,所以要防止泄漏。

PCM可以包裹在电池表面或将电池沉浸在PCM中,如何提高PCM热导率和密封性是研究的关键。添加高导热性物质是提高相变材料热导率的重要手段,为了提高PCM的密封性,可以发展定型PCM或PCM胶囊化。

PCM冷却方式具有换热效率高、相变温度覆盖面较广、冷却及加热效果明显、结构紧凑、接触热阻低等优点,其在节能和系统微型化方面具有很大的优势。但同时也存在研发制造成本高、导热系数小、封装困难、不能循环流动、大电流大功率或极端天气工况下热管理效率明显降低等缺点。相变冷却技术一般需与空冷、液冷等其他热管理技术结合使用。

(4) 热管冷却方式

热管又称热导管或超导管,是一种传热性极好的导热构件,可制成任意形状,主要由管壳、管芯及工质组成。热管是一种密封结构的空心管,能承受极大的压力,管壳材料一般采用不锈钢、铜、碳钢等金属材料;管芯紧贴管壁,常由多孔毛细结构的材料组成;工质存在于热管的内部空腔,一般为甲醇、丙醇、水、氨等,工质在工作时处于液体与气体两种状态,一般在热管处于真空状态时被填充进去。

热管可分为蒸发段、绝热段和冷凝段,图2-126所示为热管工作示意图。热管的蒸发段与电池发生热交换,通过管壁吸收电池热量并传送至管内工质,工质蒸发汽化,在压差作用下,蒸汽携带热量经由绝热段传送至冷凝段,并在冷凝段液化放热,同时冷凝段与外界环境发生热交换,把管内热量经管壁传输至外部环境。绝热段将蒸发段热源与

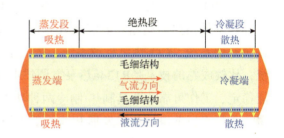

图2-126　热管工作示意图

冷凝段冷源分开,不与外界进行任何热量传递。工质在冷凝段液化成液体后,依靠毛细作用沿管芯流回蒸发段,如此循环,电池热量得以沿热管迅速传递。热管可在非重力方向传热,通过合理的空间设计,可满足不同平面的均温需求,并可依据所需冷却物体的温度进行单独设计。

热管技术具有高导热性、优良的等温性、热流密度可变性、热流方向可逆性等优点,但其质量和体积过大,存在换热极限。未来除了开发超薄型热管技术,还需发展超薄型热管与相变材料耦合的热管理技术。

2.4.2.2　加热热管理技术

热管理系统可采用的基本加热技术有电加热器加热和热泵加热等。电加热器加热主要由加热元件和电路组成,常见的加热元件有可变电阻加热元件和恒定电阻加热元件,前者通常称为PTC(Positive Temperature Coefficient),后者则是由金属加热丝组成的加热膜,如硅胶加热膜、挠性电加热膜等。热泵是一种通过消耗少量电能即能实现热量从低温热源流向高温热源的节能装置,热泵空调系统能够同时满足制冷与制热的要求。热泵系统比电

加热器节能，热泵技术成熟后，其应用将会更加广泛。

（1）电加热器加热技术

PTC加热器是目前的主流加热方式，特斯拉Model-S、通用Bolt、比亚迪宋 DM等电动车均使用PTC加热器制热。PTC加热器从加热介质上可分为风暖和水暖两种。风暖加热器加热的介质是空气，散热器与PTC陶瓷加热片均要求绝缘，比较安全，但功率较低，多使用在乘用车上，用于空调和除霜除雾使用。水暖加热器也称液体加热器，使用介质为液体，对安装方式要求不高，功率相对较大，成本相对较低，应用较为广泛，可满足空调、除霜除雾、电池加热等大功率场合。液体加热器从结构上分为浸入式和通过式两种，浸入式加热器相当于在液体中插入热得快，而通过式加热器相当于在管道中流过液体。目前比亚迪和埃贝赫均采用浸入式结构，而上海帕克、东方电热等厂家采用通过式结构。

PTC加热器成本较低，但加热件体积较大，会占据电池系统内部较大空间。绝缘挠性电加热膜是另一种加热器，可根据工件任意形状弯曲，确保与工件紧密接触，保证最大的热能传递。硅胶加热膜是具有柔软性的薄形面发热体，但其需与被加热物体完全密切接触，其安全性要比PTC差一些。

（2）热泵加热技术

奥迪Q7、日产leaf、宝马i3、大众e-Golf、丰田Prius等部分电动车采用热泵空调系统，但存在室外换热器结霜和低温能效比低问题。车用热泵空调系统的技术路线主要有R134a热泵空调系统、CO_2热泵空调系统、太阳能辅助热泵空调系统和电加热器混合调节空调系统，比较成熟的技术是R134a热泵空调技术和CO_2热泵空调技术。热泵系统具有能耗低、性能稳定、工作可靠、兼具制热/制冷两种功能等优点，但由于其工作时使用的是动力电池电量，受限于目前电池技术发展和续航里程的短板，热泵空调系统的节能高效成为首要考虑因素。

传统单一的热管理技术已难以满足动力电池的热管理要求，综合运用两种或多种热管理技术的复合型热管理系统将成为未来解决动力电池热安全性问题的主流。动力电池包热管理系统未来将朝着轻量化、高比能、高均温性及绿色设计等方面发展。

2.4.3 不同结构电芯的模组装配技术

2.4.3.1 圆柱电芯模组

圆柱电芯体积小，适于安装在空间不规则的电池包箱体内，可充分利用箱体内边角空间。图2-127所示为一种圆柱电芯模组实物图，一般由电芯、上下支架、汇流排（或称连接片）、采样线束、绝缘板等主要部件组成，结构示意图如图2-128所示。装配时，圆柱电芯固定方式较单一，常使用带圆柱形凹槽的电芯固定架包裹式固定。电芯固定架的凹槽尺寸一般比圆柱电芯略大，为防止电芯转动，常用胶水粘接电芯。也可采用无间隙成组、灌封结构等固定方式，但无间隙成组方式安全方面值得考量，而灌封结构会降低模组的成组效率，使用上都有局限。

 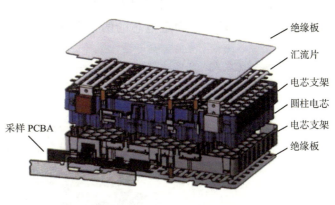

图2-127 一种圆柱电芯模组实物图　　图2-128 圆柱电芯模组结构示意图

圆柱电芯的连接方式主要有电阻焊接和键合焊接（即超声波铝丝焊接），实际生产中，常采用电阻焊接方式。电阻焊接方式常见的有点焊、缝焊、凸焊、对焊，圆柱电芯以点焊方式居多。点焊要求电芯表面清洁，无污渍、灰尘等，避免打火、炸焊或虚焊。焊接材料多采用金属镍带或镀镍钢带，小型圆柱电芯常采用0.1～0.2mm厚度的镍带，如果镍带过厚易产生虚焊。

键合焊接是使用铝作为金属丝的一种wire bonding技术，焊接强度能接近原材料本体的强度。铝丝既可作动力连接，又可作熔断器使用，短路时自动熔断，从而保障电路安全。铝丝同时也起到了限流作用，对于高功率应用，影响电流的输出。在圆柱电芯中，若正负极均采用键合焊接，在车辆运行过程中，电芯有可能会发生转动，导致铝丝断裂，需打胶固定电芯。

圆柱电芯模组对外连接和固定方式主要有内固定式和传导式外固定。内固定式在电芯固定架上直接设计对外连接的固定孔位，固定孔的位置会承受较大的载荷，需加强固定孔位附近甚至整个电芯固定架的强度和刚度。传导式外固定是使用框架或夹板固定电芯固定架，载荷经电芯固定架的传导分散开来，电芯固定架局部受力较小，框架或夹板受力较大，需保证框架或夹板的强度和刚度。

2.4.3.2 方形电芯模组

方形电芯主要应用于EV、PHEV乘用车和商用车领域。图2-129所示为方形电芯模组实物图，一般由电芯、端板、侧板、底板、连接片（通常也称Busbar）、线束隔离板、上盖、端板绝缘罩等主要部件组成。图2-130所示为一种典型方形电芯模组结构示意图。方形电芯多采用外围框架式固定，即多个方形电芯使用胶水或带黏

图2-129 方形电芯模组实物图

结性的材料,通过压力先固定起来或通过这些材料固定到外框架上。对模组中的大部分电芯来讲,外框架只会固定电芯的两个方向,另一向一般通过电芯自身传导或胶粘方式固定。

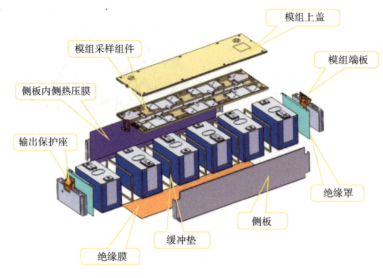

图2-130　一种方形电芯模组结构示意图

模组中的电芯连接主要有螺栓连接和焊接两种。螺栓连接方式较传统,工艺易实现,但其接触阻抗较大、一致性较差、易有电化学腐蚀等。方形电芯间的连接多采用极柱与连接片焊接的形式,常采用的有激光焊接和超声焊接两种。激光焊接可分为穿透焊、缝焊、对边焊等。业界现以前两种方式为主。穿透焊示例图如图2-131所示,连接片无须冲孔,加工相对简单,激光焊机功率较大,熔深比缝焊的熔深要低,可靠性相对差点。缝焊相比穿透焊,激光焊机功率较小,缝焊的熔深比穿透焊的熔深要高,可靠性相对较好,但连接片需冲孔,加工相对困难。图2-132所示为缝焊示例图。选择何种焊接方式,主要取决于电芯极柱的设计。

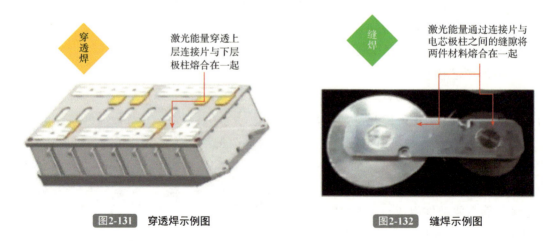

图2-131　穿透焊示例图　　　　　　图2-132　缝焊示例图

方形电芯模组的连接片和极柱一般采用连续激光焊接,而总正总负的铜排与铝排多用超声焊搭结。模组的侧板与端板焊接一般有CMT(Cold Metal Transfer)焊接和连续激光焊接两种方式。CMT焊接无焊渣飞溅，焊接包容性强，对材料精度要求不高。与之相比，激光焊接具有效率更高、基本没有耗材、综合性价比更优、焊缝宽度小、热影响区小等优势。一般采用穿透焊进行端板与侧板的焊接，焊接时要保证焊件的焊接位置与激光束将冲击的焊点对齐，同时将端板与侧板的错位尺寸控制在合理范围内，以免产生焊接不良品。

方形电芯模组的外框架有较高的刚度和强度，一般直接在端板或侧板上设计固定孔位即可。

2.4.3.3 软包电芯模组

软包电芯主要应用于EV、PHEV乘用车和EV商用车、物流车领域。图2-133所示为一种软包电芯模组结构示意图，主要由电芯、铝排、铜排、内支架、外框架、铝板、导热垫、采样线束等部件组成。软包电芯固定时，一般需在软包电芯外增加一个保护外壳以弥补电芯自身较弱的结构强度。这种保护外壳可包裹一个或多个电芯，成为一个小单元，如图2-134所示。再把小单元与小单元固定在一起组成一个模组，如图2-135所示，一个小单元也可成组。软包电芯除大面较为规整外，其余面均不易贴合。软包电芯的固定还可把电芯装在一个只有一面开口的盒子当中，再填充一些有黏结性的填充物，以达到保护和固定电芯的作用。

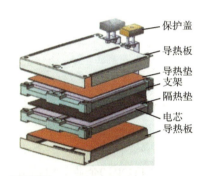

图2-133　一种软包电芯模组结构示意图

图2-134　增加外壳保护的软包电芯小单元

图2-135　由多个软包电芯小单元组成的模组

软包电芯结构上可看作方形电芯的简化版，电芯的连接方式及模组对外的连接、固定方式与方形电芯较相似。电芯间的连接主要使用激光焊接和超声焊接两种方式。

软包电芯模组中极耳与连接片的焊接，可分为顶封焊接和折弯焊接两种方式。顶封焊接本质上是超声焊与激光焊的结合，采用波浪式汇流排，铝质汇流排与铜质汇流排在上料前通过超声焊连接成完整一片的汇流排。再将正极极耳与铝质汇流排，负极极耳与铜质汇流排一一对应放置，通过激光焊接紧密连接。该方式具有连接内阻极小、串并联方式灵活、焊接无需额外夹具的优点，但其对电芯极耳缝隙、极耳高度一致性要求很高，需保证电芯极耳与汇流排充分接触，避免虚焊，且其生产效率较低。

折弯焊接采用"日"字形汇流排，且正负极汇流排间不再进行超声焊连接在一起，电芯极耳向下折弯，使正负极耳与各自汇流排一一对应并紧贴，并通过激光焊接紧密连接。该方式工艺简单，易于控制，但焊接时需额外增加夹具，模组串并联灵活性较差。

软包电芯增加保护外壳后,若直接以单个小单元成组,可直接在保护外壳上增加对外的连接和固定位置;若以多个小单元组成大模组,可参考方形电芯模组,在端板或外壳上增加对外的连接和固定位置。

不同结构的电芯的成组方式及模组连接、固定方式有所不同,实际生产中,要从整车及电池包的产品需求出发,进行电芯设计及选型,并根据电芯结构选择合适的装配工艺进行电池包制作。

2.4.4 模组与系统技术现状综述

2.4.4.1 电池的一致性

电池的一致性是模组与系统设计中的关键问题之一,直接影响系统的使用和寿命。图2-136所示为2005年至2019年智慧芽公开的关于电池一致性专利的申请数量统计图。2010年前我国在电池一致性方面的专利数量很少,随着政策的推进,我国开始逐渐重视对电池模组一致性问题的研究。

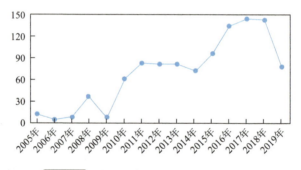

图2-136 电池一致性公开专利的数量统计图

图2-137所示为直至2019年智慧芽公开的电池一致性专利的国内TOP10企业的申请数量排名。其中,整车制造企业1家,电芯制造企业7家,剩余两家均为第三方企业。综合分析这些专利发现:①生产过程中因原料、工艺等难以做到一致,故单体电芯电压、内阻、容量难以做到一致;②动力电池模组的寿命远低于单体电芯的循环寿命。

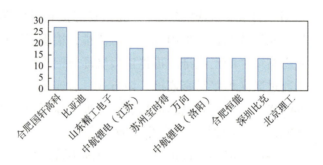

图2-137 国内TOP10企业电池一致性专利申请量

目前对电池一致性研究主要集中在对电池不一致性分布规律的研究,以及不一致性对电池模组容量衰减、循环寿命的影响，但尚未有系统性研究，电池模组的一致性技术研究有待进一步发展。

2.4.4.2 电池管理系统（BMS）

电池管理系统（BMS）的关键技术在于均衡控制，目前有主动式均衡和被动式均衡两种模式。被动均衡技术相对较成熟，对电池寿命影响较小，成本较低，契合当前我国新能源汽车主要集中在中低端的市场现状，被车企普遍采用。但被动均衡采用电阻耗能，会使整个电池系统的效率降低。主动均衡的原理在于能量的传递分配，电池能量利用率较高，有望成为我国BMS未来均衡功能的主要技术方向。

国外具有代表性的BMS有本田PRIUS混合动力车的BMS、韩国Ajou大学和先进工程研究院开发的BMS、美国通用雪弗兰纯电动车BMS。国内的BMS技术起步晚于国外，图2-138所示为2005—2019年智慧芽已公开的BMS专利申请数量统计图，目前我国BMS在硬件技术、生产等方面并不落后于其他国家。

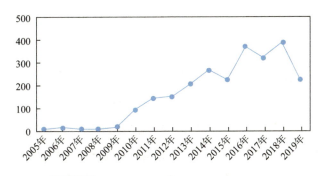

图2-138　电池管理系统公开专利的数量统计图

图2-139所示为2005—2019年智慧芽公开的电池管理系统专利的国内TOP10企业的排名。在排名前10的企业中，整车制造企业有3家，分别是比亚迪、北汽新能源、长城华冠；电芯制造企业只有宁德时代；剩余5家均为第三方企业。

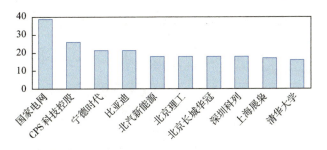

图2-139　国内TOP10企业电池管理系统专利申请量

2.4.4.3 热管理技术

热管理技术主要从加热、散热、热均衡、保温4个方面来考虑。图2-140所示为2006—2019年智慧芽已公开的电池热管理专利数量统计图，在2010年之前国内电池热管理一直处于缓慢发展阶段，从2015年开始发展迅速。

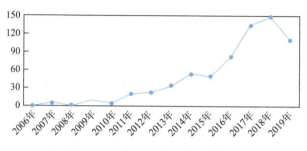

图2-140　电池热管理技术公开专利的数量统计图

图2-141所示为直至2019年智慧芽公开的电池热管理专利的国内TOP10企业的排名，其中，整车制造企业4家，电芯制造企业只有国轩高科1家，剩余5家均为第三方企业。

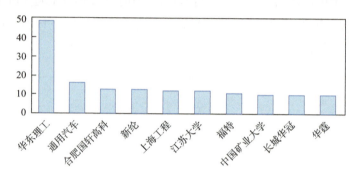

图2-141　国内TOP10企业电池热管理技术专利申请量

在热管理零部件细分领域较为突出的企业有三花智控、银轮股份、奥特佳、松芝股份等。表2-47所示为国内动力电池热管理领域领先企业对比分析。

表2-47　国内动力电池热管理领域领先企业对比分析

企业名称	新能源现有产品	研发方向	新能源客户
三花	电子膨胀阀、电子水泵	热泵空调	广汽、比亚迪、宁德时代、宇通、通用
银轮	电池冷却器、电机冷却器、水冷板、水箱、PTC加热器	电池冷却总成、水冷板总成、整车热管理系统	广汽、比亚迪、宁德时代、宇通、通用
奥特佳	电动压缩机、电动空调、电池冷却板、旋涡式电动压缩机	冷却板	涵盖国内主要自主车企，包括特斯拉
松芝	电池冷却器、轿车电动空调系统	水冷散热带、热泵空调、蓄冷式蒸发器、发电空调	江淮、长安、上汽通用、鏊石汽车
中鼎	电池热管理系统总成产品	热管理	车和家、吉利、大众、蔚来
西泵	汽车发动机水泵	电子系统、热管理系统、温控模块、电子泵、可变量机油泵	北汽新能源

2.4.4.4　仿真分析技术

仿真分析是通过计算机建模和数学计算的方法，对模组和系统进行验证的重要手段。仿真分析技术，可分为热流体仿真、结构仿真、电化学仿真三大类。

（1）热流体仿真的内容包括电化学-热力学耦合仿真、热场分布、流程分布、热失控仿真等。热流体仿真软件大体分为3类：前处理软件、求解器和后处理软件。某些情况下，还需仿真工程师根据实际情况编写一些仿真程序。

（2）结构仿真的内容包括拓扑优化、形貌优化、形状优化、尺寸优化、静强度分析、密封界面分析、模态分析、随机振动分析、机械冲击分析、滑车分析、挤压分析等。结构仿真即有限元分析，目前在汽车行业比较常用的仿真软件有ANSYS系列产品、HyperWorks系列产品、MSC系列产品、Abaqus软件。

（3）电化学仿真可在电池开发过程中进行，可先使用模型对各设计参数与电池性能之间的关系进行摸底，确定主要影响因素，再针对此因素进行实验。目前商业化的软件Comsol能帮助我们快速建立电化学模型。

2.4.4.5 电池包安全技术

电池包的安全设计，主要围绕电池包的内部组件构成和可能发生的安全风险展开。图2-142所示为2010年之前至2019年智慧芽已公开的电池包安全技术专利数量统计。图2-143所示为智慧芽直至2019年电池包安全技术专利的国内TOP10企业的排名。

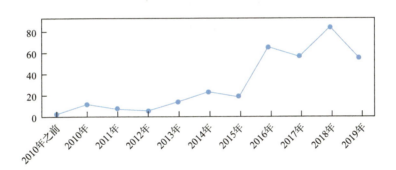

图2-142 电池包安全技术公开专利的数量统计图

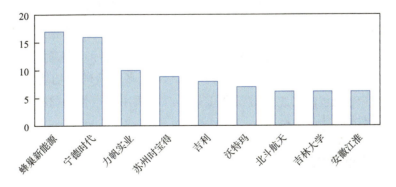

图2-143 国内TOP10企业电池包安全技术专利申请量

电池包安全技术重点包含化学、电气、机械、功能4个方面。表2-48对动力电池化学不安全行为引发因素做了总结。

表2-48 动力电池化学不安全行为引发因素

因素	总结
工艺	隔膜表面导电粉尘；正负极错位；极片毛刺；电解液分布不均等
材料	杂质；负极表面析锂
副反应	SEI膜分解；充电态正极的热分解；电解质的热分解；黏结剂与高活性负极的反应
应用过程	低温充电；大电流充电；负极性能衰减过快
过充	大电流充电导致的局部过充；极片涂层、电液分布不均引起的局部过充；正极性能衰减过快等

电气安全主要指电池包内各种与"电"有关的安全风险，安全设计时必须考虑到绝缘配合、等电位（接地）、短路防护、绝缘状态监控、高电压连接器互锁、高低压隔离、电磁兼容性（EMC）和故障自诊断等问题。机械安全主要针对整个电池包箱体及内部的结构件而言，确保在各种机械载荷和外部破坏性因素的作用下，电池包的机械特性不会发生重大的变化，消除产品的安全风险。功能安全是针对BMS而言，要确保BMS在任何一个随机故障、系统故障或共因失效下，都不会导致安全系统的故障，从而引起人员的伤亡、环境的破坏、设备财产的损失。

2.4.4.6 系统集成技术

系统集成是复杂系统产品开发的关键，需要对每个子系统和各个子系统的接口、交叉、相互影响深入研究。从中国知识产权局历年来公开专利的递增情况可以看出国内研发人员对此的重视情况，如图2-144所示。

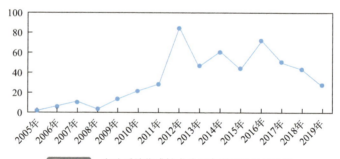

图2-144 电池系统集成技术公开专利的数量统计图

电池包产品的系统集成技术，在于梳理机、电、热、化之间的相互关系、相互作用、相互影响，定量和定性地分析产品是否可以满足产品设计指标。提高电池包的集成效率主要有两种方法：一是优化系统内部的结构设计，将更多的组件和功能集成在模组和箱体上，最大幅度减少电池包内的组件数量和重量。二是采用轻量化的材料。轻量化材料主要包括铝合金、高强钢和复合材料等。

2.4.5 中国企业地域分布

国内动力电池模组与系统市场总体由电芯制造企业、整车制造企业和独立或合资的第三方企业占领。图2-145所示为国内动力电池模组与系统市场结构，乘用车市场中，整车厂占比超半。专用车及客车市场以电芯厂为主导。整体来看，电芯制造厂和整车厂在动力电池模组与系统市场占主导地位，而第三方企业占比不大。

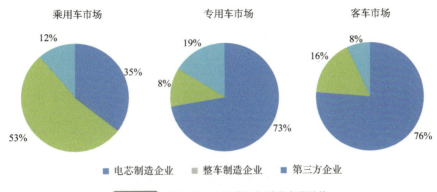

图2-145 国内动力电池模组与系统市场结构

2.4.5.1 Pack市场

目前我国Pack厂商主要集中在长三角、珠三角和京津冀地区，总产能占据了全国大半壁江山。我国的主要Pack企业包括：北京的国能电池科技、盟固利、爱思开、海博思创、科易动力；江苏省的普莱德、上汽时代、创源天地、中航锂电、正力蔚来；浙江省的微宏动力、伊卡新能源、合众新能源；广东省的比亚迪、银隆、亿纬锂能、比克电池、广东天劲、德赛、欣旺达、亿能电子；天津的天津力神和捷威；上海的捷新动力、威马、卡耐、上汽大众；福建的宁德时代；河南的中航锂电和多氟多；河北长城汽车；重庆长安；安徽省的国轩高科、江淮华霆、欧鹏巴赫、华霆动力、芜湖奇达、芜湖天量。

起点研究（SPIR）数据显示，2018年国内Pack装机量前20企业总装机量约为9.69GW·h。图2-146所示为2018年国内TOP20企业的Pack装机量，宁德时代以3.63GW·h位居第一，比亚迪以1.86GW·h排名第二，普莱德以0.66GW·h位列第三，国轩高科年装机量0.63GW·h，与普莱德年装机量相近，位列第四。

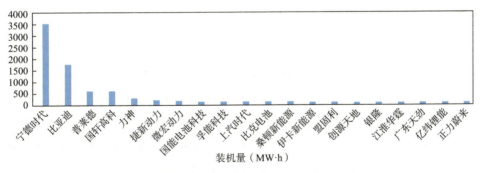

图2-146 2018年国内TOP20企业Pack装机量

据起点锂电大数据统计，2020年上半年Pack装机量企业共有161家，其中前10名的企业市场占有率为74.9%，排名第一的比亚迪市场占有率为24.4%，与电芯相比，市场集中度较低。图2-147所示为2019年上半年国内TOP20企业的Pack装机量，在排名前20的企业中，车企占了8家，动力电池企业有8家，第三方Pack厂只有普莱德、捷新动力、欣旺达和创源动力4家。在Pack市场上，从2018年到2019年上半年，比亚迪、宁德时代、普莱德三家企业排名有所浮动，但总体稳定在前3。

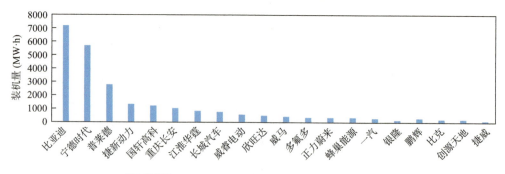

图2-147　2019年上半年国内TOP20企业Pack装机量

在动力市场Pack领域中，两极分化的特点越来越明显，第三方Pack厂除了要面对电池企业和整车企业的挤压之外，还需要面对同行之间的竞争。因此，Pack厂商需要不断增强企业的研发实力，提升产品质量，实现生产的自动化、智能化。同时还要巩固好自己的BMS团队，为客户提供整套合理的解决方案。只有拥有强大的研发能力和资金扶持，Pack企业才能有效地开拓市场。

2.4.5.2　电池管理系统（BMS）市场

据高工产研电动车研究所（GGII）的数据显示：2018年我国新能源汽车动力锂离子电池BMS产品装机量达到122万套，产值规模55亿元。图2-148所示为我国动力锂离子电池BMS市场规模图。据一览众咨询发布的预测报告显示，到2020年，整个新能源汽车BMS市场规模将超过150亿元。

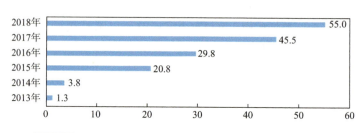

图2-148　中国动力锂离子电池BMS市场规模图（单位：亿元）

涉足BMS领域的主要企业包括北京的北汽新能源、华盛源通、海博思创、科易动力；江苏省的杰拓腾动力、索尔新能源、博强新能源、威睿电动、华霆（常州）动力；上海的捷能、蔚来汽车、卡耐、上汽大众、妙益电子、鼎研智能科技、安科瑞；浙江省的PREH、杭州杰能、锂软科技、合众新能源、宁波拜特、万向、高特电子、协能科技、正电科技、高泰昊能；广东省的比亚迪、银隆、鹏辉能源、比克电池、科列技术、锐深科技、超思维、中聚雷天、国新动力、蓝微新源、清友技术、天邦达、力通威、欣旺达、亿能电子、派司德、赛美达、安泰佳、德龙伟创、冠明能源、山河动力、东莞钜威；天津的电装电子和捷威；山东省的洁力电气和威能、黑龙江省冠拓和哈光宇；福建的宁德时代；河南的中航锂电；湖南的金杯新能源、重庆长安；陕西冠通数源；安徽省的国轩高科、贵博新能源、奇瑞、华霆（合肥）动力、力高、芜湖天元、锐能科技。图2-149所示为我国BMS企业区域分布占比图。我国BMS企业主要分布在广东及长三角地区，占比约60%。技术上，BMS企业两极分化严重，大多数企业处于同质化竞争阶段，徘徊在中低端市场。国内技术领先的BMS企业相对较少，只有数家，行业集中度高，技术优势明显。总体来看，中国BMS市场主要参与者与Pack市场主要参与者类似，为电芯制造企业、整车制造企业及专业的第三方BMS企业。目前，国内第三方BMS企业仍占据主要位置。相对来讲，作为专业的第三方BMS企业，技术积累有天然的优势，但随着整车厂和电池企业逐渐渗透进BMS市场，行业将会有一轮整合潮，市场集中度将会提升，第三方BMS企业将会面临较大的竞争压力。

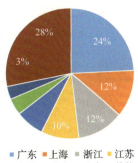

图2-149 中国BMS企业区域分布占比图

图2-150所示为2018年国内TOP20企业的BMS装机量。据起点锂电大数据统计，前20家企业BMS装机量共计99.7万辆，占整体的比重为79%；排名前三的企业装机量均达到10万辆以上，其中比亚迪为22.5万辆，宁德时代为19.7万辆，上海捷能为10.8万辆。在排名前20的企业中，整车制造企业有5家，电芯制造企业有5家，剩余10家均为第三方企业。

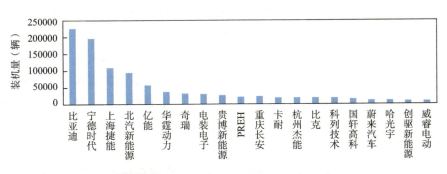

图2-150 2018年国内TOP20企业BMS装机量

图2-151所示为2019年上半年国内TOP20企业的BMS装机量。SPIR统计数据显示，2019年上半年动力电池BMS产品装机量达600637套。其中前20名企业配套数量为539272套，占比达89.75%。对比2018年全年、2019年一季度数据，BMS装机量TOP20企业排名变动不大。

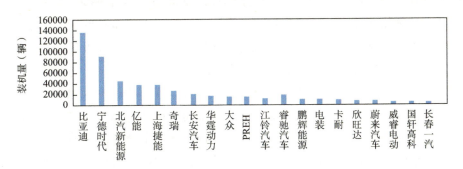

图2-151 2019年上半年国内TOP20企业的BMS装机量

BMS与Pack密不可分，兼顾BMS与Pack技术的企业将会在未来竞争中脱颖而出，第三方企业两极分化将更严重，而具有核心技术优势的第三方企业将会逐渐占据较多的市场份额。同时，整车厂及电池厂将会进一步侵蚀第三方的市场份额。未来，能留存的第三方企业，必然是拥有一定技术创新能力的企业。

2.5 动力电池梯次回收利用

近年来，在政策的引导和推动下，新能源汽车和动力电池产业将得到蓬勃发展。从2014年新能源汽车开始规模化至今已有5年，而动力电池的使用年限一般为5~8年，这意味着从2020年开始，动力电池很有可能进入大规模的报废潮。未来将有大批动力电池达到使用寿命后退役。如果退役下来的电池处理不当，将会引发环境污染等一系列问题。在面对2020年新能源汽车全面退补，以及动力电池集中报废期来临的前夕，不少企业把目光投向"城市矿山"，在动力电池梯次回收利用方面寻求投资机遇。

2.5.1 梯次回收利用技术现状

2.5.1.1 梯次利用

梯次利用方式主要有Pack直接利用、拆解成模组利用、拆解成电芯利用3种方案。由于单个Pack中电芯数量较多，使用多年后电芯一致性变差，整包运行发生故障的概率偏高，因此，2015年以前的技术路线就是将退役电池拆解到单体，然后对每个电池进行测试、分选、重组。这对再成组的电池一致性是有利的，但整个过程成本太高，而梯次利用最根本的宗旨就是成本。2015年以后由于动力电池的生产制造水平不断提高，梯次利用基本上是在模组级别上的应用，主要通过一些历史的数据来估算退役时的容量、内阻等特性参数，这是目前全世界范围内梯次利用的一个主流技术趋势。

现阶段退役动力电池梯次利用关键技术及发展现状如下：

① 智能拆解技术：如何快速、准确地将Pack中众多连接的电芯拆解成独立的单体，同时提高拆解过程中的自动化水平和效率，减少对电池造成的二次伤害和安全性问题是拆解成组使用面临的首要问题。目前单体间的连接方式主要包括机械连接、锡焊连接和激光焊接等。对于机械连接方式，拆解相对简单，只需取下螺栓即可得到电池模块或单体。对于锡焊连接方式，情况较为复杂，需要使用解焊设备将锡焊热熔解接，对于温度的控制要求要高，既要达到热解要求，又不能对电池产生热影响或者安全性问题。对于激光焊接方式，想要解焊十分困难，最简单的方法就是切除焊点。焊点一般在极耳处，对设备精度要求高。所以，快速安全无损的拆解方式仍是目前的急切需求。

② 剩余寿命预测技术。电池的寿命包括使用寿命、循环寿命和存储寿命，为实现电池梯次利用的价值，就要求能够准确评估动力使用寿命和循环寿命。目前常采用物理建模的方法预测退役电池寿命。所谓物理建模，就是运用一系列电池性能参数，如容量、内阻、倍率性能、高低温性能和循环性能、衰减机理等，进行建模、验证。所有的建模过程都需要大量真实有效的数据进行支撑。虽然电池寿命的预测技术研究正在积极开展，形成了相对系统的预测方法，但是锂离子电池是典型的动态系统，容易受外部环境的影响，温度、充放电制度等都将会对电池的循环寿命产生严重影响。因此，准确可靠的锂离子电池寿命

的在线检测将是一大挑战。此外，余能检测及新技术精确测量定量技术等方面还亟待突破。这些过程既要考虑准确性，还要考虑成本。

③ 快速分选技术：车用动力蓄电池与其他领域电池遵循的技术标准不同，同时各企业生产的电池规格也存在差异，退役后的动力电池历史信息是否健全等也存在问题。如何整合利用复杂来源、不同离散程度的电池，使之更高效地在系统中运作成为目前急需解决的难点。此外，大批量退役动力电池梯次利用面临分选测试时间长、评估标准不清晰、分选成本高等问题，如何在满足分选精度和速度要求的要求下，解决退役动力电池的规模化快速分选问题也是当前亟待解决的问题。

④ 智能配组技术：动力电池进入储能领域梯次利用时，面临和储能系统通用性不一致等诸多问题。成组时外形、安装、动力接口、信号接口及各种协议、电压等级等都必须统一起来，同时对电池的检测和安全监控技术提出了很高的要求，这就造成目前退役动力电池模块可用率低、配组困难、接入不灵活的现象。因此，研究高兼容性梯次利用动力电池系统重组构架及柔性接入技术，对提高梯次利用动力电池模块可用率、解决退役动力电池的重组及应用规模问题具有重要意义。

⑤ 电池管理系统技术：退役动力电池运行过程中的另一大挑战即是热安全问题，多方研究表明，退役后的电池安全性能与新电池相比明显下降，更容易引发安全问题。因此，制定精准的测温、控温方案及均衡策略，解决多类型梯次电池模组运行时电、热、安全管理等问题，也是当下推进电池梯次利用的一大挑战。

⑥ 安全性问题：电池梯次利用的每一个环节都存在一定的安全隐患。一是触电风险，动力电池包额定电压较高，在缺乏防护措施的情况下接触容易造成触电事故；二是燃爆风险，电池在出现内部或外部短路时，正负极会产生大电流，导致高热，引起正负极燃烧。三是腐蚀风险，电解液为有机易挥发性液体，与空气中的水分反应，产生白色有腐蚀性和刺激性的氟化氢烟雾。因此，在整个过程中都需加强对安全性的监管，同时设置必要的应急措施。

2.5.1.2 再生利用

再生利用过程包括预处理和后续处理两个阶段：预处理过程首先需要对电池彻底放电，然后进行拆解，以分离出正极、负极、电解质和隔膜等各组分；后续处理环节是对拆解后的各类废料中的高价值组分进行回收，开展电池材料再造或修复。

动力电池的回收利用目前主要集中在回收正极材料中的锂、钴、镍、锰等有价金属，尤其是三元材料正极。对于动力电池的其他部分，电解液可能是未来回收的一大重点，目前已经有高纯度回收电解液的方法，就是使用超临界二氧化碳回收。采用这一方法的优势在于产品纯度较高，但是对回收企业技术要求较高，国内回收电解液的企业目前较少。隔膜属于高分子材料，使用一段时间后会有老化的问题，寿命有期限，回收价值不是很大。负极的石墨因有锂离子嵌入，改变了结构，回收后的负极不能直接利用；而且石墨价格并不高，回收的经济价值不高。外壳部分的主要材料是铝合金等金属材料，在拆解或者破碎环节可以直接回收，而且回收纯度高。

传统的回收技术方法主要可分为三大类：干法回收技术、湿法回收技术和生物回收技术，如表2-49所示。

表2-49 动力电池材料回收方法对比

处理方法	内容	优点	缺点
干法回收	不通过溶液等媒介，直接实现各类电池材料或者有价金属的回收，主要包括机械分选法和高温热解法	工艺简单，可回收汞、镍、锌等更多的重金属	回收率较低，能耗较高，且产生一定的废弃污染
湿法回收	对锂电池进行破碎分选—溶解浸出—分离回收的处理过程，主要包括化学沉淀、溶剂萃取、离子交换3种方法	对设备和操作要求低，化学反应选择多，产品纯度高，能够合理控制投料，对空气无影响	反应速度慢，物料通过量小，工艺复杂，成本高
生物回收技术	利用微生物浸出，将体系的有用组分转化为可溶化合物并选择性地溶解出来，实现目标组分与杂质组分分离，最终回收锂、钴、镍等有价金属	成本低，污染小，能源消耗低，微生物可重复利用	尚处于起步阶段，微生物菌类培育困难，浸出环境要求高

干法回收主要包括机械分选法和高温热解法，如表2-50所示。干法回收不经过其他的化学反应，工艺流程较短，回收的针对性不强，通常用于锂电池中金属分离回收的初步阶段。

表2-50 锂电池干法回收技术

回收方法	内容	特点
机械分选法	利用电池不同组分密度、磁性等物理性质的不同，采取破碎、筛分等手段将电池材料粗筛分类，实现不同金属初步分离回收的目的	在筛分和磁选时，存在机械夹带损失，因此，很难实现金属的完全分离回收
高温热解法	通过高温焚烧分解去除黏结剂，使材料实现分离；同时经过高温焚烧，电池中的金属氧化、还原并分解，形成蒸汽挥发，通过冷凝将其收集	工艺简单，产物单一，耗能高工艺相对简单，适合大规模处理；但电解质和其他成分燃烧易引起大气污染

湿法回收技术是以各种酸碱性溶液为转移媒介，将金属离子从电极材料中转移到浸出液中，再通过离子交换、沉淀、吸附等手段，将金属离子以盐、氧化物等形式从溶液中提取出来，主要包括化学沉淀法、溶剂萃取、离子交换3种方法，如表2-51所示。

表2-51 锂电池湿法回收技术

回收方法	内容	特点
化学沉淀法	将废弃电池破碎后，用合适的化学试剂选择性溶解，后沉淀分离浸出液中的金属元素	投资成本低，适合中小规模废旧锂电池的回收
溶剂萃取法	利用某些有机试剂与要分离的金属离子形成配合物，然后利用适宜的试剂将金属逐步分离出来	设备对防腐性能要求高，有机溶剂易产生二次污染
离子交换法	利用离子交换树脂对要收集的金属离子络合物吸附系数的不同来实现金属分离提取	工艺简单，易于操作

实际工业生产中浸出过程常采用盐酸、硫酸和硝酸浸出正极材料中的有价金属，同时添加氧化剂（双氧水及氯酸钠等），盐酸浸出常用氯酸钠作为氧化剂。同时有人研究了有机酸及生物浸出，但在实际工业中由于成本问题没有采用。溶解后采用中和、萃取等方式除杂，得到净化液，萃取分离钴、镍、锰等，溶液中锂采用碳酸钠沉淀得到碳酸锂与萃取分离得到的钴、镍、锰的化合物作为产品出售。

湿法回收技术工艺相对比较复杂，但该技术对锂、钴、镍等有价金属的回收率较高；得到的金属盐、氧化物等产品的高纯度能够达到生产动力电池材料的品质要求，适合三元电池,也是国内外技术领先回收企业所采用的主要回收方法。

近几年涌现出的新技术和新工艺为锂电池回收带来了新的契机。物理法回收技术已逐渐实现产业化,如图2-152所示。通过精细化物理拆解技术,能够回收湿法冶金工艺不能回收的电解液与隔膜,将电池中的7种原材料(废正极粉、废负极粉、铝箔粉、铜箔粉、电解液、隔膜、电池壳体)全组分自动精确分离和收集,按电池整体重量算,回收率高达90%以上,具有工艺流程短、效率高、无污染等特点。另外,材料修复技术可将废旧正、负极材料修复再生,再生材料还可重新回到电池生产环节,从而大大提高废旧动力蓄电池的再生利用率,该技术不但可以处理三元电池,对残值较低的磷酸铁锂电池、锰酸锂电池也具有良好的经济性。

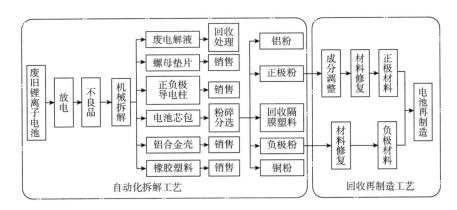

图2-152 物理法回收工艺

2.5.2 梯次回收利用市场

2.5.2.1 梯次回收利用市场预测

迅速增长的动力蓄电池退役量为动力电池梯次回收利用产业带来巨大市场。图2-153(a)所示为从2014年开始历年动力电池的装机量,据预测,2019年装机量将突破100GW·h。图2-153(b)所示为动力电池退役量的预测,从企业质保期限、电池循环寿命、车辆使用工况等方面综合测算,2018年起,新能源汽车动力蓄电池进入规模化退役,预计2020年有望突破20GW·h。

图2-154所示为梯次回收利用市场总规模的预测。退役的动力电池将按照先实施梯级利用,后实施资源再生利用的方式进行回收利用。由此带来的电池回收利用规模将在2020年达到107亿元左右(其中梯级利用市场规模约为64亿元,再生利用市场规模为43亿元)。到2025年市场规模合计将达到379亿元(其中梯级利用的市场规模约为282亿元,再生利用市场规模约为97亿元)。由此可见,动力电池的回收利用将快速形成一个巨大的新兴市场,而梯级利用又是其中大有前景的细分市场。

图2-153 (a) 动力电池历年装机量及 (b) 动力电池退役量预测

图2-154 锂电池梯次回收利用市场总规模预测

2.5.2.2 梯次回收利用商业模式

对于梯次利用，主机厂将退役下来符合梯次利用标准的电池交给梯次利用实施企业，退役动力电池作为固定资产投资，双方通过储能项目分享收益。此外，梯次利用实施企业还可以通过梯次利用储能产品销售、租赁，梯次利用项目投资运营、建设移交、运营移交等多种模式获得盈利。

对于回收利用，目前美国实行的是生产者责任延伸+消费者押金制度，政府通过押金制度督促消费者上交退役电池给汽车销售企业。同时对电池生产企业收取回收费，对消费者收取部分手续费，用于成立回收基金，以支持电池梯次利用和回收利用。日本从2000年起即规定电池生产商负责锂电池回收，消费者则基于"自愿努力"和循环观念参与废旧电池的回收，退役电池通过逆向物流统一返回电池生产企业进行评估、分选和重组，再流向梯次电池用户。

2018年2月，工业和信息化部牵头的七部委发布《新能源汽车动力蓄电池回收利用管理暂行办法》，提出落实生产者责任延伸制度，将汽车生产企业放在责任的首位，同时也鼓励汽车及电池生产企业、报废汽车回收拆解企业与综合利用企业等合作共建回收渠道。如图2-155所示，回收服务网点作为产业链中的关键枢纽，直接影响整个产业链的通畅程度。

根据工业和信息化部公示的新能源汽车动力蓄电池回收服务网点信息，截至2019年4月底，共有58家车企共计3500个回收服务网点已完成注册，9月底已增至4145个网点，其中主要为各大车企的4S店。它们普遍的趋势是选择与第三方回收企业或者电池企业合作。对于

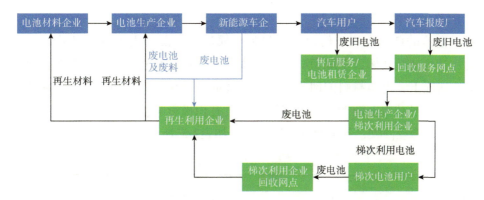

(注：符合建设要求的再生利用企业、运营企业、报废车拆解企业、电池厂、车企4S店及经销店都可以设为回收服务网点。)

图2-155 我国新能源汽车动力电池回收及梯次利用产业链

回收企业来说，与主机厂合作一定程度上保证了退役电池的来源，拓宽了回收渠道，有利于推动其实现回收市场化；对于车企来说，是对正规回收企业的回收资质和回收处理技术等方面的认可。可预见的趋势是，尽管车企扮演主体责任，但更多的回收工作将会由第三方企业来承担。

2.5.2.3 梯次利用经济性

梯次利用的应用场景非常广泛，兆瓦级以下的利用场景包括通信基站备用电源、分布式储能系统、旅游观光车、太阳能路灯等。兆瓦级以上的储能系统产品主要在新能源发电侧、光伏电站及风电厂等，不同应用领域对电池的要求也不尽相同。电池梯次利用一定要找到合适的应用场景，并确定合适的使用边界条件，如充放电倍率、使用温度和充放电深度等，在确保使用安全的前提下，充分发挥退役电池的剩余价值。因此，对于动力电池梯次利用的经济性分析也应结合具体的场景才有意义，如表2-52所示。

表2-52 动力电池梯次利用的经济性分析

应用场景	经济性分析
通信基站	随着我国通信技术的快速发展，通信基站对电池的需求量也逐年上升，目前多采用低成本和安全性较好的铅酸电池，而退役动力锂离子电池性能依然更优，成本上又大幅度下降，因此将退役电池应用在通信基站领域，将具有很大的优势。 根据调研数据，目前市场上回收的磷酸铁锂电池价格随电池的性能差别很大，为4000～10000元/吨不等，剩余能量密度为60～90W·h/kg，且具有一定循环性能的磷酸铁锂电池梯次利用价值较高。梯次利用技术部分费用预计为10000～16000元/吨。通过电池数据对比，发现梯次利用电池随着循环寿命的增加，性价比将得到快速增长，当梯次利用电池循环寿命大于400次时，开始产生较大的利润。此外，随着技术的成熟，电池循环次数也将不断提升，盈利空间也逐渐加大
低速电动车	近年来，我国低速车发展迅速，2016年低速车新增150万辆，保有量达到300万辆；三轮车新增900万辆，保有量达到6000万辆。面对前景广阔的低速车市场，若将电动汽车上退役下来的动力电池用于低速车领域，将获得较快的发展。 从2016年开始将退役电池应用于低速车领域，目前主要在快递车上得到较大的发展。截至2017年9月，箩卜科技共在余杭等地的210个快递点投放了1300台低速快递车。据统计，将退役电池应用于低速车的成本约为650元/(kW·h)，收益为350元/(kW·h)左右，收益远大于铅酸电池在低速车上的应用，有很好的经济性
电网储能	对于电网储能而言，最重要的几个要素是安全、寿命、价格。充放电循环4000次的动力电池衰减到2000次循环，如果装在储能系统中，仅做削峰填谷的话，磷酸铁锂电用3～4年，而三元电池只能用两年，经济上不划算；其次，从回收到运输再进行检测，再做成储能系统的话，隐性成本非常高 根据煦达新能源在江苏溧阳的动力电池梯级利用项目的投资回报测算，可以看到，1MW·h的储能电站首次投入需110万元，平稳运行6年后才能回收投资成本，投资周期较长。而且在运行过程中依然存在安全隐患，因此，退役的动力电池在电网储能领域的应用当前还存在很大的技术挑战

2.5.2.4 回收经济性

锂离子电池的蓬勃发展,使得对原材料金属矿产资源的需求持续攀升,导致碳酸锂供给偏紧、钴价持续狂飙,全球锂矿、钴矿资源争夺日趋激烈。在稀缺资源价格飞涨及产量不确定的情况下,电池材料的回收利用可以降低对原材料的依赖,降低采购成本,形成可闭环的产业,对动力电池产业的可持续发展具有积极影响。目前主要回收方法有火法回收、湿法回收和物理回收,各类回收方法的成本如表2-53所示。

表2-53 各类方法回收1吨废旧电池成本

项目	具体内容	成本(元/吨)		
		火法回收	湿法回收	物理回收
原材料回收价格	废旧磷酸铁锂电池	4000	4000	4000
	废旧三元电池	8900	8900	8900
辅助材料成本	燃料动力源等	900	—	—
	酸碱溶液、萃取剂	—	1060	200
单体电池拆解费用	破费分选	900	850	1000
环境处理费用	电解液、废气、废渣处理等	800	—	500
电解液回收费用	废弃物、电解液、废水处理等	—	990	200
设备费用	设备维护及折旧费用	390	365	400
运输费用	平均运输费用	500	500	500
平均人工费用		2000	2150	1564
合计	磷酸铁锂	9490	9915	8364
	三元	14390	14815	13264

由表2-43可知,不同回收方法的成本略有差别,针对磷酸铁锂电池,湿法回收成本最高,约9915元/吨,物理回收成本最低,约8364元/吨;针对三元电池,依然是湿法回收成本最高,约14815元/吨,物理回收成本最低,约13264元/吨。

火法回收、湿法回收和物理回收的收益如表2-54和表2-55所示。

表2-54 回收1吨三元废旧电池收益

材料名称	火法回收			湿法回收			物理回收		
	回收效率(%)	每吨回收质量(kg)	收益(元)	回收效率(%)	每吨回收质量(kg)	收益(元)	回收效率(%)	每吨回收质量(kg)	收益(元)
正极材料	94	348.74	13755	98.5	365.44	14435	90	333.9	13189
负极材料	94	197.00	158	95	199.18	158	90	188.7	151
正极铝箔	93	47.33	331	93	47.33	331	90	45.8	321
负极铜箔	93	86.10	2152	93	86.10	2152	90	83.3	2083
正极导电柱	96	28.20	282	97	28.59	286	95	28.0	280
负极导电柱	96	12.53	376	97	12.66	380	95	12.4	372
隔膜	93	39.75	79	93	39.75	79	95	40.6	81
铝合金外壳	98	36.00	252	98	36.00	252	98	36.0	252
合计	—	—	17405	—	—	18073	—	—	16729

采用火法回收工艺处理1吨废旧三元电池将盈利3015元；采用湿法回收工艺每回收1吨废旧三元电池将盈利3258元；采用物理回收拆解1吨三元废旧电池可盈利3465元，盈利最高。

表2-55 回收1吨磷酸铁锂废旧电池收益

材料名称	火法回收			湿法回收			物理回收		
	回收效率（%）	每吨可回收质量（kg）	收益（元）	回收效率（%）	每吨可回收质量（kg）	收益（元）	回收效率（%）	每吨可回收质量（kg）	收益（元）
正极材料	94	221.4	5222	98	230.8	5444	90	212.0	5000
负极材料	94	167.1	125	95	168.9	127	90	160.0	120
正极铝箔	93	47.3	310	93	47.30	310	90	45.8	300
负极铜箔	93	36.0	1498	93	86.00	1498	90	83.3	1450
正、负极导电柱	96	51.5	505	97	52.00	510	95	51.0	500
隔膜	96	40.4	82	93	39.00	79	95	4	81
铝合金外壳	98	36.0	252	98	36.00	252	98	36.0	252
合计	—	—	7994	—	—	8220	—	—	7703

采用火法回收工艺每回收1吨磷酸铁锂电池将亏损1496元；采用湿法回收工艺每回收1吨磷酸铁锂电池将亏损1695元；采用物理回收工艺每1吨磷酸铁锂废旧电池将亏损661元。

综上所述，目前无论采用哪种回收工艺回收三元电池都能取得较大的盈利，回收磷酸铁锂电池都将亏损；从回收工艺经济性来看，物理回收工艺产生的利润较大，具有较高的盈利空间，且磷酸铁锂电池采用物理回收工艺产生的亏损较小，相比之下更适合采用物理回收工艺进行回收。从材料回收效率来看，湿法回收工艺对材料的回收效率要高于另外两种回收工艺，从长远角度考虑，如果电池正极材料成本大幅上涨，那么湿法回收工艺将产生更大的盈利空间，将具有更强的竞争力，呈现出广阔的盈利前景。

2.5.3 中国动力电池回收企业分布

我国的动力电池回收企业包括：北京北汽集团（整车厂）、国家电网（用户）、匠芯电池（电芯厂）、中国铁塔（用户）、北京赛德美（第三方回收企业）；天津猛狮（电芯厂）、力神（电芯厂）、天津赛德美（第三方回收企业）；江苏天奇股份（第三方回收企业）、南京金龙（整车厂）、常能新能源（第三方实施企业）；安徽国轩高科（电芯厂）；上海威马汽车（整车厂）、蔚来汽车（整车厂）、上汽集团（整车厂）、煦达新能源（第三方实施企业）；浙江合众新能源（整车厂）、吉利汽车（整车厂）、天际汽车（整车厂）、固恒能源（第三方回收企业）、中能循环（第三方回收企业）、华友循环（第三方回收企业）；福建宁德时代（电芯厂）、厦门钨业（材料厂）；湖南邦普循环（第三方回收企业）、鸿捷（第三方回收企业）、桑顿新能源（电芯厂）、广西华奥（整车厂）；贵州奇瑞万达（整车厂）；广东天赐材料（材料厂）、雄韬股份（电芯厂）、猛狮科技（电芯厂）、比克动力（电芯厂）、东方精工（电芯厂）、银隆新能源（电芯厂）、光华科技（第三方回收企业）、深圳乾泰（第三方回收企业）、科陆电子（第三方回收企业）、格林美（第三方回收企业）、比亚迪（整车厂）、广汽新能源（整车厂）；江西赣州豪鹏（第三方回收企业）、中天鸿锂（第三方回收企业）、金泰阁（第三方回收企业）、赣锋锂业（用户）、湖北骆驼股份（第三方回收企业）、雄韬环保（第三方回收企业）；河南中航锂电（电芯厂）；西藏桑德智慧能源（第三方实施企业）。

2.5.4　国内外优势企业介绍

2.5.4.1　国外企业

通过调研，国外从事动力电池梯次回收利用的企业基本上以汽车企业为主导，包括日本的NISSAN、4REnergy、TOYOTA，美国的GM、Tesla，德国的BMW、Mercedes-Benz、Audi、Bosch等。这些企业对电池的本体性能、使用过程中的数据等都非常了解，享有先天优势，因而在梯次利用上走得更快。

2.5.4.2　国内企业

随着新能源汽车在国内的迅猛发展，目前已有多家企业开展梯次回收利用研究和生产的工作，按行业类别大致可分为6类：一是电动汽车厂，如比亚迪、威马汽车、北汽、上汽、广汽等，既参与梯次利用，也参与回收；二是动力电池厂，如宁德时代、国轩高科、中航锂电、比克电池、匠芯电池等；三是储能用户，如铁塔公司、电网公司，主要参与梯次利用；四是第三方储能实施机构，如中恒煦达新能源，主要参与梯次利用；五是材料企业，如华友循环、中天鸿锂等，主要参与回收；六是第三方回收机构，如格林美、邦普、赛德美、赣州豪鹏、赣锋锂业等，主要参与回收。

2.5.4.3　天津企业

（1）天津赛德美新能源有限公司

天津赛德美新能源有限公司成立于2017年7月，隶属于北京赛德美资源再利用研究院有限公司。其经营范围包括新能源电池的回收、梯级利用、再生利用、回收物资的销售、拆解回收设备的销售，以及相关技术的开发、咨询、转让等。公司有3条生产线，其中两条是磷酸铁锂电池回收、处理、修复生产线，产能为7800吨/年（含梯级利用1800吨）；一条为三元电池回收处理生产线，产能为3000吨/年（不梯级不修复）。项目建成达产后，回收业务覆盖京津冀地区，市场占有率达到30%左右。

此外，其单体电池全自动拆解生产线可以做到国内同类生产线做不到的全自动精细分解。同时纯物理的方法能把单体电池拆解成壳体、隔膜、电解液、正极粉、负极粉、铜和铝这7种可回收、可利用的资源，实现动力电池的无害化处理和资源的循环利用，不仅可以做到无污染，而且在回收率上也大大提高。

（2）天津猛狮新能源再生科技有限公司

天津猛狮新能源再生科技有限公司是一家制作高端锂电池的公司，总部位于广东深圳。天津猛狮创新科技采用自动化拆解设备拆解电池包，实现退役电池包到电池模块、电池模块到电芯的自动化拆解,并通过信息追溯管理系统将与生产有关的基础信息、物料、品质、设备等进行管理,还支持云端存储,保证了动力电池安全、高效、环保地拆解回收再利用。目前,天津猛狮已具备5000t的废旧电池处理能力和140MW·h的梯次制造能力。

锂电池的回收再利用,核心技术环节是梯次利用电池的性能检测判定和废旧电芯的高效安全拆解、分离及回收。为此,天津猛狮开发并建立了高效实用的以梯次利用信息系统为核心的三位一体(数据库—模型与评估方法—物料管理)综合评估体系,为退役电池的残值估计、退役电池的信息追溯及梯次利用的方案制定提供全面支持。

经过两年多的转型布局,猛狮科技已形成了涵盖可再生能源发电、智慧能源管理和输配电、高端锂电池制造、储能系统和储能电站的建造和运营、电动智能交通工具的设计开发和制造、新能源汽车租赁运营、锂离子动力电池回收利用在内的清洁能源产业闭环。

(3)天津力神电池股份有限公司

2019年5月24日,天津力神电池股份有限公司牵头申报的"退役动力电池异构兼容利用与智能拆解技术"项目获得立项,旨在实现退役动力电池的精深利用与精细回收。

该项目针对大规模退役动力电池中存在种类繁多、性能差异大、拆解效率低、物料归集精准性差等问题,拟开展退役电池快速分级、异构兼容梯次利用、多维识选与智能转载、智能拆解与物料归集等关键技术攻关,以及动力电池全生命周期价值链生态耦合模式研究,预期构建动力电池逆向供应链商业化运行模式,实现退役动力电池的精深利用与精细回收,从而促进我国新能源产业的可持续发展。

参 考 文 献

[1] 孟良荣, 王金良. 碳酸锂及其制备[J]. 电源技术, 2011, 35(12): 1602-1604.
[2] 林燕. 电动车用锂离子蓄电池原材料碳酸锂的生产技术及市场[J]. 产业经济报道, 2010, 41(5): 24-25.
[3] 贾旭宏, 李丽娟, 曾忠明, 等. 盐湖锂资源分离提取方法研究进展[J]. 广州化工, 2010, 38(10): 10-13.
[4] 祝增虎, 朱朝梁, 温现明, 等. 碳酸锂生产工艺的研究进展[J]. 盐湖研究, 2008(3): 64-72.
[5] 王卫东, 曹茜. 国内盐湖卤水提取碳酸锂生产工艺及现状[J]. 盐湖研究, 2010, 18(4): 52-61.
[6] 宋彭生, 项仁杰. 盐湖锂资源开发利用及对中国锂产业发展的建议[J]. 矿床地质, 2014, 33(5): 977-992.
[7] 陈贵娥, 张志刚. 电池级碳酸锂的生产及其应用实践研究[J]. 世界有色金属, 2019(2): 155-157.
[8] 陈奕, 李永华, 刘德敏. 电池级碳酸锂的生产及其应用[J]. 化工矿物与加工, 2007(5): 26-30.
[9] 邓顺蛟, 孙洪波, 秦佳政, 等. 氢氧化锂制备工艺研究进展[J]. 盐湖研究, 2019, 27(4): 77-81.
[10] 周晓军, 刘国旺, 杨尚明, 等. 利用盐湖提锂尾液制备氢氧化锂工艺研究[J]. 无机盐工业, 2019, 51(9): 76-80.
[11] 王文海, 毛新宇. 盐湖卤水提锂制取氢氧化锂的工艺研究[J]. 当代化工研究, 2016(5): 102-103.
[12] 祝增虎, 李法强, 朱朝梁, 等. 电解法制备氢氧化锂的研究进展[J]. 无机盐工业, 2014, 46(8): 6-9.
[13] 徐颖, 王晓琳, 陈飞国, 等. 三室膜电解法由硫酸锂制备氢氧化锂的实验研究[J]. 膜科学与技术, 2006, 26(3): 27-31.
[14] 宋士涛, 邓小川, 孙建之, 等. 氢氧化锂的应用与生产方法研究进展[J]. 海湖盐与化工, 2005, 34(1): 32-35.
[15] 汪永斌, 贺周初, 彭爱国, 等. 锂源及烧结条件对三元材料电化学性能影响[J]. 电源技术, 2019, 43(3): 381-384.
[16] 韩涛, 李成玉, 徐彦国, 等. 沉锂母液锂回收工艺[J]. 煤炭与化工, 2019, 42(7): 142-145.
[17] Wang Y, He P, Zhou H, et al. A novel direct borohydride fuel cell using an acid-alkaline hybrid electrolyte[J]. Energy and Environmental Science, 2010, 3(10): 1515-1518.
[18] Yang S, Zhang F, Ding H, et al. Lithium metal extraction from seawater[J]. Joule, 2018, 2(9): 1648-1651.
[19] 李亚栋, 贺蕴普, 李龙泉, 等. 液相控制沉淀法制备纳米级Co_3O_4微粉[J]. 高等学校化学学报, 1999(4): 26-29.

[20] 钟文彬, 杨玉玺, 张昭. 湿化学法制备四氧化三钴的研究——实验部分[J]. 四川有色金属, 2000(2): 37-41.

[21] 王成均, 党晓娥, 马旭利, 等. 电池级四氧化三钴生产工艺研究[J]. 金属功能材料, 2014, 21(2): 36-40.

[22] 梁世强, 廖列文, 尹国强, 等. 均匀沉淀法合成纳米四氧化三钴工艺优化[J]. 无机盐工业, 2006(7): 21-24.

[23] 张朋立, 宋顺林, 刘亚飞, 等. 液相制备四氧化三钴新工艺研究[J]. 山东化工, 2017, 46(6): 48-50.

[24] 刘宇慧, 汪礼敏, 张景怀. 液相沉淀法制备超细Co_3O_4粉体的研究[J]. 粉末冶金工业, 2007, 17(4): 14-18.

[25] 王亚秦, 付海阔. 工业硫酸镍生产技术进展[J]. 化工进展, 2015, 34(8): 3085-3092.

[26] 苏峰, 李敬忠, 李俊标, 等. 粗硫酸镍提取工艺及生产实践[J]. 铜业工程, 2014(2): 20-22.

[27] 王俊杰, 王万军, 梁玮, 等. 冷冻结晶法生产硫酸镍的工艺实践[J]. 铜业工程, 2019(5): 78-80.

[28] 范翔, 曹昌盛, 刘建新, 等. 提高硫酸镍产能的生产实践[J]. 有色冶金节能, 2019, 35(6): 29-32.

[29] 欧阳准, 贾荣. 电池工业用精制硫酸镍的生产[J]. 有色金属(冶炼部分), 2004(4): 23-25.

[30] 张宗涛. 硫酸镍生产工艺的优化改进[J]. 安徽化工, 2003(4): 33-34.

[31] 周柳霞. 电池用二氧化锰的生产方法与研究进展[J]. 中国锰业, 2010, 28(3): 1-7.

[32] 张成金. 电解二氧化锰制备技术的研究现状及展望[J]. 四川化工, 2011, 14(2): 11-14.

[33] 李国栋, 方建军, 蒋太国, 等. 碳酸锰矿浸出工艺研究进展[J]. 中国锰业, 2015, 33(2): 6-8.

[34] 汤文果. 高硫碳酸锰矿与软锰矿直接浸出实验[J]. 四川有色金属, 2014(3): 38-40.

[35] 周有池, 文小强, 郭春平, 等. 铁锂废料制备电池级碳酸锂和磷酸铁工艺研究[J]. 有色金属(冶炼部分), 2019(4): 73-77.

[36] 孟素芬. 利用钛白副产硫酸亚铁制备电池级磷酸铁的工艺研究[J]. 广东化工, 2019, 46(19): 1-2.

[37] 马毅, 沈文喆, 袁梅梅, 等. 磷铁渣制备电池级纳米磷酸铁[J]. 化工进展, 2019, 38(11): 5015-5023.

[38] 姚耀春, 鲁劲华, 马毅, 等. 用铁粉制备电池级材料磷酸铁的试验研究[J]. 湿法冶金, 2019, 38(2): 140-144.

[39] 赵曼, 肖仁贵, 廖霞, 等. 水热法以磷铁制备电池级磷酸铁的研究[J]. 材料导报, 2017, 31(10): 25-31.

[40] 曹艳蕾, 肖仁贵, 廖霞, 等. 由磷铁制备微球形磷酸铁的研究[J]. 无机盐工业, 2012, 44(10): 18-20.

[41] 马璨, 吕迎春, 李泓. 锂离子电池基础科学问题(VII)——正极材料[J]. 储能科学与技术, 2014, 3(1): 53-65.

[42] Aurbach D, Srur-Lavi O, Ghanty C, et al. Studies of aluminum-doped $LiNi_{0.5}Co_{0.2}Mn_{0.3}O_2$: Electrochemical behavior, aging, structural transformations, and thermal characteristics[J]. Journal of The Electrochemical Society, 2015, 162(6): A1014-A1027.

[43] Huang Z, Wang Z, Zheng X, et al. Effect of Mg doping on the structural and electrochemical performance of $LiNi_{0.6}Co_{0.2}Mn_{0.2}O_2$ cathode materials[J]. Electrochimica Acta, 2015, 182: 795-802.

[44] Sun Y K, Chen Z, Noh H J, et al. Nanostructured high-energy cathode materials for advanced lithium batteries[J]. Nature Materials, 2012, 11(11): 942-947.

[45] Kim J, Cho H, Jeong H Y, et al. Self-induced concentration gradient in nickel-rich cathodes by sacrificial polymeric bead clusters for high-energy lithium-ion batteries[J]. Advanced Energy Materials, 2017, 7(12): 1602559.

[46] Zuo Y, Li B, Jiang N, et al. A high-capacity O2-type Li-rich cathode material with a single-layer Li_2MnO_3 superstructure[J]. Advanced Materials, 2018, 30(16): 1707255.

[47] Lee J, Kitchaev D A, Kwon D H, et al. Reversible Mn^{2+}/Mn^{4+} double redox in lithium-excess cathode materials[J]. Nature, 2018, 556(7700): 185-190.

[48] Shi J L, Xiao D D, Ge M, et al. High-capacity cathode material with high voltage for Li-ion batteries[J]. Advanced Materials, 2018, 30(9): 1705575.

[49] Yu H, So Y G, Ren Y, et al. Temperature-sensitive structure evolution of lithium–manganese-rich layered oxides for lithium-ion batteries[J]. Journal of the American Chemical Society, 2018, 140(45): 15279-15289.

[50] Wang L, Wu Z, Zou J, et al. Li-free cathode materials for high energy density lithium batteries[J]. Joule, 2019, 3: 1-17.

[51] Yang C, Chen J, Ji X, et al. Aqueous Li-ion battery enabled by halogen conversion-intercalation chemistry in graphite[J]. Nature, 2019, 569(7755): 245.

[52] Rui X H, Jin Y, Feng X Y, et al. Comparative study on the low-temperature performance of $LiFePO_4/C$ and $Li_3V_2(PO_4)_3/C$ cathodes for lithium-ion batteries[J]. Journal of Power Sources, 2011, 196: 2109-2114.

[53] Li G, Zhang Z, Wang R, et al. Effect of trace Al surface doping on the structure surface chemistry and low temperature performance of $LiNi_{0.5}Co_{0.2}Mn_{0.3}O_2$ cathode[J]. Electrochimica Acta, 2016, 212: 399-407.

[54] Zhao N, Li Y, Zhao X, et al. Effect of particle size and purity on the low temperature electrochemical performance of LiFePO$_4$/C cathode material[J]. Journal of Alloys and Compounds, 2016, 683: 123-132.

[55] Zhang Z, Fouchard D, Rea J R. Differential scanning calorimetry material studies: implications for the safety of lithium-ion cells[J]. Journal of Power Sources, 1998, 70: 16-20.

[56] MacNeil D D, Lu Z H, Chen Z H, et al. Comparison of the electrode/electrolyte reaction at elevated temperatures for various li-ion battery cathodes[J]. Journal of Power Sources, 2002, 108: 8-14.

[57] Cho Y, Eom J, Cho J. High Performance LiCoO$_2$ Cathode Materials at 60℃ for lithium secondary batteries prepared by the facile nanoscale dry-coating method[J]. Journal of the Electrochemical Society, 2010, 157: A617-A624.

[58] Shim J, Kostecki R, Richardson T, et al. Electrochemical analysis for cycle performance and capacity fading of a lithium-ion battery cycled at elevated temperature[J]. Journal of Power Sources, 2002, 112: 222-230.

[59] Li J L, Zhu Y Q, Wang L, et al. Lithium titanate epitaxial coating on spinel lithium manganese oxide surface for improving the performance of lithium storage capability[J]. ACS Applied Materials & Interfaces, 2014, 6: 18742-18750.

[60] Amine K, Liu J, Belharouak I. High-temperature storage and cycling of C- LiFePO$_4$/graphite Li-ion cells[J]. Electrochemistry Communications, 2005, 7: 669-673.

[61] Maccario M, Croguennec L, Le Cras F, et al. Electrochemical performances in temperature for a C-containing LiFePO$_4$ composite synthesized at high temperature[J]. Journal of Power Sources, 2008, 183: 411-417.

[62] Mestre-Aizpurua F, Hamelet S, Masquelier C, et al. High temperature electrochemical performance of nanosized LiFePO$_4$[J]. Journal of Power Sources, 2010, 195: 6897-6901.

[63] 罗飞, 褚赓, 黄杰, 等. 锂离子电池基础科学问题(Ⅷ)——负极材料[J]. 储能科学与技术, 2014, 3(2): 146-163.

[64] 黄学杰. 锂离子电池及相关材料进展[J]. 中国材料进展, 2010, 29(8): 46-52.

[65] 陆浩, 刘柏男, 褚赓, 等. 锂离子电池负极材料产业化技术进展[J]. 储能科学与技术, 2016, 5(2): 109-119.

[66] 唐致远, 阳晓霞, 陈玉红, 等. 钛酸锂电极材料的研究进展[J]. 电源技术, 2007(4): 332-336.

[67] Griffith Kent J, et al. Niobium tungsten oxides for high-rate lithium-ion energy storage[J]. Nature, 2018, 559(7715): 556-563.

[68] 刘柏男, 徐泉, 褚赓, 等. 锂离子电池高容量硅碳负极材料研究进展[J]. 储能科学与技术, 2016, 5(4): 417-421.

[69] 陆浩, 李金熠, 刘柏男, 等. 锂离子电池纳米硅碳负极材料研发进展[J]. 储能科学与技术, 2017, 6(5): 864-870.

[70] 周军华, 罗飞, 褚赓, 等. 锂离子电池纳米硅碳负极材料研究进展[J]. 储能科学与技术, 2020, 9(2): 569-582.

[71] Liu N, Lu Z, Zhao J, et al. A pomegranate-inspired nanoscale design for large-volume-change lithium battery anodes[J]. Nature Nanotechnology, 2014, 9(3): 187.

[72] Xu Q, Li J Y, Sun J K, et al. Watermelon-inspired Si/C microspheres with hierarchical buffer structures for densely compacted lithium-ion battery anodes[J]. Advanced Energy Materials, 2017, 7(3): 1601481.

[73] Li Q Y, Jiao S H, Luo L L, et al. Wide-temperature electrolytes for lithium-ion batteries[J]. ACS Applied Materials & Interfaces, 2017, 9: 18826-18835.

[74] Li Q Y, Lu D P, Zheng J M, et al. Li$^+$-desolvation dictating lithium-ion battery's low-temperature performances[J]. ACS Applied Materials & Interfaces, 2017, 9: 42761-42768.

[75] Xu K. "Charge-transfer" process at graphite/electrolyte interface and the solvation sheath structure of Li$^+$ in nonaqueous electrolytes[J]. Journal of the Electrochemical Society, 2007, 154: A162-A167.

[76] Xu K, Lam Y F, Zhang S S, et al. Solvation sheath of Li$^+$ in nonaqueous electrolytes and its implication of graphite/electrolyte interface chemistry[J]. Journal of Physical Chemistry C, 2007, 111: 7411-7421.

[77] Marinaro M, Pfanzelt M, Kubiak P, et al. Low temperature behaviour of TiO$_2$ rutile as negative electrode material for lithium-ion batteries[J]. Journal of Power Sources, 2011, 196: 9825-9829.

[78] Lin H P, Chua D, Salomon M, et al. Low-temperature behavior of Li-ion cells[J]. Electrochemical and Solid State Letters, 2001, 4: A71-A73.

[79] Zinth V, Von Luders C, Hofmann M, et al. Lithium plating in lithium-ion batteries at sub-ambient temperatures investigated by in situ neutron diffraction[J]. Journal of Power Sources, 2014, 271: 152-159.

[80] 张丽津, 彭大春, 何月德, 等. 氧化微扩层处理对天然鳞片石墨结构及其电化学性能的影响研究[J]. 炭素技术, 2016, 35: 17-22.

[81] Liu W R, Yang M H, Wu H C, et al. Enhanced cycle life of Si anode for Li-ion batteries by using modified elastomeric binder[J]. Electrochemical and Solid State Letters, 2005, 8: A100-A103.

[82] Dong X, Guo Z, Guo Z, et al. Organic batteries operated at −70℃[J]. Joule, 2018, 2: 902-913.

[83] Du Pasquier A, Disma F, Bowmer T, et al. Differential scanning calorimetry study of the reactivity of carbon anodes in plastic Li-ion batteries[J]. Journal of the Electrochemical Society, 1998, 145: 472-477.

[84] Spotnitz R, Franklin J Abuse. Behavior of high-power lithium-ion cells[J]. Journal of Power Sources, 2003, 113: 81-100.

[85] Moshkovich M, Cojocaru M, Gottlieb H E, et al. The study of the anodic stability of alkyl carbonate solutions by in situ FTIR spectroscopy, EQCM, NMR and MS[J]. Journal of Electroanalytical Chemistry, 2001, 497: 84-96.

[86] Maleki H, Deng G P, Anani A, et al. Thermal stability studies of Li-ion cells and components[J]. Journal of the Electrochemical Society, 1999, 146: 3224-3229.

[87] Smart M C, Ratnakumar B V, Whitacre J F, et al. Effect of electrolyte type upon the high-temperature resilience of lithium-ion cells[J]. Journal of the Electrochemical Society, 2005, 152: A1096-A1104.

[88] Markevich E, Pollak E, Salitra G, et al. On the performance of graphitized meso carbon microbeads(MCMB)-meso carbon fibers(MCF)and synthetic graphite electrodes at elevated temperatures[J]. Journal of Power Sources, 2007, 174: 1263-1269.

[89] Suo L, Borodin O, Gao T, et al. "Water-in-salt" electrolyte enables high-voltage aqueous lithium-ion chemistries[J]. Science, 2015, 350(6263): 938-943.

[90] Suo L, Borodin O, Sun W, et al. Advanced high-voltage aqueous lithium-ion battery enabled by "water-in-bisalt" electrolyte[J]. Angewandte Chemie International Edition, 2016, 55(25): 7136-7141.

[91] Wang J, Yamada Y, Sodeyama K, et al. Superconcentrated electrolytes for a high-voltage lithium-ion battery[J]. Nature Communications, 2016, 7(1): 1-9.

[92] Postupna O O, Kolesnik Y V, Kalugin O N, et al. Microscopic structure and dynamics of $LiBF_4$ solutions in cyclic and linear carbonates[J]. Journal of Physical Chemistry B, 2011, 115: 14563-14571.

[93] Hou J, Yang M, Wang D, et al. Fundamentals and challenges of lithium ion batteries at temperatures between −40 and 60℃ [J]. Advanced Energy Materials, 2020.

[94] Xu K. Nonaqueous liquid electrolytes for lithium-based rechargeable batteries[J]. Chemical Reviews, 2004, 104: 4303-4417.

[95] 鲍恺婧, 蔡亚果, 朴贤卿. 低温锂离子电池的研究进展[J]. 电池, 2019, 49: 435-439.

[96] 谢辉, 唐致远, 李中延. 可用于锂离子电池的新型锂盐: LiODFB[J]. 化工新型材料, 2007, 35(6): 39-40.

[97] Plichta E J, Behl W K. A low-temperature electrolyte for lithium and lithium-ion batteries[J]. Journal of Power Sources, 2000, 88: 192-196.

[98] Sazhin S V, Khimchenko M Y, Tritenichenko Y N, et al. Performance of Li-ion cells with new electrolytes conceived for low-temperature applications[J]. Journal of Power Sources, 2000, 87: 112-117.

[99] Zhang S S, Xu K, Jow T R. A new approach toward improved low temperature performance of Li-ion battery[J]. Electrochemistry Communications, 2002, 4: 928-932.

[100] Zhang S S. An unique lithium salt for the improved electrolyte of Li-ion battery[J]. Electrochemistry Communications, 2006, 8: 1423-1428.

[101] Mandal B K, Padhi A K, Shi Z, et al. New low temperature electrolytes with thermal runaway inhibition for lithium-ion rechargeable batteries[J]. Journal of Power Sources, 2006, 162: 690-695.

[102] Liu D, Qian K, He YB, et al. Positive film-forming effect of fluoroethylene carbonate(FEC)on high-voltage cycling with three-electrode $LiCoO_2$/graphite pouch cell[J]. Electrochimica Acta, 2018, 269: 378-387.

[103] Yang G, Shi J, Shen C, et al. Improving the cyclability performance of lithium-ion batteries by introducing lithium difluorophosphate($LiPO_2F_2$)Additive[J]. RSC Advances, 2017, 7: 26052-26059.

[104] Liao L, Fang T, Zhou X, et al. Enhancement of low-temperature performance of $LiFePO_4$ electrode by butyl sultone as electrolyte additive[J]. Solid State Ionics, 2014, 254: 27-31.

[105] Liu J, Bao Z N, Cui Y, et al. Pathways for practical high-energy long-cycling lithium metal batteries[J]. Nature Energy, 2019, 4: 180-186.

[106] Hess S, Wohlfahrt-Mehrens M, Wachtler M. Flammability of Li-ion battery electrolytes: Flash point and self-extinguishing time measurements[J]. Journal of the Electrochemical Society, 2015, 162: A3084-A3097.

[107] Ravdel B, Abraham K M, Gitzendanner R, et al. Thermal stability of lithium-ion battery electrolytes[J]. Journal of Power Sources, 2003, 119: 805-810.

[108] Yang H, Zhuang G V, Ross P N. Thermal stability of $LiPF_6$ salt and Li-ion battery electrolytes containing $LiPF_6$[J]. Journal of Power Sources, 2006, 161: 573-579.

[109] Xu K, Zhang S S, Jow T R, et al. LiBOB as salt for lithium-ion batteries—A possible solution for high temperature operation[J]. Electrochemical and Solid State Letters, 2002, 5: A26-A29.

[110] Blyr A, Sigala C, Amatucci G, et al. Self-discharge of $LiMn_2O_4$/C Li-ion cells in their discharged state-understanding by means of three-electrode measurements[J]. Journal of the Electrochemical Society, 1998, 145: 194-209.

[111] Sloop S E, Kerr J B, Kinoshita K. The role of Li-ion battery electrolyte reactivity in performance decline and self-discharge[J]. Journal of Power Sources, 2003, 119: 330-337.

[112] Chen Z H, Liu J, Amine K. Lithium difluoro(oxalato)borate as salt for lithium-ion batteries[J]. Electrochemical and Solid State Letters, 2007, 10: A45-A47.

[113] Zeng Z Q, Murugesan V, Han K S, et al. Non-flammable electrolytes with high salt-to-solvent ratios for Li-ion and Li-metal batteries[J]. Nature Energy, 2018, 3: 674-681.

[114] Wang J H, Yamada Y, Sodeyama K, et al. Fire-extinguishing organic electrolytes for safe batteries[J]. Nature Energy, 2018, 3: 22-29.

[115] Kalhoff J, Eshetu G G, Bresser D, et al. Safer electrolytes for lithium-ion batteries: state of the art and perspectives[J]. Chemsuschem, 2015, 8: 2154-2175.

[116] 王畅, 吴大勇. 锂离子电池隔膜及技术进展[J]. 储能科学与技术, 2016, 5(2): 120-128.

[117] 肖伟, 巩亚群, 王红, 等. 锂离子电池隔膜技术进展[J]. 储能科学与技术, 2016, 5(2): 188-196.

[118] Hao J, Lei G, Li Z, et al. A novel polyethylene terephthalate nonwoven separator based on electrospinning technique for lithium ion battery[J]. Journal of Membrane Science, 2013, 428: 11-16.

[119] Zhang H, Zhang Y, Xu T, et al. Poly(m-phenylene isophthalamide)separator for improving the heat resistance and power density of lithium-ion batteries[J]. Journal of Power Sources, 2016, 329: 8-16.

[120] Yang C, Tong H, Luo C, et al. Boehmite particle coating modified microporous polyethylene membrane: A promising separator for lithium ion batteries[J]. Journal of Power Sources, 2017, 348: 80-86.

[121] Jeon H, Yeon D, Lee T, et al. A water-based Al_2O_3 ceramic coating for polyethylene-based microporous separators for lithium-ion batteries[J]. Journal of Power Sources, 2016, 315: 161-168.

[122] Cho J, Jung Y C, Lee Y S, et al. High performance separator coated with amino-functionalized SiO_2 particles for safety enhanced lithium-ion batteries[J]. Journal of Membrane Science, 2017, 535: 151-157.

[123] Yang Y, Huang X, Cao Z, et al. Thermally conductive separator with hierarchical nano/microstructures for improving thermal management of batteries[J]. Nano Energy, 2016, 22: 301-309.

[124] Liu K, Liu W, Qiu Y, et al. Electrospun core-shell microfiber separator with thermal-triggered flame-retardant properties for lithium-ion batteries[J]. Science Advances, 2017, 3(1): e1601978.

[125] Hayashi A, Tatsumisago M. Recent development of bulk-type solid-state rechargeable lithium batteries with sulfide glass-ceramic electrolytes[J]. Electronic Materials Letters, 2012, 8(2): 199-207.

[126] 李泓, 许晓雄. 固态锂电池研发愿景和策略[J]. 储能科学与技术, 2016, 5(5): 607-614.

[127] Chen R, Qu W, Guo X, et al. The pursuit of solid-state electrolytes for lithium batteries: from comprehensive insight to emerging horizons[J]. Materials Horizons, 2016, 3(6): 487-516.

[128] Seino Y, Ota T, Takada K, et al. A sulphide lithium super ion conductor is superior to liquid ion conductors for use in rechargeable batteries[J]. Energy & Environmental Science, 2014, 7(2): 627-631.

[129] Liu Z, Fu W, Payzant E A, et al. Anomalous high ionic conductivity of nanoporous β-Li_3PS_4[J]. Journal of the American Chemical Society, 2013, 135(3): 975-978.

[130] Rangasamy E, Liu Z, Gobet M, et al. An iodide-based $Li_7P_2S_8I$ superionic conductor[J]. Journal of the American Chemical Society, 2015, 137(4): 1384-1387.

[131] Whiteley J M, Woo J H, Hu E, et al. Empowering the lithium metal battery through a silicon-based superionic conductor[J]. Journal of the Electrochemical Society, 2014, 161(12): A1812-A1817.

[132] Li Y, Han J T, Wang C A, et al. Optimizing Li$^+$ conductivity in a garnet framework[J]. Journal of Materials Chemistry, 2012(30): 15357-15361.

[133] Kato Y, Hori S, Saito T, et al. High-power all-solid-state batteries using sulfide superionic conductors[J]. Nature Energy, 2016, 1(4): 16030.

[134] Li W, Wu G, Araujo C M, et al. Li$^+$ ion conductivity and diffusion mechanism in α-Li$_3$N and β-Li$_3$N[J]. Energy & Environmental Science, 2010, 3(10): 1524-1530.

[135] Thangadurai V, Weppner W. Recent progress in solid oxide and lithium ion conducting electrolytes research[J]. Ionics, 2006, 12(1): 81-92.

[136] Hayashi A, Hama S, Minami T, et al. Formation of superionic crystals from mechanically milled Li$_2$S-P$_2$S$_5$ glasses[J]. Electrochemistry Communications, 2003, 5(2): 111-114.

[137] Seino Y, Ota T, Takada K, et al. A sulphide lithium super ion conductor is superior to liquid ion conductors for use in rechargeable batteries[J]. Energy & Environmental Science, 2014, 7(2): 627-631.

[138] Alpen U V, Rabenau A, Talat G H. Ionic conductivity in Li$_3$N single crystals[J]. Applied Physics Letters, 1977, 30(12): 621-623.

[139] Tomita Y, Fuji-I A, Ohki H, et al. New lithium ion conductor Li$_3$InBr$_6$ studied by 7Li NMR[J]. Chemistry Letters, 1998, 27(3): 223-224.

[140] Emly A, Kioupakis E, Ven A V D. Phase stability and transport mechanisms in antiperovskite Li$_3$OCl and Li$_3$OBr superionic conductors[J]. Chemistry of Materials, 2013, 25(23): 4663-4670.

[141] Murata K, Izuchi S, Yoshihisa Y. An overview of the research and development of solid polymer electrolyte batteries[J]. Electrochimica Acta, 1995, 45(8): 1501-1508.

[142] Armand M, Chabagno J, Duclot M. Fast ion transport in solids [J]. Zeitschrift für Physikalische Chemie, 1979, 189(274): 131-134.

[143] Judez X, Zhang H, Li C, et al. Polymer-rich composite electrolytes for all solid-state Li-S cells[J]. Journal of Physical Chemistry Letters, 2017, 8(15): 3473-3477.

[144] Choi J H, Lee C H, Yu J H, et al. Enhancement of ionic conductivity of composite membranes for all-solid-state lithium rechargeable batteries incorporating tetragonal Li$_7$La$_3$Zr$_2$O$_{12}$ into a polyethylene oxide matrix[J]. Journal of Power Sources, 2015, 274(15): 458-463.

[145] Zhou T, Lv W, Li J, et al. Twinborn TiO$_2$-TiN heterostructures enabling smooth trapping-diffusion-conversion of polysulfides towards ultralong life lithium-sulfur batteries[J]. Energy & Environmental Science, 2017, 10(7): 1694-1703.

[146] Tian Y, Li G, Zhang Y, et al. Low-bandgap Se-deficient antimony selenide as a multifunctional polysulfide barrier toward high-performance lithium-sulfur batteries[J]. Advanced Materials, 2019: 1904876.

[147] Tian D, Song X, Wang M, et al. MoN supported on graphene as a bifunctional interlayer for advanced Li-S batteries[J]. Advanced Energy Materials, 2019, 9(46): 1901940.

[148] Yao Y, Wang H, Yang H, et al. A dual-functional conductive framework embedded with TiN-VN heterostructures for highly efficient polysulfide and lithium regulation toward stable Li-S full batteries[J]. Advanced Materials, 2020, 32(6): 1905658.

[149] Gao X, Yang X, Adair K, et al. 3D vertically aligned Li metal anodes with ultrahigh cycling currents and capacities of 10 mA·cm^{-2}/20 mAh·cm^{-2} realized by selective nucleation within microchannel walls[J]. Advanced Energy Materials, 2020, 10(7): 1903753.

[150] Peng Z, Song J, Huai L, et al. enhanced stability of Li metal anodes by synergetic control of nucleation and the solid electrolyte interphase[J]. Advanced Energy Materials, 2019, 9(42): 1901764.

[151] Dai H, Gu X, Dong J, et al. Stabilizing lithium metal anode by octaphenyl polyoxyethylene-lithium complexation[J]. Nature Communications, 2020, 11(1): 1-11.

[152] Jiao S, Ren X, Cao R, et al. Stable cycling of high-voltage lithium metal batteries in ether electrolytes[J]. Nature Energy, 2018, 3(9): 739-746.

[153] Shaibani M, Mirshekarloo M S, Singh R, et al. Expansion-tolerant architectures for stable cycling of ultrahigh-loading

sulfur cathodes in lithium-sulfur batteries[J]. Science Advances, 2020, 6(1): eaay2757.

[154] Zhu Z, Kushima A, Yin Z, et al. Anion-redox nanolithia cathodes for Li-ion batteries[J]. Nature Energy, 2016, 1(8): 16111.

[155] Zhang X, Zhang Q, Wang X G, et al. An extremely simple method for protecting lithium anodes in Li-O_2 batteries[J]. Angewandte Chemie International Edition, 2018, 130(39): 12996-13000.

[156] Asadi M, Sayahpour B, Abbasi P, et al. A lithium–oxygen battery with a long cycle life in an air-like atmosphere[J]. Nature, 2018, 555(7697): 502-506.

[157] Chao D, Zhou W, Ye C, et al. An electrolytic Zn-MnO_2 battery for high-voltage and scalable energy storage[J]. Angewandte Chemie International Edition, 2019, 58(23): 7823-7828.

[158] Wu C, Gu S, Zhang Q, et al. Electrochemically activated spinel manganese oxide for rechargeable aqueous aluminum battery[J]. Nature Communications, 2019, 10(1): 1-10.

[159] Jiang L, Lu Y, Zhao C, et al. Building aqueous K-ion batteries for energy storage[J]. Nature Energy, 2019, 4(6): 495-503.

[160] Son S B, Gao T, Harvey S P, et al. An artificial interphase enables reversible magnesium chemistry in carbonate electrolytes[J]. Nature Chemistry, 2018, 10(5): 532-539.

[161] Bitenc J, Pirnat K, Bančič T, et al. Anthraquinone-based polymer as cathode in rechargeable magnesium batteries[J]. ChemSusChem, 2015, 8(24): 4128-4132.

[162] Pan B, Huang J, Feng Z, et al. Polyanthraquinone-based organic cathode for high-performance rechargeable magnesium-ion batteries[J]. Advanced Energy Materials, 2016, 6(14): 1600140.

[163] Li Z, Mu X, Zhao-Karger Z, et al. Fast kinetics of multivalent intercalation chemistry enabled by solvated magnesium-ions into self-established metallic layered materials[J]. Nature Communications, 2018, 9(1): 1-13.

[164] Yoo H D, Liang Y, Dong H, et al. Fast kinetics of magnesium monochloride cations in interlayer-expanded titanium disulfide for magnesium rechargeable batteries[J]. Nature Communications, 2017, 8(1): 1-10.

[165] Zhou L, Liu Q, Zhang Z, et al. Interlayer-spacing-regulated $VOPO_4$ nanosheets with fast kinetics for high-capacity and durable rechargeable magnesium batteries[J]. Advanced Materials, 2018, 30(32): 1801984.

[166] Li Y, Xu S, Wu X, et al. Amorphous monodispersed hard carbon micro-spherules derived from biomass as a high performance negative electrode material for sodium-ion batteries[J]. Journal of Materials Chemistry A, 2015, 3(1): 71-77.

[167] Armand M, Grugeon S, Vezin H, et al. Conjugated dicarboxylate anodes for Li-ion batteries[J]. Nature Materials, 2009, 8(2): 120-125.

[168] Rüdorff W, Hofmann U. Über graphitsalze[J]. Zeitschrift für anorganische und allgemeine Chemie, 1938, 238(1): 1-50.

[169] McCullough F P, Beale A F. Electrode for use in secondary electrical energy storage devices—avoids any substantial change in dimension during repeated electrical charge and discharge cycles: US Pat4865931, 1989.

第3章 智能制造技术与产业

3.1 智能制造技术分析

3.1.1 智能制造的内涵及意义

智能制造发展规划（2016—2020年）指出：智能制造是基于新一代信息通信技术与先进制造技术深度融合，贯穿于设计、生产、管理、服务等制造活动的各个环节，具有自感知、自学习、自决策、自执行、自适应等功能的新型生产方式[1]。

制造业是国民经济的主体，是立国之本、兴国之器、强国之基[2]。加快发展智能制造，是培育我国经济增长新动能的必由之路，是抢占未来经济和科技发展制高点的战略选择，对于推动我国制造业供给侧结构性改革，打造我国制造业竞争新优势，实现制造强国具有重要战略意义。

3.1.2 智能制造的系统架构

根据国家智能制造标准体系建设指南（2018年版），智能制造系统架构如图3-1所示[3]。智能制造系统架构从生命周期、系统层级和智能特征3个维度对智能制造所涉及的活动、装备、特征等内容进行描述，主要用于明确智能制造的标准化需求、对象和范围，指导智能制造标准体系建设。

生命周期是指从产品原型研发开始到产品回收再制造的各个阶段，包括设计、生产、物流、销售、服务等一系列相互联系的价值创造活动。

系统层级是指与企业生产活动相关的组织结构的层级划分，包括设备层、单元层、车间层、企业层和协同层。

智能特征是指基于新一代信息通信技术，使制造活动具有自感知、自学习、自决策、自执行、自适应等一个或多个功能的层级划分，包括资源要素、互联互通、融合共享、系统集成和新兴业态5层智能化要求。

智能制造的关键是实现贯穿企业设备层、单元层、车间层、企业层、协同层不同层面的纵向集成，跨资源要素、互联互通、融合共享、系统集成和新兴

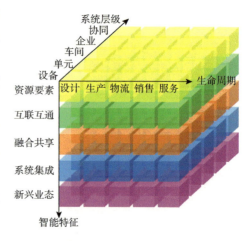

图3-1　智能制造系统架构[3]

业态不同级别的横向集成,以及覆盖设计、生产、物流、销售、服务的端到端集成[3]。

3.1.3 智能制造关键技术及其在动力电池行业的应用

根据国家智能制造标准体系建设指南(2018年版),智能制造标准体系结构图如图3-2所示。智能制造标准体系结构包括"A基础共性""B关键技术""C行业应用"3部分,A基础共性标准包括通用、安全、可靠性、检测、评价5类,位于智能制造标准体系结构图的最底层,是B关键技术标准和C行业应用标准的支撑;B关键技术标准是智能制造系统架构智能特征维度在生命周期维度和系统层级维度所组成的制造平面的投影;C行业应用标准位于体系结构的最顶层,对A和B进行细化和落地,面向行业具体需求推进智能制造建设。

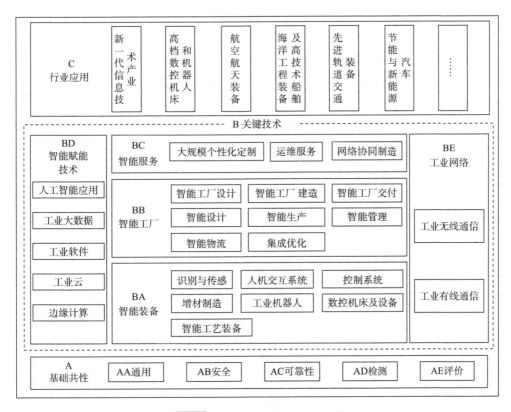

图3-2 智能制造标准体系结构图[3]

目前,智能制造通用的关键技术已经广泛应用于动力电池行业,在BA智能装备技术模块,识别与传感、人机交互系统、控制系统已应用于动力电池制造的各个环节中,例如,真空搅拌机温度的识别与传感、涂布和辊压设备张力的识别与传感、工业机器人在焊接设备、叠片设备及各工序衔接过程中的使用。在BB智能工厂技术模块,国内一线的动力电池企业已经申请了国家智能制造专项项目,设计和建造智能工厂,搭建智能物流网络,以实现智能生产和智能管理。在BD智能赋能技术模块,企业资源计划(ERP)、产品生命周期管理系统(PLM)、制造执行系统(MES)等工业软件已逐步在动力电池制造企业应用,并且基于服务的工业大数据云平台正在稳步推进。在BE工业网络技术模块,工业有线和无线通信技术已经广泛用于动力电池制造企业，以实现设备互联、人员通信、数据传输、综合集成的功能。动力电池智能制造的实现路径主要包括自动化、网联化、信息化、数字化和智能化。

3.1.3.1 自动化

动力电池制造设备的高度自动化是实现智能制造的基础，目前主要包括自动上料系统及精度控制、自动浆料输送及精度控制、关键指标自动在线检测、机器人与AGV小车的应用、波浪边贴边自动适应等重要生产步骤。

3.1.3.2 网联化

网联化主要是指通过工厂有线/无线网络组建互联网，连接生产制造中的各个要素，如设备、人员、物料、环境、软件等，为数据采集、传输、存储、分析、共享等提供基础的硬件环境。

3.1.3.3 信息化

图3-3所示为动力电池智能制造信息化架构[6]，主要包括现场设备层（L1）、产线控制层（L2）、生产执行层（L3）、运营管理层（L4）和战略决策层（L5）。现场设备层主要包括动力电池生产设备，通过建立规范的数据字典对设备对象进行抽象描述，实现设备数据采集与集成，利用智能硬件+软件算法实现边缘计算及工序闭环；产线控制层按照电池制造过程分工段实现产线生产过程管控，同时实现本地数据处理及数据向上层系统分发，利用私有云及雾计算的方式实现产线闭环；生产执行层以MES系统为核心，实现车间级的生产过程管控，同时与企业运营管理、决策系统集成，利用云计算等技术手段实现数字化车间全闭环；运营管理层包括PLM、ERP等工厂信息化系统，实现工厂级的资源调度，包括设计、生产、物流、库存、订单、财务等资源的优化整合；战略决策层主要是构建科学

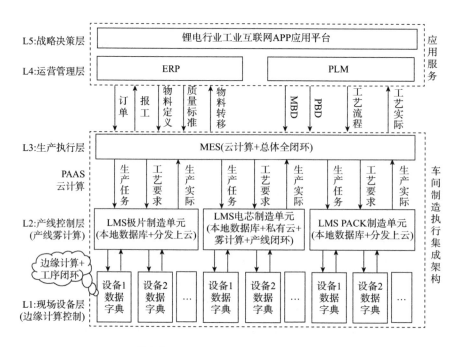

图3-3 动力电池智能制造信息化架构[6]

的企业级经营决策体系，利用全面准确的数据分析，形成一系列应用服务系统，给企业运营、战略决策等提供有力支持。

3.1.3.4 数字化

数学模型是智能化的基础，是把制造工厂、物料、机器、过程转化为计算机可识别、优化、提升的基本手段。动力电池智能制造需要建立包括材料模型、流变模型、电池模型、工厂模型、设备模型、工艺模型及质量模型等。

数字化设计主要包括材料设计、结构设计及工艺设计等，需要应用专业的产品设计工具、结构设计工具，需要建立电化学仿真模型、电池寿命模型等。数字化制造主要包括工艺规划、设备研制、系统集成等，需要运用工厂仿真、过程仿真、虚拟调试等技术手段，建立起实际生产过程与虚拟生产过程的数字化"双胞胎"映射系统。数字化应用主要包括电池质量控制、电池追溯系统的建立、产品大数据分析等，需要建立动力电池设计、制造、质量追溯及梯次利用等全生命周期数据管理应用平台。通过动力电池数字化设计、制造、应用全流程系统的建立，可以实现电池高效设计、高质量、低成本制造及可靠的安全管控。

3.1.3.5 智能化

智能化指的是基于数据分析结果，生成描述、诊断、预测、决策、控制等不同应用，形成优化决策建议或产生直接控制指令，从而实现个性化定制、智能化生产、协同化组织和服务化制造等创新模式，并将结果以数据化形式存储下来，最终构成从数据采集到设备、生产现场及企业运营管理持续优化闭环，提高电池制造合格率、一致性和安全性。

3.1.4 动力电池制造设备技术分析

影响动力电池性能的核心要素主要有材料、配方和制造工艺，而制造工艺的好坏主要由设备的水准决定。设备不仅决定电池的生产成本和效率，更重要的是，设备的精度和稳定性对电池性能一致性起到了决定性作用，而这是无法仅仅通过材料和工艺配方来改善的，因此，设备是决定动力电池性能的关键因素，是实现动力电池智能制造的基础与前提条件。

动力电池生产工艺复杂，根据动力电池的制造过程，可将生产工艺流程分为前段、中段和后段。如图3-4所示，前段工艺为极片制造环节，主要包括搅拌、涂布、辊压、分切及极耳成型，对设备的性能、精度、稳定性、自动化水平和生产效能等要求最高；中段是电芯装配环节，主要包括卷绕、叠片、入壳、注电解液及封口，对精度、效率、一致性要求较高；后段是电化学环节，主要包括电芯化成、分容、检测及组装电池组等[13,14]。

其中极片制片和电芯卷绕组成了卷绕工艺，极片模切和电芯叠片则组成了叠片工艺。按照目前主流的锂电池封装形式划分，动力电池可划分为方形电池、圆柱电池和软包电池3种。3种电池对应的生产工艺有所差别，其中方形电池同时适用卷绕工艺和叠片工艺，圆柱电池主要采用卷绕工艺，软包电池则主要采用叠片工艺。

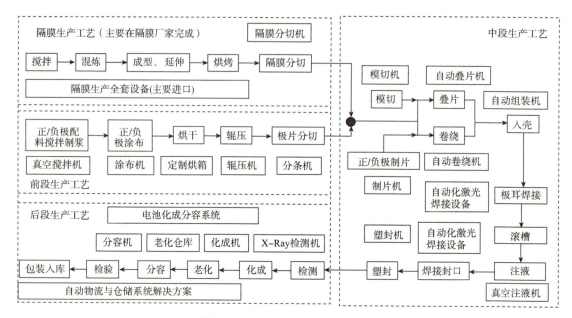

图3-4 动力电池制造工艺及设备[13, 14]

按照电池生产工艺流程所对应的锂电设备,大致可以分为前段设备、中段设备和后段设备。前段设备主要用于极片制造,主要有搅拌机、涂布机、辊压机和分条机等;中段设备主要用于电芯制作,主要有裁切机、卷绕机和叠片机等;后段设备主要是检测和封装,主要包括化成和分容检测设备等。

从价值来看,整线中涂布机和卷绕机价值较高。如图3-5(a)所示,从前后工序来看,动力电池前段、中段、后段设备成本占比分别为35%、40%、25%。其中,前段设备中涂布机价值约占80%,中段设备中卷绕机价值约占70%,后段设备中化成分容检测占70%,组装占30%。如图3-5(b)所示,从动力电池主要的制造工艺环节来看,涂布和卷绕的价值占比分别为30%和20%。

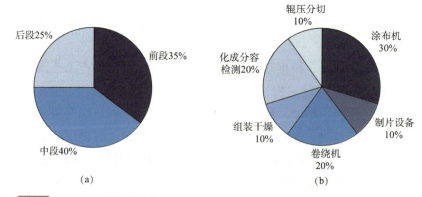

图3-5 (a) 锂电设备前、中、后段价值占比及(b) 锂电设备制造工艺环节价值占比

从技术来看,前、中段设备技术难度相对较高,涂布机和卷绕机是核心设备。涂布机是前道核心设备,要求能将搅拌后的浆料均匀地涂在金属箔片上并烘干成正、负极片,厚度需精确到2μm以下。涂布是动力电池研制和生产中的关键工序之一,直接影响电池的一

致性和安全性。衡量涂布机的主要有涂布速度和质量两个指标。涂布速度越高效率越高，例如，璞泰来（新嘉拓）的涂布机速度可达70～100m/min，若能采用双面涂布工艺，还能大幅提升涂布效率。质量是指涂布重量与厚度的一致性、涂层与基层的黏结性。卷绕机/叠片机是中段核心设备，卷绕机能将正、负极片主动放卷、自动纠偏，与隔膜一起按工艺要求进行自动卷绕。卷绕机对卷绕张力波动、卷绕速度都有较高的要求，涉及自动张力控制技术、自动纠偏技术和精密机械制造等多个核心技术。衡量卷绕机的主要有卷绕速度和精度两个指标。目前先导智能的卷绕机速度可达2.5m/s，精度可用张力波动等来衡量，先导智能的张力波动可达≤10%，达到国际一流水平[8-11]。

目前国内领先锂电设备供应商的产品技术已基本达到国际领先水平。为了匹配国内快速增长的动力电池生产需求和不断提升的电池品质要求，国内设备企业与电池企业不断配合提升锂电设备的技术能力。如表3-1所示，卷绕机方面，先导智能在2017年就已经达到了国际领先水平，并不断进行技术研发和迭代。涂布机方面，2018年7月深圳浩能科技有限公司自主研发的新型高速双层涂布机的涂覆速度达120m/min，超过日、韩企业。叠片机方面，深圳格林晟科技有限公司的四工位叠片机生产效率可达0.3～0.4s/pcs，基本与国际领先水平相当[12, 16]。在动力电池Pack方面，主要包括自动拧紧、涂胶、测试和AGV调度等自动化装配生产技术。

表3-1 国产锂电关键设备与国外先进水平对比[7,12,16]

设备环节	性能指标	国外先进水平	国内代表企业			
			先导智能	赢合科技	浩能科技	格林晟
涂布机	最大速度	100m/min	100m/min	80m/min	120m/min	—
	宽度	±0.3mm	±0.3mm	±1.2%	±0.5mm	—
方形卷绕机	效率/速度	600～800mm/s	6ppm	6ppm	—	≥3ppm
	精度	±0.5mm	±0.5mm	—	—	±0.5mm
圆柱卷绕机	效率/速度	300～400mm/s	375mm/s	—	—	—
	精度	±0.5mm	±0.5mm	—	—	—
叠片机	效率	0.35s/pcs	0.5～0.6s/pcs	0.4～0.5s/pcs	—	0.3～0.4s/pcs
	精度	±0.3mm	±0.3mm	±0.3mm	±0.3mm	±0.3mm

注：1ppm=10^{-6}。

在国产化方面，目前国产锂电设备逐渐完成进口替代，锂电设备市场的国产化率逐渐提升，2017年国内动力电池企业的设备国产化率近90%。如图3-6所示，2008年锂电设备的国产化率约20%，2014年达40%～50%，2016年达72%，国产化比例稳步提升。从各段工序来看，如图3-7所示，2017年国内动力电池企业前、中、后段设备的国产化率分别为85%以上、90%以上和95%以上。例如，搅拌设备国产化率超过95%，化成分容

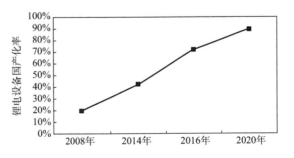

图3-6 2008—2018年锂电设备国产化率[9]

检测设备超过95%，卷绕机的国产化从2005年的0%快速提升至2011年的超过75%，当前国产卷绕机已处于主导地位。

中国动力电池制造设备主要面临以下重大问题：

① 电池制造质量影响因素众多，装备种类多，依赖的技术门类多，技术复杂程度高。

② 电池材料体系，电池技术本身发展飞速，难以稳定。

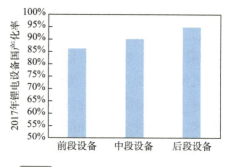

图3-7 2017年各段锂电设备国产化率[6]

③ 电池型号多、制造工艺不断变化，难以优化。

④ 我国工业基础薄弱，对发展高精度装备、解决尖端问题带来更大的挑战。

⑤ 缺少行业规范、无序过度竞争、行业野蛮生长。

⑥ 缺少对动力电池制造装备有组织的规范、系统的支持和专项投入。

⑦ 缺少动力电池全生命周期的设计，如可制造性设计、基于回收的设计等。

动力电池制造设备发展目标路线如表3-2所示，主要显示了动力电池制造设备目前的技术指标瓶颈及2020年的发展目标。目前动力电池制造设备总体的CMK（设备能力指数）在1.33左右，MTBF（平均无故障工作时间）小于1000小时，到2020年CMK要达到1.67，MTBF要达到2000小时。

表3-2 动力电池制造设备发展目标路线[5,13,14,16]

工序	设备名称	目前指标	2020年12月目标
	环境、设备统一要求	设备CMK为1.33左右，MTBF<1000h	设备CMK>1.67，MTBF=2000h，环境、质量在线监控
前段	真空搅拌机	固含量精度：1%； 温度控制精度：±5℃； 黏度精度：±500Pa·s； 金属异物含量：50ppb； 高速搅拌速度差：3%	连续制浆，浆料连续输送； 单机产能大于4GW·h； 固含量精度：0.5%； 温度控制精度：±3℃； 黏度精度：±300Pa·s； 金属异物含量：30ppb； 高速搅拌速度：2%
	宽幅高速双面涂布	涂布宽度：0.8m； 涂布速度：>80m/min； 精度：±3μm	涂布宽度：1.2m； 涂布速度：>120m/min； 精度：±1.5μm； 横向张力差：<20%； AGV自动换卷
	预锂化涂布	无	预锂厚度 4～15μm； 涂布速度：30m/min； 精度：±1.5μm
	预变形辊压	走带速度：80m/min； 精度：±1.5μm； 正负极压缩比：32%/20%； 双辊线速度差1%以内	走带速度：140m/min； 厚度自动闭环，精度±1μm； 正负极压缩比：40%/38%； 双辊线速度差0.5%以内； 辊压分条一体化； AGV自动换卷； 分切毛刺：<10μm

续表

工序	设备名称	目前指标	2020年12月目标
中段	双幅高速激光模切机	走带速度：60m/min； 切割精度：±0.5mm； 粉尘：≤30万级	走带速度：90m/min； 切割精度：±0.3mm； 粉尘：≤1万级； 毛刺：<10μm； 波浪边贴标自动智能适应； AGV换料自动对接
	高速方形卷绕	卷绕线速度：120m/min； 对齐度：±0.5mm； 张力波动：≤10%	卷绕线速度：180m/min； 对齐度：±0.4mm； 张力波动：≤5%； 波浪边贴标自动智能适应； AGV换料自动对接
	21700及其他高速卷绕机	21700效率：30ppm； 32131效率：12ppm； 对齐度：±0.4mm； 张力波动：≤10%	21700效率：60ppm； 32131效率：30ppm； 对齐度：±0.2mm； 张力波动：≤5%； 波浪边贴标自动智能适应； AGV换料自动对接
	高速复合叠片一体机	效率：100ppm； 单片对齐度：±0.4mm； 整体：±0.5mm	效率：600ppm； 单片对齐度：±0.3mm； 整体：±0.4mm； AGV换料自动对接
	组装、焊接、封口设备	方形、软包效率：12ppm； 圆柱效率：120ppm	方形、软包效率：30ppm； 圆柱效率：300ppm
	注液	效率：20ppm； 注液精度：1.5%； 电解液损失率：<2%	效率：>30ppm； 注液精度：1%； 电解液损失率：<1%
后段	化成分容	电流精度：千分之一； 回馈效率：>60%	电流精度：万分之五； 回馈效率：>75%
Pack	电芯分选设备	单机自动化	柔性自动化
	模组自动化设备	单机自动化	柔性自动化
	Pack自动化设备	模组自动化，手工+物流	模组全自动，追溯、检测自动化

注：1ppb=10^{-9}；1ppm=10^{-6}。

3.2 智能制造生产力需求分析

3.2.1 动力电池产业概况

3.2.1.1 新能源汽车销量持续高增长，带动动力电池需求提升

如图3-8所示，2018年我国新能源汽车销量为125.6万辆，同比增长61.7%，占新车的销售比例从2017年的2.69%上升至4.47%。截至2018年末，我国新能源汽车保有量为261万辆，较2017年底增长70.6%。新能源汽车的持续增长带动了动力电池的需求提升，如图3-9所示，2018年我国动力电池产量为65GW·h，同比增长46.1%，高工锂电预测2022年产量将达到215GW·h，CAGR（复合平均增长率）为37%。2018年动力电池装机量为56.98GW·h，同比增长56.4%。

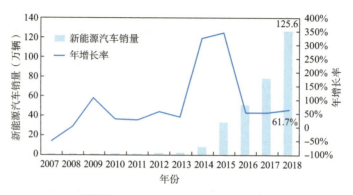

图3-8 中国新能源汽车销量及增长率[8]

图3-9 中国动力电池产量及增长率[8]

3.2.1.2　动力电池企业产能相对过剩，产能利用率低，落后产能将逐步淘汰

如图3-10所示，2018年动力电池产能为190GW·h，产量为65GW·h，总体产能利用率不到40%，产能相对过剩，利用率较低。在目前高端优质产能供应不足的情况下，预计新增加的产能中大部分是高端产能，2019—2020年大批落后产能将被淘汰。如图3-11所示，中国动力电池企业已从2016年的155家降到了2018年底的90家，42%的企业已经被淘汰出局，后续中小企业生存将更加艰难。在动力电池行业充分竞争的情况下，市场对于动力电池企业提出了更高的要求，促使其逐步提高智能制造水平，化解过剩产能，提高产能利用率，降本增效。

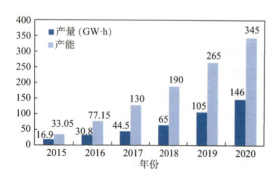

图3-10 中国动力电池产量及产能[7,8]

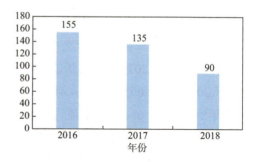

图3-11 中国动力电池企业数量[8,10]

3.2.1.3 动力电池补贴退坡,驱动企业降本增效

如表3-3所示,2018年2月,最新的新能源汽车补贴政策出台,在单车补贴方面,砍掉或大幅度降低了低续航里程和低能量密度的车辆补贴,一定程度上调高了高续航和高能量密度的车辆补贴。2016—2017年平均单车的补贴金额从14.8万元下降到3.8万元,2018年之后将会进一步下降。动力电池的补贴退坡和相关的财政政策将继续引导动力电池产品性能不断提升,促进新能源汽车企业和动力电池企业技术升级,不断提高智能制造的水平。

表3-3 2017—2018年新能源汽车补贴政策[5]

项　目		2017年	2018年
度电补贴上限[元/(kW·h)]		1100	1200
单车补贴(万元)与续航里程	100～150km	2.0	0
	150～200km	3.6	1.5
	200～250km	3.6	2.4
	250～300km	4.4	3.4
	300～400km	4.4	4.5
	≥400km	4.4	5.0
系统能量密度(W·h/kg)与调整系数	0.6	—	105～120
	1.0	90～120	120～140
	1.1	≥120	140～160
	1.2	—	≥160

3.2.1.4 日韩企业重新进入中国市场,倒逼国内动力电池企业降本增效

如表3-4所示,在新能源汽车补贴退坡的预期下,日韩企业重新进入中国市场,投资扩建进程加快。包括三星、LG和SKI在内的韩系三大电池公司和日本松下纷纷启动了在中国的新一轮投资,积极在华建厂以进入中国新能源汽车供应链。日韩企业的投资领域主要包括动力电池和上游电池原料,建厂区域主要在长三角地区、天津地区和西安地区。据不完全统计,四大企业预期在华投资已超过600亿元,拟投建产能已超过80GW·h。

表3-4 四大日韩动力电池企业在华投资项目[7-9]

公司	时间	项　目	类型	规模	投资金额	地点
LG化学	2018/4/10	与华友钴业全资子公司华友新能源合资成立华金公司	三元前驱体	4万吨,可扩大到10万吨	1.59亿美元	衢州
	2018/4/10	与华友钴业全资子公司华友新能源合资成立乐友公司	正极材料	4万吨,可扩大到10万吨	4.76亿美元	无锡
	2018/7/17	在南京江宁滨江开发区建设动力电池项目	动力电池	32GW·h	20亿美元	南京
	2019/1/10	将扩建南京的一家电动汽车电池厂和一家小型电池厂	动力电池	未知	10.7亿美元	南京
SKI	2018/8/22	将在江苏常州金坛开发区建立动力电池厂	动力电池	7.5GW·h	50亿元	常州
	2018/10/7	将在江苏常州建隔膜生产厂	隔膜	总计4.7亿平方米	24.4亿元	常州
	2018/11/27	收购灵宝华鑫铜箔的股份	铜箔	—	16.62亿元	灵宝
松下	2018/9/27	与联动天意联合投资新能源产业基地	锂电池及系统	30GW·h	200亿元	江阴
三星SDI	2018/12	重启西安动力电池生产基地二期项目	动力电池	5×60A·h动力电池生产线	105亿元	西安
	2018/12/9	投资建设动力电池生产线	动力电池		24亿美元	天津

综上所述，新能源汽车销量持续高增长，带动了动力电池需求提升。但是目前动力电池企业产能相对过剩，产能利用率低，落后产能将逐步被淘汰。此外，由于动力电池补贴退坡和日韩企业重新进入中国市场等因素，动力电池行业竞争加剧，市场对动力电池企业提出了更高的要求，促使动力电池企业逐步提高智能制造水平，提高产能利用率，不断提升产品性能，实现技术升级和降本增效。

3.2.2 动力电池制造设备的竞争格局

海外的优质动力锂电设备企业主要以日本、韩国的企业为主。日韩等国基础机械加工能力较为突出，锂电设备企业发展较早、专业分工较细，企业更多从事单一设备的研发生产，积累了较好的技术优势，在技术上处于领先地位。我国锂电设备制造行业从20世纪末开始起步，经历了20多年的发展，已经形成一定规模，基本涵盖锂电池制造的所有环节。特别是2013年下半年以来，中国加大了新能源汽车的推广力度，电动汽车产销量迎来快速增长，拉动动力电池的需求迅猛增长，部分锂电设备制造技术水平提升很快，已逐步实现进口替代。

如表3-5所示，国外生产真空搅拌机的企业主要有日本浅田株式会社（ASADA）；生产涂布设备的企业主要有日本的东丽株式会社（TORAY）、井上株式会社（INOAC）、富士电机株式会社（FUJI）、平野株式会社（Hirano Tecseed）等；生产锂电卷绕设备的企业主要有日本的皆藤株式会社（Kaido）、CKD及韩国的Koem；生产分切机的企业主要有日本西村工业株式会社（NS）；另外，韩国的PNT和CIS具备多种锂电设备的生产能力，是锂电设备的综合服务供应商。国外厂商的产品精细化、自动化程度较高，但价格昂贵、与国内原材料的适用性较差。仅仅几家生产规模较大、生产能力较强的动力电池生产厂家会在部分生产工序中采用国外设备，目前大规模采购进口设备的国内动力电池生产商主要为比亚迪集团、天津力神电池股份有限公司、深圳市比克动力电池有限公司等大型厂商。

表3-5 日韩主要锂电设备商概况[9,10]

企业名称	主要产品	简 介
日本浅田（ASADA）	搅拌设备	创立于1905年，长期从事搅拌、分散、粉碎机械的研发生产，经过长期积累，日本浅田在搅拌设备行业具有一定的竞争力，是国内锂电设备的主要进口商之一
日本平野（Hirano Tecseed）	涂布机	创立于1935年，主要从事制造和销售涂布和化学相关设备。产品包括光学功能膜涂布生产线、柔性线路板涂布生产线、电池极片涂布设备、无纺布制造设备等，是中国锂离子电池进口涂布设备的主要供应商之一
日本富士（FUJI）	涂布机	创立于1951年，主要产品有印刷机、涂布机及精密电子相关设备等
日本东丽（TORAY）	涂布机	是中国锂离子电池进口涂布设备的主要供应商之一，在中国进口涂布机的市场份额约为46%
日本井上（INOAC）	涂布机	是中国锂离子电池进口涂布设备的主要供应商之一，在中国进口涂布机的市场份额约为11%
日本西村（NS）	分切机	创立于1946年，主要产品为分切机

续表

企业名称	主要产品	简介
韩国 Koem	卷绕机	成立于1987年,主要产品有锂离子电池卷绕机、电容器卷绕机、电解电容器卷绕机、锂一次电池卷绕机、锂一次电池装配机,目前产品主要出口中国、美国、日本、加拿大、德国等
日本 CKD	卷绕机	成立于1943年,主要产品有自动化机械、气动控制系统、流体控制系统及省力系统,锂电设备主要是锂离子电池用卷绕机,是日本卷绕机行业的领先企业,产品具有高精度、高卷绕速度、彻底防尘的特点
日本皆藤(Kaido)	卷绕机	创立于1959年,薄膜电容器起家,目前以卷绕机的开发、制造与销售为主,同时制造电池、电容器、电气双重层电容的生产设备,主要产品有锂离子电池卷绕机、电气双重层用卷绕机、锂离子电容用卷绕机、电解电容器用卷绕机、金属薄膜电容器用卷绕机、金属锂离子电池用卷绕机
韩国 PNT	涂布机、滚压机、分条机、卷绕机等	成立于2003年,是韩国最负盛名的生产涂布机、辊压机、分条机、卷绕机的公司,专业从事研发、制造锂电池及隔膜的涂布设备、各种光学涂布设备及电解铜箔设备,主要客户包括三星 SDI、LG 化学、LGE、SKInnovation 及 CheilInd 等知名企业。此外,公司产品也远销中国、美国、日本等国家
韩国 CIS	锂电制造设备	成立于2003年,其主营业务为生产、销售锂离子电池制造设备、燃料电池制造设备、太阳能电池制造设备及显示器制造设备。CIS公司是锂电设备的集大成者,生产极片制作、电池单元(电芯)制作和电池组装各个工段所需要的各种设备,并且在技术上具备一定的优势

随着国内新能源汽车产业链的兴起,国内锂电设备企业快速发展,如表3-6所示,目前在前段的搅拌、涂布、辊压、分切,中段的模切、卷绕、叠片,后段的化成分容检测等各环节已有300多家国产设备供应商,形成了完备的锂电设备供应能力。规模较大的企业目前主要专注于锂电核心设备的生产和销售,规模较小的企业主要从事生产线上的工装夹具及某一工序半自动化设备的制造。总体来看,国内锂电设备行业集中度不断提升,产业链上整体集中度较低,但在核心设备上厂商高度集中。

前段设备中的涂布机行业龙头是璞泰来(新嘉拓),率先在国内推出双面自动化涂布机及动力电池高速宽幅双面涂布机,精度和效率国内名列前茅,深度绑定大客户宁德时代。另外,科恒股份也属于第一梯队,同样进入了宁德时代供应链。

中段核心设备卷绕机行业龙头是先导智能,其产品性能处于国际领先水平,国内外大部分一线电池厂商均采用其卷绕机产品,如宁德时代、松下、银隆、中航锂电、亿纬锂能等,2017年开始给南京LG化学供货,2018年直接给特斯拉供货,值得注意的是,先导智能是电池龙头宁德时代的卷绕机独家供应商。另外,赢合科技也属于第一梯队,进入了国轩高科和南京LG化学的供应链。

后段化成分容设备杭可科技、先导智能及广州擎天位居第一梯队。杭可科技始终专注锂离子电池生产线后处理系统,其主要客户包括三星、LG、松下、比亚迪、国轩、力神等,先导智能通过收购泰坦新动力切入后段设备,主要客户有银隆、宁德时代(供应其50%)、比亚迪、力神、中航锂电、国能等。

表3-6　锂电设备国外与国内主要供应商[6-16]

工序	锂电设备	海外供应商	国内供应商
前段	真空搅拌机	日本浅田、美国罗斯	金银河、北方华创、广州红运、柳州豪杰特、东莞科锐、万好万家
	涂布机	日本东丽、东芝、富士、平野	璞泰来（新嘉拓）、科恒股份（浩能科技）、赢合科技（雅康精密）、善营股份、信宇人、邵阳达力、溧泉科技
	辊压机	日本日立、大野、韩国PNT、CIS	纳科诺尔、海裕百特、海裕锂能、科恒股份（浩能科技）、赢合科技
	分条机	日本西村、韩国PNT	千里马、亿鑫丰、中锂自动化、荣恒科技
	极耳成型机	—	赢合科技（雅康精密）、亿鑫丰、先导智能、华冠科技、吉阳智能、东莞佳的
	模切机	—	先导智能、赢合科技、亿鑫丰、东莞佳的
中段	卷绕机	日本皆藤、CKD、韩国Koem、PNT	先导智能、赢合科技、华冠科技、吉阳智能、诚捷智能、聚阳智能
	叠片机	日本皆藤、CKD、韩国Koem	超业精密、格林晟、赢合科技、先导智能、东莞佳的、吉阳智能
	注液机	—	超业精密、众迈科技、阿李股份、精朗科技、斯宇自动化、
后段	化成分容	韩国PNE	杭可科技、泰坦新动力、恒翼能、广州蓝奇、新威尔电子、擎天实业、中国台湾致茂电子
	电池检测	—	星云股份、先导智能、恒翼能、瑞能实业、盛宏电气、德普电气

3.2.3　动力电池制造装备发展趋势

3.2.3.1　动力电池制造装备控制技术发展趋势

随着互联网、物联网、大数据、云制造等技术的发展，使制造装备和过程与信息技术深度联合，动力电池的制造也开始向着智能化、自动化的方向发展，这对生产设备的生产效率、精度和质量等都提出了更高的要求。

为了控制好各个环节的精度与稳定性，智能传感是必不可少的一环。

在涂布过程中，传感器可以检测极片的边缘位置，同时传感器也可以检测涂层的厚度，将涂料均匀地涂在电极上将可以有效地提高电池的质量，因此，在涂布时需要将厚度准确到微米级，通过传感器的帮助，也就很好地解决了电池制造的精度问题。

当涂布完成后，色标传感器会检测到极耳或事先设置好的颜色标记，从而准确地对极片进行切割和计数。在卷绕时，传感器也可以对极片的边缘进行纠偏，让极片可以以正确的姿势进行卷绕，在电池完成后，还可以识别电池模块上的条码，根据条码的信息可以将电池分配到不同的电池单元进行组装，这样便可以实现电池的自动化生产与安装，可以说智能传感在推动动力电池生产智能化的进程中起到了至关重要的作用。

智能控制同样是智能制造中非常重要的一环，智能控制系统由单元控制技术、系统控制技术、开发平台技术、智能控制技术、网络互联技术组成，随着技术的发展，智能控制系统开始呈现出移动互联、硬件软件化等趋势，令制造具有概念、判断、推理，以及自诊断、自维护、自修复等功能，利用智能控制系统可以大幅提高动力电池的生产效率与质量。

随着计算机技术、通信技术和控制技术的发展，传统的控制领域正经历着一场前所未有的变革，开始向网络化方向发展。直到现在，工业控制系统的变革仍在继续，有以下3个主要发展方向：新型现场总线控制系统、基于PC的工业控制计算机及管控一体化系统集成技术。

现场总线控制系统是连接现场智能设备和自动化控制设备的双向串行、数字式、多节点通信网络，也被称为现场底层设备控制网络，在处理开关量方面有优势。

基于PC的工业控制系统因成本较为低廉且易于安装和使用，得到了广大工程技术人员的支持，成为目前工业控制自动化的主流。建设管控一体化系统，包括多种系统的集成和多种技术的集成。第一是现场总线控制系统FCS与DCS的集成，即FCS实现基本的测控回路，DCS作为高一层的管理协调者实现复杂的先进控制和优化功能。第二是现场总线控制系统FCS、DCS与PLC的集成，即逻辑联锁比较复杂的场合使用PLC、FCS实现基本的测控回路，DCS作为高一层的管理协调者，实现复杂的先进控制和优化功能。第三是多种FCS的集成，解决不同通信协议的转换问题，重点研究不同现场总线设备的互操作性和统一的组态、监控和软件的研制，以实现无缝集成而不损失或者影响各个独立系统的功能和性能。在多种技术集成方面，包括设备互操作技术、通用数据交换技术、EtherNET和工业以太网技术等多种技术的集成[14]。

3.2.3.2 锂电设备国产化率提升，高精度、全自动化是发展趋势

目前我国动力锂电制造生产的整线自动化水平偏低，如图3-12所示，国内一线锂电企业的自动化率约为60%，较国际龙头锂电企业85%以上的自动化率存在较大的差距。全自动化的锂电设备提高了动力电池的一致性，从而提高了产品合格率，保证了较高的安全性，国内动力电池的制造合格率为70%～80%，而国外企业的全自动化生产线合格率达90%。在对动力电池的性能要求越来越高的趋势下，锂电设备的全自动化和高精度化将成为发展趋势。

3.2.3.3 锂电设备高端化趋势明显，国内一线锂电设备企业开始整线布局[7]

目前国内一线锂电设备企业在设备高端化和整线布局上同时发力，如表3-7所示，原先专注于单一或少数几种设备高精度化、高端化的璞泰来和先导智能正在布局整线设备；原先着力于锂电设备全线覆盖的企业如赢合科技向设备高端化发展。具备高端锂电设备的企业在单一产品上能够获得高端客户的认可，如先导智能在卷绕机领域领先，璞泰来在涂布机领域领

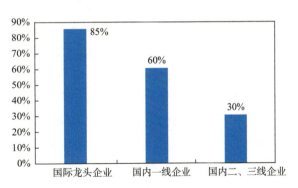

图3-12　2018年国内锂电企业与国际龙头企业整线自动化水平对比[8]

先；具备锂电设备整线生产能力的企业在拓展客户上具有优势，在产品一致性、设备的性能、安全性等方面更值得信赖，如赢合科技凭借整线能力获得LG化学的卷绕机订单；两者

都具备的企业竞争力更强。

为此，从2017年起国内一线锂电设备企业通过收、并购强化主业，不断完善自己的产品线，提升整线或分段整线设备的供应能力，同时不断加大研发投入，提高设备的高精度化和高端化水平。如先导智能2017年收购泰坦新动力布局后段化成分容，并通过自主研发完成了涂布机的生产。赢合科技加大研发投入，推出了涂辊分一体机、MAX卷绕系列、模切叠片一体机等最新产品，并通过收购雅康精密，在原有整线模式的基础上强化了方形卷绕和涂布设备的产品实力。科恒股份2016年收购了浩能科技90%的股份，拓展了自身在涂布设备产品方面的实力，目前正在推进收购深圳誉辰和诚捷智能以布局中后段设备。

表3-7 国内一线锂电设备企业生产能力

企业	前段						中段				后段		
	混料	涂布	辊压	分切	制片	模切	卷绕	叠片	封装	注液	化成	分容	组装
先导智能							√				√	√	√
赢合科技	√	■	√	■	√	√	■	√	√	√	√	√	√
科恒股份	√	√				√							
璞泰来		√		√									
金银河	√	√	√	√									
北方华创	√												
纳科诺尔			√										
亿鑫丰				√	√			√					
华冠科技					√		√						
星云股份											√	√	
大族激光	√	√			√		√			√			√

注：无背景代表公司本身具备，黑色背景代表本身具备+并购重组，灰色背景代表收购。

3.2.3.4 锂电设备行业集中度提升，绑定动力电池龙头的设备企业强者恒强[7]

伴随着动力电池行业集中度的提升，国内锂电设备行业集中度也逐渐提高，根据高工锂电的数据，2018年锂电设备企业TOP10的市占率超过60%，2021年年底将超过80%。细分设备的集中度更高，如图3-13所示，2018年国产卷绕机TOP5的市占率超过90%，其中先导智能市场占比超过60%。在动力电池强者恒强、洗牌调整加速的趋势下，加上锂电设备的使用寿命长、技术要求高，与积极扩大产能和提升技术的动力电池龙头绑定的一线锂电设备企业将获得更大的发展，如签下宁德时代和特斯拉订单的先导智能，签下宁德时代订单的大族激光、科恒股份，签下LG化学订单的赢合科技等。未

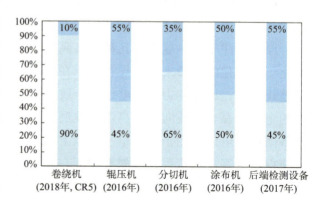

图3-13 国内锂电关键设备市场集中度[7]

（深蓝色代表国产设备，浅蓝色代表进口设备）

来技术水平较差、没有大客户的中小设备企业将逐渐被淘汰出局,锂电设备行业集中度将进一步提升。

3.2.4 动力电池行业智能制造案例

根据《中国制造2025》的总体部署和《智能制造工程实施指南(2016—2020)》的指导,财政部会同工业和信息化部组织开展了"智能制造综合标准化与新模式应用"项目,旨在建立健全国家智能制造标准体系,培育推广智能制造新模式,加快智能制造关键技术装备集成应用。

2015—2018年动力电池智能制造综合标准化与新模式应用项目如表3-8所示。动力电池智能制造专项项目涵盖了电池材料、电芯制造、模组Pack等领域,主要建设内容为BB智能工厂,以BA智能装备为基础,以BD智能赋能技术和BE工业网络为手段,从而实现BC智能产品与服务。专项项目实施以来,国内顶级动力电池制造企业宁德时代、中航锂电、浙江天能、国轩高科、天津力神、孚能科技和中信国安盟固利等先后分别承担了2015年、2016年、2017年和2018年的专项应用项目。

表3-8 2015—2018年动力电池智能制造综合标准化与新模式应用项目[17-20]

年份	项目名称	单位
2015	锂离子动力电池数字化车间建设	宁德时代新能源科技有限公司
	高性能车用锂电池及电源系统智能生产线	中航锂电(洛阳)有限公司
2016	万吨高能量密度锂电正极材料数字化车间新模式应用	湖南杉杉新能源有限公司
	新能源汽车动力电池生产智能化工厂	浙江天能能源科技有限公司
	新能源汽车锂动力电池智能工厂(年产6亿安时动力电池生产基地二期项目)	合肥国轩高科动力能源有限公司
2017	新一代电动汽车动力电池智能工厂建设	天津力神电池股份有限公司
	新型高能锂离子电池智能制造项目	江苏富朗特新能源有限公司
	年产2.5GW·h锂离子动力电池及系统数字化车间	微宏动力系统(湖州)有限公司
	新能源汽车锂离子动力电池智能工厂(年产4GW·h锂离子动力电池生产基地三期项目)	孚能科技有限公司
	新能源汽车动力电池智能化车间建设项目	多氟多(焦作)新能源科技有限公司
	高比能锂离子动力电池智能工厂	湖北金泉新材料有限责任公司
	年产5.18亿安时车用动力电池产业化项目—节能与新能源汽车动力电池智能工厂	湖南科霸动力电池有限责任公司
	高端锂离子电池材料智能生产车间	成都巴莫科技有限责任公司
	节能与新能源汽车高性能动力电池智能制造新模式	陕西德飞新能源科技集团有限公司
	高安全长寿命锂离子动力电池智能工厂建设	青海时代新能源科技有限公司
	镁基(锂电)电动汽车电池智能制造新模式应用	青海绿草地新能源科技有限公司
	新能源汽车动力电池材料智能工厂新模式应用	宁波杉杉新材料科技有限公司
	锂电子动力电池Pack组装高柔性数字化工厂	欣旺达电子股份有限公司

续表

年份	项目名称	单 位
2018	高性能锂离子电芯单体智能制造数字化车间集成标准研究与试验验证	中信国安盟固利动力科技有限公司
	年产1.5万吨高性能动力型锂离子电池三元正极材料智能车间项目	中伟新材料有限公司
	锂电材料行业数字化车间集成标准研究与试验验证	中国电子科技集团第四十八研究所
	高性能锂电正极化工材料智能制造新模式应用	金驰能源材料有限公司
	锂离子动力电池智能工厂	桑顿新能源科技有限公司
	21700动力锂电池智能制造新模式项目	力神电池（苏州）有限公司
	失效锂离子电池综合回收利用智能制造新模式应用	青海快驴高新技术有限公司
	动力电池数字化车间集成标准研究及试验验证	深圳吉阳智能科技有限公司

智能制造综合标准化与新模式应用专项项目实施周期为两年，首批参与该专项的企业已进入验收阶段。2017年12月11日，由宁德时代承担的"锂离子动力电池数字化车间建设"项目顺利通过验收。该项目以生产制造过程为依托，通过建立设备的统一接入标准和导入规范，达成生产设备间的互联互通。通过建设覆盖人员、机器、工具、物料、工艺、环境等全部生产要素的分布式的制造执行系统，实现全生产过程的数据采集、信息追溯、状态检测和防呆控制，确保生产过程的成本节约、安全可控、精益高效和质量一致，最终提升公司的智能制造水平。2018年1月17日，由国轩高科承担的"新能源汽车锂动力电池智能工厂（年产6亿安时锂动力电池生产基地二期项目）"国家智能制造新模式项目在合肥顺利通过验收。该项目将智能化装备数据采集端与ERP和MES无缝连接，建设锂电池智能工厂，实现自动化、数字化、网络化、智能化生产运营管理新模式，促进生产方式、管理方式的创新。2018年7月，由孚能科技承担的新能源汽车锂离子动力电池智能工厂（年产4GW·h锂离子动力电池生产基地三期项目）在江西赣州完成实施。该项目建设了工厂内互联互通网络，形成了全生命周期产品信息统一平台，建立了MES和ERP高效协同的集成系统，提高了生产效率，降低了研发周期和运营成本。

节能与新能源汽车行业是我国智能制造体系结构中的重要行业之一，动力电池是支撑节能与新能源汽车行业发展的重要环节之一。通过动力电池智能制造专项项目的实施，动力电池行业的传统制造模式将向智能制造模式转化，成为新一轮产业变革的核心驱动力，抢占未来产业竞争的制高点。

3.3 中国锂电设备企业分布情况

表3-9所示为国内锂电设备企业分布。

表3-9 国内锂电设备企业分布[8-10]

省份、地区	企　　业
北京	北方华创
广东	金银河、广州红运、东莞科锐、雅康精密、海裕百特、亿鑫丰、中锂自动化、荣恒科技、雅康精密、华冠科技、东莞佳的、诚捷智能、超业精密、泰坦新动力、阿李股份、斯宇自动化、广州蓝奇、擎天实业
深圳	新嘉拓、浩能科技、信宇人、善营股份、赢合科技、吉阳智能、格林晟、众迈科技、精朗科技、恒翼能、新威尔电子、瑞能实业、盛宏电气
河北	纳科诺尔、海裕锂能
江苏	先导智能、溧泉科技、聚阳智能
浙江	万好万家、杭可科技
湖北	千里马、德普电气
湖南	邵阳达力
广西	柳州豪杰特

参 考 文 献

[1] 智能制造发展规划(2016—2020年). 机械工业标准化与质量, 2017(2): 6-11, 21.
[2] 周济. 智能制造——"中国制造2025"的主攻方向. 中国机械工程, 2015, 26(17): 2273-2284.
[3] 国家智能制造标准体系建设指南(2018年版). 机械工业标准化与质量, 2018(12): 7-14.
[4] 智能制造工程实施指南(2016—2020). 工业和信息化部、发改委、科技部以及财政部, 2016.
[5] 中国汽车技术研究中心有限公司. 中国新能源汽车动力电池产业发展报告(2018). 北京: 社会科学文献出版社, 2018.
[6] 肖群稀, 等. 电池龙头扩产加速, 设备强者恒强. 华泰证券, 2018.
[7] 郭泰, 等. 动力电池迎新一轮扩建, 锂电设备龙头强者恒强. 新时代证券, 2019.
[8] 郑连声, 等. 锂电设备景气度提升, 看好行业优质龙头. 渤海证券, 2019.
[9] 贺泽安, 等. 专用设备讨论之二: 新能源车2.0时代, 锂电设备龙头迎来机遇. 国信证券, 2019.
[10] 刘晓宁, 等. 三大趋势看锂电设备行业前景-锂电设备行业深度报告. 申万宏源证券, 2017.
[11] 曲小溪, 等. 锂电产业政策利好频现, 高端设备需求快速放量. 长城证券, 2017.
[12] Roadmap Battery Production Equipment 2030. VDMA, 2014.
[13] 阳如坤. 2017年动力电池制造装备产业发展报告. 中国新能源汽车动力电池产业发展报告(2017). 北京: 社会科学文献出版社, 2018.
[14] 2018年动力电池制造装备产业发展报告. 中国汽车动力电池产业创新联盟工程装备分会, 深圳吉阳智能科技有限公司, 2018.
[15] 汽车动力蓄电池工程装备发展路线图. 中国汽车动力电池创新联盟, 2019.
[16] 电动汽车电池生产的未来. 波士顿咨询公司, 2018.
[17] 2018年智能制造试点示范项目公布. 石油化工设计, 2018, 35(4): 5.
[18] 工业和信息化部公布2017年智能制造试点示范项目名单. 建材发展导向, 2018, 16(4): 83.
[19] 64企业入选2016年智能制造试点示范项目. 智能制造, 2016(6): 7.
[20] 工业和信息化部公布2015年46个智能制造试点示范项目. 信息技术与标准化, 2015(8): 4.

第4章 先进检测技术与标准

动力电池是电动汽车的"心脏",其物化特征、循环性能、安全性能等对动力汽车的性能发挥具有重要影响,是决定新能源汽车发展的重要因素。近年来,在政府的政策支持下,新能源汽车产业发展迅速,带动了动力电池的迅猛发展。然而,动力电池的诸多问题越发凸显、亟待解决,如制造水平良莠不齐、专利技术缺乏、低端产能过剩等。为了扭转国内动力电池"大而不强"的局面,增强技术水平,实现新能源汽车产业的可持续发展,先进的电池表征技术和严格全面的测试标准必须全方位、多层次地贯穿于电极材料制备、电池运行及失效机理分析的整个过程中。本章将对动力电池的先进测试技术和相关标准进行介绍,通过比对国内外发展现状,做出符合国情实际、有切实发展意义的发展规划路线。

4.1 先进测试技术

4.1.1 谱学技术

4.1.1.1 原位X射线衍射

原位X射线衍射(XRD)广泛用于研究电极和固体电解质材料中的晶体结构和相变,而原位XRD可用于监测循环(锂化/脱锂)或温度变化(加热/冷却)过程中锂离子电池材料的结构变化。与实验室光源相比,基于同步加速器的X射线源能提供更高的强度和更大的光子能量,从而具有更大的穿透功率、更短的测量时间和更好的信噪比,这些特点均有助于电池材料循环过程的原位研究,但是应注意避免高强度光源对电池材料的损伤。

近年来,人们对$LiFePO_4$在不同倍率下的相转变及其机理进行了广泛的研究。在充电过程中,$LiFePO_4$经历一阶相变,形成富锂相$Li_{1-\beta}FePO_4$(LFP)和贫锂相$Li_\alpha FePO_4$(FP)组成的两相平衡。但是,详细的LFP/FP相变机制一直没有定论,尤其是在高倍率循环条件下。中间相的形成被认为是理解这一机制的关键。在高循环倍率下监测这些中间相的形成和变化是一项挑战,因为它需要在数秒范围内收集数据,并获得优异的电池性能。利用同步加速器提供的高通量X射线源,Orikasa等首次应用时间分辨XRD检测到随电流密度增加LFP和FP之间存在亚稳晶相。结果表明,在第一次放电和随后的充放电过程中存在亚稳态相Li_xFePO_4(x=0.6~0.75)。新相的晶格参数与热形成亚稳相的晶格参数相似。在电化学弛豫过程中,亚稳相在约30min内消失。基于此,他们提出了可能的相变路径,该路径可以降低成核能,使材料具有优异的倍率性能。

4.1.1.2 原位Raman

拉曼效应是单色探测光与材料相互作用时非弹性散射的结果。典型的拉曼光谱是散射光强度与入射探测光的频率差的函数关系图,这种频率差称为拉曼位移。拉曼位移对应于系统的振动能级,这是某些分子或晶体的拉曼激活模式的特征。晶体对称性、键或有序(无序)结构和应变等参数,都会影响分子的振动模式。因此,电化学循环过程中电极、电解液和电极/电解液界面的结构、力学和化学变化等许多方面都可以通过原位拉曼光谱进行研究和理解。利用原位拉曼光谱研究在工作条件下的锂离子电池有许多优点,首先它是一种无损和无创的技术,使得可以用其他技术继续研究同一电极样品。其次,由于拉曼光谱不需要长程结构有序化,它可以用来分析XRD难以表征的非晶态化合物或结晶度较差的电极材料。

随着共聚焦扫描显微镜的引入,传统光学显微镜的低对比度、低空间分辨率等缺点得到了显著改善。与传统显微镜不同的是,共聚焦显微镜测量的是样品很小区域的反射光强度,这赋予了材料拉曼增强的空间分辨率和从厚样品中采集光学切片的能力。当与光谱仪结合时,共聚焦显微镜可用于测量样品特定点的光谱。

Gentili等[1]采用原位拉曼显微镜结合原位中子粉末衍射研究了实验室合成的锐钛矿纳米管的结构演化和嵌锂机理。在恒电流放电条件下记录了原位拉曼光谱,如图4-1所示,锂嵌入后可识别出3个不同的区域。在第一个区域(黑色),锂均匀地嵌入四方锐钛矿中,直到形成$Li_{0.09}TiO_2$的成分。对于第二个区域(蓝色),拉曼光谱中出现了新的谱带,对应于相变,$Li_{0.35}TiO_2$的组成是四方相和正交相之间的两相过程。在进一步的锂化过程中可以观察到额外的峰,这对应于正交相($Li_{0.5}TiO_2$)的形成。当锂进一步嵌入(绿色)时,第二个两相过程出现,对应于富锂正交相和富锂四方相($LiTiO_2$)的两相过程。

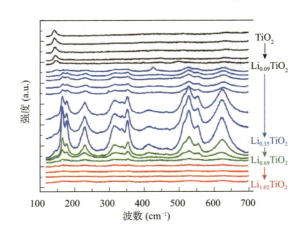

图4-1 恒电流放电条件下锐钛矿纳米管嵌锂的原位拉曼研究[1]

4.1.1.3 X射线界面扫描(X-Ray CT)

CT是基于X射线的立体成像技术,可以对电池的内部结构进行三维无死角的检测,适用于CT技术的检测项目如表4-1所示。

表4-1 锂电中适用于CT技术的检测项目

类别	测试目的	样品准备
材料级	锂枝晶观察	特殊样品制备
	充放电变化	半电池、定制充放电装置
	极片压实密度	单张极片
电芯级	极片形态、极片断裂	新鲜电芯
	焊接缺陷	循环实验后（故障、漏液、自放电）
	部件装配	安全实验后（跌落、针刺、高低温）
	金属异物	过充电实验后
	电解液残留量	起火后电芯
模组级	线束接头	单个模组
	极片对齐度	
	结构变形	

综上，CT技术用于材料研究的以下方面：

在三维空间进行材料表征，无损方式确保真实结构；是失效分析的必需手段，且无须拆解，利用X射线CT技术的三维透视本领，帮助分析电池发生失效的真实原因；进行工艺优化与控制；三维CT检测结果可作为工艺优化和控制的重要判断依据。

CT技术在三星Note 7手机起火事件分析中发挥了重要作用，研究人员对装配在手机内的锂电池进行观察，发现极片受到挤压变形，确定了起火原因，在此之后，三星采取了质量控制措施，强化了X射线检测的要求。

如图4-2所示，美国佐治亚理工学院研究者[2]利用X射线成像技术对锂电池固态电解质裂纹进行观察，发现金属锂和电解质界面的化学反应是导致该电池各方面性能退化的原因，而不是内部裂纹。用固态陶瓷片作为电解质，夹在两层锂之间，利用X射线计算机断

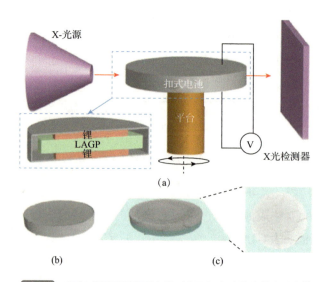

图4-2 CT技术用于观察固态锂（离子）电池的充放电过程[2]

层扫描技术来观察该电池在充放电过程中的反应和失效过程。通过成像，发现圆盘上慢慢形成网状裂纹，这些裂纹随着金属锂和固态电解质之间相间层的生长而出现，这些裂纹会增加对离子流动的阻力。

4.1.2 电镜技术

4.1.2.1 原位扫描电子显微镜

原位扫描电子显微镜（SEM）使用能量为500eV到30keV的聚焦光束扫描样品表面并收集后向散射电子或二次电子以获得图像。电子显微镜中的测量需要高真空度以保持电子源的稳定性并最小化背景散射的噪声信号。因此，必须制备符合真空度要求的样品，对于电池而言，真空度要求可以通过使用固态电解质、聚合物电解质和具有低蒸气压的离子液体电解质来实现，或使用具有高沸点和低蒸汽压的特殊碳酸盐溶剂。在某些实验条件下，需要加热以获得聚合物电池的工作温度。在其他情况下，则需要对样品进行冷却以防止电子束对样品造成辐射损伤。

Chen等[3]报道了他们利用离子液体电解质在电化学锂化和去锂化过程中对SnO_2形态变化的实时观察，如图4-3所示。该方法可实现纳米级空间分辨率监测电极形态的演变，有助于加深对材料失效机制的理解。

图4-3　SnO_2颗粒在初始状态（a）、第一次嵌锂（b）和第二次嵌锂（c）后的SEM图[3]

原位SEM除了通过二次电子成像观察到的形貌演变外，还可以通过对背散射电子信号进行成像，获取相关信息[4]。如图4-4所示，通过信号强度与元素原子序数相关的背散射电子图像，可以看到锂向硅材料的扩散。这种原位扫描电镜方法能够同时记录电化学数据、形貌演变，以及锂和硅的分布。

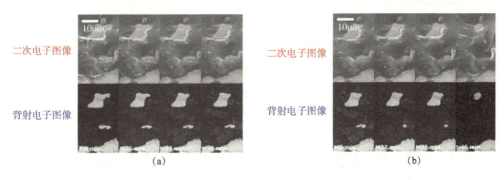

图4-4　在第二次放电（a）和第三次充电（b）过程中，硅薄片的原位二次电子和背散射电子图像[4]

4.1.2.2 原位透射电子显微镜（TEM）

SEM提供的空间分辨率优于光学显微镜，但不如透射电子显微镜。透射电子显微镜依靠电子束通过一个薄样品来形成具有超高空间分辨率的图像。除了形貌之外，TEM还可以通过与电子衍射、电子能量损失谱（EELS）和能量色散X射线谱相结合，在纳米甚至原子尺度上收集电极材料的结构和化学信息。

最近，Li等[5]设计了一种用多层石墨烯笼包覆微米硅颗粒的材料。利用原位TEM，可以原位观察这种材料在外加荷载作用下的机械变形，如图4-5所示。

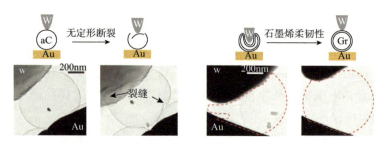

图4-5　无定形碳壳和石墨烯笼在外力作用下的机械变形[5]

石墨烯笼与脆性的无定形碳相比，具有优异的机械强度和柔韧性，对外部载荷具有弹性。同时，在电池运行过程中可以直接观察到石墨烯包覆微米硅颗粒的锂化过程，如图4-6所示。

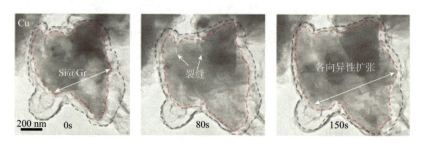

图4-6　石墨烯笼包覆微米硅颗粒锂化的原位TEM观察[5]

4.1.2.3 冷冻电镜技术

锂金属具有极低的电极电位和较高的理论比容量，是最有吸引力的负极材料之一。然而，锂金属枝晶的形成和与电解液的高反应性所引发的安全问题限制了其实际应用。在常规TEM条件下，由于束流损伤严重，对锂金属和SEI的详细纳米结构和晶体学研究受到限制。为解决此问题，Cui等[6]参考生物冷冻电镜样品的制备方法，先在铜网上采用电化学方法沉积金属锂枝晶，然后清洗掉其表面残余的液体电解质，随后迅速将其置于液氮之中，用于冷冻电镜观察。此方法制备的锂枝晶样品表面干净，且在电子辐射下相当稳定，照射10分钟也不会被破坏。如图4-7所示，标准TEM条件下会导致样品分解，而cryo-EM样品的枝晶和SEI在长束辐照时间下以高图像分辨率保存。

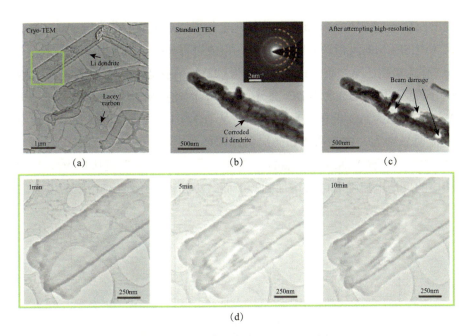

图4-7 锂金属枝晶的原子分辨率透射电镜研究[6]

4.1.2.4 扫描电化学显微镜（SECM）

SECM是一种基于电流的SPM技术，它能够提供纳米级分辨率的电气或电化学信息[7]。SECM包括以下4个基本组件：低电流双电位器、三维定位系统、超微电极头和数据采集系统，如图4-8（a）所示。SECM运行模式主要包括生成/收集和反馈模式。反馈模式是最广泛使用的，如图4-8（b）所示。偏置的针尖通过基板被扫描，氧化还原介质R在针尖被氧化为O。如果衬底是惰性的，氧化还原介质R的扩散就会受到阻碍，导致电流减小，这称为负反馈。如果衬底是导电的，则O物种被还原为R，并检测到尖端电流的增加，这称为正反馈反应。近年来，SECM被用于研究锂离子电池中Li^+嵌入/脱出的动力学和SEI膜的形成演化过程。

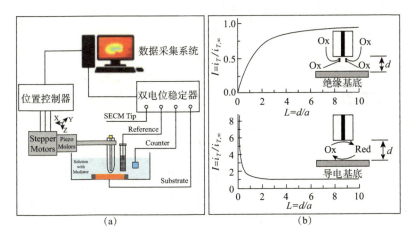

图4-8 （a）扫描电化学显微镜（SECM）器件说明；（b）正反馈、负反馈的原理图[7]

反馈模型广泛用于研究SEI膜的形成和稳定性，已经被应用于众多负极材料。对于TiO_2电极，有人提出，TiO_2（1.7V vs Li/Li^+）的高锂化电势可以避免碳酸酯类电解质的电化学分解。Zampardi等[8]使用SECM的反馈调节监控SEI膜的形成过程和Li^+在TiO_2相内嵌入/脱出过程，使用二茂铁（Fc）作为氧化还原物质，其对锂电势为3.22V，在接近TiO_2衬底时，尖端的应用电位为3.5V，TiO_2表面绝缘SEI的形成会影响Fc^+的还原速率，因此尖端形成负反馈，如图4-9所示。

图4-9（b）所示为TiO_2电极的反馈图像。从TiO_2中Li^+的插层可以看出，在电位为1.5V时，反馈电流明显增大，这是由于Li插层引起的样品电导率升高。当电位降至0.5V时，尖端电流突然下降。结合CV曲线和末端的反馈电流，发现SEI的形成从1.3V开始。Fc^+还原的驱动力和相应的反馈电流随着电势增加到3.0V而减小，说明绝缘层SEI膜的生成。

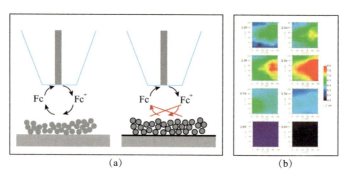

图4-9　(a) Zampardi等使用SECM负反馈调节观察TiO_2表面SEI膜的形成及 (b) TiO_2表面的SECM反馈图像[8]

Bülter等[9]使用SECM的反馈调节来研究石墨表面SEI膜的形成。以2,5-二叔丁基-1,4-二甲氧基苯（DBDMB）为氧化还原介质，在4.1V探针电位下呈现稳定的氧化电流。在开路电压下，原始电极的样品表面出现快速的DBDMB再生 [图4-10（a）中曲线1]，锂化之后，再生速度减慢（曲线2）。图4-10（b）所示为生成SEI膜后的石墨电极的SECM反馈图像，可以观察到，在被SEI覆盖的电极的某些区域，电流是稳定的，而在其他区域，电流会随着反应时间经历剧烈变化，甚至会出现电流相反的情况。这些变化不能仅仅解释为表面形貌的不同，这些变化也可以反映SEI的时空非均质性，更具体地说，这些变化可能是由充/放电引起的体积变化、SEI溶解或气体形成引起的。

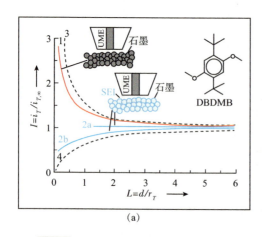
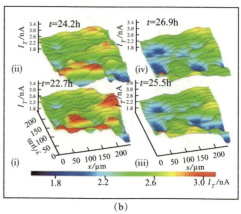

图4-10　(a) 纯石墨电极和SEI膜覆盖的电极及 (b) SEI膜覆盖的石墨电极的SECM反馈图像[9]

Ventosa等[10]使用原位SECM研究Si表面的电学特性。因为Si锂化后会体积收缩导致颗粒破碎,造成颗粒间的电学失连。利用原位SECM对Si第一次锂化和第二次锂化后的整个表面进行测绘,得到空间信息,如图4-11所示。在对 Li/Li$^+$ 3.0V下拍摄的第一张去锂化图像中,大部分扫描区域在整体图像中显示出轻微的正反馈,而在右上角形成了红色大裂缝。第一圈后,当电势降低到0.01V,整个表面已经变得电化学绝缘,红色裂缝消失。SEI膜的不连续性是由机械应力产生的,并在第二圈锂化时恢复SEI膜的"保护"特性。

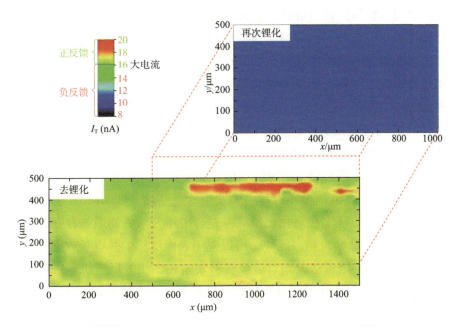

图4-11　Ventosa等使用原位SECM观察Si表面的电学特性[10]

4.1.3　大科学先进表征技术

4.1.3.1　同步辐射X射线吸收技术

同步辐射光源是一种利用速度接近光速的电子在磁场中偏转,产生电磁辐射进行材料研究的大科学装置。同步辐射源由注入器、电子储存环和插入件组成,光源具有高强度、宽频谱、高平行性和偏振性等特点。这些特点使其实验水平相较常规实验室水平高几个数量级,并且发展出一些特色性实验方法,可以在一个样品上同时进行不同的实验,采集不同的实验谱图,从而获得对于材料全面深入的认识[11]。

高性能锂离子电池材料的研发需要立足于对循环过程中电化学过程的理解,电极材料、电解液及二者组成的界面之间的反应、失效机理的认识。基于同步辐射光源的X射线技术为研究材料的局部物理化学性质(如晶体结构、氧化态和局部原子环境等)提供了有力的表征手段。鉴于同步辐射光源的高亮度、高通量和稳定性,基于同步辐射光源的X射线吸收技术可以提供高能量和结构分辨率,因此,可以实现实验数据的快速、精确采集。X射线吸收精细结构谱(XAFS)可以分为X射线近边吸收精细结构谱(XANES)和拓展X射线吸收精细结构谱(EXAFS)。XAFS具有原子选择性、亚原子级分辨率、所有原子对XAFS均响应及对样品状态无特殊要求等优点。通过分析锂电正极材料电子和原子结构的改变，探究电化学反应的机理，进而优化电极结构，发展更高性能的锂离子电池储能技术[12]。

（1）XANES

X射线吸收精细结构（XANES）是由低能光电子在配位原子做多重散射后回到吸收原子与出射波发生干涉形成的，包括边前和吸收边结构。其中边前结构给出原子的d轨道电子态信息，吸收边的形状与位置与材料中金属的价态有关。XANES对元素的氧化态及配位环境敏感，常被用来研究电极材料与电解质结构及其改性材料电子结构变化；可用于分析配体的结构，比如在固态电解质中通过分析Si的氧配位环境，研究配体结构对Li^+迁移速率的影响；可用于分析化学结构，识别和量化基于磷酸铁锂电极材料的合成和充放电过程；可用于分析键合结构，探究活性物质与基底之间的相互作用。

在电化学反应机理的研究中，确认电极循环过程中的活性元素位点至关重要。Qiao等[13]通过测量$LiNi_{0.5}Mn_{1.5}O_4$不同充电状态（SOC）下Ni和Mn的$L_{3,2}$边的XANES谱图，通过计算得出Ni^{2+}、Ni^{3+}、Ni^{4+}的XANE谱图特征位置和形状，分析元素在循环过程中的价态变化。研究发现，Mn元素在电池循环过程中未发生价态变化，证明Mn元素在此体系中是非电化学活性的。Ni元素被证实在氧化还原反应过程中作为活性物质，存在两相反应（Ni^{2+}/Ni^{3+}和Ni^{3+}/Ni^{4+}）的电荷补偿机制。此外，可以采用表面敏感的总电子收率（TEY）和体相敏感的荧光收率（FLY）测量法分别对电极材料表面和体相的反应机理进行研究。结果表明，材料表层Ni^{2+}在循环过程中处于非电化学活性状态，而体相中则相反，见图4-12。

（2）EXAFS

XANES光谱主要提供材料局部电子结构和局部化学组成信息，EXAFS主要用于材料局部晶格结构信息的确定，包括晶格间距、配位数、邻近原子种类、晶格畸变及晶格内相变等。其中，EXAFS对晶格中原子的无序度极为敏感，晶格的无序度可以采用Debye-Waller因子来描述。

晶格扭曲现象是影响材料活性的重要因素，其中，Jahn-Teller（JT）扭曲是导致材料稳定性下降，容量衰减的重要成因。利用EXAFS光谱可以高效探测电极材料中的JT扭曲现象。Yamaguchi等[14]研究了$LiMn_2O_4$在不同温度下的JT扭曲现象，通过EXAFS谱图可以得到配位数和原子间距等信息。结果表明，低温下（200K），Mn^{3+}的JT扭曲是协同的，这将导致材料的宏观扭曲；随着温度升高（300K），JT扭曲效应是局部的，存在于$Mn^{3+}O_6$的八面体结构中。

Yu等[15]通过研究富锂层状$Li_{1.2}Ni_{0.15}Co_{0.1}Mn_{0.55}O_2$材料的Ni、Mn、Co首圈充电过程的原位XANES和EXAFS，结果表明，Ni的K边XANES光谱显示其阈值能量朝高能量位置连续偏移，表明Ni^{2+}被氧化成Ni^{4+}。傅里叶变换EXAFS光谱表明，Co-O和Mn-O峰强度在充电过程中强度发生明显改变，表明Mn和Co参与脱锂过程中的电荷补偿。不同充电状态下的变化趋势表明，Co和Mn分别与电压曲线斜率和电压平台有关。通过进一步分析Debye-Waller因子，发现Mn原子局部化学环境的变化，表明存在与Mn有关的结构扭曲，这可能是长循环过程中容量衰减的主要原因，如图4-13所示。

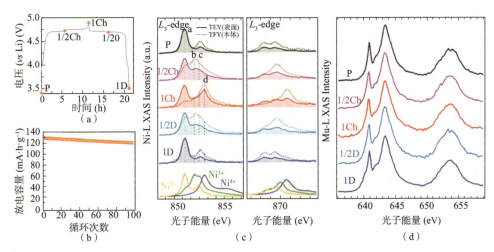

图4-12 （a）LiNi$_{0.5}$Mn$_{1.5}$O$_4$在首圈充放电中电压曲线；（b）0.1C下LiNi$_{0.5}$Mn$_{1.5}$O$_4$的容量保留曲线；（c）LiNi$_{0.5}$Mn$_{1.5}$O$_4$正极循环不同阶段Ni L3和L2的FLY和TEY的XANES图谱；（d）LiNi$_{0.5}$Mn$_{1.5}$O$_4$正极Mn L边不同循环阶段TEY图谱[13]

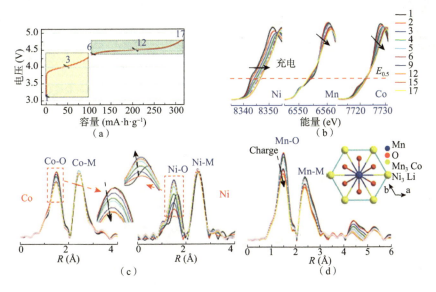

图4-13 （a）Li$_{1.2}$Ni$_{0.15}$Co$_{0.1}$Mn$_{0.55}$O$_2$材料首次充电电压曲线；（b）标准化的Ni、Mn和Co的K边XANES谱图；（c）首次充电过程中Mn、Co和Ni的傅里叶变换EXAFS峰变化幅度；（d）Mn离子周围配位环境示意图[15]

4.1.3.2 中子衍射

中子是一种不带电荷的亚原子粒子，最早于1932年由James Chadwick发现。与X射线不同，中子不与电子相互作用，而是与原子核相互作用，这使得中子粉末衍射（NPD）对于材料的结构信息和相组成具有独特的分析视角。由于中子衍射长度与电子数量无关，使得即使在有重元素存在或是相同电子数元素存在的环境下，NPD也能够对轻元素敏感，这与X射线粉末衍射不同。NPD对于含有过渡金属元素（如Ni、Mn和Co）的电极材料的分析十分灵敏，因为这些元素具有清晰明显的中子衍射长度。中子与物质之间的高渗透性和无损相互作用，以及先进检测仪器的应用，使得NPD能够实时探测电池内部体相材料的晶体学变化。近十年来，随着原位衍射技术的发展，原位中子粉末衍射检测技术被用于研究电极材料相转变、结构变化及离子的嵌入/脱出机制[16]。

中子衍射源由核反应堆核散裂源提供，由核反应堆产生的中子束为连续的，而由散裂源产生的中子束呈脉冲的形式。在连续中子源处采用恒波长（CW）衍射仪，而对脉冲源则使用飞行时间（TOF）衍射仪。NPD采集速度主要与中子和电池的相互作用以及如何有效检测到散射的中子有关，这由入射光强度的大小、电池的尺寸及仪器检测设备的灵敏度决定[16]。电池的构造参数包括中子吸收元素、非相干中子散射元素、电池形状、活性物质的载量及非活性成分含量。实际用于NPD检测所定制的电池类型可以归纳如下：①单层电极/隔膜/电极的平板设计[17]；②多层堆叠的棱柱型设计[18]；③卷绕的圆柱形设计[19]；④封闭电极设计[20]类型，如体见图4-14。

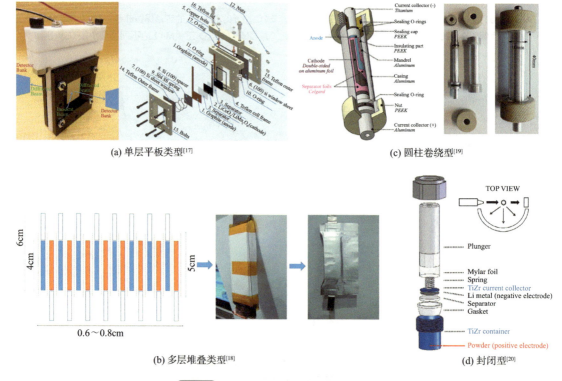

图4-14 用于NPD测量操作的定制电池类型

采用中子粉末衍射技术，可以测定相态和晶格参数演变，获取结构信息和载流子位置、测定锂离子的不均匀分布及温度对相变的影响。作为潜在的高能量密度正极材料，$LiNi_{0.5}Mn_{1.4}O_4$（LNMO）能够形成两种不同的结晶态：一种具有$P4_332$空间群对称性，Ni、Mn和Li原子分别占据不同的晶格位点。另一种为$Fd3m$空间群对称性，Ni和Mn原子共享同一晶格位点，而Li则位于不同位点[21]。上述两种结晶态具有不同的电化学性质，可以采用中子粉末衍射方法进行鉴别。

对于$Fd3m$型LNMO，中子衍射结果揭示了反应机理。低于3.15V时，LNMO经历固-溶反应，对应Ni^{2+}/Ni^{3+}氧化还原对，形成化学计量比为$Li_{0.5}Ni_{0.5}Mn_{1.5}O_4$的物质；高于3.22V

时，出现符合$Fm3m$空间群对称性的$Ni_{0.25}Mn_{0.75}O_2$，证明发生Ni^{3+}/Ni^{4+}氧化还原对的两相反应[22]。对于$P4_332$型LNMO，中子衍射结果揭示了两次连续的两相反应在充电过程中发生。$LiNi_{0.5}Mn_{1.4}O_4$到$Li_{0.5}Ni_{0.5}Mn_{1.5}O_4$对应于$Ni^{2+}/Ni^{3+}$氧化还原对，而$Li_{0.5}Ni_{0.5}Mn_{1.5}O_4$到$Ni_{0.5}Mn_{1.5}O_4$对应于$Ni^{3+}/Ni^{4+}$氧化还原对[23]。由于两相反应会导致相边界移动产生局部应力，从而导致材料产生裂纹，进而使得电池容量衰减，降低循环寿命，因此，$Fd3m$型LNMO通常被认为是更加优质的材料晶型。

此外，利用NPD可对$P4_332$型LNMO的结构演化进行探究。将未循环LNMO电极与已循环1000次的LNMO电极进行表征，发现相较未循环LNMO电极，循环1000次电极在Ni^{2+}/Ni^{3+}和Ni^{3+}/Ni^{4+}的两相转化过程中，氧化还原转变的晶格参数演化时间慢9%～10%，同时表明MnO_6的结构变形相较NiO_6更为显著，表明充电至3.5V时，电池容量衰减与八面体的结构失真有关[23]，如图4-15所示。

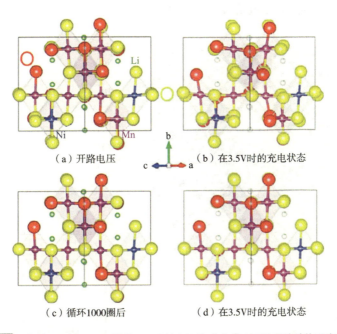

（a）开路电压　（b）在3.5V时的充电状态
（c）循环1000圈后　（d）在3.5V时的充电状态

图4-15　未循环和循环1000圈的LNMO的OCV和充电状态下的晶体结构示意图[23]

4.1.3.3　电子能量损失谱（EELS）

电子能量损失谱是利用入射电子引起材料表面芯能级的电离、价电子激发、价带电子集体震荡及电子震荡激发等，发生非弹性散射而损失的能量作为获取表面原子物理化学信息的一种分析方法。能谱主要分为零损失区、低能损失区和高能损失区三部分。其中零损失区主要用于测定谱仪系统能量分辨率和能量过滤电子衍射分析；低能损失区的分析可以获取有关样品厚度、化学成分及电子结构的信息；高能损失区反映了元素的能带结构、化学及晶体学状态，可用于元素的定性、定量分析，反映元素成分分布。相比传统能量色散X射线光谱，EELS的分辨率更高，也适合分析轻元素[24]。

在高性能锂离子电池电极材料研究中，尖晶石型镍锰酸锂（LNMO）是一种潜在的高能量密度正极材料。然而，此种材料在充电过程中伴随着锂离子的脱出，表面出现低价Mn^{2+}并溶解于电解液中，使得材料结构失稳，容量衰减。因此，获取Li的元素分布及材料内部过渡金属阳离子的价态分布，对于材料的稳定性及锂离子的传输机理具有重要意义[25-26]。

尽管EELS适合进行轻元素分析，传统的EELS谱图仍难以获得Li元素的分布图，这是由于Li-K边易与过渡金属阳离子发生重叠。此外，正极材料较大的颗粒尺寸使谱图的分析更加困难。谱的能量漂移更加大了分析的误差。李亚东等通过双电子能量损失谱（Dual EELS）获得了Li、Mn和Ni的价态分布。双电子能量损失谱可同步获得成对的零损失峰和芯损失谱，从而消除了能量漂移和多重散射的影响。此外，使用零损失峰强度对采集的芯损失峰进行归一化处理，消除厚度的影响。图4-16所示为经过零损失峰归一化和能量漂移矫正之后得到的元素分布图。结果表明，$LiNi_{0.5}Mn_{1.5}O_4$表面出现了富Mn缺Li层，Ni的分布与Mn元素的基本一致，说明LNMO的表面为富Mn/Ni缺Li层[27]。

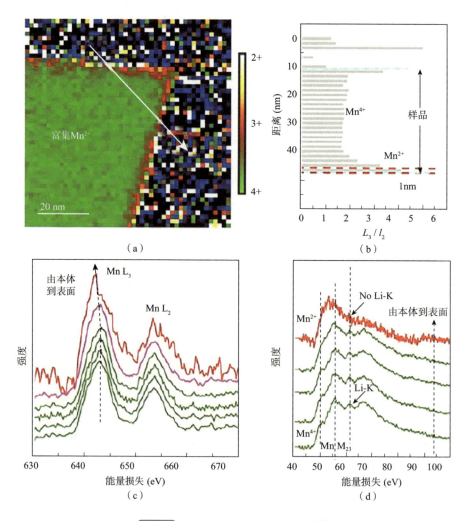

图4-16　LNMO中Mn元素价态分布图[27]

通过分析Mn-L中的L_3/L_2对富Mn/Ni层进行价态分析，得出Mn元素价态分布图。采用L_2边归一化条件，材料内部Mn-M_{23}边前50eV明显小峰与Mn^{4+}特征相符。在材料表面，Mn-L_3的突然升高及能量损失低移，表现出Mn^{2+}特征。这说明，LNMO中，从材料体相至表面，Mn元素价态由+4价转变为+2价，表现为在表面的富集[27]。

4.1.3.4 材料基因组与高通量计算

材料基因组计划（MGI）于2011年由美国宣布启动，旨在加强基础设施兴建，开放合作教育，加快先进材料的科技创新以及市场化速度，最终实现促进经济社会发展，提高全球核心竞争力。

材料基因组计划的中心是材料革新的基础架构，包括计算工具、实验工具和数据库三大模块，三者相互交叠、相互配合，共同形成完备的产品设计框架及整体的工程设计步骤。外围表示MGI的重点实施领域，体现现今材料的需求方向，分别为国家安全、人类福利、清洁能源及下一代劳动力。2014年9月21日，由陈立泉院士任项目组组长的中国版材料基因组计划正式开展[28]。

材料基因组计划将传统的研发—产品过程反转，即从实际需求为起点，逆向设计所需功能材料的成分及结构。以交互、连续替代线性、离散，以理论导向替代经验导向，加快材料研发进程，缩短学术研发向工业产品过渡的时间[28]。

图4-17所示为我国材料基因组计划概述图。

图4-17 材料基因组计划概述图[28]

材料基因组计划的主要任务集中在提高材料发展的速度。然而，传统依靠经验的研发模式将无法满足上述要求。因此，设计精确的模型，实现充分的信息和数据交流，是实现材料工程阶段高质量发展的必由之路。集成计算材料工程（ICME）是材料基因组计划最基本的组成部分，主要包括第一性原理计算、材料热力学与动力学、材料加工与性能模拟工具。

第一性原理方法能够准确预测不同环境下电子结构、热力学、动力学及力学性质。作为第一阶段计算多组元材料的设计工具，第一性原理方法极大地增强了研究人员对于多组元材料单相性质的预测能力。目前，高通量计算已被应用于高性能锂离子电池材料设计和研发中。针对锂离子电池关键物理问题，如锂离子扩散动力学、电极材料组成、界面问题及相稳定性等问题。经典的高通量计算框架有Materials Project、AFLPWlib、OQMD与Citrine等[29]。利用Materials Project上的高通量计算大大加速了新型材料的研发进程。Ceder等通过高通量筛选计量式为$LiA_{0.5}B_{0.5}O_2$化合物的结构空间，预测出高能量密度材料$LiCo_{0.5}Zr_{0.5}O_2$，并已得到实验验证[30]。

图4-18所示为高通量计算软件进行锂离子电池正极材料筛选。

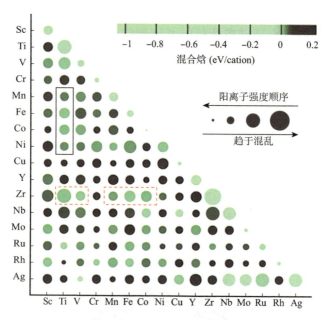

图4-18 高通量计算软件进行锂离子电池正极材料筛选[30]

结合影响锂离子电池性能相关的基础问题，陈立泉院士课题组设计了高通量计算筛选高性能锂电材料的流程。图4-19展示了从无机晶体结构数据库（ICSD）中筛选高性能锂离子电池材料的过程，该数据库中含有超过4000种锂化合物。首先，将化合物根据对称性从高到低进行分析和编号。随后，进行候选结构的选择，计算其理论容量是否高于商业化$LiCoO_2$的实际容量140mA·h/g。高于此容量的材料被列为候选材料，随后考虑诸如嵌锂电位、循环过程体积变化、结构稳定性及电子/离子传导性能。最后，将上述计算结果加以校正并推荐给实验人员进行测试，返回下一个化合物的筛选过程。如果该材料理论容量较低或结构稳定性较低，则被认为是固态电解质的候选材料。这时首先应检测化合物是否包含可变价元素，可变价性意味着电荷转移易于发生，则不再适用于当作固态电解质。随后，考虑材料电子绝缘性和分解电位的要求。在满足上述筛选条件的前提下，考虑Li^+的迁移率，确定该化合物是否有潜力作为固态电解质的优良选择。结合晶格振动的影响因素对上述结果进行校正，作为推荐结果进行材料的合成、测试和表征。借助上述高通量筛选过程，可以进行新型材料的发现，同时对于材料的缺陷进行一定程度的修饰，从而达到满意的设计要求[31]。

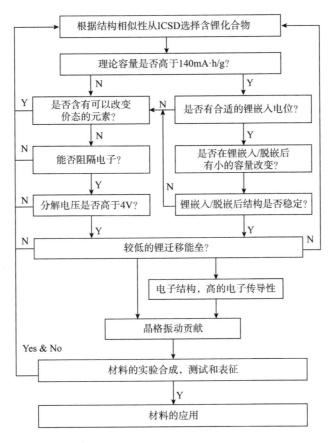

图4-19 基于ICSD筛选锂二次电池新材料流程图[31]

4.1.3.5 互联互通惰性气氛综合测试平台

研究商业化锂离子电池在使用过程中出现的失效现象，深刻理解电池内部一系列复杂的化学和物理机制的相互作用，对锂离子电池性能的提升具有重要的作用。不同于传统的材料检测分析，锂离子电池失效分析需要构建合适的测试手段，以对具体的失效案例进行高效、准确的分析。为了保证锂离子电池失效分析的准确性、时效性和连贯性，中科院物理所锂电池失效分析团队搭建了互联互通惰性气氛电池测试分析平台，如图4-20所示，该平台可从电池拆解、副产物收集到关键材料分析、剩余材料的封装留存整个过程连续进行，通过手套箱及真空样品转移盒，可实现样品在测试全过程中不接触空气，避免了测试样品多次转移导致材料污染、变形、失效，保证了测试的准确性。如图4-21所示，通过13台四工位手套箱互联相通，内置原子力显微镜、离子束切割仪、红外光谱仪、热重分析仪、光学显微镜-充放电仪系统等设备，可满足空气敏感材料全程不接触空气，原位测试的需求。此外，通过惰性气氛转移技术实现CAFFES与XPS、SEM、TOF-SIMS、AES、GC-MS、XRD、AFM等的连接，可对电池及材料的结构、组成、形貌、输运、产气、热、力学等测试分析，以及实现数据的高保真、原位/准原位分析。目前中国中科院物理所、松山湖材料实验室及苏州纳米所具有上述先进测试平台。

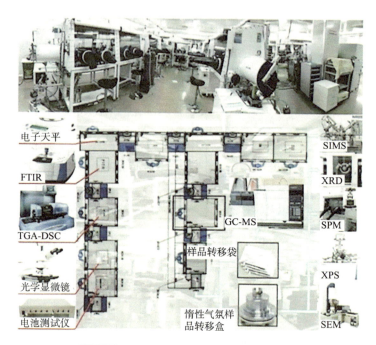

图4-20 互联互通惰性气氛电池测试分析平台

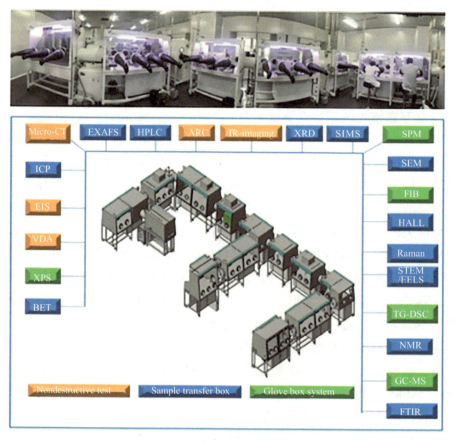

图4-21 互联互通惰性气氛测试分析平台示意图

4.1.4 先进表征技术国内外发展

4.1.4.1 原位XRD

目前，原位XRD技术已经日趋成熟，并且被广泛应用于锂离子电池、钠离子电池、钾离子电池、铝离子电池、锂硫电池、水系锌电、水系锂电、水系钠电、锂氧电池及固态电解质等电池领域的研究中[32]。在相关论文发表情况上，以"in-situ XRD"和"battery"为关键词进行检索，如图4-22所示，自2011年以来，将原位XRD技术用于电池研究论文呈现上升趋势。以国家/地区进行论文分类，如图4-23所示，中国内地论文发表量位居全球第一，其次为美国、韩国、法国等。上述结果说明，截至目前原位XRD测试技术在中国已经得到较为广泛的应用。此外，原位XRD技术在材料科学、化学及电化学领域得到了广泛的应用，如图4-24所示。

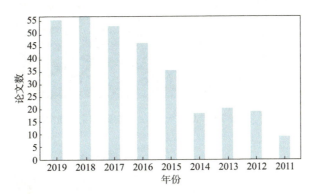

图4-22　2011—2019年由SCI收录的有关原位XRD技术用于电池研究论文数

图4-23　2011—2019年由SCI收录的有关原位XRD技术用于电池研究论文国家（地区）分类

图4-24　2011—2019年由SCI收录的有关原位XRD技术应用学科分类

目前国际上生产X射线衍射仪的一线厂家主要有德国布鲁克公司、荷兰帕纳科公司和日本理学公司。其中，德国布鲁克公司的型号为D8 Discover A25的原位X射线衍射仪是行业内唯一配备原位电池的分析装置，见图4-25，可对快速充放电过程中电池材料的物相结构变化进行原位分析测试，可以满足快速充放电过程中电极材料物相变化的测试。此外，与此设备配套的超大二维探测器万特500是目前行业内最大的二维探测器，探测面积达到15000mm^2，单次扫描仅需5秒即可测试85°（2θ）范围内的所有数据。荷兰帕纳科公司Empyrean X射线衍射仪采用的是基于半导体技术的小尺寸二维探测器，面积是196mm^2，可以完成常规物相的测量，单次扫描需3分钟，且只能覆盖4°（2θ）范围内的数据，如图4-26所示。日本理学的Smartlab X射线衍射仪采用的是较为落后的一维探测器，只能完成常规的物相测试，如图4-27所示。并且后二者均未配备原位电池分析测试装置。综上所述，德国布鲁克公司的D8 Discover A25原位X射线衍射仪是能够满足搭建原位电化学分析平台需求的唯一产品[33]。

图4-25　德国布鲁克D8 Discover A25原位X射线粉末衍射仪

图4-26　荷兰帕纳科Empyrean X射线衍射仪

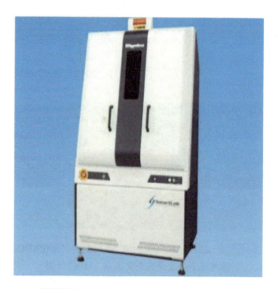

图4-27　日本理学Smartlab X射线衍射仪

4.1.4.2　原位透射电镜技术

透射电子显微镜是一种能够在较高时间分辨率下得到原子级空间分辨率的实验手段。透射电镜按照加速电压可分为低压透射电镜、高压透射电镜和超高压透射电镜。按照照明系统可分为普通透射电镜和场发射透射电镜。目前透射电镜一线厂家有荷兰赛默飞，日本的日本电子、日立公司。所提供的产品包括Spectra S/TEM 扫描透射电子显微镜、冷场发射透镜、冷冻透射电子显微镜、高衬度透射电子显微镜、高通量场发射透射电子显微镜、球差矫正透射电子显微镜、原子分辨分析型透射电镜等诸多类型,被国内各高校和科研机构广泛用于先进材料的研究中。原位透射电子显微分析方法是实时观测和记录位于电镜内部的样品对于不同外场激励,如力、热、电灯信号的动态响应过程的方法,可分为透射电镜原位电学性能测试系统、原位光电性质测试系统和原位力学-电学测试系统。通过在标准外形的透射电镜样品杆内加装扫描探针控制单元,可在电学测量的同时对样品的晶体结构、化学组分、元素价态等进行综合表征。目前国内原位电镜领域,浙江大学、复旦大学、上海交通大学、中科院物理所、厦门大学、南方科技大学、西安交通大学等科研院所均有深入前沿的研究,以苏党生研究员领衔,依托于大连化学物理研究所打造的亚洲最大的电镜中心正在建设中。

4.1.4.3 同步辐射大科学装置

作为典型的大科学装置,同步辐射光源是现代前沿科学研究中不可或缺的工具,同时也是衡量一个国家是否具有科研领军能力的指标之一。目前中国共有3个同步辐射光源装置,分别是1991年开始运行的北京光源(BSRF)、1992年开始运行的合肥光源(NSRL)和2007年开始运行的上海光源。在未来,北京怀柔科学城将建成世界上最先进的第四代光源——高能同步辐射光源。

北京同步辐射装置(BSRF)于1990年对外开放,属于第一代同步辐射光源。该设备为全国的科研工作者提供了大量的实验机会,研究内容涉及材料科学、凝聚态物理、化学、化工、生命科学、资源、环境科学和微电子等不同学科领域。经过四阶段发展,目前BSRF建有3个实验大厅、5个插入件、14条光束线,以及1W1A-漫反射站、1W1B-XAFS站、1W2A-小角散射站、1W2B-生物大分子站、3W1A-生物大分子站、3B1A-LIGA\3B1B-光刻站等14个实验站[34]。

图4-28所示为北京同步辐射装置实验大厅[34]。

合肥光源位于安徽省中国科学技术大学西校园,是我国第一台以真空紫外和软X射线为主的专用同步辐射光源,属于第二代光源,目前由国家同步辐射实验室负责运行。经过不断升级改造,目前合肥光源已达到准三代光源水平,与北京、上海光源形成优势互补,在真空紫外-软X射线能区发挥着不可替代的作用[35]。图4-29所示为合肥同步辐射装置[35]。

图4-28 北京同步辐射装置实验大厅[34]

图4-29 合肥同步辐射装置[35]

上海光源是目前性能最好的第三代中能同步辐射光源之一，该装置能够同时产生从红外、可见光、紫外到软X射线、硬X射线的同步辐射光，具有波长范围宽、高强度、高亮度、高准直性、高偏振与准相干性等一系列优点[36]。

表4-2所示为世界主要同步辐射光源，其清晰反映了各国或地区拥有同步辐射装置的数量。美国为美洲拥有最多同步辐射装置的国家，共14个；日本为亚洲拥有最多同步辐射装置的国家，共14个；德国为欧洲拥有最多同步辐射装置的国家，共8个。而其他国家（地区）与上述国家之间的巨大差距反映出了各国科研水平的巨大进步空间。

表4-2 世界主要同步辐射光源[37]

地区	国家	装置名称
美洲	美国	Advanced Light Source，ALS
	美国	Advanced Photon Source，APS
	美国	Center for Advanced Microstructures & Devices，CAMD
	美国	Cornell High Energy Synchrotron Source，CHESS
	加拿大	Canadian Light Source，CLS
	美国	UCSB Center for Terahertz Science and Technology，CTST
	美国	Duke Free Electron Laser Laboratory，DFELL
	美国	Jefferson Lab，Jlab
	美国	Linac Coherent Light Source，LCLS
	巴西	Laboratorio Nacional de Luz Sincrotron，LNLS
	美国	National Synchrotron Light Source，NSLS
	美国	National Synchrotron Light Source II，NSLSII
	美国	Synchrotron Radiation Center，SRC
	美国	Stanford Synchrotron Radiation Lightsource，SSRL
	美国	Synchrotron Ultraviolet Radiation Facility，SURF
	美国	W. M. Keck Vanderbilt Free-electron Laser Center，VUFEL
亚洲	中国	Beijing Synchrotron Radiation Facility，BSRF
	亚美尼亚	CANDLE
	日本	Hiroshima Synchrotron Radiation Center，HSRC
	日本	Institute of Free Electron Laser，IFEL
	印度	INDUS 1/INDUS 2
	日本	IR FEL Research Center，FEL-SUT
	日本	Medical Synchrotron Radiation Facility
	日本	Nano-Hana
	中国	National Synchrotron Radiation Laboratory，NSRL
	日本	Nagoya University Synchrotron radiation Research Center
	日本	Nuclear Science Research Facility，NSR
	韩国	Pohang Accelerator Laboratory，PAL
	日本	Photon Factory，PF
	日本	Ritsumeikan University Synchrotron Radiation Center

续表

地区	国家	装置名称
亚洲	日本	Saga Light Source，SAGA-LS
	约旦	SESAME
	泰国	Synchrotron Light Research Institute，SLRI
	日本	SPring-8
	新加坡	Singapore Synchrotron Light Source，SSLS
	俄罗斯	Siberian Synchrotron Research Center，SSRC
	中国	Shanghai Synchrotron Radiation Facility，SSRF
	日本	SuperSOR Synchrotron Radiation Facility，SuperSOR
	日本	Tohoku Synchrotron Radiation Facility，TSRF
	日本	Ultraviolet Synchrotron Orbital Radiation Facility，UVSOR
欧洲	西班牙	Synchrotron Light Facility，ALBA
	德国	Angstromquelle Karlsruhe，ANKA
	捷克	Central European Synchrotron Laboratory，CESLAB
	法国	Centre Laser Infrarouge d'Orsay，CLIO
	意大利	DAFNE Light
	俄罗斯	Dubna ELectron Synchrotron，DELSY
	德国	Dortmund Electron Test Accelerator，DELTA
	英国	Diamond Light Source
	德国	European X-ray Free Electron Laser，European XFEL
	意大利	Synchrotron Light Laboratory，ELETTRA
	德国	Electron Stretcher Accelerator，ELSA
	法国	European Synchrotron Radiation Facility，ESRF
	德国	Free-Electron Lasers at the ELBE radiation source at the FZD，FELBE
	荷兰	Free Electron Laser for Infrared eXperiments，FELIX
	德国	Hamburger Synchrotronstrahlungslabor at DESY，HASYLAB
	德国	Helmholtz-Zentrum Berlin（HZB），Wilhelm-Conrad-Röntgen-Campus，BESSY II
	丹麦	Institute for Storage Ring Facilities，ISA
	乌克兰	ISI-800 - Institute of Metal Physics
	乌克兰	Kharkov Institute of Physics and Technology
	俄罗斯	Kurchatov Synchrotron Radiation Source，KSRS
	瑞典	MAX-lab
	德国	Metrology Light Source，MLS
	波兰	Polish Synchrotron Light Source，PSLS
	瑞士	Swiss Light Source，SLS
	法国	SOLEIL
	俄罗斯	F.V Lukin Institute，TNK
大洋洲	澳大利亚	Australian Synchrotron，AS

4.2 测试技术与标准

4.2.1 测试技术与标准发展现状

动力电池技术是电动汽车的核心技术之一，是制约电动汽车发展的关键。一方面，动力电池的比能量和能量密度还需要大幅度提高；另一方面，动力电池的成组技术和一致性也需要在装备和工艺方面有所突破。检测评估是保证、改进或提升电池质量的重要环节。动力电池的测试包括电芯、模组与系统等几个层次的测试，以及它们的失效分析。其中，电芯的常规参数测试包括外观、极性、尺寸、质量、电压、一致性、温度特性、倍率特性、功率特性、能量效率、循环寿命、产热特性、安全性、可靠性、荷电态（SOC）、健康状态（SOH）、功率状态（SOP）等项目等；动力电池模组或系统常见的测试参数包括系统功能、壳体防护、电性能、可靠性、安全性、热管理、热安全性、电磁兼容性（EMC）等。

但现阶段电动汽车与动力电池种类繁多，各企业缺乏统一的认证标准，严重阻碍电动汽车的发展。因此，为了提高国内动力电池的产品质量，推动电动汽车的技术发展，迫切需要规范动力电池的设计、制造、检测、安装、验收等方面的相关标准，建立与完善电动汽车的标准体系。

国际上对动力电池标准进行制定的组织有国际电工委员会（IEC）、国际标准化组织（ISO）。美国、欧盟等国家结合各自的国情，从ISO、IEC采标，也建立了各自合适的动力电池标准体系。我国参考国际标准内容并结合我国动力电池发展水平，也制定出了汽车行业的相关动力电池检测标准。

4.2.1.1 国际标准

IEC负责锂离子动力电池单体和模块检测标准的制定。IEC发布的动力电池标准有IEC 62660-1/2/3[38-40]。IEC62660-1 *Secondary lithium-ion cells for the propulsion of electric road vehicles-Part1: Performance testing*关注单体的性能测试、IEC 62660-2 *Secondary lithium-ion cells for the propulsion of electric road vehicles-Part2: Reliability and abuse testing*侧重于可靠性和滥用性测试、IEC 62660-3 *Secondary lithium-ion cells for the propulsion of electric road vehicles-Part3: Safety requirements*侧重于安全类测试。ISO负责锂离子动力电池系统检测标准ISO12405-1/2/3[41-43] *Electrically propelled road vehicles-test specification for lithium-ion traction battery packs and systems-Part1: High-power applications, Part2: High-energy applications, Part3: Safety performance requirements*的制定，分别针对高功率型电池、高能量型电池及安全性能要求，目的是为整车厂提供可选择的测试项和测试方法。为了模拟设备寿命周期内将要承受的真实环境试验，ISO于2003年发布了一份关于车辆电子电机环境试验标准ISO 16750-1/2/3/4/5[44-48] *Road vehicles-environmental conditions and testing for electrical and electronic equipment-Part1: General, Part2: Electrical loads, Part3: Mechanical loads, Part4: Climatic loads, Part5: Chemical loads*，标准分别侧重于道路车辆电气及电子设备的环

境条件和试验的一般规定、电气负荷、机械负荷、气候负荷、化学负荷。联合国运输委员会颁布的UN 38.3[49] *Recommendations on the Transport of Dangerous Goods: Manual of Tests and Criteria*，针对电池在运输过程中的安全性进行测试。

4.2.1.2 美国标准

美国汽车工学会（SAE）在汽车领域拥有庞大、完善的标准体系。针对电池单体、模组及系统在安全可靠性方面提出SAEJ 2464-2009[50] *Electric and hybrid electric vehicle rechargeable energy storage system safety and abuse testing*，该标准明确指出了每个测试项的适用范围及需要采集的数据，也针对测试项目所需样品数量给出建议，是应用于北美和全球地区的车用电池滥用测试手册。SAEJ 2929-2011[51] *Electric and hybrid vehicle propulsion battery system safety standard lithium-based rechargeable cells*是在总结之前颁布的各种动力电池相关标准上提出的安全性标准，并一直沿用至今，包括电动车在行驶过程中可能出现的常规情况和异常情况的测试。SAEJ 2380-2013[52] *Vibration testing of electric vehicle batteries*以实际车辆道路行驶的振动载荷谱采集统计结果为基础依据，测试方法更加符合实际车辆的振动情况，具有重要的参考价值。

针对锂电池单体的安全检测标准UL 1642[53] *Standard for safety lithium batteries*早在1985年颁布，在其基础上针对电池模块的安全滥用测试制订了新的标准UL 2054[54] *Standard for safety household and commercial batteries*。2010年，新的针对轻型电动车用锂电池系统安全检测标准UL 2271—2010[55] *Outline of investigation for batteries for use in light electric vehicle applications*颁布。UL 2580—2011[56] *Standard for safety batteries for use in electric vehicles*主要评估电池的滥用可靠性及在滥用产生危害时对人员的保护能力。

4.2.1.3 其他组织标准

美国能源部（DOE）颁发了Freedom CAR功率辅助型混合电动车电池测试手册DOE/ID-11069[57] *Freedom CAR battery test manual for power-assist hybrid electric vehicles*与电动和混合动力汽车用储能系统滥用性测试手册SAND 2005—3123[58] *Freedom CAR electrical energy storage system abuse test manual for electric and hybrid electric vehicle application*。德国汽车工业协会针对混合动力汽车的锂离子电池系统的性能及可靠性测试颁布了VDA—2007[59] *Geometrical product specification*。欧洲经济委员会（ECE）颁布的ECE R100[60] *Uniform provisions concerning the approval of vehicles with regard to specific requirements for the electric power train*是ECE针对电动车制定的具体要求，整体分为两部分：第一部分对整车在电机防护、可再充电储能系统、功能安全和氢气排放4个方面进行了规范，第二部分对可再充电储能系统的安全可靠性做出了具体要求。

4.2.1.4 国内标准

2001年，汽车标准化委员会颁布了我国第一个电动汽车的锂离子电池测试指导性技术文件GB/Z 18333.1[61]《电动道路车辆用锂离子蓄电池》。该标准制定时参考了IEC 61960-2[62] *Secondary lithium cells and batteries for portable applications-Part 2: Secondary lithium batteries*，用于便携式设备的锂离子电池及电池组，测试内容包括性能和安全，但只适用于21.6V和14.4V的电池。2006年，工业和信息化部颁发了QC/T 743[63]《电动汽车用锂离子动力蓄电池》，被行业内广泛使用，并于2012年进行了修订。GB/Z 18333.1[61]和QC/T 743[63]都是针对单体和模块级别的标准，应用范围较窄，且测试内容已不适应快速发展的电动汽车行业的需求。2015年，国家标准化管理委员会颁布了一系列标准，如GB/T 31484/5/6[64-66]《电动汽车用动力蓄电池循环寿命要求及试验方法、电动汽车用动力蓄电池安全要求及试验方法、电动汽车用动力蓄电池电性能要求及试验方法》及GB/T 31467.1/2/3[67-69]《电动汽车用锂离子动力蓄电池包和系统，第一部分：高功率应用测试规程、第二部分：高能量应用测试规程、第三部分：安全性要求与测试方法》。GB/T 31485—2015[65]及GB/T 31486—2015[64]分别是针对单体/模块的安全及电性能的测试，GB/T 31467—2015系列参照了ISO12405系列，适用于电池包或电池系统的测试，而GB/T 31484[66]是专门针对循环寿命的测试标准，对于单体和模块采用标准循环寿命，对于电池包和系统采用工况循环寿命。2016年，工业和信息化部发布了《电动客车安全技术条件》，从人员触电、水尘防护、火灾防护、充电安全、碰撞安全、远程监控等方面综合考虑，充分借鉴了现有的传统客车、电动汽车相关标准和上海、北京等地方标准，对动力电池提出了更高的技术要求，增加了热失控和热失控扩展两个测试项，已于2017年1月1日正式实施。2020年，国家标准化管理委员会发布了GB 38031—2020[70]《电动汽车用动力蓄电池安全要求》、GB 18384—2020[71]《电动汽车安全要求》、GB 38032—2020[72]《电动客车安全要求》三项强制性国家标准，将于2021年1月1日起实施。GB 38031[70]将代替GB/T 31485[65]和31467.3[67]，对单体、模组和系统的安全性进行要求，除此之外，标准中特别增加了电池包和系统热扩散试验，要求电池单体发生热失控后，电池系统在5分钟内不起火不爆炸；以及电池包和系统的过流保护。GB 18384[71]代替GB/T 18384.1—2015[73]《电动汽车安全要求第1部分：车载可充电储能系统（RESS）》、GB/T 18384.2—2015[74]《电动汽车安全要求第2部分：操作安全和故障防护》、GB/T 18384.3—2015[75]《电动汽车安全要求第3部分：人员触电防护》三项标准。GB 38032[72]代替《电动客车安全技术条件》，完善了电动客车特殊的防水防尘、防火、可充电储能系统、充电等安全要求，但不适用于燃料电池电动客车。

4.2.2 电芯测试标准

国内外动力电池电芯测试标准如表4-3所示。国内动力电池电芯的测试方法主要集中于GB/Z 18333.1[61]、QC/T 743[63]，以及由QC/T 743衍生的GB/T 31484/5/6[64-66]。GB/Z 18333.1用于便携式设备的锂离子电池和模组性能和安全方面的测试，但只适用于21.6V和14.4V的电池。QC/T 743涉及电芯和模组的性能试验和安全试验，以及系统的循环寿命试验。GB/T31484关注于循环寿命的测试标准，对于单体和模块测试标准循环寿命，对于电池包和系统测试工况循环寿命；GB/T 31485关注电池的安全性要求，包含的测试项目为过充电、过放电、短路、加热、温度循环、海水浸泡、低气压、挤压、针刺、跌落、振动、碰撞。GB/T 31486关注单体和模组的电性能测试，单体方面只考察室温放电容量，模组方面涉及室温放电容量、室温倍率放电容量、室温倍率充电性能、高温放电容量、容量保持率、荷电保持与容量恢复能力、储存的测试，GB/T 31486还将耐振动性归为模组的电性能测试。新颁布的GB 38031—2020关注电芯及系统的安全性测试。

国际上IEC主要负责锂离子动力电池单体和模块的检测标准的制定。IEC发布的动力电池标准有IEC 62660-1/2/3[37-40]。IEC 62660-1关注单体的性能测试，IEC 62660-2侧重于可靠性和滥用性测试，IEC 62660-3侧重于安全类测试。联合国运输委员会针对电池在运输过程中的安全性颁布了UN 38.3[49]。美国早在1985年针对锂电池单体的安全检测标准颁布了UL 1642[53]。为了加强安全性测试，FreedomCAR专门制定了针对电池安全性能评价方法[57]，这些评价方法已经完全包含UN 38.3、UL 1642等相关电池的安全测试标准。

表4-3　国内外电芯测试标准

测试标准	测试对象	测试类型	标准名称
GB/Z 18333.1	电芯、模组	性能、安全	电动道路车辆用锂离子蓄电池
QC/T 840			电动汽车用动力蓄电池产品规格尺寸
QC/T 743	单体、模块	性能试验、安全试验	电动汽车用锂离子蓄电池
	系统	循环寿命	
GB/T 31484	单体和模块	循环寿命试验	电动汽车用动力蓄电池循环寿命要求及试验方法
GB/T 31485	单体和模块	安全类试验	电动汽车用动力蓄电池安全要求及试验方法
GB/T 31486	单体和模块	电性能试验	电动汽车用动力蓄电池电性能要求及试验方法
GB 38031	单体、电池包和系统	安全实验	电动汽车用动力蓄电池安全要求
IEC 62660—1	单体和模块	常规试验、性能试验	电动道路车辆用锂离子动力蓄电池单体第1部分：性能测试
IEC 62660—2	单体和模块	可靠性试验、滥用试验	电动道路车辆用锂离子动力蓄电池单体第2部分：可靠性和滥用性测试
IEC 62660—3	单体和模块	安全类试验	电动道路车辆用锂离子动力蓄电池单体第3部分：安全性要求
UL1642	单体	安全试验	锂电池安全标准
UN 38.3	电芯、电池组	安全类试验	运输安全标准
SAE J2464	电芯、模组、系统	安全类试验、滥用试验	电动汽车及混合动力车用储能系统安全和滥用测试
DOE/ID-11069	单体、模组、系统	性能试验、循环寿命测试	Freedom CAR 功率辅助型混合电动车电池测试手册

关于电芯电性能的测试，QC/T 743包含放电容量、倍率放电容量、荷电保持能力与恢复能力、存储与循环寿命的测试，GB/T 31484包括室温容量和能量、室温功率、标准循环寿命，GB/T 31486仅涉及室温放电容量测试，IEC 62660-1包括容量、功率、能量、储存、循环寿命、能量效率测试。在总体测试方法上，GB/T 31484、GB/T 31486由QC/T 743演化而来，测试方法和结果要求较一致，但GB/T 31486、GB/T 31484的充放电电流由QC/T 743的C/3（I3）提高到1C（I1），要求更严格。针对不同的电动汽车（BEVs和HEVs）用动力电池，IEC62660-1对放电电流有不同的要求。国内的相关标准均对测试结果有一定的要

求,但IEC 62660仅给出了测试方法,没有具体判定标准。

GB/T 31485中的安全性测试包含过放、过充、短路、跌落、加热、挤压、针刺、海水浸泡、温度循环和低气压共10项测试项目,重点关注动力锂电池电芯等在使用、运输过程中的安全性。相比QC/T 743,测试内容更全面和合理。IEC 62660-3则侧重考察动力锂电池电芯在使用过程中的安全性,确定新能源汽车(纯电动汽车及混合动力电动汽车)正常行驶、合理可预见滥用及事故中电芯的基本安全性能要求,不涉及跌落、海水浸泡及低气压测试项目,增加了振动及机械冲击项目,主要评价新能源汽车行驶中的振动及撞击对动力锂电池安全性的影响。

GB/T 31485与IEC 62660在挤压、耐高温、温度循环、外部短路、过充电及强制放电等试验项目中,试验条件和判定准则相同或较一致。在考察动力锂电池内部短路安全性方面,两个标准试验条件不同,GB/T 31485采用针刺试验,将钢针穿刺至动力锂电池内部中心,模拟内部短路对动力锂电池安全影响;IEC 62660-3内部短路试验关注动力锂电池在制造过程中可能进入的金属粉尘、碎料颗粒等杂质,受挤压后在正负极间刺穿隔膜造成内部短路时的潜在危险程度。

关于电池的热安全相关标准和法规主要包含GB/T 31485、UL 1624和SAE J 2464 *Electric and hybrid electric vehicle rechargeable energy storage system safety and abuse testing*,前两个标准都对电芯热安全方面进行了规定。试验方法都是加热的方式,条件比较接近,要求升温到130℃,国标的要求更严苛一些,要求在130℃下保持30 min。SAE J 2464标准包括热失控和热扩散,要求通过反复试验,获得电池的自产热温度点和热失控的最高温度,除此之外,还要求测试电池在不同充电状态下及电池处于不同生命周期状态下的热安全性,按照该方法对电池进行测试可以得到该电池较为系统的热安全特性;SAE J2464热扩散测试要求加热到55℃或者是允许的最高工作温度,并在5min内把触发目标达到400℃或者发生热失控,同时也给出了热失控的出发位置,基本上把电池放到了最严苛的状态下。SAE J2464标准是一个试验方法,并未说明试验达到什么程度才能判定为通过,按照该标准中的试验方法对电池进行测试可以得到该电池较为系统的安全特性数据,对相关企业的电池设计和研发具有重要意义。

4.2.3 电芯测试技术

4.2.3.1 电芯常规参数测试

电芯常规参数测试包括外观、极性、尺寸、质量、电压、电压差、绝缘耐压、电流、温度、内阻。通过对常规参数测试方法的规范化,有利于从直观上评价电芯并通过各项参数反映电芯的各项性能。

电芯生产出来后,很多品质问题在电芯外观上都有体现,对电芯的外观检测大多由人工目测完成,基于工业相机的智能图像处理系统可以快速大量获取电池外观信息,并及时进行自动处理,可大大提高电芯外观检测效率。电池在使用过程中因外压或者内压变化常引起形状明显、可视的变化,电芯的变形也无具体的量化标准,可采用目测观察。国标中对极性的检测采用电压表测量并标识正确，相关电芯设备生产企业也开发了自动化程度较高的极性检测设备。目前常规的电池尺寸检测方式主要有两种：一种是使用量具直接测量，另一种比较常用的方法是采用夹具，根据不同电池的型号制作相应夹具，用来测量电芯尺寸。GB/T 34013《电动汽车用动力蓄电池产品规格尺寸》中对单体电芯模块及标准箱尺寸规格都给出了明确要求。为了使电池产品的关键尺寸标准化，国内外标准各有界定，目前电动汽车用动力电池尚没有形成统一的规格尺寸要求，电芯尺寸标准化是大势所趋，有利于进一步降低整车成本，推动行业共同进步。

电池的质量、电压、绝缘耐压、电流、温度采用一定测量精度的衡器、电压表、安规仪、电流表、温度计测试。电芯生产企业对于电芯质量的检测主要是针对电芯注液量是否合格，通常使用重力传感器来测量电池重量。通过比较电池组内电芯之间的电压差来体现组内电芯的一致性。绝缘耐压试验是检验和评定电工设备绝缘耐受电压能力的一种技术手段，测试时，仪器给电芯加一个电压，持续一段规定的时间，检测其漏电电流量是否保持在规定的范围内，判断电芯正负极有无短路。电芯也常需要进行内短路测试，判断电池内部材料是否出现导通。电池的内阻是蓄电池最为重要的特性参数之一，绝大部分老化的电池都是因为内阻过大而无法继续使用。目前常用的测试方法为直流放电法、交流阻抗法和脉冲放电法。

4.2.3.2 电性能测试

电性能测试用以测试电芯的基本电性能，验证电芯是否符合要求。需配置5V 100A、200A不等数量测试通道的充放电测试仪。国内外涉及电芯电性能的测试标准主要有QC/T 743、GB/T 31484、GB/T 31486、IEC 62660-1。测试内容也不尽相同，具体项目如表4-4所示。

表4-4 电芯电性能测试试验项目对比

试验项目	相关标准			
	QC/T 743	GB/T 31484	GB/T 31486	IEC 62660-1
放电容量	√		√	√
倍率放电性能	√			
荷电保持能力与容量恢复能力	√			√
存储	√			√
能量/能量密度			√	√
功率/功率密度				√
循环寿命	√	√		√
能效				√

GB/T 31484和GB/T 31486的充放电电流由QC/T 743的C/3（I_3）提高到1C（I_1），要求更严格。IEC 62660-1对不同电动汽车用动力电池放电电流有不同的要求，BEV电池采用1/3 It，HEV电池采用1It。国标中对测试项目均给出了通过要求，IEC 62660-1中仅给出了一个试验方法，并未说明试验达到什么程度才能判定为通过。

电池容量是衡量电池性能的重要性能指标之一，它表示在一定条件下（放电率、温度、终止电压等）电池放出的电量。GB/T 31486仅涉及室温放电容量的测试，QC/T 743和IEC 62660-1涉及常温、低温及高温放电容量测试。QC/T 743中温度分别为20℃、-20℃和55℃，IEC 62660-1为25℃、0℃和45℃。电芯的倍率放电性能在某一固定的倍率下对电池单体进行放电，用于表征电池在大倍率下的快放性能，是电池放电快慢的一种量度。电池在规定的温度下搁置规定的时间，在没有再次充电的条件下能够输出的容量与额定容量的比值即为荷电保持能力。电池在规定的温度下搁置规定的时间，放电后完全充电，并再次放电时能够输出的容量即为容量恢复。相比IEC 62660-1，QC/T 743的荷电保持能力涉及常温和高温，且高温要高于IEC 62660-1，但存储时间短。存储能力即电池在规定条件下存储后容量恢复的能力。自放电率也常被用作电池质量的检验检测指标，对产品质量进行把关，用于电芯分选配组和衡量电芯的老化程度，评估电池的健康状态。自放电率的常用测试方法即测量搁置前后电池的电量，计算比值。随着对自放电率重视程度的逐渐增加，数字控制技术和等效电路法等测量时间短，精度较高的技术也得到发展。

　　能量密度指的是单位体积或单位重量的电池能够存储和释放的电量，其单位有两种：W·h/kg、W·h/L，分别代表重量比能量和体积比能量。这里的电量，是指电芯的容量（A·h）与工作电压（V）的积分。在应用的时候，能量密度指标比容量更具有指导性意义。基于当前的锂离子电池技术，电芯能够达到的能量密度水平为100～200W·h/kg，这一数值还是比较低的，在许多场合都成为锂离子电池应用的瓶颈。如果要使得电动汽车的单次行驶里程达到500千米（与传统燃油车相当），电池单体的能量密度必须达到300W·h/kg以上。电池的功率是指在一定放电制度下，单位时间内电池输出的能量（W或者kW）。功率密度又称为比功率，是指单位质量或者单位体积电池输出的功率。电芯的功率特性常通过对其进行脉冲充放电测试来评价，如美国FreedomCAR计划发布了功率辅助型电池的测试手册，其中电池功率性能的检测方法（Hybrid Pulse Power Characterization Test，简称HPPC测试）就采用了脉冲充放电的方式。在可用的充电和放电电压范围内，使用一个包括放电和反馈脉冲的测试制度来确定其动态功率。GB/T 31484要求将电池SOC调整为50%，以企业规定的最大电流放电5s，试验后以1I_1（A）放电至企业规定的放电终止条件，计算最后一个采集点的功率（W）。GB/T 31484测试的仅为静态的功率。

　　循环寿命是指一个电池在达到电池寿命终止条件前能够执行的循环次数，在具体的实验中，每次充放电循环都有确定的充电和放电制度，以及确定的充电和放电终止判据。EV用高能量型动力电池的循环寿命测试方法，多数以美国先进电池协会编写的电池测试手册为基础，测试包括3个部分：模拟实际路况的FUDS寿命测试、DST测试和加速老化测试。我国对于高能量型动力电池的循环寿命测试，目前仅限于静态测试，对于用高功率型动力电池，目前国外普遍是以美国Freedom CAR计划制定的循环寿命测试方法为基础，我国用高功率动力电池的循环寿命测试分为单体电池和电池组两部分，每部分均包含常规循环寿命试验和工况循环寿命试验。电池的日历寿命是指电池从生产之日起到到期日期为止，期间包括工况、温度、循环、搁置、老化等因素对电池寿命的影响。关于锂离子电池日历寿命的预测方法主要有两种：数据推断法和建立模型法。存储寿命指动力电池在搁置/存储条件下电池性能衰减到某个程度时所经历的时间，如美国能源部提出的PNGV、Freedom CAR发展计划中制定的目标是15年。电池存储寿命和循环寿命的预测和评估往往通过加速寿命试验来进行，在寿命试验中电池阻抗逐渐提高，容量、能量、功率发生不同程度的衰退，直到电池无法进行测试为止。

电池的荷电状态（SOC）被用来反映电池的剩余容量状况，其数值上定义为电池剩余容量占电池容量的比值。目前主要的测量方法有以下几种：开路电压法、安时积分法、内阻法、卡尔曼滤波法和神经网络法等。SOH是对电池健康状况的直观表现，也可表述为剩余寿命，是衡量电池性能的重要数据指标。其数值上定义为满电状态的电池电量与电池额定容量的比值。随着循环次数及环境因素的影响，该值会逐渐降低，一般定义该值降到80%以下时视为不可用电池。SOH不是一个实际的量，一般采用直流放电法、内阻折算法、电池环境分析法、电化学模型法估算SOH值。电池SOP为峰值功率与额定功率的比值，峰值功率是在电池设计电压、电流、SOC及功率限制下，电池在时间T秒内，能持续提供的最大功率。SOP的准确估计能够在保护电池的前提下，让电动汽车获得更大的动力自由。

4.2.3.3 安全性测试

电芯安全性测试主要包括4个方面：电安全性、环境安全性、机械安全性和热安全性。GB/T 31485通过过充电、过放电、外部短路、跌落、加热、挤压、针刺、海水浸泡、温度循环、低气压共10个测试项目，模拟电芯在实际使用过程中，尤其是滥用过程及运输过程中的安全可靠性。相比QC/T 743增加了温度循环、海水浸泡、低气压3项测试项目，这些项目又是动力电池在实际使用、运输过程中的常规检查项目，反映出人们对动力锂电池使用、运输性能的关注。IEC 62660-3侧重考察动力锂电池在使用过程中的安全性，并规定了更多的使用安全性试验项目。IEC 62660-3是生产企业广泛使用的测试方法，其包括外部短路、过充电、强制放电、内部短路、耐高温、温度循环、振动、机械冲击、挤压。

GB/T 31485的充放电电流由QC/T 743的C/3（I_3）提高到1C（I_1），要求更严格，且GB/T 31485较QC/T 743而言，内容更全面和合理，每项安全性测试均增加"观察1h"内容，各项测试内容细节也更充分。针对不同的电动汽车（BEVs和HEVs）用动力电池，IEC 62660-3对放电电流有不同的要求。GB/T 31485对动力锂电池样品数量进行了明确要求，每项试验需要2个单体样品或1个模块样品，IEC 62660-3要求电池单体数量满足厂家和客户的一致要求。

相比GB/T 31485，新标准GB 38031—2020对电动汽车用动力蓄电池单体、电池包或系统的安全要求和试验方法提出了新的要求，对过放电试验只要求不起火、不爆炸，取消了不漏液要求。对单体过充、挤压试验条件进行了修改。删除了电芯跌落、针刺、海水浸泡、低气压的安全要求和试验方法。试验环境温度调整为（22±5）℃，相对湿度调整为10%~90%。充放电电流也由I_1调整回I_3。

表4-5所示为电芯安全性测试试验项目对比。

表4-5　电芯安全性测试试验项目对比

试验项目		适用范围			
		QC/T 743	GB/T 31485	IEC 62660-3	电动汽车用动力蓄电池安全要求
电安全性	过充电	充满电单体	充满电单体	100%SOC 单体	充满电单体
	过放电	充满电单体	充满电单体	100%SOC 单体	充满电单体
	外部短路	充满电单体	充满电单体	100%SOC 单体	充满电单体（不起火、不爆炸）
	内部短路			100%SOC 单体	
环境安全性	加热	充满电单体	充满电单体	100%SOC 单体	充满电单体
	温度循环		充满电单体	100%SOC 单体	充满电单体
	海水浸泡		充满电单体		
	低气压		充满电单体		
机械安全	挤压	充满电单体	充满电单体	100%SOC 单体	充满电单体
	针刺	充满电单体	充满电单体		
	跌落	充满电单体	充满电单体		
	振动			100%SOC 单体	
	机械冲击			100%SOC 单体	

针对电池进行热安全性的研究有利于获得电池在不同工况下的产热，比较不同电芯的产热水平；通过对产热的分析，为热管理系统设计提供思路。热特性研究主要包括比热、热导率、产热和热稳定性。比热的测试使用温度传感器测量温度并计算得到，或通过绝热加速量热仪（ARC）、等温电池量热仪（IBC）、差示扫描量热仪（DSC）等锂电池热安全测试设备，进行实际测试得到比热。锂电池各组成部分导热系数不同，需要采用不同方法测量。锂离子电池在使用过程中的产热是其十分重要的特质，对电池的性能和安全有十分重要的影响。目前行业内通用的做法是通过内阻公式$Q=I^2 \times r$或者绝热加速量热仪（ARC）得到。提升电芯的热安全性，需要探究电池的安全阈值边界，即热稳定性边界。电芯的热稳定性测试在绝热加速量热仪（ARC）中进行，通过提高ARC腔体温度对电池进行加热，引发电池热失控。

此外，电芯循环过程中，内部会产生胀气、析锂、应力等变化，这些现象也会影响电芯的安全性，下面对相关方法进行阐述。

（1）电池结构测试方法

XCT可用于观测锂离子电池的内部极片结构和因产气、析锂、机械外力等原因导致的极片褶皱、间距增大、断裂，以及焊接、连接、密封情况，获取电池内部的三维结构信息，实现电池内部各方向的断层成像。相比较X射线而言，中子成像对于氢、锂等较轻元素十分敏感，穿透能力强，可对较厚样品和高密度材料进行检测。超声扫描应用超声波与不同密度材料的反射速率及能量不同的特性来进行分析。对含有气体、发生析锂的锂离子电池进行检测，并对电池的充放电过程进行监测，结合扫描成像原理呈现检测对象的扫描图像，清晰、准确地反映电池内部的情况。

（2）胀气测试方法

胀气的电芯因内部气体存在，表面会有不同程度的隆起，目前大多数电芯生产厂家对胀气电芯的分选采用观察和人工按压的方法，通过观察锂电池的表面形态及按压电池判断内部是否存在气体。合格电芯出厂后，随着使用时间的延长及充放电过程中使用不当的原因会再次发生胀气，对于电芯胀气率，目前国标还未给出具体的检测方法，对于硬壳电芯，企业往往通过测定胀气前后电芯的厚度变化除以胀气前的电芯厚度来计算胀气率，对于软包电芯，生产企业多采用测试电芯胀气前后的体积变化差值除以电芯初始体积值来计算胀气率。对电芯产气的体积及主要气体成分进行检测，可能获得引发胀气的具体原因，进而提供应对策略。企业一般是通过排液法测试电芯胀气前后的体积变化。气体成分分析，主要采用气质联用仪进行检测。

（3）膨胀测试方法

充放电或搁置过程中电池内部产生气体，造成电池内压增大，内部压力过大或外部封装不合格时容易造成电池漏液。一般要求电池内压需维持在适当水平，以保证电池内部为封闭体系，否则会缩短电池寿命并带来安全隐患。目前常用在电池内外安装压力传感器来直接感应电池内压。内部压力的变化还会导致电芯在厚度方向有一定的膨胀位移，并导致模组装配失效并引发整体失效。针对这一问题，电芯及模组生产企业通常使用预留一定间隙的设计，预留间隙的大小则是凭经验设定。对于电芯而言，掌握壳体在不同压力下的膨胀位移及泄压后壳体的塑形残余变形量，可以预估电芯使用过程中可能出现的膨胀问题。

（4）应力、应变测试方法

电池内部应力源主要是锂离子嵌入/脱出正、负极过程中导致的嵌脱应力及温度分布不一致导致的热应力组成。当应力大小达到一定程度后，会导致电极破裂、隔膜失效等，从而引发一系列问题。目前还没有实时测试电池运行过程中内部应力的有效方法，研究时多采用数值计算的方法。电池在充放电过程中的应变是反映电池健康的重要指标。目前电池应变的常规测试是通过电阻或光纤应变片等测量单元测量特定电池特定位置的应力应变，结构仿真技术能针对产品的结构进行仿真验证，以获得全局性的结果。

（5）析锂测试方法

析锂是一种比较常见的锂离子电池老化失效现象。析锂会使电池内部活性锂离子数量减少，出现容量衰减，此外，锂的沉积会形成枝晶，刺穿隔膜，局部电流和产热过大，造成电池的安全性问题。析锂的检测方法分为外特性法和定量分析方法。当负极电位低于0V（$vs.\ Li/Li^+$）时，库仑效率显著下降，电池放电出现剥离平台，负极表面形貌发生变化，出现一层灰色、灰白色或者灰蓝色物质等，可推测电池出现了析锂。核磁共振、辉光放电发射光谱、X射线光电子能谱、中子衍射可直接定性定量分析析锂。通过^7Li NMR测试负极片可以直接检测到金属锂的析出，在0ppm处的典型峰对应于SEI膜中的Li，约255ppm（1ppm=10^{-6}）处对应于金属Li，此外，NMR对负极上Li的微观结构也较为敏感，研究发现，在约261ppm和约271ppm处分别对应于苔藓状和枝状的微观结构。辉光放电发射光谱

（GD-OES）可以用于检测Li等多种元素，许多研究将该技术用于负极析锂的检测，该方法是基于析锂完全转化为Li_2O进行的估算。X射线光电子能谱（XPS）也可以用来检测Li金属的存在，但该方法通过溅射探测的深度有限。中子衍射对于较轻元素十分敏感，可对析锂进行检测，但目前国内外可以开展中子试验的资源有限，成本较为昂贵。

4.2.4 系统测试技术与标准

4.2.4.1 系统测试标准解读

国内动力电池系统的测试方法主要集中于GB/T 31467.1/2/3[67-69]和GB/T 18384.1/2/3[73-75]。GB/T 31467系列结合了我国动力电池的发展状况，根据ISO 12405[41-43]系列标准的内容修改而得，但也不完全按照ISO 12405的测试规程制定，适用于电池包或电池系统的测试。GB/T 31467.1/2[38, 39]着眼于高功率和高能量动力电池的应用测试章程，涉及电池系统的容量和能量、功率和内阻、无负载容量损失、存储中容量损失、能量效率、高低温启动功率测试项目。GB/T 31467.3[67]关注安全性要求，包含振动、机械冲击、跌落翻转、模拟碰撞、挤压、温度冲击、湿热循环、海水浸泡、外部火烧、盐雾、高海拔、过温保护、短路保护、过充电保护、过放电保护测试项目。GB/T 18384.1[73]针对电动汽车的车载储能装置（动力电池系统）提出了保护驾驶员、乘客、车辆外人员和外部环境的安全要求。GB/T 18384.2[74]针对整车（包括动力电池系统）提出了操作过程、故障防护、用户手册、紧急响应等方面的安全要求。GB/T 18384.3[75]主要是如何防护电动汽车车载电力驱动系统和传导连接的辅助系统可能造成的人员触电危害。新颁发的GB 38031在优化电池单体、模组安全要求的同时，将电池系统作为安全要求的主体。

国外除了IEC 62660、UL 1624，其他的标准基本都涉及电池组或系统级别的测试，ISO 12405系列包含系统的电性能和安全可靠性方面的测试，SAE、UL、Freedom CAR等强调安全可靠性方面的测试，SAE J2929[51]及ECE R100[60]甚至提到了整车级别。国外的标准制定更多地考虑到了电池在整车上的应用，更符合实际应用的需求。表4-6所示为国内外系统测试标准。

表4-6 国内外系统测试标准

测试标准	测试对象	测试类型	标准名称
GB/T 31467.1	系统	性能试验	电动汽车用锂离子动力蓄电池包和系统，第一部分：高功率应用测试规程
GB/T 31467.2	系统	性能试验	电动汽车用锂离子动力蓄电池包和系统，第二部分：高能量应用测试规程
GB/T 31467.3	系统	安全类试验	电动汽车用锂离子动力蓄电池包和系统，第三部分：安全性要求与测试方法
QC/T 897	电池管理系统	—	电动汽车用电池管理系统技术条件
			电动客车安全技术条件
GB/T 18384.1	整车	安全要求	电动汽车 安全要求 第1部分 车载可充电储能系统（REESS）

续表

测试标准	测试对象	测试类型	标准名称
GB/T 18384.2	整车	安全要求	电动汽车 安全要求 第1部分 操作安全和故障
GB/T 18384.3	整车	安全要求	电动汽车 安全要求 第2部分 人员触电保护
GB 38031—2020	系统	安全要求	电动汽车用动力蓄电池安全要求
GB 38032—2020	整车	安全要求	电动客车安全要求
GB 18384—2020	整车	安全要求	电动汽车安全要求
ISO12405-1	系统	常规试验、性能试验 可靠性试验、滥用试验	电驱动车辆-锂离子动力电池包及系统测试规程第1部分：高功率应用
ISO12405-2	系统	常规试验、性能试验 可靠性试验、滥用试验	电驱动车辆-锂离子动力电池包及系统测试规程第1部分：高能量应用
ISO12405-3	系统	机械、环境、电气安全类试验	电驱动车辆-锂离子动力电池包及系统测试规程第3部分：安全性要求
UN 38.3	电芯、电池组	安全类试验	运输安全标准
SAE J2464	电芯、模组、系统	安全类试验、滥用试验	电动汽车及混合动力车用储能系统安全和滥用测试
SAE J2929	系统，整车	电气安全、环境安全 机械安全	电动汽车及混合动力车用锂离子电池系统安全规范
SAE J2380	系统	振动试验	电动车电池的振动测试
UL2054	模块	安全试验、滥用试验	安全标准（锂电池）
UL2271	系统	安全试验	轻型电动车用锂电池安全标准
UL 2580	系统	滥用可靠性试验	电动汽车用电池
DOE/ID-11069	单体、模块、系统	性能试验、循环寿命测试	Freedom CAR 功率辅助型混合电动车电池测试手册
SAND 2005-3123	系统	滥用测试	电动和混合动力汽车用储能系统滥用性测试手册
VDA 2007	系统	性能试验 可靠性试验	混合动力汽车用电池系统测试
ECE R100	系统，整车	安全可靠性要求	关于对轮式车辆、设备及在轮式车辆上安装或使用的部件采用统一技术要求及基于此要求的互认条件

在动力电池系统的测试方面，不论是电性能还是可靠性，美国标准涵盖的测试项最多。在性能测试方面，DOE/ID-11069比其他标准多出的测试项有混合脉冲功率特性（HPPC）、运行设置点稳定性、日历寿命、参考性能、阻抗谱、模块控制检验测试、热管理载荷及结合寿命验证的系统水平测试等，并在标准的附录中详细介绍了电性能测试结果的分析方法。在可靠性方面，UL 2580比其他标准多出的测试项有非平衡电池组充电、耐压、绝缘、连续性试验及冷却/加热稳定系统故障试验等，还包含生产线上针对电池组零部件的基本安全测试，在BMS、冷却系统及保护线路设计方面，加强了安全性审查要求。SAE J2929提出要对电池系统的各个部分进行故障分析，并保存相关的文档材料，包括易识别故障的改进措施。ISO 12405系列标准同时包含电池的性能和安全两方面，ISO 12405-1是针对高功率应用的电池性能测试标准，ISO12405-2是针对高能量应用的电池性能测试标准，前者多了冷启动和热启动两项内容。GB/T 31467系列结合了我国动力电池发展状况，根据ISO 12405系列标准的内容修改而得。针对功率型、能量型动力电池系统，标准提供

了较为详细的测试规程，但并没有提供判定合格的依据，具体的判定条件取决于电池或整车企业提供的产品规格书所规定的数值。与其他标准不同的是，SAE J 2929与ECE R100都涉及高压防护的要求，属于电动汽车安全范畴。我国的相关测试项在GB/T 18384中，GB/T 31467.3中指出电池包和电池系统在进行安全测试之前要满足GB/T 18384.1和GB/T 18384.3的相关要求。

4.2.4.2 系统测试技术

动力电池系统的测试过程中，应该力求关注系统功能、壳体防护、电性能、可靠性、安全性、热安全性、电磁兼容性（EMC）。

（1）系统功能测试（QC/T 897—2011）

系统功能测试主要验证电池系统的基本功能和采样精度。将电池管理系统采集的数据与检测设备检测到的对应数据进行比较。状态参数的测量精度应符合表4-7所示的要求。

表4-7 状态参数测量精度要求

参数	总电压值	电流值	温度值	单体（模块）电压值
精度要求	≤±2%FS	≤±3%FS	≤±2℃	≤±5%FS

应用在具有可外接充电功能的电动汽车上时，电流值精度同时应满足≤±1.0A（当电流值小于30A时）

电压、电流、温度的采集主要依靠传感器实现，另外，为验证电池管理系统的绝缘电阻采集功能，在BMS的电压采样电路和其壳体之间施加500V DC的电压进行绝缘电阻测量。电池管理系统与动力电池相连的带电部件和其壳体之间的绝缘电阻值应不小于2MΩ。SOC的估算精度是验证动力电池系统在不同温度条件下对荷电状态的估算精度，SOC估算精度要求不大于10%。

（2）壳体防护

系统壳体防护主要考察壳体对电池系统的保护功能及壳体的耐腐蚀功能，主要涉及防尘防水、碎石冲击、阻燃、耐腐蚀等内容。壳体和电池包防尘防水功能测试方法参考GB 4208—2008《外壳防护登记（IP）》代码。通常情况下，要求"IP67"级别，即试验过程中无灰尘进入，且能防短时间浸水影响。碎石冲击参考SAE J400和JASO M104中砂石冲击试验进行，评价壳体的抗击石性等级。阻燃特性试验主要验证动力电池系统使用的绝缘材料，以及线束、线缆等材料的阻燃特性，具体测试方法参照GB/T 2408—2008。耐腐蚀试验的目的是验证壳体材料的耐腐蚀能力，研究其使用寿命，并选择有效的防腐措施，提高壳体的防腐能力，参照ISO 16750-5进行。

（3）电性能测试

电性能测试用于测试动力电池系统的基本电性能能否满足设计需要、能否满足车辆实际需求。实验室需配备1000V/500A充放电仪，测试项目主要包括容量和能量测试、功率和内阻测试、无负载容量损失、存储中容量损失、能量效率、高低温启动功率、充电接受能力测试、工况循环寿命测试、内阻测试等内容。相关电性能测试方法主要体现在国标GB/T 31467.1/2和GB/T 31484中，如表4-8所示。

表4-8 国标中系统电性能测试

编号	项目	参考标准	测试方法
1	容量和能量	GB/T 31467.1	7.1
		GB/T 31467.2	7.1
2	功率和内阻	GB/T 31467.1	7.2
		GB/T 31467.2	7.2
3	无负载容量损失	GB/T 31467.1	7.3
		GB/T 31467.2	7.3
4	存储中容量损失	GB/T 31467.1	7.4
		GB/T 31467.2	7.4
5	能量效率	GB/T 31467.1	7.6
		GB/T 31467.2	7.5
6	高低温启动功率	GB/T 31467.1	7.5
7	充电接受能力测试	—	—
8	工况循环寿命	GB/T 31484	6.5
9	内阻测试	《FreedomCAR 电池测试手册》、JEVSD713-2003、《HEV 用高功率锂离子动力蓄电池性能测试规范》	3.3

容量和能量测试的主要目的在于测定电池系统在不同条件下的可用容量和能量。一般情况下，环境温度和充放电制度对测试结果影响较大，GB/T 31467.1和GB/T 31467.2均从低温（0℃和-20℃）、室温和高温（40℃）及不同充电电流出发测试电池系统的容量和能量。功率和内阻测试主要是测定动力电池系统在不同温度下的可用功率和直流内阻情况。无负载容量损失是指蓄电池系统在车载状态下，长期搁置时的容量损失，包括可恢复容量和不可恢复容量损失两部分。无负载容量损失测试中被测电池系统处于制造商规定的满电态。存储中容量损失是指蓄电池系统长期存储状态下的容量损失。存储过程中断开蓄电池系统的高低压连接，关闭冷却系统及其他必要的连接装置。能量效率旨在测试样品在不同状态下的充放电效率。高功率应用动力电池测试不同SOC、不同温度下的能量效率（GB/T 31467.1），高能量应用动力电池测试不同温度、不同倍率下的能量效率（GB/T 31467.2）。高低温启动功率测试蓄电池系统在低温（或高温）和低SOC状态下的功率输出能力。充电接受能力测试为验证动力电池系统在不同状态下的可充电能力，主要分为慢充和快充。慢充接受能力测试流程重点在于考察充电容量和能量，以及充电时间。快充接受能力重点在于考察系统接受大倍率充电的能力。工况循环寿命使用一特定工况研究蓄电池的寿命，寿命测试一般周期较长，为了缩短时间，提出了加速寿命测试，通过对加速因素电流和温度的调整，加快寿命测试进程并确定影响寿命的加速因素。

电池的内阻指的是电池在工作时，电流流过电池内部所收到的阻力。电池内阻分为直流内阻和交流内阻。对于整个电池系统，测试直流内阻更有意义。目前常用的直流内阻测试方法有以下3个：美国《FreedomCAR电池测试手册》中的HPPC测试方法、日本JEVSD713-2003的测试方法、我国"863"计划电动汽车重大专项《HEV用高功率锂离子动力蓄电池性能测试规范》中提出的测试方法。

（4）安全性测试

安全性试验用来验证电池系统在不同使用条件及极端滥用条件下的可靠性及安全性，主要测试项目包括振动、机械冲击、跌落翻转、模拟碰撞、挤压、温度冲击、湿热循环、海水浸泡、外部火烧、盐雾、高海拔、过温保护、短路保护、过充电保护、过放电保护。相关安全性测试方法主要体现在国标中GB/T 31467.3中，如表4-9所示。

表4-9 国标中系统安全性测试

编号	分类	项目	参考标准	测试方法	技术要求
1	机械安全	振动	GB/T 31467.3	7.1.1-7.1.2	7.1.3
2		机械冲击	GB/T 31467.3	7.2.2	7.2.3
3		跌落	GB/T 31467.3	7.3.2	7.3.3
4		翻转	GB/T 31467.3	7.4.2-7.4.3	7.4.4
5		模拟碰撞	GB/T 31467.3	7.5.2	7.5.3
6	环境安全	温度冲击	GB/T 31467.3	7.7.2	7.7.3
7		湿热循环	GB/T 31467.3	7.8.2	7.8.3
8		盐雾	GB/T 31467.3	7.11.2-7.11.4	7.11.5
9		高海拔	GB/T 31467.3	7.12.2-7.12.3	7.12.4
10	滥用安全	海水浸泡	GB/T 31467.3	7.9.2	7.9.3
11		外部火烧	GB/T 31467.3	7.10.2-7.10.6	7.10.7
12		挤压	GB/T 31467.3	7.6.2	7.6.3
13	电安全	短路保护	GB/T 31467.3	7.14.2-7.14.4	7.14.5
14		短路保护	GB/T 31467.3	7.14.2-7.14.4	7.14.5
15		过充电保护	GB/T 31467.3	7.15.2-7.15.3	7.15.4
16		过放电保护	GB/T 31467.3	7.16.2-7.16.3	7.16.4

安全性测试前均需要进行绝缘电阻测试，在满电状态下，测试正极与壳体、负极与壳体的绝缘电阻值，应不小于100Ω/V。安全性试验主要模拟蓄电池包系统在应用中可能出现的问题，验证电池的可靠性。安全性测试结束后，对蓄电池包或系统的连接可靠性和结构完好有一定的要求，且不出现泄漏、外壳破裂、着火或爆炸等现象，绝缘电阻值不小于100Ω/V。电安全试验结束时要求电池管理系统起作用。新颁发的GB 38031重点强化了电池系统热安全、机械安全、电气安全及功能安全要求，增加了电池系统热扩散实验，要求电池包或系统在由于单个电池热失控引起热扩散进而导致乘员舱发生危险之前5min内，应提供一个热事件报警信号。增加了电池包或系统过流保护的安全要求和实验条件，要求电池包或系统，在用外部直流供电设备对电池系统进行过充达到截止条件时，电池系统应无泄漏、外壳破裂、起火或爆炸现象，且不触发异常终止条件。

（5）热管理性能

热管理性能指的是动力电池热管理系统采用不同方式对电池进行加热或制冷，以使电池维持在最舒适温度下工作的性能。目前尚无标准的测试评价体系。

（6）电磁兼容性（EMC）

电磁兼容性指的是动力电池系统在其电磁环境中符合要求运行，并不对其环境中的任何设备产生无法忍受的电磁干扰的能力。EMC包括两个方面的要求：一方面是指设备在正常运行过程中对所在环境产生的电磁骚扰不能超过一定的限值；另一方面是指设备对所在环境中存在的电磁骚扰具有一定程度的抗扰度，即电磁敏感性。电磁兼容性测试方法参考GB/T 18655—2010。

（7）电子控制器安全测试

功能安全正快速在汽车行业得到高度重视，特别是动力电池电子控制器的相关功能安全更由于电池安全性而成为重中之重。NHTSA针对动力电池电子控制器电子可靠安全性和功能安全进行了深入研究。涉及BMS电子控制器的危险动作主要包含过充、过放、低温充电、过多冷却/加热、过少冷却/加热、非正常断开/接合断路器、非正常断开/接合断路器预充连接器、过多电流和过少电流等。要求动力电池电子控制器在包括拆解过程的车辆全生命周期防止动力电池热失控事件，防止动力电池电芯排气/化学释放，防止动力电池造成电击，防止动力电池造成非预期减速和动力丢失。

4.2.5 动力电池测试标准的不足

（1）检测细节需要进一步明确

针对方型、圆柱、软包等不同类型的电芯应给出相对应的试验方法，对于采用不同正负极材料体系的测试方法也应有所侧重，测试时应去掉电芯所有保护性装置，保证电池在最严格状态下进行测试。

（2）电芯使用过程中的安全性测试需要加强

电芯在使用一段时间后其内部材料特性会因为时效性的原因发生改变，安全性比初始状态会差很多，目前出台的安全性测试标准都是针对新电芯提出的检测要求，并没有对使用一段时间后的电池提出相应的规定和要求，期待我国能将动力电池电芯安全的时效性规律研究应用到标准中，更好地保障动力电池在使用过程中的安全性。

（3）结果判定较宽泛和单一

目前安全可靠性测试的判定依据只有无泄漏、无外壳破裂、不起火和不爆炸的规定，缺少可量化的评判体系。欧洲汽车研究与技术发展委员会（EUCAR）将电池的危害程度划分成8个等级，具有一定的借鉴意义。

（4）标准体系覆盖面不广

动力电池的生产制造使用等部分环节缺乏相应的标准，电池的标准不应只涉及产品的标准，还应充分考虑在电池生产和制造整个过程中的标准分布与满足情况。

（5）标准间缺乏连接

目前，ISO 12405系列、IEC 62660系列、SAE J2929、UL 2580和VDA 2007等都没有正式的整合，使得国际标准及各国标准间缺乏相关的连接，对动力电池的进出口等造成了一定的贸易壁垒。而我国的国家与行业两级标准间，以及各类行业标准间也缺乏协调，标准对象存在一定的交叉或重复。

4.2.6 失效分析技术

锂离子电池在使用或存储过程中常出现某些失效现象，严重降低了锂离子电池的使用性能、一致性、可靠性、安全性。锂电池的失效主要分为两类，一类为性能失效，另一类为安全性失效。性能失效指的是锂电池性能达不到使用要求和相关指标，主要有容量衰减、内阻增大等。安全性失效指的是锂电池由于使用不当或者滥用，出现的具有一定安全风险的失效，主要有产气、内短路、热失控、析锂、漏液、变形等。这些失效现象均是由电池内部一系列复杂的化学和物理机制相互作用引起的。对失效现象的正确分析和理解对锂离子电池性能的提升和技术改进有着重要作用。锂离子电池失效分析技术常建立在实际具体的失效案例上，应对不同的失效现象设计恰当的失效分析方法。对单体电池失效分析的一般途径可概括为外观检测、无损分析、拆解分析3个步骤。

4.2.6.1 外观检测

外观检测通过目测并拍照观察电池是否存在外部结构的变化，以及是否出现电解液外漏、胀气、机械破损、腐蚀、热溶解等现象。

4.2.6.2 无损分析

电池无损分析是在不破坏电池整体的基础上，对电池的状态、性能进行测试和分析，并以测试结果对电池可能出现的失效原因进行推测，并用于下一步测试技术的选择和优化。无损分析技术主要有X射线断层扫描（XCT）、中子成像、超声波扫描、红外热成像、热特性分析技术、电化学分析技术等。

XCT可用于观测锂离子电池内部极片的结构和因产气、析锂、机械外力等原因导致的极片褶皱、间距增大、断裂，以及焊接、连接、密封情况，获取电池内部的三维结构信息，实现电池内部各方向的断层成像。在不破坏锂电池的前提下重建锂电池从内而外的完整三维模型，扫描时间快，图像清晰。

中子成像相比X射线对于氢、锂等较轻元素十分敏感，穿透能力强，可对较厚样品和高密度材料进行检测。实时监测锂离子电池在充放电过程中内部结构的变化，研究电池充放电过程中锂离子迁移及分布、电解液损耗、气体生成速率及空间分布。

超声波扫描利用材料及其缺陷的声学性能的差异，对超声波传播波形反射情况和穿透时间的能量变化来检测材料内部缺陷。可对软包和方形硬壳电芯的一致性、产气、缺陷、SOC、析锂、SOH等进行检测，结合扫描成像原理呈现检测对象的扫描图像，清晰、准确地反映电池内部情况。

红外热成像技术通过检测温度的方式来确定电池的健康状况，评价电池的安全性能。

热特性分析技术-电化学量热法采用电化学与各种量热技术相结合的方法测定体系的电化学及化学反应热。通过热学性质的异常来评价电池。

电化学分析技术在锂离子电池研究中有着广泛应用，通过测量电池库仑效率、老化曲线、电压曲线、dV/dQ曲线、dQ/dV曲线、内阻容量轨迹图、EIS、Shift Voltage Chance（SVC）推测电池内部可能出现的问题。

4.2.6.3 拆解分析

拆解分析是对电芯进行拆解后，对电池内部关键材料进行有针对性的测试分析，包括电池组成的形貌分析、成分分析、价态分析、结构分析、官能团表征、离子输运性能分析、微区力学分析、模拟电池的电化学测试分析及副产物的分析等。图4-30所示为锂电池内部关键材料和器件。

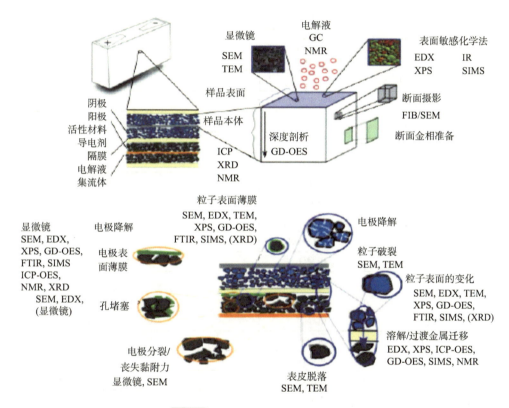

图4-30 锂电池内部关键材料和器件

表4-10所示为锂电池测试方法。

表4-10 锂电池测试方法

测试部位	测试内容	必要测试方法	辅助测试方法
正/负活性材料	成分分析	EDX、ICP	SIMS、XRF
	结构分析	XRD、Raman	TEM、ND、EXAFS、NMR、ABF-STEM、AFM
	形貌分析	SEM、截面SEM	TEM、AFM
	价态分析	XPS	EELS、STXM、XANES、ESR、NMR
	界面分析	FTIR、XPS、SEM	SIMS、SPM、KPFM
	pH	pH计	—

续表

测试部位	测试内容	必要测试方法	辅助测试方法
正/负活性材料	粒径分析	激光粒度仪	
	比表面积	BET	
	真密度	真密度分析仪	
	振实密度	振实密度仪	
	压实密度	压实密度仪	
	电性能分析	半电池测试，EIS	
	热性能分析	STA	DSC、ARC
黏结剂	形貌分析	SEM	TEM
	结构分析	NMR	
	分子量分析	GPC	
	力学性能	智能拉力机	
	流变特性	流变仪	黏度计
	导热特性	热导仪	
	形貌分析	SEM	
	成分分析	EDX	XRD、ICP
	热性能分析	STA	DSC、ARC
隔膜	熔融破膜温度	熔融破膜温度仪	
	力学性能	智能拉伸机	
	孔隙率	压汞仪	透气性
	透气性	透气测试仪	
	均匀性	SEM	透气性、压汞仪
	电学性能	电导率	透气性、吸液率
	成分分析	GC-MS	ICP、IC、NMR
电解液	色度	色度计	
	密度	密度计	
	水分	水分仪	
	电导率	电导率仪	
产气	成分分析	GC	

（1）正负极活性材料测试方法

形貌分析通常使用扫描电镜（SEM）、透射电镜（TEM），辅助使用原子力显微镜（AFM）。SEM是利用二次电子信号成像来观察样品的表面形态。相对于SEM，TEM具有更高的分辨率，被广泛用于分析材料的表面和界面形貌和特性，同时可观察到材料的内部结构。使用环境腔后，二者都可以对实际电池体系进行观察，并具有一定的时间分辨能力，可以原位观察模型电池工作、材料受热、外电场影响下的形貌变化。AFM利用针尖原子与样品表面原子间的范德华作用力来反馈样品表面形貌信息，大量用于薄膜材料、金属Li表面形貌的观察，主要用于纳米级平整表面的观察。

成分分析主要采用EDX能谱、电感耦合等离子体（ICP），辅助使用二次离子质谱

（SIMS）、X射线荧光光谱（XRF）。EDX能谱中不同元素发出的特征X射线具有不同的频率，即具有不同能量，通过对能量的检测定性分析元素组成，通过对谱线强度的测量，可求得该元素的含量。在锂电池中材料中，EDX主要用于判断正极材料的种类，对材料进行面扫描，观察元素的面分布状况，研究材料的掺杂和包覆，在材料的制备方面具有很强的指导意义。ICP方法广泛用于锂离子电池正极材料、负极材料、电解液、锂硫及锂空电池的材料化学元素组成分析。ICP-AES可以很好地满足主、次、痕量元素常规分析的需要，ICP-MS相比ICP-AES检出限更低，主要用于痕量/超痕量分析。SIMS通过发射热电子电离氩气或氧气等离子体轰击样品的表面，探测样品表面溢出的荷电离子或离子团来表征样品成分，具有高空间分辨能力，可以对同位素分布进行成像，灵敏度极高，在锂离子电池材料中的主要作用是探测样品成分的纵向分布，并探测锂电池材料嵌锂后从电极表面到内部Li^+的分布，研究Li^+在电极材料中的扩散过程。XRF分析利用初级X射线光子或其他微观离子激发待测物质中的原子，使之产生荧光而进行物质成分分析和化学态研究的方法。XRF被工业界广泛应用于锂离子电池材料主成分及杂质元素分析。对某些元素检出限可以达到10^{-9}的量级。原位X射线荧光谱技术可以得到较轻元素的分布情况及价态信息。

结构分析主要使用X射线衍射（XRD）和拉曼光谱（Raman），辅助采用TEM、中子衍射、扩展X射线精细谱（EXAFS）、核磁共振（NMR）、球差校正扫描透射电镜（ABF-STEM）。XRD通过X射线光子与材料中原子的电子相互作用，得到材料晶体结构、晶胞参数、结构参数等信息。利用同步辐射光源的X射线技术，可以进一步原位得到充放电过程中产物，以及相的变化、晶格的收缩和膨胀。Raman光谱通过涉及晶格振动的特征峰来研究晶体结构，特别是对负极碳材料的分析，碳材料在波数为$1580cm^{-1}$和$1360cm^{-1}$处存在明显的特征峰——G峰和D峰，通过比较G峰和D峰相对强弱得到碳材料的石墨化程度。中子衍射对锂离子电池材料中的锂较敏感，能准确给出锂离子电池材料中的Li^+占位，确定Li^+运动通道，在电池材料研究中发挥重要的作用。EXAFS需要同步辐射光源来实现，可用于探测局部区域结构的变化，探测吸收边的电子，以此来表征材料嵌脱锂过程。NMR通过谱图中的出峰位置、峰强和耦合常数，对其进行解析可得到完整的分子结构。同时可研究材料掺杂对电子结构的影响，具有时间分辨能力的NMR还可定量分析金属Li表面枝晶的形成和脱出。球差校正扫描透射电镜（ABF-STEM）用来观察材料中原子的排布情况，从原子级的角度观察材料的脱嵌锂机制。

价态分析使用X射线光电子能谱，辅助采用电子能量损失谱（EELS）、X射线衍射近边结构谱（XANES）、扫描透射X射线成像（STXM）、电子自旋共振（ESR）和NMR。XPS不仅能测定表面的组成元素，还能给出各元素的化学状态信息。最新发展的XPS技术已经可以通过环境腔的引入实现原位的测量，这为锂电池界面研究提供了更加有力的武器。EELS是利用入射电子引起材料表面电子激发、电离等非弹性散射损失的能量，通过分析能量损失的位置得到元素的成分。EELS相比EDX对轻元素有更好的分辨效果，能量分辨率高出1~2个量级，空间分辨能力由于伴随着透射电镜技术，也可以达到$10^{-10}m$的量级，同时可以用于测试薄膜厚度，有一定时间分辨能力。通过对EELS谱进行密度泛函（DFT）

的拟合，可以进一步获得准确的元素价态甚至是电子态的信息。X射线吸收近边结构谱（XANES）是标定元素及其价态的技术，不同化合物中同一价态的同一元素对特定能量X射线有高的吸收。在锂电池领域中，X射线吸收谱主要用于电荷转移研究，如正极材料过渡金属变价问题。

锂离子电池中常见的固-固界面，包括电极材料在脱嵌锂过程中产生的两相界面，多晶结构的电极材料中晶粒与晶粒之间形成的晶界，电极材料、导电添加剂、黏结剂、集流体之间形成的多个固-固界面等。更为重要的界面是固-液界面，即在正负极表面形成的一层或多层固体电解质膜（SEI）。SEI膜表面的形貌可通过SEM、AFM来观察。扫描探针显微镜（SPM）中的AFM具有较高的分辨率，利用尖端尖锐的探针，在扫描成像过程中通过控制探针与样品之间的作用力得到材料的形貌分布，通过对针尖的修饰，可实现对样品除形貌以外的微区物理化学属性的测量，如电学及力学测量。FTIR、SIMS和XPS主要用来研究SEI膜的主要成分。FTIR能对各种官能团进行直接指认，确定各种键的类型，不会对电极表面造成破坏，因此，对研究SEI膜有一定的优势。用FTIR研究SEI膜，能推测在电极上发生的主要表面反应，尤其是研究溶剂和杂质在电极表面的还原反应。原位红外光谱还可研究电极材料在充放电过程中的界面反应和充放电过程，可以从分子水平观测到SEI膜的成膜机制和充放电中的嵌脱锂过程。通过SIMS和Ar刻蚀辅助的XPS可以得到SEI的厚度信息。通过SIMS、TEM并结合密度泛函理论（DFT）可研究锂离子在SEI膜中的输运问题。

正负极材料的物化性能对电池的容量发挥、安全性能、循环性能等有重要的影响，常见物化性质如pH、粒径分布、比表面积、真密度、振实密度、压实密度等分别用pH计、激光粒度仪、BET、真密度仪、振实密度仪、压实密度仪测试。

电性能测试主要进行半电池和电化学阻抗（EIS）测试。使用电极材料组装半电池，测试半电池性能，进行充放电测试观察电池的充放电性能和倍率性能，进行循环伏安试验研究电池的充放电可逆性，通过电化学阻抗谱研究电池的内阻和极化过程。

电极材料的热学性质决定着电池的本质安全性，可以使用热重分析（TGA）、差示扫描量热仪（DSC）或同步热分析（STA）、加入量热仪（ARC）等技术来测试研究。可以通过TGA测量电极材料质量随温度或时间的变化，研究诸如挥发或降解等伴随有质量变化的过程。可以通过DSC测定多种热力学和动力学参数，如比热容、反应热、转变热、相图、反应速率、结晶速率、高聚物结晶度、样品纯度等。使用ARC辅助测量样品热分解初始温度、绝热分解过程中温度和压力随时间的变化曲线，给出物质在热分解初期的压力缓慢变化过程。综合应用以上热分析方法，可对电极材料进行动力学研究，评估各种电极材料的热稳定行为与热安全特性。

（2）黏合剂测试方法

黏合剂的形貌、结构、分子量分析的技术为SEM、TEM，NMR和凝胶渗透色谱（GPC）。GPC利用黏合剂经过一定长度的色谱柱，分子根据相对分子质量被分开，相对分子质量大的在前面（即淋洗时间短），相对分子质量小的在后面（即淋洗时间长）。除此之外，采用红外光谱仪研究黏合剂的大分子链上具有的特征基团，以判断黏合剂的类别。黏合剂在电池中的化学和电化学稳定性可选用XPS进行测试和评估。黏合剂的好坏，除了从其物理、化学性质方面考察外，做成电极后考察电极和电池的综合性能（容量、大电流放电能力、内阻、循环寿命等）更为重要。在电化学性能方面，可用恒电流放电、循环伏安法和交流阻抗图谱来研究黏合剂对电极电化学性能的影响。使用恒电流放电和循环伏安法考察不同的黏合剂及用量对电极的放电容量和放电电位的作用。利用交流阻抗图谱可以考察不同黏合剂做成的电极的各部分阻抗情况，从而了解黏合剂对电极性能的影响机理。

（3）隔膜测试方法

隔膜的分析技术主要为SEM、EDX、STA、DSC、智能拉力机。从SEM图中可观察到隔膜的形貌特征、厚度、结构、隔膜及其涂覆层的孔结构、孔径大小、孔的分布，隔膜截面的形貌，可进一步得到隔膜的结构、层数和每层的厚度。EDX研究隔膜的组成。STA主要用来研究隔膜的热分解温度，结合DSC曲线可得到隔膜的熔融温度和闭孔温度，研究隔膜材料的热性能。智能拉力机用来研究隔膜的机械性能，通过拉伸强度和断裂伸长率表征隔膜的机械强度。

（4）电解液测试方法

电解液的成分使用GC-MS、IC和ICP分析。气相色谱对电解液中的溶剂和添加剂各组分进行分离，分离后的各组分用质谱定性识别。锂盐组成用IC定性并定量分析。ICP可用来研究正极材料在电解液中的溶解性，通过改变电解液的参数，用ICP测量改变参数时电解液中溶解的正极材料的量，找到减小正极材料在电解液中溶解的关键因素。电解液中的水分会与六氟磷酸锂反应，产生HF，从而影响电池的循环性能及安全性，水含量多用卡尔费休水分仪测试。电解液的电导率使用液体电导率仪测试，可以反映电解液的电化学性质。

（5）气体测试方法

对于气体成分的分析，主要采用气质联用仪进行检测，气相色谱对混合气体进行分离后，质谱负责对分离后的气体进行分子量识别，从而进行产气气体的定性定量分析。通过对气体主要成分和含量的分析，推断锂电池产气的原因。在异常的充放电程序中，过充电产气以CO_2为主，过放电产气以烷烃类气体、CO和CO_2为主。

为保证锂离子电池失效分析的准确性和时效性，需要借助互联互通惰性气氛综合测试分析平台。使得锂离子电池拆解、样品准备和转移过程都可以在手套箱中有条不紊地进行。除了在平台内集成锂离子电池测试所需的相关设备外，还可借助惰性气氛转移盒、样品转移袋等器件，与其他测试设备连接，实现样品在转移和测试过程中不接触空气，保证数据结果的真实可靠。

现行的锂离子电池测试标准多以材料为出发点，针对材料性能和含量进行测试或着重于对锂电池单体和系统的电性能及安全性能进行测试。对于锂离子电池的失效分析技术，尚没有标准化的测试方法和测试流程。而且现阶段，不同厂家的材料体系、电池型号、制备方法和流程都存在一定的差异，其性能也将受到直接影响。这也给失效分析带来了更多的变量和不确定性。因此，在现有常规测试技术的基础上发展具有高效性、准确性和普适性的失效分析方法，对不同体系、不同失效表现的电池的测试分析技术进行规范化、标准化和模块化，是失效分析技术体系化的必由之路。

4.3 测试技术分析

4.3.1 测试技术对比分析

国际上的大部分标准是在2010年前后颁布的，重新修订次数较多，且陆续有新的标准出台。GB/Z 18333.1: 2001是在2001年颁发的，由此可见，我国的电动汽车锂离子电池标准在世界上起步并不算晚，但发展相对缓慢。自2006年QC/T 743标准发布后，我国有很长一段时间没有标准更新，且在2015年新国标发布之前，没有关于电池包或系统的标准。上述国内外标准在测试项内容、测试项严格程度及判定准则方面，都有所差别。

4.3.1.1 测试项内容

所有的测试项可分为电性能和安全可靠性两大类。安全可靠性又可分为机械可靠性、环境可靠性、滥用可靠性和电气可靠性。

机械可靠性模拟了车辆在行驶过程中受到的机械应力，如振动模拟了车辆在路面上的颠簸。环境可靠性模拟了车辆在不同气候中的耐受力，如温度循环模拟了车辆在昼夜温差大或者在寒冷和炎热地区来回行驶时的情况。滥用可靠性（如火烧）考察电池在遭受到不正当使用时的安全性。电气可靠性，如保护类测试项，主要是考察电池管理系统（BMS）在关键时候能否起到保护作用。

在电池单体方面，IEC 62660分为两个独立的标准——IEC 62660-1和IEC 62660-2，分别对应性能和可靠性测试。GB/T 31485和GB/T 31486是由QC/T 743演化而来的，GB/T 31486中将耐振动归属为性能测试，因为该测试项是考察电池振动对电池性能的影响。相比IEC 62660-2，GB/T 31485的测试项目更严苛，如增加了针刺和海水浸泡等。

在电池包和电池系统的测试方面，不论是电性能还是可靠性，美国标准涵盖的测试项最多。在性能测试方面，DOE/ID-11069比其他标准多出的测试项有混合脉冲功率特性（HPPC）、运行设置点稳定性、日历寿命、参考性能、阻抗谱、模块控制检验测试、热管理载荷及结合寿命验证的系统水平测试等。

在标准的附录中详细介绍了电性能测试结果的分析方法，其中，HPPC测试可用于检测动力电池的峰值功率，由此衍生的直流内阻测试方法已广泛用于电池的内阻特性研究。在可靠性方面，UL2580比其他标准多出的测试项有非平衡电池组充电、耐压、绝缘、连续性试验及冷却/加热稳定系统故障试验等，还包含了生产线上针对电池组零部件的基本安全测试，在BMS、冷却系统及保护线路设计方面，加强了安全性审查要求。SAE J2929提出要对电池系统的各个部分进行故障分析，并保存相关的文档材料，包括易识别故障的改进措施。

ISO 12405系列标准同时包含电池的性能和安全两方面，ISO 12405-1是针对高功率应用的电池性能测试标准，ISO 12405-2是针对高能量应用的电池性能测试标准，前者多了冷启动和热启动两项内容。GB/T 31467系列结合了我国的动力电池发展状况，根据ISO 12405系列标准的内容修改而得。

与其他标准不同的是，SAE J 2929与 ECE R100.2都涉及高压防护的要求，属于电动汽车安全范畴。我国的相关测试项在GB/T 18384、GB/T 31467.3中指出电池包和电池系统在进行安全测试之前要满足GB/T 18384.1和GB/T 18384.3的相关要求。

4.3.1.2 严格程度

对于相同的测试项，不同标准中规定的测试方法和判定准则也不尽相同。例如，对于测试样品的荷电状态（SOC），GB/T 31467.3中要求样品为满电态；ISO 12405中要求功率型电池SOC为50%，能量型电池SOC为100%；ECE R100.2要求电池的SOC在50%以上；UN38.3对于不同的测试项有不同的要求，某些测试项还需要循环过的电池。

另外，还要求高度模拟、热试验、振动、冲击和外短路必须用同一个样品进行测试，相对更严格。对于振动测试，ISO 12405要求样品在不同的环境温度下振动，建议的高温和低温温度分别为75℃和-40℃，其他的标准没有此项要求。

对于火烧试验，GB/T 31467.3中的实验方法和参数设置与 ISO 12405.3相差不大，都是采用点燃燃料的方式进行预热、直接火烧和间接火烧，但 GB/T 31467.3要求样品若有火苗，必须在2min内熄灭，ISO 12405则没有要求火苗熄灭的时间。SAE J2929中的火烧试验与前两者不同，它要求将样品放置于热辐射容器中，90s内迅速升温至890℃并保持10min，并且不得有任何组件或物质穿过置于测试样品外部的金属网罩。

4.3.1.3 现有测评体系的不足

虽然相关国标的制定和发布填补了我国在动力锂离子电池组合系统方面的空白，并被广泛采用，但仍有不足。

① 测试对象方面：所有的标准都只规定了新电池的测试，对使用过的电池没有相关规定和要求，电池在出厂时没有问题，不代表使用一段时间后仍然安全，因此，有必要对使用不同时间的电池进行同样的测试，相当于定期体检。

② 结果判定方面：目前的判定依据较宽泛和单一，只有无泄漏、无外壳破裂、不起火和不爆炸的规定，缺少可量化的评判体系。欧洲汽车研究与技术发展委员会（EUCAR）将电池的危害程度划分成8个等级，具有一定的借鉴意义。

③ 测试项方面：GB/T 31467.3缺少电池包和电池系统在热管理和热失控方面的测试内容，而热安全性能对电池至关重要，如何控制单体电池的热失控，使热失控的情况不蔓延，具有重要意义，《电动客车安全技术条件》的强制实施也说明了这一点。另外，从整车应用层面来说，对于非破坏性的可靠性测试，如环境可靠性，在试验结束之后有必要增加电性能测试，模拟车辆在经历了环境变化后，性能受到的影响。

④ 测试方法方面：电池包和电池系统的循环寿命测试耗时太长，影响产品的开发周期，难以很好地执行，如何开发合理的加速循环寿命测试是一个难点。

近年来，我国在动力锂离子电池的标准制定和应用方面已取得了很大的进步，对国内动力蓄电池产业的发展提供了统一的衡量测试标准，也为监管部门提供了有效的监督依据，但与国外的标准还存在一定的差距。期待在制定锂离子动力电池行业标准时最好能与国际标准及各国标准间建立相关的链接，并根据我国的国情进行完善，使标准指标更为合理，检验方法可操作性更强，指标更具人性化。

4.3.2 测试标准发展规划

动力电池从材料到系统是一个非常复杂的体系，其反应机制也很复杂。动力电池充放电循环或存储都是动态演变的，增加了评测的复杂性。且动力电池使用环境的多样性，如低温、高温等极端条件，进一步加剧了电池的测评难度，对测试标准，特别是对远期标准的制定带来难度。

随着标准应用、数据的积累、技术的进步，标准需要随之不断修订、迭代和完善。2017年7月4日，全国汽车标准化技术委员会编制发布《中国电动汽车标准化工作路线图（第一版）》。该路线图是中国电动汽车标准化工作的具体目标和工作计划的说明性文件，对电动汽车蓄电池相关标准的编制、修改进行了规划，如图4-31所示，目的是让电动汽车标准化工作的参与者和利益相关方能更好地理解和参与中国的电动汽车标准化工作。在2018年10月16日全国汽车标准化技术委员会发布了《中国电动汽车标准化工作路线图（第二版）》。将规划分为紧急（2018年1月至2018年12月）、短期（2019年1月至2019年12月）、中期（2020年1月至2022年12月）和长期（2023年1月至2027年12月）共4个阶段。

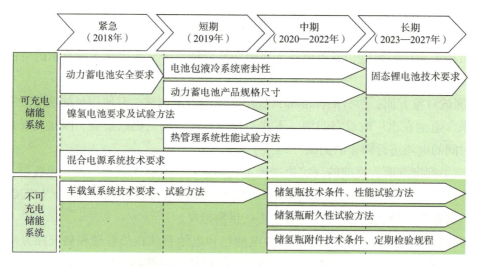

图4-31 电动汽车车载储能系统标准路线图

现阶段动力电池相关标准体系，缺项主要涉及安全性、电性能、互换性、关键部件与通用要求等几个方面。全国汽车标准化技术委员会分别做了相应标准的发展规划。

（1）安全性相关标准发展规划

动力电池是电动汽车的能量来源，是电动汽车安全的关键影响因素。不仅要保证在正常工作状态下的安全，还必须保证在过充、过放、短路等滥用条件下不出现漏液、破裂、冒烟、起火和爆炸等危险。

针对动力电池安全性，工业和信息化部已新发布3项标准：《电动汽车用动力蓄电池安全要求》《电动客车安全要求》和《电动汽车安全要求》，其中《电动汽车用动力蓄电池安全要求》是我国制定的首个电池安全强制性国家标准。工业和信息化部建议自2021年1月1日起开始实施，如表4-11所示。

表4-11 针对动力电池安全性的3项标准

标准编号	名称	摘要	代替标准	实施日期
GB 38031—2020	《电动汽车用动力蓄电池安全要求》	本标准规定了电动汽车用动力蓄电池单体、电池包或系统的安全要求和测试方法	GB/T 31485—2015 GB/T 31467.3—2015	2021年1月1日①
GB 38032—2020	《电动客车安全要求》	本标准规定了电动客车安全要求和测试方法	无	2021年1月1日①
GB 18384—2020	《电动汽车安全要求》	本标准规定了电动汽车在正常使用情况下的人员触电防护要求、功能安全防护要求和测试方法	GB/T 18384.1—2015 GB/T 18384.2—2015 GB/T 18384.3—2015	2021年1月1日①

①上述3个标准自2021年1月1日起实施。此外，工业和信息化部提出在2021年1月1日之前，企业可以根据情况选择提前执行3项国家强制标准。

目前，中国仍缺动力电池热管理系统相关的标准，尤其是对采用液冷方式的电池包系统，液冷系统的密封性能尤为关键。对于采用液冷方式进行热管理的动力锂电池包或系统，要对其采用的液冷系统的技术要求、密封性实验方法进行规定，目前已立项QC/T电池包液冷系统密封性能要求及实验方法标准。将充分考虑在实际运行过程中，液冷系统可能遇到的导致系统密封性功能损伤的各种因素，如振动、腐蚀、加压、高低温循环等，保证电池系统不会因液冷系统密封不良导致功能失效，避免引发危险。

（2）动力电池电性能相关标准发展规划

针对现有GB/T 31484—2015标准已经不能完全适用于镍氢电池的电性能和循环寿命测试和评价的问题，已立项制定GB/T 镍氢电池专项标准，将锂离子电池的要求与镍氢电池的要求进行区分。

针对电动汽车混合动力不同混合方式的差异与高低电压不同要求，已立项制定GB/T《电动汽车用混合电源技术要求》进行完善。

（3）动力电池互换性相关标准发展规划

互换性主要涉及动力电池的尺寸，QC/T 840—2010《电动汽车用动力蓄电池产品规格尺寸》规定了电动汽车用金属氢化镍动力电池和锂离子动力电池单体及模块的规格及外形尺寸。GB/T 34013—2017《电动汽车用动力蓄电池产品规格尺寸》规定了电动汽车用动力电池单体、模块和标准箱规格尺寸要求，适用于电动汽车用锂离子电池和金属氢化镍电池，其他类蓄电池参照执行。符合标准的电池种类繁多，尺寸不一，增加了企业研发成本，削弱了产品竞争力，还加大了回收利用的难度，随着动力电池产业的聚集化发展，已规划启动相关标准的修订。

（4）动力电池关键部件与通用要求相关标准发展规划

动力电池箱是动力电池的载体，它对出现安全隐患下隔离危险源与乘员、保障乘员安全具有重要作用，是动力电池系统的关键部件之一。电池编码在产业监管、运行参数监控与动力电池回收利用方面都有重要意义。电池管理系统（BMS）是动力电池应用管理的核心，目前也缺乏相关的测试标准。电池管理系统中的热管理对控制电池系统温度，保证电池系统和整车发挥出预期性能具有重要作用。QC/T 989—2014《电动汽车用动力蓄电池箱通用要求》规定了动力电池电池箱的一般要求、安全要求、机械强度、外观与尺寸、耐环境要求、组装要求、试验方法等内容。GB/T 34014—2017《汽车动力蓄电池编码规则》规定了动力电池编码的对象、代码结构和数据载体。编码结构包括设计信息和生产信息。梯级利用的动力电池产品需要按照编码规则进行重新编码，且保留原动力电池的编码。

但是，国内目前没有关于电池管理系统的标准，电池管理系统的相关标准制定已启动，主要关注如SOX的检测估算、故障诊断、热管理系统、功能安全等。

国内目前没有关于电池热管理系统的标准，缺少对低温加热系统、温度均匀性、高温性能、能耗测试及安全性相关的要求，已启动相关标准制定的预研工作。

（5）下阶段标准制修订工作路线

随着动力电池技术的进步，会产生新问题和新的需求，下一阶段将重点展开动力电池管理系统、换电用动力电池、动力电池梯次与回收利用、动力电池火灾危险性分级及测试、固态锂离子电池等标准制定，以及动力电池规格尺寸及命名规程等标准修订工作。

参 考 文 献

[1] Gentili V, Brutti S, Hardwick L J, et al. Lithium insertion into anatase nanotubes[J]. Chemistry of Materials, 2012, 24: 4468-4476.

[2] Tippens J, Miers J, Afshar A, et al. Visualizing chemo mechanical degradation of a solid-state battery electrolyte[J]. ACS Energy Letter, 2019, 4(6): 1475-1483.

[3] Di C, Indris S, Schulz M, et al. In situ scanning electron microscopy on lithium-ion battery electrodes using an ionic liquid[J]. Journal of Power Sources, 2011, 196(15): 6382-6387.

[4] Rong G, Zhang X, Zhao W, et al. Liquid-phase electrochemical scanning electron microscopy for in situ investigation of lithium dendrite growth and dissolution[J]. Advanced Materials, 2017, 29(13): 1606187.

[5] Li Y, Yan K, Lee H, et al. Growth ofconformal graphene cages on micrometre-sized silicon particles as stablebattery anodes[J]. Nature Energy, 2016, 1(2): 15029.

[6] Li Y, Pei A, et al. Atomic structure of sensitive battery materials and interfaces revealed by cryo-electron microscopy[J]. Science, 2017, 358(6362): 506-510.

[7] Zoski, Cynthia G. Review-Advances in Scanning Electrochemical Microscopy (SECM)[J]. Journal of the Electrochemical Society, 2016, 163(4): H3088-H3100.

[8] Zampardi G, Ventosa E, Mantia F L, et al. In situ visualization of Li-ion intercalation and formation of the solid electrolyte interphase on TiO_2 based paste electrodes using scanning electrochemical microscopy[J]. Chemical Communications, 2013, 49(81): 9347-9349.

[9] H Bülter, Peters F, Schwenzel J, et al. Spatiotemporal changes of the solid electrolyte interphase in lithium-ion batteries detected by scanning electrochemical microscopy[J]. Angewandte Chemie, 2015, 53(39): 10531-10535.

[10] Ventosa E, Wilde P, Zinn A H, et al. Understanding surface reactivity of Si electrodes in Li-ion batteries by: In operando scanning electrochemical microscopy[J]. Chemical Communications, 2016, 52: 6825-6828.

[11] 马礼敦. 同步辐射与分析测试[J]. 上海计量测试, 2004(6): 10-24, 32.

[12] Li W, Li M, Hu Y, et al. Synchrotron-based X - ray absorption fine structures, X-ray diffraction, and X-ray microscopy techniques applied in the study of lithium secondary batteries[J]. Small Methods, 2018, 2(8): 1700341.

[13] Qiao R, Wray L A, Kim J H, et al. Direct experimental probe of the Ni (II)/Ni (III)/Ni (IV) redox evolution in

LiNi$_{0.5}$Mn$_{1.5}$O$_4$ electrodes[J]. The Journal of Physical Chemistry C, 2015, 119(49): 27228-27233.
[14] Yamaguchi H, Yamada A, Uwe H. Jahn-Teller transition of LiMn$_2$O$_4$ studied by X-ray-absorption spectroscopy[J]. Physical Review B, 1998, 58(1): 8.
[15] Yu X, Lyu Y, Gu L, et al. Understanding the rate capability of high-energy-density Li-rich layered Li$_{1.2}$Ni$_{0.15}$Co$_{0.1}$Mn$_{0.55}$O$_2$ cathode materials[J]. Advanced Energy Materials, 2014, 4(5): 1300950.
[16] Liang G, Didier C, Guo Z, et al. Understanding rechargeable battery function using in operando neutron powder diffraction[J]. Advanced Materials, 2019: 1904528.
[17] Vadlamani B, An K, Jagannathan M, et al. An in-situ electrochemical cell for neutron diffraction studies of phase transitions in small volume electrodes of Li-ion batteries[J]. Journal of The Electrochemical Society, 2014, 161(10): A1731.
[18] Pang W K, Peterson V K. A custom battery for operando neutron powder diffraction studies of electrode structure[J]. Journal of Applied Crystallography, 2015, 48(1): 280-290.
[19] Vitoux L, Reichardt M, Sallard S, et al. A cylindrical cell for operando neutron diffraction of Li-ion battery electrode materials[J]. Frontiers in Energy Research, 2018, 6: 76.
[20] Bianchini M, Leriche J B, Laborier J L, et al. A new null matrix electrochemical cell for Rietveld refinements of in-situ or operando neutron powder diffraction data[J]. Journal of the Electrochemical Society, 2013, 160(11): A2176-A2183.
[21] Yi T F, Mei J, Zhu Y R. Key strategies for enhancing the cycling stability and rate capacity of LiNi$_{0.5}$Mn$_{1.5}$O$_4$ as high-voltage cathode materials for high power lithium-ion batteries[J]. Journal of Power Sources, 2016, 316: 85-105.
[22] Liang G, Didier C, Guo Z, et al. Understanding rechargeable battery function using in operando neutron powder diffraction[J]. Advanced Materials, 2019: 1904528.
[23] Pang W K, Lu C Z, Liu C E, et al. Crystallographic origin of cycle decay of the high-voltage LiNi$_{0.5}$Mn$_{1.5}$O$_4$ spinel lithium-ion battery electrode[J]. Physical Chemistry Chemical Physics, 2016, 18(26): 17183-17189.
[24] 王永瑞, 邹骐, 卢党吾. 电子能量损失谱学及其在材料科学中的应用[J]. 物理, 1994(6): 350-356.
[25] Terada Y, Nishiwaki Y, Nakai I, et al. Study of Mn dissolution from LiMn$_2$O$_4$ spinel electrodes using in situ total reflection X-ray fluorescence analysis and fluorescence XAFS technique[J]. Journal of Power Sources, 2001, 97: 420-422.
[26] Lu D, Xu M, Zhou L, et al. Failure mechanism of graphite/LiNi$_{0.5}$Mn$_{1.5}$O$_4$ cells at high voltage and elevated temperature[J]. Journal of The Electrochemical Society, 2013, 160(5): A3138-A3143.
[27] 李亚东, 邓玉峰, 潘智毅, 等. LiNi$_{0.5}$Mn$_{1.5}$O$_4$正极材料表面的双电子能量损失谱谱学成像[J]. 物理化学学报, 2017(11): 2293-2300.
[28] 范晓丽. 材料基因组计划与第一性原理高通量计算[J]. 中国材料进展, 2015, 34(9): 689-695.
[29] http://www.cailiaoniu.com/68761.html.
[30] Urban A, Matts I, Abdellahi A, et al. Computational design and preparation of cation-disordered oxides for high-energy-density Li-ion batteries[J]. Advanced Energy Materials, 2016, 6(15): 1600488.
[31] Ouyang C Y, Chen L Q. Physics towards next generation Li secondary batteries materials: A short review from computational materials design perspective[J]. Science China Physics, Mechanics and Astronomy, 2013, 56(12): 2278-2292.
[32] Xia M, Liu T, Peng N, et al. Lab-scale in situ X-ray diffraction technique for different battery systems: Designs, applications, and perspectives[J]. Small Methods, 2019, 3(7): 1900119.
[33] http://www.ccgp.gov.cn/cggg/zygg/dylygg/201707/t20170706_8485191.htm
[34] http://www.ihep.cas.cn/kxcb/kpcg/bsrf/201406/t20140620_4140384.html
[35] http://www.bulletin.cas.cn/publish_article/2015/z2/2015z2z2.htm
[36] http://www.sinap.cas.cn/kxcb/kpwz/201010/t20101022_2991587.html
[37] http://bsrf.ihep.cas.cn/kepuyuandi/201010/t20101027_2997286.html
[38] IEC 62660-3—2016 Secondary lithium-ion cells for the propulsion of electric road vehicles-Part3: Safety requirements. 2016.
[39] IEC 62660-2—2018 Secondary lithium-ion cells for the propulsion of electric road vehicles-Part2: Reliability and abuse testing. 2018.
[40] IEC 62660-1—2018 Secondary lithium-ion cells for the propulsion of electric road vehicles-Part1: Performance testing. 2018.

[41] ISO 12405-3—2014 Electrically propelled road vehicles-test specification for lithium-ion traction battery packs and systems- Part3: Safety performance requirements. 2014.

[42] ISO 12405-2—2012 Electrically propelled road vehicles-test specification for lithium-ion traction battery packs and systems- Part2: High-energy applications. 2012.

[43] ISO 12405-1—2011 Electrically propelled road vehicles-test specification for lithium-ion traction battery packs and systems-Part1: High-power applications. 2011.

[44] ISO 16750-5—2010 Road vehicles-environmental conditions and testing for electrical and electronic equipment- Part5: Chemical loads. 2010.

[45] ISO 16750-4—2010 Road vehicles-environmental conditions and testing for electrical and electronic equipment-Part4: Climatic loads. 2010.

[46] ISO 16750-3—2012 Road vehicles-environmental conditions and testing for electrical and electronic equipment-Part3: Mechanical loads. 2012.

[47] ISO 16750-2—2010 Road vehicles-environmental conditions and testing for electrical and electronic equipment-Part2: Electrical loads. 2010.

[48] ISO 16750-1—2018 Road vehicles-environmental conditions and testing for electrical and electronic equipment-Part1: General. 2018.

[49] UN38.3 Recommendations on the transport of dangerous goods: Manual of tests and criteria. 2015.

[50] SAEJ 2464—2009 Electric and hybrid electric vehicle rechargeable energy storage system safety and abuse testing. 2009.

[51] SAEJ 2929—2011 Electric and hybrid vehicle propulsion battery system safety standard lithium-based rechargeable cells. 2011.

[52] SAE J 2380—2013 Vibration testing of electric vehicle batteries. 2013.

[53] UL 1642—2012 Standard for safety lithium batteries. 2012.

[54] UL 2054 Standard for safety household and commercial batteries.

[55] UL 2271—2010 Outline of investigation for batteries for use in light electric vehicle applications. 2010.

[56] UL 2580—2011 Standard for safety batteries for use in electric vehicles. 2011.

[57] DOE/ID-11069 Freedom CAR battery test manual for power-assist hybrid electric vehicles. 2003.

[58] SAND 2005—3123 Freedom CAR electrical energy storage system abuse test manual for electric and hybrid electric vehicle application. 2006.

[59] VDA—2007 Geometrical product specification. 2007.

[60] ECE R100 Uniform provisions concerning the approval of vehicles with regard to specific requirements for the electric power train. 2011.

[61] GB/Z 18333.1 电动道路车辆用锂离子蓄电池. 2001.

[62] IEC 61960-2 Secondary lithium cells and batteries for portable applications - Part 2: Secondary lithium batteries. 2003.

[63] QC/T 743—2006 电动汽车用锂离子蓄电池. 2006.

[64] GB/T 31486—2015 电动汽车用动力蓄电池电性能要求及试验方法. 2015.

[65] GB/T 31485—2015 电动汽车用动力蓄电池安全要求及试验方法. 2015.

[66] GB/T 31484—2015 电动汽车用动力蓄电池循环寿命要求及试验方法. 2015.

[67] GB/T 31467.3—2015 电动汽车用锂离子动力蓄电池包和系统 第3部分 安全性要求与测试方法. 2015.

[68] GB/T 31467.2—2015 电动汽车用锂离子动力蓄电池包和系统 第2部分 高能量应用测试规程. 2015.

[69] GB/T 31467.1—2015 电动汽车用锂离子动力蓄电池包和系统 第1部分 高功率应用测试规程. 2015.

[70] GB 38031—2020 电动汽车用动力蓄电池安全要求. 2020.

[71] GB 18384—2020 电动汽车安全要求. 2020.

[72] GB 38032—2020 电动客车安全要求. 2020.

[73] GB/T 18384.1—2015 电动汽车安全要求第1部分: 车载可充电储能系统(RESS). 2015.

[74] GB/T 18384.2—2015 电动汽车安全要求第2部分: 操作安全和故障防护. 2015.

[75] GB/T 18384.3—2015 电动汽车安全要求第3部分: 人员触电防护. 2015.

第5章 动力电池产业政策与产学研合作现状

5.1 动力电池产业政策解读

5.1.1 政策统计

根据我国国务院网站上公开发布的信息,我国发布的动力电池相关文件大致分为四类:第一类是宏观政策类,这是国家从经济、社会、环境、能源等角度对新能源汽车产业提出的宏观层面的战略规划和指导意见,为新能源汽车和动力电池确立了行动纲领和指南;第二类是行业管理类,即国家为实现动力电池产业和相关企业的规范化管理出台的相应的管理措施和规范;第三类是标准类,即国家为实现动力电池产品统一化、标准化而颁布的针对产品技术、尺寸等的国家标准;第四类是支持类,即我国在科技研发、智能制造、动力电池回收利用等环节对动力电池产业发展进行支持的措施。通过对我国动力电池的政策体系的分析,可以大致将动力电池政策文件的颁布过程分为两个阶段,分别为2015年以前的产业引导阶段和2015年至今的产业重点支持阶段。

5.1.1.1 产业引导阶段概况

2015年以前我国动力电池产业相关政策文件整理如表5-1所示,这一时期的产业政策有两个特点:其一是缺乏专门针对动力电池产业的政策文件。仅有一些针对性的标准类文件,而在宏观政策类、行业管理类和支持类中并无专门针对动力电池颁布的政策文件,只有在新能源汽车产业相关政策文件中对动力电池产业和产品提出战略和引导,动力电池产业的发展主要是依靠新能源汽车产业政策来引导的。其二是缺乏国家标准,这一时期的动力电池标准类文件主要是QC/T 742—2006《电动汽车用铅酸蓄电池》、QC/T 743—2006《电动汽车用锂离子蓄电池》等行业推荐标准,对动力电池产品的规范力度不强,少有的国家标准也并不针对电动汽车所用的动力电池。

表5-1 产业引导阶段我国发布的动力电池相关政策文件

类型	时间	名称
宏观政策类	2012年7月	《节能与新能源汽车产业发展规划(2012—2020年)》
	2013年1月	《能源发展"十二五"规划》
	2013年8月	《关于加快发展节能环保产业的意见》
	2014年7月	《关于加快新能源汽车推广应用的指导意见》
行业管理类	2006年2月	《汽车产品回收利用技术政策》
	2013年3月	《危险废物收集贮存运输技术规范》
	2013年6月	《危险废物污染防治技术政策》

续表

类型	时间	名称
标准类	2001 年 3 月	GB/Z 18333.1—2001《电动道路车辆用锂离子蓄电池》
	2006 年 3 月	QC/T 742—2006《电动汽车用铅酸蓄电池》
	2006 年 3 月	QC/T 743—2006《电动汽车用锂离子蓄电池》
	2006 年 3 月	QC/T 744—2006《电动汽车用金属氢化物镍蓄电池》
	2010 年 11 月	QC/T 840—2010《电动汽车用动力蓄电池产品规格尺寸》
	2011 年 12 月	QC/T 897—2011《电动汽车用电池管理系统技术条件》
	2014 年 10 月	QC/T 989—2014《电动汽车动力蓄电池系统电池箱通用要求》
支持类	2012 年 9 月	《关于组织开展新能源汽车产业技术创新工程的通知》

5.1.1.2 产业重点支持阶段概况

伴随着新能源汽车产业的蓬勃发展，我国动力电池产业在2015年前后呈现爆发式增长，在此背景下，国家于2015年3月发布了《汽车动力蓄电池行业规范条件》。自此以后，各项专门的动力电池产业支持政策文件陆续颁布，动力电池产业进入了由政策重点支持的阶段。如表5-2和表5-3所示，2015年至2018年7月，我国发布的动力电池政策文件有以下几个特点。

表5-2 2015年至2018年7月我国发布的动力电池宏观类政策文件

时间	名称
2015 年 5 月	《中国制造 2025》
2015 年 9 月	《〈中国制造 2025〉重点领域技术路线图》
2016 年 10 月	《节能与新能源汽车技术路线图》
2016 年 12 月	《"十三五"国家战略性新兴产业发展规划》
2016 年 12 月	《关于调整新能源汽车推广应用财政补贴的通知》
2017 年 1 月	《关于调整<新能源汽车推广应用推荐车型目录>申报工作的通知》
2017 年 3 月	《促进汽车动力电池产业发展行动方案》
2018 年 2 月	《关于调整完善新能源汽车推广应用财政补贴政策的通知》

表5-3 2015年至2018年7月我国发布的动力电池支持类政策文件

时间	名称
2015 年 7 月	《关于实施增强制造业核心竞争力重大工程包的通知》
2016 年 2 月	《"十三五"国家重点研发计划"新能源汽车"重点专项》
2016 年 5 月	《工业和信息化部办公厅财政部办公厅关于开展 2016 年智能制造综合标准化与新模式应用工作的通知》
2016 年 8 月	《四部委关于印发制造业创新中心等 5 大工程实施指南的通知》
2016 年 12 月	《关于调整新能源汽车推广应用财政补贴政策的通知》
2017 年 1 月	《战略性新兴产业重点产品和服务指导目录（2016 版）》
2017 年 9 月	《重点新材料首批次应用示范指导目录（2017 年版）》
2017 年 10 月	《科技部关于发布国家重点研发计划新能源汽车等重点专项 2018 年度项目申报指南的通知》
2017 年 10 月	《工业和信息化部关于印发〈产业关键共性技术发展指南（2017 年）〉的通知》
2017 年 11 月	《国家发展改革委关于印发〈增强制造业核心竞争力三年行动计划（2018—2020 年）的通知〉》
2018 年 7 月	《关于做好新能源汽车动力蓄电池回收利用试点工作的通知》

① 产业政策文件的出台愈发密集。2015年，我国出台了《汽车动力蓄电池行业规范条件》，并将新修订的6项动力电池标准上升为国家标准。2016年，我国先后出台了《电动汽车动力蓄电池回收利用技术政策（2015年版）》《新能源汽车废旧动力蓄电池利用行业规范条件》和《废电池污染防治技术政策》等专门的政策，再加上《节能与新能源汽车技术路线图》等一些相关政策，2016年有至少11项动力电池产业政策出台。2017年，相比2016年的政策发布密度进一步增大：3月《锂离子电池工厂设计规范（征求意见稿）》出台；4月公布了符合《锂离子电池行业规范条件》的企业名单；6月修订了电动汽车用锂离子动力蓄电池包部分标准；7月出台了GB/T 34014—2017《汽车动力电池编码规则》等4项新国标；9月发布《重点新材料首批次应用示范指导目录（2017年版）》，对电池新材料进行支持；10月出台《产业关键共性技术发展指南（2017年）》，引导电池关键共性技术发展。2017年，国家发布了至少21项相关政策文件，产业政策文件的密集出台体现了国家对动力电池产业的高度重视。

② 政策规范力度不断加强。产业重点支持阶段出台了一系列针对动力电池产业的规范文件，如表5-4所示，力求整顿混乱已久的产业。仅以2015年和2016年举例：2015年3月发布的《汽车动力蓄电池行业规范条件》以建立企业目录的形式，从生产条件、技术能力、质量保证等7个方面对企业提出要求，强化对产业的引导和规范，防止盲目投资和低水平重复建设；2016年1月发布的《电动汽车动力蓄电池回收利用技术政策（2015年版）》明确了电池回收的主体责任，具体规定了动力电池的设计生产、回收利用等；2016年2月发布的《新能源汽车废旧动力蓄电池综合利用行业规范条件》和《新能源汽车废旧动力蓄电池综合利用行业规范公告管理暂行办法》规定了废旧电池的类型和综合利用企业应具备的条件，从企业规模、装备、工艺、环保等方面对企业提出了要求。

表5-4 2015年至今我国发布的动力电池行业管理类政策文件

时间	名称
2015 年 3 月	《汽车动力蓄电池行业规范条件》
2016 年 2 月	《电动汽车动力蓄电池回收利用技术政策（2015 年版）》
2016 年 3 月	《新能源汽车废旧动力蓄电池利用行业规范条件》
2016 年 3 月	《新能源汽车废旧动力蓄电池综合利用行业规范公告管理暂行办法》
2016 年 11 月	《电动客车安全技术条件》
2016 年 12 月	《废电池污染防治技术政策》
2017 年 3 月	《关于征求国家标准〈锂电池工厂设计规范（征求意见稿）〉意见的函》
2017 年 4 月	《符合〈锂离子电池行业规范条件〉企业名单》
2017 年 6 月	《外商投资产业指导目录（2017 年修订）》
2017 年 9 月	《乘用车企业平均燃料消耗量与新能源汽车积分并行管理办法》
2017 年 11 月	《交通运输部公开征求〈电动营运货运车辆选型技术要求〉意见》
2017 年 12 月	《关于免征新能源汽车车辆购置税的公告》
2018 年 7 月	《关于做好新能源汽车动力蓄电池回收利用试点工作的通知》

续表

时间	名称
2019年3月	《关于进一步完善新能源汽车推广应用财政补贴政策的通知》
2019年5月	《绿色出行行动计划（2019—2022年）》
2019年6月	《关于继续执行车辆购置税优惠政策的公告》
2019年7月	《乘用车企业平均燃料消耗量与新能源汽车积分并行管理办法》修正案
2019年12月	《新能源汽车产业发展规划（2021—2035年）》（征求意见稿）

从2015年至今，国家标准委还新制定了10余项动力电池相关标准，涉及动力电池产品的性能、检测手段、外壳材料和规格尺寸等诸多方面；并且，相比2015年以前以行业标准为主的局面，新颁布的标准多上升为国家标准，产品规范力度大大加强，对动力电池产品的标准化有着重要的作用。

③ 政策支持方向逐渐明确。为适应新能源汽车产业发展所需，提高动力电池产业竞争力、完善动力电池产业管理规范已经成为我国动力电池产业发展的两大重要任务，为此，国家政策支持逐渐明确了两大方向：一是提高动力电池产业集中度，2016年11月发布的《汽车动力电池行业规范条件（2017年）》征求意见稿中，提高了动力电池企业产能门槛，力求对优势企业集中支持，以提高产业竞争力；二是进一步通过发布相关政策，完善动力电池标准化体系和回收利用体系。

5.1.2 政策分析

5.1.2.1 上游产业分析

目前，我国以支持类政策为主，从如下两个方面对上游产业进行引导：

一是支持关键动力电池材料。典型的支持政策有《增强制造业核心竞争力三年行动计划（2018—2020年）》和《重点新材料首批次应用示范指导目录（2017版）》等。2017年11月发布的《增强制造业核心竞争力三年行动计划（2018—2020年）》中提出，要加快开发高镍三元正极材料、磷酸铁锂正极材料、高安全高比能电池等高性能电池材料及产品，实现新材料关键技术产业化，从加强支撑体系建设、优化完善激励政策、强化金融政策扶持和加大国际合作力度等方面进行支持。未来，正极材料产业中高镍三元材料有望逐渐成为主流，而行业的技术壁垒也将不断提高。负极材料产业中，人造石墨凭借优越的倍率和循环性能将成为主流，而碳硅负极也将大量应用来提高能量密度，适应政策规划要求。隔膜产业方面，湿法技术将成为主流，其与涂覆技术的结合也将成为趋势。电解液方面，添加剂配方将成为重中之重，新型溶质和新型锂盐的发展也将受到关注。

二是引导上游产业集中度的提高，支持龙头企业形成。国家支持加速培养正极、负极、隔膜和电解液等领域一批具有核心专利技术、有充足竞争力的企业，促进政策产业链上下游协调发展，提出了电池材料产业2020年达到世界先进水平的目标。未来，随着补贴的退坡，电池材料小型企业生存环境进一步恶化，龙头企业由于产能充足、议价能力强、技术壁垒高等优势，其有利地位将越发明显，上游电池材料产业大厂兼并小厂的行业整合趋势将越来越明显，而在电池材料领域布局较广的企业将更有优势，如在正极和负极材料领域占据优势地位的贝特瑞，以及在正负极材料、隔膜、电解液领域均有涉及的杉杉股份等。

5.1.2.2 中游产业分析

我国政策针对产业链中游的引导主要从两个角度入手。

其一是引导电池产品的标准化，主要包括安全要求和尺寸规格两个方面。2015年5月颁布的GB/T 31467.3—2015《电动汽车用锂离子动力蓄电池包和系统第3部分：安全性要求与测试方法》和GB/T 31485—2015《电动汽车用动力蓄电池安全要求及试验方法》规定了动力电池单体、电池包或系统的安全要求，并于2018年修改升级为强制性标准《电动汽车用锂离子蓄电池安全要求》，在当年1月公开征求意见。2017年7月发布的GB/T 34013—2017《电动汽车用动力蓄电池产品规格尺寸》中，规定了电动汽车用动力蓄电池的单体、模块和标准箱尺寸规格要求。在这些政策实施后，动力电池尺寸规格混乱的问题有望缓解，以往由于尺寸不同，动力电池难以匹配储能设施或家用储能装置，导致梯次利用难以进行的问题有望解决，梯次利用的门槛将大大降低。

其二是引导企业提升核心技术。要解决中游产业高端产能不足的问题，关键是要推动国产动力电池的核心竞争力的提升，即研发高性能、低成本、高安全性的动力电池产品。为此，我国颁布了相关宏观政策和支持措施，以规划动力电池产品的技术路线与性能指标目标、增快动力电池产品共性技术研发两种手段来进行。2017年2月《促进汽车动力电池产业发展行动方案》（以下简称《动力电池产业行动方案》）出台，作为整个动力电池产业的重要纲领性政策，给动力电池产品的发展方向、性能目标、重点任务及保障措施做出了具体的指示。《动力电池产业行动方案》提出，到2020年，新型锂离子动力电池单体比能量超过300W·h/kg，系统比能量力争达到260W·h/kg，成本降至1元/(W·h)以下，使用环境达-30～55℃，可具备3C充电能力；到2025年，新体系动力电池技术取得突破性进展，单体比能量达500W·h/kg。《动力电池产业行动方案》还要求提升产品安全性，满足大规模使用需求；要求新型材料实现广泛应用，智能化生产制造和一致性控制水平得到显著提高，产品设计和系统集成满足功能安全要求，实现全生命周期的安全生产和使用。2017年4月，《汽车产业中长期发展规划》出台，对《中国制造2025》提出的性能目标进一步明确。性能目标的实现也需要关键技术的研发作为支撑。2017年10月，工业和信息化部发布了《产业关键共性技术发展指南（2017年）》，从中提到了动力电池能量存储系统技术、电池管理系统技术、集成及制造技术、性能测试和评估技术等动力电池关键共性技术，要求各下属单位积极进行这些技术的研究开发和引导工作。未来，在国家政策的引导下，中游电芯与系统集成企业势必会重视核心技术的研发，产业的核心竞争力有望有力地迈出向国际一流水平追赶的步伐。

5.1.2.3 下游产业分析

动力电池主要应用于纯电动汽车和插电式混合动力汽车两种新能源汽车。从2009年以来，我国陆续出台一系列新能源汽车产业政策，已逐步形成较为完善的政策体系，从宏观统筹、推广应用、行业管理、财税优惠、技术创新、基础设施等方面全面推动了我国新能源产业的快速发展，并初步实现了引领全球的龙头作用。目前，我国是全球最大的新能源汽车市场，而国内新能源汽车产业也已经涌现了比亚迪、北京新能源汽车股份有限公司和荣威汽车公司等众多强势自主品牌，占据着国内市场的领先地位。

在新能源汽车产业快速发展的同时，废旧动力电池的回收问题也逐渐凸显。当前，我国动力电池的回收利用产业尚未规模化，动力电池拆解、梯次利用和电芯破碎/分选等方面的技术还需要提升，所建立的回收利用体系也需要完善。但是2020年，我国的动力电池进入了大规模退役期（见图5-1），因此，废旧动力电池回收产业的市场空间十分广阔。

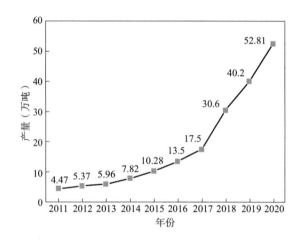

图5-1　我国废旧锂离子电池产量

5.1.2.4　国际政策分析

美国能源部的研究着重于电池材料革新、电芯电化学优化、增强可持续性和降低成本，具体战略目标如下：到2022年9月，电池包的成本要降到150\$/（kW·h）[2018年是197\$/（kW·h）]；方法如下：有效降低或者解脱电池对重要材料的依赖（如钴），以及回收利用动力电池材料。同时，他们也希望能够研发出15分钟充满的安全电池。在成本提升的过程中，技术路线和各国差不多，从目前的石墨/高压镍钴锰到硅/高压镍钴锰，最后过渡到锂金属电池或者锂硫电池——大约在2030年，电池包成本降到80\$/（kW·h）。降成本的最重要手段就是低钴或者无钴。低钴主要的技术路线是NCM811，寻求用锰、镍、钛来替代钴。去钴则是镍锰、铁锰、铝镍作为正极等方向。美国动力电池研究追求降低成本的同时也非常注重性能的提升。2016年7月，当时的奥巴马政府宣布发起Battery500计划，用5年投资额5000万美元，打造能量密度为500W·h/kg、循环寿命为1000次的电芯。这一电池的技术路线是高比能锂离子正极（镍钴锰）和锂金属负极。2017年这一项目已经实现了309W·h/kg，但循环次数只有275次；2018年，已经实现350W·h/kg，循环次数150次。Battery500计划联合国家实验室、大学和产业界共同攻关，IBM、特斯拉都参与其中。

德国对于动力电池的研发也非常看重，该国把动力电池研究看作确保技术主权、加强创新能力的重要因素。德国在电池整个价值链的诸多部分都处在一个好位置，还发起了电池研发的资助计划。行动计划指出要简化研究成果向产业应用转化的流程，以及实现电池

"德国制造"（Made in German）。具体执行方面，这一计划将价值链上下游的参与者都串联起来，从上游的材料到正极、负极、隔膜、电解质、电池制造商、电池包制造和主机厂。在具体研究目标方面，2020年电芯能量密度为350W·h/kg，循环次数为1000次，成本为90欧元/(kW·h)；2030年实现能量密度为400W·h/kg，循环次数为2000次，成本为75欧元/(kW·h)。为了达成目标，电池研发的资助计划将继续支持锂离子技术、全固态锂（离子）电池和新概念电池。

日本着重研究电池包能量密度。NEDO是日本经济产业省下属的研究开发机构，成立于1980年，是为了开发能够替代石油的新能源技术而设立的，研究内容包括动力电池、氢燃料电池和氢能等方面。NEDO扮演的角色，是为政府的监管、标准等提供服务，同时推动产业化。根据NEDO的技术路线图，在2025年之前，日本动力电池将是现在的锂电池体系，此后电解质将进入全固态锂（离子）电池阶段，同时锂硫电池也会成为主流，而到2035年左右，会有其他电池出现，如锂空气电池。在具体的动力电池研究目标上，在2020年实现250W·h/kg能量密度的电池包（系统），成本降到20000日元/(kW·h)以下，循环次数为1000~1500次。到2030年，电池包密度达到500W·h/kg，成本降到10000日元/(kW·h)以下，循环次数为1000~1500次。目前的水平，以日产聆风为例，电池包能量密度为133W·h/kg。部分观点认为，日本不走纯电动路线，直奔氢燃料电池而去。但日本乘用车市场计划则显示，2020年日本希望插电式混合动力和纯电动能占据15%~20%的市场，氢燃料电池车只有1%；2030年，插电式混合动力和纯电动能占据20%~30%市场，氢燃料电池为3%。

5.2 我国国家项目支持情况

5.2.1 科研项目介绍与汇编

"十三五"期间（2016—2020年），新能源汽车重点专项中锂电池方向投入7.5亿元，纳米、材料基因组重点专项在纳米材料及新材料探索方面总共支持1亿元。国家自然科学基金委在储能相关基础研究投入约0.5亿元，中国科学院先导专项在动力电池方向投入2.9亿元。

5.2.1.1 科技部

国家重点研发计划由原来的国家重点基础研究发展计划（973计划）、国家高技术研究发展计划（863计划）、国家科技支撑计划、国际科技合作与交流专项、产业技术研究与开发基金和公益性行业科研专项等整合而成，是针对事关国计民生的重大社会公益性研究，以及事关产业核心竞争力、整体自主创新能力和国家安全的战略性、基础性、前瞻性重大科学问题、重大共性关键技术和产品，为国民经济和社会发展主要领域提供持续性的支撑和引领[1]。

2019年度国家重点研发计划"变革性技术关键科学问题"重点专项拟部署项目的国拨概算总经费为9.9亿元，动力电池制造产业相关项目数目所占比例为13.04%。

表5-5所示为2019年度国家重点研发计划"变革性技术关键科学问题"重点专项中电池相关项目汇总表。

表5-5 2019年度国家重点研发计划"变革性技术关键科学问题"重点专项中电池相关项目汇总表

序号	项目编号	项目名称	项目牵头承担单位
1	2019YFA0705100	高能量密度二次电池材料及电池技术研究	松山湖材料实验室
2	2019YFA0705600	新型锂浆料储能电池关键技术研究	中国科学院过程工程研究所
3	2019YFA0705700	基于三维柔性集流体的超结构多级孔柔性储能器件	北京航空航天大学

2018年国家重点研发计划重点专项共投入1978650.36万元,动力电池相关产业投入占比为5.36%。其中,"纳米科技"专项占1.50%;"智能电网技术与装备"占15.94%;"新能源汽车"专项更是达到22.76%。

表5-6所示为2018年度国家重点研发计划动力电池研究相关项目汇总表。

表5-6 2018年度国家重点研发计划动力电池研究相关项目汇总表

序号	项目编号	项目名称	项目牵头承担单位	项目负责人
1	2018YFA0209600	半固态锂金属电池的微纳结构与界面设计相关基础研究	浙江大学	陆盈盈
2	2018YFB0104000	高安全高比能乘用车动力电池系统技术攻关	天津力神电池股份有限公司	郑宏宇
3	2018YFB0104100	高安全长寿命客车动力电池系统关键技术研究及应用	郑州宇通集团有限公司	周时国
4	2018YFB0104200	高安全长寿命高比能锂/硫动力电池关键技术研发与装车示范	中南大学	赖延清
5	2018YFB0104300	高比能固态锂电池技术	中国科学院青岛生物能源与过程研究所	崔光磊
6	2018YFB0104400	动力电池测试与评价技术	中国汽车技术研究中心有限公司	王芳
7	2018YFB0905300	梯次利用动力电池规模化工程应用关键技术	南方电网科学研究院有限责任公司	郑耀东
8	2018YFB0905400	高安全性长寿命储能型固态电池的基础与应用研究	中国科学院上海硅酸盐研究所	温兆银
9	2018YFB0905600	液态金属储能电池关键技术研究	华中科技大学	蒋凯

2017年国家重点研发计划重点专项在"新能源汽车"投入71646万元,动力电池技术相关项目(序号2、3、4)占比16.40%;在"纳米科技"投入40个项目,共88397万元,电池技术(序号1)占比3.18%;另外,在"先进轨道交通"方面,电动交通和电池储能技术项目投入占比也达6.80%。

表5-7所示为2017年度国家重点研发计划动力电池研究相关项目汇总表。

表5-7 2017年度国家重点研发计划动力电池研究相关项目汇总表

序号	项目编号	项目名称	项目牵头承担单位	项目负责人
1	2017YFA0206700	新型纳米结构的高能量长寿命锂/钠复合空气电池	南开大学	陈军
2	2017YFB0102000	高安全高比能锂离子电池技术开发与产业化	中航锂电（洛阳）有限公司	肖亚洲
3	2017YFB0102100	高安全高比能锂离子电池系统的研发与集成应用	合肥国轩高科动力能源有限公司	侯飞
4	2017YFB0102200	高比功率长寿命动力电池及新型超级电容器技术开发	中信国安盟固利动力科技有限公司	吴宁宁
5	2017YFB1201000	轨道交通新型供电制式车辆与车载储能技术	中国中车股份有限公司	冯江华

2016年动力电池及储能技术在国家重点研发"材料基因工程关键技术与支撑平台"专项占7.00%，在"智能电网技术与制备"专项（序号5、6、7）占22.39%，在"新能源汽车"专项（序号8、9、10、11、12）占34.98%，另外，在"纳米科技和""深海关键技术与装备"专项中，也涉及电池开发项目。每个项目均超过1000万元。

表5-8所示为2016年度国家重点研发计划动力电池研究相关项目汇总表。

表5-8 2016年度国家重点研发计划动力电池研究相关项目汇总表

序号	项目编号	项目名称	项目牵头承担单位	项目负责人
1	2016YFA0202500	高能量密度纳米固态金属锂电池研究	中国科学院化学研究所	郭玉国
2	2016YFA0202600	高效纳米储能材料与器件的基础研究	厦门大学	彭栋梁
3	2016YFA0203300	新型纤维状储能器件的重大科学技术问题	复旦大学	彭慧胜
4	2016YFB0700600	基于材料基因组技术的全固态锂电池及关键材料研究	北京大学深圳研究生院	潘锋
5	2016YFB0901500	高安全、长寿命和低成本钠基储能电池的基础科学问题研究	复旦大学	夏永姚
6	2016YFB0901600	高功率低成本规模超级电容器的基础科学与前瞻技术研究	中国科学院上海硅酸盐研究所	黄富强
7	2016YFB0901700	100MW·h级新型锂电池规模储能技术开发及应用	宁德时代新能源科技股份有限公司	赵丰刚
8	2016YFB0100100	长续航动力锂电池新材料与新体系研究	中国科学院物理研究所	李泓
9	2016YFB0100200	高比能动力电池的关键技术和相关基础科学问题研究	北京大学	夏定国
10	2016YFB0100300	高比能量动力锂离子电池的研发与集成应用	合肥国轩高科动力能源有限公司	徐小明
11	2016YFB0100400	新一代锂离子动力电池产业化技术开发	宁德时代新能源科技股份有限公司	吴凯
12	2016YFB0100500	高比能量锂离子电池开发与产业化技术攻关	天津力神电池股份有限公司	秦兴才
13	2016YFC0300200	全海深高能量密度锂电池	中国船舶重工集团公司第七一二研究所	朱刚

从表5-8中看出，2016—2019年，动力电池的应用领域逐渐从锂离子电池向高比能新体系电池发展，从动力汽车向船舶、轨道交通等领域扩展，电池储能技术发展呈现比能高、续航里程长、应用领域拓宽等特征。针对动力汽车领域，"十三五"发展规划旨在实现该

领域全方面突破，完成技术攻关。

表5-9所示为"十三五"新能源电动车重点专项动力电池相关立项项目汇总。

表5-9　"十三五"新能源电动车重点专项动力电池相关立项项目汇总

任务名称	项目名称	牵头单位	立项年度
任务1：动力电池新材料与新体系	长续航动力锂电池新材料与新体系研究	中科院物理所	2016
	高比能动力电池的关键技术和相关基础科学问题研究	北京大学	2016
任务2：高比能量锂离子电池技术	新一代锂离子动力电池产业化技术开发	宁德时代（CATL）	2016
	高比能量动力锂离子电池的研发与集成应用	合肥国轩	2016
	高比能量锂离子电池开发与产业化技术攻关	天津力神	2016
	高安全高比能锂离子电池技术开发与产业化	中航锂电	2017
任务3：高功率电池	高比功率长寿命动力电池及新型超级电容器技术开发	中信国安盟固利	2017
任务4：动力电池系统技术	高安全高比能锂离子电池系统的研发与集成应用	合肥国轩	2017
	高安全高比能乘用车动力电池系统技术攻关	天津力神	2018
	高安全长寿命客车动力电池系统关键技术研究及应用	郑州宇通	2018
任务5：新型高比能锂电池技术	高安全长寿命高比能锂/硫动力电池关键技术研发与装车示范	中南大学	2018
	高比能固态锂电池技术	青岛生物能源所	2018
任务6：动力电池及系统分析和测试技术	动力电池测试与评价技术	汽研中心	2018

5.2.1.2　国家自然科学基金委员会

重点项目：重点项目支持从事基础研究的科学技术人员针对已有较好基础的研究方向或学科生长点开展深入、系统的创新性研究，促进学科发展，推动若干重要领域或科学前沿取得突破[2]。表5-10所示为2019年国家自然科学基金重点项目电池研究相关项目汇总。

表5-10　2019年国家自然科学基金重点项目电池研究相关项目汇总

序号	项目名称	依托单位	项目负责人
1	高能量/高功率电池型超级电容器-离子插层储能的电极材料构筑	吉林大学	郑伟涛
2	柔性三维多级结构实现环境机械能高效压电转换与储能的基础科学问题研究	四川大学	张楚虹
3	全固态锂电池的基础研究	厦门大学	杨勇
4	锂硫电池的催化作用及电极材料构建	天津大学	杨全红
5	高比能长寿命钠离子电池正极材料制备及电极/电解质界面结构特性研究	上海交通大学	马紫峰
6	低成本、高比能、长寿命大规模储能二次电池新系统研究	中南大学	梁叔全
7	高比能准固态锂-硫电池的构建策略	南开大学	高学平

注：占总直接费用221840万元的比例为0.95%。

表5-11所示为2018年国家自然科学基金重点项目电池研究相关项目汇总。

表5-11 2018年国家自然科学基金重点项目电池研究相关项目汇总

序号	项目名称	依托单位	项目负责人
1	催化与限域协同促进的高功率长寿命锂硫电池电极材料的构筑、性能及机制	南京大学	胡征
2	碱金属 Na/K 离子快速传输的关键电极材料及电池应用	南开大学	陈军
3	分级介孔纳米线钾离子电池正极材料的表界面调控及原位作用机制	武汉理工大学	麦立强

注：占总直接费用 205442 万元的比例为 0.46%。

表5-12所示为2017年国家自然科学基金重点项目电池研究相关项目汇总。

表5-12 2017年国家自然科学基金重点项目电池研究相关项目汇总

序号	项目名称	依托单位	项目负责人
1	富锂反钙钛矿超离子导体全固态锂离子电池基础研究	南方科技大学	赵予生
2	金属锂|固态电解质界面的反应与动力学	中国科学院苏州纳米技术与纳米仿生研究所	陈立桅

注：占总直接费用 198700 万元的比例为 0.31%。

表5-13所示为2016年国家自然科学基金重点项目电池研究相关项目汇总。

表5-13 2016年国家自然科学基金重点项目电池研究相关项目汇总

序号	项目名称	依托单位	项目负责人
1	基于锂基合金负极的大容量固态锂二次电池研究	南京大学	周豪慎
2	突破锂离子电池硅基阳极材料关键性能瓶颈的基础理论研究	哈尔滨工业大学	杜春雨
3	具有优异电化学储能性能的新型碳纳米管/高分子复合材料	复旦大学	彭慧胜
4	新型低沉本钠离子电池关键材料及其储钠机理	华中科技大学	黄云辉

注：占总直接费用 58053 万元的比例为 1.97%。

5.2.1.3 中国科学院（中科院）

A类先导专项为前瞻战略科技专项，侧重于突破战略高技术、重大公益性关键核心科技问题，促进技术变革和战略性新兴产业的形成发展，服务我国经济社会可持续发展[3]。其中的纳米先导专项将继续瞄准世界科技前沿，实现前瞻性基础研究及引领性原创成果的重大突破；进一步加大应用基础研究力度，以推动重大科技项目为抓手，打通"最后一公里"，拆除阻碍产业化的"篱笆墙"，疏通纳米技术应用基础研究和产业化连接的快车道，促进纳米技术创新链和我国纳米产业链精准对接，加快科研成果从样品到产品再到商品的转化，把科技成果充分应用到国家重大需求和现代化事业中去，为高质量实现"中国制造2025"贡献力量。

2013年，中科院决定开始启动战略性先导科技专项（A 类）"变革性纳米产业制造技术聚焦"，提出要做长续航的动力电池，通过提升能量密度来延长电动汽车的续驶里程。中科院物理所、中科院化学所、中科院宁波材料所、中科院长春应化所、中科院上海硅酸盐所等12家科研单位共同攻关，目前已经取得了一定的进展。

中科院围绕高能量密度动力锂离子电池的正极、负极、隔膜、电解液、导电添加剂等关键材料和电池制造技术开展协同攻关，技术指标达到国际领先水平，开发的锂电池关键材料均已进入中试阶段,已供货30多家电池与电动汽车等企业并形成合作关系,初步形成了产业影响。在高能量密度锂离子电池新一代正负极材料、固态电池、锂硫电池、钠离子电池、高水平动力电池失效分析技术方面,取得了大量原创成果,形成了多家有实力的初创企业,并与国内多家领先的企业合作,牵头构建了新型高能量密度电池产业链,为我国下一代动力电池发展,增强产业核心竞争力和可持续发展奠定了重要基础。

① 中科院宁波材料所、中科院物理所等单位组成的团队联合攻关,研制了一款软包锂离子电池,采用纳米硅碳材料作为负极、富锂材料作为正极、5V电解液、耐高电压隔膜,单体锂离子电池容量为24A·h,其质量能量密度达374W·h/kg,体积能量密度达577W·h/L。

② 高容量硅负极材料已与江西紫宸科技有限公司建立战略合作关系,并在企业建成中试放大研究基地,已掌握500kg每批次规模化制备能力,研发的材料已进入企业产品供应链。

③ 高容量富锂正极材料已进入中试阶段,成立了宁波富理材料科技有限公司。

④ 电解液、隔膜等也已初步解决了在高电压材料体系中使用的稳定性问题,正在进行放大集成。

⑤ 开发的多款动力电池单体电芯能量密度达到300W·h/kg以上,居世界先进水平,目前正在进行电池组集成优化,为装车演示做准备。

5.2.2 科学与技术获奖情况[4]

国家自然科学奖是由中华人民共和国国务院设立,由国家科学技术奖励委员会负责的奖项,是中国5个国家科学技术奖之一,授予在基础研究和应用基础研究中,阐明自然现象、特征和规律、做出重大科学发现的公民,分为一等奖、二等奖两个等级;对做出特别重大科学发现或者技术发明的公民,对完成具有特别重大意义的科学技术工程、计划、项目等做出突出贡献的公民、组织,可以授予特等奖,如表5-14所示。

国家技术发明奖授予运用科学技术知识做出产品、工艺、材料及其系统等重大技术发明的中国公民。产品包括各种仪器、设备、器械、工具、零部件及生物新品种等;工艺包括工业、农业、医疗卫生和国家安全等领域的各种技术方法;材料包括用各种技术方法获得的新物质等;系统是指产品、工艺和材料的技术综合,如表5-15所示。

表5-14 国家自然科学奖

序号	年度	获奖级别	项目名称	人才团队	项目简介
1	2019	二等奖	碳纳米管复合纤维锂离子电池	彭慧胜、王永刚、任婧、孙雪梅、陈培宁(复旦大学)	首次制备出基于碳纳米管(CNT)的纤维状全锂离子电池,可被灵活地编织成具有高性能的柔性能源纺织品
2	2016	二等奖	碳纳米管复合纤维锂离子电池	黄云辉、周军、胡先罗、袁利霞、沈越(华中科技大学)	针对复合电极材料中材料匹配、界面设计、复合方法及演变规律等问题,进行了系统的应用基础研究,发现了一系列复合电极材料中的构效关系,可以指导新型高性能锂离子电池、超级电容器电极材料的设计与制造。研究工作具有连贯性、创新性和先进性

表5-15 国家技术发明奖

年度	获奖级别	项目名称	人才团队	项目简介
2017	二等奖	高性能锂离子电池用石墨和石墨烯材料	康飞宇（清华大学深圳研究生院），杨全红（天津大学），李宝华（清华大学深圳研究生院），黄正宏（清华大学），贺艳兵（清华大学深圳研究生院），吕伟（清华大学深圳研究生院）	历时22年攻关，从国内最早申报天然石墨负极发明专利、突破关键技术，到实现天然石墨和石墨烯的规模应用，奠定了锂离子电池产业"中日韩"三足鼎立的格局。成果已在深圳市翔丰华科技有限公司、内蒙古瑞盛新能源有限公司、鸿纳（东莞）新材料科技有限公司等单位实现了产业化及应用，近三年累计实现销售收入19.6亿元，利润3.27亿元

国家科学技术进步奖授予在技术研究、技术开发、技术创新、推广应用先进科学技术成果、促进高新技术产业化，以及完成重大科学技术工程、计划项目等方面做出突出贡献的我国公民和组织，如表5-16所示。

表5-16 国家科学技术进步奖

序号	年度	获奖级别	项目名称	人才团队	项目简介
1	2018	二等奖	磷酸铁锂动力电池制造及其应用过程关键技术	马紫峰，廖小珍，张子峰，赵政威，丁建民，贺益君，杨军，尹韶文，何雨石，沈佳妮（上海交通大学，比亚迪汽车工业有限公司，上海中聚佳华电池科技有限公司，江苏乐能电池股份有限公司）	针对磷酸铁锂电池可持续发展技术需求，发展了更加绿色与原子经济性的磷酸铁锂合成工艺，优化了磷酸铁锂动力电池体系及其制造工艺，提高应用系统管理与控制精度和效率，推动了我国新能源汽车和储能产业发展。属于化工学科中电化学工程与化工系统工程交叉学科
2	2018	二等奖	高安全性、宽温域、长寿命二次电池及关键材料的研发和产业化	钟发平（湖南科力远新能源股份有限公司、常德力元新材料有限责任公司、湖南科霸汽车动力电池有限责任公司、益阳科力远电池有限责任公司、先进储能材料国家工程研究中心有限责任公司）	攻克了电池温度适应性、安全可靠性、低温倍率性能、使用寿命和电极材料性能等关键技术，项目技术及产品已成功在节能与新能源汽车、智能家居、军工等领域得到推广和商业化应用。相关技术打破了长期被国外的垄断，大大提升了我国电池制造行业可持续发展与国际竞争力，社会经济效益显著
3	2017	二等奖	锂离子电池核心材料高纯晶体六氟磷酸锂关键技术开发及产业化	侯红军，杨华春，薛旭金，闫春生，于贺华，李云峰，郝建堂，陈宏伟，尚钟声，李凌云（多氟多化工股份有限公司）	突破了六氟磷酸锂的技术瓶颈，并实现产业化，提高了基础材料的制备技术水平和自给保障能力，保障了国内锂离子电池核心原材料的供应安全、缩短了供货周期，保证了产品质量，降低了制造成本，提升了锂离子电池行业竞争力

5.2.3 人才及科研领军人物

本报告重点选择国内近10年（2011—2020年）电池领域获得国家奖（自然科学奖、科学技术进步奖、技术发明奖），主持或参与重大科研项目（重点研发计划、973计划、863计划），web of science统计中发表高水平论文前50的高端人才及科研领军人物进行统计。

新能源电池、电动汽车领域专家大都集中在中东部沿海地区。其中钱逸泰院士主要从事新型纳米材料及复合纳米材料在新能源领域的应用研究；陈立泉院士主要从事锂离子电池及下一代先进电池方面的研究，为研发电动车用动力电池提供保证，且是国内开展固态电池研究的领军人物，为锂离子电池的新发展提供了丰硕的技术储备；万立骏院士主要从事新型电池以及电化学扫描隧道显微学等的研究；南策文院士主要从事功能复合材料和陶瓷固态电解质材料研究；成会明院士在碳纳米管、石墨烯、储能材料和高性能石墨材料方面取得突出成就；孙世刚院士在电池中的界面研究方向获得重要成绩；欧阳明高院士在节能与新能源汽车动力系统研究方面取得突出进展，建立了汽车动力系统学研究与人才培养体系；陈军院士在无机固体化学、新能源材料的领域取得突出成果；吴锋院士在高比能二次电池新体系与关键材料方面研究得到国际同行的瞩目，开发的系列锂离子电池关键新材料、电池制备新工艺和电池安全性技术，为我国锂电产业更新换代提供了技术支持。表5-17所示为我国主要动力电池顶尖人才地域分布。

表5-17 中国主要动力电池顶尖人才地域分布

地域	人数	地域	人数
北京	28	上海	4
天津	8	吉林	3
辽宁	5	山东	3
湖北	5	安徽	3
广东	5	浙江	1
福建	5	重庆	1
江苏	4	—	—

5.3 产学研模式分析

全球的产业集群已经进入到以技术为导向的发展阶段，产业集群的发展和集群内部企业的发展，与技术创新构建了更深程度的连接。我国主要城市高新区（尤其是北京、上海、深圳等一线城市）已经具备了一定的专利研发能力，但尚未形成与产业集群发展相协同的网络结构，以点状模式发展为主。对此我国城市创新网络的建设应以优秀院校和高研发企业的聚集地为依托，引导创新联盟与网络式发展，使其成为产业集群和科技创新发展的关键区域。

5.3.1 企业拥有自主独立的研发机构

这种模式的特点是企业具有独立的研发能力，产学研合作多是从市场需求出发，以产业化重大项目为牵引，与科研院所合作，聚焦突破关键技术。如以重大项目为依托，以企业为主导，利用企业在产品工程化、市场化方面的经验和高校、科研院所在学科、人才、试验平台等方面的基础优势，围绕关键技术组织联合攻关。如上汽集团以自身创新中心为主导，开展新能源汽车关键技术研究，在燃料电池汽车、混合动力汽车和电机、电池、电控等关键零部件方面取得了一系列突破，推出了面向市场的产品。上海石化以自身创新研究院为主导，瞄准国家重大需求，合作攻关双轴拉伸聚丙烯（BOPP）等高档专用料，不仅取得了一系列基础理论突破，并开发出性能达到甚至超过国外同类产品水平的专用料，部分替代了同类进口产品，取得了良好的经济和社会效益。例如，CATL以自身新能源研究院为主导，目前拥有研发技术人员3628名，其中，拥有博士131名、硕士805名，并包括2名国家千人计划专家和6名福建省百人计划及创新人才。CATL具有完整的动力电池研发和生产体系，专注基础理论研究，赋予CATL从科学本质进行创新突破的能力，同时掌握包括纳米级别材料开发、电芯设计、模组与电池包、电池管理系统设计、电池回收利用等多项核心技术。从效果来看，这一模式是比较成熟和理想的模式。但现实情况是，多数企业并不具有独立的研发机构，更不要说自主独立的研发能力了。企业自主的研发能力建设将是当前和未来相当长时期的发展重点。

5.3.2 联合多方在企业共建研发平台

由企业与高等院校或科研院所在企业共建实验室、工程研究中心或研究院等研发平台，为产学研各方提供一个相对固定的交流平台，促进产学研各方人才、技术、信息的交流和融合。如宝钢集团先后与上海交大、东北大学、钢铁研究总院等8所院校开展了战略合作。这一模式的特点是在企业设立多方合作的研发平台，企业具有主导权，但科研院所有一定的决策参与权。

5.3.3 组建产学研战略联盟

以提升产业技术创新能力为目标，积极鼓励企业、高等院校、科研机构、用户组建产学研用战略联盟，使产学研合作更具有战略性、长期性和稳定性。例如，2009年起，由上海市核电办公室牵头组织，依托上海发电设备成套设计院、上海核工院等10多家单位，以突破核级焊材国产化瓶颈为目标，组建了"上海核电设备焊接材料国产化及创新平台"，是一种"政+产学研+用"战略联盟的新尝试，该平台已经完成国家能源局10多个标准的制定，先后承接了10多项国家级和市级重大科研项目。这一模式的特点是政府或行业协会围绕产业的瓶颈问题而搭建产学研合作的平台。企业和科研院所具有相对平等的参与地位，但相对来说比较松散，需要有明确的合作任务或坚强有力的政府或协会支持。如果缺乏有效的激励机制和保障机制，这一模式从长远来看并非十分有效。

5.3.4 搭建科技成果转化和孵化公共服务平台

充分发挥高等院校和科研院所专业学科优势和地方政府的资源优势，建立和完善科技创新服务体系，实现专业人才、市场、技术和信息等要素共享。如上海市杨浦区围绕建设国家创新型试点城区目标，将区内7个大学科学园、2个区属高科技园和6个专业科技园区有机整合，推进风险投资机构、科技型中小企业集聚，打造创新成果孵化转化基地。这一模式往往在科研院所内部或附近设立公共服务平台，距离科研院所较近，是目前各地广受科研院所欢迎的模式。

5.3.5 科研院所设立产业技术研究院

这一模式主要以培育和发展新兴产业为主旨，针对关键共性技术和重大创新成果进行重点培育，使技术优势与金融资本、产业基础更紧密结合，最终实现创新成果的市场化和规模化。目前，上海已有中科院与上海市合作建设的上海高等研究院，上海交通大学与闵行区合作共建的上海紫竹新兴产业技术研究院，中科院深圳先进技术研究院和嘉定区共建的上海嘉定先进技术与育成中心等多种形式的产业技术研究院，这些产学研合作的新模式正在不断结出硕果。这一模式主要提供产业关键共性技术，一般由科研院所来主导，更像科研机构的一部分。企业有技术需求，可以到这里来采购或定制。

5.4 政策和路线建议

5.4.1 政策建议

（1）发挥产业政策调节作用，加强财政金融引导作用，支持高性能动力电池产业化

一是发挥产业政策引导性作用，支持高性能电池产品应用。结合汽车动力电池行业白名单的工作，考虑到单体能量密度、性能参数、单体类型、产品安全等方面因素，建立和形成汽车动力电池企业品牌机制，鼓励下游整车企业集成使用，如完善《乘用车企业平均燃料消耗量与新能源汽车积分并行管理办法》（"双积分"政策），提升相关产品的积分值，引导汽车行业大规模应用高性能电池产品。

二是产融结合支持高性能电池产业化项目。加强汽车行业主管部门与财政、金融等部门的对接合作，形成差异化金融政策，支持融资和投资重点向电池行业白名单倾斜，控制不符合国家标准和产业趋势的动力电池新建项目贷款额度，督促金融机构审慎放贷。

三是持续提高高性能动力电池应用推广的财政扶持力度。结合电池能量密度和能耗系数，逐步提高动力电池系统能量密度门槛要求，鼓励高性能动力电池应用，推动实现《促进汽车动力电池产业发展行动方案》中提到的2020年新型锂离子动力电池单体比能量超过300W·h/kg、系统比能量力争达到260W·h/kg等主要目标。

四是创新动力电池产业化投资模式。支持地方政府设立引导基金，利用市场化机制，吸收社会资本设立汽车动力电池产业发展基金，支持动力电池技术产业化。

（2）创新政府管理方式，促进产业高质量发展

一是优化事前管理。根据行业技术进步及实际发展情况，不断加严动力电池产品安全标准、产品耐久可靠性标准，加快推动动力电池规格尺寸、产品编码规则的强制实施。加快出台实施回收利用相关政策和标准，引入动力电池召回机制和实施产能预警机制，引导产业理性投资和发展。

二是加强事中事后监管。建立监督和惩罚机制，加强对产品质量和生产一致性监管，严惩由于产品质量问题引发安全事故的动力电池企业。加强对原材料企业监管，密切关注原材料行业价格异常变化情况，确保原材料质量安全，防止动力电池原材料价格非理性上涨。加强对动力电池检测机构监管，对出具虚假报告的检测机构进行经济和行政处罚，并取消其检测资质。加强对动力电池销售和使用环节监管，研究出台新能源汽车售后服务规范，明确动力电池三包责任、安全监管、召回机制等，提高动力电池企业售后服务能力要

求。加强对动力电池回收利用的监管，严惩不履行回收责任的动力电池企业。

（3）加强研发创新能力建设，提升产业国际竞争力

一是加快动力电池提升工程的开发进程，促进动力电池技术实现革命性突破。力争到2020年实现单体350W·h/kg、系统260W·h/kg的新型锂离子产品产业化和装车应用，同时加快固态锂（离子）电池等新体系电池的研究开发。

二是实施动力电池扶优扶强策略。充分利用新能源汽车补贴政策的撬动作用，不断提高补贴政策中对动力电池的技术要求，加快淘汰落后企业和产品，促进优势企业和产品脱颖而出。

三是促进企业兼并重组和"走出去"。培育优势企业，并引导优势企业对劣势企业进行并购与重组，化解过剩产能，提高产业集中度，促进优势企业做大做强。同时鼓励优势企业拓宽国际合作渠道和领域，实施走出去战略，到有电池材料资源和市场资源的国家和地区办厂，加快打入国际知名整车企业供应链，培育出一批国际领先的动力电池企业。

（4）加快形成回收利用体系，推动建立市场化机制

一是加快建立回收利用体系。贯彻落实《新能源汽车动力蓄电池回收利用管理暂行办法》，充分发挥市场作用，加快推行实施生产者责任延伸制度，实施信息溯源管理，加强标准体系建设，推进试点工作，营造良好的发展环境。

二是加大对回收利用技术和装备的研发支持。通过科技专项支持回收利用产学研用合作，加快拆解回收等技术的前瞻性研究和退役动力电池性能评价技术研究，攻克回收利用成套装备技术，推动我国动力电池回收利用技术进步。

三是研究制定回收利用财政支持政策。针对不同种类电池的回收利用经济性进行分析，研究制定动力电池回收利用财政支持方案，培养壮大回收利用产业规模，加快建立回收利用的市场化机制。

（5）构建资源供给安全体系，积极参与全球资源配置

发展新能源汽车产业将推动资源争夺从"石油资源"转向锂、钴等"金属资源"，为打破原材料制约新能源汽车产业发展的短板，建议加快构建锂、钴等资源供给安全体系，积极参与全球锂、钴等资源配置。

一是统筹规划，合理开发利用资源。加强各政府部门衔接和政策协同，按照开发和保护相结合的原则，统筹规划，分区施策，合理开发锂、钴等资源。

二是加大提锂技术的研发支持力度。通过"中国制造2025转型升级专项"支持骨干企业及科研院所建立工程技术中心，开展盐湖和锂云母等工程化技术攻关。

三是发挥区域优势，支持动力电池产业基地建设。支持青海、江西等重点资源省（区）开展锂电池特色产业园的建设。

四是加强国际合作，拓展资源供应渠道。支持国内企业加快"走出去"步伐，通过并购、参股等多种合作方式，参与全球锂、钴等资源配置，提高锂、钴等资源的保障能力。

5.4.2 路线建议

新能源汽车是我国汽车产业转型升级的一个突破口,是我国由汽车大国迈向汽车强国的必由之路。动力电池是新能源电动汽车最为核心和关键的部分,动力电池产业的发展对于电动汽车的发展与普及具有重要的意义。美国、欧洲、日本和中国各省市都制定了一系列政策,投入大量资源布局动力电池产业链和开发先进动力电池技术。随着以宁德时代CATL为代表的电池厂商电池性能的巨大提升,我国在全球的动力电池市场份额已占据世界第一位,但整体上,中国动力电池技术产业方面并未处在领跑状态,少数在并跑,大部分在跟跑,生产技术上仍与日韩先进水平存在一定的差距。

(1)动力电池技术发展方向

一味提高动力电池的能量密度并不是拓宽、繁荣电动汽车应用市场的唯一途径,超长使用寿命和高安全是动力电池应用于电动汽车更为重要的要求。在后补贴时代,安全、低成本磷酸铁锂正极依然是中低档电动汽车用动力电池的首选;而对于高档汽车用动力电池,需开发利用高镍三元正极及硅碳负极甚至锂金属负极等高比容量电极材料。中国在基础科研成果产量上(论文、专利)近年来已占据领先地位,但在原创成果方面,除硅碳负极、富锂锰基正极及预锂化技术在全世界具有优势外,其他关键研究领域,三元正极材料、电解质、隔膜等方面均有待提高。下一代动力电池技术方面,固态电解质是提高动力电池能量密度、解决安全问题的关键技术。美国、欧洲和日本投入大量资源进行开发。中国在固态锂(离子)电池应用化推进中处于并跑状态,应在固态锂(离子)电池基础研究经费支持、产品制造企业扶持等方面投入更大力度,实现超越。

(2)动力电池应用市场

通过了解、挖掘下游客户对技术、成本、安全、性能等指标的当前需求和潜在需求,针对具体的城市级别与地域要求,需要发展满足用户需求的不同里程数电动汽车,大中城市发展500km里程数电动汽车,小城市或者城乡结合部发展200~300km里程数电动汽车。针对电动家用车、大巴、小巴、低速车等不同用途的电动汽车,发展相应能量密度的锂离子动力电池,以及其他动力电池类型(钠离子电池应适合用于续航150km以下的电动车)。另外,动力电池的应用市场不局限于陆上电动汽车,水上船舶运输、空中无人机、潜艇同样需要发展动力电池供能。

(3)燃料电池与锂离子动力电池的应用有互补性

在家用车、乘用车市场,锂离子电池成本低、系统集成方便的优势明显;在商用车、大型载重车等领域,燃料电池可提供更长的续航里程和更短的燃料填充时间。但需注意氢的制备、运输、存储等一系列过程,使燃料电池并未具有明显的成本与绿色节能优势。而锂离子动力电池的能量源头——电能,即使在当前难以实现风能、太阳能供电的前提下,其占全国火力发电用量比重小,并未造成显著的源头不绿色、不节能的问题。

(4)在动力电池梯次利用方面,应区分动力电池类型

三元正极材料因为胀气造成模组形变的原因,在梯次利用方面经济价值并不乐观,而

磷酸铁锂正极用动力电池模组稳定，具有梯次利用的必要性；在废旧电池回收方面，三元正极因为含高价值的钴、镍元素，具有很高的回收价值。

参 考 文 献

［1］ 科技部, 财政部. 国家重点研发计划管理暂行办法. 国科发资〔2017〕152号, 2017-06-28.
［2］ 国家自然科学基金委员会. 国家自然科学基金重点项目管理办法. 2015-12-04.
［3］ 茹加. 中国科学院战略性先导V科技专项(A类)概述[J]. 中国科学院院刊, 2016, 31(Z2): 8-12.
［4］ 国家科学技术奖励工作办公室. 国家科学技术奖励. 2016-09-29.

第6章 动力电池发展趋势与战略

6.1 《中国制造2025》技术路线图

《中国制造2025》是由国务院于2015年5月印发的部署全面推进实施制造强国的战略文件，是中国实施制造强国战略第一个十年的行动纲领。

《中国制造2025》是在新的国际国内环境下，中国政府立足于国际产业变革大势，做出的全面提升中国制造业发展质量和水平的重大战略部署。其根本目标在于改变中国制造业"大而不强"的局面，通过10年的努力，使中国迈入制造强国行列，为到2045年将中国建成具有全球引领和影响力的制造强国奠定坚实基础[1]。

图6-1所示为《中国制造2025》动力电池技术路线图。

	2020年	2025年	2030年
总体目标	2020年达到： 1. 比能量：单体350W·h/kg 系统250W·h/kg 2. 能量密度：单体650W·h/L 系统320W·h/L 3. 比功率：单体1000W/kg 系统700W/kg 4. 寿命：单体4000次/10年 系统3000次/10年 5. 成本：单体0.6元/(W·h) 系统1元/(W·h)	2025年达到： 1. 比能量：单体400W·h/kg 系统280W·h/kg 2. 能量密度：单体800W·h/L 系统500W·h/L 3. 比功率：单体1000W/kg 系统700W/kg 4. 寿命：单体4500次/12年 系统3500次/12年 5. 成本：单体0.5元/(W·h) 系统0.9元/(W·h)	2030年达到： 1. 比能量：单体500W·h/kg 系统350W·h/kg 2. 能量密度：单体1000W·h/L 系统700W·h/L 3. 比功率：单体1000W/kg 系统700W/kg 4. 寿命：单体5000次/15年 系统4000次/15年 5. 成本：单体0.4元/(W·h) 系统0.8元/(W·h)
比能量提升	基于现有高容量材料体系、优化电极结构、提高活性物质负载量	应用新型材料体系、提高电池工作效率	优化新型材料体系、使用新型电池结构
寿命提升	开发长寿命正、负极材料，提升电解液纯度并开发添加剂，优化电极设计、优化生产工艺与环境控制	采用电极界面沉积、开发新体系锂盐、优化生产工艺与环境控制	引入固态电解质、优化固液界面
安全性提高	新型隔膜、新型电解液、电极安全图层、优化电池设计	新型隔膜、新型电解液、电极安全图层、优化电池设计	固、液电解质结合技术，新型材料体系
成本控制	优化设计、提高制造水平	新材料应用、新型制造工艺和装备	新材料应用、新型制造工艺路线

图6-1 《中国制造2025》动力电池技术路线图[1]

《中国制造2025》涉及10个重点领域，节能与新能源汽车便是其中的重要组成部分。《中国制造2025》明确了"继续支持电动汽车、燃料电池汽车发展，掌握汽车低碳化、信息化、智能化核心技术，提升动力电池、驱动电机、高效内燃机、先进变速器、轻量化材料、智能控制等核心技术的工程化和产业化能力，形成从关键零部件到整车的完成工业体系和创新体系，推动自主品牌节能与新能源汽车与国际先进水平接轨"的发展战略，为我国节能与新能源汽车产业发展指明了方向。

《中国制造2025》明确了动力电池的发展规划：2020年电池能量密度达到300W·h/kg；2025年电池能量密度达到400W·h/kg；2030年电池能量密度达到500W·h/kg。

6.2 全球动力电池发展趋势与战略

6.2.1 全球动力电池材料技术路线图

图6-2所示为正极技术路线图。

图6-2 正极技术路线图

图6-3所示为负极技术路线图。

负极材料是锂离子电池的关键材料之一[2,3]。正负极材料的主要作用是使锂离子自由地脱嵌，实现电池充放电功能。锂离子电池负极材料的要求至少要满足以下几点：①较低的化学电位；②良好的导电性；③良好的循环稳定性和安全性；④价格低廉的原材料。20世纪八九十年代，焦炭被人们作为锂离子负极材料。得益于碳材料优异的导电性和化学稳定性，以硬碳、软碳、石墨为代表的碳材料开始逐渐被用于商业化锂离子电池。随着便携式电子设备及新能源领域的发展，消费者对电池能量密度提出了更高的要求，碳负极材料系列锂离子电池的优势正在减小。碳系列负极材料的理论比容量为372mA·h/g，较低的比容量限制了碳系列负极材料的发展。而拥有高达4200mA·h/g比容量的硅基负极材料逐渐显示出它

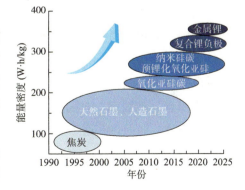

图6-3 负极技术路线图

高能量密度的优势[4-6]。随着1997年中国科学院物理研究所第一篇纳米硅碳负极材料专利的授权问世，硅基负极材料开始进入人们的视野。但是硅基负极材料同样有着自己的弊端，受到硅材料本身的体积膨胀效应的限制，硅基负极材料的循环性能及稳定性亟待解决。碳包覆氧化硅及碳包覆纳米硅碳材料的应用很好地解决了负极材料的稳定性和容量问题[7-10]。负极材料开始逐步由石墨碳系列材料向硅基负极、纳米硅碳负极材料方向发展。相信在不久的将来，碳系列负极材料、硅基负极材料及更加优异的金属锂负极材料将会在高能量密度、高循环稳定性及高安全性的新能源领域大放异彩[11-13]。

图6-4所示为电解质技术路线图。

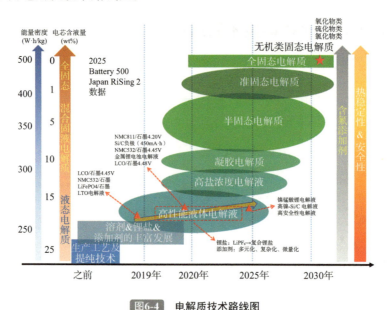

图6-4 电解质技术路线图

电解液是电池"四大"关键材料之一，负责离子的传输，其发展与电池体系更新密切相关[14-16]。1990年，J. Dahn开发出EC电解液，促使了锂离子电池在消费电子领域成功商业化。从此以$LiPF_6$-EC体系的电解液占据主要的市场。电解液早期发展主要是解决电解液的生产工艺及原料提纯技术。伴随着锂离子电池在更加广泛的领域得以应用，对能量密度及安全性提出了更为迫切的需求，丰富的锂盐、溶剂及添加剂得以迅猛发展，并形成一系列针对高能量密度正负极材料体系的电解液。近年来，为了突破常规液态锂离子电池能量密度极限，并保持电池的安全性与稳定性，金属锂或一系列高能量密度负极材料、高电压正极材料随之被应用到电池中，这要求电池内部液态量逐步降低，甚至完全固态化。常规电解液逐步向高盐浓度电解液、凝胶电解液、半固态、准固态、全固态发展。相信未来几年，半固态、准固态、全固态多种电解质将会成功应用于不同领域不同体系的电池中，形成百花齐放的局面，并逐步往全固态发展的趋势[17-20]。

6.2.2 全球动力电池技术路线图

能量密度是衡量动力电池技术的一个重要指标，其与电芯所采用的材料体系息息相关。在对电芯能量密度比较敏感的乘用车领域，动力电芯正极材料逐步由NCM523三元材料向NCM622过渡，目前已经在批量供应的高比能量电芯大多采用NCM622三元正极材料配合石墨负极材料体系，软包电芯单体能量密度可达到260W·h/kg。以NCM811/NCA作为正极材料的电芯在相关企业已经取得技术突破，处于小量市场验证阶段。在注重安全性能的新能源大巴上，目前主要以高安全的$LiFePO_4$作为正极材料，以石墨或低容量硅基材料作为负极。根据技术发展规划，国内知名动力电池制造商在2020年推出高镍正极配合硅碳负极的动力电芯，单体能力密度将达到300W·h/kg。与此同时，富锂锰基等高电压正极材料技术将会逐步得到提高，并进行一定程度的商业化应用，与之相匹配的高电压电解液也将会随之诞生，单体电芯能量密度将会向400W·h/kg或更高能量密度进行发展。为了达到更高的能量密度，金属锂负极和固态锂（离子）电池技术也将会引起越来越多的关注，并最终实现商业化应用。

6.3 新电池体系电池技术发展趋势

新能源汽车是当前我国优先发展的支柱性产业，是国家科技和产业发展的重要方向，担负着保障国家能源安全、降低环境污染和汽车行业快速发展等多重责任。我国制定的《节能与新能源汽车产业规划（2011—2020）》中指出，纯电动汽车、混合动力汽车是未来发展的重要方向，动力电池是其中的关键技术。工业和信息化部会同发展改革委、科技部、财政部等有关部门于2017年2月20日联合印发了《促进汽车动力电池产业发展行动方案》，明确提出到2020年，新型锂离子动力电池单体比能量超过300W·h/kg，系统比能量力争达到260W·h/kg，成本降至1元/瓦时以下；到2025年，新体系动力电池技术取得突破性进展，单体比能量达500W·h/kg。

然而，目前商用锂离子电池能量密度已达瓶颈，且液态有机电解质存在易泄漏、易腐蚀、易燃烧等安全隐患。全固态锂电池相对于液态锂离子电池来说具有显著的优点。

① 相对于液态有机电解质来说，固态电解质不燃、不泄漏、不挥发，一方面从根本上保证电池的安全性；另一方面可以避免由于长期循环，液态电解质干涸导致的电池寿命短的问题。液态电解质在高温（45℃以上）下会发生分解，而固态电解质可以在较宽的温度范围内保持稳定，因此，全固态锂（离子）电池即使在高温下也可以保持良好的工作状态。采用固态电解质可以有效地阻挡锂枝晶的生长，一方面保证电池的安全性，另一方面使用金属锂作负极成为可能，可大幅提升电池的能量密度。

② 全固态锂（离子）电池体系中，省去了液体电解质和隔膜，简化电池的制造步骤，减少了非活性成分，还可以将固态电解质制备成超薄薄膜，从而提升电池的能量密度。

③ 全固态锂（离子）电池由于没有流动的电解液，可以先串联后包装，减少非活性材料（电池包装）的含量，提升电池包的总体能量密度，因此，固态锂（离子）电池已成为下一代锂离子电池的重要发展方向之一[21]。

除了固态锂离子电池之外，更高能量密度的新型电化学储能体系也对正负极材料提出了全新的要求。负极侧最理想的备选材料是金属锂，因为其具有较小的密度、最低的氧化还原电位（-3.04V $vs.$ H/H$^+$）和较大的理论容量（3860mA·h/g）。正极侧现有过渡金属氧化物成本高、能量密度达到极限，而采用硫及空气密度更轻、比容量更高、成本更低[22,23]。因此，出于提高电池能量密度的考虑，锂硫电池和锂空电池的研究开始升温。

锂硫电池研究最早起源于20世纪70年代，但是一直以来锂硫电池的实际容量不高、衰减严重，并未受到重视。2009年，Linda F. Nazar课题组报道了硫碳复合物作为锂硫电池正极材料获得较好的循环性和非常高的放电容量，掀起了锂硫电池研究的热潮。锂硫电池主要使用单质硫或硫基化合物为电池正极材料，负极主要使用金属锂[24]。其中以正极材料为单质硫（主要以S$_8$环形态存在）计算，其理论比容量为1675mA·h/g，理论放电电压为2.287V，理论能量密度为2600W·h/kg。充放电时，电极反应如下：

正极：S$_8$(s) +2e$^-$+2Li$^+$ ══ Li$_2$S$_8$；

Li$_2$S$_8$+2e$^-$+2Li$^+$ ══ 2Li$_2$S$_4$；

Li$_2$S$_4$+2e$^-$+2Li$^+$ ══ 2Li$_2$S$_2$(s)；

Li$_2$S$_2$(s) +2e$^-$+2Li$^+$ ══ 2Li$_2$S(s)

负极：Li ══ e$^-$+Li$^+$

总反应：S$_8$(s) +16e$^-$+16Li$^+$ ══ 8Li$_2$S(s)

如上所述，锂硫电池中，正极材料的反应是一个多电子、多步骤的逐级反应。在第一个电压平台2.4～2.1V，固态单质硫S$_8$与Li$^+$经多步反应最终生成可溶性Li$_2$S$_4$。这一过程由于有液态物质生成，所以反应速度较快。接着进一步放电，在2.1V电压平台处，可溶性Li$_2$S$_4$转化成不溶性的固相Li$_2$S$_2$，最后进一步生成终产物固相Li$_2$S。这一阶段由于固体生成，离子扩散变慢，所以反应速度较缓。因此，锂硫电池充放电时是通过单质硫历经多硫化锂Li$_2$S$_x$（x=2～8）过程生成硫化锂，不通过锂离子在正负极材料之间的往返脱嵌，受电极材料的锂离子脱嵌能力影响小。

锂硫电池具有以下优势：理论容量高、无析氧反应、硫资源丰富且单质硫价格低廉。

然而锂硫电池也有以下问题，不利于其实际应用。

① 离子和电子导电性差：单质硫中8个硫原子相连，组成冠状S$_8$，属电子、离子绝缘体，室温电导率仅为5×10^{-30}S/cm。且产物Li$_2$S$_2$和Li$_2$S也电子绝缘，导致倍率性能不佳。

② 体积膨胀问题：硫在完全充电时体积膨胀达76%，造成正极材料结构被破坏，影响活性物质稳定性，容量衰减。

③ 多硫化锂穿梭效应：充放电过程中来自正极的长链多硫化锂会溶解在电解液中，穿过隔膜到负极，并被还原成短链多硫化锂和不可溶的Li$_2$S$_2$、Li$_2$S，腐蚀负极。而可溶性的多硫化锂还会穿过隔膜重新回到正极。此穿梭效应导致锂硫电池的活性物质自放电、材料库仑效率不高[25]。

锂空气电池是金属空气电池的一种，其理论比能量非常高。不计算氧气质量的话，为11140W·h/kg，实际上可利用的能量密度也可达1700W·h/kg，远高于其他电池体系。锂空气电池按使用的电解液状态不同，主要可分为水体系、有机体系、水-有机混合体系及全固态锂空气电池。以有机体系为例，原料O$_2$通过多孔空气电极进入电池内部，在电极表面被催化成O_2^-或O_2^{2-}后与Li^+结合生成过氧化锂(Li_2O_2)或氧化锂(Li_2O),沉积在空气电极表面。当所有的空气孔道都被产物堵塞后,电池放电终止[26]。其电极反应如下:

正极:$O_2+2e^-+2Li^+ = Li_2O_2$;$O_2+4e^-+4Li^+ = 2Li_2O$

负极:$Li = Li^++e^-$

总反应:$2Li+O_2 = Li_2O_2$(2.96V);$4Li+O_2 = 2Li_2O$(2.91V)

锂空气电池具有超高能量密度、环境友好、价格低廉等优势,但其研究尚处于初级阶段,存在许多棘手问题,影响其实际应用,例如:

① 空气电极孔道堵塞。由于放电生成不溶于电解液的Li_2O和Li_2O_2,会堆积在空气电极中,阻塞空气孔道,最终导致空气电极失活。

② 正极反应需要催化剂,若放电过程没有催化剂参与,则氧气还原非常慢。而充电过程中电压平台达到4V易造成电解液分解,也需要使用适当催化剂来帮助电池反应。

③ 锂空气电池是开放体系,有一系列棘手的问题需要解决,如电解液挥发、氧化,以及金属锂与空气中的水分和CO_2反应等。

因此,锂空气电池虽然取得了一些进步,但要真正应用还任重而道远。

除了锂离子电池之外,其他金属离子电池也受到了广泛关注和研究,其中就包括钠离子电池、多价金属离子电池等[27-30]。钠离子电池的工作原理与锂离子相似:充电时,Na^+从正极材料中脱出,在电池内部经过电解液嵌入负极材料,而电子则通过外电路转移到负极,保持电荷平衡;放电时该过程相反。与锂离子电池相比,钠离子电池既有优势也有劣势。优势是资源丰富,钠元素约占地壳元素储量的2.64%,且价格低廉,分布广泛。劣势是技术门槛比锂电要高,其核心材料、组装工艺等无法通过简单的技术移植实现。另外,钠离子电池的体积比能量、比功率不如锂电,未来还有继续提升的空间。因此,钠离子电池方兴未艾,还没有大规模推广开来。然而,早在20世纪80年代,钠离子电池和锂离子电池就已经同时被研究,只是由于锂离子电池的率先成功商业化及更优越的性能,钠离子电池的研究才逐渐放缓。当前,能源领域正处于一场巨大的变革中,储能在未来电力系统中将扮演不可或缺的角色。随着电动汽车、智能电网时代的到来,锂离子电池的持续发展会受到锂资源短缺的瓶颈制约。而不同的技术路线都有属于自己特定的细分市场。与锂相比,钠储量丰富、分布广泛、成本低廉,并且与锂具有相似的理化性质,因而钠离子电池的研究再一次受到科研界和工业界的广泛关注。钠离子电池在公交系统、低速电动车领域、可再生能源消纳、分布式储能电站、削峰填谷等领域的应用价值受到越来越多的重视,随着钠离子电池研发技术的进步及工序成本的降低,其未来市场值得期待。

目前多价金属离子电池尚未实现商业化,处于研究阶段,对多价金属离子电池的研究主要集中在Mg、Ca、Al、Zn电池,其中Mg离子电池的研究占据了约81%[31]。多价离子电池具有以下优势:①多价离子电池直接以金属作为负极材料,能量密度提升空间大;②镁、铝负极在电池循环过程中不会产生金属枝晶,安全性大大提高,锌金属电极会产生枝晶,但是在水系电解液体系中,安全性会大大提高;③多价离子充放电过程中,一个多价金属阳离子可以携带更多的电荷,当正极材料提供相同数量的嵌入位点时,多价离子电池相比锂离子电池可以提供更多的电能。多价离子电池目前存在的主要挑战如下：①多价离子半径小、电荷大，其极化效应极强，在充放电过程中，多价离子嵌入正极材料时，易与材料中的阴离子发生较强的库仑吸引，使材料的结构受到较大的影响，也不利于多价离子的快速迁移；②电解质方面，寻找可以使多价离子在金属负极上顺利沉积溶解的配位阴离子基团始终是一个巨大挑战；③需要寻找对于高价金属离子具有高稳定性、高导电性的电解液。

锂离子电容器作为一种新型的储能器件，它将双电层电容器的物理吸附反应和锂离子电池的氧化还原反应结合到了一起，是一类兼具双电层电容器的长寿命与锂离子电池的高能量密度优势的储能元件。锂离子电容器的能量密度小于锂离子电池，但输出密度高；单体体积的能量密度较双电层电容器的容量大得多，是后者的2~4倍。在电压方面，锂离子电容器的最高电压可达到4V，与锂离子电池相近，而比双电层电容器高出许多，同时在自放电方面比两者都小。锂离子电容器的正极是活性炭，即使内部短路会与负极发生反应，也不会与电解液反应，理论上，会比锂电池安全得多。但锂离子电容器即使降低正极电位，单元自身的电压也不会大幅下降，因此可确保容量，具有较长的寿命。另外，锂离子电容器可以在正极电位远离氧化分解区域的位置使用，因而高温性能出色。其工作原理与锂离子电池、超级电容器有所不同，有望在新能源汽车、太阳能、风能等领域得到广泛的应用。

6.4 车型导向动力电池趋势与战略

6.4.1 世界各国电动汽车发展规划

6.4.1.1 全球电动汽车市场现状及趋势

近年来，全球电动汽车市场正以较快的速度成长，电动汽车产销量均有明显提升。2014年全球市场共销售353522辆电动汽车；其中，电动乘用车323864辆，占比91.61%（电动乘用车指"双80"车，即最高时速80km/h以上，同时一次充电续航里程80km以上）；电动客车及电动专用车29658辆，占比8.39%。2020年全球新能源车销量突破300万辆。2020年全球电动汽车企业销量排行如表6-1所示[32]。

表6-1 2020年全球电动汽车企业销量排行榜前20名

排名	品牌	2020年12月销量（辆）	2020年总销量（辆）	市场占比（%）	排名	品牌	2020年12月销量（辆）	2020年总销量（辆）	市场占比（%）
1	特斯拉	91393	499535	16	12	起亚	10230	88325	3
2	大众	54123	220220	7	13	标致	8838	67705	2
3	比亚迪	27869	179221	6	14	日产	8590	62029	2
4	上汽通用五菱	43038	170825	5	15	广汽	7229	61830	2
5	宝马	26083	163521	5	16	长城汽车	12812	57452	2
6	奔驰	32248	145865	5	17	丰田	6385	55624	2
7	雷诺	26898	124451	4	18	奇瑞	8692	45599	1
8	沃尔沃	17574	112993	4	19	保时捷	5662	44313	1
9	奥迪	16572	108367	3	20	蔚来	7007	43728	1
10	上汽	20872	101385	3		其他	123808	675359	22
11	现代	15282	96456	3		合计	571475	3124793	100

可以发现，美国、欧盟、中国、日本仍然在全球电动汽车市场中位居前列。美国的通用、福特、特斯拉公司，日本的丰田、日产及本田公司，欧洲的宝马、奔驰、雪铁龙公司等都在电动汽车的研制与开发上呈现出很强的实力。

从全球主要汽车生产厂家的销量和发展计划来看，目前，"低排放"汽车（主要指混合动力汽车）经过长时间的发展，技术最为成熟，已进入快速增长期，其销量、增幅和占比都远远高于其他车型；随着动力电池性能的提升及充电基础设施建设的完善，"零排放"汽车（主要指纯电动汽车）也逐渐走上产业化的道路，特别是小型的纯电动汽车更是发展迅速；燃料电池汽车在技术和经济方面仍存在诸多瓶颈，其大规模推广还存在相当的距离。

目前，世界主要国家政府都制定了电动汽车中长期发展战略规划，预计电动汽车市场会在未来10年内持续增长，成为拉动经济发展的新的增长点。

6.4.1.2 全球主要新能源汽车企业

2019年，共有两款车型的年度销量破10万辆，分别是特斯拉Model 3和北汽EU系列，而特斯拉Model 3的销量几乎是EU系列的3倍。就2019年12月单月销量来看，Model 3实现了史上最高销量纪录，达53742辆。此外，北汽EU系列也刷新了销量纪录，是除特斯拉之外第二家月度销量超出20000辆的车型。

特斯拉再次成为最受欢迎的电动车品牌，年度销量超366000辆，与第二名比亚迪之间的销量差距从2019年的18000辆扩大至近14万辆。2019年12月，特斯拉的销量达63148辆，创历史新高。

中国企业比亚迪、上汽和北汽分别位列第2、3、4名。虽然比亚迪2019年12月的销量排名仅为第7名，但是借助前期的积累，依然获得了全年第2名的成绩。上汽2019年12月也实现了最好的电动车销量纪录，总量超过18000辆。此外，位列第5名和第6名的宝马和大众也在2019年的最后一个月实现了最好的月度销量纪录。

在其他中国品牌中，广汽和东风2019年12月的销量均创新高，年度排名分别为第15名和第18名；江淮也借助34494辆的年度销量，位列第20名。也正是由于东风进入TOP20榜单，把雪佛兰"挤出"了榜单，仅排名21名。

6.4.1.3 全球电动汽车发展前景

汽车电动化是世界汽车工业未来转型的方向，各国有关机构相继发布电动车2020—2030年的销量、份额等有关预期，如表6-2所示[33]，通过为电动汽车的应用指定目标，向制造商和其他工业利益攸关方提供明确信号，建立对未来政策的信心，从而调动社会有关投资。

此外，美国（加州）、德国、法国、英国、荷兰、挪威、印度等多个国家或地区制定了燃油汽车禁售时间表，大多在2025—2030年，汽车动力也将随之发生革命性变化。根据壳牌公司的研究预测，电力、氢能源将从2030年前后开始逐步"接管"汽车能源市场，2040年、2060年使用量将分别占20%和60%以上，2070年乘用车市场将全面摆脱对化石燃料的依赖，电动汽车将得到全面普及。

表6-2　2020—2030年各国对电动汽车的发展目标

国家或地区	2020—2030年电动车目标
中国	2020年实现500万辆电动汽车，包括460万辆轻型乘用车、20万辆公交车和20万辆卡车；2020年新能源汽车积分比例达到12%；电动汽车销售份额：2020年达到7%~10%，2025年达到15%~20%，2030年达到50%
欧盟	到2025年电动汽车销售额增长15%，到2030年达到30%（超过这些基准标准允许汽车制造商采用不很严格的特定二氧化碳排放目标）
芬兰	2030年达到25万辆电动车
法国	计划目标正在审核
印度	2030年电动轿车销售达到30%的市场份额，2030年实现100%纯电动公交车销售
爱尔兰	2030年实现100%电动车销售，2030年总数量达93.6万辆
日本	2030年实现20%~30%电动车销售
荷兰	2020年实现10%电动轿车市场份额；2030年实现100%电动乘用车销售；2025年实现100%电动公交销售，2030年实现公交全电动化
新西兰	2021年达到6.4万辆电动车
挪威	2025年实现100%电动乘用车、公交销售，2030年实现75%长途巴士销售份额
韩国	2020年达到20万辆电动乘用车
斯洛文尼亚	2030年实现1005电动轿车销售
英国	2020年达到39.6到43.1万辆电动轿车
美国	8个州2025年前达到330万辆电动车，10个州2025年实现乘用车和轻型卡车零排放车辆措施，加州2025年达到150万辆电动车和15%的占比

6.4.1.4　全球各电动车企业发展路线图

下面将综述世界各主要电车公司在电动汽车发展的路线图，统计它们在技术、成本、安全、性能等各方面的指标及发展规划。由于美国、欧盟、中国、日本仍然在全球电动汽车市场中位居前列，下面将分不同地区进行综述。

（1）美国主要电动车企业发展路线图

美国主要的电动车企业有特斯拉、法拉第未来和Lucid Motors等。美国能源部在2017年发布了电动汽车发展2025年路线图规划，他们曾在2013年发布过2020年路线图，相比2013年的报告，2017年的报告提出了电动汽车新的路线图。这份路线图是一个名为U.S. Drive的组织撰写的，这个组织同时具有政府背景和企业背景，代表了美国在新能源汽车领域的顶尖技术力量。

2020—2025年，电控、电机发展路线图主要是从效率、功率密度、成本方面做出指标要求，如图6-5和图6-6所示。

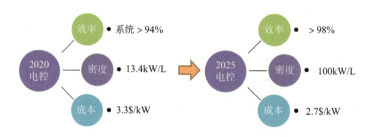

图6-5　电控发展路线图

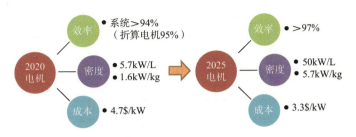

图6-6 电机发展路线图

由图6-5和图6-6可知,在电机效率、功率密度、成本方面都有较大的提升,不仅如此,在可靠要求方面,也从2020年的15年/15万英里提高到了2025年的15年/30万英里。

这份路线图核心的要求是成本和功能密度,因为这关系到电动汽车总体商业目标的实现。根据图6-5的描述,在2020年,峰值功率为100kW的驱动系统,总成本要求为8美元/kW,至2025年,该指标要求需降低至6美元/kW。相应电控的要求在2025年降低至2.7美元/kW,电机需为3.3美元/kW。

在功率密度方面,美国电动车更侧重对功率体积比的定义,而不是我们熟悉的功率重量(kW/kg),他们认为体积涉及汽车的有效空间利用和乘客体验,从商业层面上功率体积比功率重量比更重要。并且,重量并不是乘客能够直接感知的,但是车辆的有效使用空间却非常直观。

表6-3所示为汽车驱动系统技术目标。表中规划了驱动系统成本和功率密度规划,2025年驱动系统成本要降低到6美元/kW,相比2020年的8美元/kW降低20%。2025年功率密度要达到33kW/L,远高于2040年的4kW/L的指标,提高幅度高达88%。

表6-3 汽车驱动系统技术目标

年 份	2020	2025	变化
成本($/kW)	8	6	成本降低25%
功率密度(kW/L)	4.0	33	容量降低88%

表6-4所示为电控系统指标分解:电控系统要从2020年的13.4kW/L提高到2025年的100kW/L,提高了7.46倍。同时,成本要从3.3$/kW降低到2.7$/kW。

表6-4 汽车电控系统技术目标

年 份	2020	2025	变化
成本($/kW)	3.3	2.7	成本降低18%
功率密度(kW/L)	13.4	100	容量降低18%

表6-5所示为电机指标分解:电机功率要从2020年的5.7kW/L提高到2025年的50kW/L,成本要从4.7美元/kW降低到3.3美元/kW。相比于2020年,2025年电控成本要降低18%,电机要降低30%,电控和电机的功率密度要求大幅提升。对整个驱动系统来说,美国能源部要求从2020年的4kW/L提高到2025年的33kW/L,意味着功率体积要在5年间提升8.25倍。

表6-5 汽车电机系统技术目标

年份	2020	2025	变化
成本($/kW)	4.7	3.3	成本降低30%
功率密度(kW/L)	5.7	50	容量降低89%

U. S. Drive统计了2017年领先企业的技术指标,其平均水平如表6-6所述,在功率密度方面有了长足的进步,基本达到了2015年的要求,但成本仍然偏高,可见成本是关键之中的关键。

表6-6 汽车电力电子和电机系统2015年数据和2025年的技术目标对比

行驶状态	2015年电机	2025年目标	2025 vs. 2015
电力电子			
成本($/kW)	5	2.7	−34%
功率密度(kW/L)	12	100	+733%
电机系统			
成本($/kW)	7	3.3	−53%
功率密度(kW/L)	5	50	+900%

更进一步我们对照控制器和电机的目标成本目标模型,100kW的控制器,功率模块和驱动模块成本需要达到59美元和60美元,功率模块成本占比需要从39%降低到23%,如图6-7所示。

在电机方面,一个100kW的电机总成本为330美元,其中磁钢的成本为13美元,占比从8%降低到4%,如图6-8所示。

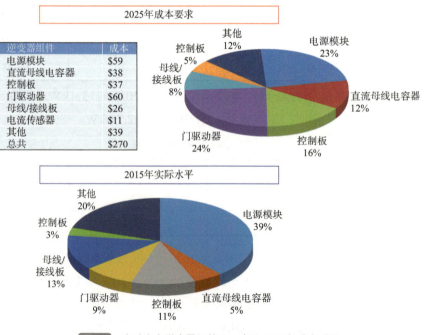

图6-7 电动汽车逆变器组件2015年和2025年成本对比

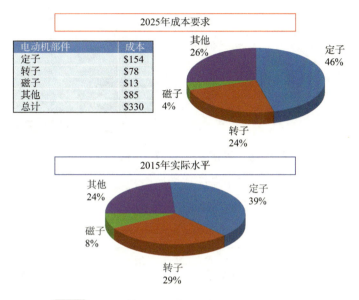

图6-8 电动汽车电机系统2015年和2025年成本对比

美国能源部的这份报告并不是依据现有技术向前推论得到技术发展路线,而是根据市场趋势和新能源车销量占比来确定主要指标,反推得到数据。其假设前提条件是要在2025年达到纯电动汽车在汽车市场占比10%,在2040年占比35%的目标(见图6-9),必须在成本和体积效率上有更大的突破,从而获得相对传统汽车的竞争力。从市场到产品,从汽车总产品再到电机电控子产品,一级一级往下分,这是令全行业都敬畏的数字。

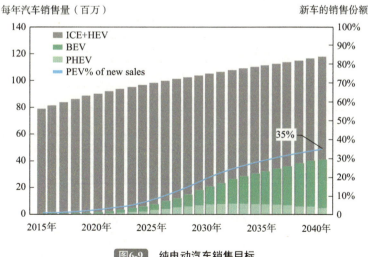

图6-9 纯电动汽车销售目标

目前来看这一指标是几乎无法达到的,但橡树岭实验室就在2017年开发出一款电机产品,如图6-10所示,功率密度、成本都能超过2020年的要求。这款电机是铁氧体永磁同步电机,转子采用双层SPOKE结构,经过测试,这款峰值功率为103kW的电机,转矩密度比prius2010提高了10%,最高转速提高了20%。

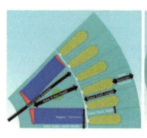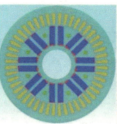

图6-10 橡树岭实验室新研发电机产品示意图

如果以9000r/min 103kW的峰值工况计算，该电机功率密度达到10.3kW/L，成本降低到4.4美元/kW，实现了2020年定的目标，如表6-7所示。

表6-7 模拟和测试数据统计

速度（r/min）	最高功率（kW）	功率密度（kW/L）	比功率（kW/kg）	成本（低）（美元/kW）	成本（高）（美元/kW）
2022（DOE目标）	55	5.7	1.6	4.7	4.7
2800（模拟）	60.8	6.08	1.83	3.3	7.4
4500（模拟）	93.5	9.35	2.81	2.1	4.8
9000（模拟）	103	10.3	3.10	1.9	4.4

当然离2025年的目标还有差距，但后续的电机方案已经在优化中。在下一代产品中，功率密度会提高50%，达到16.2kW/L、4.5kW/L；转矩密度达到32N·m/L、8.9N·m/kg，如表6-8所示，有了较大的提高。

表6-8 下一代电机方案

	ORNL DWF³（6.5L）	ORNL DWF³（6.8L）	2010 Toyota Prius（6.7L）
层压质量	15.4kg	17.0kg	14.7kg
铜质量	3.6kg	4.0kg	4.9kg
磁铁质量	1.8kg	2.0kg	0.8kg
轴质量	2.1kg	2.3kg	1.6kg
总质量	22.9kg	25.3kg	22.0kg
最大扭矩	205N·m	225N·m	200N·m
扭矩密度	32N·m/L	33N·m/L	30N·m/L
比扭矩	8.9N·m/kg	8.9N·m/kg	9.1N·m/kg
功率	105kW 51kW	105kW 48kW	60kW 40kW
功率密度	16.2kW/L 7.8kW/L	16.2kW/L 7.8kW/L	9.0kW/L 6.0kW/L
比功率	4.5kW/kg 2.2kW/kg	4.1kW/kg 1.9kW/kg	2.7kW/kg 1.8kW/kg

为了实现目标，DOE给出的路线图中也给出了相应的技术路线，大致包括3个方面，如图6-11所示。

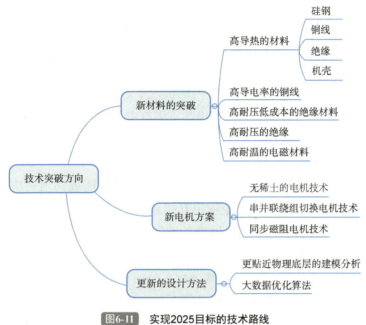

图6-11　实现2025目标的技术路线

第一类是新材料的应用，高导热的材料能够提高传热能力，高耐温的材料（如陶瓷绝缘铜线）能够提高耐热等级，两者一整合就能大幅度降低电机的体积，提高功率密度。

第二类是新电机方案的创新，如无稀土电机技术能够降低电机成本，串并联切换绕组方案能够解决高低速效率平衡问题。

第三类是新建模方法和新优化方法的发展。另外，优化工作量也越来越大，如何快速而精确地进行大数据计算等都是需要继续探索的方向。

美国制定路线图的目的就是强力推动企业技术创新，DOE明确宣称：2025年的目标是现有技术无法实现的。从2015年到2020年需要一次技术突破，从2020年到2025年还需要一次技术突破，只有勇于向前的企业才能脱颖而出。

（2）欧洲主要电动车企业发展路线图

步入21世纪后，电动汽车行业在欧洲迅速发展。在一些起步较晚的国家，如荷兰、挪威等，电动汽车发展尤其迅猛，电动汽车保有量持续增加。据欧洲汽车制造商协会（ACEA）数据显示，2014年欧盟28个成员国加上自由贸易联盟国家的电动车销量达到97791辆，同比增长50.3%，挪威、英国等国家甚至实现成倍增长。

与美国相比，欧洲更崇尚纯电动汽车。1990年，欧洲"城市电动车"协会成立，旨在帮助各城市进行电动汽车可行性研究、安装必要设备和指导其运营。至今在欧共体组织内已有60座城市参与，帮助各城市进行电动汽车可行性的研究和安装必要的设备，并指导城市的电动汽车运营。

其中最为成功和著名的就是电动标致106车型，这种以镍镉蓄电池为动力的电动汽车已经在欧洲各国，尤其是在政府部门当中拥有大量的用户。这与法国政府给予纯电动汽车高度重视和支持，出台了许多鼓励研发和生产产业化的优惠、支持、补贴和扶持政策密切相关。

1995年底，欧洲第1批电动汽车实现批量生产，1996—2000年，欧洲电动汽车从5890辆增长到16255辆，其中法国、瑞士和德国处于前列。

进入21世纪后，欧洲电动汽车产业快速发展，到2014年底欧盟各国电动汽车保有量均大幅增长。欧洲的汽车企业也纷纷在传统内燃机汽车的技术优势基础上推出了自己的插电式混合动力和纯电动汽车品牌，如雷诺推出的雷诺ZOE、雷诺KangrooZOE、雷诺twizy三款纯电动汽车，宝马推出的纯电动跑车i3、插电式混合动力跑车i8，大众推出的插电式混合动力车辆高尔夫"TwinDrive"等。

虽然纯电动汽车在欧洲取得了一定的发展，但由于没能成功地解决续航里程短的问题，商业化进程相对缓慢，因而部分企业也开始致力于其他清洁能源车的开发和产业化。从销量上看，近年来，混合动力车型在欧洲的销量大幅增长，2013年仅丰田公司一家企业的混合动力车型就在欧洲销售了15.7万辆。

法国政府、法国电力公司、标致-雪铁龙汽车公司和雷诺汽车公司签署协议，共同承担开发和推广电动汽车，共同合资组建了电动汽车的电池公司——萨夫特（SAFT），该公司承担电动汽车的高能电池的研究和开发，以及电池的租赁和维修等工作。但还是没有成功地解决一次充电后的续驶里程短的问题，因此，也没有进行更大规模的扩张，而是更多地转向清洁柴油车的产业化。

目前，还有一些机构继续在进行纯电动汽车的研究开发，例如，体现法国政府意向的法国重要的国有企业，法国电力公司与达索集团签约了纯电动汽车的合作开发项目。追随法国进行理论研究和产品开发的是比利时，主要集中在高等院校之中，如布鲁塞尔和列日（Liege）大学。

但是比利时没有自己的汽车工业，没有很多的企业投资，只有有限的政府资助，缺乏实际运用效果。此外，还有意大利着重两轮纯电动车的研发和运营，瑞士则侧重研究超级电容器，尤其是电动城市轻轨方面的研究。

下面将以德国为例进行具体说明，近年来，德国政府高度重视新能源汽车产业工作，先后制定、出台了一系列政策，并采取了多项措施，大力发展和推广电动汽车。德国经济和技术部，德国联邦交通、建设与城市发展部，德国环境、自然保护与安全部及德国联邦教育和科研部作为电动车职能部门，负责协调、监督电动汽车国家计划的执行情况。2007年12月，《能源气候一体化纲要》将促进电动汽车发展列为联邦政府的工作目标。随后，德国经济部、交通运输部、环保部和教研部联合成立了电动汽车工作小组。2008年6月，支持电动汽车首次进行实验性运营。2008年11月，召开"电动汽车国家战略会议"。2009年1月，德国出台《一揽子经济刺激计划Ⅱ》，提出2009年到2011年，联邦政府为研发和推广电动汽车提供5亿欧元资金支持。2009年9月，德国发布《国家电动汽车发展计划》。

《国家电动汽车发展计划》是德国发展电动汽车的纲领性文件，具有重要的战略意义。该计划将发展纯电动汽车和插电式混合动力汽车作为主要技术路线，提出了德国发展电动汽车的目标，即到2020年，在德国行驶的电动汽车总量达到100万辆，并在重要的人口密集区建成全覆盖的充电基础设施；到2030年，德国电动汽车数量超过500万辆；到2050年，德国城市交通基本摆脱化石燃料。德国联邦政府希望通过发展电动车，实现交通文化和城市空间规划方面的突破。

德国的发展路线雄心勃勃，技术领先，具体如下。

① 领跑电动汽车产业，确保德国汽车产业的领军地位。与日本相比，德国在发展电动汽车方面起步较晚，在混合动力汽车方面落后于日本，所以，德国政府加大马力主攻电动汽车和插电式混合动力汽车，力争在世界电动汽车市场占据领先地位。德国政府希望通过推行《国家电动汽车发展计划》，掀起电动汽车研发热潮，提高德国电池系统的生产能力，努力发展成为世界电动汽车市场的领头军。另外，德国希望借助电动汽车的发展契机，创立新型的商业模式，推出新型产品和服务，为汽车工业提供新的改革动力；建立标准与规范、促进电动汽车的国际化，也是德国一直追逐的目标。德国意识到国际标准化是未来竞争力的根基，所以大力推进国际标准化活动。2010年9月下旬，德国汽车生产商奥迪、宝马、保时捷和大众公司，联合提出了电动汽车充电用模块连接器系统集成的全球标准。

② 借助电动汽车，实现能源结构和城市规划的变革。德国采用能源、交通和环境相结合的整体解决方案发展电动车，在倡导发展电动车的同时，着手调整清洁能源在能源总消耗量中的比例，并力争在城市规划方面发展突破。

德国政府在《国家电动汽车发展计划》中指出，对电动汽车的电池进行有效利用，能够提高电力供应的整体效率。电动汽车可以对电力负荷起到削峰填谷的作用。汽车电池中存储的大量电能可以减少电力波动带来的不利影响，促进可再生能源在整个系统中的进一步开发利用。

另外，德国政府希望借助电动汽车，建立新的交通文化，在城市规划和空间规划方面实现突破。例如，要解决电动车充电问题，城市的充电站与高速公路充电站分布需要重新规划，联网充电的计费系统需要重新设计。电动汽车对于德国的能源和交通领域是一次质的变革，德国将通过发展推广电动汽车，为未来的交通和城市规划确立正确的方向。

（3）日韩主要电动车企业发展路线图

2010年4月，日本公布《新一代汽车战略2010》，到2020年在日本销售的新车中，实现电动汽车和混合动力汽车等"新一代汽车"总销量比例达到50%的目标，并计划在2020年前在全国建成200万个普通充电站、5000个快速充电站。"两条腿走路"是日本新能源汽车战略的重要特征，日本政府既将提升内燃机汽车性能作为日本汽车产业的生命线，又下大力气推动新一代汽车及零部件的研发和生产。日本逐渐形成一种以"新一代汽车战略"为主线，以税收优惠、购车补贴、贷款支持等财税政策为支撑的电动汽车发展体系。

2009年10月，韩国只是经济部发布《电动汽车产业发展方案》，决定2011年正式启动电动汽车的批量生产，使之成为带动韩国经济增长的新动力，提出了电动汽车产业目标，即2011年创建电动汽车量产体系，2015年占据10%的世界电动汽车市场，2020年韩国国内小型电动车普及率达10%。2010年6月，韩国政府推出了"绿色车辆综合推进路线图"计划，提出了"三步走"战略，即到2015年韩国成为世界绿色车辆四强；到2020年韩国绿色车辆自立；到2030年韩国进入世界绿色车辆三强。2010年12月，韩国发布《绿色汽车产业发展战略及任务》，形成了发展绿色汽车的具体策略。

1）日本电动车发展路线图：部署全面，优势明显

① 获取以亚洲为中心的新兴国家市场份额。世界汽车市场将会围绕以金砖四国等新型市场为中心，保持持续增长的趋势，这为日本的汽车产业提供了广阔的市场发展空间。为此，为保障日本及世界内燃机汽车市场中日本汽车厂商的竞争力，日本《新一代汽车战略2010》在重视电动汽车开发的同时，倡导发展轻型化、低油耗的内燃机汽车，以保证并扩大以亚洲为中心的新兴国家的市场份额。现在，已经有日本汽车厂商着手开发等同于混合动力汽车油耗的内燃机汽车。

② 着眼技术与标准，发展成为"新一代汽车研发与生产基地"。随着全球范围内的人才流动和IT技术的深度应用，新兴国家汽车技术水平与工业水平不断提升，在技术追赶、产量扩大和低成本化方面发展迅速。在汽车领域保持技术的优越性和对外的竞争能力，是日本政府的一个长期目标。

在蓄电池性能与安全、充电基础设施、智能电网等领域，新一代汽车的基础性研究和标准化讨论正在国际间开展。但对于德国，日本汽车的国际标准化研究体制较为分散，国际标准化人才缺乏，在国际标准化方面的话语权减少。在这一背景下，日本计划与其他国家政府部门或研究机构等建立战略性合作关系，推荐基础领域研究与国际标准化进程。

2）韩国电动车发展路线图：聚焦优势，强调市场

① 促进高端技术的自主研发，实现零部件国产化。世界主要汽车生产厂家在各国对电动汽车开发、普及提供的积极支持下，相继提出了电动汽车发展计划，使得电动汽车的市场发展日趋明朗。由于韩国汽车生产企业在混合动力汽车方面起步较晚，核心技术的保有、研发能力相对落后，所以，韩国希望在电动汽车整车的研发、核心技术的保有及零部件的核心技术（尤其是电池技术）等方面奋起直追，成为世界电动车生产强国。韩国制订了绿色汽车产业综合培育政策，提出了核心零部件的研发目标，即到2015年燃油电池电动汽车的电池组达到100%的国产化；到2012年实现清洁柴油汽车核心零配件的100%国产化，并在2013年实现量产。

② 创造就业岗位，扩大市场份额。除了努力实现零部件的国产化，韩国政府希望借助发展绿色汽车，创造更多的就业岗位，并扩大韩国制造在国内、国外的市场份额。韩国在《绿色汽车产业发展战略及任务》中明确提出了发展绿色汽车的就业目标和市场目标：从2011到2020年共创造就业岗位15万个，国内市场达110兆韩元，出口市场达287兆韩元。

（4）中国主要电动车企业发展路线图

1）需求

新能源汽车的大规模发展是有效缓解我国能源与环境压力，推动汽车产业技术创新与转型升级的重要战略举措。近年来，新能源汽车呈现快速发展态势。2014年中国新能源汽

车销量7.5万辆，同比增长3.2倍，是全球第二大新能源汽车市场。随着新能源汽车在家庭用车、公务用车和公交客车、出租车、物流用车等领域的大量普及，2020年中国新能源汽车的年销量将达到汽车市场需求总量的5%以上，2025年增至20%左右。在国家碳排放总量目标和一次能源替代目标需求下，2030年新能源汽车销量占比将继续大幅提高，规模超过千万辆。中国的新能源汽车的重点发展产品及其技术和成本等指标综述如下。

2）新能源汽车发展规划目标

2020年，初步建成以市场为导向、企业为主体、产学研用紧密结合的新能源汽车产业体系。自主新能源汽车年销量突破100万辆，市场份额达到70%以上；打造明星车型，进入全球销量排名前10，新能源客车实现规模化出口，整车平均故障间隔里程达到2万千米；动力电池、驱动电机等关键系统达到国际先进水平，在国内市场占有率达80%。

至2025年，形成自主可控完整的产业链，与国际先进水平同步的新能源汽车年销量300万辆，自主新能源汽车市场份额达到80%以上；产品技术水平与国际同步，拥有2家在全球销量进入前10的一流整车企业，海外销售占总销量的10%；制氢、加氢等配套基础设施基本完善，燃料电池汽车实现区域小规模运行。

3）重点发展产品及技术指标

① 插电式混合动力汽车。以紧凑型及以上车型规模化发展插电式混合动力乘用车为主，实现插电式混合动力技术在私人用车、公务用车及其他日均行驶里程较短的领域推广应用。混合动力模式油耗向传统车型节油25%。

② 纯电动汽车。以中型及以下车型规模化发展纯电动乘用车为主，实现纯电动技术在家庭用车、公务用车、租赁服务及短途商用车等领域的推广应用。典型小型电动乘用车（整备质量1275kg）法规工况电耗小于11.5kW·h/km；公交客车电量消耗量小于3.2kW·h/(km·t)。

③ 燃料电池汽车。以城市私人用车、公共服务用车的批量应用为主，实现燃料电池技术的推广应用。通过优化燃料电池系统结构设计，加速关键部件产业化，大幅度降低燃料电池系统成本。

4）关键零部件技术指标

重点推进电机、电池、逆变器等关键核心零部件自主化，满足新能源汽车产业的发展需求。

① 驱动电机。自主电机研发与商品化能力达到国际先进水平，乘用车驱动电机20s有效比功率不低于4kW/kg，商用车30s有效比扭矩不低于19N·m/kg。

② 电机控制器。实现功率密度不低于25kW/L，综合性能达到国际先进水平，自主率达到60%以上。

③ 动力电池系统。电池单体比能量达到400W·h/kg以上，成本降至0.8元/(W·h)；系统成本降至1元/(W·h)。

④ 燃料电池系统及电堆。燃料电池系统体积比功率达到3kW/L，冷启动温度达到-30℃以下，寿命超过5000h，产能超过10万套。

⑤ 机电耦合装置。纯电驱动系统最高机械传动效率达到93%以上，机电耦合变速器实现高集成度专用化。

⑥ 增程式发动机。国产增程式发动机最低比油耗降至225g/(kW·h)以下，国内市场占有率达到80%。

⑦ 高压总成。直流-直流变换器（DC-DC）、充电系统效率均达到95%以上，高压继电器、熔断器实现小型化、低成本；高压铝导线实现大批量应用。

⑧ 整车控制器。整车控制器具备与全球定位系统（GPS）、地理信息系统（GIS）和智能交通系统（ITS）相结合的智能行驶控制功能，国产整车控制系统国内市场占有率达到80%，关键国产化芯片应用率达到30%，自主实时操作系统应用率达到50%。

⑨ 轻量化车身。实现复合材料/混合材料技术突破，降低成本，在新能源汽车上的应用率达到30%，自主率超过50%。

5）关键共性技术

① 整车集成技术：突破融合多信息、以能量管理为核心的整车只能控制技术、高集成度的动力系统电动化等技术难题，开发太阳能电池整车集成应用技术。

② 电驱动系统技术：突破电机与传动装置、逆变器集成，高集成电驱动系统专用变速器等技术难题。

③ 能量存储系统技术：突破宽温度、长寿命、全固态锂（离子）电池，以及低成本、高集成化电池管理等技术难题。

④ 燃料电池系统技术：突破高可靠性膜、催化剂及双极板，高可靠性供给系统及其关键部件等技术难题。

⑤ 高压电气系统技术：突破无线充电、高耐压等级薄壁绝缘层等技术难题。

6）应用示范工程

① 纯电动和插电式混合动力汽车示范工程。

② 燃料电池汽车示范工程与推广。

③ 可再生能源、智能电网、智能社区与新能源汽车示范工程与推广。

④ 新能源汽车关键零部件绿色、只能制造示范工程。

7）战略支撑与保障

① 国家层面形成产业间联动的新能源汽车自主创新发展规划，设立新能源汽车产业创新与示范基金。

② 持续可行的新能源汽车财税鼓励政策，以及企业平均燃料消耗量核算时的奖励政策。

③ 支持建立新能源汽车产业共性基础技术研究院。

④ 加大对关键核心技术的研发支持，支持形成新能源技术创新联盟，搭建产业共性技术平台。

⑤ 完善相关标准法规体系，加强监测评价能力建设。

⑥ 加强充电站、加氢站等基础设施建设。

⑦ 形成新能源汽车与智能网联汽车、智能电网、智慧城市建设及关键部件、材料等的协同发展机制。

6.4.2 动力电池下游应用概况

近年来，随着移动电子的快速发展、新能源汽车的大力推广等，全球锂电行业取得了高速发展。锂电池下游应用主要包括消费电子、动力汽车、储能电站三大类。

从锂电池的下游应用领域来看，2017年全球锂电池消费市场规模达到158.89GW·h。2011—2014年，得益于智能终端的普及，消费锂电3年间的复合增长率达到26.00%。以手机、移动电源为代表的消费市场规模达69.10GW·h，占比43.49%；2015年之后，智能手机逐步进入存量替换时代，消费锂电市场的增速也开始放缓。以电动汽车为代表的交通市场规模达到65.69GW·h，占比41.34%；储能电站方面，伴随着新能源电站弃风弃光问题的日益严重，以及企业对稳定供电的迫切需求，储能的重要性也凸显出来，储能电站建设更是列入了"十三五"规划的百大工程项目。以发电储能、移动基站电源为代表的工业储能市场规模达到24.10GW·h。而与此同时，新能源汽车开始爆发式增长，动力电池成为拉动锂电池市场需求的主要驱动引擎。2015年，动力电池的市场规模达到16.9GW·h，而2016年，则进一步增长到29.39GW·h，从体量上已经超过了传统的消费锂电。

6.4.2.1 新能源汽车领域的应用

随着各国新能源汽车市场的发展，未来新能源汽车领域的锂电池需求有望迎来爆发式增长。交通市场中动力电池部分均采用了锂离子动力电池，从电动汽车电池装机量来看，我国锂离子动力电池需求将进一步扩大。国家统计局数据显示，2019年国内新能源汽车销量超过了200万辆，同比增长61.7%，2013—2018年销量如图6-12所示。

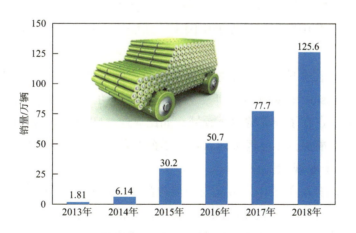

图6-12 中国新能源汽车销量统计图

如图6-13所示，根据中国汽车工业协会的数据，2016年，新能源汽车的产量占汽车总产量的比例为1.8%；新能源汽车的销量占汽车总销量的比例为1.6%。2017年1—10月，新能源汽车的产量占汽车总产量的比例为2.3%；新能源汽车的销量占汽车总销量的比例为2.1%。

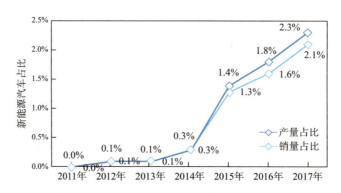

图6-13 我国汽车产销量中新能源汽车的占比图

放眼全球，新能源汽车已经成为各国未来汽车市场的大势所趋。彭博新能源财经（BNEF）发布了《2019新能源汽车市场长期展望》报告[34]。BNEF预测，到2025年左右，几乎所有主要市场的新能源汽车购置和运行成本都将比燃油车更便宜。到2040年，电动汽车将主导全球乘用车和公交车新增市场，新能源汽车在全球乘用车销量占比将达到57%，新能源公交车将占城市公交销量的81%。全球新能源乘用车销量将从2018年的200万辆升至2030年的2800万辆，到2040年将增至5600万辆。而传统能源乘用车销量将从2018年的8500万辆左右降至2040年的4200万辆。

美国2020年电动汽车保有量将达100万辆。欧盟为实现2030年的二氧化碳减排目标，新能源汽车在乘用车销量的占比处于不断攀升的态势。欧洲在2020—2030年将超越美国，成为全球第二大新能源汽车市场。日本2020年将新能源汽车的销量占总销量的比例提高到50%，2030年提高到70%[35]。中国到2025年新能源汽车的销量占总销量的比例也将达到20%甚至更高。然而，在除中国以外的发展中国家，新能源汽车的产量和销量不会呈现爆发式增长。

随着新能源汽车在全球市场需求量的极速增长，以及其在未来汽车领域的绝对优势，出现了以特斯拉（Tesla，创办于2003年）为代表的纯电动汽车品牌。另外，传统燃油汽车企业也早已将目光锁定在了新能源汽车领域，如比亚迪、NISSAN、福特、宝马、奔驰、丰田等。整体来说，新能源汽车已经被列入各大车企未来发展的重要战略规划。

6.4.2.2 动力电池企业现状

为贯彻落实《国务院关于印发节能与新能源汽车产业发展规划（2012—2020年）的通知》及《国务院办公厅关于加快新能源汽车推广应用的指导意见》，加快提升我国汽车动力电池产业发展能力和水平，推动新能源汽车产业健康可持续发展，工业和信息化部、国家发展和改革委员会、科学技术部、财政部联合印发《促进汽车动力电池产业发展行动方案》。方案指出，动力电池是电动汽车的心脏，是新能源汽车产业发展的关键。

2016年我国动力电池厂家为109家，到2017年仅剩80家。动力电池专家王子冬曾公开表示，2018年动力电池配套企业数量还会缩减一半。到2020年，动力电池企业只会剩下10到

20家。2018年6月开始实行的《关于调整完善新能源汽车推广应用财政支持政策的通知》，通过补贴措施表明了对新能源汽车电池能量密度的更高要求，低端锂电产能过剩逐步被淘汰。目前，我国动力锂电池市场的集中度已非常高，2018年我国动力锂电池前10名企业的装机量达到整体的83.16%，而前20名更是高达92.1%，这意味着排名在20名后的动力锂电池企业实际上已被边缘化，行业洗牌格局剧烈，产业链公司迎来一场"大浪淘沙"的筛选。

从2018年我国动力锂电池行业装机量企业结构来看，宁德时代占了41.21%，装机量达到23.23GW·h，同比增长133%；排在第二的是比亚迪，占了20.33%，装机量达到11.46GW·h，同比增长109%；第三名是国轩高科，占5.32%，装机量为2.99GW·h。我国动力锂电池行业高端产品之间的竞争主要集中在国内仅有的几家企业与国外企业之间，属于垄断竞争格局。随着我国政策对动力锂电池产品提出更高的要求，市场份额将进一步向头部企业集中。可以说，动力电池企业面临"下游惨淡"的局面。如何在"大浪淘沙"的企业争夺中站稳脚跟，动力电池下游客户需从技术、成本、安全、性能等方面提升电池的竞争力，如图6-14所示。

图6-14　四大指标需求

（1）动力电池技术、性能门槛提高

国内新能源汽车扶持政策始于2009年。科技部、财政部、发改委、工业和信息化部共同启动了"十城千辆节能与新能源汽车示范推广应用工程"，新能源车发展上升到国家战略的高度。这是国家支持新能源汽车的首个政策，拉开了中国新能源汽车政策的帷幕。2017年四部委联合颁布《促进汽车动力电池产业发展行动方案》[36]，方案提出，到2025年，新体系动力电池技术要取得突破性进展，单体比能量达500W·h/kg。

自2018年起，国家在技术门槛上开始驱逐低端产能，补贴进一步退坡。2018年6月12日起，实施了新的《新能源汽车推广补贴方案及产品技术要求》。在新的政策形势下，新能源整车厂对动力电池企业技术升级的要求变得更加迫切。

四部委颁布新能源汽车补贴标准，该补贴政策普遍下调了插电式混合动力乘用车、新能源客车、货车和专用车的补贴标准，下调幅度为30%～50%。纯电动乘用车最低续航里程补贴标准从100千米提高到150千米。下调了续驶里程低于300千米车型的补贴，对高于300千米续驶里程车型的补贴提升2%～14%。

客车补贴普遍下调40%左右。技术要求方面，相比于上一年的补贴政策，车辆的单位载质量能量消耗量的补贴门槛从不高于0.24W·h/(km·kg)提高到0.21W·h/(km·kg)，同时细化补贴倍数标准。非快充类纯电动客车电池系统能量密度要求从85W·h/kg提高到115W·h/kg，插电式混合动力客车节油率水平从40%提高到60%。增加插电式混合动力客车纯电续驶里程不低于50千米的要求。去掉电池系统总质量占整车整备质量比例的要求。

2017年四部委颁布《促进汽车动力电池产业发展行动方案》。方案提出，到2020年，新型锂离子动力电池单体比能量超过300W·h/kg；系统比能量争取达到260W·h/kg，使用环境达-30～55℃，可具备3C充电能力。到2025年，新体系动力电池技术取得突破性进展，单体比能量达500W·h/kg。

我国动力电池高端产能不足、低端产能过剩的现象还将延续。总体而言，新能源汽车的普及受到国家政策的引导与推动，但是随着补贴政策的不断改革，低端产能将面临被兼并重组的局面。从技术与性能层面讲，新能源汽车面临需要进一步提高续航里程和电池系统质量能量密度，降低能耗水平等挑战。各国的动力电池技术指标如表6-9所示。

表6-9 各国（地区）动力电池技术指标

技术指标	日本		美国	欧洲	中国
动力类型	PHEV	EV	EV	EV	EV
电池能量密度（W·h/kg）	200	250	235	200~300	200
体积密度（W·h/L）	240	300	500	300~5	—
比功率（W/lg）	2500	1500	2000	—	2000
功率密度（W/L）	3000	1800	1000	—	—
度电成本（日元）	20000	15000	13500	20000	26000
使用寿命（年）	10～15	10～15	15	10	10～15
循环次数（次）	4000～6000	1000～1500	1000	3000	2000～3000

（2）动力电池成本需进一步降低

Element Energy的行业调研数据显示，锂电池Pack的成本结构中，电芯占总成本比例的50%，其他物料成本总和约占24%。目前锂电池电芯的物料成本结构中，正极材料占据了电芯总成本的48.8%，往后依次是电解液、负极和隔膜，如图6-15所示，可以看出锂电池的成本较大程度上会受到正极材料和电解液价格波动的影响。

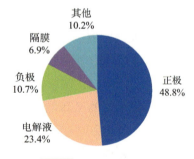

图6-15 锂电池成本结构

正极方面，消费锂电一般采用钴酸锂作为原材料。根据行业数据，1吨钴酸锂中，钴的含量为0.6吨左右，锂的含量不到0.07吨。所以，直接原材料电解钴的价格会极大地影响锂电正极材料的成本。而目前新能源车的主要正极材料镍钴锰酸锂（NCM）、镍钴铝酸锂（NCA）也均会用到钴，所以，近年来下游市场对电解钴的需求极为旺盛。从2016年年底起，钴价一路走高，从2016年11月初的21.2万元/吨上升，到2017年4月中的38.4万元/吨，后有所回落，但依旧维持在37万元/吨左右。2017年6月初，英国金属导报（Metal Bulletin）的钴报价又开始新的一轮大涨，至6月14日，已经连涨三波，累计上涨1.6美元/磅，按照最新汇率（2017年6月）换算即上涨了2.3万元/吨。

电解液方面，原材料六氟磷酸锂在2011年以前由于技术门槛较高，所以被日本关东电化、森田化工等企业垄断，价格超过30万元/吨，2011年4月，多氟多成功生产六氟磷酸锂，使国产替代得以实现。六氟磷酸锂的价格也开始持续下跌，直至2015年初的8万～9万元/吨。后续由于新能源车下游市场的爆发，使得六氟磷酸锂供不应求，价格又一路飙升至2016年2季度的45万元/吨的历史高点，近期由于国内的六氟磷酸锂企业扩产项目逐步达产，六氟磷酸锂价格开始回落。尤其是2017年2季度，六氟磷酸锂的价格几近腰斩，回落到15万～25万元/吨的区间。

隔膜作为一种绝缘材料，主要作用在于防止正负极材料接触导致短路，成为保障电池安全的最重要部分之一。隔膜能够在电解液中浸润，而且表面上有大量允许锂离子通过的微孔。材料、厚度和微孔数量等特性都会影响锂离子穿过隔膜的速度，进而影响到电池的放电倍率、循环寿命等性能。在四大锂离子电池材料中，隔膜技术壁垒最高，毛利率最高。

工业和信息化部、发改委、科技部、财政部四部委于2017年联合下发的《促进汽车动力电池产业发展行动方案》指出，动力电池是高价值零部件，占电动汽车单车成本的30%～50%，要持续降低成本。该方案还明确提出，到2020年动力电池系统成本要降至1元/（W·h）的目标。

特斯拉首席执行官埃隆·马斯克表示，特斯拉努力为每一个普通消费者提供其消费能力范围内的纯电动车辆。特斯拉的愿景是"加速全球向可持续能源的转变"。

彭博新能源财经（BNEF）认为，动力电池成本进一步大幅下降是未来20年交通领域电动化的主要驱动因素。自2010年以来，在规模经济和技术进步的共同作用下，锂离子电池每千瓦时的平均成本已下降了85%。到2025年左右，几乎所有主要市场新能源汽车购置和运行成本都将比燃油车更便宜。2035年，新能源汽车销量将开始有明显爬坡。BNEF推测，考虑到充电成本后，新能源汽车在2020年中期可能开始与燃油车平价；如果不考虑充电成本低的因素，平价点可能会在2022年、2023年左右到来。

总体而言，政府补贴门槛提高将加剧优胜劣汰。从长远来看，新能源汽车走向平价是全球交通领域的必然需求。动力电池下游企业想要站稳脚跟，必须建立紧密合作的产业联盟。除保证资金链的持续稳定外，还要不断提高产品含金量，通过技术手段降低电池成本。广发证券的一位分析师表示，企业只有不断推出优质的产品来提高核心竞争力，拉动销量增长，才能消化补贴下降带来的冲击，在新能源动力电池的竞争中"存活"。该分析师认为，"终极的竞争力还是产品，优质的产品不仅能增加供应商在交易中的话语权，也能降低生产成本，扩大利润空间。"

（3）动力电池安全性需要有所保障

EVTank在最新的《中国电动汽车市场研究报告》中对中国电动汽车的安全事故进行了不完全统计和梳理。统计结果显示，2017年和2018年中国电动汽车共发生安全事故分别为14起和34起，涉及的车辆分别为103辆和51辆。

作为动力电池下游企业，新能源汽车的安全性一直以来是各界关注的首要焦点。新能源汽车目前最大的威胁，是连续不断的起火事故。不断的自燃、起火、爆炸等事故让本就是新兴事物的新能源汽车在公众眼里言之色变。

特斯拉是目前市场占有率和关注度最高的电动品牌之一，接连发生的特斯拉自燃事件触目惊心，使其安全性问题再次遭受广泛的质疑。特斯拉最近一次安全事故发生于2019年6月2日。一辆特斯拉Model S在比利时安特卫普的特斯拉超级充电站充电时着火并完全烧毁。据不完全统计，在全球范围内，行驶、碰撞和充电等导致的特斯拉S/X系列电动车燃烧、自燃及爆炸事故已发生约50起。接连发生的事故无疑为特斯拉的安全性蒙上了一层阴影，特斯拉前工程师马丁特里普也曾爆料特斯拉的电池确实有问题。

安全关系着企业的直接发展。在特斯拉的每一起起火事件之后，必然导致的结果就是其股价的下跌。据凤凰网财经报道，特斯拉股价2020年累跌43%。

EVTank通过梳理公开资料发现，电动汽车发生安全事故的主要原因仍与动力电池相关，且大部分车辆是在充电过程中发生的自燃。EVTank在研究报告中指出，国内电动汽车安全事故频发的主要原因还是在于在政策的补贴下，大量车企和电池企业为了快速上量，对电动汽车及动力电池的安全性等方面缺乏充分的验证。

中科院院士、中国电动汽车百人会执行副理事长欧阳明高说："产品质量问题是近期新能源汽车起火事件的主要原因。"部分企业为获得补贴盲目追求高比能量，缩短电池产品测试验证时间，技术验证周期偏短导致了技术验证不足、工程解决方案不成熟，是造成产品质量问题的主要原因之一。

总体而言，安全无小事。作为动力电池的下游企业，电动汽车的发展必然与其安全系数直接相关。在追求动力电池高比能量的同时，安全性能必须受到技术层面的绝对重视。

（4）动力电池的潜在需求——完善回收利用体系

日产NISSAN宣称，其聆风（Leaf）电动汽车（见图6-16）的电池可使用22年，预计会比汽车本身的平均寿命长10～12年。雷诺-日产能源服务（Renault-Nissan Energy Services）总经理Francisco Carranza表示，日产是根据其2011年以来在欧洲售出的40万辆聆风车型的数据得出上述结论的。这足以看出，完善回收再利用体系，成为动力电池发展的潜在需求。

动力电池梯次利用和回收再利用是新能源汽车产业链的重要环节，随着我国新能源汽车普及持续加

图6-16 日产聆风（Leaf）电动汽车

速，废旧动力电池的报废量将随之快速增长。根据中国汽车技术研究中心有限公司政策研究中心的预测，到2020年，我国动力电池的累计报废量达12万～17万吨，2009—2020年累计报废量将超过26万吨。2014年以前装车的动力电池目前已有相当一部分已退役或即将退役，如处理不当，将对环境和人类健康造成较大的危害。

同时退役下来的动力电池在梯级利用、材料回收等方面具有潜在价值，如不能有效再利用，将会造成资源浪费。但我国动力电池回收利用体系尚未形成，回收利用标准亟待完善，回收利用技术水平仍待提升，缺少相关激励政策措施，市场化回收利用机制尚未建立，回收难、利用率低、行业发展不规范等问题突出。

6.4.2.3 动力电池产业未来规划

(1) 原材料成本端

价格相对动力电池需求弹性较大的碳酸锂、氢氧化锂等锂盐供需达到再平衡后价格将步入长期下降通道；钴盐尽管未来存在供给缺口，但预计涨价带来的影响有限。

锂盐供给端逐渐释放，价格将步入长期下降通道。根据兴业证券研究所的报告，锂盐供给端将逐渐释放，价格将步入长期下降通道。目前正极材料的成本占到电芯的25%~30%，而正极材料主要由碳酸锂和各种对应的前驱体材料构成，高镍NCM（NCM811）与NCA正极则多由氢氧化锂替代碳酸锂。前驱体中，钴价对于NCM材料的价格影响较大。

预计碳酸锂未来几年内将保持供需平衡，长期来看价格处于高位回落通道中。氢氧化锂直到2020年仍将维持紧缺状态，2020年以后可能存在供应过剩的风险，产能释放速度取决于原料供应，特别是锂辉石的供应量。氢氧化锂产能紧缺将成为制约高能量密度电池成本下降的主要因素。氢氧化锂可通过碳酸锂转产得到，代价为2万元/吨的水平，因此与碳酸锂价差将保持相应的平衡态势。

锂盐价格对于电池成本影响有限。假设未来碳酸锂/氢氧化锂价格下跌20%，电池价格将下降0.9%~1.7%，下降幅度较为有限。而即便需求端超预期增长，导致锂盐价格保持坚挺，由于其占电池成本的比重较小，预计不会给降成本造成太大的障碍。

供需缺口将使钴价维持高位。钴盐供应缺口2017年持续扩大：2017年缺口将达到4300吨的量，预计将持续至2019年。目前3C电子产品依然是钴下游最重要的领域，3C电子出货量若下降，则对钴价造成较大的压力。整体来看，供需缺口将使钴价在未来几年维持在高位水平。

预计钴价上涨对三元电池影响有限。虽然目前高镍三元材料市场份额逐步提高，但绝大部分厂商已进入从532向622转移的阶段，未来过渡到811后，单位用钴量将明显减少。根据前述测算，高镍NCM811路线中钴盐占售价比不到1%，因此未来高镍三元时代到来后，钴价上涨将不会对降低成本起到太大的影响。

(2) 工艺改进与规模经济

动力电池产量进一步提升，规模效应与良率提升，同时整车端爆款车型出现带来单车电池研发、设计（如BMS）等成本下降。

1) 规模效应带来成本的进一步下降

兴业证券认为相较有限的压缩原材料成本，通过扩大产能实现规模效应降成本更为切实可行，这也是国内企业近期集中堆砌释放产能的关键因素之一。规模效应不仅包括电芯环节产能利用率与良率提升带来的电芯成本下降，也包括整车端单车出货提升带来的研发投入、设计成本，以及Pack和BMS等环节成本下降。

经对比分析，电池售价与良率几乎呈线性关系，随着良率提升，电池价格直线下降。目前我国自动化程度较好的高端产能良率为90%，劳动密集型的低端产能良率为80%，随着行业逐渐淘汰低端过剩产能与高端产能良率进一步提升，未来成本会有小幅下降空间，大约对应良率每提升1%，成本同幅度下降1%左右，提升至95%对应5%成本降幅空间。

电池售价与产能利用率（下称Ut）的关系分为几个阶段，产能利用率小于20%时，电池价格随着Ut提升快速下降，而之后相对平缓，Ut在50%时对应价格为350美元/（kW·h），90%对应330美元/（kW·h）。考虑到2015/2016年Ut已经达到相对的高点，这一块未来的空间比较有限。兴业证券认为不必过度担忧产能过剩导致Ut下降，原因在于未来几年的产业高景气度使得Ut保持在50%以上问题不大，而50%～100%区间内售价相对于Ut的敏感性已经不强。

2) 爆款车型实现Pack与BMS定制成本摊薄

电池组中的Pack与BMS环节需根据不同车型进行针对性研发，具备较强的定制化属性，难以像电芯环节一样通过规模化量产来实现成本下降。要降低Pack与BMS环节的成本，切实可行的路径是打造爆款车型，从而摊薄附加在每辆车的研发与定制成本。

Model3成为爆款是特斯拉降低单车成本实现盈利的先决条件。以特斯拉Model3为例，由于Model3电池组选用高比能量的NCA正极材料，并采用21700单体电芯，整体散热性能较差，其安全性能需要在Pack与BMS环节加以保障。

为此，特斯拉采用尖端BMS技术，自主研发单体电荷平衡系统，并通过严格的锂电池检测实验检测每一颗单体电芯的一致性，在Pack环节采用复杂的多级串并联工艺并使用更为昂贵的液体冷凝系统达到实时的温度监控，而这部分昂贵的前期研发与设计成本已经反映在特斯拉财报的亏损中。Model3能够以3.5万美元的平民价格发售，其核心原因在于40万级别的订单量大大摊薄电池组的定制化成本，从而实现电池成本的迅速下降。

（3）其他路径——梯次利用、模块化设计与纵向一体化

现有的动力电池行业的商业模式依然有很多值得优化之处，例如，在即将到来的退役电池潮中，退役电池合理的梯次利用将大大增强电池的经济效益；又如，各大车企力推的模块化设计将是电池实现规模效应的前提；再如，企业通过打通上下游，形成类似于比亚迪的商业闭环，这些举措均能实现电池成本的进一步下降。

1) 梯次利用——机遇与挑战并存

2014年为我国动力电池放量元年，出货量达3.9GW·h，早期的这批电池一般3～5年即将达到设计的寿命终止条件，部分一致性不好或使用工况较恶劣的，甚至达不到3年的使用寿命。以此推算，我国将迎来动力电池退役的放量潮，此后逐年快速递增，预计到2020年，会有超过10GW·h的退役动力电池规模。

一般而言，当动力电池容量低于初始容量的80%时，将不再适合在电动汽车上使用。而80%以下还有很大的利用空间，国家也支持和鼓励梯次利用。但是目前在理论研究和示范工程方面较多，在商业化推广方面还处在初期的探索阶段。商业化的方式有两种：一是梯次利用，如应用于储能与低速电动工具；二是资源化，提取废电池中的镍、钴等金属，但是利用率不高、浪费较大。

储能与低速电动工具市场是梯次利用的两个主要面向市场：

① 储能市场：据测算，储能电池市场化应用的目标成本为180美元/（kW·h），约合1.2元/（W·h），使用新型动力锂电池无法达到成本要求，投资回报率偏低，这也是制约储能产品大规模应用的最大障碍。梯次利用的动力电池能够较好地权衡成本与性能因素，如

电动大巴退役的动力电池由于能量密度较低，比较适合作为储能基站使用。

② 低速电动工具市场：低速车与电动自行车主要采用铅酸电池，相比锂电池，铅酸电池更为便宜［0.6元/(W·h)］，但问题在于污染大。如果采用梯次利用的动力电池，可以在价格、行驶里程（能量密度）和寿命之间达到一个较好的平衡，从而更快速地推动锂电池在低速车与电动自行车市场的应用。

2）模块化设计——电池发挥规模效应的前提

模块化就是在相同的基本架构上进行定制化组合，使得设计、生产车辆就像搭积木一样简单、快捷。这一概念的运用将极大地节省研发成本、验证周期及生产成本。模块化设计在传统车领域已经非常成熟，随着新能源汽车产销的逐渐扩大，这一模式也将被植入。以大众为例，其宣布旗下所有新能源车型将采用统一的电池单元，这一计划将节省66%的成本。

未来电池企业的供应将以模组为最小单元。目前动力电池行业存在的一大问题是尚未模块化，包括尺寸在内的诸多标准尚未统一，圆柱、方形与软包路线未有真正意义的主流出现并且各体系内标准也参差不齐。未来随着行业集中度提升，电池将通过主流企业制定标准，进行标准化生产。过对电池单体的串联、并联或串并联混合的方式，确保电池模块统一尺寸，并综合考虑电池本体的机械特性、热特性及安全特性。在安装设计不变的情况下，根据不同的续航里程和动力要求，提供不同电池容量，以满足不同的需求。这种模块化应用，在单体、模组端都可实现大规模自动化生产，大幅降低生产成本。

3）纵向一体化——降低交易成本

纵向一体化也能够实现交易成本的下降。例如，比亚迪所采取的从上游矿石、电池材料到Pack、BMS、电芯到下游整车的一体化路线，实现了成本的有效下降。特斯拉选择自建电池超级工厂也有类似的考虑。对于动力电池企业来说，切入电池材料等上游环节，特别是成本下降有较大空间的隔膜、电解液等环节，是成本控制的较好路径，如国轩与星源材质合作的隔膜产线。

现有体系下，电池能量密度的理论极限为300W·h/kg。2025年，新体系动力电池技术将取得突破性进展，单体比能量达500W·h/kg，有前景的方案包括固态锂电池、锂硫电池和锂空气电池等新的电化学体系电池。

固态锂（离子）电池大规模商用的可能性最高，因为固态锂电池和液态锂电池在工作原理上并无区别，只是电解质为固态与液态的区别。由于固态锂（离子）电池不再使用石墨负极，而是直接使用金属锂负极，所以，大大减轻了负极材料用量，使得整个电池的能量密度明显提高。目前实验室已试制出能量密度为300~400W·h/kg的全固态锂（离子）电池，安全性能也比较高，不过这种电池体积较小，成本较高，目前仅在苹果手机等高端小巧设备上有应用。

锂硫电池的能量密度最高，目前实验室试制的锂硫电池比能量密度可达500W·h/kg，硫作为正极材料，理论比能量高达2600W·h/kg，且单质硫成本低、对环境友好，但是，锂硫电池在试制过程中有诸多技术难题无法突破，包括安全性、倍率性能和循环稳定性等。锂硫电池应用前景广阔，环境友好，如果试制成功，无异于一场革命，新能源汽车将会迅速取代传统燃油汽车。

　　锂空气电池的续航里程最长，单次续航里程可达2000km，不仅如此，锂空气电池比能量有望超过700W·h/kg。金属空气电池是以金属为燃料，与空气中的氧气发生氧化还原反应而产生电能的一种特殊燃料电池。锂空气电池的比能量是锂离子电池的10倍，体积更小，重量更轻。但是锂金属过于活泼，遇见水蒸气马上会发生剧烈氧化还原反应，其安全性、稳定性差。

　　总而言之，动力电池应用于新能源汽车领域已经成为世界各国的大势所趋，只有不断提升动力电池技术、性能、安全，同时降低生产和材料成本才能在激烈的国际竞争中占据战略高地，从而脱颖而出，取得长足发展。

6.4.3　2020—2030年中国电动车市场的发展预测

6.4.3.1　电动车取代燃油车进程

（1）国际趋势及技术路线图规划背景

　　2015年9月，"国际零排放车辆联盟"成立，美国加利福尼亚州是发起者。同年12月，在巴黎召开的联合国气候变化大会上，由德国、英国、荷兰、挪威及美国18个州组成的"零排放车辆同盟"宣布，到2050年，该联盟内的国家及地区将不允许销售燃油车。在节能减排、污染治理和汽车产业转型等因素的驱动下，2016年以来，多个国家、地区及城市陆续公布将禁售燃油车。特别是挪威、荷兰、英国等国家已通过议案、国家计划文件或交通运输部门战略书等方式提出了燃油车禁售的具体时间表，如表6-10所示[37]。此次活动中提出了被称为EV30 @ 30，即活动重新定义了CEM电动汽车计划（EVI）的雄心，设定目标是到2030年达到电动汽车30%的销售份额。

表6-10　全球各国（地区/城市）燃油车禁售计划汇总

"禁燃"区域	提出时间	提出方式	实施时间	禁售范围
荷兰	2016年	议案	2030年	汽油/柴油乘用车
挪威	2016年	国家计划	2025年	汽油/柴油车
巴黎、马德里、雅典、墨西哥城	2016年	市长签署行动协议	2025年	柴油车
美国加利福尼亚州	2018年	政府法令	2029年	燃油公交车
德国	2016年	议案	2030年	内燃机车
法国	2017年	官员口头表态	2040年	汽油/燃油车
英国	2017年/2018年	官员口头表态	2040年	汽油/燃油车
英国苏格兰	2017年	政府文件	2032年	汽油/燃油车
印度	2017年	官员口头表态	2030年	汽油/燃油车
中国台湾省	2017年	政府行动方案	2040年	汽油/燃油车
爱尔兰	2018年	官员口头表态	2030年	汽油/燃油车
以色列	2018年	官员口头表态	2030年	进口汽柴油乘用车
意大利罗马	2018年	官员口头表态	2024年	柴油车
中国海南省	2018年	政府规划	2030年	汽油/柴油车

受国际趋势的影响，我国从2015年9月开始，受国家制造强国建设战略咨询委员会、工业和信息化部委托，中国汽车工程学会组织逾500位行业专家历时一年，对我国节能与新能源汽车站在"中国制造2025"的基点上，对节能与新能源汽车产业技术路线上做了详细的研究，在2016年10月正式发布了《技术路线图》[38]，对新能源汽车的纯电动、插电式、燃料电池汽车都给予了非常明确的一些技术路线的定位和阶段性目标的设定。

国际方面，在接下来的十几年，支持性政策和成本的降低很可能导致市场显著增长。考虑到目前的政策趋势，预计2030年上路的轻型电动汽车（electric LDVs）将达12500万辆；若政策持续利好，预计可达22000万辆，其中13000万辆为电池电动汽车，9000万辆为插电式混合动力车，如图6-17所示。

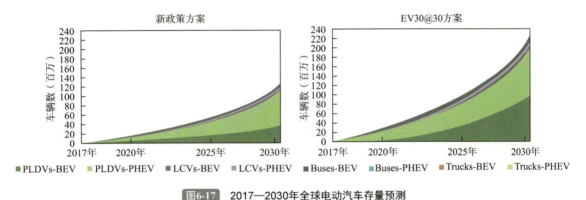

图6-17 2017—2030年全球电动汽车存量预测

注：PLDVs=轻型客车；LCVs=轻型商用车；BEVs=电动汽车；PHEV=插电式混合动力汽车

而在未来发展路线上，与不断增长的新能源汽车相匹配的电力供应也面临着一定的压力，随着电动汽车的比例越来越高，预计到2030年世界各地区将迎来新的一轮发电设备的建设浪潮，如图6-18所示。

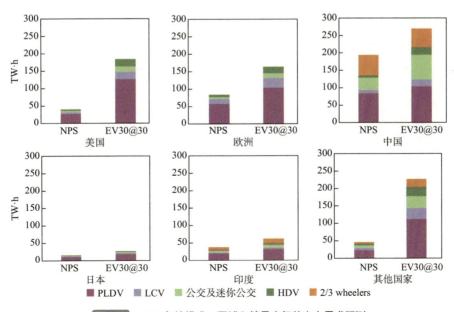

图6-18 2030年按模式、区域和情景表征的电力需求预测

在目前电动车发展情况来看，预计到2030年，新能源车将以纯电动车为主，而在纯电动车中，两轮电动车受到了极大的关注。如图6-19所示，尽管目前，两轮电动车不是大多数地区的主要政策焦点，但预计将在后续几年迎来稳健增长，预计2030年将有39%的两轮车是电动的，届时中国和印度将是全球最大的两轮电动车市场；城市客车尽管面临着成本高、安装收费复杂、基建不足等挑战，也将在政策引导下过渡到轻量化的电动传动系统，如图6-20所示（特别是中国和欧洲）。

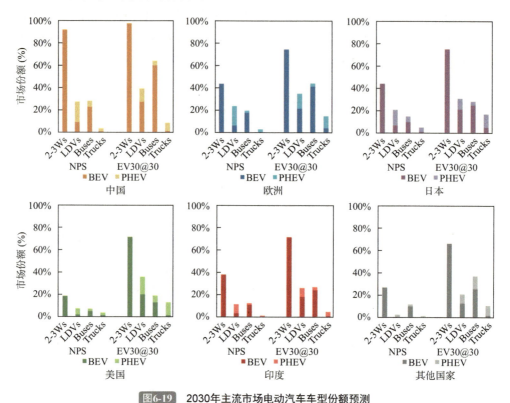

图6-19 2030年主流市场电动汽车车型份额预测

注：NPS指新政策方案，2-3Ws指两轮和三轮车；BEV指纯电动汽车；PHEV指插电式混合动力汽车

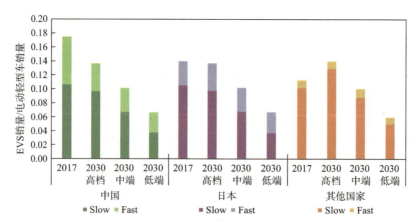

图6-20 2030年中国、日本及其他国家轻型电动汽车需求演化预测

充电桩方面，随着电动汽车市场渗透率的增加，配套充电设施将逐步完善，私人充电

桩数量预计将比轻量型充电桩多10%。就是家用充电桩数目减少，工作场所充电桩增加，增加充电的可用性，如图6-21所示。

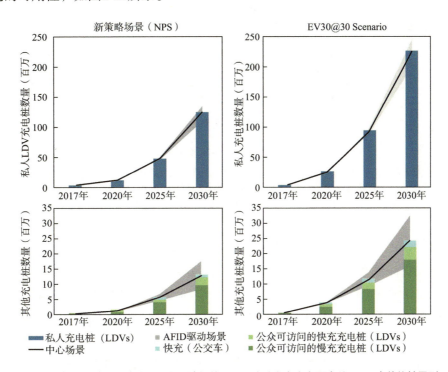

图6-21 2017—2030年充电桩数量演化（公众可访问的LDV和公共汽车充电网点从550万个单位扩展到5万个单位）

随着新能源汽车尤其是纯电动汽车的快速持续增长，对电池的需求量也急速增长，如图6-22所示。而在电池技术方面，不断增加的钴和锂的需求可能带来一些风险，特别是钴的供应。未来的不确定性钴需求的增长，以及全球钴需求之前一直不高，导致其价格近年来飙升。为保证顺利过渡到电动化系统，需要确保钴的稳定供应，这时就需要监管部门的力量了。

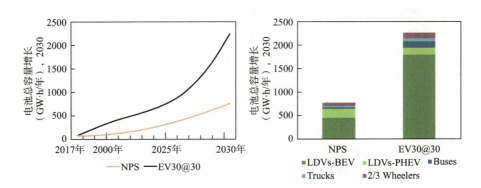

图6-22 2030年对电动汽车的电池需求预测

注：NPS指新策略场景。电池容量的预测是基于既定的电动汽车销售和特定地区的电动汽车容量。对于LDVs，2017年battey容量范围为30.70千瓦时，2030年BEVs将达到70～80kW·h。插电式混合动力车的电池容量范围在2017年为8～12kW·h，到2030年将达到12～15kW·h。较高的数值在北美和中东地区被滥用，原因是行驶里程较大和车辆磨损较大（例如，在欧洲和欧洲）。远高于全球平均水平和其他地区的值。假设公交车使用250kW·h的电池，两轮车使用3～4kW·h的电池。假设卡车电池的功率为150～350kW·h

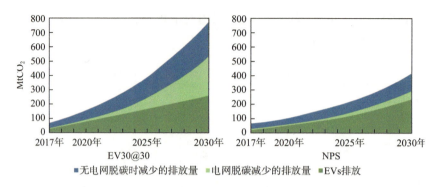

图6-23 电动汽车温室气体排放

注：根据《世界能源展望》的新政策和可持续发展设想，电动汽车的耗电量乘以每个地区每年的二氧化碳强度，计算电动汽车的排放。将2017年每个地区的二氧化碳强度与每个方案的预计电力需求相结合，计算避免的脱碳排放。不进行电网脱碳排放的避免排放计算方法是将电动汽车的排放与每年使用具有代表性的燃油经济性的内燃机驱动的计划电动汽车的从油井到车轮的排放之差计算出来

如图6-23所示，电动汽车不仅契合可持续发展的绿色能源的时代主题，更指向了未来统筹管理的先进能源系统运营体系，因此吸引各国纷纷制定相关战略计划。作为未来趋势，基于新型技术的电动汽车市场正在吸引传统车企转型，以及各类新手跳坑，市场在政策引导下正在稳健增长，充电桩、动力电池等相关产业链也在孵化巨头。需要担忧的是，技术的进步能否满足各类出行需求，克服化学材料储量问题。

来自众调汽车大数据报告（简称《报告》）认为，制定燃油车禁售的时间表，是发挥政策和企业生产规划的指引性作用，给社会一个明确的市场信号，即传统燃油车的逐步替代与退出是一个不可逆转的全球性趋势。中国发展新能源汽车、逐步退出传统燃油车的第一大驱动力是加强大气污染防治力度与提高空气质量。

在世界上已公布禁售计划的国家中，《报告》给出的2050年是里面最晚的。截至目前，荷兰、挪威、巴黎、法国、英国、印度等国家均推出了具体的禁售时间表，时间最早的为意大利罗马的2024年，最晚的是法国的2040年。

（2）"中国制造2025汽车领域总技术路线图"内容

"中国制造2025汽车领域总技术路线图"描绘了我国汽车产业技术未来15年的发展蓝图，被认为是接下来我国新能源汽车领域发展的"纲要"。对2020年、2025年、2030年我国新能源汽车的保有量、生产量，以及技术提升的水平、提升的节点都有明确的规划，为我国的新能源汽车产业指明了道路。在备受关注的新能源汽车领域，在2020年这一时间节点，技术路线图中的新能源汽车销量占比目标为7%，而此前工业和信息化部发布的《〈中国制造2025〉重点领域技术路线图（2015年版）》提出的是5%。报告中指出，计划在2020年，新能源汽车产能达到200万台，保有量达到500万辆，在比较稳定的、越来越科学的政策支持下，在全行业的积极努力下，这个目标一定会实现，并且还会有明显的突破。

据工业和信息化部装备工业司副司长瞿国春表示，在《中国制造2025》中就已明确将节能与新能源汽车列为重点发展的十大领域之一，但要把握产业关键技术未来发展的趋势，难度也在不断加大，制定此技术路线图的目的就是为我国汽车产业发展提供技术

指引。

此外，技术路线图还提出，到2030年，新能源汽车销量占汽车总体销量的比例达到40%，以及2030年乘用车新车油耗3.2升/百千米的目标。而在技术路线图中，大力发展油电混动也成为一项"硬指标"。根据规划，混动车型在2020年的销量占比要达到8%，2030年则提升至25%。

面对这些指标，一些整车企业相关人士及业内人士表示达成此目标困难较大。一位整车企业相关负责人直言，"不管是在研发投入以及制造成本增加，还是在技术指标达成上，对企业来说都是一个极大的课题。"

此次发布的技术路线图的基本框架为"1+7"，在总技术路线图的基础上，路线图进一步提出了节能汽车、纯电动和插电式混合动力汽车、氢燃料电池汽车、智能网联汽车、动力电池、汽车轻量化、汽车制造7大领域，并分别形成了各自细分领域的技术路线图，如图6-24所示。

图6-24 中国制造2025汽车领域总技术路线图基本框架

此项技术路线图描绘了我国汽车产业技术未来15年的发展蓝图。节能与新能源汽车技术路线图的未来发展总体目标之一是，新能源汽车逐渐成为主流产品，汽车产业初步实现电动化转型。

总体目标如下：至2030年，汽车产业碳排放总量先于国家提出的"2030年达峰"的承诺和汽车产业规模达峰之前，在2028年提前达到峰值。

具体来说，至2020年，乘用车新车平均油耗5.0升/百千米，新能源汽车销量占汽车总体销量的比例达到7%以上；至2025年，乘用车新车平均油耗4.0升/百千米，新能源汽车销量占比达到20%以上；至2030年，乘用车新车油耗3.2升/百千米，新能源汽车销量占比达到40%以上。

2015年10月工业和信息化部发布的《〈中国制造2025〉重点领域技术路线图（2015年版）》指出，2020年中国新能源汽车的年销量要达到汽车市场需求总量的5%以上，但上述技术路线图指出"至2020年，新能源汽车销量占汽车总体销量的比例达到7%以上"。这意味新能源汽车销量占比需要再提高两个百分点，按照汽车年产销规模3000万辆来计算，原定的2020年150万辆销量目标需要提升至210万辆。

中汽协的数据显示，2016年新能源汽车销量在汽车总销量中的占比为1.5%，要在之后4年中提升至7%，并达到210万辆的年销量，所面临的挑战不言而喻。不过，瞿国春表示，为了加速实现上述目标，工业和信息化部正在会同相关部门研究对节能汽车、新能源汽车相关政策的优惠，包括对1.6升节能汽车购置税减免政策的延续，以及新能源汽车相关补贴政策的优化调整工作。

此外，此次发布的技术路线图还首次对混合动力汽车提出了"硬指标"。国家强国战略咨询委员会委员、清华大学教授欧阳明高在会上指出，"关于节能汽车，总体思路是以混合动力为重点，以动力总成升级，先进电子电器为支撑，全面提升传统燃油车节能技术和燃油经济水平。"根据规划，2020年的混合动力汽车销量占比要达到8%，油耗达到4L升/百千米；2025年提升至20%，油耗达3.6L升/百千米；2030年提升至25%，油耗达到3.3L升/百千米。根据乘联会数据发现，2020年前9个月，一汽丰田卡罗拉双擎在其整体销量中的占比已达到6.8%，同期，广汽丰田混动车型在其整体销量中的占比为7.3%。由此来看，对以丰田为首的日系车企来说，达到以上标准难度不是十分大，但其他一些车企在该领域仍存在产品缺位情况，因此，全行业的销量要在2020年达到8%的占比，即210万辆，难度极大。

此外，由于政策对新能源汽车的倾斜，企业对油电混动的投入也相对较低。从这一角度上来看，8%的占比目标要达成，也有很大的难度。

在国内外传统燃油汽车禁售情况、新能源汽车技术发展趋势等的基础上，提出了《中国传统燃油汽车退出时间表研究报告》[39]。其中提出中国传统燃油汽车有望2050年退出，并对各类车型提出替代与退出方案。总而言之，传统燃油车的退出是必然趋势。

《中国传统燃油汽车退出时间表研究报告》称，基于各汽车企业未来新能源汽车发展目标与技术战略，通过广泛咨询专家，构建了中国汽车产业发展预测模型，确定传统燃油汽车退出的2050年未来情景。基于先松后紧的原则，2020—2030年节能与新能源汽车基于国家目标设定，而2031—2050年则基于汽车石油消耗总量在2040年和2050年分别较峰值下降55%和80%来确定，进行自洽拟合。在未来情景基础上对各类车型替代技术发展与应用进行预判，提出传统燃油汽车退出时间表。《中国传统燃油汽车退出时间表研究报告》认为，传统燃油车的逐步退出是一个不可逆转的全球性趋势。

《中国传统燃油汽车退出时间表研究报告》中明确传统燃油车退出是必然趋势，但同时也要有计划推进。特别是作为其替代产品的新能源汽车一定要有技术上的新突破，从而加快燃油车的退出进程，完善全新交通出行环境。

尽管国产新造车势力面临量产难和退补的焦虑，全球汽车电动化的趋势却是有增无减，各国积极推动燃油车推出方案，并制定相关的引导政策，科技企业先后跳坑试水，传统车企也纷纷制定相关战略。

《中国传统燃油汽车退出时间表研究报告》认为，传统燃油车退出是一个不可逆转的全球性趋势，因此根据我国的发展情况，提出了一套全面的传统燃油车退出时间表预设方案。并建议传统燃油车的禁售与退出可以"分地区、分车型、分阶段"逐步推行（见图6-25）。其中，一级城市私家车将在2030年实现全面新能源化。

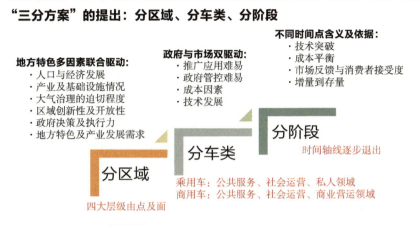

图6-25 新能源汽车取代传统燃油车方案细节

《中国传统燃油汽车退出时间表研究报告》建议，基于不同地区经济发展、汽车人均保有情况、新能源汽车产业发展、充电基础设施建设等因素，报告将划分为4个层级，第Ⅰ层级为特大型城市（如北京、上海和深圳等）和功能性示范区域（如海南、雄安等）；第Ⅱ层级为传统汽车限行限购城市和蓝天保卫战中的重点区域省会城市等；第Ⅲ层级主要是蓝天保卫战的重点区域和新能源汽车产业集群区域（如华北、长三角、泛珠三角和汾渭平原）；第Ⅳ层级（如西北、东北、西南）紧随其后。传统燃油车退出过程由点及面推进。

同时，按照退出难易程度，《中国传统燃油汽车退出时间表研究报告》划分了优先级。公交车、出租车、分时租赁、网约车，以及在北上广深、天津等第一、二层级城市的私家燃油车将在2030年实现全面退出，全国范围内的私家车领域则将在2040年前后完成这一目标，如图6-26所示。

① 出租车与分时租赁车（PV1-a）的替代与退出。出租车与分时租赁车在政府命令主导下，最先退出。其中，第一、二层级城市可以在2020年退出，第三、四层级城市可以依次在2025年、2030年退出，即到2030年传统燃油车从新车市场全部退出，主要替代方式是纯电动汽车，还有少量的混合动力与燃气汽车。

② 公务车（PV1-b）的替代与退出。公务车比较容易管理，淘汰传统燃油公务车的工作可尽快开始，并在政府的采购名单上明确标出，推动公务车清洁低碳化。中大型城市及发达区域可从2020—2025年对新增和更换车辆全部使用替代车型，利用十年左右彻底淘汰传统燃油公务车，即到2030年左右，公务车类别中将不再采购传统燃油车。公务车退出的替代方案主要为混合动力与纯电动相结合，预计至2030年，公务车中HEV占比可达到35%，BEV和PHEV共占65%。

③ 私家车（PV2）的替代与退出。内燃机私家车在第一、二层级城市可以在2030年开始逐步退出，第三、四层级城市预计分别在2035年、2040年退出，即在2040年PV2车型实现传统燃油车全部替换，主要的替代方式是混合动力和纯电动。届时，大部分燃油车均采

用混合动力技术来大幅度降低油耗水平，单车油耗水平为3.6~4.5L/100km，替代比例超过25%~35%；随着纯电动汽车成本下降及消费者意识的提高，大部分换车需求将从HEV转向BEV，预计在2050年BEV将达到85%左右。

④ 城市公交、环卫、轻型物流等公共车辆（CV1）的替代与退出。同样受政策与政府主导，公交及环卫、物流、港口机场等公共车辆电动化进程很快，第一、二层级城市预计在2020年就能先行实现替代；第三、四层级城市预计能全部被新能源汽车或者混合动力车型替代，预计2030年可以实现新车市场ICEV的全部退出。CV1车型中，公交车最早预计于2020年可全部实现电动化，三、四层级的物流车会稍晚。

⑤ 普通客车、中轻型专用车及物流车等（CV2）的替代与退出。普通客车、中轻型专用货车及轻型货车在商用车领域可作为第二优先级进行退出。其中，第一层级城市可以从2030年进行，二、三、四层级城市依次后推5年，预计2045年可以实现完全退出。主要退出方式为电动汽车、混合动力及部分燃气汽车。

⑥ 中、重型货车（CV3）的替代与退出。第一层级城市可以从2035年实现替代与退出，至2050年在全国范围内实现传统燃油车的全部替代与退出。中、重型货车的退出方式以燃料电池与纯电动替代为主，但天然气等替代燃料和混合动力的地位也不可忽略。

车型层级	乘用车PV1-a	乘用车PV1-b	乘用车-PV2	商用车-CV1	商用车-CV2	商用车-CV3
			分车类			
车辆类别	出租及分时租赁车、网约车	公务车	私家车	城市公交、环卫、城市轻型物流车、场地车、通勤车	普通客车、专用车、城际物流车	中、重型营运货车
			分阶段			
年份	2020	2025	2030	2035	2040	2045	2050
乘用车PV1-a	Ⅰ、Ⅱ	Ⅲ	Ⅳ				
乘用车PV1-b		Ⅰ、Ⅱ	Ⅲ	Ⅳ			
乘用车PV2			Ⅰ、Ⅱ	Ⅲ		Ⅳ	
商用车CV1	Ⅰ、Ⅱ	Ⅲ	Ⅳ				
商用车CV2			Ⅰ	Ⅱ	Ⅲ	Ⅳ	
商用车CV3				Ⅰ	Ⅱ	Ⅲ	Ⅳ

图6-26　不同类型传统车辆阶段性退出时间表

中关村创蓝清洁空气产业联盟在北京发布了《2030清洁空气市场展望报告》（以下简称《报告》）。《报告》预测，到2030年，我国新能源乘用车年销量突破1300万辆；在客车方面，新能源大中型客车将成为客车销售主力。2018—2030年，新能源乘用车和新能源大中型客车带来的市场空间将达13.9万亿元。《报告》指出，随着大气治理的逐步深入，节能与新能源汽车是我国未来发展的战略性产业之一，我国将力争在2030年实现新能源汽车成为主流产品，汽车产业初步实现电动化转型；新能源汽车销量占汽车总体销量的比例超过40%，完全自动驾驶车辆市场占有率接近10%。"在未来政府仍将扶持新能源汽车产业，加快推进新能源汽车产业化，使其既利于节能减排，又可促进中国汽车产业的可持续发展。"中关村创蓝清洁空气产业联盟主任解洪兴表示，按照规划，2025年超过15%，2030年超过40%。

据了解，2017年我国以57.8万辆的新能源乘用车销量占据全球市场约50%的市场份额，全国已登记的新能源汽车保有量达到153万辆，超过美国、日本和挪威3个国家保有量的总和。《报告》指出，我国新能源汽车以纯电动为主要发展方向，并努力攻克氢燃料电池技术难关。在电池技术方面，投资重点在于纯固态、碳纳米管、石墨烯、高镍层状三元材料等新技术；在整车技术方面，重点在于新型碳化硅功率器件、空心高速轴承、轮毂电机等技术的更新发展；在智能网联汽车方面，智能网联汽车将带动汽车制造、5G通信、电子信息、互联网、人工智能、地图导航等多领域共同发展，是我国产业升级的重要方向。

新能源汽车的快速发展也给充电服务领域带来了重大发展机遇，国家出台多项政策明确支持汽车充电行业的发展。《报告》预测，在2030年新能源乘用车保有量在接近7000万辆的情况下，充电服务对应的市场空间在5100亿元。"在未来，充电技术将呈现多元化发展的趋势，快速、便捷的充电方式将是发展的主流。充电站将向大功率充储一体模式发展，大功率快速充电站将会普及。同时，无线充电、充电道路等新型充电模式也将得到越来越多的应用"。解洪兴说。

此外，新能源城市物流车辆的应用推广，是打好柴油货车污染防治攻坚战的一个有力措施，能够有效降低人口密集的城市内部道路上柴油车使用带来的健康危害和空气污染水平。《报告》预测，新能源城市物流车市场潜力巨大，到2030年其年销量将达到百万辆级别。

6.4.3.2 我国各地区及相关企业政策

《中国传统燃油汽车退出时间表研究报告》认为，制定燃油车禁售的时间表，是发挥政策和企业生产规划的指引性作用，给社会一个明确的市场信号，即传统燃油车的逐步替代与退出是一个不可逆转的全球性趋势。综合国内外经验，政府制定的相关政策会起到关键的引导作用，投资者需有明智的决定，企业需提前进行生产部署，消费者需转变消费认知和模式。中国的部分城市和地区已率先启动了这一进程。2019年3月，海南省出台《清洁能源汽车发展规划》，成为全国首个提出所有细分领域车辆清洁能源化目标和路线图的地区。

该报告在深入研究国内外传统燃油汽车禁售情况、新能源汽车技术发展趋势、市场经济作用、石油供应安全和环保与碳减排等驱动力的基础上，提出了中国传统燃油汽车替代与退出的设计方案，并对其不确定性及风险进行了分析。

很多汽车企业也主动积极响应政府的号召，承诺开始研究计划自有品牌燃油车出的时间表和路线图。目前，已经有部分企业提出了禁售燃油车的时间表，如表6-11所示[40]。如大众汽车计划在2030年实现所有车型电动化，传统燃油车彻底停止销售；北汽集团提出2025年旗下自主品牌将在中国全面停售燃油车；长安汽车也提出2025年停止销售传统燃油车。丰田汽车在近日公布了2020—2030年的新能源车型挑战计划，这预示着丰田已经准备好向新能源汽车市场发起强有力的进攻了。丰田此次的计划包括针对混动、插电混动、纯电动及燃料电池车的研发和普及工作，目标是到2030年，力争在全球市场实现550万辆以上的电动化汽车年销量等，如图6-27所示。

表6-11 部分汽车企业关于新能源汽车和停售传统燃油车相关计划

品牌/车企	燃油车停售时间	未来规划
沃尔沃	2019年	2019年起停止生产销售传统内燃机车型；2025年售出10万辆电气化汽车
菲亚特·克莱斯勒集团	2019年（玛莎拉蒂）	2019年开始，玛莎拉蒂只生产电动和混动车型；2021年Jeep品牌车型将全部采用电动版本
捷豹路虎	2020年	2020年所有的捷豹路虎汽车均将是电动或混动车型
戴姆勒	2022年	2022年停产停售旗下全部传统燃油车；Smart品牌将率先开始停售燃油车型
福特	2022年（林肯品牌）	林肯2022年全面停售停产燃油车；2025年末推出福特及林肯品牌电动车15款
长安	2025年	2025年正式停止销售传统燃油车，并推出全新纯电动车型21款，插电混动车型12款
北汽	2025年	2020年，在北京地区停售燃油车，2025年全面停止销售燃油车（除军民融合和专用汽车外）
海马汽车	2025年	2020年后推出新能源模块化平台，2025年将全面淘汰燃油车
丰田	2025年	2025年之前停止生产传统燃油车
大众	2030年	2030年之前实现所有车型电动化，传统燃油车彻底停止销售

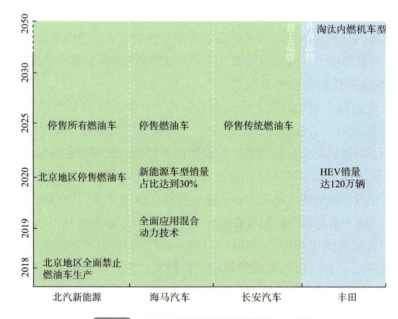

图6-27 各车企新能源汽车与停售燃油车计划

丰田公司的规划具体内容如下。

① 到2030年，丰田力争在全球市场实现550万辆以上的电动化汽车年销量数字，其中零排放的纯电动及燃料电池车型力争年销量达到100万辆以上。

② 到2025年，持续扩充电动化车型的覆盖比例，实现全球销售的所有车型均配备有电动化版本选择。由此，仅配备传统内燃机的纯燃油车型将逐渐退出丰田的产品线。

③ 自2020年起，以中国市场为开端加速导入纯电动车型。2025年前，在全球市场销售

的纯电动车型数量将扩大到10种以上（继中国市场之后，丰田将按照日本、印度、美国、欧洲的顺序依次导入纯电动车型）。

④ 自2020年起，不断丰富燃料电池乘用车和商用车的产品阵容。

⑤ 持续升级丰田THS-II混动系统的性能，同时，继续开发强动力型、简易型等多种类型的混动系统，以满足不同顾客的需求。

⑥ 2020年起持续扩展插电混动车型产品阵容。

从这份计划来看，执着于混合动力和燃料电池技术路线的丰田，也想要成为"全能型选手"，所以丰田才加速了电动化的脚步。实际上，早在2016年丰田就正式成立了纯电动事业部，由丰田章男社长亲自挂帅，并和松下结盟致力于开发电动车用锂离子电池，探索下一代"全固态锂（离子）电池"，这无一不彰显着丰田迫切想要变革的决心。目前，丰田在中国的混动车型有卡罗拉双擎—一汽丰田卡罗拉双擎、一汽丰田普锐斯、广汽丰田雷凌双擎、广汽丰田凯美瑞双擎。这些车型都有着不错的销量累积，并且获得了越来越多消费者的欢迎，这也为丰田转型之路做了很好的铺垫。卡罗拉作为一汽丰田旗下的主推车型，一直保持着稳定的销售成绩。目前卡罗拉家族中已经有1.6L和1.8L的自然吸气发动机、1.2T的涡轮增压发动机，以及油电混合的"双擎"版本，而它的插电式混合动力版本也于2017年推出。

作为广汽丰田的热销车型，凯美瑞目前有2.0L和2.5L自然吸气发动机，以及油电混合动力版本，它的外插充电式混合动力车型预计于2017年推出。作为广汽丰田另一款混动车型，雷凌目前有1.2T涡轮增压发动机、1.8L自然吸气发动机，以及油电混合动力版本，它的插电混动版于2017年推出。

同一时期，广汽丰田旗下首款纯电动SUV——ix4 EV也面向了大众，该车是基于广汽传祺GS4 EV同平台进行打造的，但在细节方面做了一些调整和优化。

其中，动力方面，ix4 EV将搭载一台型号为TZ220XSA5H01，最大功率为132kW的驱动电机，最高车速为156km/h。

虽说丰田转型的动作稍慢一点，但从此次公布的新能源计划和申报图中不难看出其对新能源市场的决心，而作为新能源市场竞争最激烈的中国，也将成为丰田踏入新能源市场的第一步，也是最重要的一步。

6.4.3.3 各类电动车的应用及潜力

新能源汽车保有量达199万辆，其中纯电动汽车162万辆，占新能源汽车总量的81.4%，据国务院发布的《节能与新能源汽车产业发展规划（2012—2020年）》，到2020年国内新能源汽车累计产销量需达500万辆，新能源汽车保有量达199万辆，其中纯电动汽车162万辆，占新能源汽车总量的81.4%，新能源货车24万辆，占新能源汽车总量的12.1%

（1）各类新能源汽车的应用情况

① 燃料电池电动车使用氢作为燃料，是一种新型电动车。2017年，全球燃料电池电动车保有量仅有7200辆，远低于纯电动车及插电混动车。美国燃料电池电动车的保有量已位居全球第1，约占50%的份额，有超过3800辆的燃料电池电动车，绝大部分集中在加利福尼

亚州。日本燃料电池电动车的保有量位居全球第2，达2300辆，但日本国内燃料电池车占电动汽车的比例最高。在欧洲，主要是德国和法国，截至2017年，燃料电池电动车的数量也达到了1200辆。

② 目前，东盟（东南亚国家联盟）、中国和印度有近9亿辆两轮车，这一数字与全球轻型乘用车的总成交量相当。在这3个地区，两轮车占私人客车的80%。从历史上看，两轮车一直由汽油为燃料的内燃机驱动。近年来，电动两轮车的数量大幅增加。中国几乎占据所有的电动两轮车市场，远远领先于其他国家：2017年，中国道路上的电动两轮车数量约为2.5亿台，且仍维持每年约3000万辆的销量。中国的电动两轮车保有量几乎是当今世界轻型电动乘用车数量的100倍。此外，据估计中国还有5000万辆电动三轮车。

③ 低速电动车在中国已经成为电动三轮车和电动汽车的竞争对手。由于行驶速度较低，对于低速电动车没有严格的规则或法规的约束。由于官方注册的低速电动车数量有限，所以很难确切统计出中国有多少上路的低速电动车，但估计约有400万台。低速电动车行业几年来一直处于监管的灰色地带，但最近中国有很多地区通过将低速电动车限制在某些低速道路或禁止低速电动车来收紧政策，例如，低速电动车最早在山东省发展起来，约占中国低速电动车销量的60%，已经开始对低速电动车进行随机路边检查的政策。邻省河南低速电动车的数量越来越多，也出台了类似的法规和执法制度。低速电动车法规的出台和低速电动车新国家标准的讨论，很可能影响到山东省2017年低速电动车的生产统计数据，该数据与2016年报告的数据持平。

④ 中型、重型电动车。轻型电动汽车快速发展所产生的溢出效应为中型和重型车辆的电动化提供新的机会。早期，最适用于有固定路线和时间表的公交车和其他市政服务（如垃圾和街道清洁车辆）。迄今，电动卡车已经在城市中运行的大型商业和服务货车车队中得到了快速发展。今天，中型和重型货运电动卡车在区域和长途作业方面，都处于试点或示范阶段；通常被视为不太可能实现电气化的选项。

从电动汽车倡议成员国提交及已公布的数据显示，全球电动客车的销量主要是中国的电动客车和小型客运车辆。2017年电动客车销量估计略高于10万台（其中85%是纯电动车），略有下降，但是2020年更新的数据证实了2019年出版的《全球电动车展望》中概述的电动客车高销量。到2017年底，中国的纯电动和插电混动客车数量达到近37万辆。如果将电动客车与其他商用电动汽车的统计数量结合，则总数估计超过50万辆。其他国家的累计销售额表明，目前欧洲、日本和美国在运营的电动客车数量为2100辆。2017年，有250辆燃料电池电动客车在全球运行。

与中国城市公交系统全面电动化不同的是，全球多数城市还没有意识到中国城市公交电动化的速度和规模。但是北美和欧洲的一些城市，C40网络的成员城市开始逐步部署电动公交车，并开始在新购置计划中用纯电动公交车代替传统燃油公交车。北欧的一些城市如奥斯陆、特隆赫姆和哥德堡已经开始运营电动公共汽车；2015年6月哥德堡率先在当地推出了三辆沃尔沃电动大巴。奥斯陆的目标是在2025—2030年，将市内公交替换为完全依靠可再生能源运行的公交系统。为了扩大2015年《C40清洁巴士宣言》的影响力，12位市长代

表五大洲城市，在2017年承诺：从2025年起，他们的城市公共系统将只增加电动公交车。市长们还承诺在每个城市内建立一个"主要区域"，作为低排放区；同时承诺监管进展情况，并每两年公开一次进展报告。其他的一些组织如气候与清洁空气联盟提出看无烟公交项目，旨在促成世界20个主要城市的公交系统的零排放电动化。

在欧洲联盟，越来越多的城市正在建设试点项目，且大多数项目是在过去5年中启动的。其中零排放城市公交系统（ZeEUS）由40个合作伙伴（包括公共交通主管部门和运营商、车辆制造商、能源供应商、学术和研究中心、工程公司和协会）组成的网络进行协调。零排放城市公交系统项目在欧洲10个城市设立了10个示范点，以监测和提高城市电动公交车的技术、经济性和运营性能。另外，氢动力汽车欧洲联合倡议项目于2017年1月启动，旨在首先在欧洲9个城市或地区实现氢燃料电池城市公交系统，然后在另外14个城市部署。少数欧洲城市已经将业务从示范规模扩大到商业规模，定期运营庞大的电动公交车车队。他们的目标还延伸到国家一级：荷兰的目标是在2025年之前向全部销售的公交车完成向无排放公交车过渡，并且到2030年实现公交车全电动化。瑞典自2016年以来一直维持对电动公共汽车的支持政策。

⑤电动客车技术。决定电动客车设计的主要参数有两个：车身材料和充电策略。

传统客车车速的材料是钢架结构，结构性能优良且成本低廉。一些电动客车的制造商正在开发用铝或者碳纤维复合材料的车身代替传统钢结构，从而减少车身自重，降低车辆能耗。例如，Linker和Ebusco两家的电动客车都是铝框架结构，车辆自重为10.5～12t，其能量消耗量为90kW·h/100km。相比之下，钢架结构的电动客车自重在14t左右，能量消耗量可达到110～130kW·h/100km。充电策略方面，电动公交车的设计是可以在电池一次充满电的情况下运行一天，可以在夜间电价较低时在车站进行慢速充电。上述充电策略要求电池的容量超过250kW·h，以满足续航里程的要求，在车站中充电过夜可使用充电速度较慢的充电器进行充电。另一种充电策略是随时充电，主要依靠站台或公交线路沿线的快速充电器。快速充电器通常通过受电弓与车辆连接，受电弓既可以安装在车辆上，也可以从安装在站台上。快速随时充电的时间可为5～10min，具体取决于调度需求。快速随时充电策略的好处是，电动公交只需要携带较小的电池（约80kW·h），从而降低车辆的功耗，降低购置成本。由于电池包容量减小、体积减小，可释放更多的乘用空间。快速充电器与慢速充电器相比，需要更高的功率容量（200～400kW），设备、安装和维护成本更高。此外，使用快速充电策略的电动公交的电池设计也与普通电池不同，需要使用钛酸锂负极来满足高倍率充电的要求，Solaris和Proterra电工已经可以使用钛酸锂电池支持快速随时充电策略。

与其他动力形式的客车相比，电动客车面临的一个极具挑战性的问题是暖风空调对电池能量的消耗。特别是在寒冷的气候条件下，暖风空调的功率负载为6～14kW，意味着需要多消耗20～40kW·h/1100km的能量。因此，在极端寒冷的地区，电动客车有时会配备柴油加热器。

（2）未来潜力

世界各国都处于对新能源电动车快速增长中，而随着发展程度的不断提升，新能源汽车的种类也根据不同国家的情况而产生了不同的发展方向，如表6-12所示。改革开放以来，我国的汽车行业发展迅速，目前已成为世界第一大汽车生产国。截至2016年，我国的机动车保有量为2.9亿辆，2017年达到3.1亿辆，2020年达到3.72亿辆。2017年我国石油表观消费量达到5.9亿吨，当年石油进口依存度达到67.4%。因此，大力发展新能源汽车，用电代油是保证我国能源安全的战略措施。2014年是国内新能源汽车的元年，在国家政策的支持下，我国电动车行业快速发展。2014年新能源汽车销量达到7.47万辆，同比增长324%。2015年实现销量33.11万辆。根据工业和信息化部、发展与改革委员会、科学技术部在2017年4月联合印发的《汽车产业中长期发展规划》，其明确给出了目标：到2025年新能源汽车占比达到20%以上。2017年全国新能源乘用车累计销量为57.8万辆，纯电动车型占了81%（46.8万辆），其中A00级车型占了纯电动车67%的份额（31.4万辆），成为主力车型。其中销售量占74.4%的乘用车电池装机电量约13.7GW·h，占比37.6%。客车电池装机电量约14.3GW·h（占39.3%），专用车电池装机电量8.4GW·h（占23.1%）。从2017年的产销量数据来看，同比增长仍然超过了50%，行业显示了较强的增长延续性。

表6-12 世界各国对不同电动汽车类型的发展规划

国家/地区	EV30@30	2020—2030年目标
加拿大	√	—
中国	√	2020年500万辆，包括460万辆电动乘用车，20万辆电动公交车，20万辆电动卡车
		新能源积分任务：2020年完成12%新能源乘用车销售量
		新能源车销售量份额：2020年完成7%～10%，2025年完成15%～20%，2030年完成40%～50%
欧盟		2020年乘用车和货车的二氧化碳排放目标包括：2025年电动车销量达到15%，到2030年达到30%（超过这些基准的主机厂的排放标准可适当放宽）
法国	√	正在修订
印度	√	2030年实现电动车销量占比30%
		2030年城市公交车100%电动化
爱尔兰		2030年实现50万辆电动车，电动车销量占比100%
日本	√	2030年实现电动车销量占比20%～30%
墨西哥	√	—
荷兰	√	2020年电动车市场占有率为10%
		2030年电动乘用车销量占比为100%
		2025年电动公交车销量占比100%，2030年电动公交车保有量占比100%
新西兰		2021年实现6.4万辆电动车
挪威	√	2025年实现电动车销量100%
		2030年实现长途客车销量占比75%，电动货车占比50%
韩国		2020年电动乘用车20万辆
斯洛文尼亚		2030年实现电动车销量占比100%
瑞典	√	—
英国		2020年电动车保有量达到40万辆左右

续表

国家/地区	EV30@30	2020—2030年目标
美国		2025年8个州实现3300万辆的电动车保有量
		10个州的零排放指标：2025年实现22%的电动乘用车和电动货车的新能源积分
		加州2025年实现150万辆零排放车的销售量，2030年实现500万辆
其他欧盟国家		2020年实现了45万～76万辆电动车销量
		2030年542万～627万辆电动车销量

① 电动两轮车和三轮车。新政策预测电动两轮车和三轮车的数量将从2017年的3亿辆增加到2030年的4.55亿辆；EV30@30预测2030年电动两轮车和三轮车将增加到5.85亿辆。到2030年，上路的电动两轮和三轮车集中在中国、印度和东盟国家。预测数据反映出两轮车电动化的良好前景，同时表明汽车用动力电池的产能增长也带动了适合两轮车市场的较低要求的电池的产量。新政策预测电动两轮车未来的保有量较低，反映出新政策更加支持电动乘用车的发展。

② 电动乘用车。两种方案的预测都表明，到2030年轻型电动车包括电动乘用车和电动商用车数量将仅次于电动二轮和三轮车。如果不计算电动两轮车和三轮车的数量，到2030年轻型电动车将占新能源电动车数量的97%以上。这反映了轻型电动车市场中数量优势，同时相比中型和重型长途电动车辆具有更高的市场渗透率。

③ 电动公交车。新政策和EV30@30方案中都涵盖了电动公交车的快速电气化发展，其主要是通过在城市推广纯电动公交车。2017年，电动公交车数量为370万辆。到2030年，在新政策方案中电动巴士的数量将达到150万辆，且电动公交车在公共汽车中的总市场份额将低于15%。而EV30@30方案预测的数量将达到450万辆，电动公交车的市场份额则会低于35%。如此高的市场占有率体现出了电动公交车在单位里程成本方面的优势，同时也证明夜间慢充的可行性。

④ 电动卡车。新政策方案估计到2030年全球电动卡车的保有量将达到近100万辆，而EV30@30方案的预测值是250万辆。由于2017年全球电动卡车只有区区几百辆，导致2030年预测的电动卡车占比偏低：新政策和EV30@30方案预测的占比仅为1%和3%。与城市公交不同的是卡车的运行方式往往是长途运输作业，使用的充电模式也不尽相同。长续航里程、巨大的尺寸和重量、更大的电池组容量带来成倍增长的充电时间，导致卡车的电动化相比其他电动车辆在技术可行性和经济性上更加难以实现。

6.4.3.4 发展路线

根据我国工业和信息化部、发改委、科技部在2017年4月联合印发的《汽车产业中长期发展规划》[41]给出的目标如下：到2025年新能源汽车占比达到20%以上，结合我国的实际发展情况和国际发展趋势，充分利用我国现有的资源与优势，应集中发展以新能源汽车和智能网联汽车为突破口，以能源动力系统优化为重点，以智能化提升为主线，全面推进汽车产业的低碳化，信息化和智能化。

总体技术路线图指出，2015—2020年新能源汽车年销量超过总销量的7%；2020—2025

年新能源汽车年销量超过总销量的15%；2025—2030年新能源汽车年销量超过汽车总销量的40%。同时指出：第一，轻量化技术总体思路。整车减重的指标，2020年相比2015年减重10%，到2030年减重30%，其中，车身轻量化对整车轻量化来说是重中之重；第二，关键零部件技术图中指出：到2020年电机功率密度从10kW/kg提升到30kW/kg，到2030年达到50kW/kg，碳化硅为代表的宽径半导体在2020年之后将会投入使用[38]。

新能源汽车的发展规划，分为纯电动和插电式混合动力汽车两个部分。如图6-28所示，其共同发展路线如下：在动力电池方面，基于现有高能量材料体系，优化电机结构，提高活性物质负载量，应用新型材料体系，提高电池工作电压，优化新型材料体系，设计新型电池结构，优化电极界面等手段提升比能量、寿命和安全性，降低成本。以300km续航的纯电动汽车为例，比能量达到350W·h/kg，系统达到250W·h/kg，能量密度达到650W·h/L，成本和寿命控制在0.6元/（W·h）以下及4000次/10年。

图6-28 新能源汽车发展及技术路线

具体技术路径如下：加大新体系电池的研发，提升关键材料及关键装备水平，提高电池的安全性、寿命和一致性，加速动力电池标准体系建设和电池回收再利用技术研究。

对于纯电动和插电式混合动力电池汽车，应秉承着以下思路。

① 以中型及以下车型规模化发展纯电动乘用车为主，实现纯电技术在家庭用车、公务用车、租赁服务及短途商用车等领域的推广应用。

② 以紧凑型及以上车型规模化发展插电式混合动力乘用车为主，实现插电式混合动力技术在私人用车、公务用车领域推广应用。

③ 以动力电池、驱动电机突破发展支撑整车竞争力提升并实现关键部件批量出口。

④ 以覆盖全国的充电设备与服务网络建设支撑电动汽车大规模推广。

⑤ 以新能源汽车为基础，结合节能技术，对整车轻量化、智能化进行融合。

在新能源汽车产业规划中，我国对新能源汽车保有量、充电桩/站保有量、新能源汽车的当年销售情况、现状与目标4个方面分别设置了4步走战略（见图6-29），体现了我国发展的前瞻性和规划性，对现实情况的清晰了解和对未来发展的信心十足，为我国的新能源汽车产业发展指明了道路。

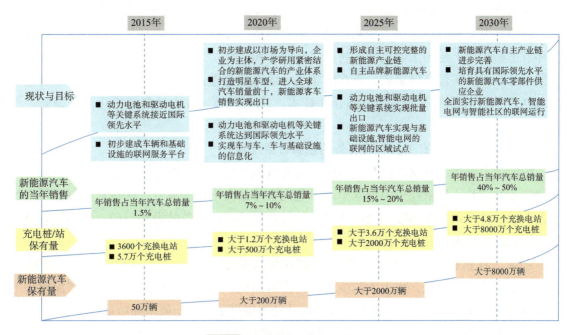

图6-29　新能源汽车产业发展规划

6.5　智能装备技术发展趋势与战略

6.5.1　动力电池智能制造技术发展趋势

2018年，全球电动汽车销量超过510万辆，中国是全球最大的电动汽车市场。预计到2030年，电动汽车销量将达到4300万辆，库存超过2.5亿辆；中国将占全球份额的57%，美国占28%，其次是欧洲（26%）和日本（21%）［国际能源机构（IEA）《2019年全球电动汽车展望》］。

动力电池作为电动汽车成本比例最高的零部件（占40%），一直备受关注。动力电池产业给动力电池制造提出了四大核心需求：①提高质量，同时降低成本；②提高加工稳定性；③提高生产产能（通过提升或提高工艺速度）；④可持续性（VDMA《电池制造装备路线图》）。以"工业4.0""智能制造"为核心特征的全球制造业升级也给动力电池制造业发展起到了推波助澜的作用。

动力电池智能制造技术发展呈现出以下趋势。

（1）自动化程度和比例提高

自动化是提高生产质量和降低成本、提高加工稳定性、提高产能和提高可持续性的最直接方式。规模经济能有效降低动力电池制造成本已成为业界共识：松下于2020年建设了年产能为35GW·h的工厂；CATL于2020年在中国建设了年产能为24GW·h的工厂；LG计划于2022年在欧洲建立产能为15GW·h的工厂（国际能源机构（IEA）《2019年全球电动汽车展望》）。规模经济需要高度的自动化水平。

自动化技术在动力电池加工、测量、运输、存储等各个环节的应用比例和深度越来越大。目前，电芯和电池包加工和测量的大多数环节已经有对应的自动化解决方案，部分工艺环节（如焊接）使用工业机器人技术提高效率和柔性，工艺段（如匀浆、涂布、辊压工艺段）已经可以实现高度集成，正在向整线一体集成迈进；原材料和半成品的运输过程使用AGV小车；成品的存储使用立体仓库技术。3D打印技术在电池制造中也开始得到关注并应用。

（2）动力电池专有工艺制造装备的创新日新月异

中国动力电池装备制造商几乎与中国动力电池制造商同时诞生，一直伴随着中国动力电池行业的成长；且依托于中国这个动力电池全球最大市场的哺育，深耕动力电池行业的工艺要求，并密切关注国际动力电池和其他行业先进制造装备的发展动向，成为动力电池行业创新点的密切紧跟者和引领者。

例如，在搅拌工序，尚水智能利用高速混合分散技术变"分锅搅拌"为"连续搅拌"，不仅降低了能耗，也大大减少了设备占地面积；在涂布工序，善营的精密涂敷技术在表现卓越；在叠片工序，吉阳利用复合叠片技术提高了叠片的效率和质量。

除了装备整机创新，锂电池制造工艺的特殊性对装备零部件也提出了要求，已经有厂商关注到这个高价值的细分领域并开始精耕细作。日本横河电机开发的力触觉技术，可以应用于搅拌过程中的在线黏度测量。日本25A的气动元件专门针对锂电池制造中低露点、杜绝使用金属铜等做过特殊优化。目前，尚未发现国内装备零部件厂家有此方面的开发动向。

（3）信息管理工具得到重视

信息可追溯是汽车整车厂对动力电池制造商的基本要求，信息技术工具（如MES，即制造执行系统）已经成为动力电池制造商记录产品、制程、计划、仓储等信息的重要工具。部分动力电池制造商已经将APS（高级计划排程）、WMS（仓库管理系统）、QMS（质量管理系统）等信息技术工具导入动力电池制造过程，以提高对制造过程的可视化程度，以实现精细管理。

随着企业不同领域和维度的信息工具的使用，实现生产信息与进销存信息（ERP）、客户管理系统（CRM）、实验室管理信息（LIMS）的有效集成，使不同维度的信息能自由调度，在统一的企业运营层面呈现并支撑决策（商业智能，BI）；以此为基础，使用工业互联网，实现整个供应链信息的打通。

（4）数值模拟仿真技术正成为动力电池智能制造的关键节点

要实现动力电池智能制造，制造过程中各要素的数字化不可或缺。"模型"已经成为智能制造体系的关键节点，通过各类数值模拟仿真技术（CAE、CFD、DFT等）对产品、工艺、设备进行数值建模，才能建立物理世界的制造各要素在信息世界的映射（CPS），并通过物理世界的数据采集系统（SCADA）优化数值模型，从而实现分析、预测、反馈与优化。

（5）工业4.0技术的逐步应用

包含MES在内的PLM（产品生命周期管理）是广义制造（研发、制造、质量等）信息化管理的高级阶段，旨在使用信息技术工具将产品整个生命周期（设计、制造、质量、运维等）建立数字化模型并使各环节信息打通，从而对产品全生命周期数据信息进行管理，实现与产品相关的协作研发、管理、分发和使用产品等信息的全面管理。工业4.0智能制造创新中心（溧阳）是由PLM软件巨头西门子与天目湖先进储能技术研究院在江苏溧阳合作建立的以PLM软件在动力电池领域的应用为核心的机构，旨在提高动力电池行业领域的数字化水平，对动力电池企业提供培训、租赁、信息管理工具实施等智能制造技术服务。

随着信息的逐渐积累，便可以使用人工智能技术、大数据技术等先进技术进行价值的深入挖掘。

6.5.2 动力电池智能制造产业发展趋势

目前全球动力电池龙头竞争格局清晰：国内CATL、BYD；国外松下、LG、三星、Northvolt共6家，2018年底产能合计约99GW·h，目前规划产能（动力电池+储能）至2022年将增加至542GW·h，未来4年增幅将达4倍以上，预计对应的新增设备投资额合计为1600亿元左右。

动力电池智能制造产业发展呈现以下趋势：

（1）动力电池制造装备国产化率高；测量设备国产化率不高，全球份额还不高

国内电池企业的前段、中段、后段设备的总体国产化率分别达到88%、90%以上、95%以上，动力电池制造装备制造商已可实现整线设备生产。

国产装备具有适应性强、性能好、性价比高、对于客户需求的快速反应能力强的特点，已完全占据国内绝大部分市场，并积极向国外电池制造商渗透。

（2）动力电池装备行业集中度提升，行业横向整合加速

锂电设备企业横向整合加速。由于动力电池市场份额往CATL、比亚迪等主流动力电池企业集中，2018年动力电池扩产以主流动力电池为主，因此资金实力较弱，设备覆盖较为单一的设备企业市场被挤压，设备企业间横向整合将加速，如先导收购泰坦后协同效应明显；赢合收购雅康后成功进军涂布机环节且获得订单；最近科恒计划收购诚捷智能及誉辰自动化等。

在动力电池强者恒强、洗牌调整加速的趋势下，加上锂电设备的使用寿命长、技术要求高，未来，技术水平较差、没有大客户的中小设备企业将会被淘汰出局，锂电设备行业集中度将进一步提升。

（3）动力电池装备制造商与动力电池制造商实现深入绑定

随着锂电池下游产品更新换代加速，以及锂电池的技术和制造工艺不断更新，电池制造商和设备商之间将会更加紧密协作，不断技术改造和开发新工艺，这会加快锂电池设备的更新换代速度，过去5~8年的更换周期已经缩短至到目前的3~5年的更换周期，以适应

新技术、新工艺。

（4）工业软件与电池制造商绑定还比较低

工业软件是行业知识的高度提炼和总结，对于指导行业问题的解决有非常重要的价值，工业软件在集成电路行业已经到了"不可不用"的阶段。动力电池行业的工业软件还处于应用的前期阶段，国外的Comsol、Battery Design Studio等软件已经被国内的电池研发逐渐应用，鸿阳智能正在开发的Battery Forward Designer软件也在布局电池设计环节，应用于航空、汽车领域的CAE、CFD软件也逐步得到应用。

国内工业软件企业，应当利用动力电池发展的大好形势，与动力电池企业合作，将产品与工艺知识软件化、产品化。

（5）动力电池装备以系统集成为主，精细加工尚存在差距

动力电池装备企业，在系统集成和熟知动力电池工艺方面表现卓著，但多数提升加工精度的关键零部件还是要依靠进口。动力电池制造的供应链在中国，但国内动力电池装备零部件厂商还没有很好地抓住这个机会。

（6）动力电池的智能制造比较粗放，智能工厂多以示范为主

动力电池制造企业对智能制造的理解，多数还停留在"自动化"层面上，有些可能深入到"信息化"层面。对智能制造的投资，多数是为了拿政府补贴的"智能工厂"新建工厂和扩产线体的投资，缺乏将产品和工艺知识逐步数字化的长远规划与布局。

6.5.3 动力电池智能制造发展战略

（1）聚焦价值提升

动力电池产业的"智能制造"，"制造"过程与要素的"智能"化升级改造是核心，"智能"是服务于"制造"的手段；"智能"的手段如果不能有助于"制造"的价值提升，那么动力电池智能制造发展则会成为"无源之水""无本之木"。

当前，国内动力电池智能制造发展，呈现出"政府和智能制造服务商热""动力电池制造企业冷"的局面：对政府而言，动力电池制造企业能大规模实现自动化、智能工厂等是能看得见的政绩；对动力电池智能制造服务商而言，动力电池制造企业的大规模投资是其重要的商业机会。然而，对动力电池制造企业而言，如果不能通过"智能"的手段降低制造成本、提升制造效率和质量，从而增强市场竞争力，动力电池制造企业这一动力电池智能制造的主体力量就没有参与的热情。

（2）系统设计与明确规划

动力电池产业的"智能制造"，应当不仅仅是政府补贴和服务商商业行为的推动，整个动力电池智能制造的发展应当有较高的顶层策划与稳扎稳打的实施步骤：动力电池原材料、零部件、系统集成等上下游智能制造如何布局、如何配合、如何预留接口，动力电池制造企业、设备制造企业、信息管理软件制造企业等如何做好数据与模型的互通，而不是各自为战，坚守壁垒。

（3）鼓励设备制造商和公共实验室协同创新

在动力电池智能制造发展进程中，设备制造商在设备自动化改造、制造价值提升等方面扮演了非常重要的角色，但设备制造商需要与熟知动力电池发展方向、主导动力电池技术创新的公共实验室密切结合和配合，才能使得其优势能"用在刀刃上"。

天目湖先进储能技术研究院作为动力电池行业重要的"公共实验室"，利用其第三方平台的公共属性，不断推动和深化与设备制造商在新型电池制造设备的开发合作，使其创新技术能迅速产业化。

（4）重视软件和关键零部件

工业软件（CAE、CFD等）蕴含着工业产业的知识积累，已经被视为制造业的"灵魂"。高度精细化发展的集成电路行业，如果没有工业软件将寸步难行；众所周知，华为海思因芯片研发所需的Mentor软件被美国掌握而受制于人。中国的动力电池行业起步早、发展快，目前已"异军突起"；但动力电池行业的发展，一定会走向"精细化"，如果不能将目前积累的产品与工艺经验转化成软件知识并形成著作权，将很快被重视"数字化技术"的欧美先进制造产业追上，之前的努力也会付诸东流。

包括动力电池制造商在内的中国装备制造业，存在"集成能力强""核心零部件能力弱"，高精密制造的涂布挤压模头、激光切片机的激光器等关键零部件还依赖进口；应当注重关键零部件的国产化和自主化。

参 考 文 献

[1] 国家制造强国建设战略咨询委员会。《中国制造2025蓝皮书(2018版)》. 北京：电子工业出版社.

[2] Landi B J, Ganter M J, Cress C D, et al. Carbon nanotubes for lithium ion batteries. Energy & Environmental Science, 2009, 2(6): 638-654.

[3] Li M, Lu J, Chen Z, et al. 30 Years of lithium-ion batteries. Adv Mater, 2018: e1800561.

[4] Tian H, Xin F, Wang X, et al. High capacity group-IV elements (Si, Ge, Sn) based anodes for lithium-ion batteries. Journal of Materiomics, 2015, 1(3): 153-69.

[5] Wang H, Fu J, Wang C, et al. A binder-free high silicon content flexible anode for Li-ion batteries. Energy & Environmental Science, 2020: doi: 10.1039/C9EE02615K.

[6] Wang F, Wang B, Ruan T, et al. Construction of structure-tunable si@void@c anode materials for lithium-ion batteries through controlling the growth kinetics of resin. ACS Nano, 2019 4(3): 1321-1326.

[7] Huang S, Cheong L Z, Wang D, et al. Nanostructured phosphorus doped silicon/graphite composite as anode for high-performance lithium-ion batteries. ACS Appl Mater Interfaces, 2017, 9(28): 23672-23679.

[8] Liu Y, Huang K, Fan Y, et al. Binder-free Si nanoparticles@carbon nanofiber fabric as energy storage material. Electrochimica Acta, 2013, 102: 246-251.

[9] Liu Y, Wen Z Y, Wang X Y, et al. Electrochemical behaviors of Si/C composite synthesized from F-containing precursors. Journal of Power Sources, 2009, 189(1): 733-739.

[10] Hwang S S, Cho C G, Kim H. Polymer microsphere embedded Si/graphite composite anode material for lithium rechargeable battery. Electrochimica Acta, 2010, 55(9): 3236-3244.

[11] Cheng X B, Zhang R, Zhao C Z, et al. Toward safe lithium metal anode in rechargeable batteries: A review[J]. Chem Rev, 2017, 117(15): 10403-10479.

[12] Zhang X, Wang A, Liu X, et al. Dendrites in lithium metal anodes: Suppression, regulation, and elimination. ACC Chem Res, 2019, 52(11): 3223-3254.

[13] Cao D, Sun X, Li Q, et al. Lithium dendrite in all-solid-state batteries: Growth mechanisms, suppression strategies, and characterizations. Matter, 2020, doi: 10.1016/j.matt.2020.03.015.

[14] Chen J, Li Q, Pollard T P, et al. Electrolyte design for Li metal-free Li batteries. Materials Today, 2020, 31(12): 1806532.
[15] Choudhury S, Tu Z, Nijamudheen A, et al. Stabilizing polymer electrolytes in high-voltage lithium batteries. Nat Commun, 2019, 10(1): 3091.
[16] Schaefer J L, Lu Y, Moganty S S, et al. Electrolytes for high-energy lithium batteries. Applied Nanoscience, 2011, 2(2): 91-109.
[17] Agrawal R C, Pandey G P. Solid polymer electrolytes: materials designing and all-solid-state battery applications: An overview. Journal of Physics D: Applied Physics, 2008, 41(22): 3715-3725.
[18] Yang Q, Deng N, Chen J, et al. The recent research progress and prospect of gel polymer electrolytes in lithium-sulfur batteries. Chemical Engineering Journal, 2020, doi: 10.1016/j.cej.2020.127427.
[19] Yao X, Huang B, Yin J, et al. All-solid-state lithium batteries with inorganic solid electrolytes: Review of fundamental science. Chinese Physics B, 2016, 25(1): 10.1088/1674-1056/25/1/018802.
[20] Kartini E, Theresa GenardY C. The future of all solid state battery. IOP Conference Series: Materials Science and Engineering, 2020, 924: 012038.
[21] Karabelli D, Birke K P, Weeber M. A Performance and cost overview of selected solid-state electrolytes: Race between polymer electrolytes and inorganic sulfide electrolytes. Batteries, 2021, 7(1): 18.
[22] Freunberger S A, Chen Y, Drewett N E, et al. The lithium-oxygen battery with ether-based electrolytes. Angew Chem Int Ed Engl, 2011, 50(37): 8609-8621.
[23] Wang D W, Zeng Q, Zhou G, et al. Carbon-sulfur composites for Li-S batteries: Status and prospects. Journal of Materials Chemistry A, 2013, 1(33): 9382-9394.
[24] Rosenman A, Markevich E, Salitra G, et al. Review on Li-sulfur battery systems: An integral perspective. Advanced Energy Materials, 2015, 5(16): 10.1002/aenm.2015002.
[25] Wu X, Liu N, Wang M, et al. A class of catalysts of BiOX (X = Cl, Br, I) for anchoring polysulfides and accelerating redox reaction in lithium sulfur batteries. ACS Nano, 2019, 10.1021/acsnano.9b05908.
[26] Geng D, Ding N, Hor T S A, et al. From lithium-oxygen to lithium-air batteries: Challenges and opportunities. Advanced Energy Materials, 2016, 6(9): 10.1002/aenm.201502164.
[27] Lao M, Zhang Y, Luo W, et al. Alloy-based anode materials toward advanced sodium-ion batteries. Adv Mater, 2017, 29(48): 10.1002/adma.201700622.
[28] Bai Y L, Liu Y S, Ma C, et al. Neuron-inspired design of high-performance electrode materials for sodium-ion batteries. ACS Nano, 2018, 12(11): 11503-11512.
[29] Kim C, Ahn B Y, Wei T S, et al. High-power aqueous zinc-ion batteries for customized electronic devices. ACS Nano, 2018, 12(12): 11838-11846.
[30] Liu X, Elia G A, Qin B, et al. High-power Na-ion and K-ion hybrid capacitors exploiting cointercalation in graphite negative electrodes. ACS Energy Letters, 2019: 2675-2682.
[31] Liu Z, Wang J, Jia X, et al. Graphene armored with a crystal carbon shell for ultrahigh-performance potassium ion batteries and aluminum batteries. ACS Nano, 2019, 13(9): 10631-10642.
[32] http://ev-sales.blogspot.com/2021/02/global-top-20-december-2020.html?m=1.
[33] IEA (2020), Global EV Outlook 2020, IEA, Paris https: //www.iea.org/reports/global-ev-outlook-2020.
[34] https://about.bnef.com/electric-vehicle-outlook/.
[35] 日本计划2020年将新能源车销量占比提至50%[J]. 汽车之友, 2010(8): 23.
[36] http://www.gov.cn/xinwen/2017-03/02/content_5172254.htm#1.
[37] https://www.tyncar.com/nevs/hy/808538.html.
[38] 中国汽车工程学会, 节能与新能源技术路线图战略咨询委员会.节能与新能源汽车技术路线图[ED]. 2016-10.
[39] 安锋、康利平、秦兰芝、毛世越、王雯雯, Maya Ben Dror. 中国传统燃油汽车退出时间表研. 国际石油经济, 2019, 27(5): 1-8.
[40] https://baijiahao.baidu.com/s?id=1621550736968976655&wfr=spider&for=pc.
[41] http://www.gov.cn/gongbao/content/2017/content_5230289.htm.

第7章 发展与展望

7.1 前沿技术发展总结

新能源汽车是我国汽车产业转型升级的一个突破口。行业发展初期，我国投入大量资源进行补贴，促进了新能源汽车的应用，带动了动力电池产业的繁荣发展，尤其是以宁德时代（CATL）和比亚迪（BYD）为代表的电池厂商在全球动力电池市场份额的提升（CATL第一，BYD第三）。整体上，我国动力电池市场份额已排在全球首位，但随着2019年国家对电动汽车补贴退坡和新车排放切换政策的改变，新能源汽车的市场也不乐观。据《2019新能源汽车消费市场研究报告》显示，消费者最关注新能源汽车的方面包括续航里程（电池能量密度）、安全性、质保期（电池寿命）和价格（电池成本占电动汽车成本的30%~40%），每个因素都与动力电池息息相关。虽然我国动力电池技术水平近几年飞速发展，能量密度方面和日韩等国际先进水平差距减小，正负极材料、电解液的高国产化率使电池成本降低明显，但总体来说，中国动力电池技术产业并未处在领跑状态，中国应该在动力电池能量密度、安全性、使用寿命和成本降低方面继续加强研究。

7.1.1 前沿技术发展现状

正极方面，现有的氧化物正极材料受限于其较低的理论容量，为了达到更高的能量密度，需要发展更高容量的正极材料。高电压钴酸锂（HV-LCO）、高镍材料[镍钴锰酸锂（NCM）、镍钴铝酸锂（NCA）]和富锂锰基（Li-rich）正极材料比容量的提升空间相对较大；但提升上述材料比容量的同时，还需解决材料稳定性、材料和电解质界面稳定性等问题。正极材料的充电截止电压已超过传统液态电解质电压窗口的上限，需要现有电解质的改性或者逐步过渡到固态电解质。

HV-LCO材料的改善普遍采用掺杂和包覆的手段提高材料的晶体结构稳定性和抑制表面副反应，我国在此方面的前沿研究成果处于国际领先地位。华为技术团队与美国Argonne实验室、香港城市大学研究者在 *Nature Energy* 上共同报道了在LCO晶格中掺杂La和Al元素，将LCO的电压提升至4.5V，比容量达到190mA·h/g（*Nature Energy*, 2018, 3: 936）。中国科学院物理所研究人员提出Ti、Mg、Al共掺杂技术抑制LCO充放电过程的有害相变，稳定表面氧原子，将其可充电电压进一步提升至4.6V，比容量约达220mA·h/g。

在高镍三元材料性能改善方面，韩国汉阳大学Yang-kook Sun提出结合元素浓度梯度设计和Ni-Co-Mn-Al四元素结构组分设计，有效提升比容量至240mA·h/g。加拿大J. F. Dahn提出发展高镍三元单晶材料，抑制其充放电过程中颗粒开裂造成的长期使用过程中的容量衰降。我国在NCM基高镍三元材料改性方面的策略和国际发展方向基本一致，但在NCA的制造和使用上与日本尚有差距。

在富锂锰基材料发展方面，美国加州大学Gerbrand Ceder提出高价阳离子掺杂和F阴离子部分取代O离子的方法，使Mn实现2价与4价的两电子氧化还原反应，其比容量达到300mA·h/g以上。基于此，其在尖晶石锰酸锂基础上通过Li部分取代Mn元素和F部分取代O，获得比容量约350mA·h/g的富锂材料。美国MIT研究者Ju Li参考高镍三元材料元素浓度梯度设计，制备了具有Li浓度梯度的单晶富锂材料，比容量可达300mA·h/g。北京大学的夏定国教授另辟蹊径，将富锂材料的晶型由传统的O3结构改变为O2结构，改变充放电过程中的结构演化机制，实现比容量大幅提升（400mA·h/g），处于国际领先水平。

负极方面，高比容量同时控制电极的体积膨胀是技术上的难题，需要设计低体积膨胀但高比容量的负极。而硅碳负极进一步提高比容量需要更高的硅含量，严重的体积膨胀问题对电极的结构、体积稳定性控制及反应可逆性（库仑效率）等几个方面均对电极的应力管理及界面反应限制提出巨大的挑战。对于锂电池的终极负极材料——锂金属负极，其电化学溶解-沉积的不均匀性、锂与电解液之间的高反应活性导致锂的可充性问题，特别是枝晶问题，是最大的应用瓶颈。解决锂的可充性问题，不仅要解决枝晶问题，还需要大幅度提高其库仑效率。通过负极材料的预锂化形成复合锂负极，是当前实现高比能负极的有效途径之一。电化学预锂化具有预锂化精确控制和稳定好的优点，但是其对环境的高要求性，如无氧、无水、干燥环境限制了其大规模应用。稳定的金属锂粉及正负极预锂化添加剂使用中的难题则是如何降低生产成本。

硅碳负极改善主要通过黏结剂、电解液和预留孔结构设计实现。美国佐治亚理工学院Gleb Yushin和韩国Jang Wook Choi分别开发了海藻酸钠和聚轮烷基黏结剂，大幅提升了纳米和微米硅负极的循环稳定性。美国斯坦福大学Yi Cui提出通过纳米化技术（纳米线等）降低硅负极充放电过程中的应力变化，并设计核壳、空心球、气凝胶、类石榴、石墨笼等一系列纳米结构，建立了稳定界面，解决了硅颗粒破裂问题，提升了硅负极的稳定性。中国科学院物理研究所研究团队早在20年前就致力于硅负极研究工作，先后提出rice-glue-ball、peanut、walnut结构设计和硅碳复合设计，稳定硅负极在充放电过程中的结构变化，提升硅负极性能。研究成果申请一系列原创专利，并在工程化技术上进行开发，将硅负极成功推向商业化应用。

补锂技术可有效规避电极材料首次充放电效率低的问题，提升电池能量密度。当前补锂技术主要包括锂粉补锂、锂带补锂、电化学补锂、真空镀锂。中国CATL及ATL在此方面获得了突出成果。CATL提出压延式锂带补锂技术，解决了锂粉在负极表面补锂时，易污染和涂覆不均匀、锂涂层附着力差、难以大规模利用等难题。ATL发明了一种以高容量富锂正极材料提供锂源的方法，补偿负极不可逆的锂离子损失。该方法能不受苛刻环境的约束，同时还能提升正极材料克容量发挥，提高二次锂电池的能量密度。

电解液的开发也需要配合正负极材料的发展路线，朝着高电压、高比能的思路研发。尽管通过锂盐、溶剂和添加剂的优化，可适当提升电池的性能，满足高能量密度电池的开发需求，但是随着金属锂负极、富锂锰基正极等高容量正负极材料的引入，电解液的改性优化对电池性能的提升始终存在较大的局限性，难以兼顾控制界面副反应、满足高低温倍率要求、显著提高安全性的要求。随着固态电解质技术越来越成熟，现有液态电解质体系面临的安全和使用寿命等问题，以及金属锂负极的问题有望得到进一步解决，这将为锂硫电池及其他高容量无锂正极材料的应用打开大门。但同时固态电解质也存在一些迫切需要解决的问题：固体电解质材料离子电导偏低；固体电解质/电极间界面阻抗大，界面相容性较差，同时，充放电过程中各材料的体积膨胀和收缩，导致界面容易分离；有待设计和构建与固体电解质相匹配的电极材料；现阶段的电池制造成本较高等。

美国马里兰大学的Chunsheng Wang设计了新型四氢呋喃基电解液，在微米硅负极表面构造富含LiF保护层，提升了微米硅负极性能，并研究了该体系电解液对锂金属负极的保护效果，显示出较好的锂利用效率。该团队还提出了water-in-salt高浓度水系电解液，突破了水系电解液1.23V的电化学稳定窗口，使其可以用于锰酸锂正极和硫化钼负极，提升了水系电池的能量密度。美国的Chunsheng Wang、Wu Xu和Ji-Guang Zhang等团队提出非极化non-polar氟化溶剂和高度氟化有机电解液结合，获得耐5.6V高电压和0V稳定的电解液，成功应用于NCA｜Li电池中，在-125~-70℃均表现出良好的电化学性能。美国的Ying Shirley Meng提出氟代甲烷气体用于LCO｜Li电池，实现在-78~-65℃宽温度范围高性能电池。

表征技术方面，原位技术的发展可实现对电化学反应过程的实时监测，但是如何进一步在表征体系中构建实际的电化学反应环境是表征的关键与难点，这涉及多种信号信息，如电、力、形变、热等的收集与耦合分析。同步辐射技术等可广泛应用于电子、原子和分子水平，乃至工程尺度上对储能材料的研究。美国斯坦福崔屹开发了利用冷冻电镜技术研究金属锂沉积与溶解行为，分析了锂金属负极表面的固态电解质层（SEI），提出了LiF在SEI的作用可能被高估的新观点。同步辐射、中子衍射及固态核磁等技术在美欧等国家已经用于富锂锰基正极、固态电解质等方面的结构表征和机理研究。中国近年也在上海、北京、广东等地布局了相关大科学装置，其应用正在推行。

7.1.2 前沿技术发展建议

基于对材料、电芯等前沿技术的发展现状的分析，中国在基础科研成果（论文、专利）产量上近年来已占据领先地位，但在基础性原创成果方面，除硅碳负极、富锂锰基正极、预锂化技术及固态电池等方面处于并跑或领跑外，其他关键材料和新型电池研究领域还和世界最高水平有一定的差距。

建议在以下几个方面进行前沿技术的重点研发，以使我国动力电池产业早日实现全方位领跑。

（1）继续提升锂离子电池能量密度，提高安全性，降低成本

对于锂离子电池，应重点发展：①利用元素掺杂、表面包覆、浓度梯度设计和晶相优化（单晶）等协同手段，提升高镍三元正极材料（镍含量大于或等于0.8）的比容量和循环稳定性；②通过多元素掺杂技术突破钴酸锂脱嵌锂的充电电压上限，提升高电压钴酸锂比容量和循环稳定性；③深入探测富锂锰基材料充放电过程机理，通过元素掺杂、晶型优化（O2或O3）、表面包覆和浓度梯度设计等协同手段，抑制充电时氧气释放和过渡金属位点迁移，保证高比容量和长寿命；④无钴的高镍或富锂锰基正极材料，降低电池成本；⑤通过预锂化、黏结剂设计、元素掺杂或精确空间定制技术，解决高含量硅基负极巨大的体积变化问题，改善首次充放电效率和循环稳定性；⑥开发新型电解液溶剂和添加剂（氟化材料或离子液体），拓宽电解液的耐高压性质，匹配高电压正极材料；⑦研究多孔、高强度、高热稳定性超薄隔膜和多维高导电添加剂，降低非活性物质用量；⑧具有防过充、阻燃能力的有机电解液溶剂及添加剂；⑨高浓度或局部高浓度水系电解液。

（2）加速推进准固态/全固态锂离子/锂电池的应用研究

对于固态锂（离子）电池，应重点研究：①开发低成本、高离子电导率、高稳定性（热稳定性、电化学稳定性及化学稳定性等）的固态电解质材料；②针对不同应用场景（如高能量密度、高功率密度、长循环寿命等）开发多种正负极材料体系；③优化包覆及界面修饰工艺，提高固态电极与固态电解质之间的界面兼容稳定性，降低界面阻抗；④优化固态电极与固态电解质膜的规模化制备及后处理工艺，降低空隙率，降低面电阻；⑤优化厚电极（百微米级）在全固态、高负载情况下的锂离子迁移输运性能；⑥优化薄固态电解质膜（20μm或以下）的机械稳定性，抑制穿刺及内短路问题；⑦优化全固态电芯制备过程或设计新的全固态电芯构造，减少甚至摆脱其对外部压力的依赖；⑧提升全固态电池在不同或特种应用领域的性能（如高低温、低大气压、高安全等），促进其应用。

（3）积极研究新体系高比能二次电池

对于锂电池，应重点发展：①通过电池自加热设计、电解液调配（溶剂、锂盐、浓度、添加剂等）、二维、三维集流体设计、人造界面保护层设计等手段，抑制锂枝晶的生长，解决锂负极沉积析出效率低和体积变化大的问题，实现正负极容量匹配时电池的高稳定性；②发展高容量贫锂或者不含锂的正极材料。

对于锂硫电池，应重点发展：①联合物理限域、物理/化学吸附手段抑制可溶性多硫化物中间产物引发的电池充放电效率低的问题；②通过碳硫复合结构设计，缓解硫及硫化物的体积变化较大的问题；③引入高活性催化剂，提升硫到硫化锂的转化动力学，抑制穿梭效应；④研究固定硫正极材料（如S@pPAN），避免可溶性多硫化物的生成；⑤利用致密化或高电导高密度材料复合手段，提高硫正极的密度，提升电池的体积能量密度；⑥关注锂硫电池的自放电问题，贴近实际应用场景；⑦具有阻燃能力的硫正极，避免硫的燃烧引起电池起火、爆炸等危害；⑧无硝酸锂添加剂的合适电解液体系，防止硝酸锂可能引发的安全问题。

对于锂空气电池，应重点发展：①锂金属负极保护技术，抑制氧气扩散至负极表面引发严重电解液分解；②高氧还原和氧析出反应催化活性的正极材料，降低充放电过程过电位，提高电能利用效率和电池稳定性；③高效氧化还原电解液添加剂，提升电池放电能力，降低电池充放电过电位；④耐超氧离子或者高活性单线态氧气分子腐蚀的电解液（溶剂、锂盐）；⑤防止空气中杂质（水、二氧化碳等）透过，允许氧气透过的膜材料，保护电池中正负极物质不被腐蚀；⑥密闭锂氧气电池；⑦发展具有阻燃能力的氧气正极和电解液，避免电池体系中材料的燃烧引起电池起火、爆炸等危害。

（4）协同推进其他电池体系的开发和应用

钠离子电池在成本方面具有明显优势，应重点发展：①橄榄石型$NaFePO_4$的制备工艺开发；②更低成本的稳定性好的碳基负极材料开发；③醚类溶剂分解形成SEI的机制及表征；④提高醚类电解液高电压稳定性（<4V）及添加剂的研究；⑤钠离子电池固态化。

燃料电池与锂离子动力电池的应用有互补性。在家用车、乘用车市场，锂离子电池成本低，系统集成方便，优势明显；在商用车、大型载重车等领域，燃料电池可提供更长的续航里程和更短的燃料填充时间。因此，针对氢燃料电池中的瓶颈问题，应重点发展低铂载量高效催化电极，高压储/运氢瓶、质子交换复合膜和高导电率及机械强度的双极板。

（5）积极推广材料基因工程，指导电池新材料开发，提升锂动力电池的性能，加速新型二次电池和固态电池的产业化进程

科技进步推动人工智能技术的逐渐成熟。已有多方面报道利用人工智能计算开发新型材料的实例。瑞士洛桑联邦理工学院采用人工智能算法，对10万多种三维材料进行筛选后，发现大约2000种可剥离成二维结构的材料[1]。美国G. Ceder教授对含有（P_mO_n）阴离子团的各种过渡金属与Li的化合物进行了筛选，初步发展了一套系统的性能计算、数据生成、数据分析的办法[2]。韩国科学家利用密度泛函理论（DFT）计算，从超过18万种无机材料数据库中成功筛选出高电极密度的钾离子电池正极材料[3]。美国西北大学将人工智能算法用于研发新型金属玻璃材料，使新材料的发现过程提速200倍[4]。中科院物理所肖睿娟副研究员在基金委支持下在"下一代锂离子电池物理问题"的研究过程中，通过编写自动化运算流程，开发出适用于锂离子电池材料性质模拟的高通量计算平台，将研究过程中的数据汇集成电池材料输运性质数据库，并由此初步建立起锂离子电池材料科学系统工程，从而为材料基因方法在锂、钠、镁、锌、铝电池等其他新型储能器件中的应用打下了基础，为下一代储能材料的设计开发提供了新的思路和方法[5]。因此，要利用现今的人工智能技术去加速研发高性能电池材料，实现电池技术的突破。

总结以上，提出未来十年锂基电池（见图7-1）和低成本钠基电池（见图7-2）的发展路线图。

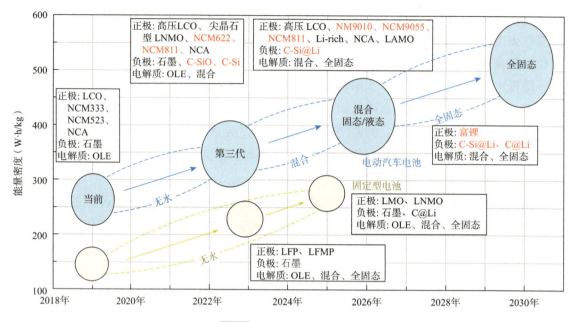

图7-1 锂基电池发展路线图

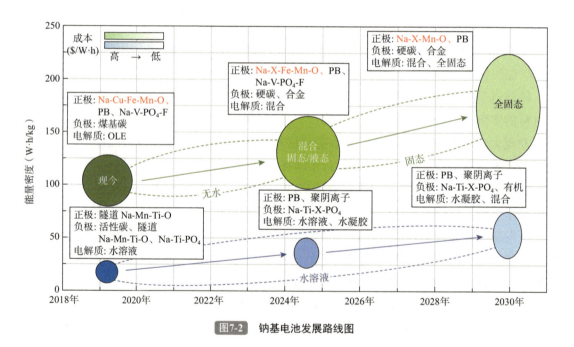

图7-2 钠基电池发展路线图

7.2 先进产业发展建议

锂离子电池仍然是未来一段时间内动力电池的主流技术。锂离子电池仍然是未来一段时间内用于电动汽车的主力电池技术,而钠离子电池技术在低成本、低速电动汽车领域有较大潜力,固态锂(离子)电池技术是同时解决能量密度和安全性的关键,有巨大的应用前景。

高能量密度、高功率密度、长寿命、本质安全、低成本实现技术；大容量电芯、高一致性、智能检测、智能制造技术与产业发展；退役动力电池的梯次利用和回收产业都是动力电池产业重点发展的方向。

7.2.1 持续发展锂离子电池产业

发展高能量密度锂离子动力电池是缓解电动汽车续航焦虑的主要途径。该性能的提升可基于现用的锂离子电池材料设计、结构优化，也可以开发新的电池材料、电池结构和电池材料的组合来实现。

（1）持续提升动力电池能量密度

建议重点发展：①高体积能量密度电芯的关键正极材料的掺杂技术、包覆技术、原位固化技术；②高质量能量密度电芯的新型正极材料技术；③高容量硅碳负极材料的表面包覆、极片预锂化技术；④纳米硅碳负极材料的预锂化技术和复合锂负极技术。

基于以上，图7-3至图7-5提出了锂离子电池正极材料的技术路线、负极材料的技术路线及材料开发进展与组合策略。

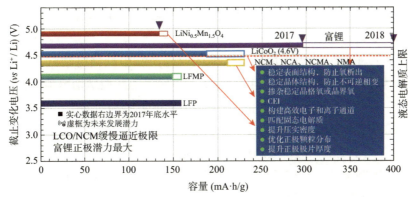

图7-3 高电压、高容量、快充型锂离子电池正极材料开发路线图

图7-4 锂离子电池硅负极材料开发路线图

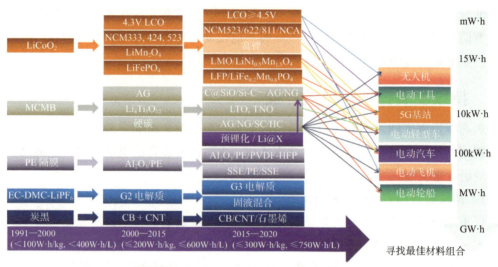

图7-5 锂离子动力电池材料开发进展与组合策略

（2）对于锂离子电池，应持续改善动力电池安全性

保证动力电池和电动汽车的安全性是发展电池和汽车技术首要的考虑因素。安全性方面的改善主要通过改进现有材料体系、新型电池结构设计，以及推进新型高安全电池体系产业发展。

应重点发展：①磷酸铁锂正极体系电池的改进及在中低档电动汽车上的应用；②以BYD的刀片电池和CATL的CTP（Cell to Pack）为代表的新型结构电池、模组、Pack的应用；③防过充、阻燃能力的有机电解液溶剂及添加剂的研发及应用；④高浓度或局部高浓度水系电解液的研发及应用。

（3）对于锂离子电池，应持续降低动力电池成本

电池成本是限制电动汽车广泛应用的重要因素。成本的降低可通过减少高价格资源的使用实现。应重点发展：①无钴的高镍或富锂锰基正极材料的产业化技术及应用；②磷酸铁锂体系电池在中低档电动汽车中的应用；③对于非锂基电池体系，钠离子电池适合用于续航150km以下的电动车。

综上，兼顾锂离子动力电池高能量密度、高功率密度、长寿命、本质安全、高度一致性、低成本的应用需求，本项目提出关键研发方向，如图7-6所示。

图7-6 能量型电池的技术发展规划图

（4）加强动力电池梯次回收和利用产业

随着第一批动力电池退役潮即将来临，退役电池的梯次回收利用市场前景正被行业普遍看好；国家也从政策和标准规范上积极推动动力电池回收体系建设，目前形成以车企为动力电池回收利用的责任主体，各大电池厂、原材料厂、第三方回收机构共同参与的梯次回收利用产业链。

梯次利用以电网储能、通信基站储能、低速电动车为主要应用场景，目前整体还处在示范应用阶段。技术上智能拆解、剩余寿命预测、快速分选、智能配组、电池管理、安全性监管等环节还有待提升。回收利用技术比较成熟，基本形成以湿法回收为主，物理精细拆解回收为辅的工艺路线；相比磷酸铁锂，回收三元电池经济性更好。

目前梯次回收利用还面临着一些现实问题：①现阶段退役电池数量少，提前布局企业多，存在"吃不饱"的现象；②回收过程技术规范不完善，回收渠道执行监管处罚不到位，造成实际回收更困难；③梯次利用在电网储能应用的可行性受到行业质疑；④动力电池成本的降低使得梯次回收利用的经济性不突出。

因此梯次回收利用发展建议：①技术上加强电池溯源管理系统的建设，发展低成本的拆解、SOH和安全性评估、配组、电池管理均衡等技术；②政策上，一方面进一步细化动力电池退役回收过程标准规范，加强监管处罚力度，保障退役电池流入合法回收渠道；另一方面需要提供补贴支持政策，激发车企4S店积极履行责任主体的职责；③商业模式上还需要更多创新，回收产业链上的每一个主体的利益分配都需要明确，任一主体的消极参与都会导致这个链条的失效，因此，如何实现合作共赢需要政府、动力电池储能上下游企业和第三方资源回收企业等共同探讨。

7.2.2 推进固态锂（离子）电池产业发展

具有高能量密度及高安全特性的固态电池已成为全球范围内公认的下一代先进电池技术的发展方向。以中、日、韩、美、欧等国家和地区为代表的研发机构和企业纷纷进入"赛道"，开启了一场布局和加速固态电池研发的"拉力赛"。中国在固态锂（离子）电池应用化推进中处于并跑状态。应逐步推进半固态锂（离子）电池和全固态锂（离子）电池的应用进展，并在解决固态电解质与正负极界面、固态锂（离子）电池制造及组装等方面加大投入，实现领跑。

目前国内相关企业已开发出基于氧化物技术路线的高能量密度（300W·h/kg）混合固态电池，具有接近全固态电池的发展潜力。北京卫蓝全固态复合金属锂电池发展的思路如图7-7（来自中科院物理所李泓老师报告）所示。

基于目前固态电池技术产业的发展现状，提出在以下几个方面进行重点研究、开发和应用化推进：①关键材料量产技术开发，包括固态电解质材料、金属锂负极材料；②提升硫化物全固态电芯的容量、能量密度及批量制备能力；③优化活性材料包覆、原位固态化、复合固态电解质等技术，降低电解液用量、提升界面锂离子传导；④优化全固态电池构造、优化制备工艺提升产量、加速规模化制造装备的开发；⑤数字化智能制造技术与数值模拟仿真技术开发；⑥先进的测试分析和失效分析技术开发，以解决固态锂（离子）电池产业技术和规模化生产的关键问题。

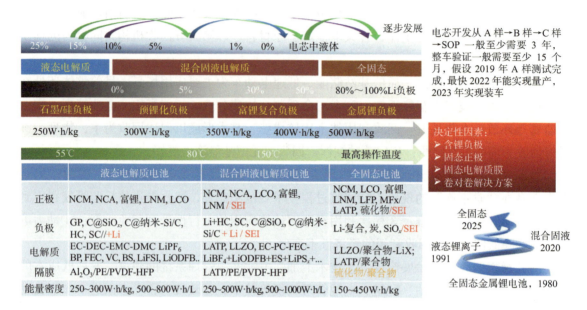

图7-7 液态电解质锂离子电池到全固态复合金属锂电池技术路线

7.2.3 持续钠离子电池产业技术发展

钠离子电池的能量密度介于现在商用锂离子电池和铅酸电池之间，且相对于锂离子电池具有成本低，相对于铅酸电池具有环境友好的优势。未来将主要应用于低速电动车和大规模储能（通信基站、数据中心、后备电源、家庭储电网储能）等领域。针对钠离子电池低成本、环境友好的优点，其未来技术发展方向如下：①正极材料技术——采用不含Ni、Co、V等昂贵、有毒元素的Cu-Fe-Mn基的层状正极材料是低成本钠离子电池正极材料未来发展的主流方向；②负极材料技术——采用低成本、长寿命的碳基负极材料，结合补钠技术，以提升钠离子电池的首周库仑效率，从而提升能量密度。

7.2.4 持续发展智能制造产业

根据《汽车动力蓄电池工程装备发展路线图》（2019年v2.0），电动汽车市场要求动力电池行业"降本提质"：动力电池的制造成本将由0.12元/（W·h）降低到0.06元/（W·h），CPK（过程能力指数）由1.33提升到2.0，如图7-8所示。这就要求动力电池的制造向"智能制造"方向迈进，不断提升制造装备的自动化水平和控制精度，并在设计、制造、运维等环节使用数字化和智能化技术。

控制技术呈网络化方向发展趋势。工业控制系统的变革有以下3个主要发展方向：新型现场总线控制系统、基于PC的工业控制计算机及管控一体化系统集成技术。其中管控一体化系统集成技术包括现场总线控制系统FCS与DCS的集成；现场总线控制系统FCS、DCS与

PLC的集成；多种FCS的集成。在多种技术集成方面，包括设备互操作技术、通用数据交换技术、EtherNET和工业以太网技术等多种技术的集成。

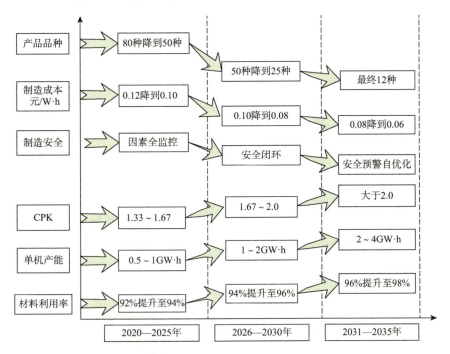

图7-8 动力电池智能制造目标路线图

7.2.5 测试技术及标准发展趋势

明确电池材料电化学行为与对比材料的差异，找到和确定特征问题和现象，需要选择合适的测试技术。对于材料，需要从晶体结构、电子结构、表界面结构、化学组成、微观形貌、产热、产气、体积形变、力学特性，以及在电池循环过程中的演变进行分析；对于电芯，常规的测试一般包括外观、一致性、温度特性、倍率特性、功率特性、能量效率、循环寿命、产热特性、安全性、可靠性、荷电态（SOC）、健康状态（SOH）、功率状态（SOP）等项目；而电池模组与系统层面，需要对系统功能、壳体防护、电性能、可靠性、安全性、热管理、电磁兼容性（EMC）等项目进行测试与评价。特别是从电芯到系统，需要考虑生产制造过程与使用过程，老化、失效及回收利用（全寿命）的在线测试与监控。因此，针对动力电池材料与器件精准表征分析的需求，建议开发面向不同基础科学问题和工程应用问题研究的高精度分析测试技术。在现有检测技术基础上，大力研究开发新的检测分析方法与技术。

目前大部分测试分析技术都属于离线检测范畴，建议重点发展包含衍射、谱学和成像等技术，从成分、结构和价态等不同角度进行综合分析的技术；开发无损分析技术、高效样品拆解技术、精密取样技术与样品保真转移技术；发展高通量测试技术与高速数据采集技术；开发快速、高精度失效分析方法与技术。

鉴于准原位/原位分析测试技术的独特优势,建议重点发展材料晶体结构、电子结构、表界面结构、化学组成、微观形貌、产热、产气、体积形变等材料或器件关键特征参数在电化学过程中演化规律的高精度原位检测技术;发展储能器件全寿命周期中关键参数的准原位和原位检测技术;发展针对不同应用场景下储能器件关键特征参量研究的高精度原位检测技术,针对安全失效场景下储能器件关键特征参量研究的原位检测技术,特别是基于同步辐射光源、中子散裂源、球差电镜、低温冷冻电镜的高精度原位检测技术,以及多种原位检测技术的耦合方法。

在各种检测技术基础上,大力发展多尺度仿真、人工智能、大数据等分析方法与技术。动力电池从生产到使用直至退役,其性能受很多因素影响,因此,需要从生产开始就进行严格的监控,迫切需要发展各自在线检测技术。建议重点开发动力电池全寿命周期关键特征参数的在线检测技术、高精度健康状态在线检测技术、高精度在线气体检测技术、高精度在线力学检测技术、高精度在线析锂检测技术、热失控关键特征参数在线检测监控技术,以及多种在线检测技术的耦合方法与技术。

图7-9所示为动力电池检测技术路线。

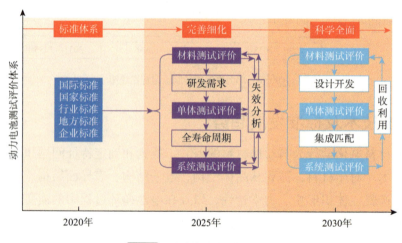

图7-9 动力电池检测技术路线

动力电池开发必须以应用为导向,在提升关键指标的同时,还需要解决材料性能中的所有短板。而基础研究需要突出新材料、新现象、新机理的研究,挑战单一或少数参数指标的极限。

工业级锂离子电池产品,从原材料、正负极、隔膜、电解液、箔材、辅材到动力电池单体、模组及电池包的测评,都已建立相应团体、行业、国家或国际标准。例如,中国的GB/T 31484/5/6、GB/Z 18333.1、GB 38031—2020、GB 38032—2020、GB 18384—2020等;国际上还有IEC 62660—1/2/3、UN38.3、UL1642等UL系列,SAE J2464等SAE系列标准,各有侧重。建议根据技术发展情况,持续完善标准体系,特别是对于新的电池体系,需要不断建立和完善新的测试标准。

基础研究中的测试是突出重点,测试科目主要包括一定倍率下的充放电循环和倍率行为，样品制备的条件和要求有可能显著偏离实际产品的要求，对于库仑效率、克容量等参数测试精度低，一般对于热稳定性、热失控行为、循环过程中的电极体积膨胀、痕量杂质、样品的pH值、振实和压实密度等报道较少，报道的基础研究结果往往强调单一指标或少数指标的进步。

然而，从原始概念提出到最终实现工业化应用，技术成熟度需要遍历9级提升，从1到9，每一级测试要求都有更高标准的要求，关注的参数更为全面。为了提高基础研究开发效率，需要建立起标准化的测评体系，在充分理解工业品的要求及现有工业技术水平基础上，测评过程中尽量使测试样品和测试条件接近工业级别的要求，从而准确评估，并充分理解研究结果，经过标准化的测评与失效分析，通过反复迭代，加快基础研究向工业产品转化的速率。

综上所述，对于锂离子电池，三元高镍（镍含量0.8）体系已能够满足新能源汽车产业发展规划和《中国制造 2025》提出的2020年动力电池达到300W·h/kg的要求，但无法实现2025年能量密度达到400W·h/kg，2030年达到500W·h/kg的要求。本项目提出了未来15年的动力电池技术路线图，如图7-10所示。

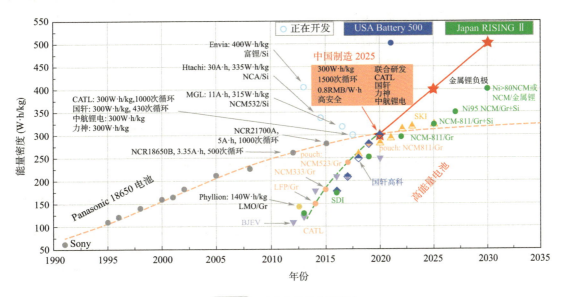

图7-10 动力电池技术路线图

7.3 政策支持建议

在过去十年中，国家对新能源汽车产业的布局已初步成熟，据相关报道，工业和信息化部于2019年12月发布的《新能源汽车产业发展规划（2021—2035年）（征求意见稿）》中，已经不再对动力电池的性能指标做具体的设计引导，而是强调企业在技术路线选择、产品产能布局等方面的主体地位，发挥相关企业的主观能动性，促进市场的良性发展。

为了动力电池行业的可持续发展，国家将对产业的环保指标进行严格的控制。预计相关政策也将对此做出进一步的布局。2016年12月环境保护部发布《废电池污染防治技术政策》，以防治环境污染、保障生态安全和人体健康为目标，指导行业环境管理与科学治污，引领污染防治技术进步。2018年7月工业和信息化部、科技部、生态环境部、交通运输部、商务部、市场监管总局、能源局发布《关于做好新能源汽车动力蓄电池回收利用试点工作的通知》，提出坚决打好工业和通信业污染防治攻坚战三年行动计划，旨在全面推进工业绿色发展，坚决打好污染防治攻坚战，促进工业和通信业高质量发展。2018年9月工业和信息化部发布了《新能源汽车废旧动力蓄电池综合利用行业规范条件》，指出要加强新能源汽车废旧动力蓄电池综合利用行业管理，规范行业和市场秩序，促进新能源汽车废旧动力蓄电池综合利用产业规模化、规范化、专业化发展，进一步提高新能源汽车废旧动力蓄电池综合利用水平。

随着动力电池产能的扩大，动力电池的回收问题将凸显出来。2016年1月，发改委、工业和信息化部、环保部、商务部、质检总局发布了《电动汽车动力蓄电池回收利用技术政策（2015年版）》，分为总则、动力电池的设计和生产、废旧动力电池回收、废旧动力电池利用、促进措施、监督管理和附则7部分内容，对电动汽车动力电池设计、生产、回收、梯次利用、再生利用等方面均做出了规定。加强对电动汽车动力电池回收利用工作的技术指导和规范，明确动力电池回收利用的责任主体，指导相关企业建立上下游企业联动的动力电池回收利用体系，防止行业无序发展。

参 考 文 献

［1］ Mounet N, et al. Two-dimensional materials from high-throughput computational exfoliation of experimentally known compounds. Nature Nanotechnology, 2018, 13(3): 246.

［2］ Kitchaev D A, et al. Design principles for high transition metal capacity in disordered rocksalt Li-ion cathodes. Energy & Environmental Science, 2018, 11(8): 2159-2171.

［3］ Park W B, et al. KVP_2O_7 as a Robust high-energy cathode for potassium-ion batteries: Pinpointed by a full screening of the inorganic registry under specific search conditions. Advanced Energy Materials, 2018, 8(13): 12.

［4］ Ren F, et al. Accelerated discovery of metallic glasses through iteration of machine learning and high-throughput experiments. Science Advances, 2018, 4(4): 11.

［5］ Lu Y X, et al. Research and development of advanced battery materials in China. Energy Storage Materials, 2019, 23: 144-153.